政治中當然有道德問題
——徐復觀政治思想管窺

黃兆強 著

臺灣 學生書局 印行

天　地　聖　親　師

天　地　親
生我爲中國人者也
聖　師
育我以中華文化者也

今敬獻是書
以報答其生我育我
之大恩大德之萬一

自序（兼論良知自我坎陷）

一

人世間最骯髒、最齷齪、最醜陋、最險惡的，莫過於政治。這就難怪情真、性真、純然真人的業師徐復觀先生（1903-1982）寫下這 30 個字：「這裏埋的，是曾經嘗試過政治，卻萬分痛恨政治的一個農村的兒子——徐佛觀。」[1]悲天憫人、人溺己溺、粹然儒者的徐先生乃毅然擎起其橫掃千軍萬馬的如椽巨筆，對政治狂徒、獨夫、民賊，毫不猶豫寬貸而恆施予最無情的撻伐、鞭笞。其數百篇擲地有聲，洵可傳頌的政論文章於焉誕生。「人生如舞臺，政治如把戲。」徐先生對這些猶同人間渣滓的政客，為甚麼願意浪費筆墨，耗損時光，予以批判掊擊，或轉而給予教導訓誨呢？無他，徐先生堅信「政治中當然有道德問題。」既然政治離不開道德，那麼道德意識極強、吉凶與民同患，乃至民胞物與的徐先生，他怎「忍棄」「（管理）眾人之事」的政治於不顧，甚或寬貸政客之倒行逆施、窮凶極惡，而終日埋首故紙堆中只做象牙塔中的巨人呢？換言之，對徐先生來說，在不容自已的一顆感憤之心的驅使下，政論文章是非寫不可的。

「政治中當然有道德問題」是徐先生給朋友的一封信上所寫下的一句話；今借用作為本書書名。其整段文字如下：

---

[1]　徐復觀，〈舊夢‧明天〉，《徐復觀文錄》（臺北：環宇出版社，1971），冊三，頁144。這是徐先生預先吩咐後人在彼辭世後的墓碑上刻下的文字。惟今墓碑上所見者異於是！〈舊夢‧明天〉原發表於《自由談》，卷 14，期 1，1963 年，即先生辭世的 19 年前。

　　你堅持「在政治層次中沒有道德問題」……。朋友，我雖多次說過道
德的自由，不能代替政治中的人權自由。但道德是表現在人類的生活
行為上面，而政治是人類的重要生活行為之一，所以政治中當然有道
德問題，政治與道德當然有相互的關連；就其關連處（當然也有不相
關連的）而從道德界談自由起，一直貫穿到政治界，為什麼不可以？[2]

1920-40 年代，徐先生在黨政軍三界打滾了 2、30 年。他當然深悉甚麼是政
治，甚麼是政治的本質，更非常清楚、瞭解人性的陰暗、骯髒、醜陋的一面
在政治上恆扮演非常關鍵的角色。相應的對治之道、救濟之方，便是民主、
法治。徐先生所以一輩子努力為民主、法治、自由、人權等等發聲，即旨在
促進國家建立民主制度，並本此而依法行政。然而，「徒法不能以自行。」
[3]蓋行法者，人也。同理，實行民主政制者，亦人也。而人必須本乎民主精
神且具備樂於行法[4]之雅量，或所謂有意願行法之心，其法始得以暢行無阻
而為人人所共遵共守之大法。而此心，要言之，即人之道德良心也[5]。此

2　徐復觀，〈給張佛泉先生的一封公開信〉，《民主評論》，卷5，期16（1954.08.16）；
　　收入徐復觀，《論戰與譯述》（臺北：志文出版社，1982），頁 55-67，上引文見頁
　　65。其實，就政治本身之實踐或運作而言，的確是不牽涉，或不必牽涉道德的。所以
　　張佛泉所堅持的「在政治層次中沒有道德問題」，不能算錯。然而，就政治實踐之出
　　發點及其要達致之目的，即為何要做某種或某些實踐，而不做他種實踐，及此種實踐
　　所要達致之目的而言（譬如為了拯救苦難民眾於水深火熱之中，或為了滅人之國、亡
　　人之種），則必然與道德脫離不了關係。此可見政治與道德是否相干，不能一概而
　　論。蓋徐、張兩先生依不同層次而為說，是以得出不同的結論。正所謂「言亦各有所
　　當」，徐、張兩先生實各有其是處。值得指出的是，徐先生的立論─扣緊道德以論述
　　政治，正反映先生之深具儒家精神也。其實，徐先生非常清楚的認識到政治與道德有
　　不相關連之處的，上引文中：「當然也有不相關連的」一語即可為證。
3　語出《孟子・離婁上》。
4　此「法」字，今取其廣義，在這裡乃泛指依民主精神所設計的一切法規、規章、辦
　　法。換言之，即猶同於政治上的「民主架構」、「民主制度」。
5　細說之，法固在，但政治人物（施政者、執法者、民意代表等等）有沒有依法行政、
　　依法辦事，恐怕才是問題的關鍵。如果樂於或甘於依法行政、辦事，那大抵是出於其
　　道德良心之要求。換言之，良心才是問題的關鍵。就現實情況來說，政治人物或為個

外，即以法來說，此法之本身，又恆有欠理想、乏周延之處。其糾補、匡正之者，又非仰賴人之道德良心不為功。於此正可見道德良心在施法行法中之關鍵地位。要言之，其一乃在於促使人依法行政；另一則在於糾補、匡正法本身之不足。徐先生之所以堅信「政治中當然有道德問題」，理有固然！對於這方面，我們必須先有所知悉、理解，否則無以瞭悟何以徐先生給朋友的一封信上寫下這麼一句話，亦無以知悉作為新儒家的徐先生的政治思想，以至其一切政治論述（政論），之精神旨趣之所在。

當然，徐先生並不否認道德與政治，乃各自為一獨立的領域、範疇。然而，政治運作，其背後必牽涉人的道德良心（此上文已稍道及）。也可以說，政治活動必有或必當有人之道德意識、道德理性（良心、良知）貫注其間[6]。換言之，兩者雖各自獨立，然而，絕非兩不相干者；反之，乃係有一定關係者[7]。然則兩者的關係又何若？兩者全然平等？不平等？如不平等，則何者

人利益，或為圖利他人，或為其他不成理由的理由，他們明可選擇不依法行政，雖然明知很可能因此而觸法並遭檢舉，甚至更進而身繫囹圄！所以說到最後，要否依法行政、辦事，還是人之道德良心之事。當然，如果相關的法是惡法，則要否遵守之，或應否法外便宜行事，此乃另一問題，今不細論。

6　道德與政治的關係，尤其政治中必含道德理性（道德自我）貫注其間的問題，唐君毅先生討論綦詳。唐先生甚至認為：含政治活動在內的「一切文化活動之所以能存在，皆依於一道德自我，為之支持。一切文化活動，皆不自覺的，或超自覺的，表現一道德價值。」唐君毅，〈自序（二）——明本書宗趣〉，《文化意識與道德理性》（臺北：臺灣學生書局，1978），上冊，頁3-4。

7　徐先生臨終前夕的最後日記嘗論述知識與道德的關係。要言之，就中國過去的情況來說，知識與道德恆相互依存，乃一而二，二而一者。徐先生說：「求知是為了了解自己、開闢自己、建立自己，是為己之學。求知必然是向外向客觀求。此歷程與希臘學統同。但因為己而自然○向自身生命生活上的回轉。合內外之道，合主客觀為一（以天下為一家，萬物為一人），貫通知識與道德為一。此乃吾國學統所獨，應由此以撤別統（編者按：「統」疑為「學」之誤）問中真偽虛實，開闢無限途軌，並貫通於文學藝術。」在徐先生眼中，知識（學統）與道德（道統）的關係，既係兩者貫通為一，則政治（政統）與道德（道統）的關係，依先生之見，恐怕亦如是。換言之，上引日記即可證成，依徐先生，道德與政治絕非兩不相干者。上引日記，見翟志成、馮耀明校注，《無慚尺布裹頭歸——徐復觀最後日記》（臺北：允晨文化實業公

為重？何者為輕？個人認為，徐先生發乎內心以民本為依歸的民主政治，似乎可以說是道德居於主導地位的一種政治。即道德與政治，就其關係來說，乃係主次輕重有別的一種格局。然而，必須指出的是，其中政治雖居次位（道德居主位），但畢竟其本身仍自為一獨立的領域，是以不能以泛道德主義稱呼或貶視這種政治格局。

我們可以說，民主政治之所以不能不以道德意識（良心、良知）為主導，受其「管控」，或至少受其「監督」，乃因為民主之本身雖為人類極崇高的價值（這一點，徐先生畢生首肯、堅持），但它是沒有方向的，是沒有價值取向的，至少沒有終極價值取向的[8]。如果人只是一味追求民主，但在追求的過程中，尤其追求得到之後而據以運作的過程中，不以道德良心為指導——既

司，1987），頁 227。此日記寫於 1982 年 2 月 22 日。2 月 23 日沒有日記。24 日之日記分開三次記錄，總共只有 100 字多一點，其中一半論說為己之學，可說乃 22 日日記之延續。之後迄 4 月 1 日過世為止，沒有任何日記。是可知迄辭世前夕為止，徐先生最關心者，乃中國人「為己之學」這個傳統（學統）及此傳統與道統之關係。中西傳統各有所偏重而徐先生特欣賞中國者，亦可以概見。按：上引日記寫於臨終前夕的 1982 年；而徐先生寫給朋友明示道德與政治有其關係的一封信則寫於 1954 年（詳上註 2）。換言之，道德與知識／政治有其關係的說法，幾 30 年而前後完全相一致；即實無異先生畢生一貫的看法。

[8] 即人類要實踐民主——由人民當家作主，其目的（其價值取向）到底是為了甚麼這個問題，民主本身是不負其責的，且亦負責不了的。由人民當家作主（民主）只可以說是成就道理性或所謂邁進「現代性」所必經的一個門檻而已。縱然跨過了門檻（進了門），只可以說是具備了現代性的一個形式條件，即建立了可以有所作為的一個架構而已。而「作為」的本身，即「民主」這個架構到底是要做甚麼—知悉其到底要追求甚麼、成就甚麼並恰當地予以回應落實的，才是關鍵之所在。依徐先生，民主是為了追求、成就「民本」，即為了要增進人民的福祉，為了裨益老百姓而追求民主、實行民主。所以相對來說，民本才是終極價值之所在。順便一說：之所以能夠上達以民為本（民本）的一個境域，其先決條件是施政者需要具備一個開放的心靈，永遠以老百姓之心為心。具備了開放的心靈才可以成就一個開放的社會，使民之所欲（如安居、樂業、實現真善美與聖神等等價值），得以充分落實。牟先生即嘗云：「政治工作的最高理念是創造一個啟開的社會（Open society）」。牟宗三，《時代與感受》（臺北：鵝湖出版社，1986），頁 373-374。又：徐先生的民本思想（以民為本，以老百姓之心為心的主張），其政論雜文中幾乎隨處可見。

不自律自節，又不作反省，則民主很可能流為臺灣現今肆無忌憚，甚至泛濫成災的民粹而已[9]。這是非常值得吾人深切回思反省的。一言以蔽之，個人認為，民主政治沒有方向，道德良心乃民主政治的定盤針。

二

筆者所從事的學術專業是歷史學。然而，對哲學亦深感興趣。1976 年考上香港新亞研究所之後，除親炙史學諸大師，如嚴耕望、全漢昇、羅夢冊、孫國棟眾先生外，對哲學宗匠，如唐君毅、牟宗三，文史哲學界祭酒徐復觀先生等，尤其敬佩不已。2006 年因偶然的機會，把早已「拋諸腦後」但其實對吾人安身立命最有關係的生命的學問——哲學，重新撿拾回來。唯耳順之年已過，兼且自己可以達致的學術層級（或中國大陸所說的「檔次」），早有自知之明。既不敢妄想能成為一流大師，連二流的學者，也不敢有所希企。然而，人在江湖，所謂「做一日和尚，敲一日鐘」，總得在上課教學之

9　按：民主之本身雖非一終極價值，但原則上仍為一獨立自存之價值；然必須有一更高的價值為其主宰，給予支持，否則「其失也蕩」：泛濫無所依歸，必成為洪水猛獸無疑。牟宗三先生即嘗云：「吾人自人性之全部活動與文化理想上主張道德理性貫通觀解理性（筆者按：依牟先生上下文意，「觀解理性」指開出科學與民主的一種理性），其貫是曲貫，非直貫，故不是泛道德主義，亦不是泛政治主義，故既能明科學與民主的獨立性，又能明其與道德理性的關聯性。若必停滯在觀解理性的架構表現上而不能上通（按指：不能上通於道德理性，即實踐理性），則雖講民主政治，而其為弊與蔽與（「蔽與」二字，疑衍；臺灣聯經出版社之《牟宗三先生全集》本亦犯同一錯誤）科學一層論同。此為圍於實然境域而窒息文化生命文化理想的泛政治主義。」在此段文字之前，牟先生嘗暢論「道德理性之自我坎陷（自我否定）」一說。若光看「坎陷」、「否定」兩詞而不細讀相關文字（譬如上引文），則學者或無法理解，甚至誤解牟先生的大旨。其實，觀上引文，則確知依牟師意，道德理性（簡言之，可逕稱之為「良知」）與民主政治實有其關聯。至於所謂「自我坎陷」、「自我否定」，亦只是暫時性的，非永久性的（但「坎陷」、「否定」兩詞，筆者以為頗易衍生誤會，以不用為宜；詳下文）。牟宗三，《政道與治道》（臺北：廣文書局，1974），頁 55-62；上引文見頁 62；「道德理性之自我坎陷（自我否定）」一語，見頁 58；「暫時」一語出現兩次，見頁 59、60。

餘，做點研究工作。歷史學中的中國史學史是我最感興趣的。但以稟賦魯鈍，不克從中發現個人安身立命之要素。顧恰可彌補者，其惟哲學乎？尤其哲學義理中之儒學乎？新亞研究所徐、唐、牟三大師，乃當代新儒家第二代最具代表性之人物，此不待贅言喋喋；竊思筆者皆嘗追隨問學，而三大師的人格、學問，世所共喻。筆者在有生之年，捧讀、嘴嚼三大師等身著作之餘，若能偶爾發覆其中或有之隱晦，則於己固有所裨益，對人亦或不無幫助；倘能進而發揚光大彼等之學說，則更是私衷所殷盼。本此理念，其首部相關著作乃得以面世，名《學術與經世——唐君毅的歷史哲學及其終極關懷》（臺灣學生書局，2010 年）。其後乃傾力探研徐先生的學術思想，尤其彼政治論述中之道德卓見。惟以無力彰顯、發覆先生所有論著中之相關弘旨，是以僅先爬梳、彙整其雜文中的相關文字以見端緒。其必不足以充分揭示徐師之各種慧解卓識者，本拙著副標「管窺」一詞，當可以讓讀者察悉其端倪；亦可謂覓得一藉口聊以自找臺階下耳！

三

　　拙著各篇章，皆源自多個研討會上所宣讀之論文。會後嘗增刪修改，納入本書前又進一步修訂潤飾。筆者又嘗擷取不同文章之部分章節而重新予以彙整、綜合，又或從文繁不殺之冗長文章中，抽取部分章節以獨立成文。總之，旨在更能條貫、聚焦，俾便讀者。相關說明，概見本書各篇章腳註 1 前之說明。

　　就現今學術界所要求之文科學術論著而言，一般來說，必須具備二條件。一者，必本諸原典。二者，必充分參考前賢之研究成果。就本書來說，其有所立論，則必根據徐先生本人之著作。是以可說當能滿足上述條件一。至若條件二，則前賢研究成果相當豐碩。惟以精力、時間關係，乃不克全面且系統地回顧、參閱彼等之研究成果。惟拙著旨在發潛德之幽光，雖或未能全然滿足學術規範之要求，非所計較也。讀者諸君，其諒之歟？

　　如上所述，本書源自研討會相關論文。撰寫各論文之過程中，尤其條

貫、彙整成本書初稿之後，皆蒙徐先生旅居美國之長女公子均琴女士不吝撥冗賜教。正譌匡謬，惠我良多。拙著得以稍減舛誤而不致於太過荒腔走板者，皆女士之力也。此銘感五內，無時或忘。徐先生長公子武軍先生嘗惠示若干寶貴資訊；東吳大學允准休假一學年（104 學年）；家兄兆顯又惠予題簽；再者，拙荊操持家務免我後顧之憂。此正可見一事業之成，縱然以撰就一小書如拙著者，仍非有賴因緣和合不為功。個人只可謂適逢其會而已。然而，書中乖謬舛誤之處必不在少數，舉凡資料不齊全、立論欠周延，解讀過當或不足等等，則概由個人承擔其責。是為序。

附論：道德理性（良知）不宜自我坎陷／自我否定，且在政治運作中應扮演積極的角色

牟宗三先生有「三統（道統、學統、政統）並建」之說。跟此說很有關係的是「道德理性自我坎陷說」。[10]今述說之如下。按：中國傳統文化素重視成就內聖的成德之教，成德之教遂居主導地位（甚至壟斷的地位），幾乎成為了文化上的唯一表現，或至少被視為最高的表現；其他方面，如純粹知性活動之科學與由人民自覺為政治主體而締造之民主，皆受其影響、衝擊而未能順利開出（發展出）。是以牟先生認為就中國政治（今不談科學）來說，賴以成就成德之教的道德理性（以下以「良知」稱之）應自我坎陷／自我否定[11]。

---

10 「道德理性（或良知）自我坎陷」與「開出民主」的關係，學人討論至多。楊澤波先生嘗發表一系列文章探討該課題，並嘗評論學人的研究成果；宜參看。楊澤波，〈坎陷開出民主不同理解九種——關於牟宗三坎陷開出民主論的不同理解的評論〉，《天府新論（儒學卷）》，2013-2014，四川省社會科學界聯合會主管、主辦，頁 187-204。

11 上揭《政道與治道》，頁 58。其實早在 1954 年，牟先生已有相關的說法。其說見《王陽明致良知教》（臺北：中央文物供應社，1954）一書。《政道與治道》中「道德理性之自我坎陷（自我否定）」一語，猶《王陽明致良知教》中「良知自己決定坎陷其自己」一語。按：後書今已不易獲睹，惟書中〈致知疑難〉一節已收入《從陸象

推牟先生之意,其大旨蓋謂良知應自律自節,低調一點,要靠邊站,讓開一步(「讓開一步」乃牟先生本人用語,見《政道與治道》,頁 59);換言之,中國傳統上「德成而上,藝成而下」的思維及相應的實際作法必須有所更易,否則無以騰出足夠空間讓民主政治得以發芽滋長,順利開出。果爾,則以良知為核心的成德之教,便不應再係吾人文化上的唯一主軸;科學與民主亦當成為另外兩主軸。此即牟先生「三統並建」之說的主旨。筆者以為,以此對治中國傳統文化上由於太重視德性之教所產生之偏弊,確實不失為一良方;其相關說法,亦確有所見,不能不讓人由衷敬佩。今茲擬進一解,其實只是作點補充而已;如下。

　　良知與政治(科學亦然)既分屬不同範疇,甚至不同層面[12],則良知固不足以直接開出民主[13]。即不克正面積極運作,有所建樹,以開出民主、締造

山到劉蕺山》(臺北:臺灣學生書局,1979)一書內(頁 245-265),而後者又收入《牟宗三先生全集》(臺北:聯經出版事業公司,2003),冊 8;〈致知疑難〉一節,見頁 201-218。〈致知疑難〉旨在討論良知與知識的問題,即良知「決定坎陷其自己而為了別心」(頁 209),藉以成就知識的問題(〈致知疑難〉一文未嘗討論成就政治(民主)的問題)。惟相對於德性領域的良知來說,知識領域與政治領域,乃屬同一層次者。牟先生以良知與知識對舉而為論,猶良知與政治對舉而為論也。為相應本書之旨趣,下文乃僅扣緊政治(民主)而為論,而不擬涉及知識(科學)一端。牟先生論說良知自我坎陷以成就知識一義時,嘗引錄唐君毅先生 1953 年出版之《中國文化之精神價值》一書,藉以相互發明。唐先生 1966 年出版之《中國哲學原論‧導論篇》(香港:新亞研究所,1966),對牟先生之相關說法亦作了闡釋、討論(見頁 338-340)。筆者以為兩先生之說法大體相同(不無大同小異之處),惟牟說似乎流於紆迴、糾纏,而唐說則較簡直、精練。按:唐說乃後出者,此或可佐證學術恆「後出轉精」之一義乎?同窗楊祖漢教授嘗為筆者指示唐、牟兩師說法之出處,特此致謝。

12 牟先生指出兩者屬不同範疇、層面,見上揭《時代與感受》,頁 116、117。

13 牟先生即如是說:「天天講王陽明、講良知,是講不出科學的(筆者按:其實亦講不出民主),因為良知不是成功科學知識的一個認知機能。然而科學亦可與儒家的理性主義相配合。……」牟宗三,上揭《時代與感受》,頁 313。這裡筆者要特別強調一點。筆者上文說:「良知固不足以直接開出民主」,其中「直接」一詞非常關鍵。不足以「直接」開出民主,但不排除「間接地」或「曲折地」開出民主。牟先生便非常明確地指出,道德理性(良知)可以曲通、曲貫於科學(民主亦然)。其說如下:

民主。然而，依良知之所以為良知（即依良知本身之性格），則必不致於不接受民主政治，更不會阻撓其實現[14]。是以良知雖自我坎陷、自我否定[15]，但仍可扮演一消極的角色——守候一旁，充當護法，以備隨時「披甲上陣」以守護民主、鞏固民主！何以言之？蓋人世間的政治，乃至為黑暗骯髒者，其具體運作之情況亦至為複雜者。要言之，政治的表現不會只有正面的一面，縱然以民主政治來說，它恆有負面，即表現欠理想，甚至非常糟糕的一面，如重量不重質（易演變成多數暴力 Tyranny of the majority）、做事效率低、平庸、流為民粹等等。針對政治上的負面表現或所謂歧出、走偏時，良知，就其本身的本性、特質（譬如追求真、善、美、神聖，或今人所最重視之公平、正義）來說，它必然是不容自已地不能不管，不能不「插手」其間，藉以糾矯其弊端，所謂補偏救弊的，否則良知即不成其為良知！換言之，在守護民主的考

「科學之獨立性是由理性之架構表現而定，其與道德理性之關係則以曲通而明。」又說：「吾人自人性的全部活動與文化理想上主張道德理性貫通觀解理性，其貫是曲貫，非直貫，……」牟宗三，《政道與治道》，頁 58、62。換言之，良知不僅不阻撓、不反對民主政治之開出；反之，且助其開出，只是非積極地、直接地助其開出，而是間接地、曲折地，即轉個彎而從旁協助其開出。是以良知之自我陷坎、自我否定、讓開一步，乃可謂為求成就科學與民主而不得不爾的一個暫時性的策略，即一種權法而已；良知實由此而得以轉進、達陣。是以吾人不得因詞害意，以「坎陷」、「否定」兩詞而誤會牟先生，以為牟先生否定良知在成就科學與民主上所扮演之關鍵角色。牟先生承認良知在原則上可開出民主（當然非直接開出），下引語也可以為證。牟先生說：「道德宗教落實，落到下面可以開出民主政治，維護基本人權，……」牟宗三，上揭《時代與感受》，頁64。

[14] 筆者「依良知之所以為良知，則必不致於不接受民主政治，更不會阻撓其實現」這句話，實啟發自牟先生以下的說法：「道德理性，依其本性而言，卻不能不要求代表知識的科學與表現正義公道的民主政治。」；「凡真善美皆為道德理性所要求，所意欲。科學代表知識，也是『真』之一種。道德理性雖曰實踐理性，意在指導吾人之行為，其直接作用在成聖賢人格，然誠心求知是一種行為，故亦當為道德理性所要求，所決定。」以上第二段引文雖僅扣緊科學而為說，其實，民主政治亦然。兩段文字，分別見上揭《政道與治道》，頁 57、57-58。

[15] 依牟師，「坎陷」或「否定」只是暫時的，非永久的；然而，兩語頗易引起誤會，以為良知自我毀棄、「自廢武功」！所以筆者以為，此兩語似不宜用。

量下，良知永遠扮演一守護神的角色，以便隨時發揮監控、矯正、救治，所謂匡正扶危的功能；否則民主（科學亦然）必變成噬人之大怪獸無疑。

上面說過「良知不成其為良知」這句話。此語意謂良知失其格！良知失其格，猶上帝失其格。這是難以想像的！良知乃自己立法者，它必為自己作主而克盡其天職的[16]。換言之，面對政治上的負面表現，良知絕不會袖手旁觀，視若無睹而繼續自我坎陷、繼續自我否定下去的（依牟先生，則容許暫時性的自我坎陷、自我否定，詳上文）。蓋義之所在，何永久自我坎陷之可有？何永久自我否定之可言！有謂「由仁義行，非行仁義也。」（《孟子・離婁下》）良知亦然：不是由吾人去行良知，而是良知由其自己行出來。由吾人去行，則吾人或可不之行；反之，由其自己去行，乃係不容自已的一種行，其結果必然是沛然莫之能禦也。就是說，要擋也擋不住呢！其必行無疑也。面對政治上數不勝數、日新月異的弊端，良知怎可能永久自我坎陷而無所作為呢？！當然，所謂「沛然莫之能禦也」是理想性、期許性的一種說法。就實然情況來說，良知經常打敗仗，蓋人性醜惡的一面，即所謂心魔，恆無所不用其極的去挑戰良知，阻撓良知、破壞良知。有謂：「道高一尺，魔高一丈」，則良知經常吃敗仗，便無待龜蓍了。但唐先生說：「道亦可以高十丈」，然則心魔亦終敗北稱臣無疑。然而，魔亦可以高百丈！此中即可見良知與心魔之爭鬥，實永無止息的一日而永遠在拔河拉扯中，如拉鋸戰焉。人之難於成聖成賢，亦可見矣！（當然難歸難，難不表示不可能。）然則所謂聖，所謂賢，固在於自強不息之力行而已矣，豈有他哉？！是所重視者乃「奮鬥不懈的過程」，而不必在其結果也。

要言之，依牟先生意，為了讓民主政治能夠順利開出[17]，良知不得不暫

---

[16] 牟先生甚至用「內在地自作斷制、自立準則」以描繪良知。語見上揭〈致知疑難〉，《牟宗三先生全集》，冊8，頁218。

[17] 牟先生之所以期許良知暫時自我坎陷，乃旨在讓科學與民主政治得以順利開出。這是一個偉大發明，且也是非常富於使命感的一個說法，值得吾人喝彩。然而，嚴格來說，就民主政治一端而言（暫不談科學），如何方可謂「開出」，個人以為亦甚難說。以臺灣現時的情況來說，算是已開出否？如未算開出，則難道仍得讓良知繼續自

時委屈一下，來個自我坎陷，自我否定（筆者則認為不宜用「坎陷」、「否定」
兩詞；詳上）牟師此偉大發明，吾人固當首肯。然而，面對民主政治之弊
端，筆者以為，良知宜永遠守候一旁，保持最高警戒，藉以隨時發揮其消極
功能、作用（其實，此消極作用乃無與倫比的大用），以為匡正糾矯之資[18]。

我坎陷下去？！果爾，則民主在臺灣之亂象，便真的不知伊於胡底了！！所以個人仍
認為，開不開出，或開出的過程中及開出之後，良知皆應表現其消極意義的價值而有
所作為的。若結合牟先生的「坎陷說」，則或可得出如下一個折衷性的說法：讓開一
步（此牟先生本人用語，見《政道與治道》，頁 59）乃不得不爾的作法，但必須擔
任「候備軍」（「候備軍」在這裡絕不表示作戰能力差，只是彼暫時不上陣而退居二
線而已），即必須守候一旁，以便隨時轉進為戰場主力以「上陣殺敵」（即救治民主
之偏弊）。這或係可行且該行的理想做法。又：筆者近年常赴中國大陸，經常看到的
景象是人們普遍地缺乏禮讓精神；可說已瀕臨道德淪喪的境域。儒家素重視對應、對
治時局大環境。是以扣緊大陸現時的情況來說，良知實不宜自我坎陷、自我否定。如
果坎陷、否定的目的乃在於要順利開出科學與民主的話，則中國大陸現今更迫切需要
的倒是「道德自我之建立」。本此，筆者以為，我們還是少談「良知自我坎陷、自我
否定」比較好，否則容易衍生誤會、導致困擾！

[18] 由唐君毅先生起草，繼後由牟先生、徐先生和張君勱先生分別提出意見、修訂並共同
聯署發表的〈中國文化與世界〉一文論述科學與道德的關係時，有如下的說明：「此
道德主體，須暫時退歸於此認識之主體之後，成為認識主體的支持者。……」按：認
識主體旨在成就科學，政治主體則旨在成就民主。此兩者屬同一層次的東西。所以就
成就人之所以為人的道德主體與成就民主的政治主體來說，上引語亦可改作「此道德
主體，須暫時退歸於此政治之主體之後，成為政治主體的支持者。」上引語可佐證牟
先生所說的「良知自我坎陷／自我否定」，乃「暫時退歸」而已，良知實永遠是民主
的支持者、守護者。〈中國文化與世界〉收入唐君毅，《中華人文與當今世界》（臺
北：臺灣學生書局，1975），下冊，頁 865-929，上引語見頁 899。唐先生嘗論述良
知與知識的關係；此相當於論述良知與政治的關係。其說法如下：「……由是而此知
識宇宙，亦即自始由良知之行為宇宙所成就，亦統攝於此行為宇宙中。……於是知識
宇宙，仍統屬於良知之行為宇宙中。……吾人承認科學是知識，然吾人之決定要科學
之一決定，則非知識，而只是吾人之良知之決定。此決定，乃斷然在科學知識之上一
層次者。……科學之知，……必以良知為之主。而中國傳統思想中之重德性之知及良
知之教，在原則上決不可動搖，亦由此而見矣。」此說法甚具啟發性，其中「科學之
知，……必以良知為之主」一語，尤為一針見血、劃龍點睛之所在；良知具決定性的
關鍵地位實由是得以突顯。上揭《中國哲學原論·導論篇》，頁 339-340。

以上闡述牟先生「良知自我坎陷／自我否定說」竟。以文繁不殺，今茲彙整、綜述其重點如下：

(一) 良知與民主（暫不談科學）屬不同範疇、層次，是以良知開不出民主。

(二) 然而，良知，依其性格，絕不反對民主，排斥民主。

(三) 雖不反對、排斥民主，但因為傳統中國太重視以良知為核心的成德之教，由是吾人作為道德主體的意識乃特別強。相對來說，吾人作為政治主體的意識則特別弱，民主遂無法順利開出。

(四) 牟先生乃有「良知自我坎陷／自我否定」之說，即所謂暫時「讓開一步」，以騰出足夠空間，讓人們孕育並進而厚植其政治上當家作主的意識，並繼而創製立法，俾民主得以順利開出。

(五) 民主恆有其負面、陰暗面之表現。是以良知雖不能正面的，從積極方面對民主作出貢獻，即所謂不克直接開出民主，但這毋礙良知仍可扮演一消極的角色——從消極方面對民主作出貢獻。其具體表現乃係守候一旁，發揮從旁監督的功能，並進而隨時匡正民主，糾矯民主之弊端；即所謂充當民主的守護神。牟先生的「良知自我坎陷／自我否定說」或「讓開一步說」，其實不啻筆者這裡的「守候一旁說」，蓋就退居二線，不扮演積極的角色而言，兩說實無以異。所異者，牟說較聳動，可謂較有「創意」；而筆者的說法，則較保守、溫和。

(六) 良知雖經自我坎陷、自我否定，或所謂讓開一步而僅守候一旁，但仍可消極地對民主作出貢獻（詳上條）。牟先生所說的良知之曲通、曲貫以成就民主的說法，似可由此得一「契解」。

(七) 在本節第一段中，筆者說過，願為牟說進一解，作點補充。其所謂一解或所謂補充，具見上文（即本節），但願這個解讀不致於乖違牟先生的原意。

上文大體上是順著牟先生之意，闡釋其「良知自我坎陷說」，其中筆者並稍附己意以增益其說。如上所述，良知與民主乃屬不同範疇、層次者，是以無相互衝突、矛盾可言。而正因為兩者不相衝突、矛盾，所以兩者實可有相互「合作」的空間。據上文，其合作的具體表現是良知守候在民主一旁，即退

居二線，而僅在背後給予支持，以發揮其匡正扶危、補偏救弊的功能。筆者這個說法，大體上即牟先生的說法；儘管或作了一點引申，但應不至於違悖其大旨。

✳ ✳ ✳ ✳ ✳ ✳

　　然而，幾經再三思慮，筆者擬提出另一說法供讀者參考。此說法與牟說頗不同；如下：良知實不必自我坎陷、自我否定、讓開一步，乃至於亦不必只是消極地守候一旁；反之，應扮演更積極的角色，俾對民主作出更直接的貢獻。按：民主本身乃無方向者，無終極價值取向者。是以良知應起指導作用，發揮領頭羊的角色，為民主指示一正確方向。總括來說，筆者以為，良知不必自我坎陷、否定、讓開一步，儘管依牟先生意，這些作法只是暫時性的，非永久性的！換言之，筆者認為，此不慮而知之良知（語出《孟子・盡心上》）¹⁹，永遠應居主導地位，而作為政治軌範之民主與認識極則之科學則應居次位。此後兩者雖各自獨立而有其自身之價值，但在發展方向上，仍應「聽命」於良知，受其指導、監督。這可說是兩者的義務。相對來說，良知也有需要履行的義務：義無反顧地全力支援科學與民主，給予足夠的發展空間。

　　寫到這裡，筆者產生如下一想法：牟先生的「坎陷說」既曲通、曲貫而最終還是要成就科學與民主，則這個說法（設計、機制）以其紆迴糾纏，似乎反而把事情複雜化了！職是之故，是否可以改為主張：現今之中國人除依其固有傳統（道統）而持續全力促進良知（即致良知）以成就吾人德性之同時，也應擴充此良知以促進科學與民主之開出及發展²⁰。這個說法豈非簡單明瞭

19　唐先生以「人之本來能知如何應當下之具體事物之當然之道，而依之以行」來描繪陽明之「良知」，則把孟子僅從「知」之層面以論說良知者，往上推進一步；亦可謂更符合「良知」一詞該涵之義。唐君毅，《中國文化之精神價值》（臺北：正中書局，1953），頁 159。

20　依良知之本性，彼實涵蘊「促進具真善美及聖神價值之一切事事物物實現於人世間」之一義。果爾，則求真之科學及求善、神聖之民主，固為良知所涵攝無疑，惟昔人未

而直截了當？！果爾，則曲通、曲貫者，遂轉成直通、直貫矣。「坎陷說」、「否定說」，恐轉孳疑惑而已。

再者，「良知自我坎陷（自我否定）」，或所謂「良知讓開一步」，雖僅係暫時性的，非永久性的，但個人認為此作法仍極度危險，蓋縱使吾人未嘗絲毫懈怠而時時刻刻積極經營良知，對之「呵護備至」，恐仍不足以保證此良知得以恆存而毋失（人之經常為惡犯過乃人失其良知之明證！）。然則豈能為了順利開出科學與民主便容許良知先行自我坎陷，自我否定，或所謂先讓開一步呢？道德無休假之一日？良知又豈可須臾離呢？讓開一步不啻自毀長城；其死徒無處所，實毋待龜蓍而可知也。個人深恐未見其利而先見其害，科學與民主未必順利開出而良知則一失永失、一陷永陷矣[21]！於此豈可不慎

嘗措意於此——未嘗察識及此而予以開拓耳！科學與民主豈外在於良知而為其所輕忽者！吾人不之察，其有負於良知者多矣。緣此，則三統（道統、學統、政統）固宜並建；然以，必以道統居其餘二統之上，俾利指導、監督，以避免其走偏歧出焉。按：擴充良知以涵攝科學與民主，唐先生即有此意。其說見《文化意識與道理性》一書。其中〈自序（二）〉以下一語似最具代表性：「本書之目的，一方是推擴我們所謂道德意識、精神自我之涵義，以說明人文世界之成立，……」。科學世界與政治世界，當然是人文世界的重要組成分子，這所以筆者說唐先生即有此意。又：年前撰文闡述唐先生的人文觀時，針對如何始可開出民主一議題，筆者嘗表示不贊同牟先生的「良知自我坎陷說」和唐先生的「良知擴充說」，而另創一「輔益說」。所謂輔益說，要言之，乃指良知必須以民主機制（民主體制）為輔益始可成就能根絕惡之民主政治。所以筆者這裡所說的：「擴充此良知以促進科學與民主之開出及發展」，乃指良知在輔益的情況下所作之擴充，不同於僅就良知之本身所作之擴充。詳參拙文〈唐君毅先生的人文觀〉，《新亞學報》，卷31（上），2013年，頁375-378，註71。

[21] 良知一經坎陷，誰能保證它只時暫時性的，而不會長久地、持續地坎陷下去呢？換言之，如何保證得了它必能隨時復位，回歸其本然故我呢？就理論上來說，回歸復位絕對不成問題。這就如同「我欲仁，斯仁至矣」、「放下屠刀，立地成佛」一樣，是絕對可以做得到的。然而，衡諸事實，又不盡然。良知之為物，恐怕不是要它暫時坎陷，它便必然「聽話」而僅止於暫時坎陷的。（事實上，若良知如此「聽話」，世間便不會有惡了！）此其一。再者，既已努力企圖開出科學與民主了，但開出至何種程度才算是真真正正的成功開出呢？如果一日不成功開出，良知便一日坎陷下去，那良知到底要坎陷至何年何月何日才可以不再坎陷呢？就實際的操作面來說，恐怕必得設立個停損點。然而，如要設，那停損點又以何為準呢（即科學與民主發展到甚麼程度

才算成功而良知不必再坎陷呢）？最後又能否保證確可有效地做到「點到即止」呢？個人深恐若吾人主動地讓良知坎陷（決定由良知自我坎陷），則人性中醜惡的一面便必如同脫韁之馬（廣東話「甩繩馬騮」），乃乘機得以勢如破竹，長驅直入吾室以操戈矣！「暫時坎陷」與「永久淪陷」，一線之隔矣，其間不容髮可知！長之養之，如保赤子，尚唯恐不及，然則何能讓良知甘冒永久淪陷的危險而讓其自我坎陷呢？

本註上文乃就「理」言，下文舉「事」以為說。歷史上有些國家嘗開出科學與民主，但因其統治者喪失了良知而導致國破家亡的慘劇。這些事例史不絕書，茲針對二戰前後各舉一例：前者，如希特勒統治下的德國，後者如阮文紹統治下的南越。當然，希特勒不是直接由民主選舉而上台的，而是由總統興登堡委任的，但他當時民調很高，所以視之為民選出來的也不為過。阮文紹亦然，在 1967 年的總統大選中，他的得票率雖然只有 38%，但已是候選人中得票最多的了，所以當然也是民選總統。以科學來說，二戰前後，德國的科學發展已是當時世界的顛峰。就南越阮文紹的時代來說，在美國幫助下，其科學（科技、武器）遠勝北越。所以大體上來說，二戰前之德國及1970 年前後的南越，科學與民主在一定程度上皆已開出，但最後只落得國破家亡的悲慘下場。究其實，乃二人失其良知、良心故也！！這裡必須作點補充說明：筆者絕不否認科學與民主的價值和重要性，但與良知相比，則輕重主次，其間必須有個分際。一言以蔽之，筆者極之贊成發展民主與科學。人不得以民智未開或屆此人心浮移、道德淪喪之際等等為理由（其實是藉口）而倡言放慢民主發展之腳步，甚至主張索性不發展民主。換言之，筆者絕不會同意只須比照往昔而認為繼續經營德性之知（良知）以成聖成賢即於事已足！其實，當今之世，科學與民主必須充量開發，惟開發之過程中必得以良知為其監督，甚至如唐先生所說的，必以良知為之主而後可。（唐說見上註 18。）在這裡，筆者又必須指出，良知對於開出民主、成就民主，固極重要，但不得謂一旦具備良知（更不要說「良知自我坎陷」了！），則民主便立刻得以開出，得以成就。蓋良知之於民主，乃必要條件而已，非充分條件，更非充要條件。唐先生對這個問題，早具慧解。彼 1951，時年 42 歲寫信給徐先生時，便非常警悟的指出說：「宗三兄所謂中國以前無政權之民主，而只有治權之民主。其所意想中國文化精神應有之發展，弟亦能會，但此乃是理念上的道德上應該有的。在實際上必須有許多現實條件之配合，此中與歷史之關係甚重要（筆者按：意謂甚密切）。英美之民主制度之建立，正在其國力膨脹及產業革命之時，又有社會已成之各種宗教教會與獨立之學術文化事業為之配合，故能收政治上制衡之效與個體精神之提高之功。……」是唐先生固不否定、貶抑道德（此可以良知為代表）對開出民主可有的貢獻，但光是良知不足以充分開出民主、成就民主；蓋良知外，還需要其他條件予以配合方可。唐先生考慮問題，恆圓融周延，各方面都兼顧及，此又一例證。唐君毅，〈書簡・致徐復觀（1951 年 3 月 22 日）〉，《唐君毅全集》（臺北：臺灣學生書局，1991），卷 26，頁 61。

哉？

　　徐先生認為道德與政治有一定的關係（詳本序言開首處；更詳見本書上篇第一章的相關論述），且在其眾多政論雜文中，每每強調在政治活動中道德恆扮演一關鍵角色，其重要性絕不可輕忽。此由「政治中當然有道德問題」一語即可窺見徐先生論說之梗概。本附論乃藉著闡釋牟先生的「道德理性（良知）自我坎陷說」以說明道德與政治相互間的關係；筆者個人意見亦附見其中。筆者相信這當有助了解，甚或補充、恢弘徐先生的相關論說[22]。以上用了不少篇幅闡釋牟先生的「坎陷說」，其緣由即在於此。

（按：本節以＊＊＊＊＊＊為區隔而分為二部分：其前之文字（約 5,400 字）旨在闡釋牟說，其後之文字（僅三小段，約 2,700 字）則述說個人私見。此後者，尤盼請讀者指正。）

2016 年 5 月 9 日母親節翌日初稿；

5 月 15 日赴澳洲雪梨前次稿；

5 月 28 日返臺後第三日三稿；

6 月 12 日於寧波大學四稿；

7 月 4 日五稿；

7 月 7 日抗戰紀念日定稿。

22　當然，剋就牟先生的「道德理性（良知）自我坎陷說」而言，徐先生不見得全然同意。（就思考進路而言，徐先生似乎更不會如此「哲學式」的迂迴曲折地構想出先讓良知自我坎陷，然而其隨後透過曲貫、曲通的手段而最終還是要成就科學與民主。）然而，就牟先生肯定良知在政治上仍然扮演一關鍵的角色來說，牟、徐二先生看似相異的說法恐亦大同小異而已，或至少不無共通之處。

政治中當然有道德問題
——徐復觀政治思想管窺

目　次

緒　論[*]

一、徐復觀先生的名字

　　先生的名字，現今常見者為：「徐復觀」。一般人所知道的是：「復觀」乃熊十力先生為徐先生所取者，以代替原來「佛觀」二字[1]。民國 37 年熊先生嘗談及此事。熊先生云：「……復觀原名佛觀，……今為吾子易『佛觀』以今名，且字曰『見心』。……」[2]牟先生亦有類似說法，嘗云：「徐

---

[*] 本文源自某學術研討會的一篇文章的部分內容。該文章名〈徐復觀與西方文化──見於《徐復觀文錄》中的西方文化資訊〉（今改作以下題目並納入本書附錄內：〈徐復觀學術性格的一個側面──《徐復觀文錄》所載西方文化資訊闡釋〉）。此「部分內容」經修改增刪並獨立成篇後，便成為了全書的緒論，即本文。詳參本書附錄：〈徐復觀學術性格的一個側面〉一文註 1 前之說明。本〈緒論〉除特別述說本書主人徐先生的名字及其出生年月日外，所以兼述其國族關懷及雜文寫作者，乃緣於徐先生畢生關懷其國族：中華民族。又：先生國族關懷之文字恆見諸其雜文，而本書之主要素材又多來自此等雜文；所以筆者乃並述及之。至於「即事以言理」，乃徐先生處理問題，尤其說理時，所恆展現之特色，是以在本緒論中一併論述之。

[1] 按：徐先生民國 33 年即拜謁熊十力先生於四川重慶北碚。事見徐復觀，〈沉痛的追念〉，黎漢基、李明輝編，《徐復觀雜文補編》（臺北：中央研究院中國文哲研究所籌備處，2001），冊二，頁 117；又可參徐復觀，〈我的讀書生活〉，《文星》，卷 4 期 6，1959 年 12 月。後文又收入《徐復觀文錄》（臺北：環宇出版社，1971），冊三，頁 171-172。「佛觀」易為「復觀」，蓋 4 年後之事。詳參下註 2〈名字說〉末尾所註記之日期：民國 37 年 1 月 1 日。

[2] 熊十力著，劉海濱編，〈與徐復觀、頌喬並附徐復觀名字說〉，《熊十力論學書札》（上海：上海書店，2009），頁 89-90。〈名字說〉原文頗長，但對了解熊先生何以易「佛觀」為「復觀」及獲悉熊先生對徐先生期望甚殷之情，殊有幫助，是以轉錄全文如下：「古人命名，無苟也。文王名昌。用能昌大其德，如天不已。（詩曰：「唯

先生原名佛觀，熊先生為之改名復觀。熊先生意觀佛不若觀復。老子云：
『萬物並作，吾以觀復』。」[3]按：《老子》第十六章有云：「致虛極，守
靜篤。萬物並作，吾以觀復。夫物芸芸，各復歸其根。歸根曰靜，是謂覆
命。覆命曰常，知常曰明。不知常，妄作凶。」據以上熊先生及牟先生所
言，則「佛觀」為徐先生的原名。然而，根據其他資訊，則有不同說法。如
與徐先生相交五十多年的好友涂壽眉即說：「徐先生名秉常，字佛觀，以後

天之命，於穆不已。文王之德之純，純亦不已」。）盡大地萬萬世，無量無邊眾生，
皆文王之德所含茹也。孔子名丘，其修德似之。凝聚日增，窮高無極。今之大地、萬
萬世、無量無邊眾生，同仰此山丘也。名依義立，義必實踐，其可忽乎！復觀原名佛
觀。佛氏於宇宙萬象，作空觀而已。般若《心經》，照見五蘊皆空，是大乘無量義之
總攝。（五蘊即目宇宙萬象）此等宇宙觀，其影響於人生及群化諸方面，畢竟不妥。
大乘雖以大悲不捨世間救此空觀，然為眾生未度盡故，方興悲願，其教化終歸趣寂。
與吾聖人裁成天地、輔相萬物、參贊化育、開物成務、立成器以為天下利、富有日新
諸廣大義趣，究不相似。故余造《新論》，繼大般若空經而盛演《變經》（《變經》
一詞，見《新論》語體本〈緒言〉）。此意不容忽也。今為吾子易『佛觀』以今名，
且字曰『見心』。《易‧復》之〈象〉曰：『復其見天地之心乎。』取義在斯。復
者，剝之反也。今大地眾生，方顛倒以趨於剝，吾夏人尤剝極，其忍不思復乎。剝極
而復，非去其慘酷之忿心，而見溫愛之天心，則不可以復也。余衰年，丁此剝運，一
身無所計，唯於族類之憂不容已。鳥獸猶愛其類，何況於人？同類不恤，侈言悲眾
生，必唐大之談也。立愛自近（原作「進」，疑當作「近」）始，是余志也。余願與
世人相勖勉，以見天心之學，久而當有復也。子以維桑之誼，周旋於老夫杖履間，寄
望彌切。慎勿忘易名命字之旨也。民國三十七年一月一日」有關徐先生之名字，又有
如下之記載：「余乳名丙焰。八歲入學，先父為易名為秉常。十六、七歲時讀《大乘
起信論》，自取佛觀以為字。民十五年歲杪入陶子欽先生軍中為書記，委任狀書徐佛
觀，爾後秉常之名，遂少為朋輩所知。」這最後一段文字，乃轉錄自
http://bbs.tianya.cn/post-books-14509-1.shtml（2016.03.07 瀏覽）；惟一時間不克查獲
其文本出處；今謹錄於此，以備讀者進一步稽考。

3　牟宗三，〈悼念徐復觀先生〉，曹永洋等編，《徐復觀教授紀念文集》（臺北：時報
　　文化出版企業公司，1984），頁 13。推牟先生之意，熊先生乃從道家老子立場之考
　　量而改易徐先生的名字的。其實對照上文（註 2），熊先生是從儒家《易傳》之立場
　　作出考量的。上引文熊先生以下一語：「《易‧復》之〈象〉曰：『復其見天地之心
　　乎。』取義於斯。」，便是最好的佐證。

由熊十力先生更名為復觀。」[4]是「秉常」才是徐先生的原名；「佛觀」，則先生之字也。另有一種說法則是，「復觀」是先生之號。黎漢基即說：「徐復觀先生，原名秉常，字佛觀，『復觀』一名乃業師熊十力所賜之號。」[5]以上各說，唯一相同的是，「復觀」乃熊先生為徐先生所取者，至於先生之原名為「秉常」？抑為「佛觀」？「佛觀」係先生之名？抑係先生之字？以上牟、涂、黎三人之說法，很明顯不一致。我們現在看看徐先生本人怎麼說。在〈我的母親〉一文中，先生說：「大哥紀常，種田；……弟弟孚觀讀書無成，改在家裏種田。」[6]按照中國人命名的習慣，兄弟的名字，其中經常有一個字是相同的。譬如前行政院長（任期：2000.05.20-2000.09.07）劉兆玄的兄長名兆寧、兆漢、兆藜，其弟名兆凱，即一顯例[7]。據上揭〈我的母親〉一文，徐先生哥哥既名「紀常」，則「秉常」便應該是先生的原名了。然而，據同一文，先生弟則名「孚觀」，據此，則「佛觀」才是先生的原名！換言之，〈我的母親〉一文亦作不了準。先生自擬墓誌〈徐公佛觀之墓〉則有如下記載：「公名秉常，字佛觀，亦名復觀。一九〇四年元月三日生。……」[8]在尋獲更可靠的其他一手資料之前，先生之名字，姑且以此〈墓誌〉為準。《徐復觀雜文補編》（冊一）收錄了先生所寫如下的一個按語：「謹按：余原名秉常，十六、七歲時，閱《大乘起信論》，自取佛觀以為字，民國十六年入軍中為書記，委任狀寫為佛觀；爾後秉常之名，遂少為

4　涂壽眉，〈我所知道的徐復觀先生〉，上揭《徐復觀教授紀念文集》，頁 39。按：涂先生與徐先生於民國 14 年同時考上湖北省立國學館，即兩人乃同窗也。

5　黎漢基，〈前言〉，黎漢基、曹永洋編，《徐復觀家書集》（臺北：中央研究院中國文哲研究所籌備處，2001），頁 9。

6　徐復觀，〈我的母親〉一文，見上揭《徐復觀文錄》，冊三，頁 177-188，上引文見180-181。

7　我家兄弟共四人，三哥名兆顯，四哥名兆燊（歿），五哥名兆漢，筆者名兆強，也是另一例子。

8　把〈徐公佛觀之墓〉的墓誌視為徐先生本人自擬者，源自翟志成、馮耀明校注，《無慚尺布裹頭歸——徐復觀最後日記》（臺北：允晨文化實業公司，1987），頁 229-231。

友朋所知。民國三十七年，熊師為易佛觀為復觀，並特撰〈名字說〉以張其義。」[9]以上各說中，自當以徐先生本人之說法最為可靠。「秉常」一名既出自先生之自述，且兩見之（一見自擬之墓誌，另一見自撰之按語），則「秉常」當確為先生之原名無疑。其字則為「佛觀」，以字行。民國 37 年，即先生中年時，熊先生取《易・復卦》〈象傳〉之義而易「佛觀」為「復觀」。自此迄先生辭世，「復觀」一名乃行於世。惟無論先生自稱或他人稱之，「佛觀」一名仍時而獲睹。[10]

二、出生年月日

徐先生原先的名字到底是甚麼，雖有不同的說法，但主要只是兩說：秉常或佛觀。但其出生日期，則至少有四種不同的說法，如下：

(一) 1902.01.02：區結成說：「徐復觀，湖北浠水人。一九〇二年一月二日生。」[11]

(二) 1903.01.31：余紀忠說：「徐復觀先生，民國前九年國曆一月三十一日，生於湖北省浠水縣貧農家庭。」[12]楊牧也有同一說法：「徐先生湖

---

[9] 熊十力先生嘗針對徐先生之名字而撰寫〈（徐復觀）名字說〉一短文（詳參上註 2）。徐先生乃特撰一按語以道明其原委。按語原載《自由報》，第 995 期，1969.09.24；收入《徐復觀雜文補編》，冊一，頁 571。

[10] 譬如徐先生與唐君毅先生魚雁往還之書信即其例。大體言之，早期書信以「佛觀」居多，後期則以「復觀」為常；然亦不無例外。兩人書信分別收入《徐復觀全集》（北京：九州出版社，2014），卷 25；《唐君毅全集》（臺北：臺灣學生書局，1991），卷 26。

[11] 區結成，〈徐復觀先生傳略〉，上揭《徐復觀教授紀念文集》，頁 440。又上揭《無慚尺布裹頭歸──徐復觀最後日記》一書封面內頁亦有同一說法。此所謂〈傳略〉，其實並不太略，且具相當學術性。全文計 27 頁（頁 438-464），接近 20,000 字，含注釋 50 多個。

[12] 余紀忠，〈徐復觀先生傳略〉，《徐復觀教授紀念文集》，頁 1；此〈傳略〉又收入《徐復觀最後雜文集》（臺北：時報文化出版企業公司，1984），頁 1。民前九年，即 1903 年。此〈傳略〉相對於區結成所撰的〈傳略〉來說，的確文如其名，蓋只

北涺水人，生於清光緒二十九年（1903）。」[13]曹永洋也說：「徐師於
民前九年（1903）國曆一月三十一日出生。」[14]

(三) 1904.01.03：上揭所謂自擬墓誌〈徐公佛觀之墓〉載：「公名秉常，字
佛觀，亦名復觀。一九〇四年元月三日生。……」

(四) 1904.02.18：黎漢基說：「一九〇四年（另有一說是一九〇三年）二月十八
日出生。」[15]高焜源對各種說法及其出處，皆有相當詳盡的說明，可參
看[16]。

是先生之出生日期計有四說：1902 年 1 月 2 日、1903 年 1 月 31 日、1904
年 1 月 3 日、1904 年 2 月 18 日。上揭〈我的母親〉一文載：「舊曆年的除
夕，離著我的生日只有三天」[17]。依此，徐先生一定是舊曆（陰曆、農曆）正
月[18]初三出生的。就 1902 年來說，舊曆正月初三就只能是陽曆（國曆）2 月
10 日（所以區結成的說法有誤）；就 1903 年來說，舊曆正月初三就只能是陽
曆 1 月 31 日；就 1904 年來說，就只能是陽曆 2 月 18 日。但上揭自擬墓
誌，則作「1904 年元月三日」。然而，1904 年的元月（陽曆 1 月）三日，並
非舊曆正月初三！所以 1904 年的元月三日一定不是徐先生的出生日期。然
而，有謂這個最後的算法是：年是以陽曆來算，月、日則以舊曆來算。持此

1,000 字左右而已。

[13] 楊牧，〈動亂風雲　人文激盪——敬悼徐復觀先生〉，《徐復觀教授紀念文集》，頁
259。

[14] 曹永洋，〈我景仰的徐復觀老師〉，《徐復觀教授紀念文集》，頁 278。

[15] 上揭《徐復觀家書集・前言》。

[16] 高焜源，〈一九四九年以前年譜〉，《徐復觀思想研究——一個臺灣戰後思想史的考
察》（國立臺灣師範大學中文系博士論文，2009 年），頁 354-355。

[17] 《徐復觀文錄》，冊三，頁 178。徐先生的日記也有相關記載，且兩見之，如下。
(一)：1981 年 2 月 7 日，即正月初三日，徐先生日記：「此乃我的生日，食素。」
(二)：1982 年 1 月 27 日：「是日為舊曆一月三日，為我之生日。」翟志成、馮耀明
校注，上揭《無慚尺布裹頭歸——徐復觀最後日記》，頁 97、218。

[18] 一般來說，正月指的是農曆每年的第一個月（約為陽曆二月，即 February），即大年
初一、大年初二、大年初三……——過春節時的一個月。而元月指的是陽曆的第一個
月，即英文的 January。

說的人，其意乃謂：徐先生確係生於 1904 年；至於元月三日指的則是舊曆，即舊曆正月初三日（參高崑源，上揭文）。如年月日均換算為陽曆，則為 1904 年 2 月 18 日。徐先生〈哭徐高阮〉一文說：「你比我年輕十多歲。」[19]徐高阮先生之生年為 1914 年。如徐高阮先生確係比徐先生年輕十多歲，則徐先生之生年不可能是 1904 年，而至少應係 1903 年，甚至更早。綜合各說，以生於 1903 年或 1904 年皆各有理據。如係生於 1903，則先生的生日是該年的 1 月 31 日；如係生於 1904，則先生的生日便是該年的 2 月 18 日。就 1904 年元月 3 日及 1904 年 2 月 18 日來說，其實都是同一天，前者的月日是以陰曆來算（所以所謂「元月 3 日」，指的是正月初三，而非陽曆 1904 年第一個月的第三天），而後者的月日（2 月 18 日）則以陽曆來算而已。2013.01.30 筆者嘗就此問題去信請教旅居美國的徐先生的哲嗣長女公子均琴女士。翌日（2013.01.31）女士覆信指出說：「先父屬兔，生日是在農曆正月初三。」兔年的正月初三，1903 和 1904 年兩年中，只有 1903 年與之符合。今細說如下：1903 年的兔年（癸卯）的第一天（大年初一）是 1903 年 1 月 29 日，第三天（大年初三）是 1 月 31 日，該年（兔年）最後一天是 1904 年 2 月 15 日。所以 1904 年的 2 月 18 日（農曆正月初三）已過了兔年三天；換言之，1904 年的陰曆正月已不再是兔年的正月了。今既確知徐先生出生於兔年（1903，生肖屬兔）的正月初三，如換算為陽曆，則為 1903 年 1 月 31 日是也。

三、國族關懷及雜文寫作

國族無窮願無極，江山遼闊立多時[20]（此徐先生據任公〈自勵詩〉改作；

---

[19]　《徐復觀文錄》，冊三，頁 224。

[20]　這是先生一篇文章的題目。其全名為：〈國族無窮願無極，江山遼闊立多時──答翟君志成書，翟君現在美國伯克萊加州大學攻讀博士學位〉，《儒家政治思想與民主自由人權》（臺北：臺灣學生書局，1988），頁 337-347。文章原發表於香港《華僑日報》，1978.10.10。

任公原詩句為：世界無窮願無盡，海天寥廓立多時[21]）

　　任公固憂國憂民。但就上引詩句來說，則任公志在整個世界。是以任公身處碧海藍天之間而昂首仰望者，世界也。徐先生之終極關懷雖不必異於任公，然而就其畢生恆身處風雨飄搖、國難當頭之大環境來說，則中華民族毋寧更是徐先生關注之所在、聚焦之所在。「海天」，渺乎遠矣；「江山」，始其立足之所在也！足立於江山，則所見固國族耳[22]！

　　先生嘗撰著臥病述懷詩一首，如下：

中華片土盡含香，隔歲重來再病床；

春雨陰陰膏草木，友情默默感時光；

沈疴未死神醫力，聖學虛懸寸管量；

莫計平生傷往事，江湖煙霧好相忘。[23]（詩中的「片土」指臺灣。）

　　三十多年前，即 1982 年 4 月 1 日徐復觀先生病逝臺北。逝世前一個半月（1982.02.15），臥病臺灣大學醫院時，寫下了上面這首「絕命詩」。僅為中華片土的臺灣尚且盡含香，則徐先生理想中的整塊中華大地，便不必多說了。身患沈疴，其所以未死者，神醫力也。縱然閉眼嗑然長逝，則徐先生又豈以一己之身死而有所嗟怨乎！然則先生果真一無所憾而不怨乎？抑仍有憾

---

[21] 按：唐君毅先生亦極愛這兩詩句。（「寥廓」二字，唐先生作「寥闊」，蓋以「廓」、「闊」兩字發音相同而致誤。順便一說，如唐先生係廣東人，則絕不會犯此錯誤，蓋粵語兩字發音極懸殊也。）香港新亞中學嘗把唐先生寫這兩句詩的毛筆墨寶製作成金屬書籤，並於唐、牟兩先生誕生 100 周年香港新亞研究所舉辦國際研討會時，敬贈所有與會者，以表示對唐先生之感念。

[22] 讀者於此千萬別誤會，而以為徐先生僅關心自己的國家、國族！「風聲雨聲讀書聲，聲聲入耳，家事國事天下事，事事關心。」這是徐先生最好的寫照。然而，理雖無大小，而事則有輕重緩急之別，對象亦有親疏遠近之異。此中固宜有所分際也。今僅扣緊上引詩句而為言，讀者勿泥可矣。

[23] 上揭《無慚尺布裹頭歸──徐復觀最後日記》，頁 225。

而不得不怨乎？曰：焉能無憾而不怨！然則所怨者何？「聖學虛懸寸管量」
是也。就徐先生來說，聖學虛懸久矣。書生經世，見乎文章。為聖學爭地
位，甚至為民族爭尊嚴，今僅以個人寸管[24]獨力為之，是以焉能無憾而不怨
[25]！！

　　徐先生以寸管而寫成的文字極多。其中反映彼之民族意識、文化意識
者，幾隨處可見。就中又以純學術性專著以外的雜文表達得最明白曉暢而直
接。此等雜文蓋收錄於以下各書：《學術與政治之間》（甲、乙集）、《徐
復觀文錄》（四冊）、《徐復觀雜文》（四冊）、《徐復觀雜文續集》、《徐

---

[24]　「寸管」指毛筆；先生嘗誓言一輩子絕不用毛筆。是以「寸管」在這裡乃泛指「筆」
　　　而言。朱熹〈鵝湖寺和陸子壽〉詩有句云：「舊學商量加邃密，新知培養轉深沉。」
　　　徐先生「寸管量」的「量」字，當源自朱子詩中「商量」一詞無疑。何以徐先生誓言
　　　一輩子不用毛筆，2016.04.06 均琴女士的來信給出了「答案」：「先父對寫毛筆字的
　　　深痛惡絕可能跟小時候被祖父逼著練字有關。先父曾對我描述過好幾次『一筆寫岔就
　　　當頭一「栗殼」（用手關節敲先父的前額），我經常是一面練毛筆字，一面眼淚直
　　　流』。」

[25]　當然，就徐詩來說，不必然意指只有作者（徐先生）一人獨力奮鬥。徐先生在不少文
　　　章中常提及志同道合者計有唐先生、牟先生等人。然而「聖學既虛懸」，則可知在徐
　　　先生心中能為中華聖學（中華傳統文化、學術）共同奮鬥者，其人必不多。原因是自
　　　由派人士或西化派人士或中研院史語所派人士乃當時學術上之主流派或所謂當權派；
　　　而此等人士皆無與於聖學（文革時期的中國大陸就更不必說了）。當然，不能說所有
　　　這些人士一無例外地皆無與於聖學，甚至皆反對中華傳統文化或反對中華道統，但就
　　　徐先生來看，此等人士大率如此。那為甚麼徐先生產生這種看法呢？蔡仁厚先生如
　　　下的說法似乎很可以給吾人一點啟示。彼云：「由於他的嶙峋風骨與剛正之氣，而開
　　　罪了一些不一定須要開罪的朋友，同時也不免得罪了一些未必值得得罪的人。」蔡仁
　　　厚，〈敬悼徐復觀先生〉，上揭《徐復觀教授紀念文集》，頁 360。大概正是由於徐
　　　先生之剛正，有時也許太剛正，以至容不下上述當權派人士（那怕只是部分人士）對
　　　中國文化的「誣衊」吧，所以徐先生便稍微誇張一點而產生了「聖學虛懸」這個說
　　　法。然而，這是詩句。詩是藝術表現的形式之一。在藝術表現上稍微誇張一點，似乎
　　　是可以理解並且可以接受的。其實，自由派人士、西化派人士或中研院的研究人員
　　　（文哲所成員或為例外），大率看不起聖學，或所謂義理之學的。由此來說，從整個
　　　大環境來看，徐先生「聖學虛懸」的說法，應該是站得住腳的，不必以誇張失實視
　　　之。

復觀最後雜文集》、《論戰與譯述》、《儒家政治思想與民主自由人權》及
《徐復觀雜文補編》（六冊）等。此等雜文原先皆發表於各期刊、雜誌或報
章上，其中以登載於香港出版之《民主評論》及《華僑日報》[26]為最多。登
於《華僑日報》的文章，大抵每篇約 2,000 字。登於《民主評論》的則篇幅
比較大。徐先生學術專業所處理的問題是有關中國本身的文化問題、學術問
題，所以相關文章，比較少論述其他方面的問題，如西方文化問題，政治問

---

[26] 《民主評論》創刊於 1949 年 6 月 16 日（以第一期之出版日期算），最後一期出版於
1966 年 9 月。（初為半月刊，後改為月刊。）徐先生是《民主評論》的創辦人，因
此在該期刊上撰寫不少文章是可以理解的。至於《華僑日報》，其創辦人岑維休、岑
才生父子，則徐先生之好友也。此外，先生為報答好友，且為生活計，亦不能不按時
在該報專欄上發表文章。（先生靠撰寫雜文以維持生計，見〈雜文自序〉，《徐復觀
雜文‧記所思》（臺北：時報文化出版企業公司，1980），頁 2。）《徐復觀雜
文》、《徐復觀雜文續集》的編者楊乃藩亦嘗云：「先生來信說：『觀為維持基本生
活，每周須為《華僑日報》寫約二千字之時論文字，此乃事非得已。』但先生也常向
熟的朋友說：『我的從事學術工作，蓋出於對族類不忍之心。執筆寫許多雜文時，雖
對象有古今之殊，其出於對族類不忍之心則無二致』。……先生之學術不同於學究，
其雜文亦未必同於時流」。此可見徐先生所寫者雖為雜文，但亦有深意存焉。先生的
雜文寓有深意，且不同於時流，尚見於其高足梅廣先生的描繪。梅廣雖認為徐先生有
不少學術領域是不應涉足而對徐先生批評相當嚴厲，但亦非常欣賞先生的雜文。梅廣
說：「……我認為徐先生的雜文中，最值得重視的是他的政論文章。……徐先生不只
是學者，他還是一流的政論家和一流的散文家。拿這個標準來衡量當世人物，徐先生
是獨一無二的。」至於徐先生仰賴《華僑日報》的稿費以過活，尚見涂壽眉以下的說
明。涂說：「徐先生在《民主評論》後期不常到香港，住在臺中時間較多，其生活尚
賴香港《華僑日報》稿費支持。」以上楊、梅、涂三人的說法，分別見楊乃藩，
〈序〉，《徐復觀雜文續集》（臺北：時報文化出版企業公司，1981），頁 2；涂壽
眉，〈我所知道的徐復觀先生〉，《徐復觀教授紀念文集》，頁 46；梅廣，〈徐復
觀先生的遺產〉，《徐復觀教授紀念文集》，頁 239。至於徐先生為報恩而持續為
《華僑日報》寫稿，徐先生哲嗣長公子武軍先生做了如下的說明：「1948 年，先父
設法解除了香港《華僑日報》內銷的禁令，因而結下了 30 餘年的緣分。自 1951 年開
始為《華僑日報》撰文，先父在 1951 年和 1960 年兩次訪日，均得到《華僑日報》的
幫忙，自 1960 年開始持續寫稿。……自 1951 年以來，長期的提供必要的經濟協助
的，是政治和學術圈外的《華僑日報》的岑才生和歐陽百川兩位先生。」徐武軍，
〈父親的時代〉，《鵝湖月刊》，2016 年 5 月號（總 491 期），頁 6。

題等等。其雜文則不然。然而，筆者以為這些問題的論述，很可以揭示先生學術性格的另一重要面向。此乃對國族之關懷，乃至對全世界人類之關懷是也。是以欲全面了解徐先生之學術性向及其終極關懷者，絕不宜輕忽此等雜文[27]；且根據徐師母王世高女士之說法，徐先生本人亦非常重視這些雜文。師母說：

> ⋯⋯沒有香江十二年的困心衡慮，便沒有時報文化公司刊行的六本雜文集──。⋯⋯我知道這是您最看重的心血，所以在您辭世之後，對於這些著作的刊布，成了我最重要的工作，這也是我活下來的原由之一。[28]

上引文針對徐先生所寫的雜文，師母說的：「我知道這是您最看重的心血」這句話，不是隨便說說的。徐先生本人所說的話乃有力的佐證，如下：

> 在漫長而艱苦地研究歷程中，又寫了這些雜文，乃說明我和我所處的時代的不幸。⋯⋯我所處的時代，也壓迫我的良心不能不寫些政論性的文章。⋯⋯但有的雜文，卻是在拿起筆時，忘記了自己身家吉凶禍

---

[27] 《學術與政治之間》（臺中：中央書局，1956），在某一程度上，算是徐先生的一本雜文集（且是第一本），所收錄的文章主要來自《民主評論》。先生在該書的〈自序〉中云：「⋯⋯所以我正式拿起筆來寫文章，是從民國三十八年開始。」先生所說的「文章」，蓋指學術性，或具相當學術性的文章而言。然而，縱使以這個標準來看，亦不宜從民國 38 年算起。按：先生不可能誤記，其所以認為始於 38 年者，蓋從其遷臺後算起而已。據悉，民國 26 年（1937）徐先生嘗撰寫〈漢武帝戰時的經濟政策〉一文。參上揭涂壽眉，〈我所知道的徐復觀先生〉，《徐復觀教授紀念文集》，頁 41。追隨徐先生十多年辦《民主評論》的金達凱先生亦有相關記載。金達凱，〈悲劇時代中一位歷史人物的安息──敬悼徐佛觀教授〉，《徐復觀教授紀念文集》，頁 83。

[28] 徐王世高，〈重回故土／代序〉，徐復觀著，蕭欣義編，《儒家政治思想與民主自由人權》（臺北：臺灣學生書局，1988），頁 3-4。

福的情形之下寫出來的。[29]

凡儒家（含當代新儒家）莫不重視良心。在良心的召喚下，徐先生乃不計一己的身家吉凶禍福，而拿起其如椽巨筆，寫下含政論在內為數眾多的雜文。良心或良知的不容自已而「壓迫」徐先生非搦管寫雜文不可，也見諸以下一段文字：

> 我的雜文，包括的範圍相當廣泛；許多是由各個方面，各種程度的感發才寫了出來的。但以受到毛澤東文化大革命及其遺毒的震盪為最大。這一震盪，直接間接，波及到我的精神活動的各方面。震盪是發自良知所不容自已；在震盪中堅守國族的立場，維護國族的利益，不知不覺地與大陸人民共其呼吸，同樣也是來自良知的不容自已。良知是中國文化的根源，是每個人所以成其為人的立足點。[30]

是先生受良心、良知之呼喚而對國族、時局有所感，乃不容自已地憤起而搦筆為文。先生在另一文章（僅千餘字之《徐復觀文錄‧自序》）[31]中，嘗六次指出基於「感憤之心」而握管撰文。據此即可知先生人溺己溺、感同身受的大愛情懷在其生命中所扮演的關鍵角色及所占據的重要位階了。其千年後而上接橫渠「民胞物與」之精神，可斷言也。洵頑廉儒立而為萬世所師法無疑。

四、即事以言理

中國先賢恆重視經世致用。本此，文人、學者為文，亦大皆以言理為宗尚；言志，或今天所謂純文學者，絕少；即有，亦不受重視。至於言理，則

---

[29] 徐復觀，〈雜文自序〉，《徐復觀雜文》（臺北：時報文化出版企業公司，1980），頁 2。

[30] 上揭〈雜文自序〉，頁 4。

[31] 《徐復觀文錄》（臺北：環宇出版社，1971），共四冊。

可細分為二：「離事而言理」、「即事而言理」。前者，今哲學家所為之文章，殆近之。後者，大抵史家之文是也。夫子嘗云：「我欲載之空言，不如見之於行事之深切著明也。」[32]司馬貞《史記・索隱》在這裡加一案語云：「孔子之言，見《春秋緯》，太史公引之以成說也。」既出自《緯書》，則孔子是否確有此一言，便不無疑問。然而，司馬貞說得好：太史公把這句話引錄下來，目的在於「成說」。而所謂「成說」，即證成、佐證、成就一個說法、一個抽象的道理、義理，乃至天理。太史公，史家也。他用甚麼來證成這個（這些）抽象的道理、義理、天理，實不待思索而可知。他用的當然就是歷史事實，即上引文中所說的（人類）的「行事」。因為只有透過過去人類的行事來說明（含鞏固、強化）道理、義理、天理，那麼這些道理、義理、天理，才不致流為「空言」。換言之，這些道理、義理、天理，才得以深切著明且具體地被彰顯、呈露出來。徐復觀先生，史家也，思想家也，極佩服司馬遷及其《史記》的一位學人也，當然亦係深富經世致用意識[33]而現實感極濃烈之新儒家也[34]。以其為儒家，故必言理；以其為史家，故必述

32　語見司馬遷，《史記・太史公自序》。杜維明先生指出，「深切著明」一語，徐先生常常掛在口頭上。杜維明，〈徐復觀的儒家精神──以「文化中國」知識分子為例〉，李維武編，《徐復觀與中國文化》（武漢：湖北人民出版社，1997），頁15。

33　「經世致用意識」乃「道德意識」之一種。而這個「道德意識」或「道德成素」可說是上文所說的「即事而言理」的「理」的一重要內涵（重要組成部分），甚至即理之本身。由此來說，這個理便是一「道德形上實體」。儒家者流恆相信這個理可以左右、推動歷史發展、前進。然而，這個理，對某些史家來說，實不具備道德成素，更不是一「道德形上實體」。有些史家甚至不認為歷史發展的背後有所謂「理」這個東西的存在。針對相信有「理」，但此理非盡然是一「道德形上實體」來說，譬如有些史家所認為的「理」指的就是上帝或上帝的意旨（神意），便是其例。經濟決定論、氣候決定論、歷史循環論等等也是不少史家所相信的歷史發展背後的一個「理」。筆者則以為，歷史的發展，其背後可有的因素（即所謂「理」）是多元的。吾人不必執一而廢百可矣。

34　有學者認為徐先生「是現代儒家中『常民立場』（populist）最突出的一位」、「被認為是最具有現實意識的一位學者。」李淑珍，《安身立命──現代華人公私領域的探索與重建》（臺北：聯經出版事業公司，2013），頁19、297。徐武軍亦有類似的述

事。換言之，必事、理兼顧。而兩者合一的方式，對徐先生來說，則係「即事而言理」。而所謂「即事而言理」，就徐先生的政治雜文或時事雜文來說，具體言之，乃指本乎道德立場以扣緊、透過（即）歷史事實或當前事實來說明道理、義理，甚至天理[35]。此充分反映出徐先生對現實政治活動所深具的一種人文關懷、道德關懷：期許政治活動，尤其政治活動背後的政治人物在做人處事方面，能超克負面的人性而努力地做出符合道德人倫規範的表現。約言之，即期許達致《論語》所說的「克己復禮」[36]而已，豈有他哉！

　　今妄撰一不成熟的對聯如下，以概見先師所撰之雜文，尤其政論文章之大旨：

　　其一：　　搦管細描中外事，
　　　　　　　慧心逆溯古今情。

　　其二：　　直筆橫批天下事，
　　　　　　　丹心逕斷古今奸。

說法，如下：「在當代的學者中，牟宗三先生和　先父相知最深，二人秉性剛烈，具強烈的社會責任感。」徐武軍，上揭〈父親的時代〉，頁5。

[35] 就徐先生來說，此「理」，乃當指含理性之架構表現的一種理，即建構政治民主制度的一種理，或逕指民主架構、民主制度。按：「理性之架構表現」一詞，乃借用自牟先生。參牟宗三，〈理性之運用表現與架構表現〉，《政道與治道》（臺北：廣文書局，1974），頁44-62，尤其頁51-55。

[36] 所謂「克己復禮」，易言之，即挺立人之道德主體性；由人之道德主體性作主。

上篇　道德與政治

第一章　道德與政治的關係[*]

一、緒論

　　徐復觀先生的國際政論文章恆反映其深具非常濃厚的道德意識。人性、人心、良心、道德、道義、人道、人權、自由、民主、反省等等字眼，屢見不一見。然而，世界局勢，波譎雲詭；國際間的政府交往及相關政策的釐訂、推動，又恆勾心鬥角、爾虞我詐，甚至非拚個你死我活不可。其實，任一國家之國內政治活動或政治人物們的政治行為亦然。在這種情況下，何有良心、道德、道義可言？果爾，則先生所說的某國、某政府或某政治人物的道德良心的表現，或先生對某國、某政府或某政治人物的道德性的期許，或進而提出要求，甚或予以指責，豈非癡人說夢話，對牛彈琴？！換言之，只是先生本人一廂情願的想法？是以在揭示先生的道德意識在其政論文章中對

---

[*]　本文及以下二文：〈天地之大德曰生〉、〈人性‧良心〉，本為同一文章中的三個組成部分；該文名〈文章經世：徐復觀先生政論中所見的道德意識〉，乃應「當代儒學國際學術會議：儒學之國際展望」之邀請而撰寫。會議日期：2012 年 9 月 26-28 日；地點：中央大學。該文經增刪潤飾，復經審查後，收入李瑞全、楊祖漢主編，《二十一世紀當代儒學論文集 I：儒學之國際展望》（桃園：中央大學儒學研究中心，2015），頁 145-170。今進一步修改並分別冠予不同標題而成為三篇獨立的文章後，乃納入本書內。

不同領域（如政治、軍事、經濟領域，甚至文化、歷史、社會等領域）提出「要求」之前，必須先對先生的相關思想或信念有一基本的認識。

　　一言以蔽之，先生是性善論者、心善論者。換言之，性善、心善，乃先生的基本信念。此其一。再者，先生政論文章的相關描述蘊涵了先生肯定政治活動的背後，恆有一道德意識貫穿其間。此其二。本文之撰，即旨在揭示斯義（尤其後一義）。就本文之基本素材來說，主要是援據先生論述國際政治的文章。

＊　＊　＊　＊　＊　＊

　　這裏埋的，是曾經嘗試過政治，卻萬分痛恨政治的一個農村的兒子——徐復觀。[1]

　　這三十個字，是徐復觀先生於 1963 年 12 月 7 日，即逝世 19 年前，時年 60 歲時，預先為未來的墓碑寫上的碑文[2]。徐先生任職軍政界，大概是從 1926 年在江西德安初任軍職開始的，迄 1949 年遷臺後脫離軍政界為止，前後約 24 年[3]。其間自 1944 年至 1949 年，前後約有 5 年的時間，先生預參帷

---

[1]　徐復觀，〈舊夢‧明天〉，《徐復觀文錄》（臺北：環宇出版社，1971），冊三，頁144。

[2]　然而，讓筆者頗感詫異的是，這三十個字，並不見於「徐復觀自擬墓誌」中。到底是徐先生本人的意見在後來有所改易，抑「好事者」根本不悉徐先生嘗自撰這三十個字，抑另有其他考量而故意刪去之，則待考。這個所謂自擬墓誌，見徐復觀著，翟志成、馮耀明校注，《無慚尺布裹頭歸——徐復觀最後日記》（臺北：允晨文化實業公司，1987），頁229-231。

[3]　從民國 15 年（1926 年）徐先生 24 歲在軍中初供職（任中尉書記）算起，迄 1949 年 47 歲抵臺灣後即淡出黨政軍三界為止，前後共約 24 年。參徐復觀，〈垃圾箱外〉，《徐復觀雜文——憶往事》（臺北：時報文化出版企業公司，1980），頁 22-46，尤其頁 23。又可參高栢源，〈附錄：1949 年以前年譜〉，《徐復觀思想研究——一個臺灣戰後思想史的考察》，臺灣師範大學博士論文（臺北，2008），頁 357，註 1277。〈徐復觀先生年譜〉「民國二十一年　三十歲」條載：「在廣西初任軍職，在

幄，與蔣公接觸相當多，頗為所倚重[4]。政治界之黑暗（奸詐、虛偽、矯飾）及顢頇等等，人所共知，這裡不必多說。以情真、性真的徐先生來說[5]，他之萬分痛恨政治，是很可以理解的[6]。所以自 1946 年開始，徐先生已下定決心

　　警衛團任上尉營副，……」，是〈徐復觀先生年譜〉以「任上尉營副」才算任職軍
　　中。然而，若從任中尉書記便算任職軍中，則先生任職軍中的時間便應多算 6 年。個
　　人認為宜從寬認定。徐師母王世高女士訂正，〈徐復觀先生年譜〉，收入曹永洋等
　　編，《徐復觀教授紀念文集》（臺北：時報文化出版企業公司，1984），頁 562。

[4] 　參黃兆強，〈附錄：先生與蔣公接觸史事繫年一覽表〉，收入〈偉大史家眼中的偉大
　　歷史人物──徐復觀評蔣介石〉一文。文章發表於上海大學歷史系 2012.06.29-07.01
　　所舉辦之「民國史家與史學國際學術研討會」上。該文經修改及審查後，正式發表於
　　《東吳歷史學報》，期 30（2013 年 12 月），頁 115-171。今經進一步修改後，納入
　　本書內。

[5] 　余英時不愧史家巨眼，其悼念徐先生的大文以〈血淚凝成真精神〉為題，是很可以反
　　映徐先生情真、性真的實況的。文見上揭《徐復觀教授紀念文集》，頁 115-117。
　　又：徐先生得意門生翟志成先生（筆者同門學長）以下的描繪，就情真、性真來說，
　　可以說入木三分。學長說：「在他的眼中，容不下半點虛偽和邪惡。他絕少人情的牽
　　扯和利害的計較，義之所在，即使……，他也要去碰，也要去闖。」翟志成，〈代
　　序〉，上揭《無慚尺布裹頭歸》，頁 7。此〈代序〉後命名為〈徐復觀的人格和風
　　格〉，收入翟志成，《當代新儒家史論》（臺北：允晨文化實業公司，1993），頁
　　341-360。

[6] 　先生之萬分痛恨政治，可以下文為證。先生說：「人自身是一個『全』。政治是此一
　　『全』中可有可無，而且是惡性絕對多於善性的一部分。……完全政治化了的人生，
　　是最壞的，最乾枯僵化的，也是最不幸的人生。」先生在他處又嘗云：「政治是人類
　　不得已的一種罪惡，……」。要言之，以上兩引文皆認定政治乃一種罪惡。然而，其
　　一云：「政治是可有可無」者。另一則云：政治乃「不得已」者。這兩個說法看似相
　　矛盾。細究其意，「可有可無」的說法是針對個人來說的。即你個人可以選擇從事政
　　治活動、參與政治活動，但也可以不作這種選擇。這完全看你個人的興趣。至於「不
　　得已」的說法，則是針對整體人類來說的。中山先生有云：「政者，眾人之事也；治
　　者，管理也」。所以除非你不是社會中的一員，或除非你是個無政府主義者，甚至反
　　政府者，否則你至少得贊成或至少在某一程度上得接受政府對人民的管理措施（譬如
　　納稅、服兵役等等）。這大概便是徐先生所說的「不得已」。此可見兩個說法並不相
　　矛盾。上兩段引文，分別見徐復觀，《徐復觀集》，黃克劍、林少敏編，《當代新儒
　　學八大家集》（北京：群言出版社，1993），頁 137；〈研究中國思想史的方法與態
　　度問題（代序）〉，徐復觀，《中國思想史論集》（臺北：臺灣學生書局，1975），

要離開政治[7]；雖然正式得以解脫是三年後的事。「政治」者，「管理眾人之事也」。先生所痛恨的，絕非這管理眾人之事之本身。先生所痛恨的，毋寧是現實政治界、政治人物（蓋泰半為政客）及違反人道人倫的政策。所以先生之離開政治，是指不參與政治──不從事政治活動，尤其不任職軍政界而言；並不是不談論政治，不月且政治人物及不評騭時政。反之，充滿了感憤之心[8]而對「風聲、雨聲、讀書聲，聲聲入耳；家事、國事、天下事，事事關心」的徐先生來說，這種「人類不得已的一種罪惡」[9]，先生是絕對不能不予以關注的。

對家、國、天下的一份愛，一份使命感而生起的一股強烈的道德意識，幾乎見諸先生所撰寫的每一篇文字中，絕不只限於先生的政論文章，尤其不侷限於國際政論文章。然而，以不克全面細讀先生所有文字[10]；乃僅勾稽爬梳所撰寫的國際政論文章部分[11]，藉以窺見其「道德與政治的關係」的相關論述。

徐先生的文字，似可細分為四類：學術、翻譯、日記書信、雜文。本文所根據的資訊主要來自最後一類，即雜文類。雜文彙整成冊而其中含談論國際政治的，計有以下數種：《學術與政治之間》[12]、《徐復觀最後雜文集》[13]、《徐復觀雜文續集》[14]、《徐復觀雜文·看世局》[15]、《徐復觀雜文補

頁8。

7　上揭高焜源，《徐復觀思想研究──一個臺灣戰後思想史的考察》，頁375。

8　先生在上揭《徐復觀文錄》的短短一千多字的〈自序〉中，便六次提到自己的一顆感憤之心使他不容自己地關懷學術問題、文化問題、政治問題，並據以寫下不少文章。

9　這是徐先生用來描述政治的一句話，語見上揭《徐復觀集》，頁76。詳參上註6。

10　先生著作含翻譯二種，共三十多種，不下千萬言。如上所言，本文乃源自研討會。以時間及篇幅所限，研討會文章難免欠完整。今茲因陋就簡，不擬據先生所有著作做大幅度的增補。

11　先生的政論文章很可以反映其道德意識及使命感；先生即嘗云：「過去所寫的政論文章，從某一方面說，乃是為今日普天下的人伸冤。」徐復觀，〈自敘〉，《中國藝術精神》（臺北：臺灣學生書局，1976），頁9。

12　香港：南山書屋，1976，甲乙集合訂本。

13　臺北：時報文化出版企業公司，1984。

編》冊三、冊四的《國際政治卷》[16]。

先生的各類文章，計 1200 多篇[17]，其中論述國際政治的，約佔 4、5 分之 1，共二百多篇；大部分發表於香港《華僑日報》，少部分發表於《民主評論》或其他刊物。發表於《華僑日報》的，每文約 2,000 餘字。發表於《民主評論》的，則篇幅比較長。發表時段，計自 1950 年起至 1981 年止，前後超過 30 年[18]。

先生討論國際政治的文章，其內容非常廣泛，其中以政治性為主。舉凡一國之內政（含政策）、政治人物，及國與國之間的關係等問題，皆係討論之列。至於人類活動的其他領域，如社會、宗教、經濟、生態（環保）、科技、軍事等等，也都是討論的對象[19]。

討論所針對或涉及的國家非常多。據粗略統計，不下 40 國；歐美的計有英、美、法、蘇、德（東、西德）、義、瑞典、葡、波、捷、匈、羅馬尼亞、塞浦路斯，亞洲的計有日、韓（南、北韓）、越、寮、柬、泰、菲、馬、印度、巴、孟、印尼，中東的計有以、敘、黎巴嫩、約旦、沙地阿拉伯、伊朗、伊拉克、葉門、巴游，非洲的計有埃及、阿爾及利亞、利比亞，南美洲的計有阿根廷、智利等等。

14　臺北：時報文化出版企業公司，1981。

15　臺北：時報文化出版企業公司，1980。

16　臺北：中央研究院中國文哲研究所籌備處，2001，冊三、冊四。

17　詳參黎漢基，〈徐復觀先生出版著作繫年表〉，徐復觀著，黎漢基、李明輝編，上揭《徐復觀雜文補編》，冊六，頁 471-585。據筆者統計，文章大概為 1,200 多篇。

18　先生學術文化方面的表現，最先為世人所關注者，乃係國際政治方面的專長。看上先生並聘其在專上學院（臺中省立農學院，現今中興大學的前身）任教的第一個科目便是「國際組織與國際現勢」；這年是 1952 年。先生教授大一國文及中文系專業科目，那分別是 1953 年及 1955 年的事了。參上揭〈徐復觀先生年譜〉，頁 564。

19　嚴格來說，社會、宗教、經濟、生態、軍事等領域，不應算在政治範圍內。上揭《徐復觀雜文補編》則把先生討論這些領域的文章，一概納入《國際政治卷》內而成為該《補編》的第三冊和第四冊。今茲倣照這個體例，凡論述國際問題的，一概以政論稱之。「政論」一詞，其涵義似可涵蓋政治以外的其他領域的討論，如社會、宗教、經濟、軍事等等領域的討論。

　　先生緣於道德意識而來之人道關懷、人文關懷，乃至對整個世界的終極關懷，上述文章皆有所反映。古人謂史家需具備四長：史才、史學、史識、史德[20]。要言之，資料組織、彙整能力及撰文技巧，史才也。歷史知識，乃

---

[20] 籠統言之，倡此說者，乃唐人劉知幾及清人章學誠。劉說見《新舊唐書‧劉知幾傳》。章說見《文史通義‧史德》。其實，就史德（史家之心術）來說，元人揭傒斯（1274-1344）已先章學誠而有所論述。《元史》，卷 181，〈揭傒斯傳〉載：「詔修遼、金、宋三史，傒斯與為總裁官，丞相問：『修史以何為本？』曰：『用人為本，有學問、文章而不知史事者，不可與；有學問、文章，知史事而心術不正者，不可與。用人之道，又當以心術為本也。』且與僚屬言：『欲求作史之法，須求作史之意。古人作史，雖小善必錄，小惡必記。不然，何以示懲勸！』」傒斯之意，要言之，即史才、史學非修史之本。修史之本乃在於心術（即史德）。至於所說的作史之法、作史之意，既扣緊「小善必錄，小惡必記」（即現今所重視的平衡報導）來說，則所說之史法、史意者，亦不當史德也。以上揭傒斯論史才、史學、史德。此三者固可稱之為史家三長。然而，此三長與劉知幾所說之三長（史才、史學、史識）稍異。其實，劉氏「史識」一項，就內容言，已隱含史德的內容，惟未用上「史德」一詞而已。後人以此而謂「史德」出自實齋，乃可謂知其一，不知其二。今不予細說。詳參筆者，《章學誠研究述評 1920-1985》（臺北：臺灣學生書局，2015），頁 223-232。「史德」一詞，筆者在這裡取其廣義用法；乃指史家本乎俗世關懷及淑世情懷而對史事及歷史人物作出正面或負面的評價。這可以說是史家本人的道德意識之呈現。當然，就狹義來說，「史德」乃僅指「著書者之心術」，乃係就史家著書（撰史）過程中該有之態度來說。（有關後者，尤其「著書者之心術」的論述，可參《文史通義‧史德》。此外，劉知幾《史通》亦有相關論述，其中〈直書〉、〈曲筆〉兩篇討論尤詳，甚值參考。）所謂「著書者之心術」，就今天的用語來說，即等同「著書者之用心、態度」。細言之，即指應具備以下的態度：超然、客觀、中肯、不偏不倚，要平衡報導，不要顛倒是非黑白等等。美國芝加哥羅耀拉大學（Loyola University, Chicago）的格勒翰（Gilbert J. Garraghan）教授，在《史學方法指南》（*A Guide to History Method*）一書中，嘗闡述史家撰述歷史該有的態度（The competent historian: Characteristics），頗值得吾人參考；其要點如下：求真的熱忱（Zeal for the Truth）、批判的精神（Critical Sense）、客觀態度（Objectivity）、勤奮（Industry）、專注（Concentration）。此外，巴慎（Jacques Barzun）及格拉夫（Henry F. Graff）在合撰的《現代研究工作者》（*The Modern Researcher*）一書中，指出研究者（含史家）應具備六項美德（virtues）：精準確切（Accuracy）、酷愛條理（Love of Order）、邏輯推理（Logic）、誠實毋欺（Honesty）、反躬自省（Self-awareness）、想像能力（imagination）。Gilbert J. Garraghan, *A Guide to History*

至其他相關知識，史學也。選題及評斷歷史之眼光識見，史識也。不偏不倚之據實直書，史德也。徐先生乃文章高手、史學大家，因此史才方面，不必多說。先生史識之高、史德之厚，想人所共喻，今亦不擬細論。至於史學（「史學」一詞，今採其廣義。如一秒鐘之前之事皆視為過去而稱之為歷史，則所謂國際現勢之知識，皆可謂歷史知識）一項，則筆者佩服到五體投地。其相關知識之廣博豐富，了解、分析之透闢深入，在在令人嘆為觀止；讓人窺見何謂百科全書式的學問[21]。相關雜文甚至可以啟迪吾人之思維，使人進一步反省人生問題、家國問題；並厚植吾人之使命感。且必須進一步指出的是，先生自謂：「每星期七天，五天時間我是面對古人，一天半或兩天時間我又面對當代。」[22] 所謂「面對古人」，指從事研究並撰寫學術論文而言；「面對當代」，指閱報並撰寫雜文而言。換言之，先生撰寫雜文的時間只占其閱讀、撰文總時間約 5 分之 1 左右。而雜文中，國際政論部分大概占不到 4 分之 1。可知先生撰寫國際政論雜文的時間，占不到其全部閱讀、撰文時間的 20 分之 1。以不到 20 分之 1 的時間而竟能寫出幾乎篇篇精彩可傳的文章，則先生的功力（含識見等等），豈能不讓人肅然起敬[23]？！

Method (New York: Fordham University Press, 1957), pp.43-54; Jacques Barzun & Henry F. Graff, *The Modern Researcher* (New York, Chicago, San Francisco, Atlanta: Harcourt, Brace & World, Inc.), pp.58-62.

[21] 二三十年前沒有上網找資料這回事，且先生做學問，除完稿後找人鈔寫謄錄外，整個研究寫作過程，皆出自一己之手。可知其文章所揭示的豐富資訊，乃來自先生平日辛勤工作的成果。

[22] 徐復觀，〈自序〉，《徐復觀雜文》（臺北：時報文化出版企業公司，1980），頁 2。類似說法，又見〈佛觀先生書札〉，《儒家政治思想與民主自由人權》（臺北：臺灣學生書局，1988），頁 382。

[23] 徐師母王世高女士曾說過，先生本來有意要寫五卷兩漢思想史的，但去了香港之後，便少寫了兩卷。然而，師母又指出，在香江十二年的困心衡慮促成了先生「在《華僑日報》陸續寫下了好幾冊的時論、雜文」。參徐王世高，〈重回故土／代序〉，上揭《儒家政治思想與民主自由人權》，頁 3-4。按：1969 年秋先生去了香港之後至 1982 年春在臺北逝世時為止，12 年半的時間內，先生寫了為數眾多，且幾乎可說篇篇精彩可傳的雜文。如果是在臺灣的話，以中共及國際資訊之獲得不易（至少較香港

二、徐先生是性善／心善論者；道德良心與民主政治

　　徐先生的政論雜文常反映先生具備非常濃厚的道德意識；此已略見上文。人性、良心、人心、道德、人道、道義、人權、自由、民主、反省等等字眼，數見不一見。然而，國際間的政府交往及相關政策的釐訂，推動，恆勾心鬥角、爾虞我詐，其間何良心、道德、道義可言？果爾，則針對政治而談道德，豈非癡人說夢話？對政治人物給予期許，或進而提出「要求」，又豈非南轅北轍、緣木求魚、向鬼請藥單？或反之而予以批評、批判，恐猶同攻擊一虛擬的稻草人而不得要領也。到頭來，恐怕只是徐先生本人一廂情願的想法，而實際上只是妄想、空想、幻想？！是以在揭示先生據其道德意識在政論文章中對不同領域（如政治、軍事、經濟領域，甚至文化、歷史、社會等領域）或對不同政治人物提出道德要求之前，必須先對先生的相關思想或信念具備一基本的認識。一言以蔽之，先生相信人性本善，即先生是性善論者；這是大前提所在。如人性本惡，則道德意識、道德感情便無由生起；或縱然由後天之「培植」、涵養而獲得，然而因缺乏先天性本善之根據，那恐怕也是無法保證此種道德意識必然使人向善的[24]。

　　先生相信人性本善，乃立基於先生相信人心為善（心善）。先生說：「中國文化是心的文化。」[25]這個心的性格又如何呢？先生明確指出說：「心善是性善的根據……所以心善即性善。」[26]此語即蘊涵了先生相信人之

　　困難），再加上政治環境的侷限，談論中共及國際政治的雜文，恐怕是不容易寫出來的，至少在內容上恐怕沒法像現今的豐富、精彩。

[24] 人性、人心是否確如徐先生及一般儒家所說的是善的，這當然是一個很可以討論、考察的「事實」問題。然而，現今不必管其事實到底如何。就徐先生來說，他是相信人性、人心確是如此的。他的政論內容所涉及的道德意識，其立足點皆以此為據。

[25] 徐復觀，《徐復觀集》，收入上揭《當代新儒學八大家集》，冊八，頁217。

[26] 上揭《徐復觀集》，頁 275-276。這個對心、性的說明，是徐先生對孟子相關論說的解讀。然而，筆者認為亦很可以反映先生本人的一貫看法。其說見〈從性到心——孟子以心善言性善〉一文，此文亦收入徐先生，《中國人性論史——先秦篇》（臺北：臺灣商務印書館，1975），頁 161-198。

心是善的，並由心善來貞定性善。心善既然即是性善；那麼，我們也可以反過來說：性善即心善。換言之，就徐先生來說，心、性是合一的，是同一個東西。這裡使人想起道德形上學的問題。如眾所周知，徐先生是反對，或至少是不太接受從道德形上學的進路來處理儒學中的心、性問題的。依唐君毅先生、牟宗三先生，人之心、性，其上有一超越的形而上的根據。此即道德形上實體是也。由此而建構的道德形上學保障了，也保證了人之心性必然為善，而人亦因此在原則上必然可行善。道德形上學之價值便由此而得以確立。它對人類最大的貢獻恐怕也在於此。然而，就徐先生來說，逕肯定人性本身之必為善、人心之必為善，則於事已足，人生之價值即可由此而開出、確立，而不必向上或向外作一番形而上學的探討、論說，否則徒增糾纏紛擾。相對於唐、牟二先生等人的道德形而上學來說，並相對於純粹遷就人之現實情況而建構的「形而下學」（視人之行為純粹依軀殼、習心而起念、生發）來說，徐先生「直指本心」而不談其超越根據的這種學說，吾人或可稱之為道德形而中學。相關問題，前人已有所探討，今不細表[27]。

　　就心、性與作為「管理眾人之事」的政治來說，其關係到底為何，徐先生的看法，實不異於一般儒家的傳統看法。要言之，既然心、性皆善，則由此推己及人所建立的政治，必然是儒家所推崇的仁政、德治。然而，這種仁政、德治，就徐先生來說，其表現型態，必然不是中國古代人們所渴望、冀盼的聖君賢相的一種型態。徐先生一輩子謳歌自由、推崇民主。是以所謂仁政、德治，就徐先生來說，必然是指執政者以其仁德之心（良心）為本（由此遂開展出開明、包容、推己及人、恆以天下蒼生為念、為本等等的道德心靈），復據自由民主的精神，並在憲政架構下，以施政敷治——依法行政。於此正可見理想的政治，必然是跟道德緊密地結合在一起的（詳下文）。也可以說，只有

----

[27] 可參馮耀明，〈形上與形下之間：徐復觀與新儒家〉一文。此文發表於「徐復觀學術思想中的傳統與當代」國際學術研討會；舉辦日期：2009.12.05-06，主辦單位：國立臺灣大學人文社會高等研究院。此文後又發表於《中國儒學》（北京：中國社會科學院，2010），第五輯，2010 年 9 月。

在道德（良心）的指引下、啟迪下，政治才可以邁上理想的境域[28]。

三、政治中當然有道德問題

道德與政治的關係，徐先生在不少文字中，皆有所論述。今大體上僅扣緊先生的國際政論雜文而作相應的闡述。

上文已稍微講過，不少人不認為政治運作中有道德良心的問題；即視政治與道德為二事，彼此並不相干[29]。徐先生對這方面最不能認同。在給政治學家及人權主義者張佛泉先生（1907-1994）的一封公開信中，先生非常斬截的指出說：

> ……道德是表現在人類的生活行為上面。而政治是人類的重要生活行為之一，所以政治中當然有道德問題，政治與道德當然有相互的關連；就其關連處（當然也有不相關連處的）而從道德界談自由起，一直貫穿到政治界，為什麼不可以？[30]

可見先生確信政治不可能跟道德不相干。依筆者之考察，此信念先生至死不渝（先生卒於 1982 年 4 月 1 日）。上信撰於 1954.08.16。換言之，此信念是先生畢生（至少接近 30 年）的主張[31]。1973 年 6 月 1 日，先生發表〈民主、科

---

28 可並參姜國柱，〈徐復觀的心性論〉中〈心性與政治〉一節，收入李維武編，《徐復觀與中國文化》（武漢：湖北人民出版社，1997），頁 279-283。

29 如張佛泉即認為「在政治層次中沒有道德問題」。徐復觀，〈給張佛泉先生的一封公開信——環繞著自由與人權的諸問題〉，《論戰與譯述》（臺北：志文出版社，1982），頁 64。上公開信寫於 1954.08.16。按：視政治與道德兩不相涉，這可說是實證主義或偏重實證主義的一種看法。徐先生不見得反對實證主義，但作為新儒家來說，則絕不會全然認同實證主義的所有主張的。

30 上揭《論戰與譯述》，頁 65。

31 同年而稍後，1954 年 9 月 25 日，先生所撰就的一文，於結尾處言之更愷切。先生云：「今日淺薄偏激之徒，以道德為玄談，輒欲驅逐道德於政治生活之外，此乃低級

學與道德〉一文[32]。文中更清晰而明確的揭示了彼對道德與政治的關係的看法，如下：

> 三者（按指：民主、科學、道德）在表面上看不出他的關連，但在事實的根源上，卻有其內在關連的意義[33]。……他們（指：指五四運動健將）始終不了解：必須有道德的勇氣，才能剋服科學、民主進程中的許多困難。……揭破我國傳統中被專制所利用歪曲的部分，重新發現維護人格尊嚴、人類和平的部分，以形成科學、民主的堅強動機，更為他們所不能了解。……民主政治的自身，就是在政治方面的一種偉大倫理道德的實現。只有在民主政治之下，人才能過著人的生活。所以凡是誠心誠意去建立民主政治，充實民主政治的人物，便都是有道德、有品格的人物。……[34]各民族間因生活條件的不同，道德表現的

極權思想之變相，以此求自由民主，真可謂南轅北轍了。」徐復觀，〈荀子政治思想的解析〉，上揭《儒家政治思想與民主自由人權》，頁 155。上文又載徐復觀，《學術與政治之間》；原載張其昀等，《中國政治思想與制度史論集》（臺北：中華文化出版事業委員會，1955）。又：徐先生上述的信念／說法，與唐君毅先生的說法，可以互為表裡。唐先生深信人類一切自覺的文化活動（含政治活動），其背後皆有道德理性（此「道德理性」，即徐先生這裡所說的「良心」）為之支持。參唐君毅，《文化意識與道德理性》（臺北：臺灣學生書局，1978）；其中最簡要之說明，見〈自序（二）——明本書宗趣〉，頁 3-4。唐先生專論政治與道德理性的問題，見〈政治及國家與道德理性〉一章。但必須指出的是，唐先生視這個「道德理性」雖為人所固有，然而有其形而上的根據。徐先生則異於是。這就是上文所說的，唐先生主「道德形而上學」，徐先生則主「道德形而中學」。

[32] 徐復觀，〈民主、科學與道德〉，《國際政治卷》，上揭《徐復觀雜文補編》，冊四。原載《華僑日報》，1973.06.01。

[33] 其實，先生一輩子都關注科學與道德，乃至知識與道德的關係這個問題。先生撰於1960 年代的文章中即有二文專論此課題的。其一名〈科學與道德〉，另一名〈再談知識與道德問題〉。二文之發表日期分別為 1961.12.21 和 1962.12.22。今均收錄於《徐復觀文錄》（臺北：環宇出版社，1971）冊一，頁 42-46；頁 96-100。

[34] 此略去之引文乃徐先生論述道德與科學有必然關係的文字，極具慧解。以與主題無涉，茲從略。其實，徐先生論述道德與科學的文字不少。就中〈一個中國人讀尼克遜

形式也因而不同。但從表現形式追到道德精神上面，則沒有什麼不同
的。……使人類能過著「老者安之，少者懷之，朋友信之」的生活，
正是人類自救的一條道路。[35]

的就職演說〉一文，很具參考價值。文中先生先引錄美國前總統尼克遜（R. Nixon，
1913-1994）1969 年 1 月 20 日的總統就職演說詞。其中以下的話與本文主題很相
關：「we need only to look within ourselves（我們僅需反求諸己），…… Greatness
comes in simple trappings（偉大是來自簡單的事物）.」先生非常欣賞這些話。其實這
正反映先生本人的價值觀。先生並由「簡單的事物」說到良心、良知、良能的問題，
蓋三者其實都是人生最自然不過的簡單事物。先生說：「……殊不知人的生理構造未
變，安放在生理構造裡的良心未變；則順著良心所發出的簡單平易的良知良能，永遠
是人類向前生存，向上發展的基點。真正偉大地事功，都必須由此一基點伸展上
去；……為什麼（中國人）為了追求科學、技術，必須丟掉由良心所發出的簡單平易
的中庸之道？……」上文載上揭《徐復觀雜文補編》，冊三，頁 221-222。原載《華
僑日報》，1969.02.21。

35 上揭《徐復觀雜文補編》，冊四，頁 45-49。徐先生這段話，尤其其中提到道德、科
學、民主三者的內在關連的一點，讓筆者想起牟宗三先生所說的「良知自我坎陷／自
我否定」的問題。個人以為，要順利開出新外王（科學與民主），良知實不必自我坎
陷、否定；儘管此坎陷、否定只是暫時性的。反之，良知於其間應扮演一關鍵角色，
甚至是主導角色。以科學為例，科學活動、科學研究之本身固為知性活動，依純知性
而運作，而非價值活動、德性活動；然而，不得謂此種活動不具價值意涵（譬如，為
何從事某項科學研究，而不從事別項研究？研究之結果供何人、何機構、何集團、何
國家使用？使用的結果如出現問題——譬如破壞環保，有事先想好相應解決之道否？
科學／科技之發展，如取代了人力，則有配套解決過剩人力所導致之失業問題
否？）。吾人可說，科學活動之背後，乃係道德意識之流露；甚或可說，科學活動有
道德意識貫注其中（為吾人道德意識所貫注）；只是科學家本人或未嘗自覺而已。這
方面，唐先生早已指出。其大意是說，人類一切自覺的文化活動（含政治、科學活
動），其背後皆有道德理性為之支持。詳見上揭《文化意識與道德理性》一書相關章
節，尤其〈自序（二）〉部分。
又牟先生說，道統、學統、政統，三統要並建。此固然。然而，三統亦可說其核心
（主軸）只是一統。蓋分開來說是三；這是權說、方便說（即為順利建立認知主體的
學統(以科學為代表)和政治主體的政統(以民主為代表)，不得不如此說，並不得不作
相應之落實。），合而言之則一而已。孔子說：「吾道一以貫之」。此「一」，在這
裡，正是「道統」所據的道體，即良心、良知。基督教有所謂聖父、聖子、聖神三位

上文重點有四，試釋述如下：

1. 政治極則的民主、學術求真精神極則的科學、人性極則的道德，三者有其內在關連[36]。某些人，尤其五四運動健將對此始終不了解。

2. 政治之終極理想在於成就民主政治。而民主政治就是一種偉大倫理道德的實現。

3. 一般人經常有一錯誤的認知。他們認為在不同的時空中，人倫道德的表現各自不同，所以人類根本沒有一致的道德倫理可言。但徐先生非常斬截的指出：生活條件不同導致了道德表現形式的差異。從形式追到道德精神上面去，則沒有什麼不同。這保住了道德的絕對性，而同時破斥了道德相對論的看法。

4. 「老者安之，少者懷之，朋友信之。」（《論語・公冶長》）孔子這個志向，已經成為老生常談了；表面看來，沒有甚麼。但在筆者「耳順之年，忽焉已過」，且前後擔任過十多年教育行政主管職位的人看來，則有很深刻的體會。一個政治人物在退休後，或脫離政治、完全淡出政治而只是一介平民時，如果能夠獲致上述的「待遇」，那是非常不容易的。怪不得徐先生視之為「正是人類自救的一條道路」了。

之說。這亦是權說、方便說。蓋三位，實一體也。是以乃有「三位一體」之說。道統、學統、政統，其情況亦相類。「三位」既「一體」，則「三統」亦「一體」可也。此一體即上文說過的道統所據的道體（良知、道德理性、道德自我）——道體在世間的表現便成道統。以道統為主軸而其他二統可納入其內而上齊道體，猶聖子、聖神可納入聖父之內而上齊上帝（天主）無異。果爾，則學統、政統不必獨立於道統之外（或縱然獨立自存，但學統與政統不宜與道統處於完全對等的地位；即三者可並列，但不宜完全對等。）本此，則代表今日學統極則之科學及代表政治極則的民主，便不必獨立於道統極則或道統核心的道體（良知）之外。果爾，則要開出科學與民主，其實良知不僅不必自我坎陷、否定；反之，必須參與其間，否則科學與民主，便失其方向，失其宗主！

[36] 憶三十多年前筆者上中文大學校外課程何秀煌教授課時，何教授指出說，人含肉體及精神兩部分。二者當然可區分，各自獨立；但不能作此疆彼界之斷然分割。當時這個意見對筆者極具啟發性。道德、政治、科學，亦猶是也。三者之領域固各自獨立，然而有其「內在關連」；一分割，猶同人體之被分割，必「死」無疑。

至於人之所以有道德，乃立基於人心、人性之善。人心、人性，依常用語來說，即人之「良心」。

四、良心發現的程度決定歷史中的治亂興衰

依徐先生，人之良心在人類的歷史進程中，具備無比的能量。先生說：

> 所謂良心，是人人所固有的道德之心。……追根到底的說，良心發現的程度，決定歷史中的治亂興衰。而人類每面對著鉅創鉅痛，大奸大惡時，良心也最容易激發起來，給人類由習心所積累的罪惡以滌垢洗污之力。否則某一民族終會歸於毀滅。[37]

良心發現的程度與歷史進程中治亂興衰的程度恆成正比[38]；而一國之治亂興衰，乃以政治為代表。然則道德良心與政治之關係可見一斑。又：依徐先生，良心為人所固有。此性善論者所恆信、恆言。然而，良心亦可隱而不彰，存而不顯：即潛存著而不發其用。依先生對歷史的認識及其親身參與政治二三十年的個人經驗來說，良心必不允許一民族歸於毀滅，所以先生深信「人類每面對著鉅創鉅痛，大奸大惡時，良心也最容易激發起來」。反過來說，當人類未嘗面對鉅創鉅痛、大奸大惡時，良心便不容易被激發出來。然而，先生見微知著，乃本著其仁者胸懷，對可能出現的窘境、難局，先給予警示。在〈論李承晚〉一文中，先生即有如下的論述：

> 為了標揭政治上的良好風範，尤其是須要這種人（筆者按：指李承晚）在權力的運用上，抑制權謀術數，而出之以高度底道德精神；不僅給

---

[37] 徐復觀，〈良心・政治・東方人〉，上揭《徐復觀雜文・看世局》，頁 138-139；原載《民主評論》，卷 14，期 23；文撰於 1963.12.01。

[38] 簡言之，良心表現強，則歷史（民族、國家）乃治興；反之，則歷史（民族、國家）必衰亂。

> 人以強制的力量，並且與人以感召的力量。……有時則須要他從政治
> 權力底中心轉移而成為政治道德底中心。這種政治道德中心的作用，
> 常常較之現實權力的中心，對於國家更為重要。[39]

徐先生對為政者苦口婆心的忠告，概見上文。文中要旨有三，如下：

1. 宜以人（今特指政治人物李承晚）之道德精神力量抑制一己之權謀術
　數。
2. 以政治道德的中心取代政治權力的中心；換言之，即以道德指導政
　治、主導政治。
3. 以道德為中心以指導政治，不以現實權力為中心，對國家更為重要。

上引文寫於 1953 年底，文章所針對的大韓民國總統李承晚，當時尚在位。
1960 年李氏第三次競選連任（即爭取第四任）成功，但因該國大學生示威抗
議及國民議會投票一致反對而於同年 4 月 27 日辭職，並於 5 月赴美，
1965.07.19 年在美國夏威夷逝世。1968.09.25（即上文刊出後之第 15 年），徐先
生在文末補誌云：「此文刊出後，韓國情勢的發展真是『不幸而言中』。但
這位在政治上失足的老人，一直到他彌留之際始終保持他的愛國心，始終保
持他的民族氣節，而毅然有所不為，依然使我感動、欽佩。」「好而知其
惡，惡而知其美者，天下鮮矣。」（《大學》）先生雖然相當嚴厲地批評了
李承晚，但對他仍然讚揚有加。筆者在這裡特別要指出的是，細讀〈文末補
誌〉，先生欣賞李氏的是他的愛國心，是他的民族氣節。其實，徐先生猶夫
子自道也。蓋國家、民族乃先生一輩子最重視的價值所在。至於先生所說的
「不幸而言中」，指的是李承晚下野後，大韓民國的專制獨裁日甚一日。其
間除短暫的一年多由尹潽善執政外，自 1962 年起至 1979 年止，朴正熙執政

39　徐復觀，〈論李承晚〉，上揭《徐復觀雜文・看世局》，頁 49-52；原載《華僑日
　　報》，1953.12.07。先生撰文時，李氏（任職總統時間：1948.08-1960.04.27）尚在
　　生、在位。筆者以為，徐先生所以撰〈論李承晚〉一文，其主旨實在於借以論述其情
　　況與李承晚絕相類似的蔣中正先生。文章撰於 1953 年的臺灣，先生非借此喻彼不
　　可。

超過 17 年（含代理總統一年多）！上文筆者說徐先生見微知著，正是指先生能在韓國專制獨裁尚不至太嚴重時已先知先覺：未來事態之發展，乃不幸而言中。這一方面反映先生政治識見之卓絕；當然亦反映先生深具人溺己溺之悲憫情懷。

徐先生對政治所以具備極敏銳的觸角，筆者深信，這與先生個人經歷有絕大關係。此上文已稍微道及。大陸學者李維武亦有類似的看法。他說：「在現代新儒學學者群中，徐復觀算得上是一位接觸政治最深、反省政治最力的人物。他通過自己對 20 世紀中國政治風雲的親身體驗，融貫孫中山的政治哲學與傳統儒學的政治哲學，建構了獨特的現代新儒學的政治理想。」[40]李氏的說法是很恰當的；其中「中山先生的政治哲學」，蓋可以民主政治之思想為其主軸，而「傳統儒學的政治哲學」，蓋可以德治之思想為其代表。然而，徐先生的「現代新儒學的政治理想」，並非本文主旨所在，茲不予展開。

徐先生對道德與政治的關係的論述，已概見上文。一言以蔽之，道德與政治有一必然的「內在關連」（「內在關連」為先生本人用語，見上文），且道德具指導政治、提撕政治的功能。是以政治運作，應以道德為主導。

五、餘論：道德與宗教的關係

現在試揭示徐先生對另一問題──道德與宗教的關係──的看法。徐先生對這個問題，有很精闢的見解。他這方面的意見雖然與本文（〈道德與政治的關係〉）的主旨並不直接相干，但宗教為人類非常重要的一個精神活動、心靈活動。其與道德有何關係？尤其與徐先生所特別強調的良心，到底彼此的關係如何？在徐先生的價值位階的認定中，兩者孰輕孰重？宗教是否可以

---

[40]　李維武，〈徐復觀的政治理想與孫中山的政治哲學〉，上揭《徐復觀與中國文化》，頁 321。

取代道德？或道德是否內含於宗教[41]？針對最後兩個問題來說，若果答案是
「是」的話，則「道德與政治」這個命題，便似乎可以用「宗教與政治」的
命題予以取代。果爾，則本文所論述者，便成無病呻吟。所以論述徐先生對
「道德與政治的關係」的看法的同時，先生對「道德與宗教的關係」的見
解，似乎是非闡述不可的。兩者的關係，先生言簡意賅，一針見血的指出
說：

> 人類的良心，超過了各人信仰的限制，在某種太傷天害理的事項之
> 前，自然而然的匯合在一起。……當人類良心呈現時，會超越人與人
> 間一切的差別，也可以超越各人平日的信仰。人只有在良心上超越了
> 他的信仰時，才可以證明他所信仰的是上帝。[42]

上文主旨有三，試闡釋並引申其意如下：

1. 良心之位階在信仰位階之上；但面對人類生死存亡的關鍵時刻時，這
   兩股（至善的）力量自然匯合在一起，發揮相輔相成的效果。

---

[41] 在過去很長的一段時間裡（譬如中世紀），西方人便認為人倫道德無獨立的地位，蓋
人倫道德的信條，乃內含於宗教戒律中。所以西方人過去聽聞中國人自認無宗教信仰
者，便非常詫異，蓋視此不啻自認自己是一個無道德的人。

[42] 徐復觀，〈上帝‧良心‧越南〉，上揭《徐復觀雜文‧看世局》，頁 135；原載《華
僑日報》，1963.11.10。據上文，徐先生頗有以道德攝宗教之意。這個意見與唐君毅
先生之意若合符節。參唐君毅，《生命存在與心靈境界》（臺北：臺灣學生書局，
1977），第二十九章之四：〈宗教信仰在生活中之地位〉，頁 975-980。唐先生說：
「……然吾今之義，則於此佛家所言之生命之永存，三世之善惡因果，以及佛之普度
有情之事業之無窮，皆唯視為吾人當下之道德生活之外圍的超越的信仰，……」（頁
977）唐先生對道德與宗教的關係的看法，大陸華中科技大學哲學系廖曉煒教授嘗闡
發其義。參〈以道德攝宗教：唐君毅論「超越的信仰」〉。該文發表於臺灣中央大學
儒學研究中心、中文系、哲研所所舉辦之「當代儒學國際會議：儒學之國際展望」研
討會上；舉辦日期：2012.09.26-28。廖文修改並重新命名為〈儒學與宗教：唐君毅的
宗教論述及其意義〉之後，收錄於李瑞全、楊祖漢主編，《二十一世紀當代儒學論文
集 I：儒學之國際展望》（桃園：中央大學儒學研究中心，2015），頁 247-264。

2. 良心為人類所固有，乃係一至善價值、普世價值之源頭。以此為本，則自可超越（含包容、化解）一切人間的差別，含各人信仰上之差別。換言之，良心為所有宗教信仰之究極根源。識得此根源，則一切宗教上之所謂千差萬別，即可消解、泯滅；蓋此所謂「千差萬別」，恐怕只是人類的自我無明造作，即所謂自作孽而已。

3. 大要言之，各種宗教之信仰者（信徒），莫不崇奉其各自最高之主宰並視之為唯一的真神——上帝。然而，各種宗教之信徒恆堅執其各自標榜之信仰，乃至否定、排斥異教之信仰，甚至攻擊異教之信徒。然則各宗教所標舉之上帝，遂人為地成為了相互對立者，甚至敵對者。其實，真神（上帝）只有一個；何有不同之上帝，並有所謂對立、敵對之可言？！今借戰爭為例作一說明如下：如果依您的信仰並以上帝之名，您可以發動戰爭、侵略人家、欺負人家、凌辱人家，則您這個信仰背後所依恃的所謂上帝，便不是真上帝；恐怕只是魔鬼而已。然而，人類過去鐵一般的歷史事實告訴我們，人類又確曾援據一己的宗教信仰而發動過戰爭，侵略過人家，欺負過人家、凌辱過人家，這便可以看出他的信仰是有問題的信仰，而這個信仰背後的上帝也非真上帝。然而，問題是宗教戰爭中雙方的信徒都不承認彼信仰背後的上帝不是真上帝！在這個情況下，我們便只好在眾多「真上帝」之上，找一個真真上帝作為人類行為的最後根據或作為終極裁判者了。這個扮演終極裁判者的真真上帝，借用徐先生的用語，便是良心。而人類這個具普世價值、普適價值的良心，可指導一切不同宗教的信仰者，幫助他們找到所信仰的真上帝。只有人類具備了這個良心，才可以像徐先生上文所說的「證明他所信仰的是上帝」。這句話，就儒家義理來說，只是常識，只是老生常談。然而，「如真理不重複，則錯誤將重複」。[43]所以這個常識性的義理，在今天來說，筆者深信，仍深具振

---

[43] 根據唐君毅先生，此語出自歌德。唐君毅，〈自序〉，《人文精神之重建》（香港：新亞研究所，1974），頁 2。歌德的原文是：「謬誤不斷地在行動中重複，而我們在口頭上不倦地重複的卻是真理。」歌德，《歌德的人生格言和感想集》。又見歌德

聾發聵的意義。

先生又跟著說：

> 良心的隱退，即是上帝的隱退；……上帝與良心，畢竟是一體的。

「上帝與良心，畢竟是一體的。」徐先生這個說法，或許使人誤會先生是有神論者，是接受形而上學的。其實，先生是不太相信自然界之上有一個超越的上帝的存在的；至少是以存而不論的態度來對待其存在。徐先生在這裡特別說到「上帝」，只是隨俗的一種方便說法，即所謂權說：順著世人所信仰的宗教而指出，你們宗教徒所說的上帝，即儒家所說的良心。依儒家義理，如果良心隱退了，那是絕對嚴重的大事。但宗教徒不見得理解此義。於是先生便以上帝的隱退來作比擬，藉此以曉喻宗教徒，良心隱退的嚴重性[44]。先生這個說法，正是「夫說者固以其（你們這些宗教徒）所知，喻其所不知，而使人知之」[45]的一個具體作法。就此而言，先生也可以說得上是一個偉大的教育家[46]。

著，程代熙、張惠民譯，《歌德格言與反思集》（臺北：人間出版社，1999）。上引歌德語，似涵如下一意：我們需要不斷地把真理說出來（重複之），藉以減少，甚至遏制人們在行動中不斷重複其謬誤。果爾，則唐先生所轉述者，便不悖於歌德之原意。

[44] 良心與宗教的問題，先生在〈良心・政治・東方人〉一文中的「良心與宗教的神」中討論綦詳，宜參看。其中講到良心在政治上所呈現的新型態，指的就是民主政治。此即當代新儒家恆言的新外王。〈良心・政治・東方人〉，收入上揭《徐復觀雜文・看世局》，頁137-149；原載《民主評論》，卷14，期23，1963.12.01。

[45] 語見劉向，《說苑・善說》，乃惠施向梁王（魏王）的陳詞。

[46] 年前閱先生《中國人性論史——先秦篇》（臺北：臺灣商務印書館，1975），其中第三章〈以禮為中心的人文世紀之出現，及宗教之人文化〉第一節首段討論知識、科學、道德與宗教的關係，極精審，宜參閱。其中頁37指出：「宗教與人生價值的結合，與道德價值的結合，亦即是宗教與人文的結合，信仰的神與人的主體性的結合；這是最高級宗教的必然形態，也是宗教自身今後必然地進路。這正是周初宗教的特色、特性。」筆者要指出的是，在僅僅7、80字的一段文字中，先生四次用上「結

合」一詞。一般來說，結合之雙方／兩物，其地位必是平等的，無上下高低的差別的。然而，宗教，尤其在西方，恆凌駕人類其他文化活動而位居其上。徐先生多次用上結合一詞，意涵宗教不得凌駕人類其他文化活動，這是很值得注意的。又：作為儒者來說，上引文當亦涵藏徐先生隱而不彰的另一深意：宗教應以符合「人生價值」、「道德價值」、「人文（價值、精神）」、「人的主體性」為依歸。所以用「結合」一詞以期許雙方平等者，蓋旨在先扭轉傳統上宗教獨盛，乃至居文化霸主地位之型態。

第二章　天地之大德曰生[*]

一、前言

　　筆者在上一章〈道德與政治的關係〉中已指出，徐先生所撰寫的國際政治的文章涵藏著非常豐富的道德論述。前人似乎沒有把這方面挖掘出來。筆者乃本乎「發潛德之幽光」的一點使命感，按照若干觀念或所謂議題，分類彙整相關資料，並摘其要者，藉以揭示業師的道德意識。本文僅論述其中一個議題：天地之大德曰生[1]。

　　「天地之大德曰生」，語出《易經‧繫辭傳》。據網上資訊，這句簡單的話，居然也有不同的解讀。就筆者的體會，其解讀則如下：

> 促進生命之誕生並把已誕生下來之生命，好好保育之，呵護之，各依其性而成就之；此即所謂養其生，遂其性。這就是天地之大德。（反之，殘害人之身體、折磨人之精神、斷喪人之生命、摧毀人之生存空間，便是天地間最大的不德。）

---

[*]　本文源自某學術研討會的一篇文章的部分內容。今經修改增刪後，納入本書內。詳參本書〈道德與政治的關係〉一章註1前的說明；又可參本文最後一個腳註。

[1]　徐先生的政論文章含非常豐富的德目，但其中應以老百姓的生存問題、人生日用（含衣食）問題，最為先生所關注。是以筆者論述完〈道德與政治的關係〉一議題，以揭示兩者的必然關係後，乃遂論述「天地之大德曰生」一議題。先生以下一段文字正可佐證彼對該議題之重視：「假使這一點（按：指儒家思想重視先養後教的問題）沒有弄清楚，就對於以『生』為價值根源的（先生本人按語：生生之謂易，天地之大德曰生）儒家精神，不算有了真正的了解。」徐復觀，〈釋《論語》民無信不立〉，《儒家思想與民主自由人權》（臺北：臺灣學生書局，1988），頁200；原載《祖國周刊》，卷9，期11，1955年元月。

「天地」，用今天的流行語來說，便是「宇宙」。「天地之大德曰生」，簡言之，便等同說，宇宙最大的德行便是促進生命的誕生並使已誕生者好好的存續下去。其實，人的生命，以至地球上所有動植物的生命，都源自宇宙；即生命是宇宙賦予的。生命既然是宇宙所賦予，則有權利或資格把生命要回去（即終結、剝奪動植物生命）的，便也只有宇宙。換言之，只有宇宙才有權利或資格予人生，予人死。也只有當我們體認宇宙在這方面的莊嚴意義時，「生死事大，人命關天」這句話才有其真實意義。所以這句話是絕對不能輕忽滑過；反之，應予以認真看待的。如果同意生死是宇宙的權利，且只有宇宙才擁有這個權利的話，則過去的大皇帝，或今天的統治者／司法官，他們之所以有權利或資格來終結、剝奪人的生命，就因為他們扮演了宇宙代理人的角色，即所謂「替天」以「行道」。「替天行道」絕對是一樁莊嚴和嚴肅的大事。何以故？蓋天（宇宙）有其崇高性、莊嚴性、超越性，不是人可以隨便把它替代掉的。此其一。不得已而人把它替代而進行所謂替天行道時，即終結、剝奪他人生命之時，則必得本乎正當、正義、公義的理由為之；否則你這個「替代役」便失其格：不合格。此其二。只有充分了解並體認到終結或剝奪他人的生命是在「替天行道」，而絕不是按己意為之，我們才了解任意、隨己意而殺人、致人於死是多麼嚴重的一樁大事。由此又可反襯「天地之大德曰生」一語的正面意義及莊嚴意義。

下文即本此而把徐先生政論雜文中的相關資訊，作一點梳理，以闡發其弘言大旨。

二、以、阿之爭；強國與善國

徐先生嘗云：「一切生物，都有繼續生存的權利。猶太這一優秀民族，當然更有繼續生存的權利。」[2]這句話顯示了先生重視一切生物生存的權

2　徐復觀，〈中東問題與聯合國〉，《徐復觀雜文補編》（臺北：中央研究院中國文哲研究所籌備處，2001），冊三，頁466；原載《華僑日報》，1972.08.08-09。

利。人當然是生物，猶太人當然是人；然則猶太人當然有生存的權利[3]。先生又說：「……為了以色列的最低限度地安全境界，而把戈蘭高地這類的地方劃入以色列，在阿拉伯方面不過是面子問題，在以色列則是生死問題。」[4]上引文中，先生說：「猶太這一優秀民族，當然更有繼續生存的權利。」猶太人是否一優秀民族，或是否比其他民族、種族更優秀，這恐怕是見仁見智的一個價值判斷，不見得被所有人所認同。至於「……在阿拉伯方面不過是面子問題，在以色列則是生死問題。」這個判斷的性質便有所不同。這兩句話，尤其是後面一句（即「在以色列則是生死問題」的一句），則是一個事實問題，是可以接受檢證的。當然，我們不必在這個檢證的問題上打轉。筆者引錄上文，主要是要指出，徐先生關注的是一個民族的生死存亡的問題。這是個嚴肅的大問題，是個道德問題，即上文「前言」中所說到的「生死事大，人命關天」——攸關天道（宇宙之道）的一個大問題。滅人之國，不讓人家活下去，其為違反天道的大不德，奚待喋喋[5]？

---

[3] 如果我們承認「一切生物，都有繼續生存的權利」，並視之為大前提，則所得出的結論：「猶太人有生存的權利」便必然隨之而為真。這是邏輯上的必然。此外，也可說是一般常人所認為的必然、當然。然而，世間上又確有人，如阿拉伯人，或至少部分阿拉伯人，便不以此為然。這絕不是依邏輯或依常人，或依西方人、局外人的價值標準，便可以作出定論，而這個定論又能符合所有阿拉伯人的心意的。所以徐先生的說法——猶太人有生存的權利，並認為猶太人為一優秀民族，若從（部分）阿拉伯人的立場來看，如果不是全然不能接受，那至少必視之為非常值得商榷的一個說法。依筆者之見，以、阿之爭，不是三言兩語，依邏輯或依局外人的一般價值標準，便可以得出客觀的結論的。以、阿是世仇。就以 2012 年 11 月中下旬來說，以阿的衝突又再起。以軍以飛彈攻擊巴勒斯坦人自治區迦薩走廊，而哈瑪斯旗下的巴勒斯坦武裝組織 Izzedine al-Qassam 亦還以顏色。衝突持續了八天（2012.11.14-21）。阿拉伯人死了一百多人，以色列人也死了五個人。11 月 22 日起雖然暫時停火，但宿怨仍在，前景堪虞。Isis（或 Isil）最近兩三年所發動的所謂「恐攻」，恐怕就是這個宿怨「發揚光大」下的一些表現而已。

[4] 上揭《徐復觀雜文補編》，冊三，頁 471。

[5] 徐先生同情以色列，而指責阿拉伯人意圖消滅以色列的文字相當多。除見諸上述〈中東問題與聯合國〉一文外，尚見諸〈再論中東戰爭〉及〈阿拉伯人今後的選擇〉等文章，可並參。二文分別收入《徐復觀雜文補編》（原載《華僑日報》，

在〈強國與善國〉一文中，先生說：

> 強國是表現力量，而善國則是表現價值，以國家的組織來發揮人類的
> 理想，實現人類的價值，使每一個人，能過著人之所以為人的生活[6]；
> 用中國傳統的語句說：使每一個人，都能「養其生而遂其性」，這即是
> 所謂善國……若以善國為目的，並非完全放棄「強」的條件，而是在
> 「善」與「強」，二者選一時，寧願選「善」而不選「強」；最低限
> 度，不輕易犧牲「善」去追求「強」。這是善國與強國的大區別。[7]

一般來說，國家可分為大國、小國，以至強國、弱國等等。「善國」一詞，
則語出《孟子・滕文公上》。此詞雖非徐先生所發明，但用在這裡極有意
思。大、小、強、弱，乃以疆土，以人口，以經濟，以軍事，以至以文化來
做區分。然而，疆土、人口、軍事，乃至經濟、文化，乃可謂後天發展之結
果，而並非本來必然如此的。只有依於人心而來之道德，乃可謂人之本然固
有。先生特別強調，「二者選一時，寧願選『善』而不選『強』」，這即表
示，疆土、人口、經濟、軍事，以至文化，皆非先生最首要的考量，彼最首
要的考量是依於人性本善而來之良心良知。蓋人之所以為人，正以此也。

　　就一個國家來說，如全體國民皆能依其善性而作出善的行為，即成所謂
「善國」。當然，這是最理想，但恐怕難以實現的境界，蓋要求全國人民一
無例外的，在現實環境中，都有善的表現，實不啻緣木求魚。所以我們只有
作退一步的考量：該國之領袖、一級大員、民意代表等等之心中恆以追求
善，促進善，落實善為治國之南針，並依此而建構相應的機制，則大概該國

1973.10.02），冊四，頁 99-103；《徐復觀雜文・看世局》（原載《華僑日報》，
1974.07.04），頁 181-185。

[6]　作為一個團體來說，國家的重要性，唐君毅先生嘗予以論述。唐先生的說法，與徐先
生不謀而合。其說法，見所著《文化意識與道德理性》（臺北：臺灣學生書局，
1978），上冊，頁 196。

[7]　上揭《徐復觀雜文・看世局》，頁 3；原載《華僑日報》，1962.05.27。

也可以成為徐先生心目中的善國了。在這種情況下，則先生上文所說的：
「發揮人類的理想，實現人類的價值，使每一個人，能過著人之所以為人的
生活」，便不再是可望而不可及的境界。這正是使人們能「養其生而遂其
性」的理想境界。

三、人類的災害主要是來自政治及吾人相應對治之道

追求要成為「善國」是很崇高的一個理想。這個理想能否實現，上文已
稍微說過，乃決定於國家政治人物的用心及相關機制之設計。然而，就其究
竟處來說，理想恆歸理想。就事實上或現實上來說，政治經常是最黑暗的，
最違反人性的。此徐先生深悉之。政治之可惡、可怕，在〈人類的另一真正
威脅〉一文中，先生便慨乎言之。先生說：

> 人類的災害，除了來自不可抵抗的自然力以外，主要是來自政治；這
> 是無間於古今中外的。所以對於人類生存的合理性的肯定，首須實現
> 於政治之中。儒家思想之所以成為我國的正統思想，正因為它在政治
> 上確切表示了人民不是為了政治而存在，政治乃是為了人民而存在的
> 意義。……但是儒家此一偉大精神，只能作為一個崇高的念願，給政
> 治的毒害性以相當的緩和，而並未能在政治的現實中完全實現。只有
> 到了近代人權觀念的完全確立，……[8]

上引文傳達了好幾個很重要的訊息，茲開列並稍作闡釋、引申如下：
　　1. 人為的災害，以來自政治者為主。此古今中外，決無例外。
　　2. 依上文 1，可得出：人類能否獲致合理性的生存，遂首先決定於政治。
　　3. 依上文 2，可得出：人類合理性的生存的肯定，乃來自思想中與政治
　　　　最相關的一種思想：政治思想。

8　上揭《徐復觀雜文補編》，冊三，頁 132；原載《華僑日報》，1955.07.26。

4. 儒家之所以成為我國的正統思想，先生認為乃以儒家「在政治上確切表示了人民不是為了政治而存在，政治乃是為了人民而存在的意義。」先生這句話，非常值得關注。這個判語（其要旨是：儒家成為我國正統思想實與其政治主張有絕對關係），是對是錯，即是否符合歷史事實[9]，那是另一問題；但至少充分反映了先生是認為，儒家思想的重要地位或所謂正統地位之獲得，乃係來自其政治思想。要言之，即來自其重視人民——民為貴——這個震古鑠今的肯斷。我們還要指出一點，讀者看了上文的「正統思想」一語，千萬別與其下文所提到的「政治」聯想在一起，而誤會以為中國二千多年來的帝王政治，「是為了人民而存在的」。我們的帝王，恐怕十居其九，甚至十居其十，不會有「為人民而存在」、「為人民服務」的想法。徐先生對這方面是最清楚不過了。但因為他用上「正統」一詞，而下文又談到「政治」，所以容易使人誤會，以為既係「正統」，便定然是「官方」的東西，以為中國傳統的帝王政治的具體表現便是「為人民而存在」的政治。其實，先生之「正統」，是就儒家在道統上來說，就文化上來說，甚至就民間之地位、影響及所扮演的角色來說的；絕不是就儒家在政治上的地位來說的。（此政治上的地位乃來自帝王所「頒賜」，但真正的儒家絕不以此為榮，以此炫耀。反之，或以此為恥。）

上引文中，徐先生說：儒家這個「政治乃是為了人民而存在」的精神，是人類最偉大的精神。但這個精神的落實，是近代人權觀念確立以後之事。偉大的精神、理想，及其相應的理念是非常可貴的。但儒家就欠臨門一腳。此一腳即相應的機制、制度。這確是儒家之不足。我們不必為之諱。依稀記得三十多年前上牟宗三先生課，牟先生說到人權（民主？）時，嘗指出說，不足是事實，是當時歷史上的事實。但精神上、原則上，中國原不缺這個東西；所以不必從西方引進過來。現今要引進過來的，是其制度。唐先生亦有類似

---

[9] 當然，也可以說，無所謂對錯；而只是歷史事實解讀上的不同，或個人價值取向上、認同上的不同而已。

的說法。可知當代新儒家第二代的海外三大師，對民主政治的看法是相一致
的[10]。

　　上引文發表於 1955 年，主旨是指出對人類的生存構成嚴重威脅的，甚
或導致嚴重災害的，恆來自政治。徐先生這個看法，恐怕是一輩子的看法。
至少發表於 10 多年後（即 1972 年）的另一文章也有類似的看法。其相關文
字如下：

> 地球上自有人類出現以來，以至地球毀滅時為止；所有一切人類的活
> 動，到底為了什麼？追究到最後，只是為了能相互地、合理地、有意
> 識地、一代一代地生存下去。為了此一目的，不斷地對自然作鬥爭，
> 也不斷地對人類自身作鬥爭。因為給上述目的以最大威脅的，還是來
> 自人類自己，來自人類中的政治行為。……一個國家到底是文明或是
> 野蠻，一個政治人物到底是功魁或者是罪首，都應以人權的實際情況
> 作為衡斷的標準。[11]

上引文需要稍作說明的是：

1. 先生重視人道、人文及人權的精神，可見一斑。其中人權實踐程度的
   深淺，依先生，乃成正比例的反映一個國家及該國政治人物表現上的
   優劣。這個認定，尤其可以充分反映先生對人權的重視。
2. 切勿以文中有「對人類自身作鬥爭」一語而誤會先生，以為先生贊成
   馬列主義所說的鬥爭。先生所謂人類自身作鬥爭，指的是向非正義，
   非理性的思想、行為，如下文所指出的違反人權的思想、行為，作鬥
   爭。

在再上一段文字中，先生曾說過：「政治乃是為了人民而存在的」。在

10　民主、人權是普世價值。既係普世價值，則人類生而固有的良心良知，豈能不蘊涵
　　之。顧中國過去在現實層面上，未能透過一客觀機制予以落實為可惜矣。

11　〈蘇聯的人權問題〉，上揭《徐復觀雜文・看世局》，頁 358；原載《華僑日報》，
　　1972.09.30。

1971 年孟加拉國剛成立時，先生也有類似的說法，且其中說到人民有權利推翻政府。（大陸文革時甚為流行的一句口頭禪「造反有理」（語出《毛語錄》），實有異曲同工之妙。）這個說法頗具啟發性，如下：

> 國家是為人民而存在。當國家機構，不能保證人民的生存發展，反而成為人民的壓迫工具時，若是此時的壓迫來自統治集團，人民便有權利將此統治集團加以推翻，重新建立適合於自己要求的統治；……[12]

文中說到的國家是巴基斯坦，當時巴國的總統是雅耶漢（Y. Khan，1917-1980；在位期：1969.03.25-1971.12.20）。說到雅耶漢和其他有類似表現的獨夫民賊，徐先生恆義憤填膺，情見乎詞，如下：

> 我更應指出巴基斯坦前總統雅耶漢的愚蠢與罪惡。……凡是以斷絕人類後代的生機，作為鞏固獨夫權力的手段，這都是怎麼樣也無法饒恕的窮兇極惡。[13]

「天地之大德曰生」。且上文已說過，只有天地（宇宙）才有權利、資格終結或剝奪生者的生存權利，更不要說生者的後代的生存權利了。本此，則「斷絕人類後代的生機」的行為及其背後的執政者，當然是被認為係「無法饒恕的窮兇極惡」了。

　　1971 年前，即雅耶漢在位期間及其前，巴國國境分為東西兩部分。當時的政府偏幫西巴而對東巴人民，給予很不合理、很不平等的待遇。東巴人民便展開流血的鬥爭。經過半年多的內戰，最後在印度的支援下，終於在 1971 年 12 月爭取得到獨立。孟加拉國於焉建立。在上段文字中，先生很明

---

[12] 〈環繞孟加拉國誕生的若干斷想〉，上揭《徐復觀雜文補編》，冊三，頁 342；原載《華僑日報》，1971.12.18-19。

[13] 〈孟加拉國的前景〉，上揭《徐復觀雜文補編》，冊三，頁 367；原載《華僑日報》，1972.01.15。

確的表示，人民的生存發展受到國家機構不合理的對待時，是「有權利將此統治集團加以推翻」的。[14]「湯武革命，順乎天而應乎民。」（《易·革·象辭》）徐先生上文說到：「……加以推翻」。其實，東巴人民並沒有把統治集團的巴國政府推翻，即沒有進行一般意義下的革命，譬如夏殷之間或殷周之間的革命（巴國政府仍在，命沒有被革掉；當然也可以說被革掉一部分，即東巴的部分）。但在這個問題上，我們不必拘泥。筆者的意思是說，徐先生甚至連推翻一統治集團都贊成，則只是為了「重新建立適合於自己要求的統治」而爭取獨立，徐先生豈有不贊成之理呢？

四、政治災害的罪魁禍首：蘇共領袖史達林及其餘孽

在上文（即〈道德與政治的關係〉一章）中，筆者說過，徐先生最痛恨的政治人物有三：史達林、希特勒、毛澤東。在國際政論雜文中，先生撻伐最多的，恐怕是史達林。從史達林死後的遭遇和他兒子的遭遇中，先生認為可以給予人類若干啟發，於是便撰寫了〈史達林對人類的偉大啟示〉一文。文中，先生毫不客氣的指出說：

> 獨裁者特徵之一，是認為一切人們都是為他一個人而存在，因此，一切人都化成為他一個人的工具，只有他一個人才是目的。……他之所以能在一念之間，把自己的同志當作最兇狠的敵人，不惜用最殘酷的方法殺掉，主要是因為這些人的存在，在他的眼睛看來，並不是有自足價值的「人」，而只是他達到目的物的工具。「同志」與「敵

---

14 先生類似的言論尚見他處。如〈戰爭是政治的延續〉一文中便說：「歷史上，有的為女人打仗，有的為面子打仗，有的為疆土打仗；越進入現代，打仗的社會基礎越拓大，打仗的口實越莊嚴。但凡是真正為了爭取自己生存而打仗，即具備了打仗的充分理由，不是空洞的其他概念所能阻止的。」為了爭取自己生存的權利，打仗也好，或透過其他方式來推翻政府也罷，先生都是贊成的。上引文，見上揭《徐復觀雜文補編》，冊四，頁 272；原載《華僑日報》，1975.01.14。

人」，在他心目中，不過是一個工具的兩面。[15]

「唯物主義」是共產黨所信仰、信奉的一個基本理念。本此，則人之被視為物，乃可謂事有必至，理有固然。惟一般共產主義的信徒不必然走得太極端。唯物主義、共產主義的信徒，歸根究柢，也是人。只要他天良未泯，便不至於全然把人視為物，視為一己所利用的工具。然而獨裁者，如上引文所針對的史達林，便當然是例外。彼早已泯滅人性，不能以「人」視之，而早已淪為「比禽獸更禽獸的禽獸」（「人」的行為表現的確可以「比禽獸更禽獸的」）。在他眼中看來，所有存在體（entities），皆物也；在操作層面上，則皆工具而已。既然認為只有他一個人才是人；則「物」也者，「工具」也，何有獨立自存的價值可言？生存的空間可言？「同志」、「敵人」，也只不過是兩個空洞的名詞而已。名不必符合實，不必係實的反映。然則「同志」、「敵人」，兩者豈有異哉？！徐先生即明確指出說：「在他（史達林）心目中，不過是一個工具的兩面」而已，豈有他哉？！

1953 年 3 月 5 日應該是人類普天同慶的一個大日子。因為就在這一天，「比禽獸更禽獸」而活到 75 歲的舉世狂魔史達林，走完了牠（筆者故意不用「他」字）沾滿了罪惡的一生！然而，其遺害仍在人間肆虐。在〈維護人類可以共同生存的一條基線〉一文中，先生指出說：

> 再進一步看蘇聯對境內猶太人的歧視、虐待，對申請出境者的阻擾、敲詐、迫害，可以說蘇聯就是憑藉恐怖以壓制境內許多少數民族的兇暴政權。……大規模的逮捕、屠殺……。蘇聯現統治者的這些作法，不僅違反了人類的道德良心，而且也違反了馬列的遺教；這完全是史達林惡魔所留下的劇毒。[16]

---

15 徐復觀，《學術與政治之間》（香港：南山書屋，1976；甲乙集合訂本），頁 340；原載《自由人》，523 期，1956.03。文章發表時，先生尚未獲悉赫魯雪夫（赫魯曉夫）在俄共二十屆代表大會（1956 年 2 月召開）上嘗撻伐史達林。

16 上揭《徐復觀雜文・看世局》，頁 19；原載《華僑日報》，1972.09.19。

上引文撰於 1972 年。文中說到「蘇聯現統治者」，據該文稍前的段落，蓋指國家主席樸哥尼（N. Podgorny，1903-1983；任職年份：1964-1977）和總書記布里茲涅夫（L. Brezhnev，1906-1982；任職年份：1964-1982）。其中針對蘇聯境內的猶太人所進行的阻擾、敲詐、迫害、逮捕、屠殺等等，皆起因於先生所說的蘇共是一個「兇暴政權」；再加上布里茲涅夫等人充分繼承了「史達林惡魔所留下的劇毒」，則猶太人的遭遇便不必多問了。連同為蘇聯人而被稱為「同志」的，都可以不被視為人；那麼，你們這些來自外地的異鄉人——猶太鬼、猶太佬，你們憑甚麼可以獲得「人」的待遇呢？先生以「馬列的遺教」[17]，尤其以「人類的道德良心」來要求蘇共，來譴責蘇共，是不是太天真了一點！「天真」，那的確是「天真」。但先生所以能夠發出振聾發聵的獅子吼、金聲玉振的德音，正因為先生具有這一份世俗人所鄙棄的「天真」。知識分子不容自已的一顆赤子之心、感憤之心，使先生的道德意識流露為你們麻木不仁的俗人所不了解、不欣賞、不能體會的一份「天真」！我們俗世人在這份「天真」面前，不感到汗顏嗎？羞愧嗎？發抖嗎？顫慄嗎？

其實在蘇共迫害、屠殺猶太人之前，早在二戰初期，時維 1940 年 4 月，蘇聯便屠殺波蘭軍人和知識分子 2 萬 2 千多人（此即近年才公諸於世的卡廷森林大屠殺——Katyn forest Massacre）[18]。二戰結束後不久，蘇共對日本戰俘又進行了另一暴行。二戰結束時，日本的軍民俘虜在蘇聯超過二百七十萬人，除遣歸者外，尚有三十多萬人，其中有生者，有死者，有生死不明者[19]。在〈日

---

[17] 先生當然不欣賞馬、列主義。但馬克思，尤其青年馬克思，是有一定人文主義素養的。列寧當然是鬥爭高手，但其鬥爭手段不如史達林殘暴，則是可以斷言的。至於徐先生說到的「馬列遺教」，很明顯是針對國際主義的部分來說。國際主義當然與迫害、逮捕、屠殺他國人，尤其境內的猶太人的狹隘的民族主義、民粹主義，絕不相融的。這所以徐先生說，蘇聯現統治者（即當時的統治者樸哥尼、布里茲涅夫等人）違反了「馬列遺教」。

[18] 詳見《中國時報》（2012.09.12），版面 A12。

[19] 此據徐先生，〈日本向天國的悲訴〉，《徐復觀雜文補編》，冊三，頁 70；原載《華僑日報》，1951.08.04，撰者欄的署名是斯托噶。據徐文，相關數字，乃源自日本外務省所正式發表的遣送白皮書。筆者則疑 270 萬或不無誇大之嫌。除「斯托噶」

本向天國的悲訴〉一文中，先生指出說：

> ……天國（指蘇聯）的作法，也決非人間所能理解，更非人間所能要求。天國內部的屠殺動輒是以百萬計，而且都是天理昭彰，非殺不可的，則日俘問題，又值得什麼大驚小怪呢？[20]

哎唷，我殺我們自己蘇聯人，都毫不手軟，動輒殺個一兩百萬。你們發動世界大戰的日本鬼子，尤其是落在我蘇共手上的俘虜，本來就罪該萬死。部分俘虜目前的狀況只是生死不明而已，「又值得什麼大驚小怪呢」？作為他們的家屬啊，你們還有甚麼悲苦可訴？你們還不謝主隆恩？（若干萬人「生死不明」，真的是廣東話所說的：「濕濕碎」（屑屑碎）——雞毛蒜皮小事，小 case 咧！）。「又值得什麼大驚小怪呢？」一語，充分揭示了先生心中的百般無可奈何感！這個反詰，究其實，乃發自良心之不容自已而係對施政者的一種挪揄、嘲諷；也可以說是來自良心的一種嗟嘆！

五、從悲憫中轉出期許、盼望

徐先生對人類悲慘命運的嗟嘆，乃是來自其悲天憫人、人溺己溺的儒者情懷[21]，而偶爾抒發的一聲怨氣而已。然而，在先生的內心深處，他仍是充

外，徐先生之筆名尚有不下 10 個。參黎漢基，〈前言〉，《徐復觀雜文補編》，冊一，頁 11。

[20] 上揭《徐復觀雜文補編》，冊三，頁 70。

[21] 此種情懷，在以下一段文字中，可以更清楚的看得出來。先生說：「一個六百七十多萬人的國家，五年內戰，已死了七十多萬，還有二百萬難民在啼飢號寒。我每次在電視中，看到十二、三歲的孩子，拿著槍作戰時，心裡總是一陣酸痛。他們的血流到何時？流了以後又怎樣？繼民主黨否定了特別援助之後，美國人的責任，在如何減少柬國人民少流一點血。」文見〈應當是美國「撒手歸西」的時候〉，《徐復觀雜文補編》，冊四，頁 290-291；原載《華僑日報》，1975.03.19。「美國人的責任，在如何減少柬國人民少流一點血」這一句話，讓人想起中東近年來的情況。就目前來說，

滿理想和對人類充滿期許的。我們不妨舉三段文字為證。

在〈人類的另一真正威脅〉一文中，先生指出，1955 年 7 月 18 日，英、美、法、蘇四國巨頭為了緩和國際緊張局勢，乃在日內瓦召開一個會議。同時由羅素所號召的世界第一流的十名科學家也向世界發出避免戰爭的要求。先生指出說，這迫使：

> 兩大集團的重大政治負責人，乃至繫鈴而無法解鈴的科學家，不能不根據人類的良心，作懸崖勒馬的努力。我懇切希望此種努力，不至是完全白費。[22]

先生對人類的期許，上引文可見梗概。然而，在期許中，又經常露出不安。這可以說是崇高理想與險惡現實兩者間永恆的角力。先生最擔心的仍是共產黨對人類的威脅。在同一文中，先生說：

> 人類在共產黨的理論之前，失掉了自己可以掌握自己命運的能力，失掉了求得最低限度生存的保障；這才是和原子武器、核子武器同樣深刻的人類威脅。此一威脅之被人原恕，甚至被人披上代表人類理想的外衣而使其更加嚴重。這一點，我應向全人類，包括共產黨在內的全人類鄭重提出，希望在偉大的反省中共同努力加以消解的。[23]

共產黨炫麗理論的外衣，幾乎騙盡了天下蒼生。這所以在上述英、美、法、蘇四國巨頭會議中，為了免於恐懼，並擺脫人類生存的威脅，先生不得不鄭重呼籲全人類作出反省，且不是一般的反省，而是「偉大的反省」。文中特

「東國」應改為「中東」！其實，美國在他國所引起的腥風血雨，罄竹難書，「東國」二字，一概改為「他國」似乎更恰當。筆者這個看法乃得自均琴女士 2016.04.06 來信的啟示。

[22]　上揭《徐復觀雜文補編》，冊三，頁 131；原載《華僑日報》，1955.07.26。

[23]　上揭《徐復觀雜文補編》，冊三，頁 131-132。

別提到「包括共產黨在內的全人類」，希望他們反省。其實，先生在這裡說得比較含蓄。與其說「我應向全人類，包括共產黨在內的全人類」，似乎宜改說「我應向全人類，尤其向共產黨」；蓋先生撰文時，對人類構成最大威脅的是共產黨。他們，尤其蘇俄，美其名的世界革命，很明顯係一全球運動。「替天行道」，使「受苦受難」的全球「難胞」得以「解放」，讓他們脫離苦海，誰曰不宜？！就共產黨來說，必振振有詞的大喊：你們這些反動、反革命的自由世界的國家，還要反對我們義所當為，是以必為之的「雖千萬人，吾往矣」的世界革命嗎？

「階級鬥爭」、「世界革命」等等理論，既係共產黨人所信持的最高真理，則要他們改變真理，當然是千難萬難的。先生對此豈無所悉？在〈南、北韓初步和解的背景與困難〉一文中，先生便說：

> 共黨統治者的真理，並不就是一般人民的真理。所以對不同的思想、觀念、生活方式，應當承認他們有生存的權利。但要使共黨反省到這點，是非常困難的。「君子成人之美」，我希望南、北韓的領導人物，終能突破這種難題。[24]

人們依其良心良知，必知天下間有一普遍的真理在。共產黨人自認為所了解到、掌握到的真理，乃係人類的真理。然而，他們這個真理，惜不本乎良心良知，是以便不是真的真理（應稱之為假理吧）。然而，問題是，他們絕大部分人根本不知道共黨統治者的真理，並不就是一般人民的真理。（史達林、毛澤東等狂魔應知之，只是史、毛等狂魔故意利用這個假理以遂其一己之私而已。）徐先生對這方面是最清楚不過了。所以便說：「要使共黨反省到這點，是非常困難的。」然而，對人類充滿期許而絕不輕言放棄的徐先生，便必然會說出如下的一句話：「我希望南、北韓的領導人物，終能突破這種難題。」說到

---

[24] 〈南、北韓初步和解的背景與困難〉，上揭《徐復觀雜文補編》，冊三，頁 450；原載《華僑日報》，1972.07.12-13。

最後，可以使人懸崖勒馬，回頭是岸的不二法門，是來自人類自身的反省。是以在上引文中，先生便特別提到「反省」兩字。而反省這個機制，則正係以儒家思想為主流的中國傳統文化所最看重的。

六、人類轉機的關鍵來自人自身的反省

依上文，可知反省乃人類從危機得以轉機的關鍵。個人恆認為，人之所以有「反省」，乃來自「覺」。可謂由覺而生反省[25]。然而，覺之所以為覺，乃由於人有反省故也。果爾，則反省與覺乃一體之兩面；兩者可謂無以異也。今不擬細辨。人本來跟其他動物一樣，也是一個有限的存在。兩者的差別僅在於人是「雖有限，但可無限」。而人之可以成為無限，其關鍵即在一「覺」字。陳白沙即嘗云：「人爭一個覺，纔覺便我大而物小，物盡而我無盡。」[26]人之所以能夠超越其他動物，不化為物（物化），即在此一覺而已。然則覺之重要性便不必多說了。〈國際局勢的轉變‧混沌‧摸索〉一文中，先生說：

> 為人道計，美國只有撒手不管，以減少東南亞人民所流的血。……中國的聖賢，對人類諄諄的教訓是：一切應求之在己，一切應盡其在己，一切必厚責於己而薄責於人；這類語言所表現的明是人類最高的智慧。[27]

---

[25] 其實，覺即省。覺絕不順乎人自然生理，所謂隨軀殼起念之習心而可獲得，而係必逆反此習心而始生覺，此一存在之入路，是所謂逆覺也（牟先生即恆言「逆覺體證」）。逆覺猶反省也。

[26] 陳獻章，〈與林時矩書〉，《陳獻章集》（北京：中華書局，1987），卷三，書二，頁 243。

[27] 上揭《徐復觀雜文補編》，冊四，頁 304-305；原載《華僑日報》，1975.04.29。《中國時報》，（2012.09.13 或前後一二天）嘗報導說，美國過去六七十年來在亞洲打過五場仗（二戰、韓戰、越戰、阿富汗戰爭、伊拉克戰爭），其中只有二戰是勝利外，其他全輸（韓戰也許算是打個平手）。在這種情況下，美國人在亞洲確實應該撒

「一切應求之在己，一切應盡其在己」、「一切必厚責於己而薄責於人」，乃反省或反省後之具體表現。反省當然很重要，但不能空談，也不能在腦袋中空想到底如何如何反省。光說沒有用，光想也沒有用。必須有具體之作為、表現。換言之，反省須具操作性，光說不練或在現實層面上、技術層面上做不來，則一切徒然。上文徐先生的三個「一切」，尤其是最後一個，便是從具體操作面上實現反省或配合反省而作出的具體表現。曾子說：「吾日三省吾身。為人謀而不忠乎？與朋友交而不信乎？傳不習乎？」（《論語·學而》）曾子反省的三項內容，今不必細論。一言以蔽之，都是古今中外一般人日常生活上所常碰到的幾個項目。試想想，如果曾子說他「吾日三省吾身」，劌鉥肝腎、窮思苦索的是以下三個項目：我自何來？我將何往？我生存之意義？那麼他反省的內容便不足為訓了，至少不足為常人訓了。因為這些反省的內容，對常人而言，根本不具備可操作性，至少不具備實用性。你我皆凡人，尤其是對胼手胝足，「日出而作，日入而息」，千萬年來皆以農立國的一般中國人來說，他們根本不必想這些問題嘛[28]！

徐先生重視人的生存權利，蓋此乃「天地之大德」也。破壞生生之德的行為及其背後的執政者，先生皆予以撻伐。但撻伐之餘，先生恆本其仁者胸懷而期許此等執政者（通常是獨夫、極權者）能懸崖勒馬，作出深切的反省。這方面的闡述，已具見上文。

七、餘論：由「聖人之大寶曰位」談到民主政治之可貴

徐先生本其仁者、智者、勇者的胸懷[29]，藉其橫掃千軍萬馬的一枝筆，

手不管；其實，他根本管不了。或雖管，但越管越糟。最近幾年來，美國積極部署重返亞洲，且一步一步予以落實，筆者認為乃禍端所由始！

[28] 注意：筆者絕不是說：我自何來、我將何往、生存之意義這三個問題不重要、無意義。然而，這些大哉問的問題，對日夜胼手胝足猶不足以糊口的一般老百姓來說，是不必多問、多了解的。

[29] 一般來說，世人恆依智者、仁者、勇者來分別稱呼或描繪牟先生、唐先生和徐先生。

自 1950 年代起的三十多年間[30]，寫了大量政論性質的文章[31]。彼對時政（見諸政論雜文者，泰半為「惡政」），尤其對獨夫暴君、極權政客之批判，極為凌厲，絕不稍予假借。當然，由於先生深具內恕孔悲及悲天憫人的一顆仁心、善心，在極其嚴厲的批判之後，又恆對上述政客有所期許，希望他們能夠真切反省，並遷善改過。正面的熱熾期許也好，負面的嚴厲批判也罷，皆充分反映先生內心深處，深具淵邃濃烈的道德意識。

先生道德意識的流露，可類分、概括為不同的項目。本文僅處理了其中一項，此即：「天地之大德曰生」。

徐先生非常重視人的生命，尤其重視極權統治者統治下人民的生存權利、生存空間的問題。「天地之大德曰生，聖人之大寶曰位。何以守位？曰仁。」（《易經‧繫辭傳》）上文早已藉著「天地之大德曰生」這句話來闡釋徐先生對「生命」的重視。至於「聖人之大寶曰位。何以守位？曰仁。」一語，個人覺得這句話，非常有意思，很值得作點說明。翻譯成白話文，就是：「聖人最寶貴的東西，是擁有一個『位』——在位子上。怎樣做才可以保住這個位子呢？答案簡單之極，實行仁德就可以了。」現今進一步作點闡釋。王弼《注》：「……有用而弘者，莫大乎位，故曰『聖人之大寶曰位。』」這個注，很好懂，似不必再作解釋。《正義》則稍作申引，如下：「……言聖人大可寶愛者，在於位耳。位是有用之地，寶是有用之物。若以

其實，這只是相對來說而已。就徐先生來說，可說他三方面都兼具（當然，唐、牟二先生亦然）。他數十年來敢於口誅筆伐各領域的「強人」、主流派。其為勇者，不必多說。至於其言論之充滿智慧，則只要稍微翻看一下他的雜文（不必學術論文），便可作出定論。他古道熱腸、滿腔熱血、人溺己溺之情懷，普遍地顯露於各文章中。這是仁者的表現。要言之，智、仁、勇，先生皆兼之無疑。

30 其實，早在 1940 年代，先生已撰有若干政論文章，但大量「製作」，則始自先生赴臺之後，即 1949 年年中之後。詳參〈徐復觀先生出版著作繫年表〉，上揭《徐復觀雜文補編》，冊六，頁 471-585。

31 臺灣時報文化出版企業公司及中央研究院文哲所所出版的十多冊的徐先生的文集，皆以「雜文」稱之。這大概是相對於先生的學術專著來說的。本文乃因之，凡先生討論當代政治等問題的文章，本文概以雜文稱之。

居盛位,能廣用無疆,故稱大寶也。」意思是說,位子是產生效用之根據(「根據」即上引文所說的「地」);有了根據(掌握了一個據點,並隨之而有權力、資源),效用、功效便能夠發揮出來。因此這個「位」便是一個大寶貝。這個位子越大,所產生的效用也隨之而越大、越強;甚至能夠廣泛地發揮無限的效用。「大寶曰位」,如果連同整句話前面的「聖人」來看,它的意思便是:聖人能夠發揮大效用的寶貝就是要擁有一個位子(居位,在位子上);且位子越大,其發揮之效用、功效也越大越強。

說到「聖人」,就儒家來說,一般要具備,或被視為具備,以下兩個條件方可稱為「聖人」:內聖、外王[32]。就傳統中國來說,要發揮、落實外王的功效,最理想的情況(甚至是先決條件)是占有一個根據(據點)──占有一個位子;即所謂居其位。上文說到,位子越大,便越能發揮可有的功效。這裡所謂功效、效用,易言之,就是「能量」。以傳統中國來說,最大的位子當然是皇帝的位子(皇位、君位),這是任何傳統人治社會(不僅中國社會)都一樣的。做皇帝,居皇位,是最能夠發揮可有的能量的。比皇位或王位次一等的是官位(此由當官從政而來)。官越大,占有的資源便越多,因此可發揮的能量也就越大越強。這也是不必多說的。我們現在回頭來談聖人。

「聖人之大寶曰位」。這句話似乎可以做以下的詮釋、引申:就算你是聖人,你為了要發揮你最高最大的能量,藉以成就外王,造福蒼生,你也不能不先占一個位子[33];否則你便很難有大寶(根據、據點、資源)可言。然

---

[32] 簡單地說,內聖來自自家修行,可說是操諸在我的;外王,則有賴外緣,至少部分有賴外緣條件,而不全是個人努力便可達致的。

[33] 孔子可算是例外。據《史記・孔子世家》,他老人家一輩子最大的官是做到魯國的大司寇(相當於司法院院長),「行攝相事,……與聞國政」,但為時僅三個月。在這樣子沒有大位,或至少沒有久居大位的一個人來說,在其生時,尤其逝世後,竟然影響中國歷史二千五百多年,且迄今仍深具影響力,縱觀古今中外的歷史,可說乃罕有之至。其地位及影響絕對可比擬帝王,甚至遠遠超過帝王,是以後世恆以素王、無冕王稱之。孔子在歷史上雖然造成這麼大的影響,地位這麼高,但世人乃以「王」稱之,這便很可以反映,在一般人心目中,只有居大位的帝王才被視為具重大影響力的人物。徐先生不同意孔子曾任魯國大司寇一職;認為孔子所任之職官乃下大夫之司寇

而，能否獲得一個位子，不全是操諸在你，光靠你個人的努力便可以成功的。換言之，外緣條件（機緣）是非常（或至少是相當）重要而具決定性的。聖人有心為天下蒼生做事（藉以成就外王），也必須憑藉機緣才可以成功，這也可以說是現實上的一種悲哀。但這是題外話，現在就暫且不談。

上面談到皇位、君位，而隨皇位、君位而來的皇權、君權，乃係人世間最大的權力（大寶），可據以宰制天下蒼生。這所以中國人恆以聖人期待皇帝、人君。「聖君」這個名號大概即由此而來；意謂希望凡為君者，當以聖人自期，博施濟眾、輔育萬物，有心為天下老百姓真真正正的做點事。當然，我們也可以反過來說，中國人是希望只有聖人才應該出來做皇帝，才擔當得起「皇帝」、「人君」這個美稱而居皇位、君位[34]。這就是所謂名該副其實，名應為實之賓[35]。換言之，是希望：聖始可為君。然而，事實上，不管你用如何骯髒、卑鄙的手段獲得這個皇位、君位，但只要你一旦獲得了而稱孤道寡，君臨天下，你便恆自視為聖，也一無例外的被天下萬民（含大臣）高呼萬歲而譽為聖（聖上）了！理想上，本來是聖始可為君，現今則反

而已。果爾，則以位階如此卑微的職官而竟然能對後世產生無可比擬的影響力，真古今罕見了。此可見孔子對後世的影響與其官職之大小沒有必然關係。徐說見所著〈一個歷史故事的形成及其演進〉，徐復觀著，蕭欣義編，《儒家政治思想與民主自由人權》（臺北：臺灣學生書局，1988），頁 271-272。

[34] 就西方來說，柏拉圖亦有類似的說法。此即一般我們稱之為「哲王」（Philosopher King）的一個說法。柏氏認為唯有未腐敗的哲學家主管城邦時，或當掌權者、國王或其兒子受到神的感化而真正愛上了真哲學時，城市、國家或個人才能達於完美。柏氏說，見《理想國》（十卷本），卷六。筆者所據者乃係郭斌龢、鄭竹明譯的版本（北京：商務印書館，2009）。

[35] 徐先生對於「名」與「實」的相互關係，說得極好，如下：「貴族的統治階級，把自己由地位而來的名，認為即是政治權力的真。有此名，即無條件地應有此統治權力，人民即應無條件地服從的權力。……孔子的正名思想，……所謂對名的自覺，是不認為名的自身即有其神秘的意義，而須另外賦與某種意義，使某種意義成為某種名之實，某種名乃代表某種實的符號。於是名的價值並不在其自身，而係在由它所代表的某種意義。」徐復觀，〈先秦名學與名家〉，上揭《儒家政治思想與民主自由人權》，頁 159-160；上文原為〈公孫龍子講疏〉（臺中：東海大學，1966 年 12 月）之〈代序〉。

過來而變成：凡君者，必聖也！人世間價值的大顛倒，莫此為甚。既然君必聖，則無論這個君是竊狗天下、荼毒生靈、陷百姓於水深火熱的一個君，也必是聖無疑了！！妖魔之聖化、人渣之神化，在人類所有活動領域中，恐怕以政治領域表現得最「傑出」、最值得吾人「稱道」了。

　　天下間的皇帝、君主，以至後世的極權者，獨裁者，都充分認識到「位」是天下的大寶，所以便想盡辦法攫取之；攫取這個位並隨之而來的權力之後，又無所不用其極以擴充之。「聖人之大寶曰位」這句話，在他們手上，真可說發揮得淋漓盡致了。「偉大導師」、「偉大領袖」、「偉大統帥」、「偉大舵手」、「紅太陽」、「思想戰無不勝」、「萬壽無疆」、「萬歲」、「萬萬歲」等等的口號、美名、偉稱，便無怪乎鋪天蓋地不絕於耳，甚至亙古而常新了。

　　人固然性本善，但人（依其習心）亦必同時生而有欲。居大位的人君，其欲壑難填更甚於常人千萬倍。只要一天政治不上軌道，客觀的運作機制產生不出來，建立不起來，國家便無法根絕居天下之大位者之竊狗天下，荼毒生靈的惡行、罪行。易言之，在君主專制的制度下，其權力永遠都是無限大（至少原則上是如此）[36]，此即上文所說的「廣用無疆」。只有在民主制度

---

[36] 就實際情況來說，皇帝、人君，其權力也不是無限大的。它總受到來自某些方面的制約。這包括他所相信的天理、天道（當然也有人君完全不相信這一套東西的，那又另當別論）、當儲君時所接受的儒家教育，以至祖宗家法、官僚制度（含宰相、御史、諫官）、外戚、權臣、宦官等等，甚至史家之筆，都對人君之擴權、濫權，產生一定的制限。詳參黃兆強，《學術與經世──唐君毅的歷史哲學及其終極關懷》（臺北：臺灣學生書局，2010），頁108，註56。上文的天理、天道，猶西方中古時之神權；在中國，或可名為「天權」。祖宗家法，則「祖權」也，「法權」也。儒家教育，於此可以扮演「以道抑勢」的角色；對儲君來說，或可名為「師權」。官僚制度，則可以宰相為代表而名之曰「相權」、「官權」。外戚、權臣、宦官等等，或名之為「雜權」／「奸權」？至於史家之筆，則「史權」是也。史官修史對帝君所產生的制約，學長雷家驥教授對此甚有研究，並嘗創「以史制君」一名詞，可謂劃龍點睛之筆。其相關文章甚具參考價值，對筆者啟發良多。雷家驥，〈四至七世紀「以史制君」觀念對官修制度的影響〉，發表於中興大學歷史系 1985.03.23-24 所主辦之「中西史學史研討會」上。會後該文收入由中興大學歷史系主編之《中西史學史研討會論文集》。

下，在重視人權的情況下，居大位者、居高位者，才沒法廣用無疆其位子所帶來的權力，才能夠讓「天下的大寶」，不再成為大寶。徐先生一輩子念茲在茲者，便在於催生民主政治、民主制度。徐先生與現代新儒家，如唐先生、牟先生等等，在不同的文字中都早已異口同聲指出：重視人民生命、民生、人道、人文精神的一個國度——中國，怎麼可能不重視以民為主的「民主」呢、「人權」呢？所缺者唯如何在現實上予以落實的一個制度而已。然而，表面上看來，中國人過去亦確實不重視人該有的權利（人權），這個現象又如何解釋呢？個人認為，中國人重視義務過於重視權利。由此而產生的一個錯覺便以為中國人不重視人權，甚至違反人權了！

　　義務是向自己提出要求的，譬如父母親自我要求要好好養育孩子；孩子則自我要求要好好孝順父母親，即是其例。反過來說，權利則是向他人提出的，譬如父母親要求孩子要好好孝順他們，說這是他們該有的權利；孩子則要求父母親要好好養育他，也說這是他該有的權利。人權之提出、重視，固然很重要。但如果時時刻刻都只講權利，不講義務，且動輒說：「這是我的權利」、「根據我的權利，我要求……」，那將會是一個怎麼樣的世界呢？在「嚴於責己，寬於待人」[37]這個理念的影響下，並隨之而來的行為表現

該文稍作增刪後又收入雷家驥，《中古史學觀念史》（臺北：臺灣學生書局，1990）頁 375-428。文章題目稍作更易，如下：〈「以史制君」與反制：及其對南北朝官修制度的影響〉。

[37] 此即：要求自己多盡義務而不談或少談一己之權利，盡量成就他人的權利而不要求或少要求他人要盡義務。如果每一個人都達到這個境界，則社會便成為一個重義務而少談權利的社會。又：多盡一己之義務而少談權利，是有點要把權利讓給他人的味道的。其實，這很符合中國傳統文化中的禮讓精神。唐君毅先生嘗指出，整體中國文化精神都體現「讓」的美德。如中國人日常生活之讓酒食、讓位、讓行，宗教上之讓聖，政治上及道德生活上之讓德等等，即是其例。唐君毅，〈中國人文世界之禮讓精神——在復禮興仁學會第十六期學術演講會講詞〉，《中華人文與當今世界補編》，（桂林：廣西師大出版社，2005），冊一，頁 212-215。按：上文原載《中華人文與當今世界補編》，上冊，《唐君毅全集》，第九卷（臺北：臺灣學生書局，1991），頁 230-233。廣西師大出版社的版本頗有刪節，但就讓酒食、讓位、讓行，宗教上之讓聖這幾點來說，無礙原文的精神。然而，以做學術研究來說，應以臺灣學生書局的

下，過去中國人便被誤會為不重視人權了。對針這方面，我們作為中國人，當然也應該多作反省。就是為甚麼會被誤會呢？扯遠了，我們再回來說徐先生的相關主張。

上文提到「何以守位？曰仁。」這句話。今依徐先生意稍作引申，則我們可以說，你們居大位者，所以能夠守得住、保得住你們這個大位的，就唯有靠「仁德」了。上文提到大韓民國總統李承晚、巴基斯坦總統雅耶漢，他們之所以保不住他們的大位，就是由於前者流於獨裁、欠缺民主素養；而後者則由於暴虐百姓，罔顧人命、人權。兩位居大位者的表現，一言以蔽之，就是對老百姓都麻木不仁，其中尤以雅耶漢為甚[38]。徐先生嚴屬地批判李承晚，無情地撻伐雅耶漢，而不稍予假借，乃純發乎悲天憫人的情懷，並站在人溺己溺的立場，為水深火熱、朝不保夕的苦難國度的人民，作出最沈痛的呼喚，並表示最悲壯的抗議。賢哉徐師、壯哉徐師！

本餘論頗冗長，然其重點不外二項，如下：（一）藉「聖人之大寶曰位」一語來說明，在人治社會的情況下，古今中外幾乎無一例外，所有統治者皆藉著所獲得的大位來「廣用無疆」隨大位而來的權力。而人世間眾多無以名狀的罪惡、罪行，便由此而產生。（二）指出唯有本諸民主精神以建立民主政治制度，始可扭轉強人政治、極權專制政治之濫權、侵權；而民主、人權等等的普世價值始可得以具體落實[39]。

版本為準。又：上文原載香港《華僑日報》，1956 年。

[38] 李承晚和雅耶漢分別於 1960 年和 1971 年下野。

[39] 本文源自以下研討會：「當代儒學國際學術會議」。會議日期：2012 年 9 月 26-28 日；地點：中央大學。研討會的主題是：「儒學之國際展望」。原文為呼應研討會這個主題，乃有如下的一段文字，今予以轉錄：「人權、民主，乃徐先生一輩子所追求之價值所在。海峽兩岸四地，尤其是中國大陸，在這方面的表現，雖近年來（至少比起文革時期），已改善很多，但仍有不少可以進一步向上提昇的空間。吾人本徐先生意，並根據中國先哲的理念，而進一步闡發人權、民主在今日可有之意義和理想意義，並進而呼籲居大位者，予以充分的落實，這恐怕也算得上是本研討會『儒學之國際展望』應有之義吧！」

第三章　人性‧良心[*]

一、前言

　　上文〈道德與政治的關係〉一章已指出，徐先生是性善論者，心善論者。心善，意謂心是善良的。這個善良的心，簡言之，就是「良心」。對於良心，先生嘗下一個很簡單的定義，如下：「所謂良心，是人人所固有的道德之心。」[1]先生的政論雜文中，揭示或反映人性的作用、良心的聲音者，數見不一見。先生很少發虛言、放空論；反之，恆即事以言理，以下所開列、闡釋者，即本乎相應之具體事例以為說。

二、知之兩義：認識心之知、
道德心之知（德性之知：良知）

　　先生在論述蘇聯特務在葡萄牙所做的策畫時，特別引錄了朱熹以下兩句話：「蓋人心之靈，莫不有知；而天下之物，莫不有理。」[2]按：朱子這裡

---

*　本文源自某學術研討會的一篇文章的部分內容。今經修改增刪後，納入本書內。詳參本書〈道德與政治的關係〉一章註 1 前的說明。

1　徐先生視良心即道德之心這個說法，實可說遠源自孟子。孟子說：「雖存乎人者，豈無仁義之心哉？其所以放其良心者，亦猶斧斤之於木也，旦旦而伐之，可以為美乎？」（《孟子‧告子上》）是良心，就孟子來說，即仁義之心。而仁義之心，猶徐先生所說的「道德之心」無疑。徐復觀，《徐復觀雜文‧看世局》（臺北：時報文化出版企業公司，1980），頁 138。

2　徐復觀，〈蘇特在葡國的策劃，啟示了我們些什麼〉，《徐復觀雜文補編》（臺北：中央研究院中國文哲研究所籌備處，2001），冊四，頁 347；原載《華僑日報》，

「莫不有知」的「知」，順朱子本身所作的解讀，蓋指認識心意義下的「知」來說[3]。徐先生予以引錄的目的，乃在於說明，葡國人民由知悉某報章的一句真話而拆穿蘇共在該國的一切謊言。然則徐先生所理解的「莫不有知」的「知」，似亦是偏重認識心意義下的「知」來說。然而，筆者以為（其實，徐先生本人亦不無此意）[4]，此「知」雖一方面固在於建構知識：使人

1975.07.22。上引語原出朱熹，《四書集註・大學・格致補傳》。朱熹這兩句話，是徐先生常惦記心中的。1975 年之 17 年前，即 1958 年時，先生在一篇文章中便如是說：「我常常記得朱元誨（筆者按：「誨」，蓋手民之誤；當作「晦」。）的兩句話：『蓋人心之靈，……』。」徐復觀，〈閒話舊聞〉，上揭《徐復觀雜文補編》，冊六，頁 232；原載《新聞天地》，第 543 期，1958.07.12。

[3]　牟宗三先生亦以認知心（認識心）意義下之知來解讀朱意。其說詳見所著《心體與性體》（臺北：正中書局，1971），冊三，頁 399-406，尤其頁 402。摯友楊祖漢教授則承襲唐君毅先生所說的朱子之理乃指當然之理（即道德之理）一義，並進而指出說：「朱子之致知格物窮到底，要了解的『理』，便是這個『道德之理』。祖漢兄並由此而作出如下的論斷：「我覺得從唐先生的說法可以給出對於理之知可以達至誠意的效果之論據。」祖漢兄之意蓋謂，就朱子來說，致知與誠意，不必彼此不相干，蓋由致知可過渡至誠意也，並云：「知至便涵意誠」、「知至與意誠是有因果關係的」。此解讀極具創意，且遙契唐說所蘊涵而未嘗明確表出之意義；惟與牟師說異矣。綜括來說，個人認為，「格物致知」之「知」，就其原意或本意來說，固僅指認知心意義下之知（即聞見之知），唯此「知」致乎其極（所謂「致知」），則必涵道德心意義下之「知」（即德性之知）。牟師乃順朱子語之本義而為說；唐師則擴而充之，乃就朱子意可涵之究極義而為說。一斬截、分明，一圓融、推擴。牟、唐二師治學風格之殊異，此於亦可概見一斑。唐說詳見〈由朱子之言理先氣後，論當然之理與存在之理〉，《中國哲學原論・原道篇》（香港：香港新亞研究所，1977）卷三，頁 438 以下各頁。祖漢兄之說，則見〈論朱子所說的『誠意』與『致知』關係的問題〉一文。該文發表於中央大學儒學研究中心、中文系及哲研所主辦之「當代儒學國際學術會議：儒學之國際展望」研討會上。會議日期：2012 年 9 月 26-28 日。楊文後收入李瑞全、楊祖漢主編，《二十一世紀當代儒學論文集 I：儒學之國際展望》（桃園：中央大學儒學研究中心，2015），頁 525-532。

[4]　徐先生另文處理儒家精神之基本性格時，嘗稍及朱子之格致補傳，其中有云：「照程朱格物致知，……程朱之所謂物，主要上仍係指人倫而非指自然。」徐復觀，〈儒家精神之基本性格及其限定與新生〉，《儒家政治思想與民主自由人權》（臺北：臺灣學生書局，1988），頁 79。

察識該「謊言」；但所建構之知識，其目的乃在於滿足吾人良心上之要求。是以此「知」又未嘗不具備道德意涵。再者，此「知」既由「人心之靈」而來，而人心之靈，明可涵依道德心而來的一個「知」——良知，而非僅限於依認識心而來的「知」而已。就算退一步而言，我們至少可以說：縱使只認為「人心之靈，莫不有知」的「知」僅指認識心意義下之「知」，而不涵道德心意義下之「知」，則至少我們可以說：依前者之「知」而使葡國人民進行「反獨裁專政」的示威行動，這很明顯是良心（道德心）、良知被激發後而來的一個行動。簡言之，即認識心意義下之「知」激發了或引發了道德心意義下之「知」——良知；是以繼而生起一個相應的行動。綜上所述，本於「人心之靈」而來之「知」，依上引文朱子意，似傾向於僅指認識心意義下之「知」；然而，依「人心之靈」可有的全幅意義來說，實未嘗不兼涵道德心意義下之「知」（德性之知——良知）。且就儒家大義來說，此後一義尤其緊要。是以下文乃借用「人心之靈」一詞以逕稱道德心——良心。上引文中朱子本人之原意究竟為何，以與徐先生本人之思想及本文之主題並不直接相關，則闕如之可也。

三、良心、良知具普遍性及違反良心、良知之國際事例
（兼論情、理兼顧）

上文說到「人心之靈」。要言之，「人心之靈」主要指的就是人的「良心」；依良心而來的「知」，便是「良知」。這個良心、良知，是凡人必具備的。換言之，乃具普遍性者。筆者這個看法，蓋為徐先生所首肯。在〈歷史曲折中的規律——伊朗與中共的證言〉一文中，先生表達了相類似的看法。先生說：「……但也和相信宇宙有共同法則一樣，人類有共同的理性。」[5]這個人類共同的理性，便是凡人莫不具備的「人心之靈」，亦即

5　徐復觀，《徐復觀最後雜文集》（臺北：時報文化出版企業公司，1984），頁314；原載《華僑日報》，1981.08.15。

「良心」、「良知」。良心之具普遍性,已如上述。而依良心而生起的人倫道德,也同具普遍性。先生即如是說:

> ……漢文中裝載了許多由中國聖賢所積累下來的人倫道德。這些人倫道德,假使沒有它的普遍性,便不會對韓國發生影響……。若有其普遍性,則這些倫理道德,對韓國民族精神的塑造,已發生過很大的作用,與韓國的歷史和現代,有不可分的關係。[6]

中國的人倫道德當然曾經對韓國發生過影響,這是不必多說,且韓國人恐怕也不得不承認的。既然發生過影響,則人倫道德之具普遍性,而不只是侷限於僅中國人所有而已,這便可說是邏輯上的必然[7]。

常常聽到人家說:「公說公有理,婆說婆有理。」此即莊子所說的:「彼亦一是非,此亦一是非。」(《莊子・齊物論》)而素人恆以此來否定世間有所謂絕對的是非對錯。徐先生對這個看法,及對「是非是相對的」這種看法,不予認同。這從〈我對劫機事件的憤怒〉一文中很可以看得出來。先生說:

> ……合理與不合理,在心同理同的人類理性面前,不要以為沒有一種顯明的標準。我們對阿拉伯人和猶太人,決沒有任何成見。並且在平日的耳濡目染中,對猶太人的慳吝,多少有點厭惡;對阿拉伯人在近代的被征服,總會寄與以同情。但對由阿聯所發動的以、阿戰爭,假定肯把預定的政治立場放開,大家在心理上多少會站在以色列的一方面。因為那塞的作戰目標是要消滅以色列,不許以色列生存;而以色

6　〈韓國的文化大革命〉,上揭《徐復觀雜文補編》,冊三,頁 230-231;原載《華僑日報》,1969.03.10。

7　據邏輯三段論法,肯定前件(沒有普遍性),則肯定後件(不對韓國發生影響);否定後件(非「不對韓國發生影響」),則否定前件(非「沒有普遍性」)。所以結論是中國人倫道德非「沒有普遍性」。

列只在求自己的生存獨立，以自己的勤勞智慧，追求自己的幸福。[8]

針對上文，筆者有二點觀察。

1. 「合理與不合理，在心同理同[9]的人類理性面前，不要以為沒有一種
顯明的標準。」徐先生這幾句話讓筆者想起唐君毅先生類似的話。唐
先生說：「夫事不離理。價值者，理也。事客觀，而理亦客觀。」[10]
既然人世間依人類理性而有一個客觀的理在，則是非價值的判斷，便
不是見仁見智，更不是隨意、任意，而成為常人所說的只有「相對的
真」可言而已。

2. 徐先生是思想家（不是哲學家；先生自己本人亦不認為要當一個哲學家）
[11]，是史學家。先生恆即事而言理；比較少空泛的談理。就上引文來
說，先生是扣緊以、阿的衝突而言理。彼指出說，自己對阿拉伯人決
沒有成見；反而對猶太人多少有點厭惡。然而，以埃及為首的阿拉伯
聯盟所發動的以、阿戰爭，那塞（按指：埃及總統 G. A. Nasser, 1918-1970;
1958-1970 在位）等人旨在消滅以色列，不許以色列生存；這無論如何
是違反人類理性的。本於理性，先生之義憤乃油然而生。明道先生有
云：「聖人之喜，以物之當喜；聖人之怒，以物之當怒。是聖人之喜
怒不繫於心而繫於物也。」（〈定性書〉）以上乃明道先生指出聖人喜
怒的境界；恐常人不易做到，恐徐先生亦不易做到。然而，對不合
理、不正義的事而生憤、生怒，並進而為文予以批判，此則知識分子

---

8 〈我對劫機事件的憤怒〉，上揭《徐復觀雜文補編》，冊三，頁 272；原載《華僑日
報》，1970.09.18。

9 當然，也有比較「悲觀」而恰巧相反的另一個說法，此即：「人心不同，各如其
面。」就現實世間來說，恐怕這個說法反而更接近一般的情況。相對來說，「心同理
同」的說法，是一種理想性的說法。凡儒家莫不具備理想性，徐先生所以有「心同理
同」這個說法，是很可以理解的。

10 唐君毅，《中華人文與當今世界》（臺北：臺灣學生書局，1974），上冊，頁 164。

11 徐復觀，〈我的讀書生活〉，《徐復觀文錄》（臺北：環宇出版社，1971），冊三，
頁 173。

見義勇為的表現。「見義不為,無勇也。」(《論語·為政》)徐先生
雖非聖人,然庶幾近之。

阿拉伯國家要消滅以色列而進行的軍事行動,如發生於 1967 年 6 月的
6 日戰爭等等,先生在不少文章中都予以批判。然而,先生批判得最厲害的
是共產黨,尤其是蘇共。原因很簡單。共產黨,尤其自認為是社會主義大家
庭中的老大哥蘇共,依其階級鬥爭理論而進行的滅絕人性的行為,是徐先生
最心痛欲絕的。我們先看先生怎麼說:

> 我們僅指出共產黨所有理論和行動的最基本的特點,是在於他不承認
> 每一人皆有其人性的尊嚴,不承認人類生存發展的基礎,是安放在人
> 人互相尊重人性尊嚴,因而相喻以由人性所流露出的理,相煦以由人
> 性流露出的情,由此種理與情所交織而成的「人的世界」之上,他們
> 千番萬次的說,人類的意識,是決定於所屬的階級。階級是外在的一
> 種關係。所以此說法的另一面,是認定人性乃係一團漆黑的東西,對
> 人不能發生作用。於是人既不能本其理性之光來了解自己,更無法由
> 理性之光的交投互射而了解他人。[12]

上文多次指出徐先生很重視理性(道德理性)。但上引文反映先生所重視的
尚有另一面,此即情的一面。可見先生恆情、理兼顧。三十多年前,筆者跟
隨先生學習的過程中,及從其日常生活中,所最常看到的是先生情方面的表
現。先生是血性男子。那有血性男子不重視情的呢?先生依於感憤之心而奮
筆為文,此固有其理性在,但不容自已之情恐怕更為關鍵吧。蓋理性、感情
相喻、相煦始交織而成「人的世界」。根據上文,先生亦非不承認人世間有
階級之存在,但階級只是外在的一種關係。決定人之所以為人的,是人之
性、人之情。據上引文,缺少理性固不能了解自己,更無法了解他人;「理

---

[12] 徐復觀,〈認取蘇聯所給與人類的教訓〉,上揭《徐復觀雜文·看世局》,頁 336-
337;原載《民主評論》,卷 4,期 16;1953.08.15。

性」的重要性，可以概見了。然而，筆者以為，這裡的「理性」，蓋採其廣
義用法；即一種含情的理性。因此讀者切勿因詞害意。「交投互射而了解他
人」，此所謂「感通」也。有所感而後始可通。世間豈有無情而可生感，無
感而可致通耶？縱或有之，恐怕亦是冷冰冰、硬繃繃的如清儒戴震所說的
「以理殺人」的一種「理」（理性）而已。此無情之理性，又何所貴乎哉？
說到以理殺人，徐先生嘗扣緊共產黨而為說。其言曰：

> 共產黨的理論，乃成立於人類問題之解決，端在於世界上一半以上的
> 人是應該用殘暴鬥爭的手段去加以消滅的假定之上。這即是它所說的
> 「階級性」、「階級觀點」、「階級立場」的一切。……在歷史上，
> 並非為了要作政治上的反抗，而只是為了求得最低限度的生存，以至
> 發生幾百萬人、幾千萬人的逃亡的，只有在共產黨的政權之下，才有
> 此現象。[13]

據上文，則必然得出以下的說法：我要殺你，其實不是我無厘頭，無端端的
要殺你，更不是我本人因為恨你而殺你，而是你是階級敵人！你的階級，決
定你得死。這就是共產黨殺人的最大理據，最不成理由的理由！誰叫你出生
在這個階級呢？存在決定意識。你既存在於這個階級中，你的意識便必是反
革命的、反動的。反革命、反動，就罪該萬死！其實，被定位為某階級、某
階級，這全是共產黨（其實只是共產黨中某些人，甚至只是某一兩個人）所訂的標
準而已。世間真有這麼嚴格的此疆彼界不可逾越的經濟階級嗎？且確應該僅
依所謂經濟階級的不同而定個「你死我活」的分別嗎？上引文中說到幾百萬
人、幾千萬人逃亡。現在是 21 世紀了，情況比上一個世紀「改善」多了，
可說「進步」了。共產黨統治下的人民，就以中國大陸來說，不再需要逃亡
了，而是用申請的方式來出國。然而，又產生了另一可悲的現象。申請出國

---

[13] 徐復觀，〈人類的另一真正威脅〉，上揭《徐復觀雜文補編》，冊三，頁 133；原載
　　《華僑日報》，1955.07.26。

者，並不是如先生 60 年前（上引文撰於 1955 年）所說的，是為了最低限度的
生存，而是為了過更奢華的生活，尤其是為了把來路不明的金錢好好花掉而
申請出國。就中國大陸來說，這使得暴發戶，如高幹、生意人的子孫，所謂
富二代在外國過著奢華而糜爛的生活而已。身為中國人，可悲不可悲？但這
是題外話，不贅。

四、人心不昧，作偽徒勞

　　道德良知，與生俱來，乃凡人皆有者。此已如上述。然而，依徐先生，
這個理──道理，共產黨（徐先生上文主要是扣緊蘇共來說；現今的蘇共，以至其
他國家的共產黨，其表現恐怕很不一樣了）不要講；人類社會不同族群（或共產黨
所說的不同階級）或同一族群不同成員之間之情──感情（譬如同一家庭中不同
成員間之感情），共產黨也不要講。那麼共產黨所講的，所追求的，又是甚麼
呢？在〈蘇聯與人性的搏鬥〉一文中，先生明確的指出說：

> 對於民主社會主義，更加以強烈的攻擊。總之，他（按：指蘇共）要把
> 一切出自人類良心的呼喚，人類人性的要求，要徹底窒息以至於死。
> 假定蘇聯的目的可以完成，則人已變成為「非人」的動物了，這是可
> 能的嗎？[14]

一言以蔽之，依徐先生，共產黨就是要徹底窒息人性、消滅人性、斷絕凡人
皆有的良心的呼喚。然而，對人類永遠充滿希望與信心的徐先生來說，共產
黨所企圖實現的「理想」，這個使人成為「非人」而變為動物的所謂理想，
是可能落實下來的嗎？縱然在蘇共不可一世的上世紀 50、60，甚至 70 年
代，先生對人類充滿希望、期許的一顆熾熱的心，也從不曾隱匿過、消失
過，更不要說被外力摧毀過。徐先生自己本人的文字最可為證，如下：

---

[14]　上揭《徐復觀雜文·看世局》，頁 357；原載《華僑日報》，1972.02.09。

……因而對他（按指：史達林）加以完全唾棄的，正是由他一手所超升的幹部；於以見人心之不昧，作偽之徒勞。[15]

在筆者閱讀過的大量徐先生的政論雜文中，先生最痛恨的計有三人，希特勒、史達林和毛澤東。上引文僅針對史達林來舉例。這個人間狂魔、惡魔死於 1953 年 3 月。在生時，叱吒風雲三十年；但曾幾何時，其死後屍骨未寒的第三年，即 1956 年 2 月在蘇共二十屆黨代表大會中，赫魯雪夫（香港譯作：赫魯曉夫，1894-1971）便予以無情的撻伐。先生於是下結論說：「於以見人心之不昧，作偽之徒勞。」「人心之不昧，作偽之徒勞」，此獅子吼也。雖僅十個字，但足以振聾發聵。筆者一唱三嘆者久之；不能自已者屢矣[16]。徐先生又說：「由此可知，不論世局如何變幻，但在方寸之地，總有相同的一點感應的靈機，永遠無法磨滅。人類的得救，還是要在此一靈機上立足，這便是中國文化血脈之所在。」[17]「一點感應的靈機，永遠無法磨滅。」先生對人類的信心及對未來的樂觀期許，不必再細表了。

1977 年 5 月，蘇聯完成了一部新憲法草案並修改了國歌。同年 6 月先生據推測而撰文表示說，當年 11 月 7 日蘇聯慶祝十月革命 60 周年紀念之前，或同時，將宣佈此一新憲法的正式成立。文中先生並認為新憲法的出爐，對蘇聯人民而言，應是一件好事。該文云：

---

[15] 徐復觀，〈史達林對人類的偉大啟示〉，《學術與政治之間》（香港：南山書屋，1976；甲乙集合訂本），頁 342；原載《自由人》，523 期，1956.03。

[16] 先生在不少文章中都引用到以下一句很有名的諺語：「不是皇天無報應，只分來早與來遲」、「莫道皇天無報應，只分來早與來遲」；並據以指出說，在歷史長河中，你們早晚都會得到報應的。即你們這些該千刀萬剮死有餘辜的人間渣滓，皇天是饒不了你們的，你們等著瞧吧！按：先生所引用的諺語雖然有「皇天」二字，但先生蓋視這個「皇天」是虛詞，非實指；或指的就是「歷史」。是以讀者切勿以此而誤會徐先生，以為徐先生是相信在人世間之上存有一個具道德性格的形上實體的。上引先生語，分別見〈歷史是可以信賴的——聞朴正熙被槍殺〉，上揭《徐復觀雜文續集》，頁 289（原載《華僑日報》，1979.10.30）；〈良心、政治、東方人〉，上揭《徐復觀集文・看世局》，頁 145（原載《民主評論》，卷 14，期 23；1963.12.01。）

[17] 上揭《學術與政治之間》，頁 342-343。

> 由蘇聯新憲法草案及新國歌的提出，使史達林在蘇聯政治中的影子
> 將更為稀薄，使蘇聯人民可以忘記這個自我崇拜的臭偶像，這對蘇聯
> 人民而言，對所有有理性與自尊心的人們而言，不能不說是一件好
> 事。[18]

先生對理性與自尊心之期許及雀躍之情，可謂溢於言表。在〈由春夢到噩夢
——哀捷克〉一文中，先生又說：「捷克在蘇聯六年多的鎮壓之下，封了捷
克人民的口，但並沒有死掉捷克人民的心。」[19]

「人心不死」，這是先生永遠的信念。人類，尤其是生活在水深火熱的
極權國家下的人民，也只有在「人心不死」這個永恆而偉大的信念下，才有
足夠的勇氣活下去。

在這裡順便指出一點。徐先生是史學家，這是不必多說的。但先生治史
的目的，並不在於，或至少不全在於，把史事的真相予以研究，予以揭露而
已。其實，先生治史是為了挖掘、發覆、彰顯人世間的道理。孔子說：「我
欲載之空言，不如見之於行事之深切著明也。」[20]《史記・索隱》的解釋很
好，茲引錄如下：「孔子言我徒欲立空言，設褒貶，則不如附見於當時所因
之事。……深切著明而書，以為將來之誡者也。」其中所說到的「空言」，
猶同今日常說的「義理」、「道理」。再好的義理、道理，都不免流於抽
象，失諸空泛，此所以孔子以「空言」稱之。徐先生是何等聰明的人。這方
面，豈會不了解。連孔子都覺得空談義理是不夠深切著明的，則我等何人，
其智慧豈在孔子之上？徐先生說道理而必附見於當時之事或過去之史事，其
原因正在於此。而對當時之事之論述，便成時事評論或廣義的政論。本文所
說的「政論」，正取此廣義用法。

---

[18] 〈蘇聯的新憲法草案〉，上揭《徐復觀雜文・看世局》，頁 411；原載《華僑日報》，1977.06.07。

[19] 《徐復觀雜文補編》，冊四，頁 317；原載《華僑日報》，1975.05.13。

[20] 《史記・太史公自序》。

五、結語

　　人沒有了生命——人民喪失了生存空間（據徐先生，主要起因於統治者剝奪了人民生存的權利；可詳參本書上章〈天地之大德曰生〉），當然一切免談。但如果人喪失了人之所以為人的人性——良心、良知，並以此而危害他人生命，戕害他人生命，視他人之生命僅具工具性的價值，則其生恐怕也只是枉生、苟生，甚至連禽獸都不如的一種生而已。依於人性而來之良心、良知，既如此的重要，且在徐先生的政論雜文中，亦經常被充分的關注及，此所以筆者扣緊徐先生雜文中所論述的若干國際事件，以揭示、闡釋其義[21]。

---

[21] 順便一說：凡儒家莫不重視人文精神而反對唯物主義。共產黨乃唯物主義者，所以作為新儒家之徐先生一輩子反共。然而，徐先生亦民主鬥士也。據筆者的理解，先生痛恨反民主的程度甚於其痛恨共產黨的程度。所以徐先生痛恨反民主之法西斯主義，尤過於其痛恨共產主義。詳參下章〈中庸之道〉第三節之（四）。按：筆者所說的徐先生「一輩子反共」，主要是指反對，不同意共產主義／共黨理論，而不是指反對共產黨黨員。且共產黨員中，如周恩來等等，甚至早期，乃至文革前的毛澤東，徐先生是相當欣賞或頗為欣賞的。徐先生長公子武軍先生即嘗云：「他對共產黨員的評價，遠高於國民黨員。」徐武軍，〈父親的時代〉，《鵝湖月刊》，2016年5月號（總491期），頁6。

第四章　中庸之道[*]

一、前言

　　徐先生雜文中有不少地方是論及政治中的中庸之道的。為甚麼徐先生這麼看重政治中的中庸之道呢[1]？依徐先生，又何謂「中庸之道」或何謂「中庸」？對於這個問題，我們不妨先從徐先生討論《中庸》一書的兩篇文章談起。「中庸之道」或「中庸」，便是先生從《中庸》抽繹出來的兩個概念。首文名為〈《中庸》的地位問題〉，發表於 1956 年 3 月[2]。據徐先生，錢穆先生在〈中庸新義〉[3]一文中，嘗以「莊子的一部分思想，解釋全部《中

---

[*]　本文及以下二文：〈盡其在我與反省回思〉、〈觀念的災害〉本為同一文章中的三個組成部分。該文名〈當代新儒家的政治論述：以徐復觀先生為例〉，乃應「儒學的當代發展與未來前瞻——第十屆當代新儒學國際學術會議」之邀請而發表。會議主辦單位：深圳大學國學院、北京大學高等人文研究院、臺灣東方人文學術研究基金會、臺灣鵝湖月刊社、臺灣中央大學儒學研究中心。會議日期：2013.11.16-17；地點：深圳聖淘沙酒店。該文所處理的主題計有：中庸之道、盡其在我、反省回思、觀念的災害等。今進一步修改並分別冠上不同標題而成為三篇獨立的文章後，乃納入本書內。

[1]　其實，西方哲人亦有不少是重視中庸之道的；亞里士多德（Aristotle，384-322）即其一。中庸之道或相當於亞氏德性倫理學（Virtue ethics）所說的 Mesotes – Doctrine of the Mean。

[2]　見《民主評論》，卷 7，期 5（1956 年 3 月）；後收入徐復觀，《學術與政治之間（甲乙集合訂本）》（香港：南山書屋，1976），又收入徐復觀，《中國思想史論集》（臺北：臺灣學生書局，1975），頁 72-88。《中國思想史論集》的〈再版序〉對該文補充了二三百字。

[3]　文載《民主評論》，卷 6，期 16（1955 年 8 月）。

庸》」[4]。徐先生對此表示異議，是以撰寫〈《中庸》的地位問題〉一文，以就正於錢先生。相關內容，今不細表。徐先生另一討論《中庸》的文章，發表於 1962 年年底之前，名〈從命到性——《中庸》的性命思想〉[5]。該文共 16 節；先生訓詁及義理的功力，很可以概見。其中第四節「釋中庸」[6]與本文之論旨相關，很可以揭示何以徐先生特別重視斯義。

二、何謂「中庸之道」？
（兼論統治者及君子行中庸之道）

如上所述，從〈從命到性——《中庸》的性命思想〉一文中的第四節：「釋中庸」，很可以概見徐先生的中庸思想。現今試作闡釋如下。先生在該節中指出，《中庸》中的「所謂『庸』，是把『平常』和『用』連在一起，以形成其新內容的。」徐先生治學絕不憑空立說，所以對於何謂「用」，乃引《說文》卷三下「用」部來說明：「用，可施行也」。「可施行也」，用英文來說也許更清楚：大概即英文的 workable、practical。即操作性很高，實用的，具實踐性的，符合實際需要，是行得通的，因此是可以施行無礙的。至於「平常」，徐先生引朱熹如下的說法：「庸，平常也。」（見朱熹：《四書集註·中庸》起首處）徐先生認為：「『平常』二字，極為妥貼；惜尚不夠完全；完全的說法，應該是所謂『庸』者，乃指『平常地行為』而言。所謂平常地行為，是指隨時隨地，為每一人所應實踐，所能實現的行為。」上引文中，「應實踐」和「能實現」兩辭極關鍵。前者乃就道德層面來說；指出予以實踐乃道德責任之所在。後者乃就事實層面，即針對事實上是否可能予以實現的情況來說。茲舉一例：依道德人倫層面，父應慈，子應

---

[4] 徐復觀，上揭《中國思想史論集》，頁 72。

[5] 收入徐復觀，《中國人性論史——先秦篇》（臺北：臺灣商務印書館，1975），頁 103-160。《中國人性論史》前面附有一序文。序文撰寫於 1962 年 12 月底，可知〈從命到性——《中庸》的性命思想〉一文必撰寫於同年 12 月底之前。

[6] 見頁 112-116。以下引文據此者，不另出注。

孝，這是不必多說的。但如果客觀情況不容許（譬如海峽兩岸未通航前），則自 1949 年後即分居兩地的父與子，迫於無奈，也只好「天人永隔」。（當然，「天人永隔」也不是全然不能盡孝道、慈道；但其困難度可高了！）徐先生絕不強人所難。所以「應」字外，進一步點出一個「能」字。如果客觀上無法、不能（以客觀環境所限，能力上無法辦到）把一個平常的行為予以實現的話，那就不是「庸」了。所以「庸」字，依徐先生，是指既應施行，且實際上亦能施行的「平常的行為」而言。

至於把「庸」與「中」連在一起而成為「中庸」一詞，則此詞的意涵又到底為何？徐先生說：

> 平常地行為，必係無過不及的行為；所以中乃庸得以成立之根據。僅言中而不言庸，則「中」可能僅懸空而成為一種觀念。言庸而不言中，則此平常地行為的普遍而妥當的內容不顯，亦即庸之所以能成立的意義不顯。中庸是不偏、不易，所以中庸即是「善」。

「中庸」既無過、不及，且係應實踐，並能實現的最平常不過的行為，所以徐先生便把它與「善」等同起來，而逕視之為「善」。徐先生並進一步引孔子的話而指出說，此種行為即人之所以為人的「人道」。正因為這種「善道」不遠人（所謂道不遠人），而為人人應行、可行的一種行為，所以它就成為了人道。徐先生又進一步指出說：「這是孔子之教，與一切宗教乃至形而上學，斷然分途的大關鍵。」孔子之教是否確如徐先生所說的「與一切宗教乃至形而上學，斷然分途」，恐見仁見智，這裡不細論。但筆者要指出的是，徐先生的判語則正可以反映先生思想特色及信念之所在。

中庸既係「善」（善道、人道），則徐先生所進一步肯定的，其「具體內容，實即忠恕」、「忠恕與中庸，本是一事」，便是順理成章的一個很合理的詮釋了。徐先生更進一步指出，「中庸正是孔子一貫之道」。

根據上文，很可以看出，徐先生是把「中庸」連繫到孔子的整個倫理思想上面去而作出一個通貫的解釋；而不是僅就「中庸」的本身作解釋而已。

若非對孔門義理具通盤且透闢的悟解，是無法達到這種高度的。這是先生了不起的地方。

　　徐先生對「中庸」的性格的說明、解釋，概見上文。經過上文的陳述，我們大概可以了解為甚麼徐先生非常看重政治中的中庸之道了。徐先生的政治思想，一言以蔽之，其核心就是德治[7]。然而，徐先生所強調的「德」，絕非強人所難，高不可攀的一種道德。反之，是人人應行，人人能行的一種德（即一種平常的道理和相應可行的行為）。此上文已有所說明。本此，徐先生要求，或冀望政治家做到的，便是這種道德——中庸之道。然而，現實間，從政者不根據中庸之道，違悖民意而施政者，實比比皆是！這所以徐先生只好退而求其次，另謀他法，轉而冀盼平民老百姓自強不息了。平民老百姓中出類拔萃而自強不息者，或可以「君子」稱之。徐先生對君子是很有期許的；嘗云：

> ……君子之強，是表現為抵抗政治、社會的壓力與誘惑，以守住此中庸之道。這就個人說，是出於自己德性的要求。就群體說，是守住人道的防線，使人能維持人的地位，使人類能生存發展下去。

從政者既泰半不行中庸之道，那徐先生只好轉而求之於老百姓中比較能先知先覺、自強不息的人士（即所謂君子）來做補救了。而君子之強，正表現為「死守善道」的抗拒政治、社會的壓力與誘惑。至於徐先生針對「個人」、「群體」的說法，那是傳統儒家「達己」、「達人」，「成己」、「成物」的現代說法；不細表。

7　這裡恐怕必須要作點補充說明，否則讀者或有所誤會。中國帝制時代人們對政治的最高期許是希冀君臣成為聖君賢相，實行德治。徐先生固然亦希冀現代的統治者應具備仁德之心以行政施治，即實行德治。然而，這是針對統治者之用心或所謂心態上來說。換言之，這是期許統治者個人主觀上作出努力。然而，能夠讓一個國家長治久安下去，客觀上的建制立法才是最關鍵的。就徐先生來說，以民主精神為樞軸並以憲法為依據所建構的法治制度，才是徐先生所信賴並堅持的。要言之，德、法兩者必須兼顧，才是徐先生理想中的治國南針。孟子嘗云：「徒善不足以為政，徒法不能以自行」（《孟子‧離婁章句上》）此可見二千年前，中國人已具備這種政治智慧了。

三、政治上的中庸之道

1979 年 3 月 7 日徐先生好友雷震先生（1897-1979）仙逝於臺北。5 天後
徐先生以〈「死而後已」的民主鬥士——敬悼雷儆寰（震）先生〉為題，撰
文以致哀悼。[8]雷震先生固係民主鬥士無疑。其實徐先生本人又何嘗不是自
由民主的鬥士呢？先生一輩子為自由民主而奮鬥，這是不必多說的[9]。然
而，徐先生為甚麼對民主自由情有獨鍾呢？民主（今暫且不談自由）的優點很
多。（當然，民主也有缺點；下詳。）徐先生推崇民主，原因也很多。其中最重
要的一項，恐怕就是由於徐先生把民主定位為「中庸之道」。對「中庸」的
說明及推許，當然最詳盡、到位的莫過《中庸》一書[10]。然而，《論語》中

---

[8] 悼文刊登於香港《華僑日報》，1979.03.12-15；收入徐復觀著，蕭欣義編，《儒家政
治思想與民主自由人權》（臺北：時報文化出版企業公司，1988），頁 319-326。

[9] 在白色恐怖當道而國民黨政府對倡議自由民主的人士攻擊不遺餘力的年代，徐先生不
多考慮彼與國民黨，尤其與蔣公過去的關係而批逆鱗、忤當道，乃先後發表了以下兩
文：〈為什麼要反對自由主義？〉、〈悲憤的抗議〉。前者發表於《民主評論》，卷
7，期 21（1956.11.01）；後者發表於《華僑日報》，1957.02.12。兩文均收入上揭
《儒家政治思想與民主自由人權》，頁 289-299；301-307。徐先生對民主自由的看
法，我們可引下文以見一斑。先生說：「民主自由，是人性自覺的結果，也就是人性
的本身。是每一個人與生俱來，不是靠了傳受，也不是能加以壓制的。……」（頁
306）徐先生的說法，筆者以為充分反映了其內心的一種堅持，並反映了他的期許及
對不合理情事的抗議。說到期許，徐先生本其愛國熱忱，認為民主是中國人必走的一
條路。先生說：「從去年（1978 年）十月北京民主牆上的大字報看，可以斷言，中
國不論走那一條路，必然要通過民主這一關，否則都是死路。而現在的人民，將來的
史學家，在評斷政治人物的是非功罪時，必然以這些人對民主的態度為最基本的準
的；玩弄假民主的，其罪惡必然與公開反民主的人相等。」徐先生這個個看法，筆者
絕對首肯，但針對真、假民主的問題，則有如下看法：玩弄假民主的人，猶偽君子
也；公開反民主的人，則真小人也。筆者個人則認為，玩弄假民主的人，其罪過乃在
公開反民主的人之上。其原因有二：（一）真小人永遠比偽君子可愛；（二）有謂：
「明槍易擋，暗箭難防。」我們中了暗箭，被偽君子所害，也許還不知是怎麼死的；
搞不好還會傻傻的感謝他一番呢！上引文見徐復觀，〈「死而後已」的民主鬥士——
敬悼雷儆寰（震）先生〉，頁 326。

[10] 學者對《中庸》的研究，可參 Tu Wei-ming（杜維明），*Commonality and Centrality:*

的相關說明，也許更具代表性及涵蓋性。〈雍也篇〉說：「中庸之為德也，其至矣乎。」然則中庸所具備的「能量」、「威力」之大，便很清楚了；可說沛然莫之能禦也[11]。徐先生一輩子推崇民主，這和先生認定民主乃「中庸之道」大有關係。此所以先生論述民主，每多扣緊中庸而為說。我們不妨先引錄徐先生的一段文字看看。先生說：

> 民主政治，是人類文化進步中最大的收穫，集結了文化的各種菁英。……假定兩次大戰沒有美國最後的參加，則歐洲今日的政治制度，誰也不能預料。尤其是第二次世界大戰以後，假定沒有美國在歐洲的力量與援助，則史達林很可能完成了希特勒所沒有完成的志願。我反對帝國主義，但敬重美國在民主政治方面的大貢獻。民主政治的基本性格，必然是中庸之道。[12]

---

an Essay on Confucian Religiousness 一書。該書有中譯本。段德智譯：《論儒學的宗教性——對《中庸》的現代詮釋》（武漢：武漢大學出版社，1999）。

[11] 正如上文所述，「中庸」是最平常而絕非高不可攀的道理、善道；據以施行的行為（譬如為政施教），便成為最平常而應行，且能行的行為，這就使得中庸具備大能量、大威力。又：程子分別以「正道」和「定理」來描繪「中」和「庸」。既係正道和定理，那當然是沛然莫之能禦而具備特大能量的「道」和「理」。程子的說法，見《四書集註》。

[12] 徐復觀，〈暴力與民主政治〉，《華僑日報》，1972.05.21；收入《徐復觀雜文：看世局》（臺北：時報文化出版企業公司，1980），頁 256-257。以中庸之道為治國的南針，就徐先生來說，至少在 1949 年已有這個想法。該年先生撰寫了〈論政治的主流——從「中」的政治路線看歷史的發展〉一文，文中所說到的「中」，指的就是中庸之道。先生列舉了不少今古中外的例證，以說明中庸之道是治國之南針。文見《民主評論》，卷 1，期 2，1949.07.01；又收入徐復觀，《學術與政治之間》（香港：南山書屋，1976），頁 1-11。文章的末尾，先生作了一按語云：「按民主政治，自然是中的政治。所以對中國而言，只談民主政治為已足，且亦少流弊。……」（1956.07.28）換言之，依徐先生，民主政治已涵蘊中的政治。這可以解釋，為甚麼徐先生後來恆言民主政治，而少談中的政治。中的政治不必然是民主政治（因為大皇帝也可以行中的政治）；然而中國人向來所缺的是民主政治。為補救斯弊，這所以徐先生多談民主政治，而少談中的政治。

中庸之道是不走極端，不偏激，以大多數人的意願為依歸。這是民主政治的
正面成就。但民主政治也不全然是好的，其政策也不一定是最理想的。譬
如：勾邦結派以增加在國會中舞弊營私的勢力；處處講協調妥協而導致政策
執行效率低下；為贏得選票而討好大眾，甚至嘩眾取寵，走庸俗路線，犧牲
理想等等便是。所以有人說，民主政治是最壞政制中比較不壞的，是最好政
制中最不好的。此說法不無道理[13]。徐先生對民主政治的缺點或不足之處，
當然不可能不知道。然而，回顧自古至今人類社會的各種政制，流弊最少
的，對人民的生命財產和權益最有保障的，恐怕非民主政制莫屬。當代新儒
家第二代的三大師：徐先生、唐君毅先生和牟宗三先生都推崇民主政制，便
很可以見其一斑[14]。當然，予以細論，則徐先生又稍異於唐、牟二先生。徐
先生可說是無條件地肯定民主的價值；唐先生先則先高舉人文之價值，以人
文價值為第一義；民主之價值及位階則隸其下，可說是第二義的。這方面
徐、唐二先生曾有深入討論[15]。至於徐、牟，則後者倡「道德理性（良知）

---

[13] 其實，民主的表現形式是多元的：計有「直接民主」、「代議民主」（又稱「間接民
主」）、「憲政民主」、「自由民主」、「社會民主」、「人民民主」；甚至有「極
權民主」等等。當然，「極權民主」，乃至毛澤東所說的「人民民主專政」，用徐先
生的說法來說，那定然是假民主而已。參上註 9。據閱覽所及，徐先生沒有把民主作
以上的分類。然而，彼所推許的民主，如果一定要劃分的話，那定然是「直接民
主」、「代議民主」、「憲政民主」、「自由民主」、「社會民主」這一類，絕不可
能是「人民民主」、「極權民主」。然而，縱使以前一類民主來說，它也是有缺點
的；如上文所說的勾邦結派以增加舞弊營私的勢力等等便是其例。有關民主形式的分
類，參江宜樺，《民族主義與民主政治》（臺北：聯經出版事業公司，2003），頁
148-169。

[14] 唐先生對民主的論述，散見其專著中各相關篇章。可參看筆者近著，〈唐君毅先生的
人文觀〉，《新亞學報》，卷 31，上冊（2013.06），頁 341-414，尤其頁 370-373：
論「民主政治制度優於其他政制之原因」一節。牟先生的論述，以《政道與治道》一
書最具代表性。

[15] 1953 年 8 月 11 日當時居住臺灣的徐先生嘗去信居港的唐先生，其中有談到民主自由
的。唐先生不久即回信。徐先生認為該回信不僅對其個人多所疏導，「對社會當前風
氣，亦係一主要之疏導。」於是便把該函以〈學術思想與民主自由〉為標題在《民主
評論》上刊登出來（卷 4，期 18；1953.09.16）。且在該函之前加上一長約二千字的

自我坎陷」以曲通、曲貫以成就民主之說，這大概不是徐先生所能全然認同的；至少不會採取如此一進路以說明中國如何可能開出民主政治的[16]。

就徐先生來說，以其現實關懷感特別強[17]，絕不高懸高不可攀，使人望而生畏的理想以責人；否則很可能陷入以理殺人的境域。所以先生上文便特別標舉中庸之道，視之為民主的基本性格。

徐先生論述政治中的中庸之道的，又見〈孟加拉國的前景〉一文[18]。該文是東巴基斯坦阿華美聯盟[19]爭取東巴自治、獨立，建立孟加拉國之後撰寫的。先生說：

> 在政治方面，阿華美聯盟，是以小資產階級為基礎，打出民主社會主義的旗幟。我覺得這是政治的中庸之道，適合於以農業為主的孟加拉國的要求的。……內部矛盾的消除，均有賴於拉曼今後能發揮崇高的品德與智慧。
>
> 站在人道的立場，世界的強權國家，均不應利用這種矛盾，以犧牲孟

按語。由唐先生的原函和徐先生的按語，很可以看出二先生對民主，尤其對民主在人類各項自覺活動中的價值位階，有相當不一致的看法。要言之，依徐先生，民主自身即為一獨立自存的價值；依唐先生，民主固有其價值，惟其位階，則應隸人文價值之下。徐先生的按語，又收入黎漢基、李明輝編，《徐復觀雜文補編》（臺北：中央研究院中國文哲研究所籌備處，2001），冊一，頁 491-494。臺灣學人李淑珍對二人之民主觀，嘗作比較研究，頗值參考。李淑珍，《安身立命——現代華人公私領域的探索與重建》（臺北：聯經出版事業公司，2013），頁 277-298，尤其頁 281-292。

16 詳參本書上篇一：〈道德與政治的關係〉，註35；本書〈自序〉之附論。

17 李淑珍甚至用「常民立場」一語以描繪徐先生，視先生為「現代儒家中『常民立場』（populist）最突出的一位」。見李淑珍，上揭《安身立命》，頁 19。李氏又說：「（徐先生）被認為是最具有現實意識的學者。」同前書，頁 297-298。

18 徐復觀，〈孟加拉國的前景〉，《華僑日報》，1972.01.15；收入上揭《徐復觀雜文補編》，冊三，頁 364-367。

19 阿華美聯盟（Awami League）是成立於 1949 年的一個政治團體，以爭取東巴的自治／獨立為主要訴求；執行中間偏左的政治路線。1971 年其領袖拉曼（S.M. Rahman, 1920-1975；1971.04.11-1972.01.12 在位）成為建立孟加拉國的國父並擔任第一任總統。詳參網路維基百科 "Bangladesh Awami League" 條及其他網路相關資訊。

加拉國的現實利益，作為強權鬥爭的工具。……這裡我更應指出巴基斯坦前總統雅耶漢的愚蠢與罪惡。……凡是以斷絕人類後代的生機，作為鞏固獨夫權力的手段，這都是怎麼樣也無法饒恕的窮兇極惡。[20]

阿華美聯盟以其領袖拉曼（或譯作：謝赫・穆吉布・拉赫曼，Sheikh Mujibur Rahman, 1920-1975）為首的爭取東巴獨立的戰爭中勝出，孟加拉國於焉誕生。孟國以農立國（至少徐先生撰文時的 1970 年代是如此）。這是上引文的時代背景。

上引文可堪注意的有如下幾點，稍說明、闡釋如下：

1. 對於徐先生，何謂中庸／中庸之道，筆者上文已有所說明。針對 1971 年建國的孟加拉國來說，阿華美聯盟高舉民主社會主義的旗幟，推行適合孟國當時現實上需要的以小資產階級為基礎的行政措施。此等行政措施，依徐先生對中庸所下的「定義」，乃是政治中的中庸之道。該聯盟之所以被徐先生稱許，便是由於這個緣故。

2. 中庸之道縱然應行，並且可行，但總是有人（尤其利益既得者、權力既得且個性獨斷者、獨裁者）予以阻撓。這所以徐先生便建議、期許新近取得政權的阿華美聯盟的領導人拉曼，「發揮崇高的品德與智慧」。此反映徐先生看重德治；藉以化解、消除孟加拉國可能發生的各種內部矛盾。極端的作法，譬如建議拉曼用清算、肅清、鬥爭，乃至再革命等等的手段，來打擊對手，並不是徐先生的選項。

3. 「天地之大德曰生」。徐先生本其人道關懷，特別呼籲當時的強國不應見縫插針，利用孟加拉國內部矛盾以追求己國的利益。此外，又本其民主精神，大力譴責巴基斯坦前總統雅耶漢（Agha Mohammad Yahya Khan, 1917-1980；1969-1971 任總統）；指出雅氏及其他獨夫們為了鞏固一己權力，乃意圖斷絕敵對者後代的生機，都是無法饒恕的窮兇極惡的極端作法。

4. 先生非常欣賞民主社會主義。這方面，上引文並沒有很明確的顯示。

---

[20] 〈孟加拉國的前景〉，上揭《徐復觀雜文補編》，冊三，頁 366-367。

　　但在其他文章中，先生則明確表示他既欣賞民主主義，也欣賞社會主義（按：先生一輩子為民主鬥士）。兩者中，尤其民主更為重要。所以「民主社會黨」在名稱上先「民主」而後「社會」，比起「社會民主黨」之先「社會」而後「民主」，先生認為前者更值得肯定。

　　在〈對寮國聯合政府的期待〉一文中[21]，先生指出右派政府恆為特權階級所把持，而左派政府則「多半是拿著外來的幾句標語口號當符咒，罔顧人民現實的要求，以形成新的特權階級。」所以「基本之點，在於左與右之間，能共同找出以大多數人民生活為基準的政治中庸之道。」[22]徐先生基於人文立場、人本立場，一輩子都反對唯物主義，因此也一輩子反共。這是不必多說的。然而，這只是原則；換言之，不是完全沒有彈性，沒有轉寰的空間或妥協餘地的。依徐先生，其旋乾轉坤的關鍵，乃在於相關政權／政府是否施行「以大多數人民生活為基準的政治中庸之道」。換言之，如符合中庸之道，則左傾的組織也好，如 1970 年代寮國的巴特寮（寮國的共產黨組織，1975 年成功建國至今）；右傾的人士也罷，如當時代表右派與中立派的富瑪親王（Prince Souvanna Phouma, 1901-1984），徐先生皆能接受。由此可見，符合中庸之道的民主政治（或上引文中「以大多數人民生活為基準」的民本政治），依徐先生，其順位乃優先於反共的順位。換言之，共可以不反；但前提是民主（因時制宜，權宜一下，至少民本吧；依徐先生，似乎以民本為施政主軸的民主政治乃最理想者）必須要照顧到才算數。在這裡順便一提，徐先生的政治思想中很有經、權的想法。民主（主權在民──of the people），固經道也。但萬一民主短期間無法實現，則徐先生也接受權道；而民本（為人民──for the people）就正是權道。當然，民主與民本並不相矛盾，而毋寧是相輔相成的，應當形塑成一個有機的組合。筆者在本書〈自序〉中說過，民主本身沒有方向，而民本正可為民主提供方向，即民主政治應以民本作為施政的主軸，甚至作為唯一的考量。

21　徐復觀，〈對寮國聯合政府的期待〉，《華僑日報》，1974.04.09；收入上揭《徐復觀雜文補編》，冊四，頁 164-168。

22　〈對寮國聯合政府的期待〉，頁 168。

徐先生論中庸政治，又見〈德（西德）、日兩國的革新政黨〉一文[23]。文中先生認為西德所以有「比較良好的勞資關係，則是由於他們所行的是『中道政治』。而中道政治的建立，是他們政黨共同努力的結果。」[24]徐先生所說的「中道政治」，即上文恆說的「中庸之道」的政治。上文亦早已指出，「庸」訓作「用」。徐先生又指出，鄭玄以「中和之為用」釋「中庸」[25]。所以「中道政治」一詞，實完全等同「中庸政治」一詞。大概由於徐先生考慮到，當年西德之所以能夠建立這種政治，是該國不同政治傾向的各政黨，不走偏鋒，不陷極端，在求大同的情況下，所「共同努力的結果」。「中道政治」一詞比起「中庸政治」一詞，似乎更能恰當地描繪這種情況（依中國大陸用語，即更「到位」），此所以徐先生便用之。我們需要注意的是，民主政治乃不同利益團體，在求大同存小異的情況下，共同協商的結果。這就是徐先生所說的「共同努力的結果」。上文指出民主政治含相互妥協的成分；這似乎是負面的。但在人類更理想的政制出現之前，我們也只好接受它。

徐先生之所以非常重視「中庸之道」的政治，就其效果來說，是由於它能夠提供人類過一種「正常生活」。以下文字很可以為證。先生說：

> 西德當政的社會民主黨，在此次競選中所提出的口號之一，是說他們當政的最大成績在於使西德人民能過著「過去所未曾有的正常生活」。我非常重視「正常生活」的意義。人類的幸福，人類的前途，都是建立在「正常生活」之上。「變態生活」，或是來自大災害的結果，或者會引起大災害的將來。而正常生活，必須以不左不右的中道

[23] 徐復觀，〈德（西德）、日兩國的革新政黨〉，《華僑日報》，1975.11.18；收入上揭《徐復觀雜文補編》，冊四，頁386-390。

[24] 上揭〈德（西德）、日兩國的革新政黨〉，頁388。

[25] 上揭〈中庸的地位問題〉，《中國思想史論集》，頁74。

政治為其前提條件的。[26]

除上引一段文字外，其實，全篇文章都指出中道政治為當年（1976）西歐政治方向的大趨勢。這是否係事實，我們不必細問。我們該注意的是，徐先生的說法，足以反映先生是多麼看重中道政治。

四、結語

傳統中國期許、追求聖君賢相的出現，希望來一個聖王之治。這在今天來說，既不可能；且主權在民（如尚未在民，則至少期許其應在民），所以也沒有追求之必要。老百姓所追求的，從政者應予以滿足的，其實就只是過一種「正常生活」。昨天搞運動，今天搞運動，明天也一樣搞運動。天天搞運動，耍花樣，那老百姓所過的生活，便只能是徐先生所說的「變態生活」。這是出入黨政軍超過 20 年而對政治萬分痛恨的徐先生所最不能接受的。然則從政者該如何，始能保障人民達致「正常生活」呢？不左不右，不走極端依中庸之道而來的中道政治便是最佳的保證。捨此而外，皆枉費工夫的妄想、妄念、妄造作而已[27]。

---

[26] 徐復觀，〈今年歐洲大選所表現的政治方向〉，《華僑日報》，1976.10.16；收入上揭《徐復觀雜文補編》，冊四，頁 461。

[27] 近閱楊向奎（1910-2000）《宗周社會與禮樂文明》（北京：人民出版社，1997）一書，其中的〈序言〉及書中的文字，對中華民族性格中的中庸之道，皆有所描繪。〈序言〉說：「儒家思想陶冶了民族性格，於是，我們的民族性格是『極高明而道中庸』。不高明不會有四千年的燦爛文明；不中庸不會長期穩定而守恆。」（頁 3）在另一段文字中，也有類似的描述；並視中庸是中華民族性格的表徵（原文用「標準」一詞）。茲引錄如下：「華夏文明與周孔創造的樂禮文明，是不可分割的統一體。這種文明陶冶了中華民族的性格，民族性格當然不同於個人性格，它是複雜的多變的複合體，但也可以做適當歸納，『中庸』應當是民族性格的標準。『中庸』絕不是平庸凡俗，它完整的定義應當是『極高明而道中庸』，我們全民族是高明的，不高明不會有幾千年的燦爛文明，我們是持之有恆的，所以我們的傳統文明未曾中斷，永遠向前。這就是『中庸』，我們不走極端，平衡發展是我們的康莊大道。」（頁 165）以

上引文不是針對一個國家、一個民族的政治表現來説的。然而，一個國家、民族的政治表現恆與其民族性格相關。如果中華民族過去的表現是合乎中庸之道，而政治又是「（管理）眾人之事」的話，則作爲中華民族的子子孫孫，我們在今天便更應該發揚這個傳統民族精神，光大祖先這個精神遺產；更藉以對全人類起點示範作用，作出點貢獻。

第五章　盡其在我與反省回思[*]

一、前言

　　在臺灣，經常聽到政府機關的行政人員（官員——公務員）說：依法行政。法，固然很重要。然而，孟子早說過：「徒善不足以為政，徒法不能以自行」（《孟子‧離婁上》）然則光有法，那是絕對不足夠的。法以外，還得有一顆心——善心，即不怨天、不尤人，而勇於反省、盡其在我的一顆心。

　　自由、民主、人權，法治，當然是徐先生所追求的。此概見本書相關章節。然而，徐先生的政治思想也有另一主軸，一言以蔽之，即德治是也。其實以法治為主要精神和以德治為立基點的兩主軸，是相互為用的，即互補的；缺一不可。如果說法治一主軸，是訴諸外部規範（外鑠）的話，那麼德治一主軸便是訴諸人內部（內心）的自覺了。人的自覺可有多面向、多層次的。今不暇細辨。個人則以為，自覺（道德自覺——德性上的自覺）必發端於人之回思反省。如人不回思反省而順軀殼起念（順軀殼起念，廣義來說，也可以說是一種覺——覺得自己只是一種生物，所以便順生物之欲而過活；但這不是本文所說的一種覺——道德上的自覺），則無所謂道德上的自覺。所以似乎不必把自覺與反省強分為二；為說明上的方便，或簡化之而視為同一物即可。

---

[*]　本文源自某學術研討會的一篇文章的部分內容。今經修改增刪後，納入本書內。詳參本書〈中庸之道〉一章註1前的說明。

二、盡其在我

　　凡儒家，莫不重視人內心的自覺[1]、反省。徐先生固儒家無疑；是以亦必重視自覺、反省。人反省之結果，恆為不怨天、不尤人，而盡其在我[2]。徐先生論述國際政治的雜文中，不少是說到反省、盡其在我的。今舉其要者，闡釋如下，以見其政治思想中德治精神之一斑。我們先舉「盡其在我」的例子。

　　徐先生對千方百計玩弄戰爭，千方百計想把大國、強國拖下水的一些小國、弱國，總是嗤之以鼻；指出說：「其所以如此，乃是他們忽略了對個人，對國家，都要算是一個最平庸而又最偉大的原則，這即中國人所經常說的『求其在己』，『盡其在己』的原則。」[3]所謂「小國」，徐先生在文章中所舉的例子是 1967 年時的印尼和埃及。在這裡，我們不必細述這些國家在當時的表現。其實，這些所謂小國，就國家面積大小言，就地理位置優劣言，就天然資源豐脊言，就人口多寡言，都至少是中等，甚至是中上的。然而，以人均 GDP（Gross Domestic Product：國內生產毛額、國內生產總值）來說，這些國家則遠較西方已開發的國家低很多。如以最近二三十年來說，更遠遠比不上面積不及其千分之一的很多國家，譬如新加坡。以上幾項因素，其中除人口多寡一項是所謂人為的後天條件外，其餘皆可謂先天條件。先天條件比人差，那當然會影響一個國家的發展，但那不是決定性的因子。徐先生是

---

[1]　陳獻章說：「人爭一個覺，纔覺便我大而物小，物盡而我無盡。」人、物（含人以外的其他動物）之別，全在一個「覺」字。筆者對這方面，近年來有頗深刻的體悟。陳獻章，〈與林時矩書〉，《陳獻章集（上）》（北京：中華書局，1987），卷 3，書 2，頁 243。

[2]　當然，我們也可以反過來說，正由於不怨天、不尤人，人始具反省的能力、意識。是以「不怨天、不尤人」與「回思反省」，乃互為因果者，所以可說是一事，而非二事。

[3]　徐復觀，〈保障世界和平所不能缺少的一個基本原則〉，《華僑日報》，1967.06.11；收入《徐復觀雜文・看世局》（臺北：時報文化出版企業公司，1981），頁 5。

非常明理的。所以當然不會從這方面要求一個國家要發展得比別的國家好。然而，如果你自身不努力，所謂不「求其在己」、不「盡其在我」，反而千方百計玩弄戰爭，拖強國大國下水，希望從中取利，那徐先生是很不以為然的。我們要注意的是：「求其在己」、「盡其在我」，依徐先生，其實只是儒家對人自身最平庸的一個要求。儒家不強人所難，不樹立高不可攀的標的；然而，正因為是最平庸，人人可行，人人能行，所以便也是最偉大的原則。然而，這些「小國」，或某些小國（如下文說到的塞蒲路斯；參註 4），其領導人是政治強人（與大國的政治人物相比，徐先生又以「小人物」稱之），而這些政治強人經常懷有莫大的野心，要做出非常之事，建不世之功，所以最平常，最切實可行的原則、道理，對他們來說，都變成比登天還困難！徐先生指出，「當一名小人物，並沒有什麼不對的。但問題是出在，這類政治上的小人物，他自己會以為是偉大人物，並經常要做出非常之事，建立非常之功，以證明自己的偉大，或追求自己由偉大而更加上偉大。」[4]

其實，小人物有小人物可以扮演的角色而成為大人物的。新加坡總理李光耀（1923-2015）便是一例。（當然李氏也有為人所詬病的地方，這裡不細論）。但因為他很清楚自己的使命（如何增進新加坡人的福祉——安居樂業；及爭取國際生存空間），於是他便「求其在己」、「盡其在我」，努力做好一個國家元首的本分。其努力的結果便是，他本身成為了偉大人物，其國民成為了幾乎人人稱羨的國民。其實，無論是大人物也好，是小人物也罷，只要做到如蘇東坡所說的：「常行於所當行，常止於所不可不止」[5]，那便符合中庸之道，而可稱得上是偉大了。

---

[4]　〈小人物、大野心的歸結〉，《華僑日報》，1974.08.07；收入上揭《徐復觀雜文補編》，冊四，頁 210。這主要是描述 1974 年 7 月在希臘掌握軍事實權的警察總監伊安尼狄斯（Dimitrios Ioannidis, 1923-2010），在塞蒲路斯發動軍事政變而最後以失敗告終的一樁事件。徐先生以「小人物」來稱呼伊氏這類野心家，其實也許用「小人」來稱呼他們更為恰當。因為他們既未盡本分，也越分。在道德上有虧損，無端妄作，禍國殃民，所以為小人也。

[5]　蘇軾，〈書・與謝民師推官書〉，《蘇軾文集》，卷49。

　　徐先生討論政治時，不僅要求、期許政治人物要「求其在己」、「盡其在我」。先生更期許一個國家在立國精神上及實際運作上，也應該如此。先生說：

> 自力與他力，乃決定於立國的精神及其實際的行動。以自力精神立國，並把這種精神表現在廣大而深刻的行動上，則外來的援助，乃是加強自力更生；國家的命運，依然操在自己手上。沒有真正自力的精神，沒有真正自力的行動，完全倚靠外來的援助以圖生存；甚至以外援為私利，因外援而益增偷惰之私，這才真正是倚靠外力的國家。倚靠外力的國家，其命運必然操在他人手上。[6]

徐先生不否定、排斥某些國家（如註6所說到的1975年之前的南越），因情況特殊（不斷被北越及越共入侵、騷擾），所以需要外來的援助（主要是美國）。然而，天助自助者。她必須先盡其在我，需要自力更生。在立國精神上及實際行動上，皆棄所守，一切仰賴外援，其結果必是命運操在他人手上。上文撰寫於1972年底，下距南越（越南共和國）被北越（越南民主共和國）所消滅（或所謂被統一），還有二年多。所以徐先生只預測「其命運必然操在他人手上」。然而，曾經何時，不旋踵，整個國家被滅掉了。那是1975年4月30日之事。當天北越坦克車開入南越西貢市總統府；臨危受命，接任總統職位僅九天的新總統陳文香只有投降；越戰也隨之正式結束。而剛在結束前的一天，徐先生發表了另一篇論述南越政局的文章，再一次說到，不「求其在己」、「盡其在我」的政權，只有失敗一途。徐先生說：

> 一個腐敗墮落的集團，面對著刻苦勤奮的集團，在鬥爭中必定失敗，必定會被淘汰。……中國的聖賢，對人類諄諄的教訓是：一切應求之

6　徐復觀，〈自力與他力──悲南越〉，《華僑日報》，1972.12.05；收入上揭《徐復觀雜文補編》，冊三，頁539-540。

在己，一切應盡其在己，一切必厚責於己而薄責於人；這類語言所表現的明是人類最高的智慧。所以我對阮文紹在辭職時所發表的激昂慷慨，把責任一筆寫在美國人身上的演辭，絲毫沒有同感。……[7]

阮文紹是南越亡國前夕的總統（1923-2001；1967.09.03-1975.04.21 任總統）；根本就是亡國之君[8]。阮氏於 1975 年 4 月 21 日辭職，亡命臺北，隨後定居英國。美國予以接納後，乃定居美國波士頓直至 2001 年去世[9]。上文中，徐先生對阮文紹絲毫不知反省、厚責於人（美國）而薄責於己的表現，非常反感；明確指出，阮氏的表現，完全違背中國聖賢反求諸己之道。阮氏當總統，禍國殃民 8 年；其流亡外國 20 多年，客死異鄉，完全不值得我們為他難過（也許他本身也毫不難過）。徐先生特別指出，值得我們同情的是南越二千萬的老百姓！先生悲天憫人、人溺己溺之情可見一斑。

三、反省回思

以上主要是針對徐先生雜文中要求政治人物該「求其在己」、「盡其在我」來說的。下文則扣緊徐先生要求政治人物應多作個人反省來說。

2013 年 9 月底筆者在一個研討會所發表的一篇文章中[10]，指出徐先生相

---

[7]　徐復觀，〈國際局勢的轉變、混沌、摸索〉，《華僑日報》，1975.04.29；收入上揭《徐復觀雜文補編》，冊四，頁 304-305。

[8]　說到亡國之君，牟宗三先生如下的話，非常有卓見，願提供讀者參考，如下：「政權治權國君三者既合為一體，則到不能繼續時，國君亦當殉國。故臣死君，君死社稷，正也。政權既寄託在國君上，不能成其為不可變滅者，則當亡國之時，國君不能偷生苟存以取辱，則國雖亡，尚留人道正氣於人間也。」是南越既亡，則阮氏當殉國是也。其偷生苟存，適自取其辱而已！牟宗三，《政道與治道》（臺北：廣文書局，1974），頁 8。

[9]　參網路版維基百科。

[10]　該研討會名「徐復觀的政治思想學術研討會」；日期：2013.09.28；主辦單位：臺灣大學人文社會高等研究院。拙文名：〈徐復觀先生論政治人物的道德修養〉。

當推崇美國總統尼克遜（R. Nixon, 1913-1994）的表現，惜尼氏一念之差，第二任期不及一半便因為水門醜聞案而辭職下野。其實，打從徐先生閱讀尼氏第一任期上任時的就職演說詞時開始，徐先生便相當欣賞尼氏。演說詞中最關鍵的二句話，如下：「我們僅需反求諸己」（英文原文：We need only to look within ourselves）；「偉大是來自簡單的事物」（Greatness comes in simple trappings）。徐先生一讚三歎這兩句話之後，對中國人的無端妄作，發出了一個很大的感慨。先生說：「為什麼（中國人）為了追求科學、技術，必須丟掉由良心所發出的簡單平易的中庸之道？」[11]徐先生相關文章的標題是：〈一個中國人讀尼克遜的就職演說〉。可見討論尼氏的就職演說詞，只是一楔子；其實是徐先生藉以論述中國，藉以給中國人一個啟示。一言以蔽之，先生的出發點、關注點全在中國，全是為中國人。中國人二千年前已經有所論述並非常重視的依乎良心，仰仗反省而來的簡單平易的中庸之道，為甚麼當今之世，其原創者中國人反而棄之如敝屣呢！難道真的要禮失求諸野，向立國不足 250 年的美國學習？！

　　上世紀中葉以來迄蘇聯解體（1991 年）的冷戰其間，徐先生非常關心世界的安危；嘗撰〈如何才能真正解除戰爭的恐怖〉一文。該文發表於 1955

---

[11]　徐復觀，〈一個中國人讀尼克遜的就職演說〉，《華僑日報》，1969.02.21；收入上揭《徐復觀雜文補編》，冊三，頁 222。除這句話之外，徐先生的相關論述，個人認為也非常值得注意。今轉錄如下，以供讀者參考、玩味。先生說：「……在上述科學一元論的狂想之下，美國一方面繁衍了大量地『虛擬科學』，有如邏輯實證論、行為主義；另一方面又繁殖了以潛意識為主導的各種反理性的藝術。兩者共同的傾向是澈底反對人生價值，共同的歸趨則是走向野蠻主義。（先生隨後指出庸言庸行的重要性）……殊不知人的生理構造未變，安放在生理構造裡的良心未變；則順著良心所發出的簡單平易的良知良能，永遠是人類向前生存，向上發展的基點。真正偉大地事功，都必須由此一基點伸展上去；否則小焉者將如美國今日的希癖，大焉者只能像希特勒、史達林。尼克遜『偉大來自簡單』的呼籲，這是他和他的智囊團，經過窮幽極深的探索、體認以後所得出的結論。……我讀了尼克遜的上述的講辭，感到尼克遜站在總統就職的地方，彷彿是很懇切地向我們講『中國文化復興運動』，是指點我們如何才算是中國文化復興運動；這使我非常感動，也使我非常慚愧。……」（頁 221-222）

年 6 月 2 日；是針對一個半月後，即 1955 年 7 月 18 日在日內瓦召開的四大國巨頭會議而寫的。四巨頭是指美國總統艾森豪（1890-1969）、英國首相邱吉爾（1874-1965）、法國總統福露（或譯作「科蒂」，1882-1962）、蘇共總理布林加寧（1895-1975）。該會議的目的在於討論如何緩和國際的緊張局勢[12]。文中誠懇呼籲蘇共領袖要深切反省，千萬別陷世界於萬劫不復的境域[13]。徐

---

[12] 徐復觀，〈如何才能真正解除戰爭的恐怖〉，《華僑日報》，1955.06.02；收入上揭《徐復觀雜文補編》，冊三，頁 122-125。

[13] 以下的一段話，筆者認為頗值得關注，茲予以引錄，藉供讀者參考：「現在世界上，誰能相信蘇聯在其能夠一舉而毀滅英、美的對抗，不出於閃雷（筆者按：似應係「電」字之誤）之一擊，以達到其世界革命的目的呢？因為這樣做（筆者按：此指相信蘇聯能一舉而毀滅英、美，進而達到世界革命），不僅是恐懼心理的自然結果，也不僅是共產黨統治野心的自然結果，而是共產黨赴湯蹈火，亦所不辭的理想上的要求。既是理想上的要求，則它這樣的做法，不僅不受良心的責備，並且要受到無產階級意識的鼓勵。在此種陰影籠罩之下，民主集團只能憑藉其報復的優武力，以作為控制戰爭的工具。……恐懼心理存在一天，戰爭的威脅即存在一天。而恐懼心理，只有由人類相互的信心才可以代替，不是棹（桌？）面上的談判紀錄所能代替的。……人類要想真正從戰爭恐怖中挽回自己的厄運，我們不能不懇切希望共產黨人冷靜一下自己的頭腦，把形成一切猜疑恐懼的種子的唯物鬥爭哲學，在深切反省中放了下來；這比什麼方案、條約、政策，都萬分的重要。這是為了人類，也是為了共產黨自己。但這只有出自共產黨自己的反省，而不是巨頭會議所能為力的。」（頁 124-125）徐先生苦口婆心，諄諄告誡，情見乎詞，能不令人動容？稍可進一步說明的是，上引文說到，世界革命乃係共產黨所追求的一個理想。他們把這個理想予以觀念化，把它形塑成一個牢不可破、堅不可摧、非追求不可的一個內心的觀念／理念，馴至乎把它神明化、視之為神而後已。這方面，本書下一章〈觀念的災害〉將進一步討論。一個多月後，即 1955 年 7 月 26 日，徐先生在另一文中也有類似的論述。徐先生說，1955 年 7 月 18 日英、美、法、蘇四國巨頭在日內瓦召開討論如何緩和國際緊張局勢的一個會議。同時由羅素所號召的世界第一流的十名科學家也向世界發出避免戰爭的要求。先生由是指出說，這迫使「兩大集團的重大政治負責人，乃至繫鈴而無法解鈴的科學家，不能不根據人類的良心，作懸崖勒馬的努力。我懇切希望此種努力，不至是完全白費。……人類在共產黨的理論之前，失掉了自己可以掌握自己命運的能力，失掉了求得最低限度生存的保障；這才是和原子武器、核子武器同樣深刻的人類威脅。此一威脅之被人原恕，甚至被人披上代表人類理想的外衣而使其更加嚴重。這一點，我應向全人類，包括共產黨在內的全人類鄭重提出，希望在偉大的反省中共同努

先生對蘇共的呼籲，從來沒有停止過。本段上面談到的兩篇文章均發表於
1955 年。十多年後，撰寫於 1967 年的一篇文章，先生也有類似的呼籲，希
望蘇共深切反省。今不細表[14]。

四、餘論

以上闡釋徐先生政治道德意識中的「盡其在我」與「反省回思」竟。就
「盡其在我」來說，表面上看，似係人能力上的問題，與道德不相關。然
而，筆者要指出，所謂能力，或某人有沒有能力，有時是很難說的；這端看
從那一觀點（著眼點）或那一面向、層次去衡量、裁斷。且退一步來說，縱
然該人具一定的能力，甚至具極大的能力，但如果他沒有意願施展出來、貢
獻出來，那就結果或就成效來說，其與沒有能力又何以異[15]！由此可見，能
力便不是，或至少不純然是，其本身力量、能量大小的問題（即量的問題）而
已。「盡其在我」一語既有一「盡」字，那便牽涉其人（我）的意願問題。
我之所以有意願盡所能以施展、發揮所具備的一切力量，其背後當然是源自
一種道德意識、道德勇氣，即由道德而來的一種「衝動」。這種「衝動」既
驅使你勇於任事而盡力為之，則這種「衝動」便無疑是一種義──義舉；具

力加以消解的。」徐復觀，〈人類的另一真正威脅〉，《華僑日報》，1955.07.26；
收入上揭《徐復觀雜文補編》，冊三，頁 131-132。

[14] 徐先生說：「……何謂民族主義？民族主義是在殖民主義下所必然發生的一種自我保
存的反抗。只要有侵略，中國人的這種反抗，難道說只限於毛共？所以我希望由烏克
倫佐夫的文章（筆者按：烏克倫佐夫（中共問題權威專家）的文章的主旨是認為毛澤
東有領土擴張的野心），而能引起蘇俄自身切實的反省。這樣，才對於世界和平及各
民族在平等基礎上的發展，真能有所貢獻，『劃分勢力範圍』的國際活動，終必被人
類理智良心的力量埋葬下去的。」徐復觀，〈有感於蘇俄烏克倫佐夫之言〉，《華僑
日報》，1967.11.08；收入上揭《徐復觀雜文・看世局》，頁 353。

[15] 當然，我們知道「不為」與「不能」是天差地別的，否則孟子不會說：「是不為也，
非不能也」（《孟子・梁惠王上》）這句話。但就結果、成效來說，兩者是沒有差別
的。

勇氣以舉之，便是「義勇」。義勇當然是一種道德上的表現[16]。至於本文所處理的另一議題：反省回思，吾人一望而知其必為一道德問題無疑；不贅。

據上文即可知，「盡其在我」與「反省回思」乃同屬道德領域；可謂道德領域下的不同項目，即兩個德目。此兩德目固可各自獨立。然而，吾人不宜把兩者視為各不相干。依筆者意，兩者乃一體之兩面耳；乃一而二，二而一者。何以言之？蓋人在其反省回思下，恆能不怨天，不尤人；反之，恆產生「盡其在我」，甚至「知其不可為而為之」（即今天常說的做多少算多少）的精神、使命感。要言之，「盡其在我」乃源自人之「反省回思」；亦可謂「反省回思」的必然結果。是以視為一體之兩面固可，視為具因果關係，其一為因，另一為果亦可。這裡不擬細辨。

最後，容補充一點。作為統治者、執政者來說，具備反省能力當然很重要。但萬一彼等不能自我反省，恆不承認錯誤，甚至視一切錯誤都是別人的錯誤時，那又怎辦？個人認為，這似乎也不見得非常嚴重。因為這也許只是由於位高權重而不得不嘴巴硬而已，其內心深處不必然是自以為是的。本此，筆者退而求其次而產生如下的看法：只要這些統治者、執政者仍然願意開放其心量，即具備接受他人批評、批判的雅量，便可以了。這種心量、雅量將給予統治者、執政者遷善改過的機會：使他們容得下人家的糾正、批評；並進一步據以把錯誤改正過來。當然，接受人家對你糾正、批評的雅量，說到最後，恐怕也只能存在於經常具自我反省能力的人身上。由此來說，這種雅量，似乎也應歸屬為人反省能力下的一種表現。說來說去，筆者始終認為，反省是人之所以為人的必要條件。沒有反省能力，或不願意對自己的行為表現做反省的人，那又和禽獸有甚麼分別呢[17]？！

---

[16] 人之具有源自義勇而來的表現，追源溯始，乃來自前文所說的「意願」。這是一切義勇行為的關鍵。而「意願」預設了自由意志。如果是因為威迫利誘而來，那便違反個人自由意志；違反自由意志，當然不能算是意願。由個人自由意志而來的「盡」——盡其在我，那當然是發乎人之道德心靈了。

[17] 個人近年來對「反省」、「自覺」，頗有體會；視之為一切道德的始基。道德自我之所以能夠建立，「反省」、「自覺」，恐怕乃積極條件。「克己復禮」中之「克

己」，則應為消極條件。積極條件比較不具備時，則必須有賴消極條件。消極條件得以守住，則「復禮」不遠矣。能夠復禮，則離「道德自我之建立」不遠了。由此來說，消極條件也不能輕忽。唐君毅先生早年成名的大著便叫《道德自我之建立》（臺北：臺灣學生書局，1978）。此書三十多年前便讀過了，但其內容，早已忘記得一乾二淨。今重檢之，其〈自序〉起首處便有如下語：「本書凡三部。……第一部道德之實踐中，首提出道德生活之本質，為自覺的自己支配自己，以超越現實自我。」此中即有「自覺」一詞；而「超越現實自我」，不啻「克己」之異名，蓋所克之對象，乃「現實自我」也。克制此現實自我而不為所累，即無異超越此現實自我而不為其所累也。孔子曰：「克己復禮為仁」，克己的重要性，孔子一語道破之。唐先生大著中起首即曰「超越現實自我」，此其深契於孔聖之言者也。其實，克己復禮不必即為仁。即克己復禮不是仁的充分條件，但至少應係必要條件。蓋連克己復禮都做不到，則不必再談仁了。

第六章　觀念的災害[*]

一、前言

三十多年前（1976-1980），筆者在香港新亞研究所上牟宗三先生課時，牟先生經常提到「觀念的災害」這個詞語。後來始知悉，牟先生於 1962 年 6 月在新亞書院做過一個演講，它的題目就叫〈觀念的災害〉[1]；內容主要是批評中共立理以限事的作風[2]、基督教的獨斷態度和臺灣當時流行一時的自由主義者們的買辦洋奴心態。其中的關鍵是，牟先生認為三者皆意識型態掛帥，欠缺包容精神。牟先生在文中指出，「觀念的災害」中「觀念」一

---

[*]　本文源自某學術研討會的一篇文章的部分內容。今經修改增刪後，納入本書內。詳參本書〈中庸之道〉一章註 1 前的說明。

[1]　牟宗三，〈觀念的災害〉，收入氏著《時代與感受》（臺北：鵝湖出版社，1986），頁 1-15。差不多在發表〈觀念的災害〉的同時，或稍早，牟先生在《五十自述》一書中對濫用觀念所導致的災害，亦慨乎言之。其言曰：「十七年的北伐，本是國共合作的結果，其本身是駁雜的。……他們那時的意識大體是共產黨的意識；以唯物論為真理，什麼是唯物論他們也不懂，只是那現實的，實際的意識之唯物論。……平常沒有人拿著一個非人的經濟觀念在這裏平白地起風波，妄生分別。平常在這裏是生活，不是觀念。……現在則是以意識上的非人的觀念來刺激農民的生活。……窺其初衷也是為好，也是申大義於天下。但這大義不是自然的，不是簡易的，迤直的，而是引曲於直，所以弄成複雜的、造作的。因此那觀念的刺激也成了騷動，成了災害。這是新式的人禍。這才是真正的人禍。這人禍不是老式的政治腐敗，貪官污吏，而是青年、黨人、知識分子，總之是新式的秀才。」牟宗三，《五十自述》（臺北：鵝湖出版社，2000），頁 27-29。

[2]　牟先生認為，中共種種倒行逆施的表現，皆導源於毛澤東「立理以限事」這個意識型態。牟先生乃予以嚴厲的批判。

詞，不是一般所說的「觀念」（Idea）、「理想」（Ideal）──這些都是好的，而是英文 Ideology 一詞的簡稱。而 Ideology，一般譯作「意識形態」（或「意識型態」）。牟先生則別出心裁，把它譯作「意底牢結」；認為這樣子，音義皆可照顧到[3]。筆者認為，這的確是別出心裁很好的一個翻譯。但 Ideology 譯作「意識形態」或「意識型態」，已好幾十年了，為避免誤會，筆者今從俗。其實，意識型態或觀念（尤其前者），均會導致災害。簡單來說，因具有某種或某些意識型態，或過分強調某種或某些意識型態，並以之作為行政施教等等活動的指導原則時，災難便發生。又或由意識型態而產生某些觀念（當然亦可反過來，即接受了某些觀念而產生了相應的意識型態），在這些觀念掛帥的情況下而行政施教，也同樣會產生災難。為避免誤會，下文凡用觀念一詞，即指英文的 idea；意識型態一詞，則指英文的 ideology。

說到觀念或意識型態的災害，徐先生討論政治的雜文中，也有不少是論說到這方面的。所異者，牟先生是偏重理上立論（當然亦非全然不談事），徐先生則主要是扣緊事，即扣緊現實上或歷史上若干國家的政治表現，尤其共產黨的表現，來立論。

二、觀念的災害諸事例

觀念或意識型態所造成的災害，絕非僅限於政治領域；其始作俑者，亦不全然是某些政治人物或某些政黨。一個普通人，很尋常的一個人（即原先並非從政的人），若接受了某一觀念（亦可說中了某觀念之毒，並由此產生某一意識型態），並以之強加於人，或有意無意受此一觀念或意識型態的影響而做出了某些不可理喻、非理性、非理智的行為，我們也可以一併稱之為觀念／意識型態的災害。下文即從徐先生的政治雜文中舉出若干事例以為說明。

---

[3] 上揭〈觀念的災害〉，頁 1-2。

（一）森恆夫案

　　森恆夫——一個很尋常的日本人，他的行為，便是觀念／意識型態的災害所造成的惡果。徐先生說：

> 森恆夫以一個尋常的人，抱著尋常的觀念，……及他接受了武裝革命的觀念時，也即是接受了與現社會不能一刻並存，而必須用槍去加以殲滅的觀念時，他已覺得自己乃是代表絕對地是。……他的身分、地位、能力、正義，隨此種觀念的接受而感到突然無限制的上升了起來，自己已由人升而為神；其他的則是由人而下沈為「非人」。所以他由膽小變而為膽大，乃是憑藉這種觀念之力。[4]

　　其實，觀念本身是中性的，即不必然構成災害的。是否構成災害，端看觀念的基礎。徐先生即指出，「仁義禮智」也是觀念。但此等觀念是扣緊良心、印證良心[5]；即以良心為基礎，非純然觀念而已。在良心照察下，善惡是非的判斷便油然生起。「（森恆夫）在自己良心照察之下，覺得自己是人，被他下令殘殺的也是人。由此而他不能不發生懺悔之念。所以日本的檢察官發現他與其他同志一同出庭時，『他深刻露出了良心與觀念的矛盾』。觀念與良心的不同作用，這在文化上的啟發性也實在太大了。」[6]森恆夫由於一己的狂信狂熱而加入了日本赤軍派，其後並組成極左的聯合赤軍的新黨，並當上領導人；一年內「實行了大量的私刑殺人」。被捕後正式開庭審訊前，以自殺方式結束了生命。人類不能沒有觀念，否則無以建構知識。甚至提撕現實、指導現實，也不能不靠觀念[7]。但萬一沒有「良心」這個定盤針，那觀

4　徐復觀，〈觀念、良心—森恆夫的自殺〉，《華僑日報》，1973.01.20；收入上揭《徐復觀雜文・看世局》，頁 79。

5　牟先生〈觀念的災害〉一文也有類似的說法，頁 6-7。

6　上揭〈觀念、良心—森恆夫的自殺〉，頁 79-80。

7　詳參〈觀念的災害〉，頁 1。

念所可能導致的災害,是萬分可怕的。

(二)「神座觀念」案

　　各種觀念或意識型態所造成的災害中,也許「神座觀念」最為極端,最為可怕。徐先生至少在兩篇文章中用上「神座觀念」一詞。按:「神座」一詞來自日語 kami-kura kamu-kura（意為神靈附體）[8]。而所謂「神座觀念」,筆者認為徐先生意指:某人／某些人自視為神靈附體、具神力;甚至以為自己就是神。引申來說,所謂「神座觀念」,也可以說,即觀念的神化,把某一或某些觀念視為神明來供奉,視為至高無上的價值,願生死以赴。這種觀念,大概就是徐先生所說的「神座觀念」。把某觀念視為神來「供奉」,這種舉措,似乎也可以說是一種造神運動。

　　1979 年 11 月 4 日,伊朗激進的學生佔領美國大使館,挾持人質。這個危機一直持續到 1981 年的 1 月 20 日,長達 444 天。徐先生指出,「（學生）要美國交出（國王）巴列維,置一切國際法例、人類良心於不顧,一舉而把世界推向爆炸的邊緣。科米尼的瘋狂,正來自科米尼由神座下來的觀念。」[9]

　　科米尼是伊朗當時的宗教領袖。在宗教狂熱的國度裡,他自視,且被視為係神的化身（「神座觀念」由是形成）,便不足為異了。〈神座觀念的災禍〉一文還有續篇。在續篇中,徐先生說:

> 現寫此續篇,進一步說明神座觀念的實體,是由殘酷與愚蠢所構成。
> 它的結果,只能是破壞乃至毀滅。這是不接受知識洗禮,不接受民主
> 軌轍的傳統宗教,以及由「絕對觀念」變形的現代宗教,所不能不承

---

[8]　參 www.zhihu.com/question/214803821/answer/18373476。

[9]　徐復觀,〈神座觀念的災禍〉,《華僑日報》,1979.11.14;收入上揭《徐復觀雜文補編》,冊四,頁 548。徐先生對巴列維也沒有絲毫好感,在文章中嘗用「陰溝浮出的觀念」來描繪他。而「神座觀念」和「陰溝浮出的觀念」,同被徐先生視為造成最鉅大、最慘毒罪行的兩個觀念。詳參頁 547-548。

擔的共同悲運。[10]

值得指出的是，上引文中，徐先生沒有再談到「良心」在觀念的災害中所可能扮演的角色—扭轉局面；而只說到「殘酷」、「愚蠢」、「不接受知識洗禮」、「不接受民主軌轍的傳統宗教」及說到「絕對觀念變形的現代宗教」等詞而已。其實，只要稍微細想，「良心」實已貫注其中，尤其以「殘酷」、「不接受民主軌轍」與「變形的現代宗教」三個詞為然。何以言之？其實答案很簡單，因為：如有良心，何殘酷之可有？何不接受民主之可能？何變形宗教產生之可能[11]？三者統統不可能出現。由上文可知，不按照民主軌轍辦事，是缺乏良心所導致的。此外，不按民主軌轍辦事，乃至執政者的愚蠢，又可以說是因為不服從經驗主義、經驗法則或實在論而導致的。治理一個國家，不能沒有良心、理想。但也不能僅憑良心、理想；否則便很可能流於船山所說的：「立理以限事」[12]。此治國之大忌。在這裡，經驗論和實在論便很可以派上用場[13]。此可見徐、牟二先生的看法是相當一致的（詳參上文）。所異者，上文已指出過，牟先生偏在理上立論，而徐先生則側重於事上。這正反映出一為哲學家，一為思想家、史學家。

---

10 徐復觀，〈「神座觀念的災禍」續篇〉，《華僑日報》，1979.12.18；《徐復觀雜文續集》（臺北：時報文化出版企業公司，1981），頁 290。

11 若依唐君毅先生，則人類一切自覺的文化活動，其背後皆有道德理性（良心、良知、道德自我）為之支持，作為其支柱。然則民主、宗教等等活動，必植根於良心、良知，便很清楚了。詳參唐君毅，〈自序（二）〉，《文化意識與道德理性》（臺北：臺灣學生書局，1978），頁 3-4。

12 船山云：「有即事以窮理，無立理以限事」。見〈士文伯論日食（昭公七年）〉，〈續《春秋左氏傳》博議〉，王夫之著，傅雲龍主編，《船山遺書》（北京：北京出版社，1999），頁 1567。按：「立理以限事」，用今語來說，即以 XXX 為指導思想、指導綱領之謂。這種教條主義的思想，在今天來說，還是相當流行的。

13 詳參〈觀念的災害〉，頁 4。

（三）左派和極左派的案例

徐先生指出，不按過往的經驗和具體實際的情況來辦事的，恐怕以極左派的表現最具代表性；上文說到的日本人森恆夫的表現，其實只是眾多案例的其中之一而已。其他的案例尚多；可參看〈「極左派」的本質〉一文。徐先生在文中表示：思想上有不同意見，甚至爭論，是文化演進中的必然現象，有時候是難有定論而流於「觀念遊戲」而已。徐先生又明確指出，從政者或掌權者以「觀念遊戲」所得出的思想，施之於人民身上，視人民為試驗品，已經是一種殘暴。試驗已有結果，「卻對廣大人民由這種思想而來的淚河血海的結果，不屑一顧，依然堅持自己所講的是最前進的，是最革命的，因而覺得自己是高出於一切人之上，是最高真理的體現者，這和奴隸主對於奴隸，和屠宰場老闆對於牲畜，本質上並沒有兩樣。」其實，「實踐是檢驗真理的唯一標準」。所有從政者，都應該本著「實事求是」的態度從政、施政。「立理以限事」的作風，必然會被歷史所唾棄。徐先生並進一步指出，世界上的極左派，譬如文革時期的四人幫和美國的極左派的作風，「十足反映出他們感覺的麻木，良心的麻木，因而表現出對中國人民的敵視，對美國人民的欺騙，依然是不可原諒的。」[14]極左思想及其具體表現，尤其文革時期，對中國人民所造成的災難，可說罄竹難書。徐先生最能夠站在老百姓的立場看問題。對麻木不仁的無良之輩，徐先生毫不假借，必口誅筆伐而後已。

徐先生對「左」或「極左」的思想和表現，發表過不少文章予以批判。我們不妨再引錄一兩段文字做說明。先生說：

> 自我（徐先生自稱）看穿了汪精衛「革命的向左轉」的口號後，便常感
> 到世界所特別標出的「左」，都是以陰謀詭計，奪取權利，而永無底
> 止的一種符咒。否定和平，否定秩序，否定人道，否定一切道德規範

---

[14] 以上引文皆來自徐復觀，〈「極左派」的本質〉，《華僑日報》，1978.09.23；收入
上揭《徐復觀雜文·看世局》，頁 332-333。

的，都與「左」連在一起。但是這種「左」的自身，永遠只會供一種更大的陰謀者的利用，而被人踢來踢去。[15]

從政者或掌權者用「左」這個觀念來欺騙老百姓；把「左」定義、定位、等同為「進步」、「革命」！非「左」、反「左」，就等同拒絕進步，等同封建；又或以別的觀念，如「右傾」、「反動」，甚至「反黨」、「反革命」等等的大帽子扣在要整肅、要鬥爭的「敵人」身上，那「敵人」就成了萬惡不赦、犯下滔天大罪的罪犯[16]！其實，「左」這個詞彙（觀念）被利用了，被濫用了[17]。同理，「進步」、「革命」等等詞彙／觀念，也被誤用了，濫用了。由此可見，藉著某些意識型態所建構的符咒（觀念），譬如上文說到的高舉「左」、「向左轉」等等，只是野心家迷惑人心，煽動人心以落實其陰謀詭計，並藉以奪取權益的工具、藉口而已。何真左之可言？（當然真左也不見得就好）「左」被利用為否定秩序（所謂革命無罪，造反有理），否定人道，否定一切道德規範的一個觀念！（所以「左」這個觀念的本身也夠可憐的。）吾人切不可因某些掌權者、政治人物（其實泰半是政客）標舉出「左」這個觀念便盲目信任之，仰賴之，視之為進步的表徵；否則我們鐵定會被騙！

---

[15] 徐復觀，〈該得這不是中東前途的縮影吧！〉，《華僑日報》，1976.06.22；收入上揭《徐復觀雜文補編》，冊四，頁435。

[16] 在海峽另一端的臺灣，白色恐怖時期，也犯下類似的毛病，只是程度上有所不同而已；兩岸真的是難兄難弟！施政者扣人以「共匪」、「匪諜」等紅帽子，便是其例。

[17] 筆者2013年11月3-6日在北京出席「儒學普及與社區和諧建設暨國際儒聯第六次儒學普及工作座談會」（「中華傳統文化與當代社區教育國際研討會」併在一起舉辦）。會後跟與會者之一的王殿卿先生聊天，王氏根據他的個人經歷指出，「共產主義是天堂，人民公社是橋樑」是1950年代末他上大學時（2013年王氏已78歲），喊得震天價響的一個口號（據說是時任中央政治局候補委員康生1958年所寫的一幅對聯）。可知「共產主義」一詞，以致其他很多詞彙（觀念），已被綁架，盲目地被視為萬靈丹，也可說被利用了、濫用了。

　　說到「左」，當然會使人想起共產黨，因為共產黨就是左派[18]。徐先生一輩子痛恨共產黨。（當然，徐先生在生時的共產黨和現今的共產黨，很不一樣了；吾人不能混為一談。）先生寫於 1955 年的文章，便很可以揭示先生當時對共產黨的看法。先生說：

> 共產黨的理論，乃成立於人類問題之解決，端在於世界上一半以上的人是應該用殘暴鬥爭的手段去加以消滅的假定之上。這即是它所說的「階級性」、「階級觀點」、「階級立場」的一切。……在歷史上，並非為了要作政治上的反抗，而只是為了求得最低限度的生存，以至發生幾百萬人、幾千萬人的逃亡的，只有在共產黨的政權之下，才有此現象。[19]

　　在「階級性」、「階級觀點」、「階級立場」這些觀念掛帥的情況下，被視為非同一階級的人士，就被定位為「階級敵人」。在非白即黑，非友即敵的粗糙二分法的區分下，所有階級敵人，非整肅不可，非鬥爭、打倒不可。

　　上引文中，徐先生說到，幾百萬人、幾千萬人為了生存，非逃亡不可。這是針對 1950 年代中共統治下的情況來說的。改革開放之後，情況改善多了，可說進步多了。然而，一大堆人還是搶著出國（含移民外國）。出國的方式也許進步了，比較「溫和」了；不再用逃亡，而是用申請。但另一可悲的現象是，現今申請出國者，並不是如徐先生 60 多年前所說的，是為了最低限度的生存而不得不逃離土生土長可愛的家園、祖國；其中不少只是為了過奢華、再奢華、更奢華的生活，尤其是為了把來路不明的金錢好好花費掉，而出國！或是暴發戶們，如高幹、生意人為了自己，當然更是為了子孫（媽寶、爺寶，所謂富二代、富三代）在外國過奢華而糜爛的生活而出國！為了逃難

---

[18]　上世紀 50、60、70 年代，尤其是文革時，香港人就逕稱中共為「左仔」。「左仔」一詞對當時一般港人來說，是貶義的。

[19]　徐復觀，〈人類的另一真正威脅〉，《華僑日報》，1955.07.26；收入上揭《徐復觀雜文補編》，冊三，頁 133。

而出國，當然情有可原！為了過奢華生活而出國，作為中國人，我們情何以堪[20]？我們的國家（無論是大陸或臺灣），甚麼時候才進步到可以讓人民過點安居樂業的生活而不再搶著出國呢？「不搶著出國」也許是國家真正進步（自由、民主、人權、法治、人文素養皆兼顧到）的一個指標吧。我們引領企盼！

（四）英國工黨所倡議的國有化案例

除左派，尤其極左派，所造成的觀念的災害外，其實，把任何觀念視為偶像而予以崇拜的，都會造成災害。徐先生在〈概念偶像崇拜的災害〉一文中，便特別針對英國的情況作出論述。先生說：

> 凡是國營的事業，沒有例外的，其效率必低於私營事業。……國有化對目前英國經濟的不利，是任何人可以看得出的事實。工黨人士，何以對這樣明顯的事實，閉目不睹，卻走上南轅北轍的路上呢？簡單地說，「國有化」早經抽象化而成為工業人士所崇拜的概念；用好聽的名詞表達出來，國有化是他們所信仰的理想；他們感到有將現實適應此種理想的神聖化使命。於是一轉之間，「國有化」的概念，與英國具體的情況脫離關係，變成了他們的偶像。工黨人士，把偶像崇拜當作即是改革工業的方案，兩者夾雜在一起，自然會向「吃光主義」邁進。[21]

上段文字主要是指出，就當時（1970 年代中期）英國的經濟情況來說，國有

---

[20]　近今看臺灣 TVBS 的新聞報告，竟有一則說到中國大陸有一貴婦花費新臺幣接近 200 萬元在英國產子。網上相關報導如下：「在英國倫敦堪稱『五星級產房』的私人婦產科醫院 "The Portland"，不少藝人、名流和貴婦都在此生產，來自北京的 24 歲時裝設計師魯慧（Lu Hui），也是其中一員。她在這家醫院剖腹生下兒子，住 4 晚花費達 4 萬英鎊（約 186 萬臺幣），令人咋舌。」詳見 http://e6705003.pixnet.net/blog/post/46075156（2016/04/08 瀏覽）

[21]　徐復觀，〈概念偶像崇拜的災害〉，《華僑日報》，1974.09.03；收入上揭《徐復觀雜文・看世局》，頁 211-212。

化是不智的，即不足以為英國政府紓困、解決問題的。但「國有化」這個概念一經神聖化，甚至被當作偶像來膜拜之後，人們便像中了邪、附了身一樣，認為國有化是工業改革可行的方案，經濟問題遂迎刃而解。然而，這其實只是盲目、迷信。英國邁上「吃光主義」的路上去，便是神聖化、盲目相信「國有化」這個觀念、概念而造成的惡果。

　　從這裡我們可以產生另一層次的討論。徐先生上文所說的工黨人士（當時的執政黨），或工黨人士中之較「清醒者」或其中的有識之士，難道他們一無所見、一無所悉，不知道國有化不足以解決問題嗎？當然不是。問題是他們被「綁架」了；雖非不知，雖非所願，但為了種種考量，便緘口不言、默不作聲，甚或乾脆順應大夥而一起群鴉亂舞了。筆者所以有這個想法，是由年前陳水扁的貪瀆事件而得到的一個啟示。陳水扁擔任臺灣最高領導人時，他是被定位為「臺灣之子」的啊！他成為了一般臺灣人所推崇，甚至膜拜的偶像。對這些人士來說，「陳水扁」三個字成為了神聖不可侵犯的「聖物」。然而，臺灣總是不乏有識之士的。難道當年（2008 年前後）除民進黨前主席施明德等少數人士外，其他民進黨有識之士就真的不知道陳水扁貪瀆嗎？不知道他濫權嗎？當然不是。但為了種種考量，他們就默不作聲，甚至順隨大夥而甘願當陳水扁的「信徒」，甚至成為其出生入死的「愛將」！

三、徐先生深信「實踐是檢驗真理的唯一標準」

　　徐先生一輩子深愛自己的國家。他的一切言論，大體上都是針對祖國，即為了祖國的繁榮進步而發的。愛之深，責之切。被視為過火的言論，我們必須從這個角度去理解。其仙逝前二三年間所發表的文章，仍不改其愛國的初衷。站在人民福祉的立場，彼對毛澤東從不假借、寬貸。其中〈神座觀念的災禍〉一文，很可以見其一斑。先生說：

……由觀念神化[22]所造成的浩劫，中國斷然可以躍居古今中外的第一位。中共今日（筆者按：指徐先生撰文時的 1979 年底）才喊出「毛主席不是神」的口號來想加以補救，未免把問題看得太輕鬆了。……人類歷史經驗證明，站在政治社會的立場來談觀念問題，一定要求由人民大眾現實生活中產生，與人民大眾平等地結合在一起的觀念[23]。由神座所神化的觀念，是由人民大眾現實生活的頭上所壓下的觀念。誰能在政治上取得最高支配權，誰便可運用這種由頭上壓下來的觀念以加強自己的權威，使自己進入於神的地位。在這種由頭上壓下來的神化觀念中，想安放進實質的民主以緩和他的災禍性，恐怕是妄想。這是科米尼的什葉教，中共的馬列主義、毛思想所遭遇到的真正問題。……我奉勸華國鋒不必爬上這種神座去「敬陪末座」。[24]

莊生說：「彼亦一是非，此亦一是非。」（《莊子・齊物論》）所以光講觀念，很可能流於「觀念的遊戲」而已。最後可能變成公說公有理，婆說婆有理！此於解決問題，毫無助益。上引文中，徐先生以現實的可行性來檢證觀念，此說法洵為至理。其實，「實踐是檢驗真理的唯一標準」。毛澤東本人也說過：「沒有調查，就沒有發言權。」[25]毛的說法，其實是最符合科學，

---

[22] 徐先生所說的觀念的神化，是針對上世紀 60、70 年代不少老百姓對毛的態度來說的；如視他為偉大舵手、偉大導師、紅太陽；把他的思想視為戰無不勝也是一例。

[23] 「平等地」，是針對下文在人民「頭上壓下來」來說的。換言之，徐先生不是不談「觀念」，更不是不知「觀念」可有的價值。然而，「觀念」是要結合老百姓實質生活的具體情況而產生的才值得珍視。換言之，可貴的觀念，絕不是一些脫離現實、天馬行空的觀念；順先生的一貫思想，也可以說，不是一些形而上學的觀念。

[24] 徐復觀，〈神座觀念的災禍〉，《華僑日報》，1979.11.14；收入上揭《徐復觀雜文補編》，冊四，頁 548-550。

[25] 這是毛澤東〈調查工作〉中的一句話；文章寫於 1930 年 5 月。這文章後來改名為〈反對本本主義〉。詳參網上「百度知道搜索」。這是毛當時為了反對中國工農紅軍中的教條主義（即毛所說的本本主義）思想而寫的關於調查研究問題的一篇著作。筆者以為，就針對當時的教條主義來說，毛的說法不無道理。但這個說法，其本身一旦成為教條時，那也是很可怕的。詳下注。

最可取的一個說法。可惜的是，後來流於光說不練，說說而已。其實，光說不練也就算了，最可怕的是：自己不練，但要求人家必須練：必須予以落實，予以貫徹，而自己則一概置身事外[26]！

四、餘論

徐先生的道德意識極強，其政論雜文、時論雜文的相關論述可見一斑。本篇（本書上篇）各章，如以上〈天地之大德曰生〉、〈中庸之道〉、〈盡其在我與反省回思〉等等的相關闡述，蓋足以發明斯義；甚至顧名即可思及其義。至於本文：觀念的災害，表面看來，似與道德意識不相干。其實仍有密切關係，今稍說明如下。

簡言之，藉著意識型態或神化了的觀念來作為行政施教的南針，必然會對國家、社會造成極大的災難。幾個抽象的觀念，如上文說過的「革命」、「左」、「向左轉」、「國有化」等等，把它們無限上綱，無限放大，甚至予以符咒化，便以為即係治國之良方，其禍害之廣、戕害人性之深，不必再多說。執政者、掌權者，無論有意也好，無意也罷，憑藉意識型態、符咒化或神聖化的觀念以治國[27]，最後甚至明知會造成人間浩劫，也一意孤行，如

---

[26] 要求人家必須先作調查才可以發表意見，看來是很有道理而符合科學精神的，其實不然，或至少不盡然。究其由，其原因是：很多時，有些事情是調查不了，或無法進行調查的。再者，要調查到甚麼程度才有發言權呢？三者，有些事情（譬如某些潛存而可能發生的危險、危機），在下者有義務、責任向上級提醒、報告，好使先作預防。縱然發生機率只有萬分之一或更低，也得要預防；所謂「不怕一萬，最怕萬一」。但毛「沒有調查，就沒有發言權」這道「聖旨」一下，那誰敢「輕易」發言呢？！由此可見，不敢「輕易」發言，絕非國家之福。古代設置諫官這個機制，就是要讓諫官們多講話；講錯了，也不必負責。只有這樣，他們才可以暢所欲言。人君可以不聽（且有權利和責任作篩選），但諫官們不能不講。十句話中只要有一句說對了，那就是國家之福。

[27] 寫到這裡，讓人想起韋伯的祛魅思想（德文：Entzauberung，英文：disenchantment）。恐怕只有透過人們理性上的自覺（即理性化）才能使人清醒過來，達致祛魅（祛觀念神聖化、反觀念神聖化、符咒化）的效果。就中國的傳統作法

上引文中徐先生說過的，造成「淚河血海的結果，不屑一顧，依然堅持自己所講的是最前進的，是最革命的」，其犯下滔天大罪，雖千剮萬戮，不足贖其辜，奚待再辯！對此稍一瞭悟，即知「觀念的災害」這一項，自然跟人的道德意識相關。

船山說：「有即事以窮理，無立理以限事。」就當代新儒家第二代徐、唐、牟三大師來說，他們絕不立理以限事。但就「即事以窮理」來說，也許徐先生做得最多，也最徹底。吾人或可以說，他的庶民立場、常民立場（populist）最強，現實關懷感也最強。一方面，徐先生是「大地的兒女」[28]，鄉土感自然比較強。再者，三人中，中壯年前，以徐先生參與的現世事務最多，關懷感乃油然而生。三者，以學術性格來說，徐先生是思想家、史學家；異於唐、牟之為哲學家。「離事而言理」不失其為哲學家。史家則不然；其言理，必「即事」（扣緊事）而為之，否則不成其為史學家。

徐先生的政治思想，要言之，乃以德治為主軸。然而，傳統中國素有「禮儀之邦」之稱。然則禮治固亦至為關鍵。徐先生素重視自由、民主、法治、人權。禮治與這些「舶來品」或很可以有相互湊合的地方。換言之，禮治予以現代詮釋，或很可以接合上這些舶來品也說不定。果爾，則「自由」、「民主」、「法治」、「人權」等等這些「新外王」，便可以從中國傳統固有的「禮治」中開出。所開出之花朵，因有中國特色，比較符合國情，對國人來說，也許比西方舶來品更勝一籌也說不定。這方面，筆者未來

來說，就是凡事（個人的做人行事，尤其對在上者的說詞）必以良心理性為判準。具體來說，對於別人的說詞，或所說出的一些觀念，我們不妨借用牟先生的說法以衡斷其是非曲直，並藉以袪魅。牟先生的說法是：其人的說詞、觀念（或所陳述的所謂「大義」）應係：自然的，簡易的，迤直的；而不是引曲於直的，弄成複雜的，造作的（詳見本文上註1）。換言之，如違反常識、常理而係瞎掰胡扯出來的，吾人一概不予接受。這大概便可以達到袪魅的效果而不致於盲目、迷信了。

[28] 這是徐先生長女公子均琴女士對其尊翁的描繪。徐均琴，〈大地的兒女——悼念我的父親徐復觀先生〉，曹永洋等編，《徐復觀教授紀念文集》（臺北：時報文化出版企業公司，1984），頁7-8。

擬試圖作點努力，看看是否可以從徐先生的相關論述中得到一點啟發[29]。

---

[29]　筆者對徐先生的禮治思想有所關注，乃發端於年前與華梵大學中文系林碧玲教授的討論。2013 年 9 月 28 日，臺灣大學人文社會高等研究院舉辦「徐復觀的政治思想學術研討會」。會議結束後，筆者與林教授閒聊時略及於此。今特予聲明，示不敢略美。

第七章　和平是王道[*]

一、前言

[*] 本文及下文：〈歷史報應循環不爽〉，本為同一文章四節中的其中兩節（另外兩節分別名為：「心靈生活是硬道理」、「環保是人類永續生存的無上法寶」，則納入本書附錄之內）；該文名〈當代新儒家史德精神之體現：以徐復觀先生為例〉；乃應寧波大學歷史系所舉辦之「史學理論及史學史研究的再出發」學術研討會之邀請而撰寫。會議日期：2012 年 12 月 29-30 日。會後，上文四節均經大幅度修改。今進一步增刪修改並各自冠上獨立的標題後，乃納入本書內。又：2013 年 1 月 6 日，筆者嘗寄〈當代新儒家史德精神之體現：以徐復觀先生為例〉一文給徐先生旅美的哲嗣均琴女士，請彼指正。個人深信，均琴女士的覆信（同年 1 月 12 日）很可以幫助讀者了解該文所談及的徐先生的思想，是以敬錄如下：「一九七三年在香港，先父在閒談中對我解說中國傳統文化：『就中國文化來說，其中起領導作用的所謂儒家並不是一個很特別的思想，也不是一個很特別的宗教。從孔子開始，儒家歷來所擔負的責任就是肯定人類的理性和維護人生的常道』。先父這番話可能是就著我的程度而說的，當時印象非常深刻，立即寫在張小卡片上。我對先父政論文章的瞭解一直是這段話角度的延伸。若沒有對人性的肯定，『人類的理性』和『人生的常道』沒有落實的意義。在《學術與政治之間・自序》中引用：『蓋人心之靈，莫不有知』——這是肯定『常民』的『常心』。在〈正常即偉大〉中強調『孔子不是為了滿足個人知的喜悅而發心，是為了解決吾非斯人之徒與而誰與的人類生存問題，為解決一切問題的基礎而發心』——這是維護『常民』安享『正常生活』的民權。因此對您文中的四項（筆者按：即文中的四節）我都心有同感。『和平』能容許『常人』過『正常生活』。『環保』能保障『常人』長期過『正常生活』。歷史的真實，是由『常人』、『常心』在歲月之流中淘瀝而來的真實。心靈生活是對『上下交征』反常生活的制衡。」
均琴女士多次來信都說到其個人人文素養欠佳，讀書不多，甚至說「連起碼的常識都不夠」。以上引文則正可以充分佐證其實均琴女士極具人文素養。所謂欠佳云云，乃其謙沖之表現而已。上引文中〈正常即偉大〉一文，乃徐先生晚年之作。文頗長，分四次刊登於香港《華僑日報》，時維 1981 年 1 月和 2 月。後收入《徐復觀最後雜文集》（臺北：時報文化出版企業公司，1984），頁 230-248。

　　和平是全世界有理性、有理想、心理正常的人們所盼望和追求的一個偉大目標[1]。然而，世界上又總有不少野心家因為另有考量而不考慮和平，甚或排斥和平、破壞和平，並進而發動戰爭。日本軍國主義者、希特勒及其幫凶（如墨索里尼之流）發動二戰的暴行，或如史達林之流為了鞏固一己權力而進行無休止的鬥爭所帶來的災難，永遠都是人類揮之不去的夢魘[2]！世界上數不勝數的罪行、惡行，便由此產生。寫到這裡，不免讓人想起日本欲全面侵華而故意引發、啟動種種事端時，蔣公即發表了如下的名言：「和平未到根本絕望時期，決不放棄和平；犧牲未到最後關頭，決不輕言犧牲。」[3]和

[1]　最受世人尊崇、推重的一個獎項——諾貝爾獎，自 1895 年創立以來，和平獎便是最初五個獎項（化學、物理、文學、生理學／醫學、和平）之一（經濟學獎項是 1968年才增設的）。化學、物理、生理學／醫學是學術方面的表現，而文學可說是廣義的藝術。五個獎項，唯獨和平獎是代表人類崇高理想的追求和相應的成就而來的一個獎項，可說深具社會性及價值性——正義性。當然，由於種種原因，尤其政治上的考量，而使得若干年度和平獎的頒發不無爭議。遠的不說，就以近年來說，2009 年美國現任總統歐巴馬的獲獎、2010 年中國大陸異議人士劉曉波，甚至 2012 年歐盟的獲獎，都不無爭議之處：歐巴馬獲獎後，繼續阿富汗和伊拉克的侵略，又介入利比亞和敘利亞的內戰；劉獲獎，中國大陸不悅；歐盟向來追隨美國而為其同路人。然而，瑕不掩瑜；且至少就原則上來說，諾貝爾獎項中之設立和平獎，即明確表示承認和平為普世價值。其實，中外大哲莫不以人類這個最高價值為念茲在茲之所在。西哲康德（E. Kant）尚撰有〈論永久和平——一項哲學性規畫〉一文，乃從理念上及其體規畫上提出相關構想。其構想對日後的國際聯盟（League of Nations）和聯合國（United Nations）的創立和發展，提供了一定的助力。〈規畫〉一文，收入李明輝譯，《康德歷史哲學論文集》（臺北：聯經出版事業公司，2002）。對康德永久和平一理念的闡發，可參陳儀，〈論康德的永久和平〉。陳文發表於中央大學中文系、哲研所及該校儒學研究中心所舉辦的「當代儒學國際會議：儒學之國際展望研討會」上。會議日期：2012.09.26-28。

[2]　據閱覽及記憶所及，徐先生最痛恨的西方人有二，即希特勒和史達林。先生認為這兩人都是心理變態的人，所帶來的災禍與此大有關係。徐復觀，〈保持人類正常的心理狀態〉，徐復觀，《徐復觀文錄》（臺北：環宇出版社，1971），冊二，頁 171。

[3]　此乃 1935 年 11 月 19 日國民黨舉行第五屆全國代表大會時，蔣公外交報告的部分文字。當然，為求民族生存而無法避免戰爭時，我們也只有不惜一戰。對於不惜一戰，蔣公最有體會。彼發表於 1937 年 7 月 17 日的〈對蘆溝橋事件的嚴正聲明〉，筆者現

平之可貴，蔣公可謂一語道破。

　　作為當代新儒家最重要的代表之一的徐復觀先生，當然亦非常重視和平；相關言論恆見諸其政論雜文。其中，先生特別指出，國與國之交往，甚至國家內部的運作，必以達致和平為首務；雖然過程中，或不免以鬥爭為手段，然而，先生強調鬥爭絕非目的，而和平才是目的。此先生一輩子念茲在茲之所在。

二、徐先生熱愛和平

　　徐先生之所以特別珍視和平，可說是中國傳統價值觀的反映[4]。先生政

在讀來仍然熱淚盈框，不能自已者久之。蔣公說：「如果戰端一開，那就是地無分南北，年不分老幼，無論何人，皆有守土抗戰之責，皆應抱定犧牲一切之決心。」以上正文所引錄的外交報告的文字，轉載於此〈對蘆溝橋事件的嚴正聲明〉中。蔣公這個〈聲明〉，讓筆者想起了二戰時英相邱吉爾（W. Churchill，1874-1965）同樣極為精彩，且極為震奮人心，也廣為流傳的著名戰鬥宣言。該宣言發表於英國下議院，時維1940 年 6 月 4 日敦刻爾克（Dunkirk）大撤退之後不久。宣言發表前，邱氏先報告云：「敦刻爾克海灘的戰鬥經過，將彪炳在我們所有的史冊中。」；並進一步指出說：「我們必須非常慎重，不要把這次援救說成是勝利。戰爭不是靠撤退打贏的。」又說：「這次援救中卻孕藏著勝利，這一點應當注意到。這個勝利是靠空軍獲得的……，我們所有各種型號的飛機……和我們所有的飛行人員都證明比他們現在面臨的敵人要優越。」最後他發表了這篇報告中最精彩、最震奮人心，也流傳最廣的戰鬥宣言。邱氏說：「歐洲大片的土地和許多古老著名的國家，即使已經陷入或可能陷入秘密警察和納粹統治的種種罪惡機關的魔掌，我們也毫不動搖，毫不氣餒。我們將戰鬥到底，我們將在法國作戰，我們將在海上和大洋中作戰，我們將具有愈來愈大的信心和愈來愈強的力量在空中作戰；我們將不惜任何代價保衛我們的島嶼：我們將在海灘作戰，我們將在敵人登陸的地點作戰，我們將在田野和街頭作戰，我們將在山區作戰；我們決不投降；……」以上主要轉錄自百度百科：baike.baidu.com/.../44584.ht...，〈敦刻爾克大撤退條〉。

[4]　中國人重視和平，很多學者已有所關注。甚至外國學人，如民初（1920.10-1921.07間）曾來中國訪問的英國哲學家羅素即嘗指出說："If any nation in the world could ever be 'too proud to fight', that nation would be China. The natural Chinese attitude is one of tolerance and friendliness, showing courtesy and expecting it in return. If the Chinese

論文字中重視和平的言論，屢見不一見。茲引錄若干文字為證，如下：

> 人類只有在和平中，才可以得到生存的保證和發展。尤其是防止由星
> 星之火，演變而為燎原的毀滅戰爭，更是現代每一個人的責任。[5]

又說：

> 人類所待望的是和平。一九七三年的待望，依然是和平。[6]

1974 年 4 月寮國成立第三次聯合政府，先生說：

> ……可能是意義重大的一件事情；假定由此而使此一山地小國，能過
> 新和平中立的生活，並影響於越南、柬埔寨，也走上和平解決問題之
> 路，為中南半島開出新的局面，這實符合中南半島廣大人民要求，符

---

chose, they could be the most powerful nation in the world. But they only desire freedom, not domination. …… Although there have been many wars in China, the natural outlook of the Chinese is very pacifistic." 這段文字，梁漱溟《中國文化要義》有相關翻譯，如下：「世有不屑於戰爭之民族乎？中國人是也。中國人天然態度，寬容友愛，以禮待人，亦望人以禮答之，道德上之品行，為中國人所特長。（中略）如此品性之中，余以具『心平氣和』pacific temper 最為可貴。所謂心平氣和者，以公理而非以武力解決是已。」然而，譯文的後半部，似乎與羅素原文並不太一致。上引羅素語，見 B. Russell, *The Problem of China* (London: George Allen & Unwin Ltd., 1922), p.195。譯文，則見梁漱溟，《中國文化要義》（臺北：正中書局，1967），頁 292。其實除羅素外，日本人五來欣造亦有類似的看法。見五來欣造著，李毓田譯，《政治哲學》（臺北：環宇出版社，缺年份），頁 39-42。可詳參金耀基，〈中國傳統社會〉，《從傳統到現代》（臺北：時報文化出版企業公司，1989），頁 45-95，尤其頁 62-64。

[5] 〈越南和平的展望〉，徐復觀，《徐復觀雜文補編》（臺北：中央研究院中國文哲研究所，2001），冊三，頁 506；原載《華僑日報》，1972.11.08。

[6] 〈一九七三年的待望〉，上揭《徐復觀雜文補編》，冊四，頁 1；原載《華僑日報》，1973.01.03。

合一切愛好和平人民的願望。[7]

筆者要指出的是，以上三段文字分別撰寫於 1972、73 和 74 年。先生逝世於 1982 年，時年八十歲。換言之，先生之晚年猶經常以人類，甚至以小國（寮國）之和平為念[8]。先生在另一段文字中，更直接表露其熱愛和平的態度。先生說：

> 我是一個最沒有出息的中國人，所以我是一個原始中國人。……原始中國人，抱有與一切國家民族和平相處的熱望，也抱有反抗由任何國家所加來的壓迫的決心。[9]

人類和平相處，這固然是先生熱切盼望的。而這條引文，更顯示先生作為一個中國人（從中國人的立場出發），懇切地期待與其他國家、民族和平相處。因為只有和平才能為人民帶來福祉。這非常明確地反映出先生對國家、民族的愛。

7　〈對寮國聯合政府的期待〉，上揭《徐復觀雜文補編》，冊四，頁 164；原載《華僑日報》，1974.04.09。

8　「風聲、雨聲、讀書聲，聲聲入耳；家事、國事、天下事，事事關心。」這副對聯用來描繪徐先生，誰曰不宜？然而，就國家來說，徐先生最關心的，當然不是別的國家；而是自己的祖國。1948 年年底中華民國在大陸風雨飄搖之際，徐先生寫了〈認取美國大選的教訓〉一文，主旨不外說明：「站穩祖國的立場，實行和平改革的政治」。文載《中央日報》，1948.11.05；後收入上揭《徐復觀雜文補編》，冊三，頁 1-3；上引語見頁 3。

9　〈一個原始中國人看中、俄關係〉，上揭《徐復觀雜文補編》，冊五，頁 283-284；原載《華僑日報》，1972.03.17。

三、不排除訴諸武力鬥爭的手段以爭取和平；
但鬥爭不能無限上綱

徐先生之重視和平，上文可以概見。徐先生考量問題，恆經權兼顧。和平，經道也。然而，先生為了爭取國家的和平（或所謂「最後和平」吧），在不得已時，也接受訴諸非和平的一途：以武力自衛方式反抗來自外國的侵略。換言之，不能為了和平而苟且偷生，任人漁肉；只有在相互平等互利的大前提下，那和平才有價值與意義。先生意謂：在國家民族之利益受到嚴峻挑戰，甚至極大損害的情況下，那寧可放棄任人漁肉情況下的所謂和平。這點下文還會討論到。

前蘇聯人權鬥士沙哈羅夫（Andre Sakharov，1921-1989）在 1975 年獲得諾貝爾和平獎。徐先生獲悉後，便馬上寫了一篇文章發表感言。其中所談到的和平問題，很可以反映徐先生一貫的看法。就中說到和平與鬥爭、戰爭的關係，尤其值得吾人玩味。先生說：

> 和平，是人類生存的理想，也是人類生存的基本條件。拉長了歷史看，只有和平時代才有幸福，才有進步。合理地戰爭、鬥爭，是為了剗去和平的障礙，清洗和平時代中所積的污穢；戰爭、鬥爭，是為了得到和平所暫時使用的不得已的手段；而和平才是人類追求的大目標。[10]

上引文除了可以充分揭示在先生心目中，和平的重要地位外，還道出了戰爭、鬥爭跟和平的關係。這種關係，很值得注意，我們先引錄下文，然後再一併討論。先生說：

---

[10] 〈和平與民主──略論蘇聯沙哈羅夫獲得的諾貝爾和平獎〉，徐復觀，《徐復觀雜文・看世局》（臺北：時報文化出版企業公司，1980），頁 31；原載《華僑日報》，1975.10.15。

人類只有在和平中才能過著人的生活，而和平生活的保障，不能僅訴
之於人類的道德良心，更必須靠一套民主制度。一切暴力鬥爭，應用
於反對民主政治的統治階級。……我的想法，人類只應當有兩種鬥
爭。一是反帝國主義的鬥爭，一是反「反民主」的鬥爭。[11]

上引文可有之意義計有四項：（一）在先生心目中，和平居極重要之地位。
（二）人類的道德良心係先生素來重視者。但對於保障和平，恐怕民主制度
更居關鍵地位；先生之被譽為民主鬥士，於此即可見端倪[12]。當代新儒家要
提倡新外王，其要旨有二：除知性上主張科學外，政治上則必主張民主。先
生之所以為新儒家第二代之表表者，上引文正可作為佐證。（三）如同再上
一條引文一樣，先生雖然酷愛和平，但非常斬截的表示，為達到和平這個目
的，在不得已時，只好運用某些很為人詬病的手段。然則甚麼手段？戰爭是
也，鬥爭是也。具體來說，針對反對民主政治的統治階級而進行暴力鬥爭，
便是先生容許的，可以接受的[13]。但要強調的一點是，這些手段非萬不得已
時，是不該使用的。這反映先生深具經權思想——既重視經道（扣緊本論題來
說，指的便是和平），也接受權變（本論題所說到的鬥爭，甚至戰爭，便是權變、權

---

[11] 〈維護人類和平生存的權利〉，徐復觀，《徐復觀雜文補編》，冊三，頁 432；原載
《華僑日報》，1972.06.07。

[12] 重視民主是必會同時重視自由的。先生重視自由、捍衛自由之言論，數見不一見，其
最具代表性者，可以舉〈為什麼要反對自由主義〉一文為例。按：1956 年約 10 月
間，一份與教育部有關的刊物發動對自由主義的攻擊。徐先生為回應其攻擊，乃發表
上文。先生為捍衛自由主義而不惜與官方單位對著幹的嚴正風骨，可見一斑。該文發
表於《民主評論》，1956.11.01，卷 7，期 21；又收入徐復觀，《學術與政治之
間》，乙集。先生重視自由，韋政通嘗一針見血的指出說：「以傳統主義衛道，以自
由主義論政」。韋政通，〈以傳統主義衛道，以自由主義論政——徐復觀先生的志
業〉，《中國論壇》，1986，卷 23，期 1。

[13] 牟宗三先生也有類似的看法，如下：「……此時如無武力以衝擊之，則自己的正義與
理想既不足以廣被於天下，而對方的腐敗與民眾之冤苦亦不足以解除而得救。如是，
武力的衝擊有時是必要的。」牟宗三，《政道與治道》（臺北：廣文書局，1974），
頁 2。

宜的作法）。可見先生絕非一味盲目的恪守經道的一個書呆子而已[14]。這很可能與先生中壯年前軍政界的生活體驗有一定的關係。（四）先生贊成反帝國主義的鬥爭。按：帝國主義之為人類眾多滔天大罪之一，不必多說。就和平一端來說，帝國主義者入侵他人國家及被入侵國必然反彈而導致之鬥爭、戰爭，其必破壞和平無疑。但被入侵國為了爭取更大的和平而使用極端而暫時性的武力反抗手段，那是不得不然的義之所在。

我們必須強調的是，在徐先生看來，鬥爭永遠只是手段，且在萬不得已時才權宜一下而暫時予以應用而已。然而，有些人竟把鬥爭定位為目的，為價值之所在！那就真的是千差萬錯了。先生即感慨繫之，嘗云：

> 階級鬥爭，及個人與個人間的鬥爭，這是自有人類以來的事實。許多動物，也是靠鬥爭解決問題，鬥爭是原始性的手段。人類的進步，不是表現在以鬥爭解決問題之上，而是表現在以和平解決問題之上。以和平解決問題，有時感到不夠，甚至感到是虛偽，這只說明人類的進步還不夠，還有待於更大的努力。怎麼可以把人類進步的方向顛倒過來呢？[15]

上引文字發表於 1978.01.10；即先生的晚年。先生早年的文字，有時或不免流於意氣。但上面的文字則充滿了悲天憫人的情懷，且思慮更見圓熟了。首先不唱高調而非常務實地承認階級鬥爭也好，個人間的鬥爭也罷，乃係自有人類以來的事實。但話鋒一轉而明確指出，人所以異於動物，是人能夠採取更進步的手段，即和平的手段，來解決人際間的糾紛。然而，和平手段亦有其窮盡之時，甚至被視為是虛偽。此先生深悉之而絕不盲目迷信和平手段係萬靈丹。然而，先生絕不氣餒而輕言放棄和平。和平手段不足定然、全然解決問題，是由於人類努力不夠，進步不夠，而並非和平本身有甚麼問題。最

---

[14]　先生的權變思想，詳見本書本篇（上篇）另章。

[15]　〈東、越戰爭中所蘊含的複雜問題〉，上揭《徐復觀雜文補編》，冊四，頁 505；原載《華僑日報》，1978.01.10。

後並期許人們不可以把方向顛倒過來——以鬥爭取代和平。先生之思想之兼具務實性、理想性以及悲天憫人、人溺己溺的大愛情懷，於此可以窺見一斑。

有關和平跟鬥爭的關係，先生尚有不少非常精彩的論述。茲僅引錄二段文字以概其餘：

> 人類的理性，必定表現在揚棄鬥爭，追求和平的這方面。……正因為如此，所以儒家便提倡仁，道家便提倡慈或大大仁，墨家便提倡兼愛。而「強凌弱，眾暴寡」，為所有文化共棄。強和眾，正是鬥爭之所憑藉。強凌弱，眾暴寡，正是鬥爭的實體；這是人獸不分的生活形態。[16]

上引文中，徐先生再一次討論鬥爭與和平這個課題。筆者要指出一點：相關文章發表於 1972 年年中。當時中國大陸的文化大革命正進行得如火如荼。

階級鬥爭乃共產黨的立國綱維，也是共黨人士的意識型態，這是不必多說的。然而，在毛澤東「與天鬥，其樂無窮；與地鬥，其樂無窮；與人鬥，其樂無窮」[17]的「偉大啟示」下，個人間的鬥爭（其實主要是毛澤東一人鬥爭其他人，甚至針對整個共產黨的黨組織進行鬥爭；如鬥爭劉少奇及其黨組織便是一例），

---

[16] 〈維護人類和平生存的權利〉，上揭《徐復觀雜文補編》，冊三，頁 430；原載《華僑日報》，1972.06.07。

[17] 這幾句話出自毛澤東 1917 年所撰的〈奮鬥自勉〉一文。參 club.china.com。大陸上有人為毛澤東辯解，說這幾句話中的「鬥」字，不是鬥爭之意；是以不應從負面去解讀；即不應解讀為刻意要整肅人、整垮人、把人家鬥垮鬥臭。其實，我們不必強作調人，代毛澤東立言。如真要作調人，試圖從正面解讀毛氏的意思，則似乎原文中宜有「與己鬥，其樂無窮」一語，藉以揭示，不是人格分裂的自己鬥爭自己，而是刻意的要努力「自我超越」、「自我超剋」。個人認為，假使毛氏原文委實有「與己鬥，其樂無窮」這句話，並確有「自我超越」、「自我超剋」之意，那麼才可以把毛氏「與天鬥，其樂無窮；……」這幾句話，予以正面的解讀。說遠了，現今姑且不細究毛氏之原意。但至少可以說的是，這幾句話在文革時，發揮了最大且最負面的效果。

以至所謂階級鬥爭，在文革十年的浩劫中，毛利用林彪由槍桿系統的群眾鬥爭黨組織系統的群眾[18]，其無限上綱的程度和慘烈的程度，恐怕是中國歷史上，甚至人類歷史上，所絕無僅有的。以專政（無產階級專資產階級之政）代替民主（其實，何無產階級專政之有？！實乃在位者，即所謂統治階級、握有政權及治權之階級，甚至只是造神運動下被神化的毛澤東一人對他人進行專政而已），這就是徐先生所說的強凌弱。以激情、非理性的群眾運動，群眾審判代替冷靜、理性的專業司法審判，這就是徐先生所說的眾暴寡。在意識型態[19]掛帥下、左右下，居上位的領導者和其下被煽動的一般群眾，就分別成為了先生所說的強和眾。面對強和眾，弱和寡那有倖存之理呢？縱然形軀可以殘存不死，那也只是苟活而已。作為人之所以為人的人格早已被糟蹋了，被凌虐了，被鞭屍了。僅形軀之生，又何足貴哉！然而，更有甚者，知識分子中又有充當打手，幫腔吶喊而不知恥者。憶三十多年前上牟宗三先生課時，牟先生便說：這不是知識分子的自賤，那又是甚麼呢[20]？牟先生憤慨之情、無可奈何之情，筆者現今仍歷歷在目。作為偉大中華傳統文化孕育下的炎黃子孫，我們今天還要搞鬥爭嗎？還要像清儒戴震所說的以理殺人嗎？人生不過百年。百年後，苟能與中華列祖列宗泉下相見，我們能不汗顏嗎？能不愧死嗎？

　　上引文中，徐先生即明確指出，中華文化思想之大宗，如儒、道、墨三家所分別提倡的仁、慈、兼愛，即為對治人類非理性的行為（如砍殺、鬥爭等

18　詳參徐復觀，〈哀劉少奇〉，上揭《徐復觀雜文補編》，冊五，頁 192。

19　清儒戴震嘗有「以理殺人」一語。此中之「理」相當於今日恆言之「主義」或「意識型態」。戴氏所說的「以理殺人」，猶今人「以主義殺人」、「以意識型態殺人」。「以理殺人」一語，見戴震，〈與某書〉，安正輝選注，《戴震哲學著作選注》（北京：中華書局，1979），頁 255。戴又說：「人死於法，猶有憐之者；死於理，其誰憐之。」語見《孟子字義疏證》（北京：中華書局，1961），頁 10。

20　徐先生嘗撰一短文，名〈士有三賤〉（三賤指：慕名而不知實；不敢正是非於富貴；向盛背衰）；又有一短文，名〈中國知識分子的責任〉（主旨：堂堂正正地做人和追求知識；應經常與國家同體共感，並應為國家民族奉獻一分力量）。所論述的內容不必與這裡所談到的課題相關。然而，甚麼是士（讀書人、知識分子）該做和不該做的，先生揭示頗詳，甚值吾人今日參考。二文見上揭《徐復觀文錄》，四，頁 179-182；183-186。

等）而來；而所引領冀盼者，和平是也。

在同一文中，先生又說：

> 可以說，暴力鬥爭的價值，是由換取和平生活的大小來加以決定。如
> 上之說，是只承認政治革命，而未承認社會革命。社會主義，是要求
> 社會革命的。既是社會革命，則鬥爭當然要擴及於全社會。但我覺
> 得，人類只應當有政治革命，不應當有社會革命。由政治革命取得政
> 權以後，一切社會改革，皆可通過立法在和平中加以實行。[21]

作為手段來說，暴力鬥爭之有其價值──以最後能達致和平為最終目的，此
上文已有所闡述，不贅。上引文之另一項，尤其值得注意。徐先生承認政治
革命；但不承認社會革命，即不認為需要進行社會革命。這個看法是深具智
慧的。蓋既得利益的統治者，說得難聽一點，他們是打死都不肯放棄其權位
及相伴隨而來的既得利益的。在這個情況下，那非得進行暴力的政治革命不
可。然而，社會改革則可由政治革命後所出現的立法機關以和平手段予以實
現的。在這個情況下，社會革命便不是必要的了。換言之，依徐先生意，只
有在不克透過和平手段來獲致改革時，那革命才有其用武之地，否則絕不宜
輕言革命。革命是拋頭顱，灑熱血的大事；「革命不是請客吃飯、不是做文
章、不是繪畫繡花」[22]的事兒。非萬不得已，不得率爾為之。「為〔唯〕有
犧牲多壯志，敢教日月換新天。」[23]壯志不是不可以犧牲，但也只有為了日
月換新天而進行的政治革命，那犧牲才值得。其他革命，如為了專權、弄

21　〈維護人類和平生存的權利〉，上揭《徐復觀雜文補編》，冊三，頁 431；原載《華
　　僑日報》，1972.06.07。徐先生既主張「一切社會改革，皆可通過立法在和平中加以
　　實行」，那麼 2014 年 3、4 間在臺北所發生的「太陽花學運」──學生攻佔立法院、
　　入侵行政院，如先生泉下有知，恐怕定然是反對的。

22　語出 1927 年 3 月毛氏〈湖南農民運動考察報告〉一文。我們不必以人廢言。毛氏此
　　語對革命性質的描繪可謂淋漓盡致，有「一句頂一萬句」的功效。

23　語出《毛澤東詩詞・七律・到韶山》，乃 1959 年 6 月下旬毛澤東到湖南韶山時所
　　作。

權、濫權而進行的文化大革命，那是否值得，便無待龜蓍了[24]。

---

[24] 在這裡容筆者作點補充。先生贊成和平，但絕不贊成一旦獲致和平或所謂身居太平盛
世時，便但求苟安、不思長進，居安而不思危，否則便必成自暴自棄。「暖風吹得游
人醉，錯把臨安當汴京。」我們必須引以為戒。先生在〈在和平中戰鬥──對國際局
勢之一探索〉一文中即嘗云：「在落後地區，更有一種決定性的戰鬥，要在和平中去
實行，這即是政治民主化的實質上的進展問題。某一政權政治民主化的程度，關係於
某一政權實際所能代表的人數的多少及方向的前進或後退。這不僅是前進者與落後者
之間的戰鬥，也不僅是大眾與特權者之間的戰鬥；也應當是每一個人的良心與私欲的
戰鬥，公利與私利的戰鬥，廉恥與幫閒心理的戰鬥，客觀是非與個人好惡的戰鬥，國
家百年大計與個人一時支配欲的戰鬥。而這種戰鬥，必須在和平中進行，不宜使它沾
上半點『軍事戰爭』的氣息。但特權階級，常常是假軍事反共之名，給對方以強力壓
制，因而獲得不正當地廉價地戰鬥果實，於是此種非在和平戰鬥不可的場面，常走向
以軍事戰爭的性質。許多落後地區，真是苦海茫茫，不知何年何月，能從政治苦海中
超度上岸。在和平中的戰鬥，是人類拿出生命的全力來爭取自己命運的戰鬥。不能意
識到這種戰鬥，不能參加這種戰鬥，我根本懷疑以後生存的機會。」（〈在和平中
戰鬥──對國際局勢之一探索〉，上揭《徐復觀雜文補編》，冊三，頁 189-190；原
載《徵信新聞報》，1964.01.01。）以上文字，發表於 1964 年 1 月 1 日；其動筆蓋在
1963 年年底。時先生身在仍高喊「反攻大陸」的臺灣。先生這裡所說的「戰鬥」，
即發憤圖強之意。而這種發憤圖強，一定要在和平中去實行；不能假軍事反共之名而
去實行，否則受苦的是一般的老百姓。在上文中，先生表面上是談論國際局勢，其實
主要是針對當時大喊「一切為了反攻」的中華民國政府而發。先生謀國以忠之情可見
一斑。先生又說：「老實說，臺灣再沒有像我這種人希望反攻的了。」（頁 190）筆
者以為這只是先生的門面話。究其實，先生是不贊成反攻（參頁 192），而是贊成和
平的。然而，先生明白指出，必須在和平中力求具有戰鬥力。因為先生察覺到很多人
高喊「一切為了反攻」這種口號，但其實只是掩飾現實上的自暴自棄而已。所以「老
實說，臺灣再沒有像我這種人希望反攻的了」的一句話，我們絕對不能照單全收。在
這裡，筆者還要補充一點。先生是絕對不會贊成臺獨的，這不在話下。然而，1949
年先生來了臺灣之後，與不少政治上臺獨傾向很強的人成為了好朋友。筆者以為原因
有二。先生本同理心，能夠從本省人（或所謂臺灣人，即二三代以上世居臺灣的中國
人）的立場來看問題。吾人或至少可以說，先生對本省（臺灣省）人臺獨的政治主
張，能予以諒解。此其一。此外，依先生民胞物與之心懷，筆者敢說，先生必定認
為：國民黨既已身居臺灣，那便應多為本省人謀福利，而不必一天到晚只想到反攻大
陸（且「反攻大陸」很可能只是某些人──政客，自謀利益的藉口而已！），視臺灣
為跳板而已。此其二。筆者順便說一下個人的體驗。筆者的政治立場，那是不必多說

四、對各國實現和平的熱切期許

徐先生是歷史學家,看問題大抵皆扣緊事實(無論是透過歷史上的事件也好,或透過當前世界上的事變也罷)來申論,很少「離事而言理」。然而,也有若干例外。以上所引錄的各條資料,除其中一條是由討論寮國而談到和平之外,其他都可說是離事而言理的文字。和平是硬道理,是王道。針對這麼一個硬道理、王道,筆者相信上文已對它作了充分的說明。下文擬透過事實作進一步的申述。子曰:「我欲載之空言,不如見之於行事之深切著明也。」[25]此即所謂「即事而言理」。其優點係:促進讀者對問題產生更深刻的印象和理解。徐先生可說是這方面的高手、老手。

在〈有感於蘇俄烏克倫佐夫之言〉一文中,先生說:

> ……何謂民族主義?民族主義是在殖民主義下所必然發生的一種自我保存的反抗。只要有侵略,中國人的這種反抗,難道說只限於毛共?所以我希望由烏克倫佐夫的文章而能引起蘇俄自身切實的反省。這樣,才對於世界和平及各民族在平等基礎上的發展,真能有所貢獻,「劃分勢力範圍」的國際活動,終必被人類理智良心的力量埋葬下去的。[26]

據徐先生,烏克倫佐夫是研究中共問題最權威的專家。在蘇聯駐泰國曼谷大

的。但來臺灣近 30 年了,也結識了不少大中國傾向和臺獨傾向的一些知識界朋友。當中,筆者的印象是,臺獨者的感情比較真誠,尤其李登輝主政之前,即臺獨者未取得政權之前。而大中國情結或「心繫」國民黨的朋友,相對來說,其交情是比較虛假的、表面的、打官腔的。徐先生與國民黨人一起打拚了幾十年,其刻骨銘心的體驗自然勝於筆者千萬倍。徐先生之同情臺獨,甚至與不少臺獨者深相交納,能夠從他們的立場去看問題,豈偶然哉?!

25 語見《史記·太史公自序》。《索隱》云:孔子這個說法見《春秋緯》。

26 徐復觀,《徐復觀雜文·看世局》(臺北:時報文化出版企業公司,1980),頁 353;原載《華僑日報》,1967.11.08。

使館所發佈的一期時事通訊中,烏克倫氏發表了一篇文章。主旨是認為毛澤東有領土擴張的野心[27]。毛澤東到底是否有這種野心,並不是筆者本文要探討的。然而,筆者非常同意徐先生的看法:只要有侵略,就會有反抗;不管這個反抗是來自毛澤東一人也好,來自中共也罷,甚至來自整個中國也罷。這是鐵一般的事實和道理。侵略和隨之而來的反抗都有損和平。所以徐先生希望烏克倫佐夫的文章能引起蘇俄自身切實的反省,否則必破壞和平無疑。眾多強國「劃分勢力範圍」而導致嚴重破壞和平的種種國際活動,徐先生認為「終必被人類理智良心的力量埋葬下去的」。先生這個斷語很值得注意。首先,以良心為出發點來預測國際局勢或國際事件的終極歸趨,這很可以反映作為新儒家的徐先生的道德理想主義的性格[28]。再者,以歷史發展為出發點(先生可說是縱觀千百年歷史發展而深具慧解的一個專業史家)來預測國際局勢未來歸趨之必不能外於人類理智良心所容許之極限,這方面可以說是先生史德(此取其廣義,指史家之德)精神之充分流露。要言之,無論從良心為出發點也好,從歷史為出發點也罷,其最後的結果,必為二者之合流:未來歷史的發展必不能外於良心所允許而另有其他歸趨。此可見先生的相關斷語,實極具啟發性、理想性而值得吾人認真予以關注的。

先生除了譴責蘇俄之破壞和平而殷切期許其主政者能作出切實的反省外,先生對阿拉伯國家也有相同的期許。先生說:

> 為什麼我不責備以色列而責備阿拉伯呢?第一,因為暴力的主動都是
> 來自阿拉伯方面,第二,主宰中東命運的是阿拉伯人而不可能是以色

---

[27] 該期通訊約發表於 1967 年 10 月下旬。參上揭《徐復觀雜文・看世局》,頁 350。

[28] 詳參筆者,〈文章經世:徐復觀先生政論中所見的道德意識〉一文,第三節:「人性・良心」。文章發表於中央大學文學院儒學研究中心等單位舉辦之「當代儒學國際學術會議:儒學之國際展望」研討會上。會議日期:2012 年 9 月 26-28 日。上文又收入李瑞全、楊祖漢主編,《二十一世紀當代儒學論文集 I:儒學之國際展望》(桃園:中央大學儒學研究中心,2015),頁 145-170。此《儒學論文集 I》經審查後始出版。上述「人性・良心」一節經增刪修訂而獨立成篇後,已納入本書本篇(上篇)內。

列人。阿拉伯人願與以色列人在中東和平共存，對阿拉伯人毫無損害，若阿拉伯人要消滅以色列人，因為人道所不許，在事勢上也只有同歸於盡。（筆者按：滅人之國，絕人之後，固人道所不許。以色列非出其死力以維持生存不可，是以最後阿拉伯人恐亦必同歸於盡。）阿拉伯人過去主動的發動了戰爭和大小暴力行為，在今後應由阿拉伯人主動推進和平，不在核子武器上存幻想。以免先受到核子武器的毀滅。阿拉伯人選擇了和平之路，以色列人便不能不走和平之路。[29]

上引文的主旨是指出，破壞中東和平，發動戰爭之罪魁禍首是阿拉伯國家。先生在他文（一時忘其題目而未克檢出）尚指出，以色列人是為了國家及一己之生存而不得不拚死參戰或應戰。相反，阿拉伯人不攻打、不入侵以色列，絕不會對其生存構成威脅。「阿拉伯人選擇了和平之路，以色列人便不能不走和平之路。」這句話讓人讀來有點喘不過氣來的感覺，因為這句話等同說：我以色列人為了生存而不走和平之路，是你們阿拉伯人逼出來的！先生以上對阿拉伯人的建議，很可以反映其內心深處隱藏著一種悲憫的情懷；是發自內心的一種沈痛的呼喚。既動於悲心，且發於誠敬，所以便成為非常務實而可行的一個建議。

其實，先生也不是光要求阿拉伯國家在和平上先採取主動而已[30]。先生

---

[29] 〈阿拉伯人今後的選擇〉，上揭《徐復觀雜文・看世局》，頁 184-185；原載《華僑日報》，1974.07.04。

[30] 筆者要指出一點，徐先生以上文章的寫作時間是 1970 年代。當時主動發動戰爭的，大都是阿拉伯國家。換言之，筆者以為對戰爭負最大責任的應是阿拉伯人。然而，時移世易，後來以色列人不給予境內阿拉伯人或鄰近國家阿拉伯人生存的權利。所以筆者以為，近今 2、30 年，不值得同情的反而是以色列人。尤其可怕的是阿拉伯人殺 1 個以色列人，以色列人必報復而殺 10 倍以上的阿拉伯人！2016 年 3 月 6 日徐先生哲嗣長女公子均琴女士來信說：「對您在『和平是王道』的附註 30 深有同感。1970 年間的以色利是以 Golda Meir 為象徵的以色利。現今的以色利是以 Benjamin Netanyahu 為象徵的以色利。Golda Meir 與 Benjamin Netanyahu 之間真是『相去不可以道里計』」。按：Meir（1898-1978；總理任期：1969-1974）及 Netanyahu（1949-；總理任期：2009-），乃以國前後任總理。

考慮問題，永遠是兩面兼顧的；絕不偏袒一方，而苛責另一方。作為道德良心的守護者新儒家及深具道德意識的史家來說，先生對以色列也是愛之深，責之切的。其言曰：

> 各種像慕尼黑世運會（筆者按：即 1972 年在西德慕尼黑舉行的奧運會）的殘殺以色列運動員以及無數劫機暴行，皆表現出某些阿拉伯人失掉了人性。對這種失掉人性的殘暴行為，是應受到報復的。

但先生話鋒一轉，指出說：

> 感到為以色列人著想，為整個中東局勢著想，以色列應放棄「冤冤相報」的觀念。……「冤家宜解不宜結」，不可能從兩方面同時開始，必須先有某一方面，深具悲心遠見，忍住一時的悲痛、損害，抱著「犯而不校」、「以直報怨」的精神、態度，使對方也能從險狠褊激（偏激？），慢慢歸於坦易寬和，此時的冤便會解除了。

但先生也知道，這樣的一種「犯而不校」、「以直報怨」的精神、態度，對被欺負的以色列來說，也許是不容易做到的。所以便做了一個折衷性的建議，如下：

> 為了保持以國內部社會的安寧及國際上的秩序，對巴游的暴行，不加以懲罰，這是不負責的高調。但第一、應忍至無可再忍時再加以懲罰。第二、不可採用巴游殺戮無辜的方式去懲罰。……從歷史看，經常被絕對多數人認為不齒於人類的人，最後必在某種方式之下，為人類所淘汰。這是由廣大世界的良心去砍斷殘暴分子的手，而不必由以色列人直接去砍斷。……站在人的立場，不能不講良心。站在國家的立場，不能不計利害。從利害上講，以色列這次的報復（按：指針對巴游解放人民民主戰線所發動的劫殺馬羅特村學童事件而予以報復），及梅雅夫

　　人要求基辛格所作分隔以、敘兩國軍隊的工作延遲十天，也是一種失策。[31]

　　對先生而言，以色列不是自己的祖國。但上文似乎可以充分反映，先生是以「謀國以忠」之熱忱來向以色列建言的，指出「冤家宜解不宜結」，並希望以色列能夠用「以直報怨」的精神、態度來回應阿拉伯國家。先生的建言，殊為難得[32]。又：上引文可看出先生絕非光談理想的新儒家而已。吾人可以說，儒家講良心、講良知，史家則側重講現實、講利害。此其大較也。先生兼之，經、權均能顧及。梨洲嘗云：「欲免迂儒，必兼讀史。」[33]先生既重視道德理性，但絕不輕忽客觀時勢或現實環境，這與先生重視史學，既係新儒家而又同為史學家，當不無關係。

　　以、阿衝突，原因固多。但兩者信仰上，理念上，文化上，乃至一般價值認同上的差異，恐為主因。這個主因，導致了在歷史上，以至現今的具體現實生活上，各自發展了不同的軌跡。其實，各有其發展軌跡，只是一自然現象。百花既可以齊放，則百家何妨共鳴／爭鳴？百國亦並存可也。爾為爾，我為我，又何嘗不可。當然，如最後能達致百慮而一致，殊途而同歸，那更是人類的大幸。徐先生以下的說法，正係這個理想的反映。先生說：

---

[31]　以上引文均見〈以色列人應放棄「冤冤相報」的觀念〉，上揭《徐復觀雜文補編》，冊四，頁 179-182；原載《華僑日報》，1974.05.23。

[32]　2001 年 911（9 月 11 日）發生在美國的恐攻事件導致死亡人數高達二千多人而震撼美國，甚至全球。筆者曾經異想天開地妄想，如事後美國不採取任何報復行動，美國人或猶太人與阿拉伯人之間的世仇，或可迎刃而解。但美國總統，既無此雅量，且參眾兩院亦不能不「有所作為」，美國民眾恐亦絕不同意不予以「積極」回應，所以以牙還牙，以眼還眼，甚至更為倍蓰奉還，便是必然的了。「冤冤相報何時了」這個慨歎便只有永遠慨歎下去吧。

[33]　錢穆先生闡述梨洲思想之意見最為精審。詳見《中國近三百年學術史》（臺北：臺灣商務印書館，1976），上冊。上引語，見頁 31。錢氏的說法，蓋源自全祖望以下的說法：「經術所以經世，方不為迂儒之學，故兼令讀史。」全祖望撰，朱鑄禹彙校集注，〈梨洲先生神道碑文〉，《全祖望集彙校集注》（上海：上海古籍出版社，2000），上冊，頁 219。

> 人類正生存在不同軌跡之上，這是鐵的事實。……軌跡與軌跡之間，
> 一方面是平流競進，同時也是分合無常。與其固執此一軌跡，排斥另
> 一軌跡，不如在各不同的軌跡中努力發現各自合理的部分，以追尋人
> 類共同歸趨的大方向，可能更有意義。[34]

上引文主要是針對中共與越共的不同治國政策而說的；與以、阿無關。然
而，這種想法很可以反映先生兼容並包的態度和雅量。這也可以說是一種理
想性的期許，期許人類最後邁向世界大同的境域。先生這種想法和期許，其
實放諸四海而皆準；不獨中、越共為然，以、阿為然。全世界所有對立的國
度、國家，其實亦莫不然。事在人為，看誰有雅量先伸出橄欖枝而已。

最後筆者願意多舉一例以作結，藉以揭示先生針對和平議題的主張是深
具普遍性的，不光是針對上文說到的中蘇、以阿、中越而已。1953 年 11 月
10 日菲律賓舉行總統大選。一週後，先生所發表的文章如是說：

> 和平轉換政權之門啟開以後，人與政黨的是非得失，皆可在客觀的天
> 秤上得到衡量，各自獲得其應有的地位；而再不會由陰謀野心家的獨
> 裁專制，激起流血革命的慘劇。此之謂「為萬世開太平」。……菲律
> 賓此次選舉所表現的偉大意義，在東方政治落後地區對選舉的艱辛過
> 程的比較中，特別明顯。[35]

---

34 〈越南鱗爪〉，上揭《徐復觀雜文補編》，冊四，頁 483；原載《華僑日報》，
1977.05.03。

35 〈為菲律賓偉大的前途祝福〉，上揭《徐復觀雜文補編》，冊三，頁 97；原載《華
僑日報》，1953.11.17。按：當年的總統當選人名拉蒙・德爾菲耶羅・麥格塞塞
（Ramón del Fierro Magsaysay，1907 年 8 月 31 日-1957 年 3 月 17 日），乃菲律賓第
七任總統，1953 年至 1957 年在位（1957 年 3 月 17 日意外墜機喪生）。維基百科有
如下的描繪：「他的政府被認為是最乾淨的，最不腐敗；他的總統任期被稱為菲律賓
的黃金歲月。貿易和工業蓬勃發展，菲律賓人在體育、文化和外交事務方面受到國際
認可。當時菲律賓是亞洲排名第二的清潔和管理良好的國家。」（2015.11.10 瀏
覽。）

國與國之交往，有賴和平而不是戰爭固然很重要。其實，國家內部的運作，亦以和平為貴。其中政權之交接，最容易出毛病。以打天下的方式來進行改朝換代的革命，於和平有害無益固不必多說。然而，也只有到了近現代，其情況才出現轉機。此即藉著民主體制的選舉，藉著數人頭而不是打破頭的方式，才扭轉了數千百年來中外的窘局而開出萬世之太平。徐先生之所以一輩子提倡民主，從這裡切入思考，則所思可以過半矣。1953 年菲律賓獨立不久，而民主政治又剛起步，但居然能以和平方式選出新總統，徐先生興奮欣喜之情溢於言表。其實，豈獨徐先生為然，當代新儒家亦莫不然也，蓋以此（民主、和平）為新外王必由之途，且恐怕係唯一之途。捨此，何足以言新外王？！

五、綜論

　　徐先生是新儒家，也是史學家。是儒家，所以必重視人倫道德；是史家，所以必講求歷史事實。這兩種學術性格的結合，便成就了先生的「史德」。[36]個人認為史德可有廣狹兩義。狹義之史德，簡言之，乃指史家在研

---

[36] 徐先生〈明代內閣制度與張江陵（居正）的權奸問題〉一文中有幾句話與這裡所說的正可以互相發明，茲引錄如下：「理學家要求人當下能脫出私人的利害好惡，以把握是非之公；……歷史則在時間之流中，也能使人脫出過去的是非好惡，以看出過去的是非得失之公。在這種地方，理學家與史學家，常於不知不覺之中，有其會歸之點。歷史家若缺乏時代意識，則不僅他對歷史是非的判斷，無補於當時；並且因缺乏打開歷史的鑰匙，對歷史的是非，因之也無從把握。章實齋對史學家特提出一個德字，可知史學家依然要有理學家的若干基底；這在今日更是無從談起的。」上引語見《儒家政治思想與民主自由人權》（臺北：臺灣學生書局，1988），頁 250。筆者在大學教授史學方法將近 30 年。上引徐先生語，個人非常認同；授課時恆對學生說：了解過去固然可助人了解今天；然而，了解今天又何嘗不可啟發今人增加對過去的了解呢？「歷史」與「現今」是雙向互動的，絕非單向的。相關問題，可參 E.H. Carr, *What is History* (London: Macmillan, 1962)；M. Bloch 著，P. Putnam 譯, "Understanding the Present by the Past", "Understanding the Past by the Present", *The Historian's Craft* (New York: Vintage Books, 1953), pp. 39-47。後書譯自 *Apologie pour l'Histoire ou Métier*

究歷史、撰寫歷史的過程中，必須經常自我反省、自我提醒、自我要求一定要直書，不能曲筆，更不應顛倒是非黑白[37]。至於廣義的史德，乃指史家依其道德意識而恆自覺地關注符合人倫道德或違反人倫道德之史事。符合者，予以表揚；違反者，予以撻伐。此即所謂「誅奸諛於既死，發潛德之幽光」是也。就徐先生之為一有為有守的史學家來說，其本人研究歷史、撰寫歷史之重視狹義之史德，固不在話下。但作為一個新儒家來說，彼對史德，又有更高的自我期許。「誅奸諛於既死，發潛德之幽光」[38]，儆惡懲奸、辟邪崇正、彰善癉惡、勸善懲惡，便成為了先生念茲在茲之所在[39]。本文所闡述者，正係先生這方面的表現之一。惟上文頗文繁不殺。今稍作綜述以便讀者省覽。

在徐先生看來，和平對整個世界來說，對國際事務或國與國之間的交往，乃至對國家內部的發展來說，都是非常重要的。徐先生更指出，人類之異於動物者，在於人類能擺脫、超尅其原始鬥爭的本性，而能以和平取代之。雖偶爾間仍免不了鬥爭，但此時的鬥爭，只是一種權宜的、暫時性的手段，其目的乃在於達致和平。對於倡言持續鬥爭、不斷鬥爭，並視之為人類歷史發展的必然規律的相關論說，徐先生是嗤之以鼻的。然而，古道熱腸並對人類充滿悲憫情懷和高度期許的徐先生，他又擔心人類在舉世和平（太平盛世）的境況下會失掉進取心，並繼而懈怠下來。所以先生倡言，在和平

---

d'Historien (Paris: Librairie Armand Colin, 1952).

[37] 這裡不妨作點補充：為了達致史德，至少需具備以下二條件：道德上，須提高自律性——直筆，絕不能顛倒是非黑白；學問上（含方法學），對史學，乃至對相關學科，要提高一己之學術素養。

[38] 韓愈，〈答崔立之書〉，《昌黎先生全集》。

[39] 劉知幾嘗云：「史之為務，申以勸誡，樹之風聲。」又說：「蓋史之為用也，記功司過，彰善癉惡，得失一朝，榮辱千載。苟違斯法，豈曰能官。」徐先生以史資治之精神，史學經世之精神，與劉知幾，實若合符節。其實，這是中國傳統史學的一貫精神，不獨二人為然。（《文心彫龍‧史傳篇》已有類似的說法；知幾「彰善癉惡」、「樹之風聲」二語正源自〈史傳篇〉。）上引知幾語，分別見劉知幾撰，浦起龍釋，〈直書〉、〈曲筆〉，《史通通釋》（上海：上海古籍出版社，1978），頁 192、199。

中，人們仍要戰鬥，仍要奮進。只有這樣，和平才不會使人鬆懈下來；反之，必會使人充滿積極進取心。徐先生更指出，為了推翻不合理的現實，或為了爭取人類更美好的未來，革命有時是需要的。但這個只限於政治革命。至於一旦政治革命成功，則可以透過議會立法等等正當程序來對社會不合理、不公平的現象進行改革，而不須再進行社會革命了。

第八章　歷史報應循環不爽[*]

一、前言

筆者曾經在一篇文章中指出，徐先生是性善論者、心善論者[1]。然而，先生不講形上學、道德形上學這套東西，亦不相信有一個所謂具道德性格的超越的形上實體（道德形上實體）存在於宇宙間，更不要說這個形上實體是上天的一個主宰，具有賞善罰惡的性格了。然而，依乎性本善而一生樂善好施，或基於某些因素而使壞作惡，此等人該有的下場到底如何？有相應的報應否？針對這個問題，作為儒家的徐先生是不能不面對，也不能不給出答案的，儘管這個答案可能僅係先生自圓其說的一家之言而已[2]。然而，既不相

---

[*]　本文源自某學術研討會的一篇文章的部分內容。今經修改增刪後，納入本書內。詳參本書〈和平是王道〉一章註1前的說明。

[1]　此即〈文章經世：徐復觀先生政論中所見的道德意識〉一文。收入李瑞全、楊祖漢主編，《二十一世紀當代儒學論文集 I：儒學之國際展望》（桃園：中央大學儒學研究中心，2015），頁 145-170；性善論及心善論之說明，見頁 145。該文在內容及架構上經修改、調整，並以「道德與政治的關係」、「天地之大德曰生」及「人性‧良心」命名而成為三篇獨立文章後，已納入本書內。

[2]　先生嘗云：「研究歷史的人，多少有點相信因果報應之說。」此語即道破先生本人是相信因果報應的。上語見〈五十年來的中國〉，《徐復觀雜文續集》（臺北：時報文化出版企業公司，1984），頁 13。原載香港《華僑日報》，1975.06.05。順帶一說：雖然徐先生、唐君毅先生和牟宗三先生同為當代新儒家第二代的代表性人物，但徐先生和唐、牟兩先生有一點很不同：徐先生不大談道德形上學。至於可以進行賞善罰惡的道德形上實體（超自然界的一個主宰、一個人格神）存在於宇宙間的問題，先生亦罕言及。然而，作為性善論者、心善論者，並相信善惡報應必有其一致性的新儒家徐先生來說，是不能不處理、不回應人類德福是否一致這個大問題的。一言以蔽之，先

信形上學這套東西，那麼先生自然更不會相信有一個超自然的主宰（即：人格神意義下的一個形上實體），針對人死後的來生來世，以賞善（譬如讓善人升天堂）、罰惡（使惡人下地獄）的機制來報應該人在今生今世的表現的。既不相信有所謂來生來世，然則先生的報應觀又何若？一言以蔽之，是現世報／現眼報或世間報是也。

二、徐先生相信人類行為必有報應，
且必發生在歷史洪流之中

上文指出，筆者認為徐先生之報應觀，蓋可以：「現世報／現眼報或世間報」定位之。以下乃以其政論雜文為據以資說明。其中有云：

> 但不僅軍警、特務、及法院的法官都是人，都有人的良心與欲望；獨裁者的「特別權力圈」，依然是人，也都有人的良心與欲望；在不斷的政治鬥爭中所使用的卑鄙和殘酷的手段，他們不能不受到良心與欲望的兩方面的刺激感染[3]，於是「吾恐季孫之憂，不在顓臾，而在蕭牆之內」的孔子在二千五百年前，所作的判決，也常成為對今日大小獨裁者的判決。……這些年來，每從報上看到阿敏、波爾布特、哈

生乃採取歷史進路來回應這個問題。這很可以反映先生史學性格的一面。具體來說，乃認為人們的善惡行為在該等行為人在生之時或逝世之後，必有其報應。換言之，就一般情況來說，尤其就人類的集體冤屈來說，徐先生相信，報應必發生在人類歷史發展之過程當中，即仍在人世間當中，而不在（有些人所相信的）人死後之另一世界中。

[3]　先生在這裡特別用上「欲望」一詞，其意當謂如僅憑良心，則把事情平反過來，把獨裁者繩諸於法便於事了了；但這些人（想徐先生是扣緊特別權力圈中的人來說），因為受到過去經驗的刺激感染——指充當共犯跟隨獨裁者逼害他人的經驗——所以現今必生起使用同一卑鄙和殘酷的手段的欲望，甚至更殘酷的手段來對付這個獨裁者。推徐先生意，大抵是指你們這些雜碎的獨裁者，做事不要太過分啊，否則遲早必被他人（含你以前的下屬）報復的！

克，這類人物的行為，便常湧起「等著瞧吧！」歷史不會饒你們的信
念。「不是皇天無報應，只分來早與來遲」，只要把這兩句成語的
「皇天」兩字改成「歷史」，便完全符合「歷史可以信賴的」我國文
化傳統了。[4]

我們要注意的是：先生把「皇天」改為「歷史」。「皇天」即現代新儒家
（譬如與徐先生同門的唐先生、牟先生等學者）所恆說或恆相信的具人格神意義的
「道德形上實體」。對於人類行為可有的報應，徐先生不訴諸「皇天」，而
訴諸人類的「歷史」。[5]而歷史，廣義來說，是指古往今來的發展；所以可
以指獨裁者在生時的一個時段，或獨裁者死後的一個時段。先生意謂在歷史
發展的過程中，獨裁者啊，你們的惡行，在你們逝世前或逝世後（即或早或
遲：早者，你們仍在生之時；遲者，在你們既死之後），必會得到報應的[6]。其方式

---

[4] 〈歷史是可以信賴的——聞朴正熙被槍殺〉，《徐復觀雜文續集》（臺北：時報文化
　　出版企業公司，1984），頁288-289；原載《華僑日報》，1979.10.30。

[5] 先生之為歷史主義者，而絕非形上學者，可於下文見之。先生說：「……值得信，不
　　值得信，一時不能解決的，在歷史之流中自然得到解決。」〈爭祖墳的故事〉，《徐
　　復觀雜文補編》（臺北：中央研究院中國文哲研究所籌備處，2001），冊五，頁
　　289；原載《明報·集思錄》，1972.05.13。該文作者署名「王世高」。筆者按：王世
　　高乃師母的姓名。先生類似的觀點又見於下文。先生說：「……由行為所發生的因果
　　關係，有或遲或速，或隱或顯之分；但通過歷史的大流去看，也不會有太大的改變。
　　中國傳統固然重視以古為鑑的歷史睿智，在卡西拉（E. Cassirer, 1874-1945）的《原
　　人》An Essay on Man 中，也認為人只有通過歷史，才是了解自己的捷徑。」其實，
　　徐先生是藉卡西拉的話來說出他本人的看法。上引文見徐復觀，〈王船山的歷史睿
　　智〉，上揭《徐復觀雜文補編》，冊五，頁 425-426；原載《華僑日報》，
　　1977.12.06。按：何謂「歷史主義」，可謂人言人殊。筆者僅取以下的意義：透過歷
　　史進路（即扣緊歷史事實、歷史發生的具體情況），來對事事物物進行說明、解釋、
　　詮釋。中外學人討論歷史主義的頗多，其中比較簡明扼要和作綜合性的說明的，可參
　　黃進興，《歷史主義與歷史理論》（臺北：允晨文化實業公司，1992）。

[6] 先生類似的言論尚見多處。茲舉一例如下，先生說：「自認創造歷史的人，畢竟還要
　　受歷史的制約的。」〈毛澤東與斯大林的同異之間〉，上揭《徐復觀雜文補編》，冊
　　五，頁292；原載《明報·集思錄》，1972.06.05。上文作者署名「王世高」。

或為生時被批鬥、被刺殺，或為死後被批判，甚至被鞭屍，讓你遺臭萬年等等。這是「歷史」對這些獨裁者的懲罰。此外，「史學」亦同樣可以施予懲罰。此即史家沿襲春秋義法的褒貶之筆也[7]。綜上所言，我們可以說，徐先生確相信有報應這回事；但先生不相信、不訴諸有一個所謂形上實體之可以對人進行賞善罰惡，也不訴諸人死後的來生（即陰間），來談報應。先生是扣緊獨裁者在生時的現世間，或至少其死後的人世間，來談報應。先生是重視德福一致的一位新儒家，所以認為、深信人類社會必有報應；是史家，所以所深信的報應該發生在人類歷史進程的人世間當中，而不是發生在人死後的另外一個超自然的、形而上或形而外的一個世界中[8]。這很可以反映先生

---

[7]　陸游〈小舟遊近村舍舟步歸〉詩云：「斜陽古柳趙家莊，負鼓盲翁正作場；身後是非誰管得，滿村爭說蔡中郎。」後兩句，筆者今易之為：「身後是非史管得，典墳爭誅獨裁郎」。

[8]　2012.11.29 讀徐先生雜文，赫然以驚。上文一直說，徐先生相信報應一定會出現：不是出現在當事人在生之時，便是出現在當事人已死之後；但無論如何，必係在人世間（陽間）之歷史過程中出現／發生，而不是在人間以外的來生或所謂陰間發生的。然而，2012.11.29 所讀的一文則有如下的內容。先生說：「……事情至此，總得有一個辦法。宗教的興起，主要是濟人力之窮。分屍案（筆者按：此指 1962 年 2 月發生在臺北市新生南路上瑠公圳的一件案子）的人力已經窮了，這便只有乞靈於宗教，尤其是強調因果報應之說的偉大地佛教。我年來對許多問題，沒有方法用人類的理智加以解釋時，便想到『這是我們老百姓前生欠他們的』，『來生算賬吧』，即怡然理順，渙然冰釋。因此，對因果報應之說，深信不疑。何況我在十多歲時還親眼看見過鬼。所以我現在以心香禱告這位可憐的女鬼說：『您的冤，在陽世已沒有希望伸了，……假定您太屬弱了，不敢直接動手，您便可到五殿閻羅王那裡去喊冤。他貌雖兇惡，但心頗正直。他會派出牛頭馬面，拿著鋼叉鐵索，把您的一群仇人，一個一個的捉來，投向油鍋劍山裡去。這時您的冤既大伸，陽世社會的人心也將稍得平復。您接受我的建議吧！』」在以上正文所引錄的一段文字中，徐先生以「歷史」取代「皇天」。換言之，即不訴諸形而上的主宰來執行報應。本註以上引文則異於是。一方面先生相信人死後仍可有另一個生命——在陰間以鬼魂方式存在的生命；他方面又相信有一個具道德意識（「頗正直」一詞即蘊涵道德意識）的形上實體——閻羅王（如上帝、真神才是一般人所說的形上實體，則吾人或可稱閻羅王為形而外（形外）的實體。）來為人類執行報應。我們如何解釋徐先生這個看似矛盾，或至少不一致的兩個說法呢？其實，可以從多方面切入而予以不同的解釋。筆者下文只嘗試其中之一。首

先，必須指出的是，徐先生是儒家，所以認為／相信人的行為必有其報應，否則世間便無正義可言。這是大前提。先生又是史學家，所以認為／相信報應該發生在歷史進程中的人世間，當然最好是發生在當事人仍在生時之現世間（即所謂眼前報、現眼報、現世報）。這可以說是很積極、很合乎正義的一種想法。然而，先生又意識到，事實上，人類的確有在人世間不能圓滿解決的事情——報應有可能無法在人世間實現。當然，我們也許可以用先生所相信的「只分來早與來遲」來回應這個問題，說報應一定會出現的，只是遲一點來而已。但是如果所謂遲是可以遲至幾千年，甚至幾萬年、幾十萬年之後才出現，那這個所謂遲來的報應，便等同是沒有報應了。然而，先生既相信、堅持必有報應這回事，那麼在這個情況下，先生便得另謀他法以圓其報應必會出現這個信念。相信人死後另有一個世界（陰間），而報應可以在這裡發生，讓人生前的冤屈得以討回公道，這便是先生的另一個構想。這個構想也許是比較消極一點，玄虛了一點。然而，正如先生自己說的，「對很多問題，沒有方法用人類的理智加以解釋時」，那麼這個有點消極，甚至無可奈何的一個構想、許期，也不失為一個符合人類良心呼喚的一個報應觀吧。在這裡，筆者要強調兩點。其一是，徐先生雖然不訴諸形而上學來說明人性、良心的問題（這一點與唐、牟迥異），但仍相信形上界（或形外界吧）有一個頗具道德意識的主宰（即上文所說的閻羅王）來對人間不公義的事進行報應。其實徐先生這個認定已蘊涵了一套形上學說；也許徐先生自己本人不太自覺而已。其二是，與其說徐先生的二套報應觀（其一必在人類的歷史進程中的陽間發生；另一則在另一個世界，即陰間發生）是矛盾，那寧可視為係相輔相成，互相補足的一個學說。最理想的情況當然是世間報；但真不得已時，也不妨陰間報。而後者正可補足前者之不足。筆者認為，這兩套機制正可使得徐先生的報應觀圓融而周延。以上引文見〈分屍案只有希望因果報應來解決〉，上揭《徐復觀雜文補編》，冊六，頁 250-251；原載《聯合報》，1961.04.13。又：上引文中，徐先生說：「我在十多歲時還親眼看見過鬼。」此事詳參〈話鬼〉，上揭《徐復觀雜文・憶往事》，頁235-239；原載《新聞天地》，1961.09.23。該文說到徐先生曾經夢過鬼、見過鬼和聽過鬼活動的聲音。

2012.11.30 看徐先生另一文，則有如下的記載：「拙文（筆者按：指〈分屍案只有希望因果報應來解決〉一文）第三段，乃希望由宗教的因果報應以安慰社會之人心；此乃各人之宗教信仰問題，他人所不應過問。」據先生這一個進一步的說明，則上段所說的陰間報應觀，便不盡然是先生自己本人的一個信念，並且最要者是為了安慰社會人心而提出的一個意見。換言之，很明顯的，先生的報應觀還是以原來的一套（即訴諸人世間的歷史報應）為主軸，人世間以外的陰間報應只是輔從的一個機制而已。筆者認為這個一主一從的機制其實相當周延。因為原先的機制，其最關鍵的支撐點：「只分來早與來遲」的說法，其實是很薄弱的，名之為跡近阿 Q 的一種說法，也不為過；所以倒不如輔之以陰間報應觀來得更有說服力，且徐先生自稱他「看見過

學術性格的雙重性，即既係史家，又係儒家。

先生相信報應必發生在（或至少應發生在）人類歷史洪流中，我們尚可以徵引下文為證。先生說：

> 縱使在整個的權謀術數系統中，個別的權謀術數，有時受到鼓勵、保障，而不會被揭穿，但由此積累下去，在歷史洪流中必定有算總賬之一日。所以歷史上可以把個別的冤仇，在「侯門深似海」的形勢之下淹沒掉，但集體的冤仇，決不會淹沒掉；於是由不誠所得的利益，畢竟會完全落空。「不誠無物」四個字，這是孔門超過一切宗教的天堂

鬼」，則陰間鬼魂之存在，對徐先生來說，乃確然不拔的事實。此外，當先生想到人世間不公義的事情可以「來生算賬吧」，便會「怡然理順，渙然冰釋」，則筆者深信，徐先生是相信宇宙間確存有一個形而上的世界的（或稱之為形而外的世界吧），又相信為人類主持公道的一個主宰又恆存乎其間的，只不過徐先生或不太自覺其本人有這麼一個信念而已。也許是徐先生的「歷史性」（historicity）「作梗」；這使他非常看重人世間相承相續的歷史（認為事情總可以在歷史中解決，含以報應的方式來解決），並使他在一定程度上自覺的排斥了非人世間的陰間的存在（按：歷史是扣緊人來說，然則非人世間便是非歷史）；然而，在不太自覺的情況下，非人世間（因此非歷史）的陰間便溜了進來，先生並順之而作出了相應的解釋。

先生上文說到：「許多問題，沒有方法用人類的理智加以解釋時，便想到……。」就上文來說，理智的解釋便是指訴諸世間報應的歷史解釋。但當理智的解釋不管用時，非理智的解釋，譬如訴諸形而上或形而外以鬼神的相應活動作解釋，便派上用場了。其實筆者以為，當「沒有方法用人類的理智加以解釋時」，我們仍然可以堅持理智之心而不給予任何解釋的；而不必然「便想到……」的。這個「便想到……」反映了徐先生「放縱」非理智的心而硬作出解釋。然而，我們要知道這是徐先生的道德心、良心使然。換言之，良心使他接受了這個「非理智」。其結果便是，他本來不相信的道德形上世界便不自覺的赫然被接受了！這個「非理智」，筆者以為其實使得先生的說法更為周延。因為道德的絕對性其實須要道德形上學來保住的。我們也可以反過來說，不接受道德形上學乃無法保住道德的絕對性的。在這裡，我們不妨說，先生訴諸實證主義的現世報或人間報的歷史解釋，其實是比較欠缺說服力的。現今徐先生歪打正著，其「非理智」轉而成就了先生更周延的學說。這真可以說是一個莫大的吊詭。上引文見〈對任兵控告誹謗所提答辯書〉，上揭《徐復觀雜文補編》，冊六，頁256；編者按語云：「寫作時間約為1961年5月上旬」。

地獄之說，對人類所作的血的教訓。⁹

上引文可注意者有三點。(1)先生順著相關文章所談到的「不誠無物」的問題而進一步指出，政界人士的政治運作也好，工商業界人士生意上的運作也罷，「誠」乃一切之本。(2)先生深信在歷史進程的洪流中，個別的冤屈或被淹沒掉而作惡者僥倖逃過應得的報應。然而，集體的冤屈一定會在歷史洪流中得到平反、補贖。換言之，作惡者一定得其應有的報應¹⁰。(3)徐先生不太相信一切宗教天堂地獄之說。退一步而言，就徐先生來說，縱使宇宙間真有天堂地獄，但天堂地獄飄渺玄遠；其報應的效果（假使真有其效果）恐怕也絕對比不上人世間歷史報應的效果。這就是為甚麼先生在上文指出，不誠無

9　徐復觀，〈欣聞國民黨革新之議〉，上揭《徐復觀雜文補編》，冊六，頁 271-272；原載《自由報》，第 288 期，1962.11.17。筆者嘗閱〈明代內閣制度與張江陵（居正）的權奸問題〉，其中談到報應的問題，徐先生說：「中國過去之所以特別重視歷史，正因為歷史能提供是非的判斷以保證，可以盡到宗教中因果報應所能盡的責任。」這是說宗教是透過來生報應這個信念，以保證人類世間的是非係有其公平正義可言的。但就中國人來說，歷史正可扮演同一角色。因為如此，所以中國人便不必仰賴宗教了。但我們也可以稍作引伸：如果歷史無法作出相應的報應的話，則上引文意涵徐先生並不排除報應可在人所信仰的來生（靈界——鬼神世界，或轉投胎的下一輩子）中獲得。上引語見《儒家政治思想與民主自由人權》（臺北：臺灣學生書局，1988），頁 250。

10　徐先生這個一分為二之構想十分值得注意。這個構想讓先生之說更為周延。蓋人世間的確有不少恩怨是平反不了的——作惡者沒有得其得的報應。這個事實，徐先生不可能視而不見，聽而不聞。換言之，縱然再不滿，但徐先生也只好承認其確為人世間恆存之事實。（這也可以部分解釋上註（註 8）分屍案的當事人沒法討回公道的原因）然而，集體的冤屈便不同了。如果連千千萬萬人的冤仇在歷史進程的洪流中永不得平反，作惡者可以永遠逃卻歷史法庭的審判而不得其報應，那天地間豈有公道、正義、真理可言？我們也可以這麼說，面對個別小冤屈之不獲平反，徐先生可以稍作退讓：在萬般無奈下，也不得不承認，不得不接受其為事實。但在質量上遠過於此者，徐先生本其良知、良心，便斷然的指出，犯下滔天大罪的惡魔狂徒，歷史是絕不會饒恕你們的。徐先生這個一分為二的構思十分值得注意，蓋其一既務實的關注到事實，另一則充分的照顧到天理良心。前者反映先生務實之史家性格，後者則儒家理想性格之流露也。

物既扣緊人世間來說，所以其說服力乃「超過一切宗教的天堂地獄之說」的由來。

就筆者來說，個人則並不是太過相信所謂報應這回事；如果有，那也只是不成比例的報應。譬如以希特勒、史達林、毛澤東來說，他們直接、間接殺害的人，何止千千萬萬，更不要說被破壞、被摧毀的幸福家庭有多少[11]，或由此而導致人心變壞、道德淪喪的罪行了。他們的一死，何能贖其罪過（史達林、毛澤東則更是壽終正寢！），真的是死有餘辜。其中以毛澤東來說，他去世已 40 年了，但在不少中國人心中，其聲望仍然高居不下；且至少被官方宣稱對黨有功，只是治國或許有過（犯錯誤）而已。且是七分功勞，三分過（此即所謂三七開）[12]；即功尚在過之上。這對成萬上億受過其禍害的中國人來說，算是公平嗎、合理嗎？更不要說由於發動文革而帶來極為負面的

---

[11] 2013.01.17 在香港偶閱《大紀元時報》（香港版），其中的〈大紀元系列社論・九評共產黨（之七）・家庭的毀滅〉恰好對中共在文革時期破壞家庭的情況，作出相當深刻的描繪，茲轉錄如下：「家庭是中國社會結構的基本單元，也是傳統文化對黨文化的最後一道防線。因此對於家庭的破壞是中共殺人史上尤為殘暴的劣跡。中共由於壟斷了一切社會資源，當一個人被劃為專政對象的時候，馬上面臨著生活的危機，和社會上的千夫所指，尊嚴的被剝奪。這些人又從根本上是冤枉的，那麼家庭就成了他們獲得安慰的唯一避風港。但是中共的株連政策卻使家庭成員無法互相安慰，否則家人也就成了專政的對象。張志新就是被迫離婚的。而對更多的人來說，親人的背叛、告密、反目、揭發和批鬥，常常是壓垮精神的最後一根稻草，很多人就是這樣走上絕路。」面對因政治迫害而摧毀殆盡的千千萬萬個家庭來說，我們除了欲哭無淚之外，還能夠怎麼樣呢？在政治「巨人」前，我們渺小得連螻蟻都不如！然而，就上文提及的張志新來說，歷史對她還不算太不「公道」。據網路版「維基百科」，其生平如下：「張志新（1930 年 12 月 5 日-1975 年 4 月 4 日），女，天津人，因在文化大革命中批評毛澤東的個人崇拜和極左派而成為著名的異議人士。她的監禁生涯從 1969 年到 1975 年一共持續了六年，直至被執行死刑。她後被中共平反，並被追認為烈士。張志新並不是反共人士，相反，她是忠貞的共產黨員。她認為毛澤東違背了馬列主義。在監獄中，他仍堅持自己是共產黨員，這也就是她被追認為烈士的原因。」又據「維基百科」，張志新被監禁期間，受盡折磨（包括鐵絲鉗舌頭和嘴巴、毆打、強姦、輪姦等等）。她的平反日期是 1978 年 10 月 16 日。

[12] 按：中共中央曾在上世紀 80 年代對毛澤東做過蓋棺定論。此即「三七開」說法的來源。

影響這一方面了。當然，人的歷史評價，永無定準；乃因時、地、人而迥異。譬如毛澤東，評之者是中國內地人或臺灣人，其結果便天差地別。此所謂因人、因地而異也。雖同為中國內地人，但文革前和文革後，那又差別甚大。此所謂因時而異也。其他歷史人物的評價，亦莫不如此。譬如中國皇帝，秦始皇和武則天，其評價便古今截然不同；在大陸和臺灣亦差異甚大。今不細表。徐先生對政治人物的現世報（或至少人間報）的看法（此即先生的報應觀），茲多舉一例。先生在〈良心‧政治‧東方人〉一文中，談到「良心與政治」時，嘗云：

> 我根據中國文化的良心之教，可以先總結一句：凡是認為天下是由個人才智所打出來的，因而把天下視為私人產業的人，在今日，必然會走上吳廷琰的始智終愚之路，也必然會得到吳廷琰的結果。良心呈現的本身，不能用進步的觀念加以規定。但因教育、知識、交通的各種進步，引發良心呈現的機緣，一天廣大一天，於是良心呈現的人數，也會一天進步一天的。良心的本身，不僅通萬人而相感；並且也極有客觀的合理性。……大家如看了反派得勢的電影，尚會感到憤憤不平。……中國的諺語說：「莫道皇天無報應，只分來早與來遲。」早與遲的問題，是歷史中的時間問題；所以以良心為主的中國文化，特重視「歷史地教訓」。把問題擺在時間的平面上看，良心似乎無憑而更無力。但把問題拉長在歷史之流中去看，則良心是可憑而又是有力的。[13]

上引文可注意者有數點：（一）先生所謂「進步」，乃指：越來越多人相信良心之教（即人數上——量上有所增加）；然而，原則上，不能以此為準而視為係良心本身有所進步。按：良心乃絕對者，無所謂進步退步。（二）先生相

---

[13]　〈良心‧政治‧東方人〉，上揭《徐復觀雜文‧看世局》，頁 142-145；原載《民主評論》，卷 14，期 23，1963.12.01。

信後天的人為努力（廣義面的努力）對良心之呈現有一定的助力。但筆者個人以為這只是後天的一個助緣而已；其主要關鍵，還在於人本來就存有的一顆良心。這是先決條件。當然，這個良心是否能呈現，即所謂發用，後天的助緣還是不可少的。由此來說，先天、後天皆為必要條件而同樣重要無疑。兩者合一始成充要條件。（三）先生所說的良心的本身：「通萬人而相感」、「極有客觀的合理性」，即意謂良心有其價值上的普遍性。「價值上的普遍性」，簡言之，即「普世價值」或「普適價值」。先生把良心視為「普世價值」，則良心在先生價值系統中之地位可見。又上引文：「大家看了反派得勢的電影，尚會感到憤憤不平。」先生借用這個日常生活中經常發生的例子來佐證良心的普遍性，個人認為此例甚好；蓋可以證明中國儒家良心之教絕非主觀的一廂情願的看法而已，而是具普遍性、客觀性的。（四）重視良心，這可說是儒家／新儒家的共同信念。但也許先生又同為史學家吧，所以又經常扣緊歷史事例來談良心，把報應視為「歷史的教訓」，這也許是先生稍異於其他新儒家的地方。當然，其他新儒家，如唐先生、牟先生亦極重視歷史。但扣緊歷史上的具體事例來說良心，談報應等等問題的，其他新儒家似乎相對的比較少見。其實，徐先生絕不是標新立異，先開首例。這是中國的老傳統。司馬遷描繪孔子時，嘗引孔子之言曰：「我欲載之空言，不如見之於行事之深切著明也」[14]。孔子固如此；史公既轉引之，即無疑公史亦贊同其說。其實，這是自孔子、司馬遷以降，藉史學（具體歷史事例）以經世致用的一個老傳統。徐先生乃史學家，是以其史學興味恆在其他新儒家之上[15]，宜乎彼恆扣緊史事以談經世，談義理。

---

14 《史記‧太史公自序》。

15 當然，如果我們贊成錢穆先生也是新儒家的話，那他的史學興味當然不在徐先生之下。但錢先生不太接受「新儒家」這個稱號。錢先生的大弟子余英時也不認為錢先生是新儒家。余英時，〈錢穆與新儒家〉，《錢穆與中國文化》（上海：上海遠東出版社，1994），頁30-90；尤其頁30。

三、徐先生歷史報應觀之理想性

最後，筆者要提出一點個人看法。上引文最後說到歷史的教訓或歷史的報應的問題。個人對此有所保留（此上文已稍微道及）。據上引文，先生僅舉吳廷琰（南越前總統）及其家族的下場為例。然而，其他歷史上的雜碎、人渣的報應呢？以至其家族的報應呢？縱然再多幾例，甚至幾十例，幾百例，那又如何？數不勝數的眾多歷史事例中，只要有一個例外（善而不獲善報，惡而不得惡報），那德福一致、報應循環不爽的報應觀便站不住腳了。又如上文說過的，希特勒、史達林之徒，彼等殺人如麻，實天理所難容，然而所受到的報應，根本上完全不成比例！所謂歷史報應循環不爽，是耶？非耶？筆者焉得不惑？人同此心，心同此理。然則筆者以外的世人又焉得不惑？

然而，在這裡筆者必須作點補充說明：以徐先生的聰明英敏及史學素養來說，他不可能不察悉歷史上出現過為數眾多的德福（善惡報應）不一致的歷史事例。但他老人家為甚麼還要作出上引文中的相關斷語呢？一言以蔽之，先生是道德理想主義者。其相關斷語，與其說是全般歷史事實的描繪、反映，那寧可說是一個理想性的期許，一個善良的主觀願望。先生把若干歷史事例予以普遍化，旨在藉以警惕、告誡天下的野心家：身陷懸崖當勒馬，苦海回頭即是岸！這個崇高的期許與懇切的願望，恐怕就是先生「歷史報應循環不爽」這個立論的源頭所在。如果筆者這個理解不誤，那麼先生的報應觀便不僅不必予以深責；反之，實應予以大大讚揚表彰了。

據先生立言旨趣，擴而充之，庶幾頑夫廉，儒夫會立志。其於世道人心，豈小補哉！作為新儒家，作為史學家，其守身行己，立言載道，實可與天比高，與地比厚，與日月爭輝而無愧色。此筆者所深信不疑者也！

四、結語

上文闡述徐先生的報應觀竟。先生是今世公認的當代新儒家。以師承言，乃當代新儒家第一代的代表人物熊十力先生海外三大弟子之一。此其

一。以治學方向及領域言，偏重於儒家思想文化之研究。此其二。以人生價值取向，以至終極祈嚮而言，則粹然儒者之風範也。此其三。然而，徐先生亦史家也。其治學方法、取徑及所撰專著所反映的治學領域可以概見之，不必細表。要言之，先生之學術性格，以至生命格調，可謂兼具二重性。即既係新儒家，亦係史學家。因為是儒家，所以人類行為德福一致的問題，便恆為先生措意及關注之所在。然而，先生不同於唐君毅先生或牟宗三先生。後二者深信有一深具道德性格的形上實體存在於形而上的世界中，而此形上實體乃宇宙之主宰而具有賞善罰惡的性格。（其相應的學說便是道德形上學。）本此，則某人之行為，如其在生之時得不到相應的報應，則吾人也可以把報應寄望於來生。（牟先生晚年大著《圓善論》另有說法，今不細表。）徐先生則異於是：既不相信人有來生，亦不相信有一形上實體可以主宰人的來生，所以先生不談道德形上學。然則人世間的善惡行為如不能獲得相應的報應於來生，則德福如何可以一致？徐先生的答案是：「現世報」是也，或至少「世間報」是也。換言之，即在人類的歷史長河中，人之行為必有其報應：要嘛發生在該人在生之時，即所謂現世報；要嘛發生在該人已死之後，姑名之曰世間報（此報應仍在世間（陽間）發生，所以以「世間報」稱之。）諺謂：「不是皇天無報應，只分來早與來遲。」先生把其中的「皇天」，改為「歷史」，這便充分反映了先生不接受形上學；取而代之的是史學：訴諸歷史進路作解釋。這可說是先生史學性格的反映。要言之，先生既係儒家，所以不能不回應、解決德福一致的問題。但因為又係史家，所以便扣緊人類歷史發展來探討、解決這個問題。先生既重視儒家義理（如現今所討論的報應問題）；但作為史家，又恆扣緊史事來談義理，此即所謂「即事而言理」（即扣緊事實／史實來談義理）。其學術取向，以至人生價值取向之二重性格，不亦昭然若揭乎。

五、附識

徐先生是當代新儒家，也是當代歷史學家。這恐怕是學者們的共識。作

為當代新儒家，他可以說是一位最具歷史意識者；作為當代歷史學家，他應
該算是最富道德意識的（充滿道德感）。換言之，我們可以稱先生為最具歷史
意識的當代新儒家；或者，我們也可以稱先生為最富道德意識的當代史學
家。史學家和新儒家的雙重性格融合在徐先生一人身上。這是其他當代新儒
家或史學家比較沒有的特色。徐先生獨樹一幟的地方恐怕即在於此。

第九章　國際交往中的道義[*]

一、前言

　　徐先生一本其儒者胸懷，恆從道德立場看待國際間之交往。凡不符合道義之交的國家，徐先生都不稍予假借。從其為數眾多的雜文中可以看出，一等強國如美、蘇，次等強國如英、法、日，再次等國家如越南等，都受到徐先生的強烈批判。近年來，日本對我國頗不友善，把釣魚臺列嶼（中國大陸稱為釣魚島）視為該國領土。所以我們不妨從徐先生對日本的批評說起。

二、對日本的批評

　　日本發動太平洋戰爭（即第二次世界大戰）失敗而無條件投降後，其國土由美國為首的同盟國實施軍事佔領，日期從 1945 年 9 月 2 日日本正式投降後開始，至 1952 年 4 月 28 日《舊金山和約》生效後為止。這是日本領土第一次被外國人完全佔領。在佔領的後期，即 1951 年的年中，部分日本人的野心似乎又再次顯露出來。1951 年 7 月 23 日東京《朝日新聞》將路透社某

---

*　本文及下文（〈政治行為中的經與權〉）本為同一文章中的兩個部分；該文名為〈當代新儒家論政治實踐：以徐復觀先生（1903-1982）為例〉，乃應四川省宜賓學院唐君毅研究所、香港新亞研究所等單位所舉辦之「第四屆儒學論壇——歷史與文化：當代新儒學的理論與實踐——唐君毅先生誕辰 105 周年國際學術研討會」之邀請而撰寫。會議日期：2014.10.15-18；地點：四川省宜賓學院。出席該次會議，得東吳大學歷史學系補助往返機票，特此致謝。會議後，文章嘗作一定程度的修改。今進一步修改並分別冠予不同標題而成為兩篇獨立的文章後，乃納入本書內。

記者的特約通訊,以〈臺灣人是這樣的想〉為題,用很大的篇幅,全部登載。徐先生判斷說:「這決非偶然。」[1]在細察為甚麼徐先生認為「決非偶然」之前,我們不妨先看看那則新聞到底是怎麼說的?這則新聞有如下一段:「臺灣的人們,覺著若有必要,則一時交給日本托管也很好。日本人在臺灣的業績,在這一島上留有難以打消的印象。」[2]看了這幾句話之後,便可知徐先生所以說「這決非偶然」,是事出有因了。因為「這很合許多日本人的胃口,許多日本人正是這樣的希望著[3],遂給《朝日新聞》的編者以莫大的鼓勵。」然而,深具史家識見的徐先生,最能從人類過往的歷史長河中,總結經驗,獲取教訓,乃語重心長,一針見血的指出說:

> 但這種鼓勵是對新生日本的前途,有百害而無一利的。凡是愛護日本的朋友,應以勸善規過之義,叫醒日本這種殘夢,免得將來再造成日本自身與東亞的悲劇。[4]

表面上看,若干日本人這種想法,其出發點是為臺灣好,且看來很尊重臺灣人的意願和感受似的,因為只有當你們「覺著若有必要」時,那就暫時(一時)交給我們日本人來代你們中國人/臺灣人管理一下臺灣吧。話說得真漂

---

[1] 徐復觀(文章署名斯托噶),〈日本人對臺灣的殘夢〉,香港《華僑日報》,1951.08.05;收入徐復觀撰,黎漢基、李明輝編,《徐復觀雜文補編》(臺北:中央研究院中國文哲研究所籌備處,2001),冊3,頁71。

[2] 轉引自徐復觀,〈日本人對臺灣的殘夢〉,上揭《徐復觀雜文補編》,冊3,頁71。

[3] 其實,迄筆者撰寫本文的初稿時(2014年9月)為止,也有若干臺灣人是這麼希望著的,如李XX之流便是。啊,對不起,筆者說錯了。李不是臺灣人,更不是臺灣的中國人,或中國的臺灣人,因為他本來就認為自己是日本人嘛。

[4] 徐復觀,〈日本人對臺灣的殘夢〉,頁71。說到「再造成日本自身與東亞的悲劇」,這讓筆者想起日本首相安倍晉三近年的表現。茲舉一例。2014年7月安倍宣布了對該國和平憲法的新解釋:允許該國武裝部隊救援受到攻擊的友好國家。此改變很可能讓日本軍隊在亞洲扮演更積極的角色。而更積極的角色便真的有可能造成日本自身及鄰近國家的悲劇。其實,近二三年來日本軍力的迅速發展,其背後的推波助瀾者是美國。我看美國人還不曾從70年前的二戰中取得教訓呢!!

亮！其實，野心家的這種想法，既陷日本於不義，且早晚也必再造成臺灣及東亞的悲劇。徐先生本著史家縱覽古今中外歷史發展之識見，復基於仁者胸懷，乃發出發人深省之獅子吼，以「有百害而無一利」逕斥之。對這些野心家來說，實不啻當頭棒喝[5]。

　　徐先生以上的文章發表於 1951 年 8 月 5 日。20 多年後，即 1973 年 3 月，徐先生針對日本人在經濟問題上說話不算話，自私自利的行徑，又作了嚴厲的批評[6]。事緣 1973 年年初發生美元危機。而當年美元所以有危機，據徐先生的看法，實來自美國國際收支的赤字達到 60 多億美元之鉅；而 60 多億之赤字中，來自日本的即超過一半。1972 年田中角榮（1918-1993）當上首相後，嘗與美國總統尼克遜（R. Nixon，1913-1994）會晤於夏威夷。面晤時嘗應允，望假以時日，謀求美、日貿易的均衡。但田中返國後則反其道而行，對其前之「承諾」，概拋諸腦後；並屢次聲明，日圓決不升值。換言之，即表明在貿易上決不向美國讓步。反觀歐洲之西德（時兩德尚未統一，以位於德國

---

[5]　徐先生隨後舉了不少實例，以佐證國民政府統治下的臺灣是遠勝日據時期的。按：徐先生年輕時曾留學日本，後以 9.18 事變而返國。但對日本仍有一定的感情，所以不會情緒化地故意說日本人的壞話。1950 年代後更多次赴日。1960 年年中並嘗在日本居留好幾個月，並撰有〈東京旅行通訊〉10 篇。筆者這裡順帶一說。當日軍侵華時，唐君毅先生曾為文直斥其非。文中說：「縱然別一民族把我統制得安居樂業，既富且強，有自尊心的民族，亦不屑。不屑就是不屑，此外，不須說別的。此處方見真志氣。」筆者看到這幾句話，熱血馬上沸騰起來，內心激動得無以名狀，真可讓「頑者廉，懦夫有立志」。唐先生撰於 1938 年 1 月的〈宣傳民眾者應有之認識——再論抗戰之意義〉一文以下幾句話亦有類似的意涵，雖程度上比較溫和一些：「中國今日救亡之道在全面抗戰，……日不抗敵則民族不能生存，而後抗敵，則敵而允吾人生存之權利、與吾人以生存之幸福，吾人將不抗敵乎？……中國此次之抗戰，乃義所當為。捨此而外別無他言。」以上兩段引文，分別載唐君毅，《人文精神之重建》（香港：新亞研究所，1974），頁 116 及《重光》月刊（唐先生與友人合辦），第三期（1938 年）。後者又收入唐君毅，《中華人文與當今世界補編》（桂林：廣西師範大學出版社，2005），頁 566-570。按：《重光》月刊從 1937 年 11 月首刊至 1938 年 6 月停刊，前後出版共六期；三、四期為合刊。

[6]　徐復觀，〈美、日第一回合的經濟戰〉，《徐復觀雜文補編》，冊 4，頁 21-30。文章原載《華僑日報》，1973.03.2-4。

西部，故俗稱西德）和法國，為了挽救美國的經濟危機，則作了相應的配合。其結果便是緊隨美元宣布貶值 10%（1973 年 2 月 12 日）之後，西德馬克和法國法郎乃相應地升值 11.1%。至於日本，在歐、美聯手下，不得不在 2 月 14 日宣布實行浮動匯率。據徐先生的理解，這即是實質上的升值。田中宣稱日圓所以採取浮動匯率，「是受到外來的壓力」。這外來的壓力，確係事實。然而，徐先生尋根究源，逐斥田中說：「田中決不想想，外來的壓力，完全是日本自己招惹上來的。日本先用經濟力量去壓他人，他人為了自保，當然會反壓過來。」[7]日本人的作法所以讓人感冒，在上引文中，徐先生一針見血，道破其原因所在。批評田中「決不想想」外，在隨後的短短五、六百字中，徐先生一再用上「想想」兩字：「日本人士不想想」、「日本記者應當想想」。筆者以為這是很值得注意的。「想想」是比較輕鬆的說法，但意思是很清楚的，蓋實與「反省」無別。所以徐先生希望日本人當「想想」，指責田中「決不想想」，即意同希望日本人當「反省」，意同指責田中「決不反省」！反省乃道德意識下之產物，為儒者所特別重視。徐先生本道德立場而對政治人物有所期許、要求，於此可見一斑[8]。

　　以田中為首的日本人的作法，徐先生是很不以為然的。在〈美、日第一回合的經濟戰〉一文中，徐先生的說法還比較客氣。但不及半年，即同年（1973 年）8 月所撰的一文中，徐先生更不稍予假借，而逐斥之曰：「日本人見利忘義的性格不可能改變的。」[9]「見利忘義」這個指責已經夠重的了；視之為人之「性格」，而不是「一時糊塗」、「利令智昏」的結果，這更是重上加重。至形容此性格為「不可能改變」，則猶同判死刑、定死罪。

---

[7]　徐復觀，〈美、日第一回合的經濟戰〉，頁 24。本段內容之各重點，皆援據徐先生此文章。

[8]　徐先生在同一文章中，對日本之自私自利，尚作出如下的判斷：從美國人的立場看，日本是「有禮貌而無情義之國。」（頁 28）、「只揩油、不出力而又還要不斷地破口大罵的夥伴。」（頁 29）在文章的結尾處，徐先生並認為日本人：「偏心短視，利令智昏。」（頁 30）

[9]　徐復觀，〈日本田中首相外交之旅的第一站〉，《徐復觀雜文補編》，冊 4，頁 74。文章原載《華僑日報》，1973.08.07；文章作者署名為戚十肖。

徐先生此等用語，或許稍微過重了一點，但此等用語正可反映徐先生嫉惡如仇、世不兩立的一個堅定的立場，蓋面對見利忘義之輩（其實不以日本為限），豈能稍予假借寬貸而不為文聲討呢！

　　一年後，即 1974 年 8 月，徐先生又撰文批日本。事緣該年 8 年 15 日，韓人文世光（1951-1974，持日本護照，護照上的姓名是吉井行雄），在南韓政府舉行從日本人手中獲得解放的紀念會時，以手鎗狙擊正在演說中的朴正熙總統（1917-1979）。朴氏幸免於難，其夫人則不幸因傷斃命。徐先生乃有如下的觀察。他說：

> 國際間應有勸善規過的國際友誼，這是無可懷疑的。……我推想，此一事件，不可能是出於日本政府的策動，所以日本當然沒有法律責任。但說在日的韓國青年，不是在日本輿論鼓蕩之下，因而助長他們的極端傾向，其誰信之？

由上文可見徐先生很認真的認為，日本輿論對行刺事件應付責任。雖然無法從法律層面對輿論界採取甚麼報復行動，但總應該可以從另一層面予以處理的。然則這是甚麼層面呢？這就是比法律層面更高，且是徐先生永遠信賴的符合人的良知理性的一個層面──道德層面。這所以徐先生繼續說：

> 假使人間有所謂道德責任問題，日本的新聞從業員的這種手法，總是可考慮的。……世界上很少像日本樣，學中共的紅衛兵而殘暴過於中共紅衛兵；世界上很少像日本樣，與巴游利害無關而甘與巴游的殘暴打成一片。[10]

上引文有二點可注意：1、徐先生把日本（當然指的是部分日本人，尤其是其中的

10　這一段和上一段，皆出自徐復觀，〈日、韓問題應有的反省〉，上揭《徐復觀雜文補編》，冊 4，頁 216-217。原載《華僑日報》，1974.08.22。

激進分子）視為與中共紅衛兵和巴游同樣的殘暴。2、反映徐先生從人的道德良知的立場來看待，並訴諸相同的立場，來處理該行刺事件。換言之，從道德立場來說，行刺乃天理（良知的背後便是天理）所難容，是以應予以譴責[11]。

　　至於上引文：「國際間應有勸善規過的國際友誼，這是無可懷疑的。」，筆者稍作說明。事緣 1973 年 8 月 8 日在日本發生金大中（1924-2009）綁架事件（金氏時為韓國反對黨領袖，嘗為總統候選人，跟朴正熙爭總統寶座）。一般的說法是，金大中被韓國中央情報局（KCIA）派來的不知身分的人士從東京大皇宮飯店某客房擄走，5 日後（8 月 13 日）始被送返他在漢城（2005 年改稱首爾）的寓所。然而，返韓途中，又幾被殺害。（以日本自衛隊海上的干預（大概在日本領海），金氏才幸免於難。）日本朝野對此事極表不滿。這所以徐先生便認定 1 年後朴正熙遇刺事件，日本脫離不了關係。以一輩子贊成自由民主，反對獨裁專制的徐先生來說，朴氏的獨裁專斷，徐先生當然很不以為然。然而，出諸恐怖手段的行刺暗殺，徐先生也絕不同意。以金大中綁架事件及朴正熙遇刺幾遭殺害等一連串事件，日、韓的關係於當時（1973-74 年）遂掉至谷底。所以徐先生便以「勸善規過的國際友誼」來期許兩國，希望兩國重歸於好。

---

[11] 然而，訴諸道德良知的要求，對現代人來說，也許「太高」了一點。法律似乎是最後的一道防線，且是唯一的一道防線！對大部分其良心早已被狗吃掉的人來說，只要不違反法律，甚麼勾當都會做，都敢做！他們認為法律以外的其他任何手段都制裁不了他們，都拿他們沒轍。他們所畏懼的就只有法律。中國過去恆為人所重視的祖宗之法、天理（落實在現實世間上，可含各種德目，如禮、義、廉、恥等等）、輿論，乃至史家之秉筆直書，早被人嗤之以鼻、拋諸腦後。其中，以人的自覺為基礎的德道人格尊嚴，更早被大部分世人置諸九霄雲外！人只剩下一特質——法，即只作為「法人」（除法律制裁外，甚麼都不怕的人）而存在！作為萬物之靈的人類，怎麼會自貶其價值至此，自賤其尊嚴至此！

三、對越南的批評

近年來，越南政府由於海疆問題，對中國相當不友善。徐先生於南越政權垮台（1975 年 4 月 30 日）前，已對相關問題表示過意見。他說：

> 南沙群島之屬於中國，乃歷史及現實所決定。國府在環境困難中，派
> 兵駐札（紮）南沙群島以保衛我們的南疆，已經有二十多年的歲月，
> 這是非常難得的。南越知道國府在目前不會派出艦隊到南沙增援，便
> 在中共面前丟臉之餘[12]，轉而突襲二十年來對他保抱提攜[13]，無所不
> 至的「摯友」，使國府在政治上處於非常的窘境。這種賣友而不能求
> 榮的行為，能說不算卑鄙嗎？[14]

1949 年之後至本世紀初三通（通航、通郵、通商；2008 年前後完成）之前，由於海峽兩岸存著不同程度的緊張關係，南越政府遂認定作為友邦的國府應不至於派兵驅逐其軍隊，於是便貿然入侵我國領土，擬強佔南沙群島。徐先生

---

[12] 西沙群島向為中國屬土。1974 年 1 月 19 日南越發動侵略，擬強佔該群島。中國大陸的海軍當時以寡敵眾、以弱勝強，給予迎頭痛擊。其入侵乃以失敗告終。所以徐先生便說，南越「在中共面前丟臉」。詳參：〈70 年代南越軍佔我西沙　中國海軍以弱勝強〉，《法制晚報》。www.http://XINHUANET.com（2005.01.20 瀏覽）值得注意的是，近年來，中國南海仍時有領土紛爭。茲以近期的發展舉一例：美國繼馬英九2016 年 1 月 28 日率隊前往南沙群島之太平島訪視，慰勞當地官員，並宣示主權之後，乃於同月 30 日派遣軍艦進入中國南海海域——中建島區域 12 海里。美國軍艦進入的海域為西沙群島。西沙群島，縱然有爭議，乃是中方與越方的紛爭。關你美國何事呢？！相關資訊，參　mil.sohu.com/20160130/n436418074.shtml 等網址。至於本（2016）年 7 月 12 日的荷蘭海牙國際法庭南海仲裁案的判決，那更是在美國暗中主導下荒腔走板演出的鬧劇，不值有識者一哂。

[13] 突襲時間發生於 1974 年 1 月下旬。2 月 1 日，蔣經國擬派兵驅逐南越軍，唯以國防部大力反對而作罷。

[14] 徐復觀，〈南越兩次軍事侵略行動所引起的問題〉，《徐復觀雜文——看世局》（臺北：時報文化出版企業公司，1980），頁 158。原載《華僑日報》，1974.02.05-06。

對南越的行為，很不以為然，於是在上文中便用「賣友求榮」、「卑鄙」等非常負面的字眼予以譴責。這是一個有良心、良知的知識分子、偉大史家，尤其愛國如徐先生者，義憤填膺，義所當為而為之的一種非常值得肯定的表現。

越南政府的表現還有更讓人匪夷所思的另一面。那就是完全非理性的排華。1975 年 4 月 30 日南越政權垮台（或所謂北越解放南越），越南復歸一統。其排華的行動幾乎便馬上展開。而正式的排華似乎可以從 1975 年 8 月強令河內中文報紙《新越華報》停刊算起。中越關係在 1976 年柬越戰爭後更明顯惡化[15]。徐先生很關注越南的排華，嘗撰文予以譴責，並認為包括戰爭在內的報復行為，也是應當的。他說：

> 越南此次所殘虐的華僑，……河內政權對華僑的罪行，更遠超過於葛伯殺掉一個童子。我引此故事，用意不在鼓舞中共現在應當為匹夫匹婦而向越南主動進攻；僅在指明，中共為此事向越南所採的任何報復行動，包括戰爭在內的報復行動，站在儒家思想的立場，認為都是正義的，都是應當的。[16]

上引文中說到「葛伯殺掉一個童子」，這是源自《尚書‧商書‧仲虺之誥》及《孟子‧滕文公下》「葛伯仇餉」的一個故事。略言之，葛伯以種種不成理由的理由而拒不祭祀。商湯為了幫助葛伯執行這個典禮，便主動為葛伯提供祭祀所需要的物品（犧牲），並差遣其本國人民為葛伯耕種，藉以生產祭祀所需之穀物。但葛伯不祭祀如昔！一個小童嘗為耕者送飯菜，葛伯命人殺之，並奪其飯菜。湯真的看不下去了，為了替該小童討回公道（所謂為匹夫匹婦復仇），於是發兵征伐葛伯。孟子詳細記載了這則故事，當然是有其用意

15　詳參：〈越南排華半世紀　華僑命運多血淚〉。http://paper.wenweipo.com
　　（2014.05.15 瀏覽）

16　徐復觀，〈不僅是「葛伯仇餉」故事的重演〉，上揭《徐復觀雜文——看世局》，頁
　　160。原載《華僑日報》，1978.06.07。

的。孟子固然反對戰爭，但為正義而戰則是例外。所以徐先生指出說：
「（孟子）特別把此故事記下來，告訴天下後世的人，了解這類戰爭的重大
意義。」[17]跟孟子一樣，徐先生是和平主義者，當然反對戰爭，但特別強
調，為了正義而戰，那是「應當的」。就徐先生看來，湯為了替一個小孩
（這個小孩大概還是葛人，而不是湯治下的國民）討回公道，乃不惜一戰，而孟子
尚且予以首肯，所以我國因為越南殘虐我國人民而不惜向越南開戰，那是中
國人民為國人討回公道，徐先生當然是更為樂見的。「見義不為，無勇也」
（《論語・為政》）、「對敵人仁慈，就是對自己殘忍。」正義、公義之所
在，焉能姑息？焉能鄉愿！

　　上引文出自徐先生〈不僅是「葛伯仇餉」故事的重演〉一文。撰文日期
為 1978 年 6 月。約半年後，中國大陸終於向越南開戰了。徐先生也撰文討
論其事[18]。他說：

> 我早在〈不僅是「葛伯仇餉」故事的重演〉的文章中指出，以越共這
> 樣的忘恩負義，蘇聯壓中的情形說，假定中共出兵討伐，站在儒家思
> 想的立場，將許其為仁義之師。不過我和站在國家利益立場的其他香
> 港人士一樣，並不希望中共此時對越南動武。但中共畢竟於十七日
> （指 1979 年的 2 月 17 日）拂曉前發動報復性的攻勢了；中共忍不住這

---

[17]　徐復觀，〈不僅是「葛伯仇餉」故事的重演〉，上揭《徐復觀雜文——看世局》，頁
　　160。

[18]　徐復觀，〈終於要打這一仗！〉，上揭《徐復觀雜文——看世局》，頁 172-176。原
　　載《華僑日報》，1979.02.19。蒙均琴女士指示，徐先生嘗致函其學生楊誠先生討論
　　越戰事，如下：「（中越）戰爭發生，此間（按：指先生當時所僑居之香港）不論左
　　派右派，無不希望中國能打勝仗。惟蔣經國小集團，則完成（按：「成」字蓋為
　　「全」字之筆誤）採取漢奸立場（可參閱《中央日報社論》），並將愛護他們的人
　　士，也拖入漢奸泥淖，此真是莫大罪惡。」然則徐先生對經國先生或其周遭小集團的
　　不滿，可說已溢於言表。按：上函寫於 1979.02.25，即中越戰爭發生後約一週。參 ht
　　tps://docs.google.com/viewer?a=v&pid=sites&srcid=eHVmdWd1YW4ubmV0fGxldHRlcn
　　xneDozNTgyNTdlNjQzNDI0MzUw（2016.04.17 瀏覽）

口氣，我相信只要是中國人，對越共的卑鄙、陰狠、毒辣，及其永無
休止的野心，也同樣忍不住這口氣。

1979 年 2 月 17 日，我國向越南發動攻擊，史稱中越戰爭（又稱對越自衛反擊
戰、南疆戰爭、第三次印度支那戰爭）。戰爭持續約一個月，在 3 月 16 日我國
最後一輛軍車撤回大陸後，戰爭便結束。然而，其後我國和越南又在中越邊
境發生了數千次的衝突。1991 年蘇聯解體。越南由是失去蘇聯支持，並被
國際孤立。中越關係乃漸次走向正常化[19]。徐先生在上文用上「卑鄙、陰
狠、毒辣，及其永無休止的野心」等字眼來描繪越共的表現[20]（相關表現大概
見諸 1975 年越南統一後至 1979 年年初徐先生撰文之時），這或稍微過當；但很可
以反映徐先生內心深處對越南的痛恨。更重要的是，此等用語從側面反映了
徐先生對國家、人民的一種無以名狀的大愛。這種大愛讓徐先生對不能不為
正義而戰的行為，表達了非常正面的看法。

四、對蘇聯的批評

上引文中有「蘇聯壓中」一語。其實，徐先生對前蘇聯[21]之不講國際道
義，也有不少批評。今擇其要者，略述如下。

---

[19] 詳參維基百科，〈1979 年中越戰爭〉條。

[20] 徐先生用很負面的字眼來描繪越南或越共，尚見多篇文章。今再舉一二例。（一）徐
復觀，〈從北方燃起的烽火〉，上揭《徐復觀雜文補編》，冊 4，頁 522-525。原載
《華僑日報》，1978.11.07。文中，徐先生狠批越共，認為越共對蘇聯的態度，猶似
「無賴的小孩、狡黠的奴才」；「他們（黎筍、范文同們）的品格，還不及古巴的卡
斯特羅」（卡斯特羅，亦譯作卡斯楚（F. Castro, 1926-））；「越共包藏著兼吞整個
東南亞各國的野心，才心甘情願地當蘇聯的奴才，才忘恩負義地當蘇聯在中國南疆的
猺犬，才不顧一切地要征服東埔寨。」（二）徐復觀，〈東南亞地區的「九一八事
變」〉，上揭《徐復觀雜文補編》，冊 4，頁 531-535。原載《華僑日報》，
1979.01.24。文中說：「越共是世界上最奸詐、最卑鄙的野心集團。」

[21] 1991 年蘇聯解體，再沒有蘇聯了。徐先生逝世於 1982 年，是以行文中仍用「蘇聯」
這個稱謂。

　　有謂「謀國以忠」。所謂「國」，指的當然是自己的國家，即自己的祖國。徐先生愛國，那是不容置疑，也不必筆者贅說的。然而，徐先生心量大，謀自己的國之外，還謀及他國。徐先生深感前蘇聯恆企圖毒害他國（尤指自由民主陣營的國家），因此便向這些國家提出警惕。史達林在生時要施行他的詭計，這不必多說。他死後，其後繼者也不遑多讓，要繼續執行其政策。徐先生即如是說：

> 蘇聯的企圖，簡單一句話說出來，便是要執行史達林的遺言，拆散當前兩大集團對立的形勢。假定不能從形式上拆散，便從事實上去拆散。此一企圖達成之後，蘇聯把世界革命的策略，由國與國間的外交軍事的鬥爭，轉移為各國之內的政治經濟的鬥爭，亦即由共產主義集團與資本主義集團鬥爭的形勢，轉變為資本主義自身矛盾鬥爭的形勢。這樣，蘇聯便可站在一邊培養自己的實力，而不致被迫去作戰爭的冒險，以收切實而可靠的革命果實。……我們明瞭了蘇聯的這種企圖，便也容易了解蘇聯目前所用的手法。這是真正的不流血的主力決鬥。民主集團，在遭遇到最大的考驗，特別值得提出來加以警惕的。[22]

　　自蘇聯建國後，尤其二戰後的冷戰期間，國際間一直存在著自由陣營與共產陣營對峙的情況，徐先生長久以來一直關注相關的發展。大陸易手後，徐先生的關注更勝昔日。共產陣營中的老大哥蘇聯對他國的陰謀詭計及其相應的政策、行為，更是徐先生關注的焦點所在。史達林的陰毒，徐先生可謂了然於胸。其餘孽的後續小動作，又豈逃得過先生的法眼？徐先生心懷祖國之餘，也關心到自由陣營中其他國家的前途。他說出上面的一段話，正可為明證；實足以反映其道德心靈的流露。當然，他的話，不見得會引起國際間的注意，也不見得自由國家其他有識之士不同樣察覺蘇聯的野心。然而，徐先

---

[22]　徐復觀，〈蘇聯的企圖何在？〉，上揭《徐復觀雜文補編》，冊 3，頁 127。原載《華僑日報》，1955.06.16。

生基於赤子之心,乃本其「愚誠」,仍對世人提出最誠摯的忠告。徐先生的
用心,真可謂情見乎辭。

　　徐先生對蘇聯的心懷不軌一直很注意。第 4 次中東戰爭爆發時(1973 年
10 月 6 日開戰,又名為「贖罪日戰爭」、「齋月戰爭」),徐先生馬上於翌日(10
月 7 日)以〈蘇聯的毒計〉為標題,聲討其罪過。這次戰爭開端於埃及及敘
利亞之入侵以色列。此次戰爭,埃、敘兩國嘗獲得聯合國會員國 70 個國家
(含中、蘇兩國)的支持。西歐列強固然噤若寒蟬,連美國也不敢說句硬話。
徐先生很看不過眼,乃發表意見說:

> 這真是一個看不到一點集體的良心,而個人的良心也被集體的慾望所
> 壓制的時代。……阿拉伯野心家與以色列人,有一個最顯明的分界
> 線。以色列人求生的意志堅強;但他們求生的主要手段是建設,再建
> 設,所以他們準備戰爭,但並不要製造戰爭。阿拉伯的野心家們,只
> 希望旁人供應他們的物資,以作為滿足他們野心的資本;對國家的建
> 設並沒有真正興趣,有興趣的只是陰謀、戰爭。……此次戰爭中含有
> 最毒辣的手段的,卻是在幕後牽線的蘇聯。[23]

徐先生指出蘇聯在幕後牽線之目的有四。這四個目的足以證明蘇聯的手段是
「最毒辣的」。徐先生這個看法,今不擬細論。又:以色列和阿拉伯國家在
國家建設的方針上是否恰如徐先生所說的,確有一條明顯的分界線,也可以
再討論。筆者認為最值得注意的是,徐先生兩用「良心」一詞:其一為「集
體的良心」,另一為「個人的良心」。所謂「集體的良心」,是針對聯合國
作為一個集體的運作機關來說;「個人的良心」,則針對個別國家的領袖來
說。徐先生說看不到彼等一點的良心,或其良心已被慾望所壓制。事實是否
確係如此,筆者認為也可以再討論。然而,徐先生兩用「良心」一詞,適足

---

[23]　徐復觀,〈蘇聯的毒計——略論中東戰爭〉,上揭《徐復觀雜文補編》,冊 4,頁
　　　94-96。原載《華僑日報》,1973.10.07。

以證明徐先生是本乎道德立場，即從國際間的道義立場——以道義為判準，而對相關的政治人物（恐怕泰半是政客！蘇聯的執政者只不過是其中最陰毒的一員而已），提出最嚴厲的批判。徐先生的用語（譬如「毒辣」一詞）容或有過激之處，且其指責亦可能與事實不盡然相符合。然而，若明白人類任一行為（含政治、軍事、體育等等行為），其背後莫不有一道德意識存乎其間[24]，則可知徐先生的指責是有充分理據的[25]。而儒家之所以為儒家，則正由於視道德意識（良心、良知）為人類最核心，最值得依賴的一個價值。

　　徐先生上文發表於 1973 年 10 月。不及兩年，徐先生更用「無恥」一語作為文章標題的一部分來指控蘇聯[26]。先生說：

> 我說蘇共的無恥，是指他一連串地用詐欺的手段，以求達到壓內侵外的目的而言，赫爾辛基高峰會議所簽署的共同議定書，即是蘇共公開詐欺的無恥行為之一例。……東歐國家強調他們國家的平等獨立，正是他們實行十原則中的第一原則。而這第一原則，也正是布里茲涅夫（1906-1982）所簽署承認的原則。簽署的墨瀋未乾，立即反臉，威脅東歐國家想實行共同簽署的原則；自己不要臉，還要逼著他的「兄弟般的國家」不要臉；歷史上再野蠻的大國很少像這樣無恥的。[27]

「無恥」即「不要臉」，「不要臉」即「無恥」。徐先生上文兩用「無恥」，一用「不要臉」，且文章標題也逕用「無恥」來描繪蘇共的行為，指出其「壓內侵外」、「公開詐欺」、還逼「兄弟般的國家」不要臉，則徐先

---

[24] 詳參唐君毅，《文化意識與道德理性》（臺北：臺灣學生書局，1978），上冊，尤其〈自序（二）——明本書宗趣〉。

[25] 所謂「理據」，筆者意謂，徐先生的指責在理論上、道理上，是對的，是站得住腳的；但就個別、具體的情事而言，則容或有不盡然恰當之處。

[26] 徐復觀，〈蘇共的無恥〉，上揭《徐復觀雜文——看世局》，頁 395-398。原載《華僑日報》，1975.09.02。

[27] 徐復觀，〈蘇共的無恥〉，上揭《徐復觀雜文——看世局》，頁 395-397。

生對蘇共之厭惡、痛恨可知。

按：上引文中所提到的「赫爾辛基高峰會議」，是指 1975 年 7、8 月間在芬蘭首府赫爾辛基召開的一個會議。會議出席者來自含美、蘇在內的 35 個國家。會議召開的目的在於尋求自由、共黨兩大陣營的國家能夠消除歧見，為世界和平作出努力。會議所通過的協議（Helsinki Accords），其條文共 10 款[28]。其中第一款特別強調尊重「國家主權平等」」，第六款是「不干涉他國內政」。然而，徐先生指出，蘇共無所不用其極來破壞此等條文，譬如針對第六款來說，「蘇共除了以大量金錢及特務支持葡共澈底推翻葡國人民的選擇，實行以暴力專政，進入到蘇聯附庸的行列以外，並要歐洲其他共黨，加入他的干涉行動。」[29]然則蘇共之無恥及霸道便可知了。

蘇共的無恥，徐先生恆存心中。上文發表後約半年，即 1976 年 3 月，先生在〈而今魔杖已無靈——看蘇聯廿五屆黨代表大會〉一文中對蘇聯也有類似的指控，認為蘇聯的共黨領袖「對自己理想的破滅，他們並不感到恥辱，因為他們專政太久，早無廉恥之心。」[30]筆者最感興趣的是「而今魔杖已無靈」這個文章標題。其中「魔杖」指的是列寧（1870-1924）創立第三國際[31]時所要追求實現的「世界革命」這個理想。筆者以為就這個理想的本身或原意來說，不見得是個全然不道德的壞事、惡事，因為在其背後隱然可見一理想在。但其後由世界革命／國際革命轉向為「一國社會主義建設」時，

---

[28] 1、Sovereign equality, respect for the rights inherent in sovereignty. 2、Refraining from the threat or use of force. 3、Inviolability of frontiers. 4、Territorial integrity of States. 5、Peaceful settlement of disputes. 6、Non-intervention in internal affairs. 7、Respect for human rights and fundamental freedoms, including the freedom of thought, conscience, religion or belief. 8、Equal rights and self-determination of peoples. 9、Co-operation among States. 10、Fulfillment in good faith of obligations under international law.

[29] 〈蘇共的無恥〉，上揭《徐復觀雜文——看世局》，頁 397-398。

[30] 徐復觀，〈而今魔杖已無靈——看蘇聯廿五屆黨代表大會〉，上揭《徐復觀雜文補編》，冊 4，頁 410。原載《華僑日報》，1976.03.09。

[31] 「第三國際」是一個共產黨和共產主義組織的國際組織；1919 年 3 月在列寧領導下成立，總部設於蘇聯莫斯科。詳參維基百科「第三國際」條。

則意味著世界革命已不可行，是以藉「世界革命」這個名義作為蘇共有效的
魔杖，以驅遣他國的共黨為其赴湯蹈火的歹念頭，便應該同時拋棄掉。不
意，名義是擱置了，但魔杖「卻死死把持不放」（徐先生文中用語，頁 407）。
然而，對蘇共來說，好景不常，自南斯拉夫總統狄托（1892-1980；1953-1980
任總統）「首義」後，義大利共產黨、西班牙共產黨、法國共產黨、英國共
產黨、羅馬尼亞共產黨等等，便一一走自己的路（至於中共，更早於 1958 年年
底便和蘇共翻臉而走自己的路了），可見蘇共的魔杖，早已失靈[32]。徐先生心中
的喜悅，情見乎詞，「而今魔杖已無靈」這個作為文章標題的用語已可以道
盡先生內心喜悅的一斑了。

五、對美國的批評

　　徐先生對蘇共，以至對其他共產黨的態度，上文可見一斑。但讀者不要
誤會，以為徐先生只批評共產黨，而對自由陣營中的國家，尤其為首的美
國，便一定予以肯定，甚至謳歌一番。其實，只要是違反公義、道義，並因
而破壞人類文明，陷生民於水火的一切非正義的勾當，徐先生從不稍予假
借，美國又豈為例外。在〈「你追我趕」的武器競賽〉一文中，徐先生便非
常明確的表示對美、蘇等大國之厭惡、痛恨。先生說：

> 販賣軍火，是借刀殺人，教唆殺人；這是人類中最醜惡、最殘酷的勾
> 當。而美、蘇各大國，卻公然為之，大量為之，而恬不為恥，難道這
> 便是自由主義、社會主義的文明嗎？[33]

自由主義的社會也好，社會主義的社會也罷，販賣軍火，總是要不得的。這

---

[32] 然而徐先生在文中（頁 409）指出，於 1976 年 2、3 月間所召開的蘇聯廿五屆黨代表
　　大會上，越共、印（尼）共、菲共，都背棄了中共，效忠蘇聯。此事頗值得注意。

[33] 徐復觀，〈「你追我趕」的武器競賽〉，上揭《徐復觀雜文補編》，冊 4，頁 288。
　　原載《華僑日報》，1975.03.11。

所以徐先生毫不留情的予以最嚴厲的批判。筆者在這點上，則稍有保留。原則上，一個國家總不應該販賣軍火給另一國家。但個別情況或可再商榷，譬如為了協助某國保境衛國，抗拒外來侵略，則似乎可視為例外。以色列建國以來的一連串以阿紛爭，徐先生恆認為以色列值得同情，值得支持。按：以色列本身所研發、製造的武器相當精良，且銷售全球。然而，長久以來，以色列又經常向美國買來更精良的武器。其理由是藉以對抗阿拉伯世界的國家。個人相信，徐先生在同情以色列的大前提下，恐怕會諒解、首肯以國向美國購買軍火的。換言之，即同意美國販賣軍火給以色列。當然，徐先生文章的重點是反對「武器競賽」；個別的軍火買賣，固不在徐先生考量之列。順便一提的是，某有識之士曾經說過：生物中，人類是最醜惡、最殘酷的。君不見一般動物之虐殺同類，其數量乃以個位數為準。其中只有人類是例外。一顆原子彈、核子彈，即可殺人如蔴；甚至常規武器中，大型一點的一顆炸彈，或甚麼燃燒彈，即可殺害數百人（生化武器更不用說了）！殺人者，人或以禽獸比之。其實，這個比喻是不當的，因為人反而佔了便宜。原因很簡單，禽獸那像人類這麼殘忍呢！

自二戰以來，美國恆自視為正義的化身，經常強作調人；又或以世界警察自居，強行執「法」。其實，說穿了，泰半為自身的利益考量而已。國際道義云云，非藉口而何？1975 年 4 月底越戰結束，越南復歸一統。徐先生長久以來便非常關注其前後各階段的發展。該年 5 月 1 日，日本《朝日新聞》某一資深記者嘗以〈通過南越看到的美國像〉為題，發出了一則電訊，提出六點觀察。徐先生認為其中有兩點最有意思。針對其中的一點，徐先生既引述該記者的意見，亦同時發表個人意見指出說：

美國是「便宜主義者」，並不堅持原則。有勝算時，便恭維吳廷琰是「亞洲的邱吉爾」，「中南半島的命運，皆繫於阮文紹的雙肩」。但時移運轉，一則被殺，一則被棄，美國人都視為理所當然。至於對南越信誓旦旦的約束，臨危時一腳踢開，絲毫不感到對友人的出賣，是

一種羞恥。[34]

美國便宜主義或所謂見風轉舵的作風，徐先生一針見血的指出了。然而，個人認為南越的失敗（或所謂淪陷），南越本身，尤其是以阮文紹為首的政府，應要承擔大部分責任。徐先生對這方面也是看得很清楚的，嘗指出說：「一個貪污的統率集團，不可能認真地訓練，更不可能與士卒同甘共苦。阮文紹的親信部隊，……他們大軍的戰鬥力，是將領們在長期貪污中所剝奪掉的」。[35]由此可見，徐先生不會只怪罪美國不信守承諾，翻臉不認人；其實，也注意到阮文紹政府該承擔的責任。一個偉大史家，必須具備綜覽全局的能力，作出不偏不倚的平衡報導；所謂「好而知其惡，惡而知其美」者是也。如果不是發乎道德良知的呼喚，曷克臻此？

徐先生批評越共、蘇共，已見上文的眾多例子。其批評自由陣營中的美國、南越，上文中最後一例也可以概見。其實，除超級大國美國外，同為自由營陣中的國家，如英、法，也逃不過徐先生基於道德良知而來的史家如椽巨筆。只要有損國際間交往的道義，恐怕都逃不過徐先生的譴責。我們不妨回顧一下攸關自由世界陣營的聲譽及利益的奠邊府戰役。徐先生撰寫於1954年5月的〈鎮邊府戰術的世界性〉一文中說：

> 當前自由世界與共黨世界的對立，自由世界這一方面，在物質上依然是處於優勢，所以共黨世界不會發動戰場上的正式第三次大戰。但因法國的卑怯、英國的自私、美國的搖擺不定，以及西方對東方輕視的傳統心理，乃至西方殖民主義在東方所造成的苦果，自由世界在精神上實居於劣勢。此一精神劣勢的具體表現，為各國短視自私，只顧面

34 徐復觀，〈驚濤駭浪中的浪花四濺〉，上揭《徐復觀雜文補編》，冊4，頁313。原載《華僑日報》，1975.05.06。

35 〈驚濤駭浪中的浪花四濺〉，上揭《徐復觀雜文補編》，冊4，頁310。

前，不能為全盤的戰略利害，而保持團結，採取主動；……[36]

一言以蔽之，徐先生認為，以英、美、法為首的自由陣營的自私自利及對東方國家輕視的傳統心理[37]，自由世界在共黨陣營前，其精神「實居於劣勢」無疑。上文很可注意的一點是，相對於共黨陣營來說，徐先生肯定自由世界的物質條件是「處於優勢」的。就一個儒家來說，固然不否定物質的重要性，然而更重視的是精神層面。徐先生從來不輕視物質，然而特別從精神層面上立論——指出自由陣營在這方面的窘境，此正可反映儒家所以為儒家之特色所在。

六、對法國的批評

除美國外，英、法等強國基於「政治正確」（politically right，其實即見風轉舵，現實上的所謂「識時務」）而輕視、否定或背棄道德、公義的一切作法，徐先生亦從不稍予假借。在〈立國精神與現實利益〉一文中，徐先生對法國司法界之縱容恐怖分子，即嘗予以強烈的譴責。先生說：

> 自由、平等、博愛，是一種偉大的道德精神，是法國存在價值的偉大標誌，也是法國在近代史中，對人類所作的偉大貢獻，此次在自己負有取締責任的絕對性的惡的面前，不考慮人類良心共同的要求，不考慮受殘害者所經歷的悲痛，不考慮由自己行為所給與人類將來的嚴酷

---

[36] 徐復觀（文章署名斯圖噶），〈鎮邊府戰術的世界性〉，上揭《徐復觀雜文補編》，冊 3，頁 106-107。原載《華僑日報》，1954.05.15。徐先生所說的「鎮邊府」，一般作「奠邊府」。

[37] 個人認為，這種心理／心態，時至今日，仍然沒有多大改變。中國大陸近 1、20 年來的崛起，似乎改變了洋人對中國人的看法。但筆者認為這只是表面的。洋人所看重的是從中國的崛起中多做點買賣，即多撈點錢而已。那有真正敬重你中國人呢？但作為中國人，我們也該嚴於責己而深切反省。一般來說，中國人在國外的表現都欠佳。文明素質確有待加強。我們又怎好怪責別人對你不敬呢？

的後果，而輕輕地作了鼓勵性的寬赦，這當然是對自己立國精神的澈
底否定，難怪法國的輿論，也幾乎一致的起而批評、諷刺。[38]

1972 年 8、9 月在西德慕尼黑所舉行的奧運會中，有 11 名以色列人（9 名運
動員，2 名保安人員）被恐怖分子殺害。其後，元兇巴游首領達奧德在法國被
捕，但審訊二十分鐘後便當庭獲釋！徐先生視此為「鼓勵性的寬赦」。徐先
生的譴責是對的。這有類屠殺的事件，使筆者對恐怖分子的行為，尤其對自
從 2014 年 8、9 月以來，isis（或 isil）[39]在伊拉克及敘利亞的濫殺行為，有了
進一步的省思。屠殺固然不對，濫殺更是人類的大惡。但撇開近今 isis 的行
為不論，若僅就所謂恐怖分子的所謂恐怖行為或激烈行為（即一般所說的恐
攻）而言，此等行為或行動是否必得予以譴責，必得視為罪不容誅、罪無可
逭的窮凶極惡，則筆者以為還有值得再進一步討論的空間。

　　螻蟻尚且貪生；誰不愛惜自己的生命，而甘冒天下之大不韙，以一己血
肉之軀，赤裸裸的自為人肉炸彈（全身縛滿炸藥），誓死與對方同歸於盡，必
玉石俱焚而後已！自彼而言，實不啻志士也。彼之自視，亦以身殉道者也。
筆者思之者再，以為其志可憐，其情可憫。彼亦人之子也，父母最疼之骨肉
也。就此而言，吾人又何忍窮責深究，而必視之為罪不容誅，死有餘辜之大
惡呢！

　　以英美為首的西方列強恃其船堅礮利，欺凌打壓東方及阿拉伯國家久

---

[38] 徐復觀，〈立國精神與現實利益〉，上揭《徐復觀雜文──看世局》，頁 202-203。
　　原載《華僑日報》，1971.01.18；據本文內容，「1971.01.18」中的「1971」應係
　　「1973」。

[39] Isis 的全稱是 Islamic State of Iraq and Syria（即：伊拉克和敘利亞兩國間所建立的伊
　　斯蘭國家）；Isil 的全稱則是 Islamic State of Iraq and the Levant。其中 Levant 即 Bilad
　　al-Sham, 意指大敘利亞，（greater Syria）。所以 Isil 即伊拉克和大敘利亞兩國間所建
　　立的伊斯蘭國家。簡言之，Isis 和 Isil 是沒有甚麼分別的。主要參考 "ISIL, ISIS or
　　IS? The Etymology of the Islamic State", by Taylor Wofford Filed: 9/16/2014 at 10:01 AM
　　| Updated: 9/19/2014 at 4:43 PM 網站：www.newsweek.com/ etymology-islamic-state-
　　270752。

矣。顧人類亦動物也，依弱肉強食、物競天擇、適者生存之天律，其弱者被強者欺壓，甚至被屠戮，非事有必至，理有固然者乎！近今三百年，東、阿列國物質條件不濟，技（科技）不如人；正所謂弱者無疑，亦東亞病夫無疑。其被欺壓，不亦宜乎！西方人這種歪理，固不無自圓其說之處。然而，就被欺壓者而言，窮、弱就該被欺壓，乃至該被屠殺了嗎？我船不堅，礮也不利。正規作戰，我勝不過你而必輸無疑。但我有的是一顆熾熱的心，一個鬥志，一股雄心壯志；我不忍自己的國家、民族被人看不起，被人蹂躪；所以雖千萬人，吾必往矣。士可殺，不可辱；是以拋頭顱，灑熱血，乃在所不惜。「唯有犧牲多壯志，敢教日月換新天。」如果從這個角度來看，則所謂恐怖分子之恐怖行為，亦不得已也；似不必視為罪不容誅。顧其間之悲壯，又豈足為外人道哉！一言以蔽之，就恐怖活動之本身來說，固人間之罪惡；但就恐怖活動者背後的動機而言，亦或有值得同情者，故不宜一概而論。

　　徐先生上文云：「（恐怖分子）不考慮受殘害者所經歷的悲痛，不考慮由自己行為所給與人類將來的嚴酷的後果」。此等指責，筆者認為恰當之極，蓋彼等被害者、罹難者，乃可謂無辜之極。然而，筆者上文一方面認為恐怖分子「其志可憐，其情可憫」，似肯定彼等的激烈行為為可取；另一方面，又認為徐先生對恐怖分子的指責乃「恰當之極」。這不是自相矛盾，自打嘴巴嗎？這個問題，筆者擬從三個面向予以探討。其一，任何恐怖活動或行為，都不是筆者所贊同，更不是筆者所要鼓勵的。然而，西方列強恃其武器先進（並由是而恆認定其文化方面的一切表現皆優於他人），乃趾高氣揚，頤指氣使；並由是而呈露其醜惡、猙獰的面目。多個世紀以來受盡壓迫苦難的民族、人民，其有「理想」者，在無可奈何的情況下，乃懷抱寧為蘭摧玉折，不作瓦礫長存的決志，訴諸恐怖活動以回敬這些西方人，筆者個人認為是很可以理解的，甚至是值得同情的。其以身殉道（當然，這個「道」，到底是甚麼道，可以再討論），雖千萬人吾往矣的精神是悲壯的，是令人動容的。此其一。其二，恐怖分子報復的對象應該是西方列強的領袖，即西方國家在廟堂之上的執政者──其中恐泰半是政客。然而，這些政客永遠都在最嚴密的保安措施下過其頤指氣使的生活，他人實難越雷池半步以進行行刺。在這個情

況下，其國家的人民便不幸地、無辜地受到連累，成為了代罪羔羊、替彼受過。對這些受害者、罹難者，吾人當致以最深切的悼念。此其二。其三，佛家謂：「有情皆孽」；由是則「眾生皆苦」乃成為必然者。然而，知其為苦，則知其為悲也。其間一經反省，即可旋乾轉乾以成智，成慈；再轉進即成恕。內恕孔悲，即仁也。近來深深地體會到，只有儒家這個基於恕道而來的大仁大智，始可化解恐怖分子與西方國家之對立衝突於無形。否則相互殘殺，冤冤相報何時了呢[40]？！「野草燒不盡，春風吹又生。」你所依恃的所謂精良武器，能夠殆無孑遺，殺盡天下間的恐怖分子嗎？於事言，固不可能；於理（天理）言，亦所不應。「楚雖三戶，亡秦必楚。」西方國家只要稍一認識中國人這個反抗暴秦的復仇故事，便不應以為可以殺盡天下間的楚人！解鈴還須繫鈴人。恐怖行為，其誰為之？孰令致之？稍一回思反省，則必可遽然明白，霍然自解。其始作俑者，非爾西方人而誰？

七、結語

　　本文的主旨在於揭示，作為當代新儒家的徐復觀先生，其政治論述中含以下的一個觀點：國家與國家間的交往不能不講道義。換言之，徐先生一本其儒者胸懷，恆從道德立場看待國際間之交往。凡不符合道義之交的國家，徐先生從不稍予假借、寬貸。其為數眾多的雜文可以充分反映，一等強國如美、蘇，次等強國如英、法、日，再次等國家如越南等，都受到徐先生的強烈批判。上文即從徐先生的雜文中，一一引證舉例，以闡發這個旨趣。其中

---

[40] 有關不應「冤冤相報」的問題，徐先生是有所論述的，嘗云：「各種像慕尼黑世運會（按：即 1972 年在西德慕尼黑舉行的奧運）的殘殺以色列運動員以及無數劫機暴行，皆表現出某些阿拉伯人失掉了人性。對這種失掉人性的殘暴行為，是應受到報復的。」然而，徐先生話鋒一轉，指出說：「感到為以色列人著想，為整個中東局勢著想，以色列應放棄『冤冤相報』的觀念。……『冤讎宜解不宜結』，……」徐復觀，〈以色列人應放棄『冤冤相報』的觀念〉，上揭《徐復觀雜文補編》，冊 4，頁 179-180。原載《華僑日報》，1974.05.23。

更可揭示，徐先生除了對自己的國家——中國——恆具一份深情厚愛外，也充分反映徐先生對其他國家也深具一份關愛之情。「己欲達而達人，己欲立而立人。」儒家固以天下為己任，不獨以一己之祖國為範圍也。

第十章 政治行爲中的經與權[*]

一、前言

儒家講求經道（常道、原則），但不會只講經道；儒家接受／贊成權道（權宜、權變），但不會只講權道。蓋有經無權，則事情恆不能濟——行不通，事情辦不來；有權無經，那就根本不是儒家[1]；所以經、權必須兼顧，缺一不可。

二、經經權緯（體經用權）：權道是用來輔助經道的

中國人講經、權，其源甚早。我們不妨先引錄若干段古代文獻為證。

（一）、《春秋‧公羊傳‧桓公十一年（前 701）》條云：「古人之有權者，祭仲之權是也。權者何？權者反於經，然後有善者也。權之所設，舍死

---

* 本文的撰文緣起，參本書上章：〈國際交往中的道義〉腳註 1 前之說明。本文完稿於 2014.10.11，2014.10.23 全文再修訂，最後一次修訂於 2016.06.13。

[1] 就筆者來說，個人絕不反對行權（個人擔任大學學術單位主管 10 多年，深悉經、權必須兼顧）。但行權的背後，必須有經道在。具體落實下來，即行權的過程中，一刻不得或忘經道。由此來說，行權的最終目的也只不過是要成就經道吧了。若以目的和手段做譬喻，或者可以說：「經」乃正義所在的正大光明的一個目的，而「權」只不過是達陣的手段；即經永遠是經，而權則僅為緯而已。因為筆者心中永遠有這種性質（符合正義、正大光明）的經道在，所以便絕不會只求達陣，而淪落到不擇手段（因為這種手段必係違反其大前提的經道的）。這點尤為關鍵（筆者永遠依此作自我反省），否則權即不成其為權（權變、權宜的作法），而只成為權術（為謀一己私利之「權謀之術」）吧了。果如是，則法家是也，何儒家之有哉？！

亡無所設。行權有道，自貶損以行權，不害人以行權。」[2]（二）、《論語》也談到權，〈子罕篇〉說：「可與共學，未可與適道；可與適道，未可與立；可與立，未可與權。」（三）、《孟子》中有關男女授受不親的一個說法，則更是家傳戶曉。〈離婁上篇〉說：「男女授受不親，禮也。嫂溺援之以手者，權也。」（四）、〈盡心上篇〉又說：「執中無權，猶執一也。」（五）、《荀子》一書對「權」也有一番論述，嘗從行權可能產生的結果上立論。其中〈不苟篇〉載：「欲、惡、取、舍之權：見其可欲也，則必前後慮其可惡也者；見其可利也，則必前後慮其可害也者；而兼權之，熟計之，然後定其欲、惡、取、舍。如是則常不失陷矣。」

蕭美齡博士（東海大學哲學系）[3]引錄及闡述以上幾段話之後，作出如下的總結：

> (1)、權是在某種特定時機中進行的。(2)、行權是為了實現善（動機的善或結果的善）；(3)、權是違反經或禮的。(4)、行權是一種高度發展的道德能力。(5)、行權的過程必須針對各種可能的行動結果加以考量。[4]

蕭女士以上 5 點的總結是做得很不錯的。筆者得其啟發，今稍作補充、

---

[2]　說到「經權」問題，《春秋》（含三傳）不乏討論的文字。馬一浮先生所指出的《春秋》四項要旨中，其中的一項便是：「經權予奪」。詳馬一浮，〈論語大義十・春秋教（下）〉，《復性書院講錄》（南京：江蘇教育出版社，2005），卷二，頁 91-94。又可參胡楚生，〈《春秋》嚴夷夏進退——馬一浮《復性書院講錄》探微〉，胡楚生，《烽火下的學術論著——抗戰時期十種文史著作探微》（臺北：臺灣學生書局，2015），頁 146-149。

[3]　2014 年畢業於東海大學哲學系博士班之蕭美齡女士嘗獲「第四屆思源人文社會科學博士論文獎」哲學學門「優等獎」；獲獎論文：〈從儒家之經權辯證論道德衝突問題〉；獲獎訊息連結：http://nccupress.nccu.edu.tw/prize/。

[4]　蕭美齡，〈朱子的經權觀析論〉，中央大學儒學中心，《當代儒學研究》，第 9 期（2010 年 12 月），頁 81。

引申：上文第 1 點意謂「經」乃係常道，具普遍意義，所以只有在特定的時機中才容許「權」措置其間。

　　第 2 點意指，行權的時機對不對，以預估實行權道是否可達致善的結果為判準；否則「權道」便陷於被濫用的危機，而成為了某些人士（譬如政治野心家）遂其一己之私的藉口了。

　　第 3 點是為權道找一個位階。既名為「權」（權宜、權變），則必與「經」成為對反，或至少與「經」有相當大的落差；即不是同一個層次的東西。但筆者以為，不能由此而推論出其最終的結果必是反經。恰恰反過來，相反只是表面的，而其實恆相成；正所謂相反而實相成也。上所引《春秋・公羊傳・桓公十一年》條有云：「權者反於經，然後有善者也。」就是說，必反於經[5]，才談得上是善。換句話說，權道很可能只是繞一個彎，透過迂迴的途徑而成就經道。說到為權道找一個適當的位階，我們不妨再看看上文

---

[5]　「必反於經」一語，其中的「反」字，筆者以為，既可作原字解，即作「反背」、「違反」解，但亦可作「返回頭」、「返家」之「返」字解，即作「反歸」解。「反」之指「反背」、「違反」與「反」之指「返回頭」、「反歸」，兩義明顯不相同，但針對「必反於經」一語來說，似兩義俱適用。如解作今日常見之「反」義，其意乃謂權道之表現必與經道所揭示者相反（至少不能逕依經道而行），其事乃能有濟（獲得善的結果）。如作「返」字解，其意乃謂儘管權道不依經道而行，但其最終目的（終極理想）實不異於經道（即必返歸經道），其事乃能有濟。是以「必反於經」一語，其中的「反」字，筆者以為，作原字解，或作「返」字解，俱可通。漢儒，如董仲舒，即作原字解（相關說法見《春秋繁露・精華篇》）；而宋儒，如程頤，則異於是，乃作「反歸於經」的解讀。換言之，即視「反」為「返」。詳參陳榮捷，〈權〉字條，韋政通主編，《中國哲學辭典大全》（臺北：水牛圖書出版社，1983），頁 849-851。程氏又提出「權只是經」的看法；嘗云：「漢儒以反經合道為權，故有權變，權術之論，皆非也。權只是經也。自漢以來，無人識權字。」見黃宗羲撰，全祖望補，王梓材等校，〈伊川學案上〉，《宋元學案》（臺北：世界書局，1973），上冊，卷 15，頁 363。摯友香港嶺南大學哲學系黃慧英教授嘗撰文討論《公羊傳》中的經權問題，頗值參考。黃慧英，〈從公羊傳中的經權觀念論道德衝突的解消之道〉，發表於假臺北舉行之「儒學、宗教、文化與比較哲學的探索──賀劉述先教授七秩壽慶學術研討會」；主辦單位：東吳大學哲學系；會議日期：2004.06.23-25。劉教授於今年（2016 年）6 月 6 日辭世。

所引錄過的《論語‧子罕篇》以下幾句話：「可與共學，未可與適道；可與適道，未可與立；可與立，未可與權。」其中所說到的「道」，吾人不必細究其為何種道，更不必詳察其具體內容。但無論如何，這個「道」一定是一個正面的東西。因此我們不妨把它視為「常道」，即本段文字中所說的「經道」。這個道，依上引孔子的看法，吾人或可與他人共適之，即共同安適在這個道上。引申來說，「適道」意指接受道、遵守道、堅持道、維護道、追求道。然而，雖可與他人共適道，但不見得可以與他人共立；雖或可進而與他人共立，但不見得可與他人共同行權。以「共立」的問題與現今所論述者不相干，恕從略。至於適道與行權的問題，為何可以與他人共適道，但不見得可以共同行權呢？其原因何在？按：「經道」，「常道」也，所以必然也是「善道」。道不遠人，所以只要是人，或只要是志同道合之士，便必然可以共同維護之，甚至死守之，所謂死守善道。守道，簡言之，即堅持原則、堅守理想。既係志同道合，則堅守原則、理想不難。難是難在，在不違背原則、理想的情況下，碰上具體問題，如何解決？如何應變呢？應變便不再是堅不堅守的問題，而是處理人世間事務時所必須因時制宜，懂得彈性靈活變通的一門大學問。有些人只管死守善道，不作任何應變。其實，這是無法順暢地處理世間事務的。又：儘管大家都應變了，但不同人又或採取不同的應變策略、措施。人各不同，所以孔子便有「……，未可與權」之嘆！此可見謀得共識，共同行權之難了。因為行權在分寸的拿捏上是要抓得很準的；其間稍一差池，破壞了或違反了本要堅持的原則、理想，那便很糟糕了。果爾，則寧可不行權，死守善道算了。這其間是要講究高超的手腕，或所謂「政治藝術」的。要言之，相對來說，守道不難，甚至死守善道，以身殉道亦非至難。反之，在不違背原則、理想、立場（含不損人利己，即上引《公羊傳》所說的：「不害人」）的情況下，而能夠推出、落實一切權宜、應變之措施（軟體），並靈活運用、調動所有可用的資源（硬體）以行權，俾最後成功達陣，那便千難萬難了。

　　至於第 4 點，我們不妨從上文第 2 點說起。第 2 點談到「實現善」。那麼何謂「善」呢？孟子說：「可欲之謂善。」（《孟子‧盡心下》）孟子所說

的「善」，在這裡不擬細究。然而，針對「權道」所欲達致之「善」，則必係大眾之善——大眾福利、福祉（或可名為「公善」？），而絕不是追求個人一己之善——個人私利（或可名為「私善」？）。換言之，所謂「實現善」，就行權者本身來說，是指實現（追求）大眾之善，而不是實現（追求）其個人之私善（其實私利而已）。行權者甚至應該「自貶損以行權」，而絕不應「害人以行權」。（「行權者」，原意是指行使權道——權宜、權變——之人。但能夠行使權宜、權變之人，恆為有權之人。）所以「行權者」尤應小心謹慎，自我約束，不能利用為了方便解決問題這個藉口而隨便用權、行權，否則便容易流於濫權，甚至弄權；由此更可能導致侵權（侵犯他人的權利）。所謂自我約束，乃指在行權的過程中，要高度自律、自節，不斷提昇道德反省能力，以自我提撕、豁醒。積極方面，其途徑是「吾日三省吾身」；消極方面，其途徑是「克己復禮」。所以上文第 4 點便說：「行權是一種高度發展的道德能力」。

至於第 5 點，其意是指出，儘管行權者具備善良的動機、甚至具備高度的道德反省能力（含行為上自律），但行權時仍得針對其可能產生之各種正負面結果，予以全方位深入的考量，並必須隨時彈性調整其相應的具體作法，否則無以達致理想（即上文所說的「善」）的結果。

三、徐先生的經權觀與現代民主政治

就筆者閱覽所及，徐先生似乎沒有針對「經、權」的問題，發表過甚麼專書或專文。然而，透過徐先生討論政治人物的行為的文章，很可以看出先生是很意識到「經、權」這個問題，甚至對相關問題是有深入反省的，儘管他沒有用上「經、權」這對概念。然而，筆者相信，筆者上文對經權的看法，徐先生應該是首肯的。下文即從先生的雜文中舉例，看看先生的具體主張。

依筆者閱讀徐先生的文章的個人心得，徐先生恆重視事物的實質內涵，而相對的比較不重視事物的形式（外形、外表）。然而，這不是絕對的。徐先

生即嘗指出說，合義當然很重要，但合義之外，還要合禮（筆者按：禮可視為一種外部規範，甚至只是一形式、儀式），否則最後連義都合不了[6]；先生嘗云：

> 義是行為中合理的內容。上面所說的有形式而無內容的弊害，容易為一般人所察視。但有內容而缺乏合理形式的弊害，卻不容易為一般人所察覺。其原因不外一般人以為只要內容合理，形式便自然合理；或者以為只須計較內容，不必計較形式，於是覺得義可以離開禮而孤立的存在。我稱這種沒有禮的正義，是「裸體的正義」。裸體的正義，會得到與正義相反的結果；因此，我為南韓的前途，不能不捏把冷汗。任何政治，都有一套行使政權的程序，這即是政權運用的形式。民主政治運用的形式，是和以大多數人利益為內容的政治目的相符，所以民主政治的程序形式，即是今日政治上的「禮」。……他們（按：指推動政變的南韓軍人）目前所標榜的正義，只是裸體的正義；今後他們最大的努力，應當使自己所標榜的正義，納入於民主政治的形式之中，（否）則他們的裸體正義，與過去李承晚的「孤頭正義」，並沒有什麼不同，結果便也不會有什麼兩樣。……獨裁之所以出現，不能說它完全沒有若干正義的背景；但任何性質的獨裁，必定走上滅絕人性之路。這正足以證明政治上禮與義的不可相離，亦即證明任何完美的政治主張，必須通過民主政治而實現。[7]

徐先生一輩子講民主。這不僅是由於民主在實質上有其非常寶貴的內涵（譬

---

[6]　徐先生說：「裸體的正義，結果會成為不正義。」《論語・泰伯》也有類似的話。子曰：「恭而無禮則勞，慎而無禮則葸，勇而無禮則亂，直而無禮則絞。」廣義來說，恭、慎、勇、直，都可以說是義。雖然具備了這四項義，但無禮的話（即徐先生所說的裸體的正義），便會導致勞、葸、亂、絞。勞、葸、亂、絞，就是不義，或至少是遠離義的。所以上引徐先生的判斷：「裸體的正義，結果會成為不正義」，可說是遙契孔子的精神的。徐先生語，見〈看南韓變局〉，《徐復觀雜文補編》（臺北：中央研究院中國文哲研究所籌備處，2001），冊3，頁167。原載《華僑日報》，1961.02.27。

[7]　徐復觀，〈看南韓變局〉，上揭《徐復觀雜文補編》，冊3，頁166-168。

如原則上人我平等；推動議會政治；各人可自由發言、投票等等），且在形式上也提
供了一套合理、有效的程序（譬如會議召開多少天前要正式發函通知與會人士；會
議程序——議題之安排；會議法定人數；出席者及列席者的權利；與會者依議事規則發
言；選票分有效票、無效票及其認定等等）。這就是今人所常說的程序正義。程序
正義是對應於實質正義來說的。實質正義固然可貴，蓋此乃人們所努力追
求的對象、核心價值；而程序正義則居於輔助的地位，幫助人們成就實質正
義。然而，若無程序正義，則實質正義是否能落實下來，不免是一大疑問。
所以程序正義的重要性實不下實質正義。這方面其實不必多講，因為早已成
為現代國民的常識了。筆者要強調的是，徐先生把這個現代常識與中國古代
的義和禮結合起來講。實質正義，猶中國古人所說的義；程序正義，則猶中
國古人所說的禮。義非禮不行——落實下來不了，至少難以落實下來；禮非
義則徒具虛文——空架構。兩者相須而行，缺一不可。有謂讀史、治史旨在
知古以知今，以達到古為今用的目的。其實，古今不是單向的，而是雙向互
動的，所以知今亦未嘗不可以知古。現代國民恆知悉「程序正義與實質正
義」之相須為用，缺一不可；但不見得瞭悟古代「禮和義」實扮演相同的角
色。徐先生的疏解、闡發，既可啟民智，開民明，且把古今貫通起來，使人
茅塞頓開，實在讓人敬佩。

　　我們現在回頭說經、權的問題。中國古人所說的「義」、今人所說的
「實質正義」，猶本文所說的「經道」；而「禮」、「程序正義」，猶本文
所說的「權道」（當然，權道所包含的內容可以很廣，凡因時制宜的一切措施，皆屬
之。禮、程序正義，其一而已）。上文指出「義」（實質正義）和「禮」（程序正
義）缺一不可，這與上文所說的經、權必須兼顧的道理是一樣的[8]。不要以
為只要道理（正義）在自己的一邊，便可以不拘「小節」，不顧任何形式而
蠻幹一番。這種正義，徐先生稱為「裸體的正義」。徐先生非常斬截的指出
說：「裸體的正義，會得到與正義相反的結果」。所以焉得不慎哉！

8　吾人所追求者，尤其最終所追求者，當然是義（實質正義），而不是禮（程序正
　　義）。但為了能夠達陣，不得不符合禮（程序正義），即不得不行權。這所以筆者以
　　「經和權」來說明「義（實質正義）和禮（程序正義）」的關係。

　　二戰後，大韓民國（南韓）是從專制獨裁慢慢走向自由民主的國度中。一向非常關心民主發展的徐先生之所以對韓國局勢多所關注、發聲，恐與韓國的相關發展有一定的關係。我們現在看看徐先生對相關問題的看法。〈在考驗中的大韓民國〉一文中，徐先生說：

> 　　我們不必先抽象地去反對安全法案這類的措施，而應進一步去分析採取此類措施的真正動機與目的。如果真正的動機是為了維護私人權力，其目的是在掩護內部失敗，是在把少數人的特權，通過這種強迫方法，使其永久化；由此所得的結果是不問可知的。假定真正的動機與目的，是對應國家的客觀情勢，是認真要解決國家情勢中的問題，則在安全法案的運用中，當然會以天下的公是公非為標準，依然可以保持若干合理的成分，保持若干民主的因素；並且也會隨時可以恢復民主政治的體制，而不至一往不返。[9]

　　1971 年中國大陸成功地成為聯合國的會員國，再加上北韓狂熱地準備戰爭，所以南韓總統朴正熙便在該年 12 月宣佈全國進入緊急狀態，並向國會成功地提出了國家安全法案。其相應的非常措施使得總統的權力大增。這對以人民的福祉為唯一的考量，並對以「公是公非」為運作標準的民主政制來說，可能會產生相當程度的破壞。這是徐先生所擔心的。站在徐先生的角度來考量，如果說民主政制是經的話，那麼非常手段的國家安全法案便是權。徐先生固然非常重視經（上文早說過經是常道，是原則），但為了「對應國家的客觀情勢，是認真要解決國家情勢中的問題」，也就不能不用權。「體經用權」[10]、「體經行權」或「經經權緯」恐怕是出入黨、政、軍三界 20 餘年

9　徐復觀，〈在考驗中的大韓民國〉，上揭《徐復觀雜文補編》，冊 3，頁 362-363，原載《華僑日報》，1972.01.08。

10　所謂「體經用權」，筆者的意思是以經為體，為常道，為原則，但有時不得不用權。但用權、行權，必須十二萬分的小心謹慎。這在上文已有所道及。牟宗三先生亦嘗指出說：「對社會隨便敷衍一下，有時也可以，但那是行權，行權在聖人之教中，不是

11，且縱觀古今中外歷史一輩子而深明大義的徐先生，所必然接受及支持的一個構想、理念。

作為儒家，徐先生固然非常重視道德良心。但在政治的運作上，光是道德良心，實不足以濟事；而必得靠民主制度。徐先生即明言：

> 人類只有在和平中才能過著人的生活，而和平生活的保障，不能僅訴之於人類的道德良心，更必須靠一套民主制度。一切暴力鬥爭，應用於反對民主政治的統治階級。……我的想法，人類只應當有兩種鬥爭。一是反帝國主義的鬥爭，一是反「反民主」的鬥爭。12

由上段話也許可以察覺到，徐先生雖然非常重視民主政制，但民主政制對先生來說，並不是人類所追求的終極目的；和平生活的保障（並由此而使人民安居樂業），恐怕才是徐先生所追求的終極目的。和平與暴力乃相反的一對概念。徐先生既肯定和平，則人們必推想徐先生一定會反對暴力，反對戰爭。其實不然。和平，經道也；這種經道即上文所說的行權的目的是「為了要實現善」的一種「善」。暴力，甚至戰爭，則權道也。體經用權，是以贊成和平，不必然反對暴力，反對戰爭。為了達致和平及維繫民主政治，有時就不得不接受暴力，甚至不得不接受戰爭形式的鬥爭（詳參本書上篇第七章〈和平是王道〉）！在這個考量下，徐先生之所以贊成「反『反民主』的鬥爭」，便很可以理解了。徐先生深悟「體經用權」這個道理，並予以靈活運用，從上

隨便可為的。不行權在現實上有時行不通。但他們（筆者按：承上文，乃指理學家）嚴守這原則，所以是體經而用經。」牟宗三，《時代與感受》（臺北：鵝湖出版社，1986），頁 136-137。

11 大概從 1926 年，即徐先生 23 歲在軍中供職（任中尉書記）算起，至 1949 年，年 46 歲抵臺灣後便淡出政治為止，先生參予黨政軍三界前後共約 24 年。參徐復觀，〈垃圾箱外〉，《徐復觀雜文——憶往事》（臺北：時報文化出版企業公司，1980），頁 22-46，尤其頁 23。

12 徐復觀，〈維護人類和平生存的權利〉，上揭《徐復觀雜文補編》，冊 3，頁 432。原載《華僑日報》，1972.06.07。

引文中又再一次得到印證。然而,在這裡稍作補充。和平是徐先生所努力追求的。但和平有大小。所以不能為了要獲取小小的和平,更不能把和平當作藉口,便從而進行大大的暴力。徐先生即如是說:「暴力鬥爭的價值,是由換取和平生活的大小來加以決定。」[13]這句話非常發人深省,尤其可以堵塞住野心家們縱情率性,或為了一己的私利而發動暴力鬥爭、戰爭的一切藉口。

　　鬥爭(暴力、戰爭),其目的很多時是為了要進行革命。而革命有多種,譬如政治革命、社會革命即是。就徐先生來說,他贊成前者,反對後者。對於一個社群,如國家、民族來說,社會革命也許比政治革命更根本,更符合群體的需要。我們試舉一例做說明。畢生從事革命的國父孫中山先生(1866-1925)晚年嘗說:「革命尚未成功,同志仍須努力。」[14]語中所說到的「革命」,相信是社會意義多於政治意義。然而,徐先生竟然僅贊成政治革命,而反對社會革命。這有點頗讓人丈八金剛摸不著頭腦。我們不妨先看看徐先生怎麼說。先生說:

　　……如上之說,是只承認政治革命,而未承認社會革命[15]。社會主

---

[13]　〈維護人類和平生存的權利〉,上揭《徐復觀雜文補編》,冊3,頁431。

[14]　這原是1923年10月孫中山先生在廣州中國國民黨懇親大會上的題詞,後來汪精衛從中山先生的遺囑中也提煉出這兩句話。

[15]　社會革命,很多時是由共產黨發動的。所以這裡順帶一提,徐先生雖具有反共意識(簡單說,即反共),但絕不認同由不民主的手段推翻共產黨業已建立的政權並取而代之。徐先生說:「(一九)五八年五月的選舉,由巴特寮獲得勝利時,卒被由美國所支持的右翼推翻,這是非常橫暴的行動,今後不應當再發生這類的事情。」孟子說:「行一不義,殺一不辜而得天下,皆不為也。」(《孟子·公孫丑上》)徐先生雖反共,但更反對美國以不民主的方式(不民主必不義;暴力介入以奪取政權必連累無辜)推翻共黨業已建立的政權,則徐先生猶孟子也,其儒家性格可見一斑。由此亦可見,對徐先生來說,民主的順位乃在反共之上。即民主是首要的,反共是次要的。也可說寧可不反共,但也不能違反民主。也可說不能違反民主而進行反共;不應為了反共便進行不民主(即不應以不民主的手段來進行反共)。上文所說到的「巴特寮」,又稱戰鬥寮、國家寮,乃以共產主義為基本信念的一個戰鬥部隊,英文為

義，是要求社會革命的。既是社會革命，則鬥爭當然要擴及於全社
會。但我覺得，人類只應當有政治革命，不應當有社會革命。由政治
革命取得政權以後，一切社會改革，皆可通過立法在和平中加以實
行。[16]

社會革命，其鬥爭是擴及全社會的。換言之，整個社會要為其革命付出很大
的成本、代價。政治革命則不然；所付出的成本是相對地比較小／少的。在
「成本考量」下，所謂兩害相權取其輕，當然是捨重取輕了。政治革命成功
後，即可由立法的和平手段進行社會改革。徐先生這個讓社會付出最少成本
而讓最多人獲得最大幸福的考量，洵為最能為人民著想並減少社會災難的一
劑靈丹妙藥。個人認為徐先生這個考量是非常睿智的，而值得現今一切擬從
事社會革命的人認真思考反省的。

　　暴力、戰爭及政治革命，徐先生都可以接受，那麼性質相類似的軍事政
變，徐先生也不會拒絕了。下文即可為證。先生說：

> 一般的說，軍事政變，不是可以鼓勵的，但有兩種情況，應視為例
> 外。首先，現代的獨裁政治，有一整套壓制人民的機能，使人民不僅
> 沒有集會結社的自由，連起碼的批評自由也剝奪得乾乾淨淨。⋯⋯除
> 了軍事政變外，再無其他途徑可資選擇。⋯⋯其次，較好的軍人集
> 團，其智慧，其良心，其品格，往往較獨裁者及其小集團，為優勝，
> 為純潔。⋯⋯較好的軍人集團，從士兵身上，從下級軍官身上，可以
> 反映出國家社會的許多真實問題；這便是智慧的來源，良心的激勵。

Pathet Lao，始建於 1949 年 1 月 20 日。1965 年 10 月改名為寮國人民解放軍，1982
年 7 月改稱寮國人民軍。參網路維基百科。上引徐先生的意見，見〈對寮國聯合政府
的期待〉，上揭《徐復觀雜文補編》，冊 4，頁 167。原載《華僑日報》，
1974.04.09。

[16]　〈維護人類和平生存的權利〉，上揭《徐復觀雜文補編》，冊3，頁431。

　　　　因此，葡國的軍事政變，可能走向成功之路。[17]

據上文，可知原則上（即所謂就「經道」來說），徐先生是不接受軍事政變以推翻一國之政府的；但不無例外（即不排除權宜的作法）。例外之一是，徐先生非常明確的指出說：「除了軍事政變外，再無其他途徑可資選擇。」而所謂「再無其他途徑可資選擇」，意謂就實現善（至少是為了改善本來的情況）來說，當時葡國沒有比進行軍事政變更好的其他途徑了。針對上例（1974 年 4 月葡國的軍事政變）來說，這個所謂「善」，不是指絕對的善（其實現實世界也沒有絕對的善），而是指政變後，人民的生活將比政變前有所改善，至少政變前「一整套壓制人民的機能，……連起碼的批評自由也剝奪得乾乾淨淨」的現象將會有所改觀。而這也就符合了上文所說的行權的目的「是為了實現善」這個條件。另一個例外是政變的軍人是「較好的軍人集團」[18]。因為較好的軍人集團給人民帶來的新生活，比起原先「獨裁者及其小集團」統治下所過的生活，應有所改善。換言之，這也符合了行權「是為了實現善」這個條件。一言以蔽之，為了實現善──針對上例來說，即為了獲得比過去的不民主，不自由的生活，有所改善的機會，吾人便可以行權。於是「軍事政變，不是可以鼓勵的」這個原則（即所謂經道），便不是一成不變，而是可以針對具體情況作出相應的適度調整的。

　　上面說過徐先生在某種情況下不反對鬥爭。打仗是鬥爭的方式之一，所以徐先生也不反對打仗。先生說：

　　　　歷史上，有的為女人打仗，有的為面子打仗，有的為疆土打仗；越進

---

[17]　徐復觀，〈葡萄牙的軍事政變〉，上揭《徐復觀雜文補編》，冊 4，頁 172-173。原載《華僑日報》，1974.04.30。

[18]　上引文中以下幾句話當係源自徐先生個人多年從軍經驗的心得：「較好的軍人集團，從士兵身上，從下級軍官身上，可以反映出國家社會的許多真實問題；這便是智慧的來源，良心的激勵。」當代新儒家，尤其第二代新儒家中，恐怕只有徐先生有資格說出這樣的話。

入現代，打仗的社會基礎越拓大，打仗的口實越莊嚴。但凡是真正為了爭取自己生存而打仗，即具備了打仗的充分理由，不是空洞的其他概念所能阻止的。[19]

「為了爭取自己的生存而打仗」，這是絕不容否定或歪曲的一個最光明正大的理由，所以徐先生稱之為充分理由。「天地之大德曰生」。有甚麼比求生（追求生存，爭取生存）更重要，更偉大的呢？所以追求生存，爭取生存，必係人世間的大經大法無疑；即人所追求之經道無疑。至於打仗，則必以殘殺、戕害對方，以求戰勝對方為目的。這樣說來，則打仗恆以破壞生存為目的。換言之，主張追求生存的人，是不應該接受打仗，贊成打仗的。然而，徐先生則接受之，何以故？原因是「為了爭取自己的生存」。凡人皆有求生之欲望。這可說是人世間最卑微的欲求。所以當一己的生命受到威脅，是對方先不給你機會活下去時，那在這般萬不得已、無可奈何的情況下，你只好冒著生命危險——用自己的生命來爭取生存的空間了。爭取的過程中，若不得不動武——打仗，那就只好打仗了！由此來說，徐先生所贊成的那種打仗，是為了自我求生（爭取生存）的一種權道，是不得不爾的權宜作法。然而，上文說過，「行權是一種高度發展的道德能力。」所以你之所以開戰——打仗，雖然有其非常正當的理由，但在過程中，絕不能過了頭、過了分，譬如不能放任自己濫殺無辜。你必須自律，展現出一種高度自我克制的道德能力，時時刻刻自我警惕不能殺紅了眼而做出種種非理性的行為。在具體的操作上，一言以蔽之，就是要做到：一旦爭取到自己的生存空間，便立刻止戰。

二戰後韓國的政治情勢，永遠都是徐先生關心的焦點之一。對掌握韓國最高政治權力近 20 年（1961-1979）而評價不一的朴正熙總統，徐先生尤其關注。我們先看看徐先生怎麼說。他說：

---

[19] 徐復觀，〈戰爭是政治的延續〉，上揭《徐復觀雜文補編》，冊 4，頁 272。原載《華僑日報》，1975.01.14。

朴正熙以政變的方式取得政權，當然有他們的若干成就。但任何成就
都應安放在奠定國家基礎的大經大法之上，才會有真正的意義與結
果。自己對政治有興趣，也應考慮到他人的興趣；自己要發揮才能，
也應考慮到他人也想發揮才能。為了穩定動蕩中的局勢，不可能有充
分的自由，但總應考慮到一個社會中不可少的自由。[20]

國家賴以運作暢順的大經大法，永遠都是徐先生所重視的。在上文，徐先生
沒有明言其所謂「大經大法」何指。但衡諸徐先生畢生所信持的政治理念、
細察朴氏統治時期一般民眾（尤其反對黨、異議人士）所追求者，及細閱上引
文最後的一兩個語句，則徐先生所說的大經大法，非自由、民主而何？自
由、民主必係國家得以運作之「經道」無疑。然而，猶如前文所指出的，光
有「經道」不足以濟事。再理想之理念，其推動及落實，必須考慮客觀大環
境。朝鮮（北韓）且夕間即可長驅直入韓國首都漢城（2005 年改名首爾），甚
至進而消滅整個韓國。深明國家生死存亡之道的徐先生，當然不會天真到要
求朴氏短期內在韓國全面推動及落實民主政治及對各種自由作全面的開放。
充分的自由雖不可能，然而，徐先生語重心長的指出說，「總應考慮到一個
社會中不可少的自由」。如果說全面民主及充分自由乃係一個國家賴以順暢
運行及蓬勃發展的大經大法，因而是經道；則基於政局、時勢考量而不得不
暫時剝奪人民的部分民主及部分自由（剝奪的程度以不能超過一個社會中該有而
不可少的自由為準則），則可說是權道。上引文又可再一次佐證徐先生討論問
題，尤其現實上的政治問題時，恆能經權兼顧──經經權緯、體經用權，而
絕不是書呆子式的只抱持不切實際的理想，或只談空洞的理念而已。又：上
引徐文中，「自己要發揮才能，也應考慮到他人也想發揮才能」這個說法，
正是孔子：「其恕乎。己所不欲，勿施於人。」（《論語·衛靈公》）一語更
積極的說法。徐先生這個本乎恕道而來的推己及人的說法，猶同西方以下的

---

[20]　徐復觀，〈日、韓問題應有的反省〉，上揭《徐復觀雜文補編》，冊 4，頁 217。原
載《華僑日報》，1974.08.22。

道德黃金律：「己所欲，施於人。」[21]其實，這也就是《大學》中所說的「絜矩之道」。是可知，中外古聖賢的智慧是相通相濟，相互輝映的。

四、結語

本文的目的，乃在於闡釋徐先生政治論述中的經道（常道、原則）與權道（因時制宜的權宜、權變）的問題。其實，經、權這個議題，早見諸中國古代儒家的文獻，如《春秋公羊傳》、《論語》、《孟子》、《荀子》各書中的相關論述即其例。中國人，尤其儒者，恆能透過「體經用權」、「體經行權」，或「經經權緯」（以經為經，以權為緯）的手段，以期達致解決問題的目的。「經」與「權」，表面上看來，也許是一對相互對反的概念；然而，相反亦相成也，實相須為用者也。有經無權，世間之事恆不能濟。有權無經，則做人行事，為政施教，乃喪失其根柢、原則；根本上不能算是儒家！在世間事務的處理上，恐怕只有「經、權兼顧」，始可既守住人類之道德良知，又發揮道德的靈活度及創造性。而見諸徐先生眾多政論雜文中的相關文字，正係這個議題最具代表性的偉大論述。

五、附識

本文及本書上篇第九章：〈（徐復觀先生論）國際交往中的道義〉，原為完稿於 2014 年 10 月 9 日同一文章的兩個不同部分。完稿之翌日，嘗寄發徐先生旅居美國的長女公子均琴女士，請其賜教。10 月 11 日接獲覆函如下：

「兆強，
謝謝您傳來的大作。您在題材的選擇上獨具慧眼，含著特殊的時代意

21　這個道德黃金律，源出《聖經·馬太福音》第七章第十二節。其確切語句如下：「無論何事，你想別人怎樣待你，你也要怎樣待人。」

義。

當年蘇聯運用越南，美國運用日本，來牽制中國，現今則是美國運用
越南，日本，來牽制中國。文中提到的『裸體的正義』仍然能為分析
今天烏克蘭的亂局提供一個新的角度。美國當年在東南亞的『便宜主
義』這幾年來也正在中東作示範。

先父在愛國上強調『國家的兩重性格』

https://docs.google.com/viewer?a=v&pid=sites&srcid=eHVmdWd1YW4u
bmV0fGVzc2F5fGd4OjY1MzVkMTJlNjM1MjU3ZjA

因此一生站在『民族的國家』的立場來鞭策，批判，申討『政治的國
家』

https://docs.google.com/viewer?a=v&pid=sites&srcid=eHVmdWd1YW4u
bmV0fGxldHRlcnxneDozNTgyNTdlNjQzNDI0MzUw

可惜近百年來文化上由『掘根主義』領隊，政治上由『馬列主義』帶
頭，兩路夾攻之下動搖了『民族的國家』的根基。」

在此要特別向徐大姐致謝。筆者每次把完成後的拙稿寄呈徐大姐，請其
斧正時，大姐都必於最短的時間內（一二天內）回我信，盡其所能，提出寶
貴意見。以上回函即一例。函中扣緊當前局勢（21 世紀，尤其最近幾年），並
上溯其先嚴當年政論雜文的相關要旨，而作成一深具時代意義且富於啟迪精
神的綜合性的結論。雖寥寥數語，但言簡意賅，非常值得參考。

下篇　政治人物與政治專制

第一章　徐復觀論政治人物的道德修養[*]

一、前言

　　2012 年 9 月下旬，筆者嘗發表以下文章：〈文章經世：徐復觀先生政論中所見的道德意識〉[1]。文長近四萬字，主要是扣緊「天地之大德曰生」和「人性‧良心」兩項，闡述徐先生國際政論文章中所涵藏的道德意識。惟該文未及處理的相關議題尚多。本文乃繼之而續予申說，其處理的主題如下：徐先生論政治人物的道德修養。政治行為不能沒有道德，這是徐先生非常關注的。當今之世，從政者泰半把道德問題拋諸腦後。先生孤明先發，乃為振聾發聵之音，泃頑廉懦立矣。

---

[*]　本文係應「徐復觀政治思想研討會」主辦單位臺灣大學人文社會高等研究院之邀請而撰寫。舉辦日期：2013.09.28；舉辦地點：臺灣大學法學院（霖澤樓）。徐先生長女公子均琴女士特別從美國遠道而來與會，並在座談會中發言彰顯其先父在政治思想方面的卓見，筆者獲益良多。本文始稿於 2013.09.06，經多次修改後，最後定稿於2016.06.13。

[1]　此乃應「當代儒學國際學術會議：儒學之國際展望」研討會主辦單位國立中央大學儒學研究中心之邀請而發表。該文較重要的內容（文中三節）經修改並分別冠上三個不同題目後，已納入本書上篇內。

二、徐先生論政治人物的道德修養

　　徐先生雜文中論述了不少政治人物，其中論述得最多的恐怕就是毛澤東（1893-1976）。筆者對這個問題已有所處理[2]。下文擬僅闡釋先生對外國政治人物所作的論述。美國、日本、蘇聯、韓國、越南、柬埔寨、埃及等等國家的政治人物都是先生論述的對象。下文即以人物為主軸，逐一依次闡釋先生的看法。眾多國家人物中，先生論述最多的是美國，而美國中又以水門醜聞案下臺的總統尼克遜（Richard Nixon；1913-1994；總統職位：1969-1974）[3]，最為先生所關注。今依國家為序，並大體上依先生文章發表之先後，闡釋如次，以見先生本乎道德意識對尼氏等政治人物所作出的價值判斷：道德評價。

（一）信用掃地的詐術外交
——尼克遜秘密派遣吉辛加赴北京

　　1971 年 7 月 15 日，尼克遜宣佈當時任美國首席安全顧問的吉辛加（H. Kissinger，1923-）訪問了北京。舉世為之震驚不已。尼氏的作法，站在美國立場而言，可說無可厚非。徐先生乃至認為值得同情。然而，先生明確指出說：

　　　　……但他所採的秘密外交方式，決定了今後美國在國際地位的沒落，也斷然是尼克遜外交的污點，因為這是最顯明地違反信義的外交方

2　此即〈誅奸諛於未死，定論何須蓋棺：徐復觀評毛澤東〉一文，發表於「『北學南移』國際學術研討會」上。會議主辦單位：香港新亞研究所、香港樹仁大學歷史系、臺灣中央大學中文系。會議日期：2013.08.29-31。該文第一節經修改並以「徐復觀與毛澤東之接觸及對話」命名後，收入鮑紹霖、黃兆強、區志堅主編，《北學南移：港臺文史哲溯源》（臺北：秀威資訊科技公司，2015），學人卷 II，頁 84-92。今全文納入本書下篇內。

3　中國大陸譯為尼克松；臺灣則譯作尼克森。徐先生撰文述及尼氏時，居住在香港，因此取香港譯名尼克遜，本文因之。先生居港時間為 1969 年秋至 1982 年春；其間嘗短暫離港若干次。

式。……尼克遜的秘密外交，對他的與國而言，是一種信用掃地的詐
術外交。

先生指出，在尼氏宣布吉辛加完成其任務前，二十多年以來，美國用金錢、
武器、輿論、特務等，誘勸、強迫許多國家跟著他一起反對中共。不少國家
的政治、經濟、文化等等組織，都是由美國這一意圖所構造出來的。吉氏此
一任務，美國的與國，事先一無所悉，可說沒有絲毫的朕兆。這所以徐先生
慨嘆說：「這對於他的與國而言，是規模最大，事實最明的史無前例的出賣
與玩弄。」先生之所以如此憤懣，完全是從道德立場出發；認為美國背信棄
義，採取了「信用掃地的詐術外交」。先生進一步指出，國際間互相信賴的
精神至為重要，否則政治、軍事、經濟的任何安排，恐怕只有互相背反而不
可能互相連結、合作。按：任何合作，都需要藉賴一定的手段、媒介。而手
段、媒介之合理與否，又端賴是公開或是秘密。就一個民主國家如美國而
言，先生直斥，「尼氏的秘密外交，和他的政治制度及立國精神，實在是大
相徑庭了。」尼克遜聰明絕頂，所運用的外交手法當然極之高明。但先生指
出：「手法太高明之處，即是他的污點所在」。[4]先生在這裡，以至上引文
中，只用「污點」一詞，而不用更激烈的字眼，如「手段骯髒」、「不可告
人之伎倆」等等，可說對尼氏已稍留有餘地步。其實，先生對尼氏是頗為欣
賞的。這方面，下文再詳說。

（二）違反民主精神——尼克遜對巴基斯坦的政策

以上譴責尼氏背信棄義，有違美國所標榜的民主立國精神。徐先生的相

---

[4] 本段各引文及相關論述，詳見徐復觀，〈尼克遜外交的污點〉，原載《華僑日報》，
　1971.10.24；收入《國際政治卷》，《徐復觀雜文補編》（臺北：中央研究院中國文
　哲研究所籌備處，2001），冊三，頁315-318。先生批評尼氏和吉辛加（先生有時用
　另一譯名：基辛格）的秘密外交（指71年尼氏派遣基辛格赴北京藉以促成其本人72
　年訪中國大陸的外交），又見下文：〈在基辛格外交後退中的混亂世局〉，原載《華
　僑日報》，1974.03.19；收入《徐復觀雜文補編》，冊四，頁156。

關文章發表於 1971 年 10 月 24 日。不到兩個月，即 1971 年 12 月 11 日，先生又扣緊「民主」的議題再摑尼氏一巴掌。1970 年前後，巴基斯坦的東部（東巴）企圖爭取獨立，與位於巴國西部的中央政府不斷發生磨擦、衝突。70 年 12 月巴國大選，東巴產生了一百多位議員，以阿敏為首的右派只選上兩席。然而，當局不把代表最大多數人的政黨領袖（筆者按：如 S. M. Rahman，一般譯作穆・拉赫曼；拉氏組織「人民聯盟」政黨），從監獄中釋放出來，而竟用阿敏當傀儡！71 年 3 月又終止談判。徐先生於是批判道：

> 美國傳統外交中的理想主義成分，在尼克遜手上，已經掃地以盡了。……（當局用阿敏當傀儡，）尼克遜便稱讚這是政治解決；我懷疑尼克遜所做的，並不是「民主美國」的總統。……但我的推測，尼克遜目前的外交政策，不會在國際政治中佔到絲毫便宜的。[5]

上引文有二義蘊。美國以民主為立國精神的理想主義成分，在尼氏手上已蕩然無存。這是先生對尼氏的譴責。此譴責即反映先生之重視民主精神。此其一。又：美國雖已喪失了理想，但先生絕不因此而氣餒；換言之，這絕不礙先生仍舊抱持其理想。這反映在先生對當時的國際情勢（甚至可以說對人類前途）的一個看法上：指出尼氏的外交政策，「不會在國際政治中佔到絲毫便宜的」，便很明顯是其理想的流露；意謂尼氏你作為目前世界上最強大，最富庶的國家的領袖，你耍點手段，東巴人民無人可奈你何。但你以為你可以一手遮天，欺騙天下人，以為在國際政治中佔到便宜，那你就大錯特錯了。你等著瞧吧！尼氏可否在「國際政治中佔到絲毫便宜」，姑且不論。退一步來說，縱使別國也許對你無可奈何，但天理循環，昭然不爽。最後你還不是下臺一鞠躬嗎！按：尼氏在國內的表現以水門醜聞案最讓人失望。其結果便是 1974 年 8 月黯然辭職下臺。

5　徐復觀，〈印、巴戰爭中的中、蘇、美的三角鬥爭〉，原載《華僑日報》，1971.12.11，收入《徐復觀雜文補編》，冊三，頁 333-334。

（三）有關竊取、竊聽的美國水門醜聞案
——尼克遜的誠信問題及其他

　　水門事件醜聞是尼克遜總統任內最大的政治危機。這牽涉到道德問題、法律問題（下詳）。徐先生在不少文章中都談到這個問題。下文即依文章發表的先後，逐一展示相關的看法。針對 1973.06.22 先生所發表的一文：〈英、美正在中國政治思想考驗之下〉，茲論述並闡釋其重點如下：

　　文中主旨計有：1、先生特別強調儒家所主張的「言行的一致，目的與手段不可分」；又認為：「在世界文化中，只有儒家堅強」提出這個主張。而「水門事件，對白宮而言，首先受到言行不相顧的道德律的打擊。」2、中國古代對政治家的教育或要求，是以「『身教』為基點而展開的。」這是中國政治思想的基礎。3、此政治思想，「認為不能修身的必不能齊家，不能齊家的人而擔當國家的大任，必蒙覆國滅家的慘禍。」4、「這種思想，反而在近代民主國家中得到事實上的承認，身為中國人，應當作何感想呢？」[6]

　　上引文主旨 1 指出，「在世界文化中，只有儒家堅強」提出「言行一致」等等的主張。先生這個看法，我們不必認真看待。因為恐怕世界其他文化也必有類似的主張。然而，這反映徐先生特別看重中國文化，尤其儒家文化；且先生是藉以指出白宮「言行不相顧」的表現是有違道德律的。先生之旨趣固不在貶視其他文化，此吾人不必泥。

　　上文的第 2 點和 3 點，我們合在一起作說明。《大學》八條目的順序依次是：格物、致知、誠意、正心、修身、齊家、治國、平天下。《大學》原文云：「古之欲明明德於天下者，先治其國；欲治其國者，先齊其家，……身修而后家齊，家齊而后國治，國治而后天下平。」依此原文的脈絡，筆者要指出的是：上開八條目，前一條目乃後一條目的必要條件；非充分條件，更非充要條件。意謂物格後，其知始致；知致後，其意始誠；意誠後，其心

---

[6]　〈英、美正在中國政治思想考驗之下〉，原載《華僑日報》，1973.06.22；收入《徐復觀雜文補編》，冊四，頁 50-53。

始正。修身以下各項，情況正同；不細表。絕不是說，物格後，其知必隨之
[7]而致；知致後，其意必隨之而誠。……筆者用「始」字，是「才」的意
思；意謂前者完成後，才算具備了必要條件——才有機會可達致後者（只是
有機會，即只是跨過了門檻而已）；不是說完成了前一條目後，那後一條目便馬
上隨之而完成。筆者再要指出的是，所謂必要條件，即不可或缺（不可缺
少）的條件。那麼八條目中，其前的一條目（對「致知」來說，「格物」便是其
前一條目；其餘類同，不再列舉）便非常重要了。蓋缺少了這前一條目，那後一
條目（對「格物」來說，「致知」便是其後一條目；其餘類同）便絕對無法達致！
徐先生對此非常了解。政治家固以治國（擔當治國大任）為旨趣；但家不齊的
人，斷難語乎此。欲家齊，個人又必須先修身（即徐先生所說的「身教」）。
所以先生明確指出說：依中國傳統政治思想，「不能修身的必不能齊家，不
能齊家的人而擔當國家的大任，必蒙覆國滅家的慘禍。」蓋即以前者為後者
的必要條件也。無此條件而勉強力致之，必失敗無疑。這是徐先生依《大
學》八條目乃至中國的傳統政治精神所作出的說明、申述。

　　至於上文第 4 點，這是先生的感嘆。然而，禮失求諸野。只要世界上仍
存有上文所說的政治思想，且仍有國家有意願予以實踐，則先生亦可以瞑目
了；何必非中國實踐之不可呢[8]！

　　1973 年 8 月 21 日，徐先生發表的另一文：〈大節與大體——美國現階
段的水門事件〉[9]又再談到水門事件。茲引述並闡釋其重點如下。文中主旨
計有：

　　1、「中國文化的傳統，論人，則論其大節；論政，則持其大體。」然

---

[7]　此乃邏輯上之「隨」，非時間上之「隨」；意謂無例外地必如此。

[8]　1966-76 的文化大革命，中國文物破壞無數。所以筆者經常對學生說，「幸好」有八
　　國聯軍等等的戰爭／戰役，讓不少國寶幸存於外國，否則我們想看一眼中國的文物都
　　無管道了。當然，這是悲劇！是筆者無何奈可的情況下說出的話！但不是這麼說、這
　　麼想，我們又能怎麼樣呢？！自己國人不爭氣（如發動文革等等運動），你怪得了誰
　　呢！

[9]　原載《華僑日報》，1973.08.21；收入《徐復觀雜文補編》，冊四，頁 84-88；文章
　　作者署名「戚十肖」。

而，「論大節，持大體」的理據是甚麼呢？先生指出說：「一方面可以維繫人道政道前進的大方向，同時也可以得到社會政治的安定和平。」一言以蔽之，「論大節，持大體」對人道、政道和對社會都有很正面的貢獻。

2、「一個知識分子，以聖賢自期，應當在自己幾微之地，反省內觀，不使有絲毫自私自利的夾雜；在日用尋常之際，居敬行禮，不使有絲毫疏忽怠慢的行為」。不使有「絲毫自私自利的夾雜」和不使有「絲毫疏忽怠慢的行為」，這個聖賢的自期，絕對是不容易做到的。但為了「將自己的生命，從物欲勢利中，不斷向上超升，向下落實，以顯示人生的真價」，吾人也務必「自強不息」，勉力為之了。假若有此表現，則自己的生命必會如先生所說的「不斷向上超升」。之所以能夠「不斷向上超升」，原因就在於上面所說到的聖賢的兩項自我期許，已然「向下落實」了下來。其實，「向上超升」和「向下落實」是一體的兩面：正因為已然向下落實，吾人的生命才會向上超升。先生特別用上「向下落實」一詞，是要吾人注意，不要耍嘴皮子，只是嘴巴上說說而已！其實，一切自我期許必以落實為究竟。先生嘗說某些人經常是「好話說盡」，而「壞事做盡」的。此切戒。

3、然而，若以知識分子如上的自我要求，來要求他人，並以此作為論斷他人的準則，「則將發現每一個人都失掉了生存的意義，每一個人都算不得是人，在這種否定一切人而只肯定自己的一個孤獨生命的一念之間，已充滿了暴戾乖僻之氣，自己的生命，實際已墮落到一切人的腳底下去了；」吾人的要求如果已到了這個地步，並且手握大權的話，則很可能會成為另一個毛澤東！先生即嘗指出說，毛澤東所犯的「一切野蠻的罪惡」，都是由於「把自己及自己所作的事，安放在絕對善的圈子裏，把自己所不喜歡的人與事，安放在絕對惡的圈子裏。」[10]擇善固執，固然是好事，但如果缺乏恕道，不能推己及人；必以己為是、人為非，那是非常可怕的。「這與中國『躬自厚而薄責於人』的聖賢所用的工夫，完全是背道而馳，和中國聖賢與

---

[10]　徐復觀，〈試談思想解放〉，《華僑日報》，1979.07.04、1979.07.17；收入《徐復觀雜文續集》（臺北：時報文化出版企業公司，1981），頁163。

物為春的胸懷，完全是兩種境界。」和氣致祥，乖氣致戾。如能「嚴於責己，寬以待人」，或至少「人、己都能一視同仁」，恆與物為春，那麼太和世界（不光是大同世界啊）便不再是遙不可及的高貴的夢想（"That noble dream"）而已。事在人為呢！

4、徐先生說了上文一大堆理論，目的何在？原來先生旨在指陳，吾人在對待水門事件的問題上，宜心存寬厚。

先生又說：「（水門事件）尼克遜也承認他在行政上的疏忽，並擔保今後不致再有此種疏忽，這問題便可告一段落了，因為調查的目的已經達到。」正所謂人非聖賢，誰能無過？尼氏已認錯了，那事情便可告一段落，何至於窮追猛打，糾纏不休呢？所以徐先生逕斥為：「置美國乃至自由世界的大利大害於不顧」。[11]論人、論事，如不從「大節與大體」上著眼，那非為人之道，也非為政之道。徐先生的看法，一方面深具卓識慧解；而更重要的是，先生是站在儒家忠恕之道的立場上立論的。有謂政治不需要道德。是何言歟？是何言歟？

水門事件最後的結果是 1974 年 8 月 8 日，尼克遜總統透過電視向美國和全世界發表了辭職聲明；辭職於同年 8 月 9 日生效。綜合來說，徐先生對整件事件有如下的看法：

1、水門案是道德問題：此案件是法律問題[12]；但更為重要的是，它更是一個道德問題，即尼氏道德上的表現的問題。先生更特別指出：「我所以特別重視此一問題，是想考驗道德在政治中的意義。」先生一向認為：「政

---

[11] 以上引文及相關論述，除另有註文說明其出處外，皆詳見徐復觀，〈大節與大體——美國現階段的水門事件〉，原載《華僑日報》，1973.08.21；署名戚十肖；收入《徐復觀雜文補編》，冊四，頁 84-88。

[12] 因為牽涉到闖空門裝置竊聽器，竊聽位於華盛頓的一間名為水門大飯店的民主黨總部有關總統選舉的情資，並竊取重要文件等等事宜，所以是法律問題。該案發生於 1972 年 6 月，即美國總統大選期間。同年 11 月尼克遜仍以高票當選。惟翌年，此案越鬧越大。1974 年 8 月 8 日尼氏只好宣布辭職下野，翌日生效。以上主要參網路版英文維基百科 "Watergate Scandal" 條。

治中當然有道德問題，政治與道德當然有相互的關連。」[13]由於先生有這個認定，而水門事件又是一個以民主為立國精神的一個西方大國的美國的總統所幹出的勾當，所以先生便把水門事件定位為「考驗道德在政治中的意義」的一樁事件。先生更進一步指出，政治人物由於違反道德，背叛道德，「種下許多禍根，造成許多災害，使歷史進入到黑暗裡面」。這是先生所發出的慨嘆。先生是史家，素來看重歷史，所以認為：「歷史問題，還是由歷史自身來作審判。」然而，甚麼是歷史審判呢？歷史審判又以何為準則呢？就一般史家來說，他們恆從時勢──歷史的客觀形勢、情勢（相當於今人所常說的客觀大環境），或從當時現實利害的立場，譬如成王敗寇的立場，來對歷史事件作評判，或對歷史人物作審判。然而，先生異於是：其立言絕不現實、不勢利。換言之，絕不曲從歷史上的形勢。先生是（新）儒家，或可說是道德意識特強的史家，所以其看法便迥異一般史家。是以非常斬截的說：「在歷史的審判中，依然要回到道德問題之上。」換言之，依人之良心、良知而來的道德準則、道德規範就是歷史審判的唯一根據[14]。

　　2、一念之差鑄成大錯：徐先生相當肯定尼氏的聰明才智；指出尼氏犯下過失，「因他在心意之間有一念之差，遂至成此悲局。」[15]人之一念，在道德成敗過程中，至為關鍵。徐先生對此「一念」甚為看重。在論述水門案時，除上引文「一念之差，遂至成此悲局」外，在另外二文中，亦再次、三次談到此「一念」；指出：「尼克遜所犯的過失，在起基的地方只緣於一念之差，一著之錯」[16]；又說：「尼克遜的錯誤，只是出於一念之差。」[17]人

---

[13] 〈給張佛泉先生的一封公開信〉，原載《民主評論》，卷 5，期 16，1954.08.16；收入《論戰與譯述》（臺北：志文出版社，1981），頁 65。

[14] 本段引文及相關論述，詳參徐復觀，〈美國政治的夢魘〉，原載《華僑日報》，1974.05.20；收入《徐復觀雜文・看世局》（臺北：時報文化出版企業公司，1980），頁 273-275。

[15] 〈美國政治的夢魘〉，《徐復觀雜文・看世局》，頁 275。

[16] 〈民主政治的另一角度──情理義利之間〉，原載《華僑日報》，1974.05.20；收入上揭《徐復觀雜文・看世局》，頁 283。

之「一念」，唐君毅先生（1909-1978）嘗暢論斯義。其早年成名的大著《道德自我之建立》一書中即指出說：「一念之陷溺」即成惡；「一念不陷溺，即通於一切之善」；「一念之自反自覺，即超凡入聖之路」。[18]據上文，徐先生三次說到「一念之差」。而「一念之差」，即唐先生所說的「一念陷溺」；亦可說即「一念之未能自反自覺」[19]。按：依儒家性善大義，人原先的「一念」，必為至善，至純不雜的。然而，由於此念（善念）一時之陷溺（歧出、盆出、脫序、出軌、迷失），別異於此善念者之另一念（或可稱為惡念？）便由是生起！這就成為了徐先生所說的：「一念之差」；人間的一切罪惡便於焉誕生！！

　　3、尼氏既已辭職，則應予以原諒：先生說：「為了保持民主政治的道德精神及其繼續發揮效率，所以逼尼克遜辭職是對的。可是，問題應到辭職而即雨過天晴。」[20]又說：「我們不應以聖人期待尼克遜。則他過去的一切，應隨他的辭職而加以原諒。」[21]先生的恕道精神，很可以概見。

　　4、老百姓的福祉永遠是先生的首要考量：先生從三個因素，即尼氏的智慧、勇氣和相應的行為，來分析尼氏的辭職，此足以反映先生考慮事物之周全：考慮多個因素始作出綜合判斷。而尤其難得的是，先生扣緊民眾的好惡以衡斷尼氏辭職的行為。這又是先生恆以百姓之心為心的一個絕好的佐證。先生說：

　　　　當事人（按：指尼克遜）即使看清楚了，還要有擔承的勇氣和行為的決心。進退之間，是與權利名譽緊緊扣在一起。這便比旁觀者感到難以

17　〈美國水門事件的歸結〉，原載《華僑日報》，1974.08.13；收入《徐復觀雜文・看世局》，頁277。

18　唐君毅，〈導言〉，《道德自我之建立》（臺北：臺灣學生書局，1978），頁13。

19　人之「自覺」在成德的過程中，至為關鍵。陳獻章嘗云：「人爭一個覺，纔覺便我大而物小，物盡而我無盡。」陳獻章，〈與林時矩書〉，《陳獻章集》（北京：中華書局，1987），上冊，卷3，書2，頁243。

20　上揭《徐復觀雜文・看世局》，頁283。

21　上揭《徐復觀雜文・看世局》，頁277。

估計的困難。《易經・乾卦・文言》說：「知進退存亡之道，而不失其正者，其惟聖人乎。」能超出於個人利害得失之上，完全以大多數人的好惡為心，然後能有智慧，然後能有勇氣有決心。所以作〈文言〉的人認為只有聖人才能如此。我們不應以聖人期待尼克遜。……**22**

尼克遜聰明絕頂，1974 年夏秋間，當然看清楚情勢是非辭職不可的。然而，辭與不辭，正如上引文徐先生所說，是與其「權利名譽緊緊扣在一起」的。而最後決定要辭，非得有極大的勇氣和決心不可。就這點來說，筆者完全同意徐先生對尼氏的肯定。先生引《易・文言》：聖人「知進退存亡之道，而不失其正」後，指出說，聖人之所以具備此種智慧，並進而有勇氣，有決心者，乃在於「能超出於個人利害得失之上，完全以大多數人的好惡為心」。就上引文來說，很明顯徐先生是同意尼氏就進退的抉擇上，是具備了與聖人相同的智慧、勇氣和決心的。然則我們很可能會誤會徐先生，以為徐先生也同樣認為尼氏也是聖人了。其實不然。徐先生說：「我們不應以聖人期待尼克遜。」這句話非常明顯而確鑿的說明了徐先生不認為尼氏是聖人**23**。先生頗欣賞尼氏，但這距尼氏之為聖人還遠得很呢！最後我們要指出的

---

22 上揭《徐復觀雜文・看世局》，頁 277。先生在更早時候所發表的另一文亦有類似的論述。該文雖不是特就水門事件尼氏的表現來說，但也是從才能智慧和承擔責任的道德勇氣這兩方面來論述一政治人物的表現的。此見〈快到尼克遜辭職的時候〉，原載《華僑日報》，1973.11.27；收入《徐復觀雜文補編》，冊四，頁 127-128。

23 徐先生在這裡先引錄《易經・乾卦・文言》以下的話：「知進退存亡之道，而不失其正者，其惟聖人乎。」隨後並說：「作〈文言〉的人認為只有聖人才能如此。」這有可能導致讀者產生如下誤會：既然只有聖人才可以做到「知進退存亡，不失其正」，則反過來，凡能做到「知進退存亡，不失其正」的，便只有聖人了。幸好先生補上「我們不應以聖人期待尼克遜」這句話，否則讀者便可能順著作〈文言〉的人的意見而誤會徐先生亦持相同的意見，以為先生視尼氏為聖人了。也許我們可以說，尼氏終歸是辭職了，所以應可視為「知進退存亡之道」。換言之，就這方面來說，尼氏是做到了。然而，他因為拖延了很久（一年多）才不得不辭職，且其辭職很難說是基於：「能超出於個人利害得失之上，完全以大多數人的好惡為心」的考量；是以其辭職（即進退存亡之選擇），似乎不足以稱為「不失其正」。本此，尼氏便不夠格被稱為

是，尼氏的辭職是否真的本於「能超出於個人利害得失之上，完全以大多數人的好惡為心」呢，這點我們暫且不細論，但這句話本身則很可以反映徐先生本人的畢生願念：永遠以老百姓之心為心；且本此願念來期許所有政治家。張載云：「為天地立心，為生民立命，為往聖繼絕學，為萬世開太平。」（《張子全書・近思錄拾遺》）四句話中的第三句話，在這裡不談[24]。但其他三句話，用在這裡以描繪徐先生，誰曰不宜？！

5、德先於才：徐先生指出尼氏一念之差，造成水門事件的悲劇時，嘗云：「一切玩弄權詐的人，對此應當發生反省。」[25]人的「反省」是道德範疇之事。中國人素重德，但也重才。然而，何謂才？何謂德？又：才、德之關係如何及孰輕孰重，北宋偉大史學家司馬光（1019-1086）嘗論述晉智伯（荀瑤；？-前453）之亡（周定王16年，公元前453年被殺），其中對才、德問題便有所說明。這很可以作為今人之參考。司馬氏說：「夫才與德異，而世俗莫之能辨。……夫聰察強毅之謂才，正直中和之謂德。才者，德之資也；德者，才之帥也。……德才全盡謂之聖人，德才兼亡謂之愚人，德勝才謂之君子，才勝德謂之小人。」[26]天下間為聖人者，固鳳毛麟角、稀若星辰；為愚人者，似乎也不很多。至於君子，則不常見；小人，則比比皆是也。君子、小人之比例，何其懸殊若是也？此則說來話長。略言之，個人認為以「道德無休假之一日」也。是以一休假，即不得為君子矣。此其一。再者，「君子

聖人。徐先生之所以說出以下的話：「我們不應以聖人期待尼克遜」，其理由恐怕正在於此。

[24]　不談並不表示徐先生在「為往聖繼絕學」方面，未嘗作出過貢獻。其實，先生在逝世一個半月前，即 1982.02.15 所寫的〈臥病臺大醫院〉一詩，便充分顯示了為往聖繼絕學的企圖心；且其等身著作的內容也成為了最好的佐證。其詩云：「中華片土盡含香，隔歲重來再病床。春雨陰陰膏草木，友情默默感時光。沈痾未死神醫力，聖學虛懸寸管量。莫計平生傷往事，江湖煙霧好相忘。」其中「聖學虛懸寸管量」中的「寸管量」便揭示了先生的企圖心及過去的努力。詩見徐復觀著，翟志成、馮耀明校注，《無慚尺布裹頭歸——徐復觀最後日記》（臺北：允晨文化實業公司，1987），頁225。

[25]　上揭《徐復觀雜文・看世局》，頁275。

[26]　司馬光，《資治通鑑》（香港：中華書局，1976），卷一，周紀一，頁14。

惡居下流，天下之惡皆歸焉。」（《論語・子張》）一有失德（行為上稍有閃
失），則世人即視為不德，而不再以「君子」稱之矣！但這是題外話。就尼
氏來說，其智慧之高，才能之強，何人能否認？然而，德之表現又如何？平
情而論，就客觀上來說，尼氏為國民謀取到一定之福祉、增加了美國之國
力……。所以就「道德」一詞的廣義來說，吾人恐亦不宜不承認尼氏在道德
上有一定的表現。然而，綜合來說，尼氏乃才勝德無疑。依司馬光，則尼氏
正小人也。徐先生說：

> 孔子所說的「民無（不）信不立」，即是說一個統治者不為人民所信
> 任，便站不起來。又如政治地位愈高，對品德的要求也愈大，這即是
> 所謂「德先於才」。豈不都在水門事件中得到證明嗎？[27]

吾人固不必視尼氏為小人，恐怕徐先生亦不以此視之，但先生看重德過於看
重才，對政治地位高的人尤其如此要求之，上引文很可以概見。

　　6、附識：以上主要是把徐先生對水門事件的看法，尤其從道德立場對
尼克遜所作的評價，予以闡發；也稍微陳述了先生之另一看法：希望美國人
民以恕道來對待尼氏。在整個水門事件中，先生除評價尼氏外，對時任白宮
法律顧問的狄恩（John W. Dean III，1938- ，White House Counsel）也作出了相當嚴
厲的批評，並特別寫了以「狄恩的祈禱」來命名的一篇文章。文中內容相當
有意思。茲略述如下，以揭示先生道德觀方面，上文或不及談及或雖談及但
仍值得再強調的某些面向。

　　(1)文中先生很強調民主中的道德因素，指出這些因素「是民主政治的
靈魂」。

　　(2)先生認為狄恩用心「卑鄙、毒辣，不能不使人懷疑到他的供述所能
信賴的程度」。

　　(3)「狄恩是白宮的法律顧問。若他認為竊聽、掩飾等行為，為法律道

27　上揭《徐復觀雜文・看世局》，頁279。

德所不許，則不論此種計劃出自何人，他當時一經知道，即應加以反對。假使是出自尼克遜的主張，他反對無效，他便應當掛冠而去，不同流合污。」這個說法，反映出先生認為法律及道德的位階遠在對主子「盡忠」的位階之上。中國人素來重視忠、孝。今不談孝。就以忠來說，不應是愚忠。愚忠指盲目的忠於一人（如某一領袖）。其實，最正常，最合理的「忠」，是指忠於人民，忠於國家，忠於真理，忠於一個崇高的理想，而非忠於一人！先生所說的所謂「道德所不許」，乃指良心所不許。中國傳統所說的「忠」：忠君，則屬於人倫的範疇。此可見就先生來說，人倫範疇下的「忠」必須以「道德良心」為依據。換言之，忠君的位階應在道德良心的位階之下；必據以作為忠君與否的指導原則。然而，道德良心是泛指。針對忠君來說，其具體德目又是甚麼呢？答：「義」是也。先生說：「君臣朋友之間，皆以『義』相合；此即所謂『君臣主義』。……以義相合的另一面，即含有以『義』相離的意味；此即所謂『以義事君，不可則止』。」換言之，狄恩盡忠其上司與否，應以義為判。如於義不合，譬如違反人之良心——違反國家利益、人民利益，則不該對上司盡所謂「忠」了。

(4)根據上文，我們看得出來，狄恩的作法，先生很不以為然。但因為深悉人性有其脆弱的一面，先生乃本乎恕道精神而指出說：「但狄恩畢竟是一個人。人的生命中，含有促使自己墮落的因素，這在中國便稱為『私欲』」。「私欲」乃「惡」之別名。（當然，嚴格來說，人是由私欲而衍生惡、導致惡。）根據唐君毅先生，「惡」乃由一念之陷溺、歧出所產生。徐先生所說的「一念之差」，其意思正同。（詳參上文）就此來說，人是挺可憐的，稍一行差踏錯，便鑄成其惡！孟子「人之所以異於禽獸者幾希」（《孟子・離婁（下）》）一語，適足以道破人禽間不容髮的分際！然而，人是可以自力救濟而奮起超剋其惡的。先生即明確指出說：「（人的生命中）同時也含有從墮落中挽回升起的因素，這在中國便稱為『良心』。」此虛明靈覺之良心，乃係使人起死回生之唯一機制（也是必要機制）；甚至也可以說是充分機制。行惡乃違反自己良心的一種行為。解鈴還須繫鈴人。「違反自己的良心，還會由自己的良心加以譴責。」徐先生這句話，非常具啟發性。換言

之，捨人自覺的一途，即良心再發現的一途，吾人實無由從違反良心的行為中自我拯救過來。就是說，惡的行為，假如良心未嘗自我發現而予以譴責，那麼吾人便無由遷善改過了嗎？徐先生對此窘境有所察識，乃補上一句云：「……最低限度，也會使自己的良心感到不安。」凡有道德理性的正常人，其行事、行為必求心安理得。這是不必多說的。是以必不能（長期）容許、接受、忍受心之不安。而改弦更張，逆轉其行為，或放棄其行為，乃回應「心之不安」並進而重新安頓其心——良心（良心復位）之唯一坦途。先生即明確指出說：「放棄使良心不安的動機與行為，才是『心安理得』，由墮落中升起的惟一方法。」然而，可惜的是，就狄恩來說，彼不足語此。先生說：「狄恩不是有這種勇氣的人。」此中即可見勇氣與依良心而來的道德實踐之相互關係了[28]。

(5)狄恩沒有勇氣按其良心之要求而遷善改過。然而，其心中不安之情又恆在，那他又如何自處、自救呢？禱告是也。但先生說：「他的禱告，不能真正把握到自己的良心，不能開出通向上帝的路口。他不能不乞靈於禱告，但禱告對他有如一陣微風，轉瞬間即飄然而逝。在禱告完畢以後，他依然會感到惶惑，感到從一切人的關係中被遺棄。」上引文蘊涵以下一義蘊：作為一種手段，禱告可以使人通向上帝，即開拓出通向上帝之路。所以徐先生不否定禱告。換言之，即不否定宗教信仰。然而，禱告必得植基於良心；否則禱告是無效的。也就是說，除惡、去惡藉以遷善改過，其鍵關契機，仍在人自己的良心，而不必假借外力的向外追求。透過宗教祈禱，乃假借外力。假借外力以踐履道德，是為他律道德。透過人本身良心之醒覺以踐履道德，是為自律道德。儒家素重視後者。然則先生的儒家性格，便再清楚不過了。

(6)最後，徐先生對美國大眾的表現很感失望。先生認為，水門事件是

28　勇氣與良心，其關係到底如何，譬如某人已良心發現，但勇氣不足以遷善過改，則仍可說其人「已良心發現」了嗎？換言之，良心發現是否即蘊涵具備遷善改過之勇氣？即「良心」已蘊涵「勇氣」？抑兩者是彼此獨立的？此種種問題，似乎很值得研究。但這是題外話。

美國一件非常不幸的事件。對自己國家稍有點責任感的人，應該以「矜而勿喜」的心情、態度來對待之。然而，美國人的反應，徐先生認為，完全是「隔岸觀火」的反應，覺得火燒得越大越好[29]！徐先生的意見，其背後可有二意涵：反映先生人溺己溺的悲天憫人的大愛情懷；蓋先生認為尼氏之溺，美國人應視為如同己溺。此其一。此外，又反映先生從宏觀角度看問題。尼氏是最強調法治、人權的國家的總統。是以水門事件非僅關涉尼氏個人之醜聞而已。此其二。前者乃先生道德意識的流露，而後者則眼光、識見之表現也。

（四）機巧變詐的形相——尼克遜、季辛格

先生說：

> 尼、季兩人所共同給與世人的形相，是機巧變詐的形相，……連美國的國會對白宮也不信任。……尼克遜、季辛格的形相的本身，已包含有必然崩潰的因素在裡面；……「言忠信，行篤敬」，不是甚麼高深哲學，只是人的基本條件，通過言行而加以實現。而這種實現的後面，是把自己當作是人，把其他的一切人也當作與自己相同的人。[30]

上引文中所說到的「形相」，到底何指？先生有如下的說明：「形相是由人的性格、品德、行動所塑造成的。」[31]。以下便根據徐先生這個意見，作點

---

[29]　以上引文及相關資訊，皆來自徐復觀，〈狄恩的祈禱〉，原載《華僑日報》，1973.07.08；署名戚十肖；收入《國際政治卷》，《徐復觀雜文補編》，冊四，頁60-64。

[30]　〈美國國際政治形相的重建〉，原載《華僑日報》，1975.06.11；收入《徐復觀雜文補編》，冊四，頁325-327。

[31]　《國際政治卷》，《徐復觀雜文補編》，冊四，頁324。先生所說到的「形相」，筆者原先是這麼理解並寫在正文上面的：「大概指人的外形和面相。個人認為，兩者中，指的尤其是後者。這個頗抽象，也可說頗玄：以人之外形和面相來作為其行為的判準，這似乎有點迷信的色彩。然而，先生的說法，也是有一定的根據的。」正文中

討論。筆者以為，性格、品德，其內者也；具體表現（即先生所說的「行動」），大抵依此而生起。所以具體表現，可以說是外的。然而，具體表現多了以後（即量上不斷累積），似乎又會反過來影響人之性格。所以人之內、外，似乎又是互動的，互為因果的。換言之，性格、品德，再加上具體表現，其越來越緊密地結合在一起之後，會一步一步地塑造人之形相（形象）。這其間是有一個發展過程的。徐先生說：「形相是由人的性格、品德、行動所塑造成的」，應該是就這個後來發展出來的情況來說。就原先的情況來說，行動（具體表現）應是沒有參與形象之塑造的；蓋起初只有性格和品德扮演主力而已。

　　至於先生說：「『言忠信，行篤敬』，……是把自己當作是人，把其他的一切人也當作與自己相同的人。」，這是先生的一貫說法；也是儒家的基本義理。換言之，依「人之所以為人」這個道理，人便必然是「言忠信，行

又寫上：「所謂『形相』，即人依其性格、品德及具體表現所塑造出來的一張臉。有謂：『有諸內，必形諸外。』（《孟子・告子（下）》）。這也就是世人所常說的：『相由心生』。」其實，筆者對上面所作出的理解，是有點疑慮的。但除上引文外，徐先生文中又有如下的語句：「季辛格給他（這個「他」，按指：以色列第四次中東戰爭中的英雄沙朗）的是甚麼都幹得出的形相。……」（頁 325）所以筆者原先便做出上文的理解。《荀子・非相》有云：「故長短小大，善惡形相，非吉凶也。」此中的「形相」，很明顯，指的是人之「外形、面相；當然尤指後者。」據網路百度百科，「形相」指的也是「相貌、形狀」；這大概即據〈非相〉篇而來。拙文撰畢後嘗寄給徐先生長女公子均琴女士，請她斧正。均琴女士之覆函提出如下的意見：「『形相』該是與英文中的 "image" 意義相同。而非人的外形和面相。」按：日語中有「形相」一詞，恐怕其意義即均琴女士所說的 "image" 的意思。（徐先生精通日文。先生行文中某些用語，其意義與一般中文用語不太相類者，蓋即本諸日語而來）。「形相」一詞之解讀，自以均琴女士之意見為準。2013.09.23 早上看電視新聞，其中談到某政治人物的「形象」問題。其實，徐先生所說的「形相」，大概即今人所恆說的「形象」（「相」、「象」一聲之轉，或以此而徐先生誤「象」為「相」）；即相當於「觀感」。如說某政治人物的形象很好，很有親和力，給人的觀感很好等等即其例；又：某明星給人一個很清新的形象，又是另一例。可見「形象」和「觀感」的意義是相同的，只是前者是就行為者所給予人的印象來說，而後者是就他人對他的印象來說。

「篤敬」的。其自我之表現固如是；視他人之表現，亦莫不如是也。後者是本乎「推己及人」的道理而得出來的；是以作為人，便絕不應該認為只有自己才具備「言忠信，行篤敬」這個善端。「言忠信，行篤敬」其實是一普世價值。「人皆可以為堯舜」；然則怎麼可以認為只有自己才擁有這個普世價值，而他人便不具備呢？！

（五）政治人物不應過分現實——尼克遜的塞浦路斯政策

徐先生是儒家。作為儒家，必具理想。然而，徐先生絕不不顧現實而空談理想；這大概跟先生青壯年時期任職軍政界（非如錢、唐、牟等先生之為純粹學人）的實務經歷很有關係。現實是要顧及的，但又絕不應太現實，或過分現實；否則不成其為儒家，也不成其為徐先生。1974 年塞浦路斯發生軍事政變。先生認為當時美國「不反對此一政變，並鼓勵此一政變」。究其原因，便在於尼克遜和季辛格等人「想利用此一政變達到自己預定的目的」。所謂預定的目的，便是鼓勵此一政變以避免塞島沿著舊政策而來的左傾。先生指出：「美國太被現實利害遮蔽了眼睛，既忽視了尊重一九六○年協定的原則，也忽視了馬卡里奧斯的政權所能發生的作用。」[32]按：馬卡里奧斯（Makarios III，1913-1977）為當時塞島的總統，即政變所欲推翻的領袖[33]。在

---

[32] 本段引文及相關資訊，大抵本諸〈過分地現實主義不足緩和世局的緊張——試以塞浦路斯問題為例〉，原載《華僑日報》，1974.07.24；收入《國際政治卷》，《徐復觀雜文補編》，冊四，頁 205-207。

[33] 美國為自身利益而鼓勵他國發動政變，或策劃他國政變，塞島絕非個案。越南共和國第一任總統吳廷琰（1901-1963，總統任期：1955-1963）及其胞弟吳廷瑈（1910-1963）被暗殺身亡，便是 1963 年 11 月 1 日美國在該國所策劃的「好事」。據悉，蔣介石亦幾乎遭遇同一命運。然而，蔣氏在臺灣統治 20 多年期間，政局大體安穩，美國乃無所措手足。這顆美國的眼中釘——蔣公，遂得以壽終正寢。其實，美國為其所謂本身利益而對他國做出不法、不道德的事，或可以「罄竹難書」稱之。2013 年 6 月之後，美國前國家安全局（National Security Agency）雇員史諾登（E. J. Snowden，1983-）陸續揭發該局非法監聽數十國家領袖及外國著名機構的醜聞，即係另一顯例。其實，各國政府為自身考量，從「亦將有以利吾國乎」的觀點出發，乃無可厚非者。問題是不能以此而不擇手段地侵犯他國的權益。如果別國用同一手段

該島的統治期間為：1960-1974、1974-1977。

（六）鄉愿、見風轉舵——美國總統卡特在中東政策上的表現（兼論埃及總統沙達特和以色列總理梅爾夫人）

　　如果專制極權的統治者（如下文說到的大韓民國（南韓）總統朴正熙）是太有原則，以至太堅持自己個人的原則的話，那麼個性相反的統治者，如本節要談的美國總統卡特（1924-；1977-1981 任總統），可說便是太鄉愿，太沒有原則，以至是一位見風轉舵的政治人物了[34]。徐先生便指出說：

> 難說這不是沙達特（1918-1981；1970-1981 任埃及總統）牽著卡特的鼻子走嗎？……卡特是有小慧而無遠略，想向各方面討好，而沒有一貫立場的人。用中國傳統的觀念來表達，他是一種「鄉愿」型的性格；這種性格的人，經常是見風轉舵，而又喜歡受到他人的恭維。……蘇聯認為卡特一個星期強硬，一個星期軟弱，正表明他是一個初出茅廬的角色。[35]

卡特鄉愿型的個性，徐先生上文已說得很清楚了。

　　上引文說到的埃及總統沙達特，容作點補充。沙氏於 1981 年遇刺身亡。徐先生對他則是頗為欣賞的。1977 年 11 月 19 日沙氏訪問以色列。這

　　對待你美國，你會如何反應呢？非法監聽，絕對是有違「己所不欲，勿施於人」的恕道精神的。徐先生所以不滿，不能接受美國在他國策動政變，固然是發端於對政治人物過分追求現實的不滿，且同時也可以說是暗合了儒家的恕道精神的。

[34] 徐先生也嘗用類似的述語描繪另一位美國政治人物。先生說：「……使原來大家對他（筆者按：指 1972 年美國總統大選的民主黨候選人麥高文，G. McGovern，1922-2012）所得的真誠坦率的印象，一變而覺得他是一個隨風轉舵、投機善變的人物。」〈美國大選中的人與社會〉，原載《華僑日報》，1972.11.15；收入《國際政治卷》，《徐復觀雜文補編》，冊三，頁518。

[35] 〈卡特可能是被沙達特牽著鼻子走〉，載《華僑日報》，1978.08.31；收入《國際政治卷》，《徐復觀雜文補編》，冊四，頁 514-515。

是兩個世仇之國的破冰之旅。先生指出兩國元首（沙達特和以色列總理梅爾夫人（1898-1978））的接觸及表現絕不只是電影上的表演而已。先生說：「（縱使只是表演），我不信在這樣逼真的表演中沒有真正感情在裡面。」[36]我們知道，表現與表演絕不相同。然而，姑無論兩人當時的接觸是一種發乎內心的表現也好，或只是猶同演員演戲的純粹的表演也罷，值得關注的是，徐先生以上的解讀很可以反映先生深深地具有一顆赤子之心：從正面的、光明的面向來看待兩人。君子可以欺之以方。縱然兩人真的是存心欺騙，但無妨被欺騙者仍是君子。徐先生以上的解讀，正見其為君子也。

　　以上是針對美國政治人物，尤其針對尼克遜在政治上的表現來說。以下則針對其他國家的政治人物來說。

（七）人格的高低是判定人物大小的標準
——希臘強人伊安尼狄斯的醜態

　　徐先生指出：

> 在價值判斷上，人格的高低才是判定人物大小的標準。而人格的高低，常隨一個人的反省能力，及與他人「連帶感」的程度，形成正比例。上述的政治強人，必然是只知抓住機會，永無休止地奪取權勢，既無反省力，也決不為多數人著想的人；這種人在人格上，也只好稱之為「小人物」。小人物，有小人物的天地，世界上最多的是小人物；所以當一名小人物，並沒有什麼不對的。但問題是出在，這類政治上的小人物，他自己會以為是偉大人物，並經常要做出非常之事，建立非常之功，以證明自己的偉大，或追求自己由偉大而更加上偉

---

[36] 〈沙達特訪問耶路撒冷以後〉，原載《華僑日報》，1977.11.30；收入《國際政治卷》，《徐復觀雜文補編》，冊四，頁492。

大。³⁷

茲對上引文稍作闡釋：

1、以人的反省能力來衡量其人格的高低，這恐怕是通義，不必多作說明、解釋。然而，吾人可能只是針對與他人無關的自己的個人行為，譬如個人的作息是否有度、飲食是否有節制、讀書做事是否勤快用功、是否有妄思妄念等等，做反省而已。針對這些行為表現做反省，當然也很值得推崇。然而，這種行為表現明與他人無關，或至少不是直接相關。所以如果只是針對以上各項行為作反省，則其人人格的高低便不容易看出來。是以徐先生特別指出，人之反省必須要兼顧「與他人『連帶感』的程度」。連帶感的程度高，則人格高；反之，則人格低。換言之，獨善其身者，無法語乎人格高尚。反省的對象如果只是跟他人無關的個人行為表現而已，則反省者是不能算是偉大人物的；必須進而反思、反省其本人必得與他人休戚與共（即先生所說的「與他人的連帶感」），並隨而做出相應的行為，才算是偉大人物。先生「連帶感」這個用語，對筆者甚具震撼性。偉大人物必須具備「推己及人」的反省能力：即反省必連帶及於他人的憂、喜、禍、福；必須永遠懷抱著「民胞物與」的精神和使命感。一句話，政治人物必須視人民跟你是同一個「生命共同體」；甚至對人民、人類的種種遭遇，必須身先士卒，率先予以承擔。只有把你的「感」連帶地及於他人身上、通貫至他人身上——即唐先生所常說的「感通」，對他人有所感（而不只是自感、自覺，更不是自我感覺良好），你才可能成為一位偉大人物。徐先生上文只說「反省」，沒有說到反省後相應的行為表現。這或許使讀者誤會，以為不必有相應的行為表現，而只需反省便可以成為偉大人物了。其實，這個「反省」已蘊涵相應的行為。「未有知而不行者；知而不行，只是未知」一語（王守仁，《傳習錄》上卷），很可以作為徐先生在這裡「反省」一詞的最佳註腳。

---

³⁷　〈小人物、大野心的歸結〉，原載《華僑日報》，1974.08.07；收入《國際政治卷》，《徐復觀雜文補編》，冊四，頁 210。

2、世界上絕大多數人都只是尋常老百姓，即所謂愚夫愚婦──小人物而已。當一個安分守己，日出而作，日入而息的老百姓有甚麼不好呢？徐先生對這方面非常了解，所以絕不要求每個人都要成為偉大人物[38]。上引文先生不是說嗎：「當一名小人物，並沒有什麼不對的。」要成為偉大人物，先天稟賦、後天努力，都非常關鍵。但這些都只是必要條件而已。外在的客觀大環境，恐怕尤其關鍵。隨便舉一個例：十年文革時期，任憑你再有天賦，再有本事，你就可以建功立業嗎？恐怕要成為稍微有成就的一個企業家都無法辦到呢；更不要說建不世之功，立不朽之業了！

3、在政治界，一天到晚爭權奪利，不以老百姓之心為心的政治人物，數不勝數。無以名之，徐先生名之曰：政治上的「小人物」。這些小人物之所以可怕、惹人討厭，乃在於「他自己會以為是偉大人物，並經常要做出非常之事，建立非常之功，以證明自己的偉大，或追求自己由偉大而更加上偉大。」[39]「愚而好自用」一語用在他們身上，恐怕再恰當不過了。先生這幾句話不是憑空說出來的、泛說的。上文早已指出過，先生絕少離事而言理。1974 年 7 月中旬，希臘強人時任警察總監的伊安尼狄斯（Dimitrios Ioannidis, 1923-2010；先生稱之為特務頭子）在塞浦路斯島發動軍事政變。政變以失敗告終，伊氏黯然辭職下臺。「政治上的小人物」一詞，先生是針對伊氏和有類似表現的政治人物來說的。其實，作為政治人物（其他方面的人物也一樣），

38　筆者這裡「偉大人物」一詞是指建功立業，在事功上有所表現的人物而言。當然就道德上自我超剋，追求成聖成賢（或至少不斷自我精進）的境界而言，也許徐先生對所有人都有所期許。然而，扣緊道德領域以成聖成賢為目標而成就的偉大人物，與上引文扣緊功業上有所表現以成就的偉大人物，是有所不同的。在這個地方，讀者幸勿誤會。

39　徐先生這個說法，讓筆者想起 2016 年年初臺灣政界的一則「笑話」。2016.01.26 有一則新聞，其標題如下：「自詡偉大政治家！　柯建銘：我是小英（蔡英文）的後盾」。這個標題當係源自民進黨立法院總召柯建銘以下的公開講話：「當小英在國會最堅強後盾，國會是我最熟悉的戰場，沒有人比我更熟悉，一個偉大的政治人物，一定是偉大的溝通者，政治你要搞的很好，一定要是偉大的溝通者。」不知自我反省，只顧往臉上貼金以自我推銷者，柯氏其一例歟？以上引文，詳見 http://news.tvbs.com.tw/politics/news-637063/。

只要本乎良心、良知，老老實實做好自己的本分，那就是上等人了（至少其等級不低於中上吧）。無所不用其極，以一切非常手段，追求不世的非常之功，愚不可及者也。兵連禍結，以失敗告終，不免為天下笑矣[40]！

（八）壹是皆以修身為本
——日本首相田中角榮的金脈醜聞案

上文已指出，依徐先生，衡量政治人物是否偉大，一概以其人格的高下為判準。這些所謂判準，具體來說，就是若干德目，如仁義禮智信，或忠孝仁愛信義和平等等皆是。徐先生在〈壹是皆以修身為本——略評日本田中政權的短命〉一文中，引述了先聖前賢不少做人處事方面的話語。這些話語，我們不妨視之為判斷人格高下的德目；如下：「主忠信」、「不誠無物」、「人而無信，不知其可也」、「政者，正也」、「自天子以至於庶人，壹是皆以修身為本」[41]、「其本亂而末治者，未之有也」等等。其中，筆者最感

---

[40] 先生辭世前一年（1981 年）寫了四篇名為「正常即偉大」的文章。文章指出按正常情況治理國家，不要搞花樣，弄噱頭，便是偉大。一切無端妄作，只會弄巧反拙；畫虎不成，反類犬呢！何苦來哉！〈正常即偉大〉一文收在《徐復觀最後雜文集》（臺北：時報文化出版企業公司，1984）。

[41] 「壹是皆以修身為本」，針對治國平天下來說，當然是很重要的一個德目（其實，其他德目亦然）。但其重要性也不宜過分誇大。這方面，徐先生當然是了然於胸的。在這裡，牟宗三先生剛好有幾句話能夠讓我們不致產生誤會。牟先生說：「自天子以至庶人壹是皆以修身為本，就可以治國平天下，這是不夠的。……我這麼說不是說修身齊家就不需要，那是永遠需要的，因為這是常道。就治國平天下而言，這也需要，這是個必要的條件（Necessary condition），但不是充分的條件（Sufficient condition）。關於這一點，稍為想一想，就可以明白了。」牟宗三，《時代與感受》（臺北：鵝湖出版社，1986），頁 113。治國平天下，依中國傳統的說法來講，是一種外王的表現。依牟先生，單靠修身（此「修身」是籠統的說，其意主要是指修身及其前之正心、誠意這種內聖的工夫來說）是不足以成就外王的，即不能直接轉出、發展出外王的。依牟先生，「直接轉出、發展出外王」，乃可謂係一「直通」的方式。然而，不能直通外王，並不表示內聖工夫於成就外王上，全使不上力。反之，內聖工夫仍可使上力的，而其使力點、用力處，乃在於其自身必須經歷一「轉折的突變」。依靠此「轉折的突變」，內聖乃可曲折地通向外王——成就外王。這個過程，牟先生

興趣的是，「政者，正也」這句話。按：此語源出《論語・顏淵》。季康子問政於孔子。孔子對曰：「政者，正也。子帥以正，孰敢不正。」至於何謂「正」，則孔子在對話中並沒有進一步說明。然而，以「正」訓詁「政」，則政治以何為準則，便再清楚不過了。孔子這個詮釋充滿睿智。「正」當然是就道德層面來說的；而不是就法律層面，更不是就統治或治理上的技術層面來說的。

就道德層面來說，所謂「正」，恐怕至少含以下數義：1、就人格言，施政者必須是：正直的、正派的[42]、具正義感的。2、就施政之精神、原則言，施政者必須按正道[43]、正理[44]、正名（依名行政、按名責實）以施政。3、就施政之態度言，施政者必須本乎公正、正義而按正常情況、正當程序，且兼顧人情物理，乃至能正本清源以施政。徐先生以「壹是皆以修身為本」來命名他這篇文章，即可見先生文中所提及的「忠信」、「誠」等等德目或道德行為，是以修身來達到的。「壹是皆以修身為本」語出《大學》；其前一句是「自天子以至於庶人」。古代社會，以人治為依歸；所以在政治上，天子或其下不同層級的統治者（卿、大夫等等），居於統治上最關鍵的地位。這

稱之為「曲通」。詳牟宗三，《政道與治道》（臺北：廣文書局，1974），頁 55-57。牟先生這個見解，就其中心旨趣來說，個人認為，徐先生當然是認可、認同的。但牟說是很哲學式的一種說法，徐先生大概不會認為需要如此曲折地予以表達。

[42]　「正派」，用廣東話來詮釋，非常傳神，其具體表現為：「行得正，企（站）得正」。即依乎良心，直道而行；故其言行舉止，皆可接受公評、輿論檢查。

[43]　《管子・立政》：「正道捐棄而邪事日長。」毛澤東亦嘗用「正道」一詞。1949 年 3 月中共解放軍佔領南京，毛澤東賦七律詩：〈人民解放軍占領南京〉。其中有句云：「天若有情天亦老，人間正道是滄桑」。對於「正道」一詞，好事者固然有不同的解讀，譬如有視為動詞者。但筆者認為不妨視為名詞；該詩句的意思便是：人間的正道正經歷著或經歷了很大的變化呢。果爾，則一代梟雄毛澤東在賦該詩時，其心中仍有「正道」這個理念。其實，徐先生對毛澤東在 1949 年前，甚至文革前，的表現是頗欣賞的。詳黃兆強：〈誅奸諛於未死，定論何須蓋棺──徐復觀評毛澤東〉，「北學南移國際學術研討會」論文（香港：新亞研究所、香港樹仁大學歷史系、臺灣中央大學中文系，2013 年 8 月）。此文又收入本書本篇內。

[44]　《荀子・性惡》：「凡古今天下之所謂善者，正理平治也。」

所以孔子對統治者季康子說出「子帥以正，孰敢不正」的一句話。「風行草偃」，在上位者表現正直、正派，率先按正道、正理的精神，以公正、正義的態度來處事，則其下屬，尤其一般的庶民，「孰敢不正」呢？又：上文說到「正」時，嘗指出此「正」字，可兼含「正名」一義。孔子說：「必也正名乎。」又說：「名不正，則言不順；言不順，則事不成；……則民無所措手足。」（《論語・子路》）所以「政者，正也」，當亦意含：為政者，必須「依正——即依名，以行政」。您的名是天子，是人君，是君主，是諸侯，是大夫，所以您必得正視您這個名，依據這個名該盡的義務、權限來行政；否則便有辱斯名。有辱斯名，便不得其正。不得其正，實際上是「政而非政」[45]。

　　徐先生引述聖人的話語，主要是針對日本首相田中角榮（1918-1993）的「金脈」問題和美國總統尼克遜水門事件的問題，有感而發。兩人各自因其醜聞而辭職下野。尼氏的情況，上文已有所論述。至於田中，其宣布辭職下野是 1974 年 11 月 26 日，即尼氏辭職三個半月之後。先生乃明確指出：

> 聖人所說的話，是一切苦難人民的骈幪（庇蔭），同時也是一切大小歹徒的威脅。這在政治上表現得最為明顯。因為從聖人苦口婆心所提的訓告，必定在歷史的事實中得到確切地證明，再大的陽謀陰謀，畢竟跳不出由訓告所宣示的最後審判。[46]

上引文很清楚的告訴我們，一方面，先生完全是站在老百姓的立場來看待政

---

[45] 所謂「政而非政」，筆者意謂：某些政治人物沒有盡到政治上該盡的責任、義務，所以所謂施政敷治，只是表面上的，是假的，即只是徒有從政、政治家／政治人物之虛名；然而，實際上，名不副實，即從事實上來說，根本不能算是真真正正的在施政敷治！

[46] 本段及本節各引文，皆出自〈壹是皆以修身為本——略評日本田中政權的短命〉，原載《華僑日報》，1974.12.03；收入上揭《徐復觀雜文・看世局》，頁 89-93。

治人物在政治上的表現[47]；此外，上文屢次指出，先生絕少離事而言理，所以總是能夠為讀者指出，歷史事實永遠可以為聖人的話語作佐證。

　　先生又指出：「田中在宣佈辭職以前，特別在佛菩薩面前燒香叩拜。其實，他應驅車到湯島的聖堂，向孔子神位伏地痛哭，說明自己是如何辜負了聖人的深恩厚澤。」先生所說的「聖人的深恩厚澤」，是指聖人所遺留下來，如「政者正也」、「自天子以至於庶人，壹是皆以修身為本」等等的訓告而言。田中在佛菩薩面前燒香叩拜之外，有沒有在心中或甚至用語言表示過甚麼，我們不得而知。但比較明顯的是，恐怕佛菩薩不會說出「政者正也」、「自天子以至於庶人，壹是皆以修身為本」等等的話語或類似的話語的。然而，這些話語則正是作為統治者的田中所最應該奉為圭臬的。因此先生關注的是，田中所應該做的是，「向孔子神位伏地痛哭，說明自己是如何辜負了聖人的深恩厚澤。」而不是，或至少不只是，「在佛菩薩面前燒香叩拜」而已。

　　先生對田中和尼克遜雖然予以嚴厲的斥責，但其實先生對一切人（含政治人物），其內心永遠充滿期許；且又能從歷史事實中看出後人可以學習得到的教訓。這所以先生指出說：

　　　　由美國的水門事件，日本的金脈事件，以及其他許多醜聞的被抨擊，則在民主制度之下，也許逼得熱心政治的人，不能不在「修身」方面下一些工夫，使政治環境，也可收若干清潔衛生之效。

---

[47] 此引文顯示先生永遠都是關懷、關注苦難中的老百姓的。先生另有一文論述到田中金脈事件時，也是從人民的立場出發。先生指出說，以田中為首的自民黨的失敗，證明了「人民的現實生活戰勝了政治觀念、體制的口號，是人民的人格尊嚴勝了財閥、金錢的勢力。……於是人民的人格尊嚴，促起了對田中這一金錢攻勢的反感」。先生永遠以人民之人格尊嚴、意向、福祉為關注的對象，不是再清楚不過嗎？〈日本十屆參院選舉所顯示的意義〉，原載《華僑日報》，1974.07.17；收入《國際政治卷》，《徐復觀雜文補編》，冊四，頁199-203。

上段引文是先生在文章近末尾處說出的話。吾人可視之為先生對政治人物的一個永恆的期許吧[48]。

（九）應推己及人，並至少讓人民享有一定的自由
——南韓總統朴正熙的下場

徐先生一輩子追求民主、自由、人權。因此對破壞或阻撓這些價值的實踐的政治人物，經常予以撻伐而從不假借。當然，先生也很了解，為了穩定動盪中的局勢，有時不可能讓人民享有充分的自由。然而，讓人民享有一定程度的自由，是一個健康的社會不可缺少的。這是先生在〈日、韓問題應有的反省〉一文中所表達的意見。文中談到朴正熙（1917-1979；1963-1979 擔任大韓民國（南韓）總統）時指出說：

> 自己對政治有興趣，也應考慮到他人的興趣；自己要發揮才能，也應考慮到他人也想發揮才能[49]。……只考慮自己的興趣，把自己的興趣，說成是道德的責任；只考慮到自己的才能，誇誕到與國家的存亡

---

[48] 田中因金脈醜聞案（洛歇公司行賄案）而下臺的事件，先生在另一文中也提到。先生說：「我當時的感想是：日本的輿論還算有力量，日本的保守黨還算有良心，有智慧。……日本還有司法獨立，因而也還有司法尊嚴，這是使社會得以安定的基本條件之一。」先生從田中的辭職中看到了：日本輿論的力量、保守黨的良心和智慧、司法獨立和司法尊嚴。以上各項目，都是先生非常重視的；很可以反映先生的政治價值觀。徐復觀，〈迷失了的日本自民黨〉，原載《華僑日報》，1976.09.08；收入《國際政治卷》，《徐復觀雜文補編》，冊四，頁 442-443。阿扁（陳水扁）任職總統期間（2000-2008）因貪污收賄洗錢等案而於卸任後不久便瑯璫入獄，亦可證明臺灣的司法有其公正的一面。

[49] 王船山針對政治與經濟嘗有所論說。徐先生這個看法讓筆者想起唐君毅先生在梳理船山相關論說時，也發表過類似的意見。唐先生說：「……凡此等等，皆須以肯定人之與我各為特殊獨立之個體之觀念為首出，亦即以肯定人與我氣異之觀念為首出。唯知人之氣之各異，知其各為一特殊之個體，而一一與以在社會上之特殊分位上之安頓，且皆得特殊之裕生之道；斯為政治經濟之要道。」唐君毅，《中國哲學原論‧原教篇（下）》（香港：新亞研究所，1977），頁 645。

密不可分；為了證明上述兩點，保證上述兩點，不惜剝奪一切反對者
的自由，……[50]

上引文很能反映先生推己及人的恕道精神。1963 年朴氏以政變的方式奪取
得政權。朴氏對政治當然感興趣，且也有一定的才能。但先生指出，你也應
該考慮到別人也有他們自己的興趣（含對政治的興趣）和有他們自己的才能。
在極權專制的國度中[51]，只有當你放手，讓人民享有（一定程度上的）自由的
情況下，別人的興趣，才可以得以落實；其才能，才得以發揮。然而，可惜
的是，朴氏沒有這個胸襟！尤有甚者，把個人興趣說成是道德責任；把個人
才能，誇誕到說是與國家的存亡密不可分！其結果則必然是一切反對者的自
由，便定然被剝奪殆盡無疑。先生熟讀史書，深具歷史意識；縱觀人類數千
年的發展史後，恆能得出非常睿智的結論。於是對朴氏做出如下的描繪：
「（朴氏）並一而再的變亂國家的大經大法，以達到死而後已的統治目
的」；並隨而指出說：「從歷史上看，事實常常會與自己的目的相反。……
連空口白話也不許說一句，便必然趨向橫決的一途了。」先生寫〈日、韓問
題應有的反省〉一文是 1974 年 8 月。果不其然，五年後的 1979 年 10 月 26
日，人民乃以橫決的一途──槍擊，來對待這位具相當才能的極權者。遭槍
殺或遭其他暴力的方式而身亡，這不能不說幾乎是一切極權統治者所遭遇的
必然命運。由此來說，也可以說是歷史上的一種必然了。

---

[50] 本段引文及本節其他引文和相關資訊，見〈日、韓問題應有的反省〉，原載《華僑日
報》，1974.08.22；收入《國際政治卷》，《徐復觀雜文補編》，冊四，頁 217-
218。

[51] 順帶一說的是，極權政治、極權政制當然不是國家存在之理想型態。然而，不能因此
而否定國家存在之必要性、重要性；這和不能因某人生病而導致不克再為社會服務便
進而否定其人生存的價值，是同一個道理，否則便犯了因噎廢食之病。唐君毅先生便
指出，國家（因為擁有最多資源）最能實現真善美和聖神之價值，所以其存在乃有其
必要性和重要性。唐君毅，《文化意識與道德理性》（臺北：臺灣學生書局，
1978），上冊，頁 234-235；黃兆強，〈唐君毅先生的人文觀〉，《新亞學報》，卷
31（上），2013 年 6 月，358-365。

（十）雜談政治上的道德表現——以蘇聯領導人為例

徐先生雜文中談論蘇聯領導人的不多。茲作綜合的論述如下：先生認為狡詐凶狠是作為極權國家的蘇聯的本質；並指出說：「極權國家的統治者，當然沒有道德觀念。」[52]這個指責是滿重的，但不能不說是事實。道德觀念中，廉恥（清廉、羞恥）也許是最重要的；其中，羞恥也許更是核心中的核心[53]。先生即曾據以指斥蘇共領袖說：蘇聯的共黨領袖，「對自己理想的破滅，他們並不感到恥辱，因為他們專政太久，早無廉恥之心。」[54]

蘇聯外相葛羅米柯（A. A. Gromyko，1909-1989）在 1975 年 10 月所發表的一篇文章中說：「日本對北方領土的要求，完全沒有根據。」先生指出，這個說法是連起碼信用都破產的人所說的話[55]。

以上引錄徐先生不同的雜文，以說明先生嘗指斥蘇聯領導人無羞恥之心，且信用又恆破產。徐先生在另一雜文中，又嘗指出蘇共既無羞恥之心，又無信用。先生說：「（蘇聯）對人權自由的壓迫，有加無已。……他（蘇聯）立即判處核子物理學家奧洛夫[56]入勞工營，使世人都知道蘇聯是世界上最沒有信義的、公開抵賴說謊而不以為羞恥的國家。任何盟約，對蘇聯來

---

[52]　〈蘇聯野心的挫折〉，原載《華僑日報》，1975.09.23；收入《國際政治卷》，《徐復觀雜文補編》，冊四，頁 369。

[53]　先生嘗認為羞恥之心是人格的基點，也是每一個人精神上的最低防線。徐復觀，〈一個普通中國人眼裏的毛澤東〉，《華僑日報》，1980.07.22；收入《徐復觀雜文續集》（臺北：時報文化出版企業公司，1981），頁 236-238。

[54]　〈而今魔杖已無靈——看蘇聯廿五屆黨代表大會〉，原載《華僑日報》，1976.03.09；收入《國際政治卷》，《徐復觀雜文補編》，冊四，頁 410。

[55]　引文及相關資訊，源自〈國際大三角內的小三角鬥爭〉，原載《華僑日報》，1976.01.23；收入《國際政治卷》，《徐復觀雜文補編》，冊四，頁 402-403。

[56]　此即尤里·費奧多羅維奇·奧爾洛夫（俄語：Юрий Фёдорович Орлов，英語：Yuri Fyodorovich Orlov，1924 年 8 月 13 日-）；著名核子物理學家，前蘇聯異議分子與人權運動支持者；1986 年獲准移民美國。

說，都是衛生紙。」[57]對蘇共領導人來說，信用、信義、廉恥等等的道德要求，也許是太高太高了。以唯物思想作為最高指導原則，則「人」者，何也？「物」而已！「工具」而已！既係物，則役之可也。既係工具，則盡情利用之，甚至蹂躪之，又何妨！人為萬物之靈，則役物似乎是天經地義之事。再加上只講求眼前的現實利益，則一切人，對蘇共領導人來說，皆現實上可供利用之物而已、工具而已！何關愛之可言、尊敬之可說也[58]！

（十一）奸詐與卑鄙的野心集團──越共：殘暴的政權──東共

　　1940、50、60、70 年代，越南漫天烽火，非抗日，即抗法、抗美和內戰。1975 年北越打敗或所謂解放了南越，越南終於獲得了所謂統一。統一後，其政策是向蘇聯靠攏；而與曾經大力給予支持的中國對立起來。徐先生雖然素來痛恨中共，但對越南以上說到的政策，很不以為然。先生乃狠批越共，指出越共對蘇聯的態度，猶似「無賴的小孩、狡黠的奴才」；「他們（黎筍、范文同們）的品格，還不及古巴的卡斯特羅」。又說：「越共包藏著兼吞整個東南亞各國的野心，才心甘情願地當蘇聯的奴才，才忘恩負義地當蘇聯在中國南疆的猙犬，才不顧一切地要征服柬埔寨。」[59]又指出：「越共是世界上最奸詐、最卑鄙的野心集團。」[60]換句話說，越共對蘇聯是甘為其奴才，對中共是忘恩負義，對東南亞是野心勃勃。先生素來痛恨共產主義。蘇聯是共產主義的老大哥；而越南竟甘於充當蘇共的鷹犬！此尤為先生所不齒。先生最重視情誼、義氣。而越南竟於復歸一統後把中共曾給予的恩惠全

57　〈「超同盟地世界戰略」的形成〉，原載《華僑日報》，1978.06.13；收入《國際政治卷》，《徐復觀雜文補編》，冊四，頁 509。

58　其實，縱然是「物」，亦應惜之、愛之；此所謂「惜物」也，「愛物」也。然而，在唯物主義者眼中，所謂物，猶工具而已。既係工具，便當然無所謂自存價值了。

59　〈從北方燃起的烽火〉，原載《華僑日報》，1978.11.07；收入《國際政治卷》，《徐復觀雜文補編》，冊四，頁 522-525。

60　〈東南亞地區的「九一八事變」〉，原載《華僑日報》，1979.01.24；收入《國際政治卷》，《徐復觀雜文補編》，冊四，頁 533。

拋諸腦後！先生最痛恨帝國主義，而越南剛擺脫帝國主義的魔爪後，竟自甘墮落，自己當起帝國主義者，這怎能不讓先生痛心疾首而狠狠地批他一頓呢！

如果說越共是最奸詐、最卑鄙的野心集團的話，那麼中南半島的另一個國家——柬埔寨，恐怕是世界上最殘暴的一個國家了。紅色高棉（赤柬）統治三年零八個月的期間，屠殺所有知識分子，全國人口因柬共的暴行而直接或間接死亡者，佔總人口 20%[61]！然則柬共的暴行，「罄竹難書」一詞也不足以描繪其萬一。徐先生指出，柬共之橫暴，與其國人的文化水準有一定的關係。「推求他（指：柬國殘暴）的原因，恐怕要在文化水準上找答案[62]。……柬共在沒有文化基礎情形下，接受共產主義，他們只能憑一知半解的直覺，從社會的橫斷面中截取一小部分，誇大為立體的全部，用橫蠻、武斷的方式加以處理，並以此為他們革命的勇氣與決心，便形成今天的局面。」因欠缺文化的基本素養，再加上接受共產主義的洗禮，柬共的表現便不必問了。徐先生進而對人類的文化做了點很值得關注的論述。根據徐先生，文化所以能夠建構起來，原因之一是：「對人的價值的發現」，以「奠定人的地位與生存的方向」。如果柬共對人的價值有所發現，便不會殘暴如斯！

文化所以能夠建構起來，另一原因是：「由眼前關連到過去與未來去思考。缺乏這種關連性的思考能力，而只憑幾希之明來運用巨大的組織能力，我想這是人類歸於毀滅的重大原因之一。」[63] 人不是前不見古人，後不見來

---

[61] 參網路版維基百科〈柬埔寨〉條。

[62] 先生以文化水準的高低作解釋是很可以理解，且很有道理的。筆者原先想到，人的殘暴與否，應與其是否具備道德上之自覺，即是否有良心，很有關係。然而，稍一細想後則覺得，在這個問題上，不能以是否具備良心來作解釋。原因是依儒家大義，良心乃凡人皆具備者。所以如果以具備良心與否來做解釋，便變成否定柬人（柬共）具備良心了。這明違反儒家大義。而文化則是人後天（非先天）的行為，或後天行為的結果。所以徐先生從文化上尋求答案，實可謂怡然而理順。

[63] 本節引文見〈柬埔寨可驚的實驗〉，原載《華僑日報》，1977.04.19；收入《國際政治卷》，《徐復觀雜文補編》，冊四，頁481。

者的孤伶伶的獨個兒的一個存在體。人是歷史中的一個存在——存在於歷史中；即人是關連著過去與未來的一個存在體。否則人便成沒有過去，沒有未來，而只有今天的一個怪物了。如果其考量點就只有當下的今天，且加上「憑幾希之明來運用巨大的組織能力」來支配外界、控制外界、鬥爭外界，則當然不會在意他個人以外的一切存在物了！何他人生命之重視之可言？何「對人的價值的發現」之可言？何一切文化之可言？恐怕一切的一切都只有歸向於虛無寂滅而已！！最後，其本人的生命是否應該繼續存在下去（即是生是死），恐怕都無所謂了。其本人已然成為亡命之徒；即廣東話所說的爛命一條而已。何愛惜之有哉！！由此可見，人（任何個人，以下同）作為一個存在體，是歷史長河中的一個存在；非前無古人，後無來者的一個存在。人必須認識到這一點—表面上看，人只是一己個人之存在（因此其行為向一己負責即可），但其實人是承先啟後的一個存在；且也是眾多人際網絡中的一個存在。換言之，人是縱（時間）、橫（空間）交錯下的一個存在。只有當人認識到這個事實，那麼人的存在，才成為一個有意義的存在。因為人是時空下的一個存在體，所以他的一言一行無不與時空交接。明白到這一點，便知道人需要對歷史（先賢及後嗣）負責，需要對同時代的不同族群負責。換言之，他要對同代人、異代人負責。只有心懷「負責」之一念，那麼個人才可以對古今中外的「他人」作出貢獻。「負責」也好，「貢獻」也罷[64]，只有當人永存此念於心中時，人之所以為人的價值才得以落實，得以彰顯。

（十二）政治魔術——法王路易十六的表現

上文所討論的眾多政治人物，都是先生同時代的政治人物。其實，先生有不少文章是談論歷史上的政治人物的，其中談論尤多的是中國的先賢。中國先賢，我們暫且不談。就眾多外國歷史政治人物來說，徐先生對法王路易十六（1754-1793）的論述，筆者以為很值得關注。茲先引錄先生如下的看

---

[64] 這裡說到的「負責」，其實相當於「貢獻」，因為作為對歷史負責任的一個人來說，他必得對歷史作出點貢獻。

法：

> 路易十六的命運，完全是自己一路的政治魔術所造成的。……在曲折
> 中誠心誠意去作的是藝術；在油腔滑調中兩重人格的是魔術。中國文
> 化中，特別重視一個「誠」字，即是告訴人，只能學藝術而不可玩魔
> 術。

筆者經常聽到「政治藝術」這個名詞，但不太理解其意涵。很多政客使用了
很多不乾不淨的政治伎倆，但經常套上「政治藝術」一名以描繪之、稱謂
之、美化之。藝術不是最崇高、最純潔的嗎？怎麼會被污名化到這個地步！
難道是出自當今「聰明人」的新詮？筆者焉得不惑？現今得徐先生的啟示，
如獲懸解。先生以「誠心誠意」作為判準。政治人物的行為是出自誠心誠意
者，「政治藝術」也；反之，以「油腔滑調」的態度而展示雙重人格者，
「政治魔術」而已。路易十六在法國大革命前之表現正好是後者。先生更進
一步指出，「順應大勢走的是藝術；偽裝順應大勢，而實際只為了滿足少數
人權力之私的是魔術。」[65]然則，政治藝術與政治魔術，不是涇渭分明，再
清楚不過沒有嗎？簡言之，其間的分判只在於，是本乎「誠心誠意」順應大
勢走（即順應民意走），抑出自「一己之私」（即只為了滿足個人或少數人的私
欲）而已。豈有他哉！

三、綜論

徐先生在中年時，時維 1954 年，先生時年 52 歲，即表示過道德與政治
有一定的關聯。先生說：

---

[65] 本節各引文，見〈政治的藝術與魔術——談法國大革命前夕的三級會議〉，原載《自
由報》，期 151；1961.07.26；收入《國際政治卷》，《徐復觀雜文補編》，冊三，
頁 175。

　　道德是表現在人類的生活行為上面，而政治是人類的重要生活行為之
一，所以政治中當然有道德問題，政治與道德當然有相互的關連。**66**

先生所撰寫為數眾多的雜文中，凡論及政治問題，幾必從道德人倫的立場出
發。政治活動的背後，就是人。所以論及政治人物，那就更不得不從道德人
倫出發不可，而罕從其他層面，如法律層面，或政治技術層面等等出發。徐
先生之為（新）儒家，這是不必多說的。儒家必重視人**67**。所以徐先生也必
然重視人。道德表現係人之所以為人之關鍵。而人與人之間之道德表現，即
成人倫（廣義的，即不以五倫為限之人倫）。所以先生必重視道德人倫。

　　本文上一節（第二節）26,000 多字，共分十二目，大體上分別處理了徐
先生眼中外國政治人物在道德上的各種負面表現。

　　十二目中的第八目曾經討論過 2,500 年前孔子所說的「政者，正也」一
語（上文已指出，「正」字，可指正派、正直、正當、正義、正道、正理、公正，甚至
正名等等）。筆者認為此語應該是一切政治人物從政的道德基礎；也可以說
是徐先生藉以衡量政治人物人格高低的指標。按：以「正」來訓詁「政」而
得出「政者，正也」這個詮釋，個人認為係放諸四海而皆準，傳諸百世而不
惑的震古鑠今的一個極為光輝的命題。徐先生嘗以「壹是皆以修身為本」
（參上文第八目）作為文章的標題，文中所以嚴斥日相田中角榮及美國總統尼
克遜的政治行為，其實皆緣起於二人從政之不得其正：人格不正派、手段不
正當，違反正義、正道、正理。所以修身之起點，甚至終點，自始至終，必
以修成一正派之人、行為端正之人（即具道德自覺、道德修養之人）為第一要
務。徐先生以「壹是皆以修身為本」作為文章的標題是深具意義的；且劃龍
點睛地標識出徐先生「德治思想」的核心。

　　如果其人是「正派」、手段是「正當」、本乎程序「正義」，並以正

66 〈給張佛泉先生的一封公開信〉，原載《民主評論》，卷 5，期 16，1954.08.16；收
　　入徐復觀，《論戰與譯述》（臺北：志文出版社，1981），頁 65。

67 當然，我們不能反過來說，凡重視人就必然是儒家；就以外國來說，譬如理想主義
　　者、人文主義者，就非常重視人；但他們明非儒家。

道、正理為行事之準則，則上文第一目之「信用掃地的詐術外交」、第二目之「違反民主精神」、第三目之「竊取、竊聽」、第四目之「機巧變詐」、第五目之「過分現實」、第六目之「見風轉舵」等等，俱不會發生。一言以蔽之，假使從政者確然了悟，並切實貫徹「政者，正也」這個自古以來的明訓，那政治上一切之惡都可以避免，或至少可以大幅減少。在這個結論部分，這是筆者首先要指出來的。恐怕這個說法不致於違悖徐先生眾多政治雜文的中心旨趣。至於「子帥以正，孰敢不正」這句話，也應該稍作補充說明。傳統東方係人治社會，所以上文所提到的日本、韓國、越南、柬埔寨等國家，甚至近乎一人極權專制的蘇聯，這句話是非常管用的。所謂風行草偃，只要在上者「帥以正」，則在下者「孰敢不正」呢？其實，縱然以西方民主國家、法治國家來說，政治活動的背後，還不就是人？所以只要在上者，無論美、法等國家的總統也好，德國的總理也罷，英國的首相也罷，帥其下屬以正，則孰敢不正呢？

再者，筆者藉著上文第七目，清楚揭示先生不以政治人物的政績，更不以成王敗寇的現實考量，而純粹以人格的高低作為判定人物大小的標準。這也充分反映先生新儒家之所以為新儒家之特色所在。

第八目上文已說過了。至於第九目則揭示先生具權宜、權變的思想[68]。其中指出先生雖極重視民主、自由、人權，然而，為了穩定動盪中的局勢，有時也只得認同政治人物不可能讓人民享有充分自由的作法。筆者要特別指出這點，是希望藉以讓讀者知悉，徐先生雖然深具理想，但有時不得不向現實妥協。本此又藉以揭示先生欲吾人應本乎恕道精神，適度體諒從政者行為措置上之不得不爾。

第十目所談到的蘇聯，本「綜論」最後一段將談到，此從略。就第十一目來說，先生指出越共奸詐與卑鄙。筆者以為此皆緣自越共不了解「政者，正也」這個治國的基本精神。以不得其正，故奸詐與卑鄙便隨之而來。至於柬共之殘暴，先生以其文化缺根基，素淺薄來解釋，亦可謂深具睿智，見人

---

[68]　徐先生的經、權思想，詳見本書上篇第十章。

之不及見。

　　第十二目論述政治藝術與政治魔術的分別。先生以前者本乎「誠心誠意」，而後者則聚焦於「唯利是圖」，藉以分判政治人物在政治上的表現。然則政治藝術與政治魔術，乃判然二途，涇清渭濁，絕不容絲毫淆亂。

　　上述第四目，容筆者稍作補充。上文已指出，「言忠信，行篤敬」乃一普世價值。其實，普世價值也可說是普適價值──普遍地適合於所有人。政治人物，當然也不例外。他們無法，且也不應該，自外於這個普世價值／普適價值。其實，「政者，正也」這個明訓，已包含了言忠信和行篤敬。做人正派，不搞花樣、弄噱頭，那麼言豈有不忠信，行豈有不篤敬的呢！

　　最後筆者對徐先生為何多談美國，而少談其他國家（譬如同為強國大強之蘇聯），試作解釋。以上十二目，其中六目談美國政治人物。六目中，其中五目與總統尼克遜有關。這主要是因為先生針對尼氏任內所發生的水門醜聞案，談論得比較多的緣故。此案當時轟動朝野，甚至為全世界所矚目，且歷時二年多始結案。先生由是對此案談論得特別多。按：先生撰寫相關雜文時──1970 年代，美國是當時的超級大國強國。當然，其時的超級大國強國（尤其就軍事實力來說）與美國相當者，至少尚有蘇聯。然而，蘇聯當時是鐵幕國家，資訊本來就較少。再者，先生明確指出：「極權國家的統治者，當然沒有道德觀念。」[69]既然沒有道德觀念，那就沒有甚麼值得多談了。這恐怕才是先生少談蘇聯的主因。美國則完全不同，乃以民主、自由、人權（這些可說都是廣義的德目──道德表現）等等標榜而立足於國際社會。所以徐先生對她應該是特別有所期待吧。就外國來說，先生論述美國及其政治人物，比論述其他國家及其他政治人物為多，這恐怕是主因。

---

[69]　〈蘇聯野心的挫折〉，原載《華僑日報》，1975.09.23；收入《國際政治卷》，《徐復觀雜文補編》，冊四，頁 369。

第二章　偉大史家眼中的偉大歷史人物
──徐復觀評蔣介石[*]

一、前言[1]

---

[*] 本文原係應上海大學歷史系之邀請，發表於 2012.06.29-07.01「民國史家與史學國際學術研討會」上。2014.05.27 應邀在武漢華中科技大學（國家大學文化素質教育系列講座第 1993 次）作口頭報告時，嘗濃縮本文以應命。後又據原文稍作修改，發表於《東吳歷史學報》，第 30 期（2013 年 12 月）。今進一步修改後納入本專書內。按：徐先生出生於 1903 年，壽終於 1982 年。蔣公生於 1887 年，壽終於 1975 年。徐先生除短暫的二三年的時間（1928-1931 年；其間一度回國）負笈日本讀書外，至 1949 年才正式離開大陸，是先生在大陸的時間超過 40 年。就蔣公來說，其離開大陸，是 1949 年 5 月以後之事。先是，清末時嘗留學日本習軍事；1923 年受中山先生之命，率代表團赴蘇聯，考察其政治、軍事及黨務，維時約三個月；抗戰末期之 1943 年年底又嘗出席開羅會議。是蔣公在大陸的時間約 60 年。換言之，徐先生超過半生的時間生活在大陸，而蔣公則更是三分二的時間生活在大陸。今所見徐先生論述、品評蔣公的文字皆寫於 1949 年之後。然而，其論述、品評所根據者，絕大部分本之於 1949 年前其個人對蔣公的接觸及觀察。是以縱然從中共官方的立場來說，徐先生之品評蔣公，仍屬民國（1912-1949）史學之範疇。

[1] 筆者在香港唸大學（浸會大學，當時稱浸會學院）時，其中 1972-73 和 1973-74 年，先後當過系學會的學術幹部和系學會主席（即系學生會會長）。這兩個學年，我忘了是哪一學年，更想不起是哪個月，反正這兩年當中，有一天我們邀請到徐復觀先生來系上作演講。我接待他時，赫然發現系上算是很有名氣且有點「大牌」的隋唐史專家章群教授也一道來迎迓。章老師對徐先生以晚輩自居，且執禮甚恭；又推又讓的一定要徐先生先進教職員的咖啡室喝茶。徐先生亦同樣的推讓。我心中有點訝異，有點大牌的章老師，今天為何如此客氣？後來知道徐先生的經歷後，心中的疑惑才得以冰釋。但那是後來的事了。

　　徐復觀先生恆被定位為史學家、散文家、政論家、思想家、文學評論家、藝術評論家；而且還是「惡聲至，必反之」的一個好打筆墨官司的雄辯家。再者，他是近現代新儒家第一代大哲熊十力先生海外著名三大弟子之一。所以徐先生也是新儒家、理想主義者、人文主義者。先生極愛國，是以可以定位為愛國主義者。先生一生為申張自由、民主，直接的，間接的，寫下數量極為可觀的文字。是以譽之為「民主鬥士」亦不為過。然而，徐復觀先生，他不僅是一位學養淵深，方面極廣的學者，1950 年代之前，他還是一位軍政界相當著名的人物；在蔣介石（1887-1975）面前，也算得上是個紅人，一個相當被倚重的幕僚。

　　徐先生學術面向極廣，上文已有所揭示。然而，以晚年之學術表現來說，似以史學（尤其兩漢思想史）的成就最傑出，也最為人所稱道、肯定。中國近現代史家多矣。然而，能夠稱得上是偉大的，恐怕沒有幾人。何以故？以史家三長難得故也。唐人劉知幾便有「世無其人」、「罕見其人」、「世罕兼之」之嘆！唐時固然，恐今亦不為例外。史家三長者，史才也，史學也，史識也。若加上史德，便成為四長（其實劉知幾的三長，其中史識一項已隱含史德）。四長中，個人以為識、德，尤為難中之難。徐先生性情真，學問切；「誅奸諛於既死，發潛德之幽光。」何人為奸諛者？該誅戮之？何人為具潛德者？該發覆之？此非賴識（眼光）不足以發現，非藉德（簡言之，對一己良心負責，敢於向惡勢力挑戰，是謂德）無以彰顯。徐復觀先生，正其人也。是以筆者乃以「偉大史家」定位先生。

　　至於蔣介石，譽之者，偉大人物也，民族救星也；毀之者，劊子手也，極權專制之獨裁者也。可謂美惡集於一身。蔣公之於先生，乃情殷義重之恩主也；然而國家陸沈，人民水火，蔣公似責無旁貸（至少某一程度上）。此徐先生所深悉者也。惟先生仍數度以「偉大」稱頌蔣公。何以故？先生重感

　　徐先生個子不高，大概僅有 160 公分左右，然而，雙目炯炯發光，說話鏗鏘有力，很有霸氣的樣子；演講時則十分認真，態度尤其懇切。但我當時一句也聽不懂他的話，就連他的講題，我今天也記不起來，真是十分慚愧。1976 年我考上香港新亞研究所，選修了徐先生開的「漢書研究」一課，於是才得以親炙心儀已久的徐先生。

情、崇恩主，故棄客觀事實於不顧耶？抑先生之「偉大」另有所指？非一般
意義之「偉大」？或「偉大」在徐先生心中有不同層級歟？本文之撰，即旨
在回應以上諸疑惑。

＊＊＊＊＊＊

　　本文是論述徐先生如何評價蔣介石先生的[2]。其實，品評／評價人物極
難。人未死，固難定評；就算人已死，所謂蓋棺定論，縱使不是騙人，也只
是一種天真的想法而已。評鑑人物，恆因人、因時、因地而異。即以一般人
視為萬惡不赦的希特勒（A. Hilter，1889-1945）來說，德國人，尤其納粹黨
員，對希氏便有不同的評價。此所謂因人而異也。1939 年，希特勒進兵佔
據捷克首都布拉格，並進而入侵波蘭。其前及其後，英國首相張伯倫（A. N.
Chamberlain，1869-1940）對希氏的評價，便判若兩人。此因時而異也。縱然同
為德國人，二戰時，尤其 1942 年前生活在德國者及流亡海外者，對希特勒
的評價，便又截然不同。此即因地而異也。吾人對蔣公的評價亦然。即以同
為中國人來說，中共統治下的大陸的中國人和國民黨統治下的臺灣的中國人
對蔣之評價便天差地別。即以同為大陸的中國人來說，十多年前和近今十年
的評價，又有相當大的差異。這主要是隨著兩岸互動愈來愈頻繁而改變的。
再者，幾年前由於承認國民政府的軍隊在抗日戰爭中扮演主力的角色，而當
時最高的統帥是蔣委員長，因此蔣公的地位及評價便比從前高多了[3]。品評

---

[2]　蔣先生的稱謂／頭銜至多，如徐先生在不同文章或同一文章的不同部分，便以蔣總
　　統、總裁、蔣委員長、奉化蔣公等的稱謂來稱呼他。今為求簡便，在不引起誤會的情
　　況下，一律以「蔣公」稱之。

[3]　這裡可以舉兩個例：(1)中共領導人在抗日戰爭勝利 60 周年紀念活動中，首次公開承
　　認中華民國國軍是抗日戰爭的主導力量（參博訊新聞網（2005 年 9 月 3 日）「胡錦
　　濤指國民黨負責抗戰正面戰場：一石三鳥之舉」，取自：http://www.boxun.com/news/
　　gb/china/2005/09/200509032217.shtml）；蔣中正領導國民革命軍在抗日戰爭給予日軍
　　沉重打擊（新華網（2005 年 9 月 3 日）「胡錦濤：國共兩黨領導的抗日軍隊形成了
　　共同抗擊日本侵略者的戰略態勢」http://big5.xinhuanet.com/gate/big5/news.xinhuanet.c
　　om/mil/2005-09/03/content_3437745.htm）。(2)1971 年 12 月，毛澤東召集專業文宣幹

人物之難有定準，由此可見[4]。然而，我們亦不宜過分極端或過分悲觀，而認為既無定準而係隨時、地、人而有所不同，便進而否定人物評價或價值判斷可有之價值。大體來說，我們仍有一定的客觀標準可循[5]。凡是合乎人性——對社會、國家、人類帶來福祉的行為，便應予以肯定。反之，如無端端殺人、發動戰爭而濫殺無辜、為滿足一己私欲而鬥爭別人等等，便應予以否定，甚至譴責。當然，如何界定人性，界定福祉，則不無爭議。然而，這是另一問題。

本文把徐先生視為「偉大史家」；又認為在徐先生眼中，蔣公是「偉大歷史人物」。那似乎有必要先說明一下何謂「偉大」？何謂「偉大史家」？又在徐先生眼中，「偉大歷史人物」到底何指？

《漢語大辭典》對「偉大」作出了三個解釋，其中跟人相關的有兩個，如下：崇高、雄偉、令人景仰；宏大、不尋常[6]。以上兩個解釋與常識義無別，且兩者之間的意義亦無大差別，今合併為同一個解釋。然而，針對史家來說，到底有何表現才可以稱為「崇高、雄偉、令人景仰、宏大、不尋常」呢？此則不無探究之餘地。唐人劉知幾（661-721）有史家三長之說。三長指

部講話，他說：「蔣介石有幾點值得我們注意，分別說明如下：（一）北伐統一：……；（二）抗日戰爭：……；（三）收復臺澎：……；（四）開拓海疆：……。最後，我還要講一點，蔣介石在軍事教育上的表現也有他的優點，例如：……。我們講歷史、寫歷史都應該特別留心。蔣介石親身經歷的四大事蹟，是客觀的事實，我們儘量用小說、戲劇各種文件來抹殺他，恐怕也只能推遲他埋藏的真象，……」張良善，《毛澤東先生評傳》（臺北：張良善，自印本，2002），頁 28-30。

4　徐先生本人對這方面是深有體會的，嘗云：「人的自身，本來是無法下定義的，人的置境，又是各不相同的。各人有各人的要求，各人有各人的委曲；所以對於他人作是非曲直的判斷，本來是至難之事。」徐復觀著，〈大節與大體〉，黎漢基、李明輝編，《徐復觀雜文補編》（臺北：中央研究院中國文哲研究所籌備處，2001），冊四，頁 85。

5　個人認為，評價人物，以至對過去歷史之事事物物下價值判斷，乃史家責任之所在，是不應逃避的。參黃兆強，《學術與經世：唐君毅的歷史哲學及其終極關懷》（臺北：臺灣學生書局，2010），頁 244-247。

6　《漢語大辭典》（上海：漢語大辭典出版社，1997），〈偉大〉條。

史才、史學、史識[7]。約言之，此分別指寫文章的才華及史料的編纂、消化、組織、綜合能力；歷史知識乃至其他知識的多寡；史家的眼光、洞見而言。其實知幾的史識也隱含史德，今不細表。「史德」這個概念的出現是比較晚的，一般認為清代章學誠才提出這個概念。但我們要清楚一點：常常是先有事實，後來才出現相應的概念，最後才出現相應的名詞。斷不能以概念、名詞出現較晚，乃因而否定其前早已出現、存在的事實。否則，難道在章學誠以前，中國史家沒有史德嗎？他們寫史全是昧著良心，顛倒是非黑白嗎？這個地方是不必多辯的。個人認為，作為一個偉大史家，才、學、識、德這四項，其中識與德，恐怕是最關鍵的。而德恐怕更是關鍵中的關鍵。現在不能多說這個問題。但史家要講實話，不能顛倒是非黑白，且要做到韓愈所說的「誅奸諛於既死，發潛德之幽光」，恐怕才符合史德吧，才讓一個史家夠得上「偉大」的稱謂吧。個人認為徐先生是符合這個標準的，因而是可以用「偉大史家」稱呼他的。有關這個問題，可參本文結論部分[8]。至於蔣公，他的表現是否足以被稱為偉大，則見仁見智，結論可以千差萬別。然

7　參劉昫等，《舊唐書》（北京：中華書局，1975），卷 102，〈劉子玄（知幾）傳〉，頁 3173；歐陽修、宋祁等，《新唐書》（北京：中華書局，1975），卷 132，〈劉子玄（知幾）傳〉，頁 4522。

8　《莊子‧大宗師》云：「有真人而後有真知。」個人近年則常說：「有真情性，始有真學問。」徐先生情真性真；其有真學問，豈偶然哉？然而，真性情只是真學問的必要條件。先生之有真學問，以至成為偉大的史家，當然尚賴其他條件。個人嘗指出，徐先生學術上不可及之處，計有九端；如下：涉獵廣博、學問深邃、視野寬闊、識見獨到、志節高尚、熱愛家國、立言勇決、治學勤快、天資過人。詳見黃兆強，〈徐復觀先生與西方文化——見於《徐復觀文錄》中的西方文化資訊〉（當代新儒家與西方哲學——第九屆當代新儒學國際學術會議論文，香港中文大學哲學系主辦，2011 年12 月；此文改寫並在題目上稍作更易後，已納入本書附錄內）。又莊子說到的「真人」，注家頗有不同的解釋。《莊子‧漁父》：「真者，精誠之至也。」《荀子‧勸學》：「真積力久則入，……」，楊倞注：「真，誠也。」錢穆先生同意以「誠」、「精誠」訓「真」。筆者以為此當契合莊子原意。錢說見〈大宗師〉「何謂真人」句下之箋注。錢穆，《莊子纂箋》（香港：東南印務出版社，1957），頁 47。錢先生並引王闓運之語曰：「〈刻意篇〉專釋真人。」

而，從徐先生眼中來看，蔣公是偉大的。這方面，下文第三節將作詳細論述。

二、徐先生與蔣公的接觸

　　徐先生與蔣公的接觸始於 1937 年，終於 1951 年[9]。但 1943 年 10 月前，先生只是聽過蔣公的公開講話（1937.07.17；地點：江西廬山）[10]和蔣公檢閱時（1938 年春；地點：武漢大學），被蔣公親自點過名而已。所以嚴格來說，1943 年 10 月前不算有過甚麼接觸。1943 年 11 月被蔣公召見過兩次而有對話交談的機會外，其後至 1944 年年中，約半年的時間，先生與蔣公亦沒有甚麼接觸。然而，1944 年年中至 1949 年上半年，約五年間，先生與蔣公接觸見面的機會便很多，甚至有點隨侍在側的味道。1950 年和 51 年尚分別有過一二次的見面。之後，便似乎再沒有見過面了。

　　1944 年至 1951 年，兩人見面交談之情況如下：1944 年年中，已官拜少將的徐先生被調至耳目所寄的侍從室第六組工作[11]。先生在第六組工作不久，即被蔣公指派出席「官邸會報」。[12]先是，1943 年先生有五個多月的時間被派往延安考察。考察回來後，先生深信中共有全面奪取政權的能力；乃多次向蔣公建議，指出若政府及國民黨維持現狀不變，則情況堪虞。國民黨

---

[9]　相關情況，詳本文附錄：〈先生與蔣公的接觸史事繫年一覽表〉，今僅略陳其大概，以彰眉目。

[10]　公開講話，指 1937.07.17 的廬山抗戰宣言（即〈廬山聲明〉）；其中震撼人心的幾句話如下：

和平未到絕望，絕不放棄和平；

犧牲未到最後關頭，亦絕不輕言犧牲。

但是一旦最後關頭來臨，中國將會絕對犧牲到底。

地不分東西南北，人不分男女老幼，

皆有守土抗戰之責任，皆應抱定犧牲一切的決心。

縱使戰至一槍一兵，中國也絕不停止抗戰。

[11]　當時中央政府所在地是陪都重慶；當然第六組的工作地點亦是重慶。

[12]　所謂「官邸會報」，就當時的情況來說，其實只是若干中央政府大員被指派中午時與蔣公午餐，而蔣公利用這個午餐時間，向這些官員們徵詢一下各方面的意見而已。

召開第六次全國代表大會時（1945.05.05-21），蔣公親下手令給徐先生，請先生臨時充任其隨從秘書，隨從出席大會，每天向他提出觀察所得的報告。約在 1947 年之後，先生多次向蔣公建議要改革國民黨，使之成為一個以照顧群眾的利益為考量的民主的社會主義的政黨。先生又認為為了在思想文化戰線上發揮一點效果，宜辦一份雜誌。1947 年 5 月，月刊《學原》即應運而生。1948 年，政治情勢已相當危殆。該年元宵節前後，先生嘗向蔣公建議一個局部性的改良方案。1948 年 9 月 10 月左右，先生又建議召集知識分子，團結在蔣公的周圍，以穩定局勢。作法是先由少數人以座談會方式開始，然後慢慢擴大。先生又認為必須團結內部，始能發揮剿共的力量。當時桂系勢力相當大，先生認為蔣公必須忍讓。1949 年 2、3 月，局勢更為危急。先生面見蔣公時，蔣公提出整頓黨的組織的問題。但先生認為已緩不濟急，乃向蔣公建議，最好先把黃埔同學組織整頓起來以應急。然而，不久之後，大陸即易幟。遷臺後，蔣公希望先生幫忙籌辦「革命實踐研究院」；時維 1949 年。但先生予以婉拒。其實，自 1948 年年中以來，先生即擬淡出政界。1949 春，先生擬在香港辦一個刊物（即後來的《民主評論》）。在經費方面，蔣公惠予支援。1950 年 4 月，先生由香港返臺灣謁見蔣公，希望蔣公撥款支持香港新亞書院。其後新亞書院創辦人之一且擔任校長的錢穆先生之有臺北行，並在經費上獲得蔣公資助，即以徐先生之故[13]。1951 年，蔣公知道先生並沒有辦理黨員歸隊的手續時，非常不悅。先生乃從臺中赴臺北謁見蔣公。1944 年至 1951 年間，先生與蔣公之接觸情況，大抵如上。其詳情可參閱文末附錄：〈先生與蔣公接觸史事繫年一覽表〉。[14]

13　詳參徐復觀，〈三千美金的風波——為《民主評論》事答復張其昀、錢穆兩先生〉，《自立晚報》（臺北），1962 年 04 月 23 日-25 日；收入上揭徐復觀，《徐復觀雜文補編》（臺北：中央研究院中國文哲研究所籌備處，2001），冊二，頁 181-182。

14　先生嘗謂：「我沒有記日記的習慣，所以年月記得不完全，而且也多錯誤，請閱者諒之。」徐復觀，〈抗日往事〉，《徐復觀雜文‧憶往事》（臺北：時報文化出版企業公司，1980），頁 7。本段文章的年月及〈附錄：先生與蔣公的接觸史事繫年一覽表〉中的年月，乃本諸先生之相關記載。先生對同一事件的事發日期，在不同文章中，偶有年月記載不一致之處。筆者未細考何者為是。針對事件之本身，尤其相關細

三、徐先生對蔣公的評價

徐先生在不少文章中都提到蔣公；但一般文章失諸零碎。然而，其中有四篇文章則記載得相當完整；且其中有三文是特別為蔣公寫的，依序如下：一是 1956 年徐先生為祝賀蔣公七十大壽而撰寫的〈我所了解的蔣總統的一面〉一文。這篇文章曾經引起一番熱鬧、一陣轟動[15]。二是 1975 年先生為悼念蔣公逝世而寫的〈對蔣總統的悲懷〉一文[16]。三是 1980 年先生為紀念蔣公逝世五週年而寫的〈未光碎影〉一文[17]。除這三篇文章外，先生寫於 1975 年 12 月的〈垃圾箱外〉亦有不少文字提及先生親炙蔣公的事蹟[18]。以

節，更不克詳細援引其他資料相互考證、覆核；蓋以事件本身之考證核實，非本文之重點故也。

又：以下引文，大部分出自徐先生本人之著作，今開列如下。且為求節省篇幅，盡量以簡稱稱之。

徐復觀，《徐復觀雜文·看世局》（臺北：時報文化出版企業公司，1980）。（簡稱：《徐復觀看世局》）；徐復觀，《徐復觀雜文·論中共》（臺北：時報文化出版企業公司，1980）。（簡稱：《徐復觀論中共》）；徐復觀，《徐復觀雜文·憶往事》（臺北：時報文化出版企業公司，1980）。（簡稱：《徐復觀憶往事》）；徐復觀，《徐復觀雜文·記所思》（臺北：時報文化出版企業公司，1980）。（簡稱：《徐復觀記所思》）；徐復觀，《徐復觀雜文續集》（臺北：時報文化出版企業公司，1981）。徐復觀，《徐復觀最後雜文集》（臺北：時報文化出版企業公司，1984）。徐復觀，《徐復觀雜文補編》（臺北：中央研究院中國文哲研究所籌備處，2001），冊二、冊六。徐復觀，《學術與政治之間（甲乙集合訂本）》（香港：南山書屋，1976）。（簡稱《學政甲乙集》）；徐復觀，《儒家政治思想與民主自由人權》（臺北：臺灣學生書局，1988）。

[15] 該文載《自由中國》15：9（臺北，1956 年 10 月 31 日）；又收入上揭徐復觀，《學政甲乙集》。參徐復觀，〈對蔣總統的悲懷〉，《徐復觀雜文補編》，冊二，頁 515；徐復觀，〈「死而後已」的民主鬥士〉，《徐復觀憶往事》，頁 217。

[16] 該文載《明報月刊》10：5（香港，1975 年 05 月）；又收入徐復觀，《徐復觀雜文補編》，冊二，頁 515-520。

[17] 該文載《中國時報》（臺北），1980 年 04 月 05 日；又收入徐復觀，《徐復觀雜文續集》，頁 341-349。

[18] 該文載《新聞天地》，第 1455 期（臺灣，1976 年 01 月 03 日）；又載《快報》（香

上四篇文章，第一文最值得關注，原因如下：(1)時間上，這篇文章是唯一撰寫於蔣公生前，且為蔣公所知悉的一文。(2)空間上，撰寫於蔣公統治而為白色恐怖期最為嚴厲階段的 50 年代的臺灣（其他三文皆寫於香港；且為蔣公逝世之後）。(3)態度上，雖婉轉，但批評蔣公的文字數見不一見。(4)時機上，撰寫於蔣公七十大壽作為「賀壽」的一篇文章。(5)時際上，徐先生遠離政治而離開蔣公大概只有 5 年的時間而已。換言之，時間上，空間上，及態度上等等，該文都可以對徐先生帶來厄運的。有謂：在不適當的時間，不適當的地點，做不適當的事，是會惹來爭議、困擾的。如蔣公不念舊情而作出稍一「非理性」的表現，則徐先生因該文而賈禍是很有可能的[19]。正因為該文這麼特別而值得關注，所以筆者便嘗試以該文為主軸對相關問題（先生評價蔣公的問題），作一點分析。

（一）先生寫〈我所了解的蔣總統的一面〉的動機

上一段文字說到徐先生可能會因該文而惹禍上身。其實，以徐先生的聰明及歷練，不可能不想到這個可能性的[20]。然而，問題是徐先生為甚麼要

港，1978 年 12 月 05 日）；又收入徐復觀，《徐復觀憶往事》，頁 22-46。

[19] 大概正因為上述原因，所以該文曾引起轟動，且刊載該文的該期《自由中國》便銷售了 11 版。

[20] 先生嘗云：「因這篇文章而把我與蔣公的關係，拉得更遠，完全是意料以外的。」先生這句話，尤其是「意料以外」這個說法，個人認為似乎不必照單全收。該文批評蔣公之處，可說說得非常委婉。筆者猜想，其可能原因有二。一是先生對蔣公實在是非常崇敬，是以出言便很委婉。二是可能由此而惹禍的一種恐懼、一種怖慄，恐怕仍然是存在於先生心中的。上引語見徐復觀，〈死而後已的民主鬥士〉，《徐復觀憶往事》，頁 217。先生批評人，似乎永遠不假顏色。被批評的人士，各界域都有。現在只舉文化學術界為例以見一斑；如批評康有為（徐復觀，〈五十年來中國的學術文化〉，《徐復觀雜文補編》，冊二，頁 148。）、批評梁啟超（徐復觀，〈以事實破謊言──致《文壇》書〉，《徐復觀雜文補編》，冊二，頁 373。）、批章太炎（徐復觀，〈文化上的代溝與異域〉，《徐復觀最後雜文集》，頁 162。）、批朱自清（徐復觀，〈香港中文大學的國文試題〉，《徐復觀雜文補編》，冊二，頁 468。）、批錢穆（徐復觀，〈良知的迷惘──錢穆先生的史學〉，《徐復觀記所

思》，頁 104-115；徐復觀，〈儒家在修己與治人上的區別及其意義〉，《學政甲乙
集》，頁 190-194；徐復觀，〈中庸的地位問題〉，《徐復觀甲乙集》，頁 322-
338；徐復觀，〈明代內閣制度與張江陵的權、奸問題〉，《儒家政治思想與民主自
由人權》，頁 249-268；徐復觀，〈三千美金的風波〉，《徐復觀雜文補編》，冊
二，頁 178-188；徐復觀，〈悼念新亞書院〉，《徐復觀雜文補編》，冊二，頁 266-
270。）、批熊十力（徐復觀，〈我的若干斷想〉，《徐復觀記所思》，頁 10；徐復
觀，〈熊十力先生的志事〉，《徐復觀憶往事》，頁 223。）、批郭沫若（徐復觀，
〈再論中共對孔子地位的承認問題〉，《徐復觀論中共》，頁 358；徐復觀，〈中共
文化界中的「風派人物」〉，《徐復觀記所思》，頁 172。）、批陶百川（徐復觀，
〈孔子德治思想發微〉，《儒家政治思想與民主自由人權》，頁 101。）、批蕭公權
（徐復觀，〈孟子政治思想的基本結構及人治與法治問題〉，《儒家政治思想與民主
自由人權》，頁 123-126；徐復觀，〈荀子政治思想的解析〉，《儒家政治思想與民
主自由人權》，頁 135-140。）、批李璜（徐復觀，〈國史中人君尊嚴問題的商
討〉，《儒家政治思想與民主自由人權》，頁 167-175。）、批張其昀（徐復觀，
〈釋論語「民無信不立──儒家政治思想之一考察」〉，《儒家政治思想與民主自由
人權》，頁 193-194。）、批陳康（徐復觀，〈儒家在修己與治人上的區別及其意
義〉，《學政甲乙集》，頁 195-200。）以上皆為徐先生批評學者之顯例；更不必說
對自由主義者或全盤西化論者的批判了，如批胡適（不勝枚舉，尤其徐復觀，〈中國
人的恥辱東方人的恥辱〉，《論戰與譯述》（臺北：志文出版社，1982），頁 164-
170；徐復觀，〈悼念新亞書院〉，《徐復觀雜文補編》，冊二，頁 269。但徐先生
亦有稱讚胡氏的，如徐復觀，〈答輔仁大學歷史學會問治古代思想史方法書〉，《徐
復觀記所思》，頁 4；徐復觀，〈從宣傳問題看我們的前途〉，《徐復觀記所思》，
頁 283；徐復觀，〈由兩封書信所引起的一點感想〉，《徐復觀記所思》，頁 393-
394。）、批吳虞（徐復觀，〈自由中國當前的文化爭論〉，《徐復觀記所思》，頁
44。）、批毛子水（徐復觀，〈簡答毛子水先生〉，《論戰與譯述》，頁 131-133；
徐復觀，〈對殷海光先生的懷念〉，《徐復觀憶往事》，頁 170；徐復觀，〈請大家
原諒這位「吹不響喇叭的號手」吧！〉，《徐復觀雜文補編》，冊二，頁 466-
467。）對疑古派的顧頡剛等亦批評不遺餘力（見徐復觀，〈多為國家前途著想〉，
《徐復觀記所思》，頁 80-84。）對史語所大老傅斯年（見徐復觀，〈自由中國當前
的文化爭論〉，《徐復觀記所思》，頁 46。）等亦有所批評。其他如王國維（徐復
觀，〈答輔仁大學歷史學會問治古代思想史方法書〉，《徐復觀記所思》，頁
7。）、陳寅恪（徐復觀，〈答輔仁大學歷史學會問治古代思想史方法書〉，《徐復
觀記所思》，頁 2。）等，亦無一幸免。對於同為新儒家的方東美之批評亦相當嚴苛
（徐復觀，〈孔子與論語〉，《徐復觀論中共》，頁 342-343。）、批譚戒甫（徐復
觀，〈先秦名學與名家〉，《徐復觀記所思》，頁 28。）、批馮友蘭（徐復觀，

〈自由中國當前的文化爭論〉，《徐復觀記所思》，頁 45；此文又見《徐復觀雜文補編》，冊二，批語見頁 164；徐復觀，〈五十年來中國的學術文化〉，《徐復觀雜文補編》，冊二，頁 153；徐復觀，〈悼念新亞書院〉，《徐復觀雜文補編（冊二）》，頁 269；徐復觀，《中國人性論史‧再版序》（臺北：臺灣商務印書館，1975），頁 3-4。）、批吳稚暉（徐復觀，〈一個中國人在文化上的反抗〉，《徐復觀記所思》，頁 73-74。）、批李濟（徐復觀，〈多為國家前途著想〉，《徐復觀記所思》，頁 80-84；徐復觀，〈對殷海光先生的懷念〉，《徐復觀憶往事》，頁 170。）、批張佛泉（徐復觀，〈給張佛泉先生的一封公開信〉，《論戰與譯述》，頁 55-67。）、批魯迅（徐復觀，〈徐復觀先生談中國文化〉，《徐復觀記所思》，頁 94；徐復觀，〈漫談魯迅〉，《中國文學論集》（臺北：臺灣商務印書館，2001），頁 535-544。）、批虞君質（徐復觀，〈虛偽地學術爭論〉，《徐復觀記所思》，頁 116-136。）、批嚴靈峰（徐復觀，〈拉克們！恐怕你們白白地焦急了〉，《徐復觀雜文補編（冊二）》，頁 145-147。）、批梁容若（徐復觀，〈回給王雲五先生的一封公開信〉，《徐復觀記所思》，頁 137-149；徐復觀，〈反共與反漢奸〉，《徐復觀雜文補編》，冊二，頁 344-355；徐復觀，〈致胡秋原先生書並代答梁某的公開信〉，《徐復觀雜文補編》，冊二，頁 356-365；徐復觀，〈以事實破謊言──致《文壇》書〉，《徐復觀雜文補編》，冊二，頁 366-384。）、批林尹（徐復觀，〈以事實破謊言──致《文壇》書〉，《徐復觀雜文補編》，冊二，頁 379。）、批趙岡（徐復觀，〈趙岡「紅樓夢」新探的突破點〉，《中國文學論集》，頁 463-496；徐復觀，〈我希望不要造出無意味的考證問題〉，《中國文學論集》，頁 497-505。）、批潘重規（徐復觀，〈由潘重規先生「紅樓夢的發端」略論學問的研究態度〉，《中國文學論集》，頁 506-529。）、批勞思光（徐復觀，〈〈民主政治價值之衡定〉讀後感〉，《徐復觀記所思》，頁 186-192。）、批白先勇（徐復觀，〈中國文學討論中的迷失〉，《中國文學論集續篇》（臺北：臺灣學生書局，1984），頁 155-164。）、批王夢鷗（徐復觀，〈王夢鷗先生「劉勰論文的觀點試測」一文的商討〉，《中國文學論集續篇》，頁 165-184。）、批顏元叔（徐復觀，〈從顏元叔教授評鑑杜甫的一首詩說起〉，《中國文學論集續篇》，頁 185-200；徐復觀，〈敬答顏元叔教授〉，《中國文學論集續篇》，頁 201-219。）、批余光中（徐復觀，〈簡答余光中先生「三登鸛雀樓」〉，《中國文學論集續篇》，頁 227-231。）以上各人，均係批評之列。以至在文化思想戰線上一起奮鬥數十年的生平好友唐君毅先生，先生亦予以批評（徐復觀，〈學術與政治之間〉，《學政甲乙集》，頁 134-136。）批評的文字，幾無不用尖銳、辛辣，甚至刻薄的語言出之（當然，通常是對方先用此等語言為文，而先生才作出還擊的）。可以說是「惡聲至，必反之」。當然，嚴格區分開來，則先生對上述諸學人的批評是有不同程度的。譬如對錢穆先生之批評及對全盤西化論者如胡適等的批評，是非常嚴苛的。對其他人，尤其

「冒險犯難」撰寫該文章呢？該文章是非寫不可的嗎？這個問題的答案，可以說是「是」；也可以說是「不是」。怎麼說？

蔣公即將七十大壽之際，總統府秘書長張群希望各方人士以進言代替慶祝。雷震先生時主掌《自由中國》半月刊，乃請先生為文而向先生說：「你這個徐復觀[21]，就是彆扭，平時不要你說話，你偏偏要說；現在要你說話，你卻又不肯說。我遠來一趟，決不能空手而回。」[22]先生於是便寫了轟動一時的〈我所了解的蔣總統的一面〉。先生自謂：「撫心自問，我寫的時候，實出於愛護之誠。」[23]先生與雷震當時是好朋友，既然朋友從臺北遠道到臺中一趟，所以似乎不好意思不寫。然而，先生當時已五十出頭了，一輩子不知經歷過多少人情上的壓力。雷震這個壓力應該不算特別大的。換言之，就算先生不寫，也沒有甚麼大不了；恐怕雷震不會因此便和先生翻臉。筆者的意思是，這個外緣壓力是不足以讓先生非寫該文不可的；且就是寫，也可應酬式的敷衍一下；不必掏心掏肺的「有話便說」。然而，先生是寫了，且真

對唐君毅先生的批評，如果稱得上是批評的話，那可以說是非常輕描淡寫的。上文是不完全的統計，且沒有對先生所批評的對像做仔細的分類。然而，已可看出文史哲學術界中有頭有臉的人物，幾乎無一幸免，甚至他相當推崇的自己的老師熊十力先生，亦予以一定程度的批評。然而，筆者要指出的是，先生之批評，純粹是就學問談學問。愛之深，責之切；有時不免擦槍走火，那是意外，且起因常是先由對方引起的。這個問題，擬另撰一文討論。這裡必須作點補充說明。徐先生對以上學人，尤其對胡適和錢穆等批評非常嚴苛，但先生是「惡而知其美的」，未嘗一筆抹煞。如嘗云：「在我的記憶中，抗戰時期，錢穆先生在西南聯大寫了一部《國史大綱》，對維護中國文化，切實盡了一番責任。……胡適先生則出任駐美大使，他的門下都加入到抗戰的陣營。」徐復觀，〈反共與反漢奸〉，上揭《徐復憶雜文補編》，冊二，頁 345。此外徐先生亦讚美適之先生行文洗練。這最後一項，一時未能找到出處。

21　雷震出生於 1897，比先生長 6、7 歲，或以此而直呼先生之姓名。亦有可能因為相當熟稔，所以便以姓名直呼先生。先生與雷震的熟稔，參徐復觀，〈「死而後已」的民主鬥士〉，《徐復觀憶往事》，頁 213-220。

22　徐復觀，〈「死而後已」的民主鬥士〉，上揭《徐復憶往事》，頁 217。

23　同上註。陸贄嘗自述云：「心蘊忠憤，固願披陳。」陸贄，《陸贄集》（北京：中華書局，2006），卷 11，〈奏草‧論兩河及淮西利害狀〉，頁 318。這句話用來描繪徐先生何以要寫〈我所了解的蔣總統的一面〉，也是再恰當不過的。

的「有話便說」。[24]那到底是甚麼原因導致先生寫出該文章，且是如此的內容的呢？筆者的答案是，先生不容自已的一顆「感憤之心」[25]促使了先生非寫該文不可。雷震之「壓力」，其實只是一個外緣；也可以說只是一機緣、一導火線。筆者的意思是，就算沒有雷氏之壓力，那篇文章早晚還是會寫的，只不過在時間上不是 1956 年 10 月蔣公七十大壽之際而已。對蔣公之愛，對蔣公的崇敬，對蔣公的感念，該文是非寫不可的。愛、敬、感念，皆可謂先生對蔣公之情也。先生固重情（筆者親炙先生，可謂有切身的體認）。但該文所呈現者，非僅情而已；而實有義在。義者，宜也。在適當時機，適當地點，做應做之事，此所謂義也。然義有大小。因對一人有情而生義，是以為文稱頌之，此義之小者也。蔣公也者，當時中華民國命脈所繫，拯救神州大陸苦難同胞之最可能之救星也。「微蔣公，吾其披髮左衽矣」，或非過譽[26]。先生撰該文自謂是對蔣公「實出於愛護之誠」。其實，語其究竟，「實出於愛護中國，愛護中華文化之誠也」。本乎此義以為文，此義之大者也。何以言之？有證據乎？有之。先生終結該文時，寫道：

> 我的千言萬語，只歸結到一句，即是希望蔣公把個人主觀底意志，解消於政治的客觀法式之中，使國家政治的運行，一循此客觀法式前進，既可減輕蔣公個人宵旰的憂勤，亦可培養國家千百年的基礎，這才是一條簡易可行之路。……與蔣公所提倡的中國文化精神是十分吻

---

24 語出徐復觀，〈考據與義理之爭的插曲〉，《學政甲乙集》，頁445。

25 先生寫文章恆出於感憤之心，嘗謂：「最奈何不得的就是自己這感憤之心，……便又寫下不少的雜文」。徐復觀，〈自序〉，《徐復觀文錄‧文化》（臺北：環宇出版社，1971），頁 2。筆者嘗為文對徐先生感憤之心有所闡述。黃兆強，〈徐復觀先生與西方文化——見於《徐復觀文錄》中的西方文化資訊〉（當代新儒家與西方哲學——第九屆當代新儒學國際學術會議論文，香港中文大學哲學系主辦，2011 年 12月）。此文經修改並稍易標題後，乃以附錄方式納入本書內。

26 眾所周知，大陸當時以蘇聯為祖國，以馬列為教條，則中國之為國早已名存實亡，中華傳統文化亦蕩然無存。按：江西蘇區文告宣稱：「要與全世界無產階級一同擁護蘇聯祖國」。參張良善，上揭《毛澤東先生評傳》，頁32。

合的。[27]

是先生之發機動念確是出於對蔣公「愛護之誠」而撰寫該文，但其背後實有另一潛存，且更根本之原因在焉；可以說是這個背後的原因推動了先生撰寫該文。撰文之前，先生或未意識及此。所謂更根本的原因就是：先生蘊蓄一輩子的愛國心，愛祖國文化之心。此不期然而然的促使先生寫出該文章，並在文章的結論中說出了上面的一段內心話。這可以說是先生內心深處的反映[28]。

上文說到這篇文章是否非寫不可？根據以上的分析，相信讀者該清楚了：來自雷震的外緣壓力實在不足以促使先生動筆寫該文章。換言之，如僅從雷震的所謂壓力來說，該文絕非非寫不可的。然而，先生本身不容自己的對蔣公之情，對蔣公之義；尤其對國家之情，對國家之義；對中華文化之情，對中華文化之義，絕對不容許先生緘口而不言，默然而無述的。然則該文豈得不寫呢？

上文主要是說明該文撰寫的動機。其中亦稍微談到先生對蔣公的期許。先生對蔣公，以至對中央政府大員的期許，尚見該文多處，茲從略。

（二）蔣公的偉大

一言以蔽之，在先生眼中，蔣公是偉大的。在不同文章中，不知多少次，先生以「偉大」或類似的字眼來稱頌蔣公。就以〈我所了解的蔣總統的一面〉[29]一文來說，便有八次之多，分別見以下各頁：頁 468（2 次：分別為「偉大人物」、「偉大人格」）、頁 469（「蔣公和其他偉大人物一樣」）、頁 470

27　徐復觀，《學政甲乙集》，頁 475。

28　徐先生對蔣公的敬、誠，先生的高足蕭欣義先生亦有所指陳。蕭云：「徐教授對蔣先生常存敬意。……他對蔣先生的態度都可以用二句話來概括：敬之愈篤、諍之愈誠。」蕭欣義，〈編序〉，徐復觀著，蕭欣義編，上揭《儒家政治思想與民主自由人權》，頁 30。

29　該文收入徐復觀，上揭《學政甲乙集》，頁 468-475。以下引用該文，只列出頁碼。

（「偉大政治家」）、頁 471（「這都是他偉大的地方」）、頁 475（3 次：分別為
「蔣公偉大號召之下」、「偉大的人格」、「偉大的人格」）。[30]

　　當然，人類何種表現算是偉大或不算偉大，這完全是見仁見智的；在這
裡不必詳細論說。然而，湯恩伯上將（1898-1954）逝世十週年而徐先生撰文
予以紀念時，對何謂「偉大人格」，嘗有以下的說明：「我所說的偉大人
格，指的是從庸俗世故中超拔出來，把自己的真正性情，與自己所追求的理
想，直接連接在一起的人格。」[31]本此，則蔣公在徐先生心中「偉大人格」
所應具備的特質，便可以概見了。為了討論上的方便，下文把「偉大」粗略
分為兩類。一是客觀上公認的偉大；二是徐先生本人主觀上認定的偉大。

　　毛澤東幾乎一輩子跟蔣公拼個你死我活、誓不兩立。如果蔣毫無偉大之
處或可取之處，那大概毛是不會拍他馬屁的。所以所謂「客觀上公認的偉
大」，我們舉毛對蔣的評價作為例子，那似乎應該是最可以站得住腳的。
1971 年 12 月毛澤東嘗讚美蔣介石，說他有幾個表現是值得我們注意的。一
是北伐統一，二是抗日戰爭，三是收復臺澎，四是開拓海疆。（詳見上註 3）
當然，毛沒有用上「偉大」這個字眼。但以他的立場來說，能夠指出蔣有 4
項正面的表現，那已不啻是「偉大」了。這 4 項，重點可說都是偏重在政治
上的。第一項是使國家避免分裂，復歸一統。第二項是使國家免於異族統
治。第三項是有關領土完整方面的。第四項亦與領土相關。四個項目中，除
第一項外，餘三項都是反帝國主義（主要是領導抗日）的成果。因此，四個項
目，不妨合併為二個項目。一是北伐，二是抗日。毛乃蔣之死對頭而居然予
以正面的肯定，然則蔣公的偉大，恐怕是大多數人所公認的。徐先生認同蔣

30　其他文章，如上文提到的〈末光碎影〉、〈對蔣總統的悲懷〉、〈中國人可以不紀念
　　七七嗎？〉（後一文收入《徐復觀記所思》）等等，都有不少文字可視為係先生對蔣
　　公偉大事蹟的描述。1952.10.10 中國國民黨召開七全會。在〈一個錯覺〉一文中，先
　　生不下 4 次以「偉大（的）啟示」來定位蔣公開幕致詞中所說的「大陸淪陷的恥辱和
　　血的教訓，在痛切反省與悔悟之中，尋求出贖罪補過，救國救民的努力方向。」徐復
　　觀，《徐復觀雜文補編》，冊六，頁 112-119。

31　徐復觀，〈一個偉大軍人人格的面影〉，《徐復觀雜文補編》，冊二，頁 260。

公的偉大所在,亦是這兩項。針對前者,先生說:

> 民國十五年的北伐,決不僅是一種軍事行動,決不僅是一種軍事勝
> 利,而是全國民的新地躍起,是政治社會的全面勝利。[32]

為甚麼北伐不僅是一種軍事行動、軍事勝利;而係全民在政治上、社會上的
全面勝利呢?先生絕不空口說白話。原來他本人親自經歷過北伐前後中國農
村社會的轉變,是目睹相關狀況的一個過來人。先生以目擊證人的身分說:

> 一直到民國十五年為止,下層政治的黑暗情形沒有兩樣。縣衙門派出
> 的催糧差役,老百姓一看到沒有不嚇得發抖的。我小的時候便曾親眼
> 看到過幾次。……此一情勢的稍稍好轉,不能不歸功於民國十五年的
> 北伐。[33]

先生對北伐評價之高,上文可見一斑。北伐的領導人就是蔣公。由此可見蔣
公在先生眼中的地位了。此外,在先生眼中,北伐亦深具學術文化的意義,
嘗謂:「對西方文化的吸收,也不能等他們(筆者按:指胡適等學人)把國故
打倒之後。於是以民國十五年國民革命軍的北伐為一轉機,學術文化展開了
另一局面。」[34]

　　至於蔣公領導抗日,先生之評價尤高。先生說:

> 中華民國二十六年七月十七日,由今總統蔣公在盧山海會寺廣場,代
> 表中國全體軍民,宣告對日本兇殘沒有止境的侵略,發動抗戰;終因

---

[32] 徐復觀,〈五十年來的中國〉,《徐復觀雜文續集》(臺北:時報文化出版企業公
司,1981),頁7。

[33] 徐復觀,〈國史中人君尊嚴問題的商討〉,上揭《儒家政治思想與自由民主人權》,
頁174。

[34] 徐復觀,〈五十年來的中國學術文化〉,《徐復觀雜文補編》,冊二,頁152。

此不僅挽救了民族的危亡；並且在全人類歷史的面前，證明了中國文化大無畏的道義精神，……我們總統一生的豐功偉業，不可勝數。但站在歷史家的立場來看，領導抗戰，乃是豐功中的豐功，偉業中的偉業。不熱烈紀念七七，即是抹煞了總統在歷史中的這一崇高地位。[35]

先生時適巧在廬山受訓，親聞蔣公的歷史性講話。三十多年後的 1971 年，先生仍認為聆聽得到蔣公的講話是畢生最大的榮幸。先生說：

委員長在七七這一天（按：應為 7 月 17 日）聚合全體學員（按指：1937 年 6、7 月在江西廬山集訓的成員），發表了震古爍金的抗戰宣言。當時委員長悲憤激昂的情形，使幾萬教育界人士都為之感奮。而我能親自聽到這次歷史性的動員宣告，真可謂為畢生最大的榮幸。[36]

要言之，徐先生非常肯定蔣公在北伐和抗戰上的表現。先生視蔣公為偉大人物，與其他人（包括蔣公的死對頭毛澤東）的看法是一致的。然而，除了以上這個公認的看法外，徐先生又另有原因使他主觀上認定蔣公是偉大的。茲開列說明如下。

　　1952.10.10 中國國民黨召開七全會。蔣公檢討丟掉大陸的原因時，嘗謂：「在痛切反省與悔悟之中，尋求出贖罪補過，救國救民的努力方向。」[37]先生非常欣賞蔣公以上的講話，在相關文章中，即不下 4 次以「偉大

---

[35] 徐復觀，〈中國人可以不紀念七七嗎？〉，《徐復觀記所思》，頁 326-327。此文原載《中華雜誌》11：7（臺北，1973 年 7 月）。相關看法尚見徐先生其他文章。如在〈對蔣總統的悲懷〉中，先生便說：「七七事變發生，在海會寺的大集合上，蔣委員長宣佈對日抗戰時的激烈而悲壯的心境與辭色，使我畢生難忘。現時海外人士，有的對抗戰一事也發生了懷疑，我覺得太不公道了。」徐復觀，《徐復觀雜文補編》，冊二，頁 517。

[36] 徐復觀，〈抗日往事〉，《徐復觀憶往事》，頁 12。此文原載《大學雜誌》（臺北，1971 年 07 月 01 日）。

[37] 徐復觀，〈一個錯覺〉，《徐復觀雜文補編》，冊六，頁 112。

（的）啟示」來定位蔣公以上所說的話，並進一步說：「蔣總裁在七全大會之提出『知恥』與『贖惡』（按：「惡」字似為「罪」字之誤），這在總裁個人，是人格走向更高的完成；在國民黨，是窮陰沍寒下的生機顯露。」[38]

「反省」、「悔悟」、「贖罪」、「補過」、「知恥」等等，都可以說是道德上的行為。先生乃以「偉大」稱謂之、定位之。可知先生係扣緊道德上的表現，甚至可說以此為判準來肯定蔣公之為偉大的。這個判準很可以反映出先生道德理想主義的傾向、儒家的色彩。其實，這是中國人向來重德傳統的現代寫照而已。凡中國人，甚至凡人類，都應以此為判準來衡量一個人是否偉大的。在短短約五千字的〈我所了解的蔣總統的一面〉一文中，先生曾經有八次稱蔣公為偉大。這方面，我們上文嘗稍微涉及。八次中，其中有一次非常值得注意。徐先生的相關意見如下：

> 一個處於開創時代的偉大政治家，他的堅強意志，必表現於建立這些客觀的典章法制和有關的原理之上，並率先信守而貫澈之，他的努力才有結果。蔣公一生也曾不斷底作了這樣的努力。就國民黨內來說，他非常重視組織，也不止一次的通過政黨政綱，要大家共同遵守；就一般說，他也提倡科學管理，分層負責，權責分明等等，尤其是作為我們國家根本的憲法，當時假定不是他盡量運用個人的影響力量，可能歸於流產。這都是他偉大的地方。[39]

要言之，藉賴堅強意志以建立客觀的典章法制，並信守而貫徹之，是政治人物偉大之所在。就徐先生來說，蔣公在這方面嘗不斷作出過努力。此外，提倡科學管理，要求分層負責，權責分明等等，尤其是努力促成憲法的誕生，徐先生認為這些都是蔣公偉大的地方。換言之，除上文說過的從北伐、抗戰和道德反省立場來說明蔣公的偉大之外，徐先生還從蔣公之建立、信守、貫

---

[38]　徐復觀，《徐復觀雜文補編》，冊六，頁119。全文見頁112-119。

[39]　徐復觀，《學政甲乙集》，頁470-471。

徹客觀典章法制[40]，尤其促使憲法的誕生方面來肯定蔣公之偉大[41]。當然，就事實來說，尤其法制的遵守方面，蔣公是否確係如此，可以進一步研商。然而，就徐先生來說，他的確相信蔣公係如此，至少認為蔣公曾不斷作出過努力。

蔣公偉大之處，尚可多舉一方面。徐先生認為以下三事，雖或出諸傳聞，但應可信據：(1)抗戰結束後，拒絕美軍統轄東北以防制蘇聯的野心的建議；(2)內戰末期（1948）局勢惡化但仍拒絕美國請求派軍到上海的建議；(3)撤退到臺灣後拒絕美國擔負軍隊的薪餉。先生由此下斷語謂：「未嘗不可看出一位愛國偉人的光輝志節。」[42]上述三事，其意義可歸納如下：維護國家主權自主，不必假借外人之幫助。換言之，即維護國家本身之尊嚴。

總括來說，根據徐先生，蔣公之偉大，大要言之，計有五項。茲開列並試圖表彰其相關意義如下表：

項目	意義
北伐成功	國家復歸一統，避免分裂
抗戰勝利	國家、民族存亡所繫
知恥、悔悟、贖罪	人類最高價值的道德意識之流露
建立、信守客觀法制	社會、國家得以順利運作之客觀機制
堅拒外援	國家嚴尊賴以維護

---

[40] 當然，從權力（含以下引文說到的軍權）過分統一、集中的角度來看，蔣公或可能遭到非議，而被視為破壞客觀制度。但徐先生有所辯解。先生說：「……在以武力建國之初，要求軍權的統一及軍隊的裁減，以鞏固中央政權的統一，並在軍權統一中要求以直屬中央政權的軍隊為主幹，民國十八年初，蔣先生在這方面所作的努力，在原則上不能說不對。」徐復觀，〈五十年來的中國〉，《徐復觀雜文續集》，頁9。

[41] 當然，徐先生接下來又說到蔣公的堅強意志未能消解於客觀的法制運作中。這是徐先生深盼蔣公改進之處。這方面，我們下文會再做處理。

[42] 徐復觀，〈對蔣總統的悲懷〉，《徐復觀雜文補編》，冊二，頁 519。當然，有鑑於美國陸軍四星上將史迪威（J. W. Stilwell，1883-1946，二次大戰期間，嘗駐我國二年半：1942 年 3 月-1944 年 10 月，任駐華美軍司令、東南亞戰區副司令、盟軍中國戰區參謀長）抗戰時在我國流於專斷的表現，有可能是蔣公不願意再接受美援的一個重要原因，或原因之一。

（三）其他正面評價

徐先生對蔣公的正面評價相當多。視蔣公為偉大，應是眾多評價中的最高者。相關闡述已見上文。其他評價，略述如下。

作為一個高級領導，量與識是非常重要的。無量不足以容人，再好的意見都接受不來，遑說推動、執行！無識則見小不見大（甚至小亦不能見）、捨本逐末（甚至末亦逐不了）、眼光短淺！徐先生嘗肯定蔣公接受意見的量與識，其言如下：

> ……蔣公看時依然加點加圈加批，決不曾拒絕我的意見。在我心目中，蔣公接受意見的量與識，國民黨高層中，沒有一人能趕得上。……在南京時，（程潛、陳誠）常在許多人面前罵我。……但蔣公從未因此而對我疏遠。[43]

上引文雖然只是講到蔣公接受別人意見的量和識，並不是就蔣公各方面的表現來說，但光就這方面來說，已是難能可貴的了。和量與識相關的文字，還可多舉一例。先生說：「在現在一般政治人物中只有蔣公求才之心最切，而且是最有氣魄提拔人才的。」[44]有心求才並不等同就已經求到才。這其間是需要眼光（識）的。但有心已經是不錯了。氣魄是量。原諒他人而不記仇當然要有量；能提拔新人而不忌才也要有量。先生對蔣公這方面的肯定，上引文可見一斑。

先生又說：「我的印象，在他面前講話，似乎比在當時其他要人面前講話容易得多。」[45]先生嘗兩度犯顏直諫，蔣公都很生氣，但先生事後再去看蔣公時，蔣公總是和顏悅色以對。其中一次，蔣公甚至拍桌大罵，但最後還

---

43 徐復觀，〈末光碎影〉，《徐復觀雜文續集》，頁346。

44 徐復觀，《學政甲乙集》，頁474。

45 徐復觀，〈對蔣總統的悲懷〉，《徐復觀雜文補編》，冊二，頁518。

是和顏悅色的和先生握手而別。所以先生非常感激蔣公對其涵容[46]。

先生 1956 年和 1957 年在臺灣先後出版了《學術與政治之間》甲集和乙集。其中有不少文章是與當時國民黨的統治理念、政策或實際作法扞格的，且其中亦不乏逕予批判的文字[47]。然而，先生說：「……以斷章取義的方法，報告給故總統蔣公，使我離開了國民黨的組織。但蔣公並沒有因此對甲乙集作過任何禁止發行的指示。」[48]

此外，蔣公的堅強意志也是先生一再稱道的。此見諸〈我所了解的蔣總統的一面〉一文。與此相關的尚見〈末光碎影〉一文，文中還說到蔣公具智慧和能夠接納比較新的觀念[49]。

要言之，識（含接受新觀念）、量、智慧、意志堅定、有心求才等等，都是徐先生對蔣公的一些正面評價。

筆者認為，一個人之所以獲得正面的評價，除了具有「理性」上的表現外，其「感性」上的表現，似乎也很重要，因為人畢竟也是感性的動物。據徐先生的記載，蔣公也算是性情中人，譬如嘗流露如慈父慈母對待子女般的愛。1940 年代先生嘗在侍從室第六組工作。據其事後的回憶，對蔣公有如下的評價：

> 在璐珈山受訓點名時，對蔣公的印象是態度剛健，他兩目烱烱有光。此時（按：指在第六組工作時）有機會接近，則感到他的剛健之氣，一寓於從容閒暇之中[50]，以後在最緊急的關頭，也沒有變過。有一次吃完飯大家散步去時，　蔣公叫李惟果（筆者按：時為宣傳部長，1903-

---

46　徐復觀，《徐復觀雜文補編》，冊二，頁 519-520。

47　如〈我們信賴民主主義〉、〈是誰擊潰了中國社會反共的力量〉、〈為什麼要反對自由主義〉等文章便是其例。

48　徐復觀，〈自序〉，《學政甲乙集》，頁 1。

49　先生說：「我的印象，蔣公的堅定、智慧、突破困難的決心與勇氣，及接納比較新的觀念，可稱為歷史中偉人而無愧。」徐復觀，《徐復觀雜文續集》，頁 347。

50　相對於「剛健之氣之寓於從容閒暇之中」的，恐怕是：「剛烈之氣之寓於氣急敗壞而意欲暴虎馮河的意氣用事之中」。

1992）：「惟果，你的家好不好……」只露出一副慈祥愷悌之情，有如慈母的呼喚愛子。聽說　蔣公到臺灣後，對人所流露的多是這種情誼。[51]

徐先生這個回顧寫於 1980 年。其中認為蔣公有「慈祥愷悌之情」，筆者不無保留。1967 年投奔美國的史達林的唯一女兒 Svetlana Iosifovna Alliluyeva（1926-2011），嘗公開她十多歲時她爸爸寫給她的三封私人信函。信中流露出非常真摯的父女之情（我們似乎沒有理由不相信史達林對他的獨生女確流露過這種真摯感情）。為甚麼殺人如麻的史達林會有這麼人性的一面？原因非常簡單，妳只是個十多歲的小孩而已！妳對他完全不構成威脅，且怎麼說妳是他的親生骨肉，他無任何必要非要殘暴的對妳不可。蔣公的性情當然與史氏有別。但兩人對權力掌控的要求，即所謂權力欲、支配欲，恐怕相差無幾。從其個人權力是否已然受到威脅來做考量，則思之可以過半矣。換言之，筆者認為「慈祥愷悌之情」是有大前提的。這個大前提是：你的存在，你的行為，對他的權力地位，不會構成任何威脅。

（四）負面評價

評價人物是很難完全客觀的，且何謂客觀，亦不免見仁見智。成書於二千年前的《大學》不是說嗎：「好而知其惡，惡而知其美者，天下鮮矣。」上文筆者依史家四長，尤其依其中史德一項，把徐先生定位為偉大史家，其原因就在於筆者覺得徐先生很能做到好惡不失其正，不陷於極端；即對所評價的人物，能夠給予平衡的報導、客觀的描繪。據上文，徐先生對蔣公稱譽備至，以「偉人」、「偉大人格」、「偉大人物」稱之[52]。然而，偉人異於

---

[51] 徐復觀，〈末光碎影〉，《徐復觀雜文續集》，頁 345。

[52] 徐先生正面評價蔣公的文字很多，其中以〈我所了解的蔣總統的一面〉著墨最多。這方面，上文已有所說明。然而，就在該文中，原來徐先生是把「偉大」分做不同的等級的；也許先生本人對這方面並不是太自覺。我們現在就試圖把也許先生本人不太自覺的東西挖出來。先生說：「……蔣公的機會和才能，本可以當中國的華盛頓或林

完人，異於聖人，更異於神。蔣公再偉大，亦凡人而已。人誰無過，所以徐先生除很正面的稱譽蔣公外，對他亦有負面的評價。然而，似乎因為下面所談到的理由，先生對蔣公負面的評價，經常是以非常委婉的態度、淡化的筆調表達出來。上文曾說過，徐先生批評時人經常是不留餘地的；用語是非常尖銳，甚至是刻薄的。對蔣公則為例外中的例外。究其原因，筆者認為徐先生早年知遇於蔣公及其後蔣公對先生施予不下十次的恩惠[53]，導致先生心中對蔣公永遠懷有一份感念之情。換言之，這其間當有一定的因果關係。我們需知道徐先生是個很重情的人。我們不妨從這方面切入去尋找答案。蔣公仙逝後，先生嘗謂：「到臺灣後，由民國四十一年起，便沒有機會和他會面。但就私人關係說，他對我只是有恩無怨。」[54]然則先生感念之情，溢於言表。當然，蔣公在客觀上對國家的貢獻（如上文說過的北伐、抗戰等等），也應

肯，但他到現在為止，還不能說是成功的華盛頓或林肯，這是什麼緣故？……蔣公有許多地方與他兩人相同，只在這種地方和他們多少有點不同。不甘心於客觀化的堅強意志，不甘心受客觀制約的堅強意志，是古今中外悲劇英雄所走的道路，而我們的蔣公，似乎也是走的這一條道路。」根據徐先生，蔣公是偉大的。這點前面早已說過多次。但原來他的偉大，比不上華盛頓和林肯。此可見依徐先生，偉大是有等級上的差別的。貨比三家，高下便立判。

[53] 蔣公對先生的恩惠，可詳參本文附錄〈徐先生與蔣公接觸史事繫年一覽表〉。要言之，含以下十項，今大抵依年月先後開列如下。其最早者發生在 1943 年底，最晚者為 1951 年；大概橫跨 7、8 年左右：(1)1943 年 11 月蔣公赴開羅出席四巨頭的開羅會議之前一天晚上十時左右，召見先生時，親自下條紙，指示給予徐先生參千元，望先生不要返湖北老家。(2)召見先生二次之後，蔣公便安排先生在耳目所寄的侍從室第六組工作。(3)不久，又讓先生參加官邸會議，先生自謂得到相當信任。(4)國民黨召開第六次全國代表大會，先生被蔣公派為總裁隨從秘書，可謂預參機密。(5)先生兩次直諫，指出陳誠不懂用兵時，蔣公最後還是和顏悅色以對。(6)蔣公應先生請求，全額給予先生辦《學原》的經費。(7)給予先生十兩黃金作為醫藥費。(8)給先生港幣九萬元辦《民主評論》。(9)因先生之牽線而支援香港新亞書院。(10)遷臺後，蔣公接受先生之解釋而不深究先生不重新辦理入黨的手續。

[54] 徐復觀，〈對蔣總統的悲懷〉，《徐復觀雜文補編》，冊二，頁 516。先生甚至把蔣公的政府比喻為「聖朝」。先生說：「故總統 蔣公對我的一段知遇，也勉強可以說是依日月之末光。但因我無才無志，真所謂『未有涓埃答聖朝』，只能留下若干零碎的影子。」徐復觀，〈末光碎影〉，《徐復觀雜文續集》，頁 341。

是徐先生批評蔣公時恆留有餘地步的一個重要原因。先生主觀上的感受，乃先生對蔣公之情也；蔣公客觀上的表現，乃先生認為蔣公之義也。在自覺、不自覺之間所生起的情及非常自覺下認定對方為義的雙雙「夾持」下，先生對蔣公的負面評價，便很值得關注了。此中尤其可以看出偉大史家，其妙筆是如何生花了。要言之，即先生如何藉史才（文章表達的技巧）、據史學（對蔣公及相關史事的了解），憑史識（眼光），賴史德（客觀平衡報導）而成為一位偉大史家，是很值得我們研究的。

先生對蔣公最直接的負面評價，見諸〈我所了解的蔣總統的一面〉一文。其實，這篇文章非常不好寫。這點，上面已稍微說過。蔣公正當七十大壽之際，你不寫賀壽的文章就算了。你還寫潑冷水的東西，那你意欲何為呢？稍一不慎，身繫囹圄也不無可能[55]！再者，徐先生對蔣公又確具有一番敬意，很想在國家顛危之際，以進言代替打哈哈的賀辭，祈望對蔣公、對政府、對國家有所獻替。那麼文章究竟如何下筆，使得在內容上、措詞上可以產生正面的效果，但同時又不傷害蔣公，並避免個人因文章而賈禍呢？這些恐怕都是徐先生當時不能不細加考慮的。上文說過，該文有八個地方以「偉

---

[55] 均琴女士 2016.04.06 的來信，很可以道出相關文章的用詞遣字是非常講究的。女士說：「關於先父對蔣介石的評論，要考慮到當時臺灣是在層層情治機構『小鬼難當』的白色恐怖之下。先父在批評蔣公時，倘若沒有在妥善措辭的批判中加上『偉大』之類的字眼，會惹禍的。先父文章中沒有具體內容的『偉大』，即使配上『堅定，智慧，突破困難的決心與勇氣』這類形容詞，也仍然是不得已的空洞名詞。在實際的讚揚中，先父一定以具體的言行為證。」均琴女士所說的「空洞名詞」，即相當於筆者下文所說的「是有點虛的，是泛指」。其實，只要我們把「偉大」這個概念不要看得太死板，如鐵板一塊；反之，是有不同程度的，不同層級的，那徐先生用「偉大」一語以描繪蔣公，還是可以站得住腳的。其實，從徐先生：「（蔣公）還不能說是成功的華盛頓或林肯」（頁 471）一語，便明顯地揭示了在徐先生的心中，偉大是存在不同程度或層級的。當然，個人推測徐先生不希望蔣本人，尤其其周遭的人，察覺出其文中稱蔣公為偉大這個「偉大」是有玄機的：有所保留的，非最高層級的偉大。其實，退一步來說，就算被察覺了，個人認為徐先生也不會介意，因為文中八個「偉大」當已為徐先生注射了預防針，成為了一個有效的保護傘，當可以讓徐先生免卻囹圄之苦的。

大」來描述蔣公。其實只要細讀該文，便知道這個「偉大」是有點虛的，是泛指；至少在先生心中，蔣公不是如美國總統華盛頓、林肯般的偉大。（當然，不全是虛，因為徐先生對蔣公又確有崇敬之意。）然而，為了故意減緩文章對蔣公抨擊的力道，先生不得不在文章的多處（共八處），以「偉大」來抬舉蔣公。這種文章表現技巧，便是先生史才（其實是文才，但既用以寫歷史文章，今不妨視之為史才）之所在。該文措辭上非常委婉的表達技巧，我們下文再細論。現在先言歸正傳。

該文對蔣公的批評，主軸有三：政府運作上的主客問題；蔣公本人的政治藝術問題；政府與民間的溝通問題。今逐一說明如下：

1、蔣公個人的主觀意志未能解消於客觀的典章法制運作中

先生說：

> ……蔣公也和其他的偉人一樣，具有一副堅強的意志。但是，他的成功是靠著這種堅強的意志，他的失敗也是因為這種堅強的意志，他幾多次賴有此一堅強意志而渡過難關，但接著便又因此一堅強意志而陷入窘境，……意志的主觀是要通過一條客觀的道路來形成，因此，這是以客觀為基底的主觀，是許多客觀的東西，經過吸收消化、凝結而為主觀的形式，這種主觀的意志才有價值。……而蔣公自身似乎也不曾跳出這種格局。……一個處於開創時代的偉大政治家，他的堅強意志，必表現於建立這些客觀的典章法制和有關的原理之上，並率先信守而貫澈之，他的努力才有結果。……不甘心於客觀化的堅強意志，不甘心受客觀制約的堅強意志，是古今中外悲劇英雄所走的道路，而我們的蔣公，似乎也是走的這一條道路。[56]

徐先生說得很婉轉，但意思是很清楚的。一言以蔽之，就是蔣公主觀意志太強，以致破壞了客觀的典章法制。用現代的述語來說，就是不民主，或至少

---

[56] 徐復觀，《學政甲乙集》，頁 469-472。

不夠民主,即民主、法治素養不足。值得注意的是,上引文中,先生不用
「民主」一詞,也不用「破壞」一詞。就以整篇文章的結論來說,先生也說
得很委婉。先生說:「我的千言萬語,只歸結一句,即是希望蔣公把個人主
觀底意志,解消於政治的客觀法式之中,……」[57] 然而,為甚麼蔣公堅強的
意志力在方向上走歪了而強大到足以破壞客觀的典章法制呢?最簡單的答案
恐怕如下:個人權力欲、支配欲太強。然而,徐先生在文章中沒有用上這個
解釋,先生連提都沒有提到「權力欲」、「支配欲」這些字眼。取而代之的
是「深的內底反省」。先生甚至沒有說蔣公不具備這種反省能力。先生只是
很婉轉的說,使人「陷入於與客觀事物相對立不下的狀態」的,是由於欠缺
這種深入的反省[58]。個人認為,任何人在一生中,都多多少少會碰上主觀意
志(含主觀欲求)與客觀規範的衝突。消解之方,實有賴自我的克制。然而,
若不先作反省,則克制便無從談起。就蔣公來說,他似乎到不了這種境界
(一己的反省不足)。沒有這種反省便無法自我克制了。

2、蔣公本人的政治藝術問題

除上述談到的問題外,蔣公做得更不好的是政治的藝術。先生說:
「(政治)藝術修養的拙劣,這是大家有目共睹的。」[59] 用今天的話來說,
是蔣公太不會包裝,甚至動不動發脾氣。先生說,蔣公政治藝術修養的拙

---

57 徐復觀,《學政甲乙集》,頁 475。2012 年 12 月 15 日,讀〈中國的治道——讀陸宣
公傳集書後〉一文(按:此文,筆者 30 年前已讀過,一年多前又再讀)。但以前以
為徐先生只是客觀的就治道而論治道。現在看到徐先生論述蔣公的這段文字,讓筆者
聯想到徐先生必是有感而發。筆者以為該文句句說唐德宗,其實是句句說蔣公,給蔣
公建議。茲引錄最具代表性的一段話如下:「……使才智與好惡不致與政治權力相結
合,以構成強大的支配欲。並因此而凸顯出天下的才智與好惡,以天下的才智來滿足
天下的好惡,這即是『以天下治天下』;而人君自己,乃客觀化於天下的才智與天下
的好惡之中,更無自己本身的才智與好惡,人君自身,遂處於一種『無為的狀態』,
亦即是非主體性底狀態。」〈中國的治道〉收錄於《學政甲乙集》,頁 87;又收錄
於徐復觀,《儒家政治思想與民主自由人權》(臺北:臺灣學生書局,1988),頁
221-248,上引文見頁 225;原載《民主評論》4:9(香港,1953 年 5 月 1 日)。

58 徐復觀,《學政甲乙集》,頁 470。

59 徐復觀,《學政甲乙集》,頁 473。

劣，產生了二種壞影響。其中之一是：只有在蔣公面前懂得背臺詞（意謂懂得說些討喜的話；但先生不用「拍馬屁」等字眼來描述。），而不敢對客觀問題負責的官員，他們反而成為了承擔重要職位的官員（意涵蔣公不明辨是非，至少欠缺知人之明）。筆者認為，這個壞影響是很可怕的。因為會拍馬屁、要嘴皮子而無能力的人便居高位。久而久之，劣幣便會驅逐良幣。真才實料的人便不為政府辦事，不為國家所用了。就算卑躬屈膝，放下身段，真的想為政府、國家効力，恐怕也沒有機會。至於另一壞影響，似乎更嚴重，此下文 3 另作處理。

3、政府與民間的溝通問題

先生說，因蔣公受言納諫的藝術拙劣，會背臺詞的官員對於批評性的輿論一概予以擋下來，蓋視為存心不良、對政府搗亂。結果是「社會與政府無法可以通氣，把社會逼得與政府愈隔愈遠。」[60]這讓筆者想起國民黨丟掉大陸的原因。當然，原因很多。然而，政府與社會不通氣，國民黨高高在上，不顧，且亦不知民間疾苦，恐怕是其中的主要原因。

其實，以上三原因是環環相扣的。譬如，由於蔣公政治藝術修養的拙劣，在率性任氣的情況下，它必然妨礙了基於理性思考而來的高瞻遠矚的衡斷；並進一步貫徹不了為落實客觀理想（含客觀的典章法制）所作的努力。再者，有機會和蔣公親近的幹部（尤其只會背臺詞的官員）常利用蔣公以上的弱點謀取個人之私。為謀取個人之私，便故意阻擋蔣公聽取民間社會批評性的輿論。三者環環相扣，負面加乘的效果便日甚一日[61]。

---

[60] 徐復觀，《學政甲乙集》，頁 473。2016.01.16 中華民國舉行第 14 任總統、副總統大選，中國國民黨兵敗如山倒。其中原因固然很多，但徐先生這個 60 年前的判斷，恐怕對今天的國民黨還是用得著的呢！

[61] 以上三項出自〈我所了解的蔣總統的一面〉一文，此前面早已指出。徐先生的相關看法，又見〈第三勢力問題的剖析〉。該文指出蔣公有二項缺點。第一項缺點與〈我所了解的蔣總統的一面〉一文中的第一點很類似，不細表。至於第二項，其內容如下：「蔣先生因為秉政太久，太注重現實，而不注意理想，不注重大的原則；不能從內心真正相信一個大的原則，在此原則下，去講求技術，衡量人事。……」這項意見是〈我所了解的蔣總統的一面〉一文中沒有的，今特別補上。徐復觀，〈第三勢力問題

（五）〈我所了解的蔣總統的一面〉遣詞用字分析

上文已說過，〈一面〉這篇文章是很不好寫的。雖明知犯天下之大不韙，然而，對蔣公、對國民黨、對政府、對國家的一份無私的摯愛，乃迫使徐先生不得不搦管為文。下筆時，其內心當有一番不可名狀的掙扎。然而，骨鯁在喉，不吐不快。這可以說是徐先生感憤之心的不容自已的個性使然。至於雷震先生從臺北南下臺中的力邀（參上文），只能說是導火線而已。先生對蔣公之既敬且愛，再加上稍一措辭不慎可能導致的後果，在在迫使先生以非常婉轉的筆調為文。只要把〈一面〉這篇文章與先生其他同為「罵人」的文章稍做比較，便可知先生行文時的苦心孤詣了。

筆者遍讀先生的雜文，對先生針對某些課題慣用何種詞彙予以描述的情況，敢說有一定的認識。譬如針對極權專制，先生便必用「自由」、「民主」[62]作為對應；針對阿諛奉承之小人，便大概會用「拍馬屁」等字眼來描繪等等即是其例。在這種情況下，筆者乃發一奇想。以下嘗試把〈一面〉中現今所實際使用的若干用語予以開列，然後設想若該文不是批評蔣公而是批評其他人的話，那先生所使用的又會是甚麼用語呢？筆者認為這樣的一個設

的剖析〉，《徐復觀雜文補編》，冊六，頁 28-47。上引文見頁 35-36；該文原載《民主評論》1：18（臺北，1950 年 03 月 01 日）。徐先生對蔣公委婉的批評，又見〈政治的軌範〉一文。先生說：「現在的國防會議，是在行政院以上而直屬於總統，並且有動員局、安全局這樣的權力機構。……通過這樣機構（按指國防會議）所作的政治運行，完全是脫離了政治軌範的運行。」所謂「政治軌範的運行」當然是指（在既存的、已建立的）客觀機制下的運行。〈我所了解的蔣總統的一面〉一文多次用上「客觀的典章法制」、「客觀法式」等字眼。由此可見徐先生對客觀軌範、法制的尊重。徐復觀，〈政治的軌範〉，《徐復觀雜文補編》，冊六，頁 159；原載《華僑日報》（香港），1954 年 09 月 11 日。據網路版維基百科，國防會議存在於 1951.02.20-1967.02.01，前後共 16 年。上引先生文撰於 1954 年，所以文中所說的「現在」，當然是包含在這個時期內的。

[62] 先生非常重視民主，相關論述甚多。茲舉一例以概其餘。先生謂：「民主政治，是人類文化進步中最大的收穫，集結了文化的各種菁英。」然而，〈一面〉一文，全篇只用了一次「民主」這個概念（見頁 472 末尾）。上引文見徐復觀，〈暴力與民主政治〉，《徐復觀看世局》（臺北：時報文化出版企業公司，1980），頁 256。

計（即下表），應可以揭示徐先生用語上煞費苦心、苦心孤詣之所在。先生對事不對人，但又深恐用語太過直接而傷害到蔣公，所謂因詞而害意，甚至誤事，那便破壞了原先對蔣公，對政府，乃至對國家獻替的一番美意了。

〈我所了解的蔣總統的一面〉實際用語與可能用語一覽表

（本表只舉 11 例，非盡舉。）

頁碼	現今實際用語／實際遣詞用字	若批評他人，先生大概會使用的用語／遣詞用字	備註
471	「……有機會和蔣公親近的幹部，常要利用此一弱點，便以各種方法助長此一弱點。」	先生對左列的「幹部」，不用「拍馬屁」來形容；用「弱點」，不用「獨裁專斷的個性」；用「方法」，不用「手段」、「技倆」。	應該指出，先生全文並未用上「獨裁」、「專制」等字眼來描繪蔣公。
471	「國家的典章法制，似乎是在可有可無之中，」	用「可有可無」；不用「破壞」、「廢掉」或「刪掉」等字眼來描述蔣公對國家典章法制的處理方式。	
471	「蔣公一世辛勤，幾乎是所成有限。」	用「幾乎是所成有限」，不用「全無貢獻」、「一無成就」。	
473	「……但蔣公因為他主觀與客觀不斷互相克制的性格，」	用主客「互相克制的性格」，不用「主觀壓倒客觀」。	
473	「蔣公對於受言納諫的藝術的拙劣，」	不說蔣公「全無器量」、「自以為是」、「剛愎自用」。	
473-474	「政治的弊端，社會的離心離德，主要是來自……」	不說「蔣公導致的弊端」、「蔣公導致社會的離心離德，……」	
474	「……不能培養輿論，	左列第二個「輿論」，先	

	接受輿論」	生在他文，大概會用「民主」一詞；甚至會進一步以「脫離群眾」、「脫離現實」等詞作出批判。	
474	「表現在用人方面，則對於情意上的要求，在不知不覺之間，常重於在事實上的察考，」	不用「憑私意而任用私人」、「用人唯私、唯親，不看能力或實際上的表現」。	
474	「『好而知其惡，惡而知其美』，蔣公似乎沒有完全作到。」	意謂蔣公是「放任自己的主觀意志」，但徐先生並沒有如此措詞。再者，「似乎」、「沒有完全」都可以大幅減輕批評的力道；先生之用語，可謂婉轉之極。	「美」，原文作「義」，蓋手民之誤。
474	「蔣公常常對他們的責任加得太重，以致壓垮了他們的負荷能力；又喜歡運用非常的手段以加強他們的權力，」	不用「任用非人」、「無知人之明、用人之明」、「任用庸人擔當大任」的字眼以描繪蔣公；「運用非常的手段」，不用「運用非法／違法的手段」。	
475	「站在私人的立場來講，這些人，多半是我很尊敬的人。」	不止對蔣公，先生甚至對政府大員，也說得很委婉；如左。	

上表的資訊（頁碼、實際用語）乃根據以下版本：徐復觀，《學術與政治之間（甲乙集合訂本）》（香港：南山書屋，1976）。表中「若批評他人，先生大概會使用的用語／遣詞用字」的一個欄位，不免只是筆者個人的臆測。但筆者欲藉此欄位與前一欄位之對比，以彰顯徐先生對蔣公之崇敬。此純為參考性質，俾讀者稍知悉徐先生愛憎好惡之梗概。

四、結論[63]

以史家四長（史才、史學、史識、史德）而論，徐復觀先生乃係偉大史家無疑。先生之評論蔣公，可為例證。「誅奸諛於既死，發潛德之幽光。」[64]這恐怕是評衡史家是否偉大的一個要件。蔣公對國民黨、對國家、對社會，平情而論，既有功，亦有過。然而，蔣公是先生的恩主，對先生情深義重。在感情和理性上，先生如何取得一個平衡，能夠做到「好而知其惡，惡而知其美」，這對非常重視感情，但又不能不照顧事實、諧協理性的徐先生來說，恐怕永遠是內心一個極大的掙扎。為了蔣公，為了國民黨，尤其為了社會、國家，先生不能不訴諸諫諍的方式來向蔣公建言。諫諍的內容，一定是要對蔣公、國民黨、社會、國家，有所獻替，藉以扶傾匡正的，否則徒浪費筆墨。然而，對蔣公無異直諫的〈我所了解的蔣總統的一面〉一文，乃動筆於蔣公七十大壽之際，且時為臺灣實施白色恐怖最嚴屬的 50 年代，則先生如何下筆，恐怕不得不大費思量、再三斟酌。

先生乃出之以最誠懇的態度，最婉轉但又言之有物的筆調來撰寫該文。此非才大者莫能為也。擅於為文，此雕飾包裝之事而已。若無內涵，則再花巧的裝潢亦絕不足以濟事。就歷史領域來說，內涵也者，史家對史事認識之多寡也。先生追隨蔣公五、六年，預參樞密，此非僅憑文獻檔案而作出評論者可比。對蔣公的認識（蔣公乃歷史人物；對蔣公之認識，即構成相關的歷史知

---

[63] 有關徐先生對蔣公的評價，尤其正面的，稱之為「偉人」（偉大人物、偉大人格）的評價，可以進一步述說的還很多。譬如在徐先生心目中，蔣公之為「偉人」，是不是就是先生對作為國家最高領導人，或作為最理想的一個政治家，最終極的一種稱呼或最高的一個定位呢？這顯然可以進一步討論。在先生眼中，蔣公的成就或貢獻，比不上華盛頓或林肯，此上文已有所說明。那麼在先生心目中，最理想的國家領導人或最理想的政治家，又是怎樣的一個型範呢？筆者本來打算廣泛的引據徐先生的其他文字來做說明，並以此作為參照系來安置作為偉人的蔣公在徐先生心中的位階。然而，今且因陋就簡，或異日另文為之。

[64] 韓愈，《韓愈文集彙校箋注》（北京：中華書局，2010）第二冊，卷 6，〈答崔立之書〉，頁 688。

識）既豐富且確鑿有據，則先生史學之造詣[65]可知也。圍繞蔣公周邊的人物極多，來自四方八面之資訊遂隨之而泛濫，蔣公「左採右獲」，或不免熒惑視聽。蔣公據以作為軍政策略之所據，不能一無失誤。徐先生如何判斷何者該由蔣公承擔責任，何者非操諸在彼而不必負責，此非有賴慧解卓識不可，此即所謂史識也。至若批逆鱗、忤蔣公，此則非深具充盈之道德意識，非懷抱雖千萬人吾往矣之氣概者，不足為功。此道德意識之施於歷史人物之批判，則史德是也。

要言之，才、學、識、德，作為史家的徐先生來說，皆周致而充盈，是以其評價蔣公，乃極中肯綮。「好而知其惡，惡而知其美者，天下鮮矣。」誠哉斯言。視先生非一般之史家，而實係不世出之偉大史家，不亦宜乎！

至於在徐先生眼中，蔣公是否偉大，則上文早已有所交待。然而，上文又指出，在徐先生眼中，偉大是有好幾個層次的。要言之，蔣公之為偉大，在徐先生眼中，絕對不是最高的層次，至少與華盛頓和林肯相比，便有落差[66]。先生曾說：「我一貫地決不無條件的『同情弱者』，也一貫地決瞧不起在價值判斷上抱著『成王敗寇』的勢利人。一切都要經過面對現實的觀察與思考。」[67]蔣公丟掉大陸，在某一意義上說，可說鬥不過毛澤東，而成為弱者，是一名「敗寇」。然而，徐先生絕不以此而貶視蔣公。先生評價人物，一向不流於脫離現實而只管唱高調的泛道德主義；更非只顧現實觀察而不做思考的「勢利人」。反之，他是實事求是地透過「現實的觀察與思考」，始作出評價。所謂「現實的觀察與思考」，乃指既不昧於現實大環境，復運用一己的思考，始評價某人物對國家，對社會的實際表現而言。所以如果我們要真確而深入了解蔣公在先生心中的地位，即所謂偉大的程度，我們便必須全面研究蔣公在現實上對國家所曾作出過的各種表現，並需要一一予以評

---

[65] 特指對蔣公的史學知識而言，今不及先生其他方面之史學知識。

[66] 先生對華、林的評價，見徐復觀，〈我所了解的蔣總統的一面〉，上揭《學政甲乙集》，頁 471-472。

[67] 徐復觀，〈伊朗巴列維與科米尼的比較觀〉，《徐復觀雜文續集》（臺北：時報文化出版企業公司，1981），頁 310。

估，且據以作出總評價。此外，更重要的是，我們更需要了解在徐先生眼中，這些表現，到底是否算偉大？如果算的話，則其偉大的程度又到底如何？然而，這便需要以蔣公為主軸而全面的研究和考察彼執政以來的中國近現代史不可。就個人中國近現代史的學養來說，實不足以勝任；又就篇幅來說，這顯非本文可以全然處理的。所以現今便因陋就簡了。

本文的主旨是希望藉著徐先生對蔣公的評價來證成徐先生深具中國傳統史學的史家三長／四長，因而是一個偉大的史家。就這方面來說，本文的目的應算是達到了。

附識：

上文第三節「負面評價」的第一點說到蔣公不民主的問題，容作點補充。〈我所了解的蔣總統的一面〉一文沒有直接挑明蔣公不民主。然而，在其他文字中，徐先生是有直接挑明、道破蔣公不民主的，如下：「爸深信國家只有把民主政治建立了起來，國家才算有了基礎，才可以擔當各種困難。所以袁世凱和蔣氏父子，真是國家的罪人。我不屑於做他們的官的原因正在這一點上面。」這段文字見諸徐先生從香港寫給其長女公子均琴女士的一封信（1969.11.24）；收入曹永洋編，《徐復觀家書精選》（臺北：臺灣學生書局，1993，頁 292）。私人信函，尤其是家書，比起公開發表的文章，當然更可以細表曲衷。所以視蔣公沒有「把民主政治建立起來」，當然是徐先生的心中話，且完全是符合事實的。至於函中：「國家的罪人」一語，筆者則有如下看法。就表面來看，這個指控是蠻重的。然而，筆者認為不能由此便認定徐先生多次稱述蔣公為「偉大」，乃係假話、虛稱、言不由衷的一個描述。蓋徐先生一輩子謳歌民主，稱頌民主，所以當痛心於蔣公不民主時，便自然而然的以「國家的罪人」來指稱他了。家書不必隱諱，此固然；但因為家書不必向社會負責，所以也容易流於行文不嚴謹，乃至描繪、稱述過當，甚至失實。是以作為史料來看，家書也不宜照單全收。

附錄：徐先生與蔣公接觸史事繫年一覽表[68]

目次	時間	地點	事件	出處	備註
1	1937年7月	江西廬山海會寺	先生親聞蔣公對日抗戰之發言（對訓練團受訓者的精神總動員；所發表的講話，即著名的〈廬山聲明〉；時為1937.07.17）	〈對蔣總統的悲懷〉，《徐復觀雜文補編》，冊二，頁517；〈中國人可以不紀念七七嗎？〉，《徐復觀記所思》，頁326。	上廬山前，先生在湖北省政府主席黃紹竑（1895-1966）之下擔任保安處第一科科長。廬山集訓，黃紹竑調任為兩個總隊中的第二總隊的總隊長，先生調派為總隊的副官。先生以親聞蔣公的抗戰發言「為畢生最大的榮幸」。（〈抗日往事〉，《徐復觀憶往事》，頁12。）
2	1938年春	武漢大學	以蔣公親自列隊點名而第一次親眼看到蔣公。	〈末光碎影〉，《徐復觀雜文續集》，頁342。	先生以團長身分在武大受訓。
3	1943年	延安	先生被派往延安當聯絡參謀，為時五、六個月。[69]其間，國民政府主	〈末光碎影〉，《徐復觀雜文續集》，頁341-	先生自告奮勇，並接受康兆民之推薦，與郭仲容

---

[68] 蔣、徐兩人的接觸，表中開列了 26 個項目。這只是根據目前看到的資料而已。有二點宜說明：（一）1944-1949 年間，兩人接觸相當頻密，應絕不止表中所開列的 20 個項次而已。（二）表中項 3、19、24、25、26，並非兩人接觸的相關記載。然而，該等記載對了解兩人的關係，應不無幫助，故仍予以開列。

[69] 先是，先生是中訓團兵役班少將教官；現今大概以軍委會少將高級參謀的名義派赴延安。徐復觀，〈末光碎影〉，頁 342-344。未明確知悉先生 1943 年哪幾個月在延安，大概是當年 4 月至 10 月，蓋先生嘗云：「邊幣與法幣之黑市比價，由四月之三元而落至十元。物價自四月至十月初，平均漲價三倍半。」上引文為先生赴延安考察

| | | | 席林森（1863.03.16-1943.08.01）去世，中共在延安舉行追悼大會。先生以會中吳玉章（1878-1966）報告時，不報告林主席生平，而改為以粗言穢語醜詆蔣公，因而憤然要求登臺答覆，惟不獲允准；乃立刻退席。回招待所後並以絕食表示抗議。（先生自謂絕食抗議乃出於不自覺的「職業精神 | 342；〈曾家巖的友誼〉，《徐復觀雜文補編》，冊二，頁298；〈揭開中共土地政策之謎（座談紀錄）〉，《徐復觀雜文補編》，冊五，頁93；〈悼念周恩來先生〉，《徐復觀雜文補編》，冊五，頁385。 | （？-1950）以軍令部聯絡參謀名義派駐延安。[70]先生時已為中訓團兵役班少將教官。先生謂退席並絕食抗議事件，從未主動向蔣公或其他人，譬如何應欽（1890-1987）等提及。意謂絕不以此而 |

後，撰文向中央報告之內容。參徐復觀，〈中共最近動態〉，《徐復觀雜文續編》（臺北：中央研究院中國文哲研究所籌備處，2001），冊五，頁 28。文章之油印稿刊於 1944 年 3 月。又：雖不悉徐先生離開延安返渝述職之確切日期，但最遲應在 10 月 16 日前後，蓋高素蘭編，《蔣中正總統檔案　事略稿本》（臺北：國史館，2011），冊 55，「民國 32 年（1943）10 月 22 日」條有如下記載：「何總長應欽簽呈轉報派駐延安聯絡參謀與毛澤東談話要點　呈稱：據派駐延安聯絡參謀徐佛觀、郭仲容酉魚電（按即 16 日電）報告與毛澤東談話要點：……。」（頁 189）徐、郭二人發電報向上級報告，當係駐延安之任務已完成之時。任務既已完竣，當即返渝。電報既發於 1943 年 10 月 16 日，則離開延安返渝疑即為此日之前後；或最遲不過 10 月 22 日，因該日何應欽已上簽呈轉報相關事宜了。

[70] 康兆民即康澤（1904-1967）；乃蔣公愛將，深受器重。1933 年，蔣公在廬山成立中央軍校特別訓練班，任用康澤當主任。1948 年襄樊戰役中，襄陽城破，康澤被俘而降共。郭仲容（？-1950，國民政府陸軍中將，1949 年戰敗被俘，50 冬逝世）和徐先生在延安的情況／表現，〈史海揭秘：1945 年國共重慶談判前的秘密情報戰〉，「中國網」（china.com.cn，源自「新華網」責任編輯：悠悠，2009.03.26）有如下的描繪：「1943 年，又有兩個國民黨軍官騎著毛驢來到延安，這是軍令部新任命的駐第十八集團軍聯絡參謀徐佛觀，駐一二〇師聯絡參謀郭仲容。級別最高的少將徐佛觀是陳誠的密友，不時痛罵孔祥熙貪污，擺出進步分子的架式。郭仲容是羅瑞卿中學同學，開口就能大段背誦中共文章，顯出不凡的政治知識。兩個聯絡參謀在延安得到很高的禮遇，毛澤東、朱德、葉劍英時常接見宴請，他們也認真研讀中共整風文件，時常向重慶報告延安動態。出入延安，就是國民黨特務最值得炫耀的經歷。徐佛觀回重慶述職時，總是被戴笠特意請到軍統講課。」

			」。）周恩來（1898-1976）乃寫來長信表示歉意，其後又親自來寬解一番。葉劍英亦親到招待所安撫。		向蔣公或與蔣公親近的人「討價」、延譽。先生在延安五個多月。
4	1943 年 11 月[71]	重慶曾家巖委員長官邸	以何應欽關係而獲蔣公召見；乃先生單獨與蔣公會面的第一次，時間約三十分鐘。臨走時，蔣公要先生把他的意見寫成書面報告。兩三天後的一個晚上十點左右，蔣公又召見先生，並以便籤方式寫上「送徐參謀復觀參千元。」先生懇辭不獲。先生向蔣公報告說：委員長囑咐撰寫的「報告，還沒有寫好。」蔣公連聲說：「沒有關係。」先是，先生有很多感觸，早打算離開重慶返鄂東種田，但欠缺路費。蔣公大概知悉其事，於是便送先生三千元，並叫先生不要離開重慶。先生百思不得其解，為什麼蔣公急於晚上送他路費？事後才知道原來蔣公在送他路費後的翌晨便要遠赴開羅出席四巨頭會議。先生心裡想：「當	〈對蔣總統的悲懷〉，《徐復觀雜文補編》，冊二，頁517；〈曾家巖的友誼〉，《雜文補編》，冊二，頁298-299；〈末光碎影〉，《徐復觀雜文續集》，頁342-343。	先是，先生已被派往延安考察五個多月。先生1943年11月第一次被蔣公召見前，曾因同鄉陶鈞（字子欽，1892-1974）的建議而見了何應欽先生（時任參謀總長），並由何的推薦而於當日五六點時被蔣公召見而謁見了蔣公。

1943 年蔣公嘗召見先生兩次，明確日期未悉。惟二次召見僅相距兩三天。蔣公第二次召見先生後的翌日即赴開羅開會（此即著名的四巨頭的開羅會議）。開羅會議舉行於 1943 年 11 月 22-26 日，是兩次召見應在該年 11 月 20 日前後。

			他出發參加這樣重要的國際會議的前夕，還記得一個默默無聞的軍人，應給以安慰、留住，這不是一個尋常人所能做到的。」先生才決心留下來，並決心寫報告。（〈末光碎影〉，《徐復觀雜文續集》，頁343。）		
5	1944年年中至日本投降後不久	重慶	1943年11月蔣公二次召見先生後不久，便把先生調至耳目所寄的侍從室第六組工作（時唐縱（字乃建，1905-1981）當組長），然先生至1944年年中始應召。先生指出，他對若干情報的判斷，與唐縱有相當落差；並說：「我對問題的看法，無寧常是和委員長更為接近。」到第六組工作後不久，先生奉指示出席每週一次的與第六組工作無關的「官邸會報」（「官邸會報，實際是中午陪著蔣公吃一次午餐」。先生謂到南京後，參加的會報更多）。先生自謂係「得到相當信任的幕僚之一。」會報時，	〈曾家巖的友誼〉，《雜文補編》冊二，頁300-303。〈對蔣總統的悲懷〉，《雜文補編》，冊二，頁517；〈末光碎影〉，《徐復觀雜文續集》，頁344-345。〈垃圾箱外〉，《徐復觀憶往事》，頁45。	先生在第六組工作之前，因為接受軍委會的指派（大抵是何應欽的意思）而先在何應欽總參謀長下的一個聯合秘書處辦公（秘書長為阮肇昌（1890-1982）；先生被何先生指定為秘書長的隨從秘書），時間約半年（1943年年底至1944年年中）。其頭銜係軍委會的高級參謀。[72]：先生謂：「三十三年何先生調陸軍總司令，程潛（1882-1968）繼

---

[72] 當時何應欽及蔣公皆請先生到其下屬的單位辦公，惟先生擔心以鄉下人出身適應不了最高統帥侍從室的環境，乃決定到何應欽處上班。徐復觀，〈曾家巖的友誼〉，《徐復觀雜文補編》，冊二，頁300。

			一般長官很少講話；就算講也只是很簡單的以一兩句話來回應蔣公的問題。先生自謂，有時不知天高地厚也講點話；並認為蔣公要他出席是讓一個鄉下人見些世面。 （按：先生在侍從室第六組工作時，與蔣公見面報告的機會便相當多。先生謂：「民國三十二年起，由偶然的機會，經常能與奉化　蔣公接近，以與從前完全不同的動機，激起我改革國民黨的熱望」〈垃圾箱外〉，《徐復觀雜文‧憶往事》，頁36。） 註：先生在侍從室，開頭是以軍委會高級參謀調侍從室第六組辦公的名義工作，其後大概是以中央黨部聯合秘書處副秘書長的名義工作。先生自延安返重慶後便生起改造國民黨的念頭。在第六組工作時，此念頭更強。 其徹底改造國民黨的意見書，先生嘗摘要呈給蔣公，「並得到委員長的嘉許」。（《雜文補編》，冊二，頁303；		任參謀總長，我發現他自滿自大，精神僵化的情形，便向乃建說：我現在可以到你那裏辦公了。」[73] 先生在第六組工作時對蔣公有如下的評價：「在珞珈山（武漢大學）受訓點名時，對　蔣公的印象是態度剛健，他兩目烔烔有光。此時有機會接近，則感到他的剛健之氣，一寓於從容閒暇之中，以後在最緊急的關頭，也沒有變過。有一次吃完飯大家散步去時，　蔣公叫李惟果（1903-1992，時為宣傳部長）：『惟果，你的家好不好……』只露出一副慈祥愷悌之情，有如慈母的呼喚愛子。聽說蔣公到臺灣後，對人所流露的多

73　徐復觀，〈悼念唐乃建兄〉，《徐復觀最後雜文集》，頁333。

			又可參同書，頁331-332。）先生又謂：「每在口頭或書面上向他提出一次，他未嘗不為之掀動一次。……當時只作原則性的陳述，但腦筋中也不斷構想大規模使國民黨脫胎換骨的方案；只因　蔣公不曾進一步向我提出這一問題，便停頓在初步陳述意見的階段……蔣公表現贊成而不肯下決心，這是形勢及他所負的責任，不能不使他更側重到現實問題上面。」（〈垃圾箱外〉，《雜文・憶往事》，頁36-37。）		是這種情誼。」（〈末影碎光〉，《徐復觀雜文續集》，頁345。）
6	1945 年 5 月之後	重慶	「國民黨開第六次全國代表大會（按：時為1945.05.05-21），委員長下一個手令給我，叫我臨時充總裁的隨從秘書，隨從出席大會，每天向他提出觀察所得的意見。…每天的報告，由三人商量後共同署名提出。……會議過後，我私人還是把我觀察所得的現象、危機，及如何澈底改造黨和政權的性格基礎等問題，以隨從秘書的身分向總裁提出了。……一切政治措	〈曾家巖的友誼〉，《雜文補編》，冊二，頁303-304。〈垃圾箱外〉，《徐復觀憶往事》，頁36。〈末光碎影〉，《徐復觀雜文續集》，頁346。	

			施，應以解決農民問題、土地問題，為總方向、總歸結。……在我的記憶中，委員長實際是很重視我這類意見；這從他在報告上的批、點，及和我談話的情形可看出。但這些想法，和當時中堅分子的想法，實在相去太遠了。」 建議蔣公，「建立以勤勞大眾為主體的民主政黨」。 「蔣公看時依然加點加圈加批，決不曾拒絕我的意見。在我心目中，蔣公接受意見的量與識，國民黨高層中，沒有一人能趕得上。……在南京時，（程潛、陳誠（1898-1965））常在許多人面前罵我……，但　蔣公從未因此而對我疏遠。」		
7	1945年日本投降後不久	重慶	「委員長要重組聯秘處，並要乃建任秘書長，我任副秘書長；乃建沒有接受，便改任他為內政部政務次長。」 「日本投降，侍從室準備結束，　蔣公要我到中央黨部重組聯秘處，先要乃建任秘書長，乃建不肯接受，乃改派他任內政部政務次長兼新	〈曾家巖的友誼〉，《雜文補編》冊二，頁305。 〈悼唐乃建兄〉，《徐復觀最後雜文集》，頁334。	

			設的督察總署署長，這是很有權力的機構。」筆者按：「督察總署署長」，似係「警察總署署長」之誤。		
8	1946-1948	南京	先生向蔣公會報後有兩次故意留下不走，指出說：「陳總長[74]並不了解剿匪的軍事，這是個嚴重問題。」第一次報告時，以蔣公勃然變色，先生便起身離去。一、二個月後，先生留下來說要把上次的話講下去時，蔣公先問：「你何以見得陳總長不懂勦匪軍事？」先生便根據陳部署上的失誤情況作了具體的說明。蔣公日理萬機，居然還記得一、二個月前先生未說完的話，於是先生得出以下的判斷：「　蔣公的記憶力是驚人的。」陳誠被派往東北當長官（參謀總長兼東北行轅主任）而要求增兵時，先生嘗向蔣公提出修改戰略的建議，以鞏固華北的目的守東北，縮短戰線，藉以抑制向東北增兵的請求。	〈末光碎影〉《徐復觀雜文續集》，頁 346-347；〈曾家巖的友誼〉，《雜文補編》冊二，頁304；〈對蔣總統的悲懷〉，《雜文補編》，冊二，頁518。	

---

[74] 按指陳誠，時為總參謀長；任職期間為 1946 年 5 月 31 日-1948 年 5 月 13 日。陳氏生平，參維基百科，〈陳誠〉條。筆者所據者乃修訂於 2013 年 1 月 5 日之版本。http://zh.wikipedia.org/wiki/%E9%99%B3%E8%AA%A0

			「我的印象，蔣公的堅定、智慧、突破困難的決心與勇氣，及接納比較新的觀念，可稱為歷史中偉人而無愧。」75		
9	1947年	南京	寫計畫書向蔣公要求一億元辦雜誌（此即後來之《學原》）。陳布雷（1890-1948）及俞濟時（1904-1990）以金額過高而不擬把計畫書上送。俞要求金額改寫為五千萬元。最後原件送出，而蔣公以「照付」批下來。陳以此而誇先生「真有本事」。先生謂初領一億元時約值美金兩萬元，很快便貶去一半。	〈末光碎影〉，《徐復觀雜文續集》，頁 347-348。	《學原》第一期出版於1947年5月。
10	1947年下半年（先生的用語是「下季」）	南京	張道藩（1897-1968）引介一個外國人和先生見面，向先生建議成立一個有鬥志的鬥爭新組織，否則無以在內戰中獲勝。先生雖然不贊成該外國人有關該新組織結構方面的意見，但還是把相關意見給蔣公報告了。二三個星期後，蔣公作出回應，乃命令先生建立一新組織。至於籌備方面的人選，蔣	〈垃圾箱外〉，《雜文・憶往事》，頁37-41。	

75　徐復觀，〈末光碎影〉，頁 347。

			公建議先生可和蔣經國（1910-1988）商量。[76] 一個多月後，蔣公又問起籌備事宜。相關報告書，最後是蔣經國當面詢問過先生意見後，先生建議由經國先生負責（即非二人聯名）呈報蔣公結案的。		
11	1947秋季以後	南京	在一次面陳蔣公時，指出美式裝備要產生效果，應有曾、胡語錄中所說到的練兵精神。	〈文化精神與軍事精神〉，《學政甲乙集》，頁12。	
12	1948 年 年初，元宵節前後約十天	江西廬山牯嶺	元宵節前幾天，蔣公以長途電話要先生赴牯嶺商討要事。內容是有關對共軍的作戰計畫及戰術教程的。先生建議，由於共軍機動能力特別強，且戰場情況瞬息萬變，不宜事事報告總裁後才做決定；且萬一戰役失利，又會造成將領們諉過之心。先生後來又向蔣公建議了一個局部性的改良方案，並寫出了一份完整的報告書。重點是全面澈底改建地方的政治與社會工作，使黨在許多地區的社會生根後，再作整體改進。該方案的細部內容，如人事及經	〈垃圾箱外〉，《徐復觀憶往事》，頁39-41。	先生在牯嶺有一次跟陶希聖（1899-1988）晚飯後散步閒聊時，陶暗示先生不可得意忘形，否則紅得發紫有時一下子會變成黑得發紫。先生視此為長輩的好意。但先生認為自己是任性而行，只想到幫蔣公渡過難關而已，「根本沒有想到紅或黑的問題。」

---

76 時先生尚未認識經國先生；但 1948 年時，先生已經常和經國先生見面，並對經國先生有好感。徐復觀，〈垃圾箱外〉，《徐復觀憶往事》，頁 41。

			費如何安排籌撥等等，是由胡軌（1903-1988）和蔣經國分別負責的。最後是先生向蔣公提出他們的結果。但先生說胡先生做出來的，和他「原來的構想，已全不相干了」。		
13	1948 年 9 月10月左右	南京	「時局勢已經危急，南京的中層幹部，尤其是動搖。」先生乃有「興師勤王」的念頭，想把黨內中層而又屬中年的人士組織起來，團結在蔣公的周圍，以穩定局勢。其作法是先由少數人以座談會方式開始，然後慢慢擴大。先生為此事嘗數度向蔣公報告。然而，座談會的內容對蔣公愈來愈不利。發展下去，「勢必成為反蔣、投降的團體，最低限度，在我個人，不能這樣做。」先生以無能力幫忙蔣公解困，「我辜負了他對我的期望」，於是「到了十一月中旬前後，我決心撒手，並帶著家眷赴廣州了。」	〈垃圾箱外〉，《徐復觀憶往事》，頁42-43。	
14	1948年10月	南京	先生嘗懇辭蔣公所惠贈的十兩黃金的醫藥費。但在陳布雷堅持，且差人再送上時，先生乃領	〈陳布雷先生的一封信〉及先生的覆信，載《徐復觀雜文補編》	

			受之。	，冊二，頁436-437。	
15	1948秋冬間	南京	先生認為因副總統的選舉，蔣公便和桂系造成裂痕。上海更傳出謠言。為作彌補，先生乃找陳布雷痛陳利害，希望他去見蔣公。陳反建議先生往見，並謂：「總裁相信你是忠於他的，沒有其他用意，所以你可以講。有機會時，我也講。」先生乃冒昧地去講，並謂：「也或許發生一點作用。……不久，布雷先生死去」。[77]	〈曾家巖的友誼〉，《雜文補編》，冊二，頁306。〈對蔣總統的悲懷〉，《雜文補編》，冊二，頁518-519。	
16	1949年春	浙江奉化溪口	劉培初（1906-1970）在溪口負責蔣公的警衛工作時，嘗和先生商量「要把部隊拖去打游擊以求發展」，先生力加阻止，認為保衛蔣公的部隊不得挪作他用。在寧波時，先生亦和劉做過相同的辯論，劉並明說他的想法是由方步舟（1900-1990）提議的。[78]	〈垃圾箱外〉，《徐復觀憶往事》，頁41-42。	劉在溪口和先生商量把部隊帶去打游擊前，曾向先生徵求以下意見：他有意成立第三勢力，並嘗向美國駐華大使司徒雷登（J. L. Stuart, 1876-1962）請求援助。劉問先生有何意見？先生說組

---

[77] 陳布雷於 1948 年 11 月 13 日自殺。先生既云「不久」，則其前之謁見蔣公當在 1948 年秋冬之際。陳氏生平，參維基百科，〈陳布雷〉條。筆者所據者乃修訂於 2013 年 12 月 28 日的版本。
http://zh.wikipedia.org/wiki/%E9%99%B3%E5%B8%83%E9%9B%B7

[78] 方步舟係由鄂南紅軍投降過來的師長。參百度百科，〈方步舟〉條。筆者所據者乃修訂於 2013 年 11 月 12 日的版本。

					織第三勢力是他過去的一種憧憬，且一向不反對任何人搞第三勢力，但劉組織第三勢力則斷斷不可，因為蔣公對他倚賴正殷，故絕不宜有其他企圖。
17	1949 年 2 月底3月初	溪口	蔣公召先生從廣州赴南京。先生聽從其夫人王世高女士不應棄蔣公於不顧的建議，乃從廣州去武漢了解形勢後才打算轉赴南京。然而，抵武漢後，蔣公已引退，先生乃立刻返廣州。但又接到要先生赴溪口的長途電話，先生乃應命。先生以書面方式向蔣公提出報告，重點是分析三民主義與民主自由如何能融合在一起的問題。至於蔣公關心的整頓黨的組織的問題，先生認為已緩不濟急，乃向蔣公建議最好先把黃埔同學組織整頓一下以應急，或許可以發生一點作用；並接受蔣公之命令，寫了一個相關的報告。先生當時的基本構想是認為，如「一旦	〈末光碎影〉《徐復觀雜文續集》，頁 348-349；〈垃圾箱外〉，《徐復觀憶往事》，頁 43-44。	先生指出蔣公所以在溪口是被桂系逼迫引退的；並指出嘗再三向蔣公建議要對桂系讓步、容忍，爭取內部的團結。先生並寫了一個〈中興方略〉，內容主要是提到如何把三民主義與民主自由者結合在一起的問題。（筆者按：寫〈中興方略〉的確實時間不詳；待考。）

			完全離開大陸，要再返回去就非常困難」了。所以建議無論如何應在大陸保留幾個據點；並極力勸蔣公對桂系讓步，以團結為要務。		
18	1949年春	溪口墳莊[79]	先生在一次和蔣公午飯時，提議在香港辦一個刊物（即後來的《民主評論》），「以作為與現實政治保持相當距離之計。」蔣公立刻同意。預計兩年的經費港幣九萬元。鄭彥棻（1902-1990）和陶希聖分別說可以撥四萬五千元。後以陶所承諾的無下文，先生在臺北陽明山請示蔣公時，蔣公補足了陶希聖原先應允的四萬五千元。	〈垃圾箱外〉，《徐復觀憶往事》，頁44；〈未光碎影〉，《徐復觀雜文續集》，頁349；〈《民主評論》結束的話〉，《徐復觀文錄·四·雜文》，頁173-174。	
19	約1949？	上海	蔣公嘗決心改造國民黨，交由蔣經國負責策劃。在上海湯恩伯（1898-1954）家開會時	〈垃圾箱外〉，《徐復觀憶往事》，頁44。	

79　按：北京有一地名墳莊。但 1949 年蔣公及徐先生皆不在北京。是本年徐先生與蔣公的見面必不在北京的墳莊，而當在溪口或溪口附近。溪口靠近寧波（大概相距二三十公里）。筆者乃去信詢問在寧波大學執教的好友賈慶軍教授。賈教授所回電郵，其內容如下：「據我查找資料，墳莊不是自然村莊，而是蔣在其母墓旁修建的一個建築。據資料說：蔣選中了溪口北面約三華里白巖魚鱗嶴中壟。整個地形看去像座彌勒佛，其母墓穴就點在彌勒佛的肚臍眼上。1923 年冬，蔣介石在其母六十冥壽時，又在離墓址約半里許的山墩間，築新式洋房三間，稱為『慈庵』，後又對其母的墳塋，大加修葺。此次修葺，將慈庵的舊宅拆除，另在距其母墓不遠處造了規模較大的墳莊。此屋結構為中西合璧，分三部分，進門三門並列，外門上題額有『墓廬』兩字。蔣經常在此墳莊居住。」內容非常詳盡。茲特別感謝賈教授的幫忙。

			，大家推谷正綱（1902-1993）為負責人（書記）、推蔣經國擔任組織。先生以當時黨內部分同志對經國先生不滿，建議暫時退一步較好。推先生為副書記時，先生當場拒絕。		
20	1949（50？）	臺北	先生未上草山（位於臺北近郊，後改名為陽明山）。先生謂：「當時我的未上草山，有若干朋友頗以為異。但我知道，這是奉化蔣公對我最大的仁慈，給我最大的機會；較之重慶夜晚十時的召見，我更為感激。否則我真要完全糊塗一生，虛度一生了。」[80]	〈曾家巖的友誼〉，《雜文補編》冊二，頁307-308；299-300。	按：所謂「未上草山」，意謂先生不擬追隨蔣公再從政。
21	1949-1950	臺北	先生謂蔣公初到臺灣時對先生頗冷淡，後來搞清楚先生並沒有謠傳所說的與桂系有勾結時，便找先生「幫著籌辦革命實踐研究院」，但先生沒有接受。後來又給先生一種組織性的任務，拖了三、四個月後，先生算是完全脫離政治了。	〈垃圾箱外〉，《徐復觀憶往事》，頁44。	先生嘗撰文相當嚴厲的批評桂系的主要代表人物李宗仁（1891-1969）。該文應該產生一定闢謠的效果。該文名〈李德鄰先生是第三勢力嗎？〉，載《民主評論》，卷1，期16，1950年1月；又收入徐復觀，

---

[80]　重慶晚上的召見，乃指1943年11月蔣公遠赴開羅開會之前一晚，蔣公簽示給予先生三千元，並叫先生不要離開重慶返湖北老家。

					《論戰與譯述》，臺北：志文出版社，1982。
22	1950年4月	臺北	先生嘗由港返臺於陽明山謁見蔣公，希望蔣公撥款惠予支持香港新亞書院。返港後又致函蔣經國，促成了經國先生邀錢穆先生（1985-1990）蒞臺講學，並因此而促使錢先生獲得蔣公接見；蔣公並答應在經濟上援助新亞。[81]「在我的記憶中，新亞書院那幾年之得以渡過難關，完全是出自今總統蔣公的德意。」	〈三千美金的風波〉，《徐復觀雜文補編》，冊二，頁181-182。	
23	1951	臺北	蔣公知道先生並沒有辦理黨員歸隊的手續時，非常不悅。先生乃從臺中赴臺北謁見蔣公。	徐武軍（徐先生長子，1936-），〈感恩與懷念〉，《雜文補編》，第一冊，頁4。	
24	1956.10.31	臺灣	先生在《自由中國》發表了〈我所了解的蔣總統的一面〉的文章。「因這篇文章而把我與蔣公的關係，拉得更遠，完全是意料以外的。」	〈我所了解的蔣總統的一面〉，《學政甲乙集》，頁475；〈死而後已的民主鬥士〉，《徐復觀	按：先生「實出於愛護之誠」而寫〈我所了解的蔣總統的一面〉一文，但把蔣公的「弱點」表述

---

81 錢先生 1950 年冬受邀赴臺北。此後乃接受總統府辦公費項目下所撥發之經費每月港幣三千元。此經費於 1954 年 5 月新亞書院獲得美國耶魯大學雅禮協會之資助後，錢先生函謝總統府而終止。詳參廖伯源，〈錢穆先生與新亞研究所〉（北學南移國際學術研討會論文，香港新亞研究所、樹仁大學歷史系、臺灣中央大學中文系主辦，2013年 8 月）。廖文收入鮑紹霖、黃兆強、區志堅主編，《北學南移——港臺文史哲溯源》（臺北：秀威資訊科技公司，2015），頁 90。

				憶往事》，頁217。	了出來，且發表的日期（指：刊出該文的《自由中國》的出版日期）剛好是蔣公七十大壽的一天，則蔣公如何受得了？
25	1956年冬與1957年春之間[82]	臺灣	「……以斷章取義的方法，報告給故總統蔣公，使我離開了國民黨的組織。但蔣公並沒有因此對甲乙集作過任何禁止發行的指示。」	〈自序〉，《學政甲乙集》，頁1。	
26	1980年10月29日	香港	「五更時作一夢，見故奉化蔣公，另一統治者並坐……我向他解釋集權（按：實即指獨裁，夢中似避忌用「獨裁」兩字）與民主的利弊，蔣公問故，……初醒時猶能記憶解釋得極有條理，蔣公亦神色怡悅，但未及政權轉移之重大問題。蔣公已去世數年矣，今日而尚作此夢可謂奇矣，故記之。」	徐復觀著，翟志成、馮耀明校注，《無慚尺布裹頭歸》（臺北：允晨文化實業公司，1987），頁46-47。	左列引文中，徐先生謂蔣公已去世數年「而尚作此夢可謂奇矣」。筆者認為徐先生乃順筆而寫下「可謂奇矣」一語而已。其實，徐先生又何嘗真的視之為「奇」呢？先生畢生反對集權／獨裁，而努力爭取實踐民主。「日有所

---

[82] 右欄引文中「離開了國民黨的組織」，是指被開除黨籍。1952 年 4 月 17 日徐先生致函唐君毅先生時嘗云：「弟因去歲祝壽之文，已被開除黨籍，在弟甚感心安理得。……」是可知先生被開除黨籍，其時間定介乎祝壽文〈我所了解的蔣總統的一面〉的發表日期（1956 年 10 月 31 日）與彼去信唐先生的日期（1957 年 4 月 17 日）的半年之間。徐先生函，見《無慚尺布裹頭歸・交往集》，《徐復觀全集》（北京：九州出版社，2014），頁 376。按：《學術與政治之間》（臺中：中央書局）甲、乙集分別出版於 1956 年 10 月和 1957 年 11 月。

					思，夜有所夢」，此理想之形諸夢寐，何奇之有哉？此夢境正充分反映先生潛意識中對蔣公，以至對其他統治者，一刻不能或忘之期許也。本條資料蒙均琴女士提示，感激莫名。

第三章　誅奸諛於未死，定論何須蓋棺：徐復觀評毛澤東[*]

---

* 2013.08.29-31 香港新亞研究所、香港樹仁大學歷史系、臺灣中央大學中文系聯合主辦「『北學南移』國際學術研討會」，筆者應邀發表文章。本文即為此而撰。會後嘗作相當程度的修改增刪。今再三修改後納入本書內。2016 年 4 月 6 日徐先生長女公子均琴女士嘗來函，其中說：「您專文把先父對毛澤東的評論集中疏解，是樁很重要的工作。我個人認為，不分政治立場，不分思想派系，站在兩岸三地生民的立場，對毛澤東的持續評審，絕對不能間斷。絕對不能讓毛澤東借屍還魂，以任何形式重新出現。這是我個人的意見。」在這裡必須一說徐先生對中國共產黨的態度。徐先生之反共、批共，人所共知，不必多說。其實，這個問題，必須作一分為二的處理，不能一概而論。先生之共、批共，主要的對象是共產黨的學說，即共產主義，尤其唯物論、階級鬥爭的理論。就共產黨人士，譬如周恩來，的表現來說，徐先生是相當肯定的，甚至是稱讚有加的；對最痛恨的毛澤東來說，其 1949 年前的表現，先生亦予以一定的肯定。對周氏的評價，可參〈周恩來逝世座談會（發言紀錄）〉和〈悼念周恩來先生〉等文章。詳參本書附錄七：〈精誠相感，憂患同經：牟宗三眼中的徐復觀〉其中附論：「徐先生與蔣經國」中的周恩來部分。說到對黨政的批評，其實，徐先生對中國國民黨之批評，其嚴屬程度，絕不亞於其對中共之批評。惟 1950 年代至 1970 年代，臺灣乃在白色恐怖的統治下，是以先生行文之措詞不得不萬分謹慎小心，且恆以委婉之筆調為之。在上函中，均琴女士即說：「……這番不得已的曲折，可以〈誰賦豳風七月篇〉成文的過程為實例。在上面提到的〈對蔣總統的悲懷〉（《徐復觀雜文補編》，思想文化卷下，515 頁）文章前面先父在七五・四・九加上的『記』裡，提到『〈誰賦豳風七月篇〉一文，也是為到臺灣不久的一個黨內文件而發』。這個黨內文件中列舉了農村十大罪狀，編在小學教科書裡，我們小學生要一一背下來。現在還彷彿記得是『1. 輕忽時間。2. 不重數字……』。前後情形我在一篇紀念先父的短文中提到過（https://docs.google.com/viewer?a=v&pid=sites&srcid=eHVmdWd1YW4ubmV0fHRpcWVhbmRsaWZlfGd4OjNiNTU2ZTNiMDFiMThmZTI）。在〈誰賦豳風七

一、緒論

　　有詩云：「周公恐懼流言日，王莽謙恭下士（或作「未篡」）時，向使當年身便死，一生真偽復誰知？」[1]這是說，如果某人早死，而未有機會使他人發現該人內心的真正構想，或其人之真正構想未有表現出來之機會，則此人過去的表現，其真偽[2]及是非功過，是很難斷言的。個人認為，針對周、王而來的這個假設性案例，進一步給予了我們一個啟示：我們不宜僅憑某人過去的表現，便對其人之是非功過作出斷言，因為此人尚在人世，他未來的表現也許跟過去是很不一樣的。因此吾人僅憑其過去即作出斷言，很可能會流於武斷、不周延，甚至最後會被推翻。這恐怕就是「蓋棺（始可）定論」一說的理據所在。就上文的王莽來說，其蓋棺定論，是指揭穿了他篡位前刻意佈局而來的一番假仁假義而言；就周公來說，是使人知悉彼對成王及對國家的一番耿耿忠心而言。然而，無論是王莽假仁假義之時期也好，是周公攝政時存心要篡位的流言蜚語流行天下之時期也罷，在當時皆沒有對國家構成若何災難，對人民也沒有造成人命財產的損失，更不要說，扭曲人性，破壞人倫，踐踏人格、顛倒價值，以致使人生不如死，活在一團漆黑之中了。反觀毛澤東，則其犯下禍國殃民的滔天大罪，已不必待其身死而後知之。本此，則徐先生在毛尚在生之時（即過世前）對他所做的評論，實不必待日後

　　月篇〉中，先父感憤的質問『……如何能在記憶中，一二三四的數出那樣多的罪惡。』文章內容是一項項的駁斥國民黨的黨內文件。但是從表面看，會以為文章是針對共產黨而發。文章中除了點名罵毛澤東外，還加了一句『……農村這類的偉大母親，代不絕人，蔣母就是偉大的例證。』先父當年是在白色恐怖的陰影下寫政論文章的。」照個人的理解，均琴女士上函意謂，其先父〈誰賦齒風七月篇〉一文，除了罵毛澤東外，其主旨其實是罵中國國民黨。然而，在白色恐怖下，不得不好好包裝一下，甚或偽裝一下，乃以蔣母當護身符、擋箭牌，藉以收保護傘之效，雖不免有點無可奈何，但恐怕是不得不爾的作法。按：〈七月篇〉收入《學術與政治之間》。

1　白居易，〈放言五首之三〉，《白氏長慶集》，卷十八。

2　「真」乃指其行為如實的反映內心之構想：即表裡一致。「偽」乃指其行為是虛偽的，是作假的，騙人的，其內心實另有構想；且爾後機會來臨時，必另有作法──真面目屆時始呈露出來。

之蓋棺而始有其客觀性、前後一致性；反之，乃可成為確然不可易的定論。

　　順帶一提，對很多歷史人物來說，縱然蓋棺，亦難有定論。譬如秦始皇、武則天之輩，一二千年來，國人對彼等大皆持比較負面的評價。然而，近代以來，尤其從中共的立場來看，乃持比較正面的評價。由此即可見，所謂「蓋棺（始可）定論」，亦未見其必然。既未見其必然，則吾人又何嘗不可反過來，不待蓋棺而仍可作出「定論」呢？其實，對某人的是非功過，蓋棺之後而來的評論，其可靠性頂多是較高而已，何「定論」之有？然則定論與蓋棺，無必然的對應關係，便再清楚不過了。

　　至於本文題目的另一句：「誅奸諛於未死」，則源自韓愈：「誅奸諛於既死，發潛德之幽光」一語[3]；現在換一字：「既死」易為「未死」。以徐先生嚴厲批判毛澤東時，毛氏仍健在故也。其中「奸諛」一詞，試作簡釋。據《辭海》[4]，「奸」有多義，其中以私、亂、偽諸義比較符合毛澤東的行為表現。要言之，皆負面之評語。就本文而言，乃針對毛氏之行為對不起國家，對不起人民來說。至於「諛」，據《辭海》，乃指：「諂也，以甘言入於人也。」簡言之，即說些討喜的話，俗語所謂拍馬屁，香港俚語所謂「托大腳」、「擦鞋」是也。綜合言之，毛「無法無天」，又一度完全靠攏蘇聯，大拍史達林[5]馬屁，出賣中國，固係既奸且諛無疑。

　　被批評的人（如本文之毛澤東）已死或無權、無勢、無威望之時，你批評他、口誅筆伐他，廣東人所謂「打落水狗」（落井下石），沒甚麼了不起；反之，其人在生之時且仍手握大權之時，你的生死可全由他掌握，或至少你的生命很可能會受到一定程度之威脅或生活受到一定程度之干擾，而你仍勇於批之、誅之，那才是了不起[6]。

---

[3]　韓愈，〈答崔立之書〉，《韓昌黎全集》。

[4]　香港：中華書局，1947 年版。

[5]　1922-1952 擔任蘇共總書記的 J. Stalin（1878-1953），徐先生各文章，大抵皆譯作「史達林」，香港一般譯作「史太林」；大陸則作「斯大林」。

[6]　先生嘗云：「我除了感謝肯刊出我這類文章的朋友外，也得感謝香港的左派人士，他們對我這類的文章，一直忍耐到一九七六年五、六月間，才罵我是『文特』、『蒼

　　如果說徐先生寫一般的雜文，甚至學術文章，是以感憤之心來寫的話
[7]，則先生寫中共，尤其寫毛澤東的表現時，他定然是以悲憤之心來寫的。
為什麼在毛統治下，中國大陸幾乎是：在經濟方面一窮二白；在人性方面人
已經不再是人（人格破產）；在價值意識方面是黑白顛倒、是非淆亂。更不
要說在文化上繳白卷，政治上是封建法西斯了[8]！！筆者出生於仍為英國人
統治下的香港，亦長於香港。中共在毛澤東統治下的悲慘世界，個人完全沒
有經歷到、體驗到；且毛去世四十年了，改革開放也三十多年了，在經濟
上，中國亦早已崛起。然而，讀徐先生三十多年前描繪毛統治下的中共的世
界，久久不能自已而無法釋懷！！人間竟然有如此卑劣的惡魔、狂徒！！人

蠅』，在這以前，都是各行其是，和平共處，這比我過去所遭遇的幾次圍攻，要平順
　　多了。……」見徐復觀，〈自序〉，《徐復觀雜文・論中共》（臺北：時報文化出版
　　企業公司，1980），頁 3。先生被視為「文特」、「蒼蠅」又見下文：徐復觀，〈所
　　聞！所思！〉，原載《華僑日報》，1978.08.11，後轉載於上揭《徐復觀雜文・論中
　　共》，頁 223。相關語句為：「稍一批評，中共便視為仇敵，罵你是文特，是蒼
　　蠅，……」這裡雖然沒有明說被罵為「文特」、「蒼蠅」的，是徐先生，但根據本註
　　第一條引文，則當指先生無疑。然而，無論是指徐先生也好，指他人也罷，反正毛澤
　　東在世時，你批評他，你便很可能會碰上麻煩。要言之，毛澤東未死時，徐先生口
　　誅筆伐之，不是全無危險的。被人家為文反攻，罵為「文特」、「蒼蠅」外，也可能
　　被告毀謗罪而惹上官司的。然而，徐先生本乎其道德良知，乃「雖千萬人，吾往
　　矣」，而不得不屢次批毛。嘗云：「現在寄身香港，一無依傍，而只憑『人心之靈』
　　來屢次挦毛澤東的虎鬚，其為許多識時務的俊傑所非笑，乃必然之事。」徐復觀，
　　〈孔子在中國的命運〉，《明報月刊》，1974 年 4 月；收入《徐復觀雜文・論中
　　共》，頁 293-294。
7　先生因感憤而為文，見徐復觀，〈自序〉，《徐復觀文錄》（臺北：環宇出版社，
　　1971），頁 2-3。
8　1978 年 10 月中旬以後，先生看到北京大字報把毛政權的性格描繪為「封建法西斯專
　　制」。其前先生看出其政權乃過去「封建」、「專制」的歷史的延續，但不忍用「法
　　西斯」來描繪之。先生說：「這樣一來，把隱藏在黑暗中的千奇百怪，一齊照明出來
　　了。可以說，這是人類用自己的血淚洗滌出自己的良心所作的『歷史審判的大判
　　決』」。今筆者用「封建法西斯」一詞，乃順徐先生之意而來。徐復觀，〈四個現代
　　化以外的問題〉，《華僑日報》，1979.01.09；收入《徐復觀雜文續集》（臺北：時
　　報文化出版企業公司，1981），頁 119-120。

性本善耶？世間有公理耶？上天果賞善罰惡耶？個人焉得不惑？

　　「文章本天成，妙手偶得之。」（陸游，〈文章〉詩）：此意謂：不是我寫文章，是文章寫我。我寫文章，文章可以不寫。文章寫我，便不得不寫。因為文章是主人，它「主導」了我，而使我自自然然的把它寫下來，當然，這是把「文章」擬人化而說出的話；亦隱含寫文章者自視極高而來的一種傲氣。但我們不妨把這句話作點擴大解釋。徐先生所寫的文章，究其原動力，十九皆來自不得不寫。這是先生對家國的關懷的使命感使然。他非常嚴厲地批判毛澤東而寫了大量文章實本此而來。據閱覽所及，近現代人物中，先生極痛恨者計三人，一是德人希特勒，二是俄人史達林，三是國人毛澤東[9]。世界史非先生之專業（當然先生對世界史亦不外行，但究非專業），所以對希、史的批判，雖眼界極高，但無法具體而深入，所以總不免有點隔靴搔癢。再者，雖痛恨希、史二人，但此二人非中國人，且此二人亦未嘗直接加害於中國。反之，毛所毒害者、加害者，乃中國、中國人，且中國人因而喪生者，少說也數千萬人[10]。所以在先生的內心深處，有切膚之痛而最痛恨者，恐非毛莫屬。先生疾惡如仇，永遠心懷祖國水深火熱中的老百姓的福祉，在這個

---

[9]　近閱 Roderick MacFarquhar（羅德里克·麥克法夸爾；馬若德）的名著《文化大革命的起源——浩劫的來臨 1961-1966》（香港：新世紀出版社，2012），其中附錄三：〈獨裁角色和獨裁風格的比較〉（頁 320-322）即列舉了希、史、毛三人，而不及他人。可見此三人之為獨裁者，乃一般人的共識；非獨徐先生一人之認定而已。

[10]　今僅以 1958-1962 年間的大飢荒為例。2012 年 10 月初楊繼繩的《墓碑》在全球同步發行了英、法、德文的版本。至於中文版，2008 年便在香港面世；現今已經是修正第九版。1,200 多頁，訴說大陸 1958-1962 年間的大飢荒；死人 3 千 5 百萬以上。

[10]　今僅以 1958-1962 年間的大飢荒為例。由毛澤東發動的三面紅旗被大陸定調為「三年自然災害」或「三年經濟困難時期」而已。據個人所知，三年大飢荒期間，人吃人的現象相當普遍。此外，又可參荷蘭學者 Frank Dikötter（香港中文大學教授馮客/馮克），Mao's Great Famine : the History of China's Most Devastating Catastrophe, 1958-1962（New York: Walker & Co., 2010）（《毛澤東的大飢荒：1958-1962 年的中國浩劫史》），2010 年 9 月出版。以上主要參黃瑞明：〈紀念曠世浩劫的《墓碑》〉，《中國時報》，2012.11.28，A15 版。三面紅旗（原名三個法寶）乃指 1958 年由毛澤東推出的總路線、大躍進、人民公社。

情況下，他不得不對毛大加撻伐，相關文章也就不得不寫了[11]。因為筆者有這個認定，所以先生伐毛的文章便必須予以處理。換言之，筆者這篇文章也是不得不寫的，否則無以發先生潛德之幽光。不闡發先生之批毛，無以充分彰著先生「誅奸諛於未死」之使命感（當然，先生的行為、表現，有其一貫性。毛過世後，先生仍繼續口誅筆伐之。）；先生之道德心，亦無從充量彰顯；先生對祖國人民之愛，似亦無法全幅揭示。若謂一秒鐘前所發生之事，即史事，則先生對毛的批判，乃可謂基於道德意識而對史事人物作出批評。易言之，乃可謂史心、史德之呈露無疑！

眾所周知，毛澤東的背後是中共，所以嚴格來說，談毛便不能繞過中共。但如果連同先生對中共的批評一起來談，那麼多二、三倍的篇幅都談不完。不談中共固不完整，但只好因陋就簡了。

《禮記・表記》：「子曰：無欲而好仁者，無畏而惡不仁者，天下一人而已矣。是故君子議道自己，而置法以民。」[12]無畏而惡不仁者──惡毛澤

---

[11] 先生即嘗云：「我的雜文，包括的範圍相當廣泛；許多是由各個方面，各種程度的感發才寫了出來的。但以受到毛澤東文化大革命及其遺毒的震盪為最大。這一震盪，直接間接，波及到我精神活動的各方面。震盪是發自良知所不容自己；在震盪中堅守國族的立場，維護國族的利益，不知不覺地與大陸人民共其呼吸，同樣也是來自良知的不容自己。良知是中國文化的根源，是每個人所以成其為人的立足點。」徐復觀，〈自序〉，《徐復觀雜文》（臺北：時報文化出版企業公司，1980），頁4。

[12] 順帶一說，針對這句話，徐先生的解讀與鄭注、孔疏不盡同，但極具參考價值。鄭注極簡單，如下：「『一人而已』，喻少也。『自己』，自盡己所能行。」孔疏稍詳盡，如下：「『是故君子議道自己』者，好仁之法，須恩惠及人，當恕己而行，故君子謀議道理，先自己而始。『置法以民』者，己所能行，乃施於人，故云『置法以民』，言從己而始，乃可以施置法度於它人。」徐先生則作如下的解讀：「『議道自己』的道，指的是根據仁以樹立的做人標準。這種標準，只能要求從自己下手去作。『置法以民』的『法』，是社會一般人的生活規約；制定這種規約，則不是用修己的『道』做標準，而是以人民所能達到的為依歸。」很明顯，先生的解讀與鄭、孔不盡同，但並不相矛盾；且毋寧說更符合儒家「嚴以律己，寬以待人」的精神旨趣；可說是一種創造性的詮釋／解讀。由此可見，徐先生的解讀，在不違反上引〈表記〉的原文下，可說作了點擴充，而這個擴充，正符合儒家本有的精神的。個人認為，如果徐先生不是對儒家義理、精神，具通盤且透闢的理解，是無法作出這種解讀的。徐復

東，天下間固不止徐先生一人；然而既有理據（根據一般的道德規範，乃至根據馬列唯物主義之框架作為判準來評價毛；含先生之眼光、識見），又有事據（先生本諸文獻及大陸流亡海外人士的見聞），且發乎惡而知其美的公心[13]，真可謂天下一人而已。

　　先生對毛澤東並沒有撰有專書，但所寫的 1,200 多篇雜文中[14]，以單一人物來說，其對毛的討論、批評，恐佔最多數。相關文章，主要收錄在以下四書中。(1)《徐復觀雜文補編》（下文簡稱《補編》）（臺北：中研院文哲所籌備處，2001），第五冊，《兩岸三地卷》（上）；(2)《徐復觀雜文續集》（下文簡稱《續集》）（臺北：時報文化出版企業公司，1981）；(3)《徐復觀最後雜文集》（下文簡稱《最後雜文集》）（臺北：時報文化出版企業公司，1984）；(4)《徐復觀雜文・論中共》（下文簡稱《論中共》）（臺北：時報文化出版企業公司，1980）。其中的文章特別討論毛澤東，且文章的標題有「毛澤東」三字者（或濃縮為「毛」一字者），即佔 26 篇[15]。以上四書及先生他書的文章討論到

觀，〈儒家在修己與治人上的區別及其意義〉，《中國思想史論集續編》（臺北：時報文化出版企業公司，1985），頁 414。鄭注、孔疏見《重刊宋本禮記注疏附校勘記》，《十三經注疏》（臺北：藝文印書館，1989，嘉慶二十年版本），冊五，頁910 上。按：康德哲學中有內在自由和外在自由之別。簡言之，前者成就德性義務，後者成就法權義務。這兩種性質不同的義務，正可分別相應於徐先生解讀下的「道」和「法」。前者正係針對自我要求宜訂下高標準來說，即望己成德成仁；相對來說，要求別人則宜從寬，即要求他們能夠以一般的生活規約（法）為依歸便夠了。

[13] 「惡而知其美」，語出《大學》；其言曰：「好而知其惡，惡而知其美者，天下鮮矣。」天下間，固難有全無過失之聖人。反之，亦難有全無一善端之壞人、惡人。徐先生「惡而知其美」，對毛澤東從來不吝嗇，所寫的眾多雜文中，欣賞毛氏，甚至稱頌之者，數見不一見。本文為揭示先生美惡不掩，善惡兼顧的思想特色（其實是先生為人之特色，亦良史之特色），先生的相關言論，下文特闢一節闡述之。

[14] 黎漢基，〈徐復觀先生出版著作繫年表〉，黎漢基、李明輝編，《徐復觀雜文補編》（臺北：中央研究院中國文哲研究所籌備處，2001），冊六，頁 471-585。

[15] 26 文之標題開列如下：
見於第一書（即《徐復觀雜文補編》）者有：1、〈毛澤東〈矛盾論〉的現實背景〉（1952.07.07）；2、〈毛澤東幻想的破滅〉（1963.08.16）；3、〈毛澤東思想的最後掙扎〉（1966.07.06）；4、〈毛澤東與中國傳統文化〉（1966.07.31）；5、〈毛澤東

毛氏，但標題中無「毛澤東」三字或「毛」一字者，更不知凡幾。要言之，先生批毛的文字，見諸百數十篇文章中。

二、徐先生與毛澤東之接觸及對話

徐先生與毛澤東有過多次個人接觸的經驗。1943 年，徐先生被派往延安當聯絡參謀，為時約半年[16]。這半年間，先生數度與毛澤東晤談。今據先

的問題〉（1967.03.18）；6、〈論毛、江、林集團的偶像崇拜運動〉（1967.06.18）；7、〈毛、尼會談臆測〉（1972.02.23）；8、〈毛、尼會談續測〉（1972.02.26）；9、〈毛澤東與斯大林的同異之間〉（1972.06.05）；10、〈毛澤東的偉大藝術作品——中共十全大會〉（1973.09.06）；11、〈毛澤東派給尼克遜的角色〉（1976.03.02）；12、〈毛澤東能跳出歷史的巨流嗎？〉（1978.01.31）。

見於第二書（即《徐復觀雜文續集》）者有：13、〈劉邦與毛澤東〉（1979.09.12）；14、〈毛思想、西藏及其他〉（1980.08.05）。

見於第三書（即《徐復觀最後雜文集》）者有：15、〈清洗毛澤東的遺毒〉（1981.01.01）；16、〈誰給毛澤東以這樣大的權力？——答某某博士書〉（1981.07.29）。

見於第四書（即《徐復觀雜文·論中共》）者有：17、〈深有感於毛澤東之言〉（1972.05.22）；〈毛澤東與史大林的同異之間〉（1972.06.05；此同上第 9 文，故不必另予編號）；18、〈毛澤東為中國人民出口氣吧！〉（1972.08.24）；19、〈毛澤東太過分了〉（1972.10.09）；20、〈秦始皇與毛澤東之死〉（1976.09.11）；21、〈毛澤東死後的「毛思想」問題〉（1976.09.14）；22、〈讀毛選集五卷雜感之一〉（1977.05.09）；23、〈讀毛選集五卷雜感之二〉（1977.05.17）；24、〈讀毛選集五卷雜感之三〉（1977.05.26）；25、〈讀毛選集五卷雜感之四〉（1977.06.02）；26、〈評毛澤東「在擴大的中央工作會議上的講話」〉（1978.07.21）。

筆者本文揭示徐先生對毛澤東的評價，其材料除根據上面 26 篇文章外，亦根據先生其他非指名道姓的文章（即文章標題無「毛澤東」三字或「毛」一字的文章）。以 26 文來說，其中半數以上，共 14 文是撰寫於毛生前的，且文章大抵皆對毛作出相當嚴厲的批判，筆者為了突出這一點，本文便以「誅奸諛於未死，定論何須蓋棺」來描繪先生對毛澤東的評價。毛澤東既死之後，先生對毛仍不稍予寬貸，所以毛死後，先生對毛的批評，亦納入本文的處理範圍內。

[16] 先是，先生是中訓團兵役班少將教官；其後大概以軍委會少將高級參謀的名義被派赴延安。徐復觀，〈末光碎影〉，上揭《續集》，頁 342-344。

生文章所載，依時間先後，開列並闡釋如次。

在〈評中共「黨章」〉一文中，先生揭示了他和毛澤東的接觸情況，如下：

> ……現在中共的黨章中，居然抬出了一個毛澤東思想，來和馬列主義品吃品坐（筆者按：當係「平起平坐」）；在這裡，我們佩服毛澤東「要與天公共比高」的丈夫氣概。毛澤東畢竟是中國人，中國人抬舉中國人，在原則上總不算大錯。記得有一次，我和毛澤東談天時，提出了《整風文獻》中「民族利益服從國際利益」的這一說法中所含的危險性，毛澤東卻也表示極大的不安，除了拿無產階級的革命理論加以解釋外，並連說：「我必重新考慮這一問題。」毛先生究竟是湖南拙樸堅強的農村出身，還不斷的在爭取個性的發展。有個性存在的人，也容易發生祖國的觀念，因為從個性追溯上去，一定要發現自己和祖國的關連。[17]

上引文寫於 1946 年 10 初，是筆者看到的徐先生與毛氏接觸的最早記錄。內容反映出先生早年對毛氏的欣賞（佩服），乃以「丈夫氣概」、「拙樸堅強」、「個性……容易發生祖國的觀念」等稱道之。在不足三百字的相關篇幅中，提到毛氏的有五個地方，其中稱「毛澤東」的有三處，稱「毛澤東思想」的有一處；稱「毛先生」有一處。不必多說，後者乃尊稱，亦係美稱，至少非負面的稱謂。（據閱覽所及，徐先生提到毛澤東，絕大多數的情況是直呼其名，或以「毛」簡稱之，又或偶爾稱「毛氏」；稱「毛先生」的，比較少見，一般是訪問稿中才出現。）上引文中，徐先生質疑毛澤東以下的說法：「民族利益服從國際利益」。其後，毛氏允諾「必重新考慮」。姑無論毛的允諾是真是假，但至少表現了一點虛心，或至少表現出一點禮貌（那怕只是表面的）。就極愛國的徐先生來說，他必不期然而然的以己度人，將心比心：毛澤東既同為有

---

[17]　南京《中央日報》，1946.10.03-04；轉載於上揭《補編》，冊五，頁 43-44。

個性的中國人，所以先生對他的允諾，大概信以為真。在這裡必須指出，個人認為，先生之欣賞毛氏，與先生相信毛澤東跟他一樣──同樣具愛國心，有絕大關係。

1950 年 10 月，先生又再度提起他與毛澤東接觸的往事，其中談到文化問題、孔子問題、線裝書問題。這很可以反映毛澤東對中國傳統文化的看法，頗值參考。先生說：

> 共黨金字塔式的組織，只有毛澤東的轉變，才能發生作用。他人不敢轉變，轉變便立即被鬥爭清算了。我在一九四三年曾問過毛澤東：「喜不喜歡看線裝書？」他說他喜歡看《文選》、《韓昌黎文集》及《聊齋誌異》，因為《文選》的詞彙豐富，昌黎的文章氣勢很盛，《聊齋》是社會革命的，鼓勵女人偷人。我問他：「孔子思想中，有沒有好的東西？」他說：「有。『博學之，審問之，慎思之，明辨之，篤行之』，這幾句話很好。」這答話的反面，是不承認孔子除了這幾句有關方法的話以外，再有其他的內容。我又問他：「中國文化中有沒有好的東西？」他說：「有。農民暴動。」毛澤東對中國文化之了解是如此，我們如何希望他能有本質的轉換呢？況且「乃公以馬、列得天下，焉事《詩》、《書》？」毛澤東可以說得更振振有詞了。[18]

上引文發表於 1950 年 10 月，與發表於四年前的另一文（即再上一段的引文）相比，其內容可說是天差地別：從全面肯定轉變為全面否定。當然，1949年大陸易手當是先生意見轉變的關鍵。然而，撇開這個不談，縱然僅從上引徐、毛的對話來看，已可以嗅出為甚麼徐先生對毛澤東的看法產生 180 度的轉變。上引文之重點／意涵，至少計有：

---

[18] 徐復觀，〈論中共政權〉，《民主評論》，卷二，期七，1950.10.01；收入上揭《補編》，冊五，頁 135-136。

　　一、據徐先生，居權力金字塔之頂的毛澤東，要負起發動鬥爭清算的主要責任。

　　二、毛澤東所愛看的《文選》、《韓昌黎文集》及《聊齋誌異》，皆係名著，此不必多說，但其中把《聊齋誌異》定位為「是社會革命的」，又說是「鼓勵女人偷人」的，則頗可商榷。據網路維基百科，該書「共 491 篇，內容十分廣泛，多談狐、仙、鬼、妖，以此來概括當時的社會關係，反映了17 世紀中國的社會面貌。」又說：「乾隆年間，余集在整理《聊齋志異》刊刻寫序，指出這部作品在『恍惚幻妄，光怪陸離』之中『托志幽遐』，有『微旨所存』。」毛澤東所說的「是社會革命的」，吾人不妨視為係維基百科「概括當時的社會關係」的另一種說法；這個說法，在《聊齋》一書中，自然有若干故事可以佐證而當為該書讀者所首肯。至於毛氏把這個社會革命，定位為「鼓勵女人偷人」，則似乎失諸偏頗並以偏概全了，且全從男女情慾上看問題！在用語上可說是太超過一點了。我們何嘗不可以說《聊齋》歌頌戀愛自由、愛情自由，為甚麼非得以「鼓勵女人偷人」的用語描繪之、定位之呢？當然，戀愛、愛情恆包含情慾（肉）一面；然而，難道無精神（靈）一面嗎？為何只強調「偷人」——劈腿這一面呢？就以余集（1738-1823）所說的「托志幽遐」，有「微旨所存」來說，再誇張的解讀，恐怕也不能解讀為，或至少不能僅解讀為「鼓勵女人偷人」吧。然而，毛氏這個較負面的解讀，似乎很可以反映出彼內心本有的一貫想法。其不健康的心態，並恆從負面、黑暗面看事事物物，正由此可見。為甚麼不從「歌頌自由戀愛」、「歌頌自由愛情」的角度來看《聊齋》呢？「仁者見之謂之仁，智者見之謂之智」，毛氏的解讀，正一顯例。

　　三、上引文毛澤東嘗論述孔子，其中有二點頗值得注意：一是他看到孔子有好的東西。這個我們應予以肯定。二是所看到的乃側重於方法論上的東西，則流於買櫝還珠、見其小而遺其大。這方面徐先生察覺到了；很可以反映先生深具明敏銳利的眼光。

　　四、毛澤東把農民暴動視為中國文化唯一的好東西，這個真夠意思！按：暴動可說是一種政治行為、社會行為（或可說多半由政治因素引發的社會行

為）。一般來說，說到一個國家的文化表現，相信很少人會以這種一般人視為負面的行為來舉例的。（當然，就「文化」一詞的廣義來說，暴動也是人類文化的表現之一。）然而，毛澤東剛好就不是一般的常人。所以把負面的東西視為正面的（好的）東西，那就不足為怪了。1960 年代、70 年代，「革命無罪」、「造反有理」的口號在大陸喊得震天價響，其相應的行為皆受肯定。原來 1943 年毛澤東回應徐先生的答話中，已見其端倪了。

五、徐先生說毛澤東「以馬、列得天下」。這個說法，我們不必認真看待。因為毛得天下，其中有多少成分是來自馬、列主義，答案恐怕是人言人殊而具相當爭議性的。這個我們不必細究。徐先生對這個問題，也不是不知道。先生的重點是，順上文而點出：「焉事《詩》、《書》？」得天下，打天下，對於本來擁有天下的當權者／執政黨（就毛當時來說，是國民黨執政下的國民政府）而言，就是「造反」，就是「暴動」。就打天下的人來說，就是進行義舉的「起義」、「革命」。造反也好，革命也罷，以馬、列得之也好，或非以馬、列得之也罷；總之，毛澤東們在相關的過程中，不是憑藉代表中國傳統文化的《詩》、《書》等等經典作為助力，則是可以斷言的[19]。毛氏既以暴動、造反起家而得天下，那他的回話：把農民暴動視為中國文化上的好東西，便當然如徐先生所形容的，是說來振振有詞了。

六、上引文中，徐先生對毛澤東所提出的三個問題（文化問題、孔子問題、線裝書問題），從廣義方面來說，皆直接或間接與中國傳統文化有關。然則先生個人所重視的，並希望毛澤東關注的，便再清楚不過了。

據閱覽所及，徐先生第三次提到他與毛澤東的接觸是 1958 年 1 月間的

---

[19] 當然，《詩》、《書》在這裡，徐先生採其廣義；意謂代表中國傳統文化的各種典籍，甚至概指中華傳統文化。其實，打天下也不一定要憑藉武力。徐先生在這裡特別點出《詩》、《書》；此說是有所本的，絕非泛論。蘇軾〈答范蜀公〉有句云：「……立仁義以為城池，操《詩》、《書》以為干楯，……」（《蘇東坡全集·尺牘》）。然則借用代表文化、文明的產物的《詩》、《書》來「打仗」，以達到不戰而屈人之兵，恐怕才是用兵的上上策。是以孫子即嘗云：「是故百戰百勝，非善之善也；不戰而屈人之兵，善之善者也。」（《孫子兵法·謀攻篇》）

事。其中又再次談到民族利益與國際利益之間的取捨問題。先生說：

> 民國三十二年，在陝北的窰洞裡，我告訴他（毛）：「沒有一個民族
> 而可以為什麼國際利益作犧牲」的一樣（這是為了劉少奇的一篇文章
> 所引起的爭論）。當時毛澤東在送我出窰洞時，握住我的手說：「我
> 將認真考慮你的意見。」毛澤東現在做皇帝了，當然連這種語言上的
> 策略也可以不用。[20]

民族利益與國際利益孰輕孰重，這是先生第二次談到（第一次，見本節第一段
引文），可見先生對此課題之重視。

徐先生第四次提到他與毛澤東的接觸是 1966 年 8 月間的事。先生說：

> 抗戰時間，中共在重慶出有一個刊物叫作《群眾》。大概是民國二十
> 八年的某一期中有劉少奇〈論共產黨員的修養〉的一篇文章，……民
> 國三十一年（按：應係三十二年，蓋手民之誤），我在延安，毛澤東送了
> 我一冊《整風文獻》[21]，裡面便有劉少奇的這篇文章。有一次毛問
> 我：「徐先生看我們那種東西裡面，有沒有好的？」我說：「有。」
> 「那一篇？」「劉少奇先生的一篇。」當時的毛澤東，和現在當然不
> 同，聽了我的話，流露出很驚喜的樣子，連聲說：「你覺得那篇文章
> 寫得好？他在這裡，我叫他明天來看你。」第二天，劉少奇果然到招
> 待所來看我了，……[22]

---

[20]　徐復觀，〈作為一個中國人的感慨〉，《祖國周刊》，卷 21，期 4，1958.01.20；收
　　　入《補編》，冊六，頁 225-226。

[21]　1942 年 2 月中共在延安發動了一場政治和文化的整風運動，前後約三年。詳參網路
　　　維基百科。《整風文獻》便是其時的產物。

[22]　徐復觀，〈哀劉少奇〉，《華僑日報》，1966.08.27-28；收入《補編》，冊五，頁
　　　189。

上引文說到劉少奇〈論共產黨員的修養〉一文。該文實源自 1939 年 7 月劉氏的一篇演說。而正是這篇東西導致了 1967 年前後劉氏被批判、鬥爭。（當然，這只是毛澤東鬥爭劉少奇的一個藉口而已。）劉被斥為「大肆宣揚孔孟之道，毒害廣大黨員和青年，為孔家店招魂。」[23]這個指斥正好揭示了該文對以孔孟為代表的中華傳統文化的正面看法。徐先生之所以欣賞劉少奇，視該文為「好東西」，恐怕也正在於此。

毛澤東過世後不久，徐先生又再次談到他和毛澤東在延安的接觸；並明白指出二人曾經長談過五次以上。先生說：

> 我與毛，長談過五次以上，並曾誠懇地向他請教過。例如……。一九四三年秋，我由延安回到重慶，向蔣先生報告說，「中共有能力奪取全面政權，假定國民黨這樣下去的話」。我的這種判斷，係認定他的作法是成功的，所以內心對他很佩服。自文化大革命以來，我對他的佩服之心，一天減少一天，深為他過分喜歡鬥爭，愛好權術而可惜。這些不相干的話，只想證明一點，我的觀察或許不對，但不是站在個人利害乃至意氣上所講出的。[24]

上引文很明顯告訴我們以下資訊。徐先生認定毛澤東奪取國民黨政權的作法（意指：方法、手段、途徑）是成功的[25]，因此對他生起佩服之意。然而，文革以來，佩服之心日減。這個導源於毛澤東過分喜歡鬥爭和愛弄權術。按筆者

---

23 參網路維基百科〈論共產黨員的修養〉條。

24 徐復觀，〈中共問題斷想〉，《華僑日報》，1976.12.20；收入《論中共》，頁157。

25 這些作法，大抵包括走群眾路線，即關心群眾（盡管或許只是表面的）；與當時的國民黨（含國民黨組成的政府）相比，共產黨無疑是比較質樸的，不像國民黨浮誇奢華；不像國民黨官僚；不像國民黨貪腐。（筆者這個判斷是大量閱讀徐先生雜文而得出的綜合判斷。）先生這個看法很能反映彼愛護老百姓（群眾）及反映彼希望政府施政能夠符合民眾需求的願望。其中又反映出先生對國、共兩黨的表現，大概有此劣彼優的不同看法。

的體會，徐先生絕不會武斷地、情緒化地肯定自己的觀察一定是對的。此可以上引文為證。1949 年後，尤其文革後，據上引文，先生很自覺的指出說，他對毛之所以有不同於其前的看法，是來自親身的觀察而得出結論，絕不是依個人利害，乃至意氣用事而隨便下斷語。

上引文「認定他的作法是成功的」這句話很重要。因為它反映出先生不以成敗論英雄。1943 年下距 1949 年中國共產黨成功奪取得政權尚早，因為還有六年。然而，先生對以毛為首的中共的作法即予以肯定。這一方面反映出先生有先見之明；再者，不是六年後中共成功之時才說出恭維的話。我們尤應注意的一點是：盡管佩服毛澤東，但身為國民黨人、國府的高級軍官（先生時為少將），先生乃竭其忠悃，仍向蔣公進諫。

徐先生辭世一年半前又再度提起他與毛澤東的接觸。先生說：

> 因偶然的機會，我曾與毛澤東相識。七○年（筆者按：指 1970 年）以前，有時夢中與毛討論天下事。七○年以後，再無此幻妄。乃九月五日晚，……村頭有古木新篁，毛說「因戰略要求必完全砍去。」我認為這都是有生命之物，如何可以置之死地，勸他修改戰略，毛木然不應。……創口與夢情相激，淚涔涔下不已，遂於枕上成〈妖夢〉打油詩一首，追錄如下：……[26]

文革爆發於 1966 年，1970 年前後越演越烈。是以此年之前，先生對毛澤東尚有一絲一毫的幻想，這所以上引文先生便有：「七○年以前，有時夢中與毛討論天下事。」但其後對毛便完全失望了。「七○年以後，再無此幻妄。」「幻妄」一詞，用得太好太妙了。蓋以前對毛仍有所期望、期待，而今乃知純為幻想、妄念！

依先生發表上文的年份，上引文中的「九月五日」是指 1980 年的「九

---

[26] 徐復觀，〈重來與重生〉，《中國時報》，1980.09.24；收入《續集》，頁 368-369。

月五日」。此上距 1970 年已足足十年，即先生對毛澤東已絕望十年，故十年間不再做夢與毛討論天下事。不意十年後的九月五日晚，又再夢會毛澤東[27]！毛氏殺人如麻，凡認為逆他意的，必直接或間接殺害之，或至少批鬥整肅之。樹木，雖有生命，然而異乎人而僅為植物而已；絕不可能忤逆毛氏意的。此所以徐先生為有生命之樹木拯命，勸毛澤東修改戰略。這一方面反映先生對生命之愛護、愛惜，雖植物，但仍不忍其無端遭毒手！再者，先生清醒非做夢之時，乃自認為「與毛討論天下事」（蓋為天下蒼生而不得不爾），乃係幻妄，蓋猶緣木求魚、水中撈月無異！然而，潛意識（按做夢乃潛意識的行為）中，先生實未嘗不以天下蒼生為念，乃至以一切生命為念。心想（夢中想），毛澤東雖然不會放過任何「敵人」，但總不至於不放過對他完全不構成威脅的樹木吧。這所以十年之後，先生在夢中乃有為古木新篁拯命之舉。不意這個最卑微的懇求、甚至哀求，最後仍以幻妄作結。上引文說毛澤東對先生的呼籲，以「木然不應」的態度來回應。這個詞用在這裡，真令人拍案叫絕。對絕不構成威脅的樹木，尚「木然不應」先生的請求；則毛澤東對或許會對他構成威脅的一干人等，必「麻木不仁」[28]以應，便絲毫不會讓

---

[27] 根據奧地利心理學家、精神分析學家佛洛依德（S. Freud, 1856-1939）的研究，夢恆為人潛意識最真實的流露。所以 1980 年徐先生再夢會毛澤東，或反映其潛意識中，先生對毛仍未完全絕望也說不定。說到夢會毛澤東，除見諸〈重來與重生〉一文外，尚見另一文。先生在該文說：「一直到一九六九年我到香港以後（先生意謂到香港之後所作出的回顧，換言之，即指 1969 年抵香港之前），我對於毛先生一直保持很高的敬意，常常托夢和他在一起，我覺得他是個了不起的人物。直到文化大革命，我以一個中國人的立場來觀察，覺得這種做法很奇怪。……許多老幹部被打下去受折磨，我那時就說：這些人都是千錘百鍊的老幹部，就這樣犧牲了，我的心裏很難過。這樣，我才對毛先生起反感，你為什麼這樣對待你自己的老幹部呢？我對他太失望了，我完全不瞭解他。」徐復觀，〈徐復觀談中共政局〉（訪問稿），《七十年代》，1981.03.20；收入《最後雜文集》，頁 405-406。按：「我完全不瞭解他」，很明顯是徐先生非常氣憤下說出的話，吾人絕不宜照單全收；蓋先生對毛的了解是極為透徹的。

[28] 木然即麻木。對生命麻木，則必不仁，蓋仁者必感通萬物；對萬物無所感通——麻木，則必係不仁者。可見「麻木」與「不仁」乃互為充要條件：麻木必不仁，不仁必

人感到意外了。

據閱覽所及，有關徐、毛的接觸（1943 年 4 月至 10 月初之間約半年；詳上文），徐先生做了至少以上六則紀錄，其年份依次為：1946、1950、1958、1966、1976 和 1980 年。兩人接觸時的交談對話，一方面很可以揭示毛氏早年（1940 年代）的思想及其虛心受教的精神。他方面，也可以看到徐先生對毛氏的欣賞及期許。惜乎這種欣賞及期許，自 1949 年以來，尤其文革爆發之後，便日漸淡化，而最後竟然完全消失了。這種消失，絕不光是徐先生個人理想的落空，乃至個人對國家前途的失望、絕望而已，而實標誌著中共統治下的中國已邁入悲慘的國度。細細品味以上徐文，能不令人痛心疾首而唏噓！

三、徐先生眼中毛澤東的個性

（一）毛澤東的個性、思想所導致的嚴重後果[29]

徐先生曾經這樣說：「毛禍國殃民的廣大而深刻，為亙古暴君所未有，……」。[30]又說：「毛澤東個人、思想、及他建立的體制，所給國家、人民乃至共黨自身損害之大、之悲慘，國內國外，真是無人不知不曉，……」[31]毛澤東禍國殃民：對國家、人民，乃至對共產黨自身之損害及所造成之悲慘局面，要言之，即所犯的種種錯誤，甚至罪惡、罪過所導致之惡果，個人認

麻木。「麻木不仁」這個詞太好了。

[29] 如果毛澤東只是一個平民老百姓，則其性格／個性和思想，跟他人無大關涉。然而，毛澤東在過世前是 7、8 億人口的國家的最高領導。然則由於他的個性和思想所引起的後果，其意義、影響、衝擊，便非同小可。所以筆者在處理毛氏個性上各方面的表現前，對其個性所引起的嚴重後果，先予闡述。這有點違反邏輯處理上的順序，幸讀者諒鑒。

[30] 徐復觀，〈清洗毛澤東的遺毒〉，《明報月刊》，1981.01.01；收入《最後雜文集》，頁 223。

[31] 徐復觀，〈中共解放軍的道路〉，《華僑日報》，1981.05.02；又收入《最後雜文集》，頁 260。

為，追源溯始，莫不與其思想有關[32]；而他的思想，則來自他的性格，真可謂「性格使然」。[33]所以處理完徐先生與毛澤東的個人接觸的經歷後（見上節），本節便馬上處理毛氏的思想問題、個性問題。

1976 年 9 月 9 日毛澤東逝世。五日後，即 9 月 14 日，先生便發表文章討論毛的思想問題，題目名為〈毛澤東死後的「毛思想」問題〉，可見「毛澤東思想」是毛死後先生最關心的課題[34]。然而，毛思想到底有甚麼問題，而導致徐先生在毛死後四、五天即為文予以討論呢？我們不妨先引述先生本人的意見。先生說：

> 毛思想……的特性，是來自他思想中的特性壓倒了他思想中的共性。若允許我把自己主觀的願望及客觀的形勢結合在一起，坦白地說出我的結論：則毛死後「毛思想」一定會以某種形式，某種進度，改變他思想中的特性，回到他思想中的共性，以融入到民族歷史，人類歷史

---

[32] "All history is the history of thought"（所有歷史都是思想史）。如果這個判斷是用以說明人類的行為乃其思想影響下、支配下、指導下的結果的話，則實在是千古不易的一個判斷。語出英國哲學家、史學家柯林烏（R.G. Collingwood，1889-1943），見所著 *The Idea of History* (London: O.U.P., 1970), p.215. 該書有好幾個中譯本，如下：黃宣範，《歷史的理念》（臺北：聯經出版事業公司，1981）；陳明福，《歷史的理念》（臺北：桂冠圖書公司，1982）；何兆武、張文杰，《歷史的觀念》（北京：中國社會科學出版社，1987）。說到毛澤東思想，〈關於建國以來黨的若干歷史問題的決議〉（中共十一屆六中全會（1981.06.27-29 在北京召開）通過）便指出，「毛澤東思想具有多方面的內容」。其實，「毛思想」是一個很複雜的問題，因為毛思想本身便是很複雜的，尤其以其晚年時為然。詳參許全興，《毛澤東晚年的理論與實踐》（北京：中國大百科全書出版社，1997），頁 8-11。

[33] 當然，就任何一樁歷史事件的出現來說，尤其就一歷史事象的出現來說，個人因素（含其人之個性）只是眾多原因之一；客觀大環境往往是更關鍵的原因。但這個說來話長，今暫且不談。

[34] 然而，這篇文章並非毛澤東死後先生討論毛的第一篇文章。第一篇文章命名為〈秦始皇與毛澤東之死〉，1976.09.11，《明報》；收入上揭《論中共》，頁 131-133。

的文化海洋之內。[35]

先生的意思是，毛思想中有特性的一面，也有共性的一面。據筆者的理解，先生所說的特性，乃指毛本人的思想；而所謂共性，則指作為共產黨員來說，毛的思想應有符合共產黨理論（馬列主義）的若干成素。然而，毛思想中，這些成素實有所不足，甚至相當欠缺。於是徐先生便明確指出，毛思想的特性壓倒了其共性；一切災難，便由此生起！上引文，先生對毛死後的大陸充滿期許；希望毛思想的特性有所改變，而重新回歸於其共性中。然而，筆者必須要指出的是，這裡所說的共性仍是共產黨員思想的共性，而不是中華民族、中華文化或人類的共性。如果讀者意識到這一點，便可了悟上引文中，先生如下一句話極其重要。該句話是：「……以融入到民族歷史，人類歷史的文化海洋之內。」與先生所說的中華民族歷史相比，尤其與人類歷史文化相比，共黨思想的共性，其能量必然如同小巫見大巫的不成比例、相形見絀，甚至猶恆河一沙、滄海一粟而已。此共性可有的負面的能量（當然我們不必否認此共性也可有正面的能量），在它融進去正面能量極強極大的人類歷史的文化海洋後，必然會大減其力道（大陸一般用「力度」），而變成微不足道，甚至會全然消失。要言之，文化海洋對共產黨思想的共性必然會過濾一番、刪汰一番，其結果必是去蕪存菁。所以先生「……以融入……」這句話，絕不能輕忽滑過[36]；否則對「回到他思想中的共性」一語，讀者便很可能產生誤會，以為毛思想的共性／共黨思想的共性必定是很正面的好東西。如果設計一光譜的話，那毛思想的特性定然是最不好的，最負面的；人類歷史的文化海洋是最好的，最正面的；毛思想的共性／共黨思想的共性則居於兩者之間。

　　徐先生更舉例說明毛思想中的特性和依共黨理論該有的共性，其情況如

35　〈毛澤東死後的「毛思想」問題〉，《華僑日報》，1976.09.14；收入上揭《論中共》，頁135。

36　有謂：「讀書得間。」（語出李寶嘉，《官場現形記》，第54回：「你真可謂讀書得間了。」）這句話，筆者現在才真正的領會到。

下：

> 為了說明上面的看法，我只好舉若干實例。(1)他是社會主義者，但
> 他並瞧不起社會主義；所以他在國際上，寧願與資產階級打交道，而
> 不願與社會主義者打交道。(2)他是馬列主義者，但他否定了「生產
> 力」決定「生產關係」的唯物史觀的「歷史鐵則」，(3)否定了黨內
> 的民主，實際仇視列寧的新經濟政策的意義。(4)他主張一切為人
> 民，但他在文化上，要根絕一切為人民的儒家，而大力提倡只把人民
> 當作統治者的工具的法家。在他大力所建立的政治結構中，不給人民
> 以最微末地位。把「社會主義憲法」中有關人民權利的條文減到最低
> 的程度，並且看作不如衛生紙。每次根據他話意不明的兩三句話發動
> 翻天覆地的運動時，連規定在黨章上的黨員權利，也盡情踩躪；在他
> 心目中，更何有人民的存在。(5)壓低「知識分子」的地位，(6)同時
> 也壓低「知識」的地位。(7)抗拒蘇聯的內政──修正主義，大過於
> 抗拒蘇聯對我們的侵略。凡此種種，都是來自他思想中的特性，以他
> 思想中的特性壓倒了他思想中的共性所出現的「非常現象」。[37]（筆
> 者按：上引文中的數字，乃筆者所加，藉以醒目。）

依上引文的七點，可知作為共產黨員應有的共性乃指：認同／推崇社會主
義、馬列主義、黨內民主、一切為人民、知識分子應有其地位、知識應有其
地位，抗拒外來（這裡指蘇聯）的侵略大過於抗拒該國的內政──修正主義。
而這七點的反面正好就是毛思想的特性。徐先生並進一步把毛思想的特性概
括如下：

> 然則他思想中的特性是甚麼呢？我想用三點加以概括。一是「反潮
> 流」；二是無限鬥爭；三是把事與人都只作為他個人的手段而不當作

---

[37] 上揭《論中共》，頁135。

目的。……38

徐先生舉了很多毛澤東的表現的具體例子來說明這三點概括。今為省篇幅，從略。當然，我們都知道，「潮流」不見得都是好的，所以未嘗不可以反；且很多時也該反；然而，不該為了反而反，為了個人私欲而反。鬥爭，有時候也是需要的，有其正面價值的；但不能流於無限。且必須注意的是，鬥爭只能是一種手段，其本身不應成為目的（即不能為了鬥爭而鬥爭！）；人類所以需要鬥爭，必得先考慮是否除此以外沒有更好的手段？而任何手段都應定位為係幫助人類追求、成就理想價值的一種工具而已。至於徐先生概括的第三點：毛氏把事與人，尤其把人，視為手段而非目的，此乃緣乎價值顛倒而產生的謬誤。其為謬誤，至為顯然。

　　這裡補充一點。上文說到毛思想的共性和特性問題。依徐先生，其特性導致了災難，造成了很多罪孽；其性質乃係負面的，恐怕不必再多說了。然則與之相反的共性就一定是好的嗎？正面的嗎？此上文已稍微說明過。現在再作點補充。馬列主義無疑係上文徐先生所說的共黨思想諸共性的核心。以下的說明，即本此觀點出發。茲先引錄先生的意見。先生說：

　　　　〈決議〉39中總結毛澤東思想是「它以獨創性的理論，豐富和發展了馬克思列寧主義」；這一說法，真使人不寒而慄。我們要問的是毛澤東思想，「豐富和發展了」中國人民什麼？假定承認經過三十二年後，中國人民還是一窮二白的現實，則犧牲這樣多的生命和一窮二白，換來的乃是豐富和發展了馬克思列寧主義，這與古代以人牲祭神，有什麼分別？這真是一種非常可怕的大顛倒。同時，假定中共的黨第一，軍第二，人民第三，永遠把人民裝在黨、軍的褲襠裡的安排，與馬列主義，有不可分的關係，則歷史將證明人類會不得已地以

38　上揭《論中共》，頁136。

39　此指：中共十一屆六中全會（1981.06.27-29 在北京召開）所通過的決議，其全稱如下：〈關於建國以來黨的若干歷史問題的決議〉。

長期流血來擺脫這種主義。**40**

據上引文，先生並沒有非常明確的否定馬列主義。先生關注的是，這個馬列主義到底跟促進中國人民**41**的福祉有何關係？如果沒有甚麼關係，無任何相干性，且很可能破壞、摧毀中國人民的福祉的話，則〈決議〉中所說的毛澤東思想「豐富和發展了馬克思列寧主義」，不是很諷刺嗎？中國共產黨扮演甚麼角色？它打天下，奪取政權，以至建立國家，為的是啥？它到底為人民而活，還是為馬列主義——為豐富和發展馬列主義而活呢？它存在的價值到底在哪裡？其實，徐先生並不一定反對甚麼甚麼主義，反對甚麼甚麼思想。但任何政治上的主義或思想，它存在的理由和價值，不正是為了促進人民的福祉嗎？面對政治問題、民族問題、國家問題，尤其人民問題，徐先生不喜歡只談抽象、無補於國計民生而實際上是吃人的「大道理」，對喊得震天價響、扣人心弦、動人魂魄而實際上是遙不可及，甚至違反人性、人道、人倫、人權、人文，乃至戕害身心、摧毀人格的甚麼甚麼主義，先生尤其反感。先生關注的永遠都是胼手胝足的人民，是善良的中國老百姓，是這些老百姓的福祉。如果這方面抓不緊、握不住的話，那是無法，亦不配談徐先生的思想的。

　　個人認為，徐先生對〈關於建國以來黨的若干歷史問題的決議〉的批評極允當，因為毛不是哲學家、思想家。因此以「以獨創性的理論豐富和發展了馬克思列寧主義」（以至任何主義）往毛臉上貼金，根本是文不對題，是錯用了判準**42**。我們倒真希望毛澤東只是哲學家、思想家。但可惜並可恨的是

40　徐復觀，〈解答了的，和沒有解答的〉，《七十年代》，期 139，1981.08；收入上揭《補編》，冊五，頁 511。

41　上引文僅兩百字，然而，先生兩次說到「中國人民」，一次說到「人民」（承上文，指的就是「中國人民」），先生之關注中國人民便不必多說了。

42　退一步來說，縱然我們承認馬列主義有其優點，有其可取之處，但毛澤東有據以老老實實、實實在在、實事求是的作出實踐，來為人民謀福利嗎？作為政治人物、全國最高領導，實踐才是關鍵之所在。否則一切理論、甚麼甚麼主義、思想，皆空談虛論而已。

他是政治人物，且他是人口最多的國家（毛過世前，中國人口約 7、8 億）的最高領導。把思想的產物拿來當令箭，拿來作為一個國家放諸四海而皆準，行諸百世而不惑的指導原則，把中國人當成白老鼠，則怪不得徐先生很感慨的說，「歷史將證明人類會不得已地以長期流血來擺脫這種主義」。在這裡，筆者要放聲的大喊：歷史萬歲！徐先生高明的判斷萬歲！！

現在讓我們回應上文的提問：相對毛思想的特性來說，毛思想的共性／共產思想的共性，就一定是比較好的嗎？據上文，徐先生的答案再清晰明確不過了。即不管你甚麼共性也好，特色也罷，甚麼主義也罷，先生要問的是：它／它們能否促進國家、人民的福祉？答案如果是「是」的話，則接受之；「否」的話，則排拒之。其實，徐先生關注的，根本不是甚麼共性、特色、主義，也不是它／它們跟人民福祉的關係的問題。徐先生只是直接關心人民的福祉。能促進福祉，則不必談任何思想上的共性、特色、主義；不能促進福祉，則談也是白談，甚至無益而有害！「為治者不在多言，顧力行何如耳！」[43]徐先生於《史》、《漢》，滾瓜爛熟，申公對漢武帝說的這句話，必能心領神會。用現代語來說，「多言」就是「講一大堆道理」、「講一套又一套的理論」（其尤甚者是在某一意識型態的傾向下或預存立場的情況下來講道理，講理論！），那對治理國家會有效嗎？有幫助嗎？治國無他，概以人民之福祉為依歸，實事求是的去做就是了。

人類的歷史，尤其最近二三十年的歷史，不是業已證明馬列主義、共產主義已經破產了嗎？它至少是很有問題的，很不周延的。「實踐是檢驗真理的唯一標準」，對現象界來說，這是鐵一般的真理。如果馬列主義本身是有問題的話，那麼據以上〈決議〉所說的，毛澤東所「豐富和發展」過的馬列主義，便更有問題了。（把問題予以豐富和發展，那表示把問題進一步複雜化，或在既有的問題之上再加上別的問題，那結果當然是更有問題了——問題重重。但這是題外話，我們不必在這個枝節問題上糾纏。）[44]依徐先生，毛澤東是把馬列主義予以

43　同見《史記‧儒林列傳》、《漢書‧儒林傳》。

44　其實，徐先生嘗指出，「（毛思想）是馬列史思想的變種而不是他們的發展。」這無疑是給該〈決議〉的製訂者（中共十一屆六中全會的與會者）直接摑了一巴掌。徐復

進一步簡化。這跟〈決議〉所說的「豐富和發展」正好相反。其實，過猶不及：豐富和發展如果是「過」的話，則簡化便是「不及」；其實皆過（過錯）也。我們看徐先生怎麼說：

> 從毛思想所表現的形式看，他是馬列主義的進一步簡化。……毛的思想簡單化的方式之一，是把馬列思想中的「二分法」，簡化到兒童心理狀態的兩極化的程度。……這種心理狀態，也可作人性本是好善而惡惡的性善論的解釋。……把自己及自己所作的事，安放在絕對善的圈子裏，把自己所不喜歡的人與事，安放在絕對惡的圈子裏。於是毛這一派，二十年來，不是人對人講話，不是人對事講話，而是絕對善的圈子對絕對惡的圈子講話。不是人對人的處理，不是人對事的處理，而是絕對善的圈子，對絕對惡的圈子的處理。一切野蠻地罪惡，都由此而來。[45]

擇善固執、疾惡如仇，那不是壞事，甚至是好事、善事。問題是善和惡，由誰來作主，由誰來定奪呢？「為仁由己」，那是放諸四海而皆準的真理。然而，記得徐先生在某一文章中說過：毛澤東把這句話改變成為：「為仁由毛澤東」（這與乾隆皇帝把「以天下為己任」視為僅其個人之事的思維，如出一轍。）；那問題可嚴重了。這種偷天換日，移形換影的技倆使得本來是每一個人都可以為仁，現在是只有毛澤東一個人才可以為仁。那麼這個「仁」便不可能真的是「仁」。（既係仁，則必有其普遍性——普世性、普適性，而人人皆可以實踐之者；現在變成全世界只有毛澤東一個人才可以實踐「仁」，那麼這個「仁」，必非真「仁」；而實係不仁之至，即至不仁！！）就毛澤東來說，縱然他真的有仁心，然而只把一己及一己所作之事視為仁，此即上引文中徐先生所

觀，〈讀毛選集五卷雜感之四〉，《華僑日報》，1977.06.02；收入上揭《論中共》，頁192。
[45] 徐復觀，〈試談思想解放〉，《華僑日報》，1979.07.04、1979.07.17；收入《續集》，頁162-163。

說的視為「絕對善」，而把他不喜歡的人和事，視為不仁——「絕對惡」，則其結果就必如徐先生所說的「一切野蠻地罪惡，都由此而來」了。在這個地方，我們為毛澤東握腕。我們更為中國人握腕、惋惜、痛惜。一人個性上的執著，竟成了千千萬萬人的災劫！

　　就上文來說，徐先生不是抱怨毛澤東，更不是說情緒話。先生是從心理分析的角度，即從學理的立場，來探討毛澤東的罪惡，以至一切野蠻的罪惡的由來。謀國以忠，容不下情緒話！偉大思想家即偉大思想家；徐先生當之無愧。寫到這裡，讓筆者想起明代中晚期一位名氣不是很大的學者張燧（約出生於 1586-1592 之間，卒年不詳）。在所撰名著《千百年眼》中，他說：

> 見自己出，而縱筆所如，隨手萬變，無所規摹，亦無所不破的，使後世觀者，如冷水澆背，陡然一驚；雖能巷議其非，決不能掃除其說，此之謂豪傑之眼。[46]

徐先生，燭照幽隱，洞察內外，真張燧所說的「豪傑之眼」無疑。

　　毛澤東所說的「絕對善」和「絕對惡」是非常可怕的。因為這導致了徐先生所說的「一切野蠻地罪惡，都由此而來」！先生嘗云：文革時，毛、江體制（即毛澤東和江青等四人幫所形成的體制）[47]動輒扣人以政治上罪大惡極的大

---

[46]　張燧〈小引〉，《千百年眼》，《四庫禁燬書叢刊・子部》（北京：北京出版社，2000），頁 162。

[47]　在這裡順便一提，大陸不少學者把毛澤東和四人幫一分為二；不認為四人幫的罪孽與毛澤東有甚麼關係。然而，徐先生持很不同的看法。先生說：「尤其重要的是：毛思想是形成四人幫的『禍根』。禍根不去，四人幫之禍，會隨時乘機後發，有如歷史中外戚宦官之禍，循環出現一般，國族要遭遇到滅亡之痛。」徐復觀，〈未嘗不嘆息痛恨於桓靈也！〉，《華僑日報》，1978.11.23；收入上揭《續集》，頁 118。在給其長女公子均琴女士的一封信中，先生也有類似的說法。先生說：「四人幫的無知無恥，什麼壞事都幹得出來，完全暴露出來了。他們憑了什麼？憑了毛澤東。」徐復觀，〈信 230 封〉，1976.12.12，《徐復觀家書集》（臺北：中央研究院中國文哲研究所籌備處，2001），頁 394。按：史學上，史料可分為很多種不同的類別。其中之一是：有意史料和無意史料。某些「史料製作人」（因為在政治上或社會上，具有

帽子、不允許面對面講理、沒有容忍精神、法律觀念、人權觀念，且是非任意、生死由心[48]。個人認為這些作法，皆源於毛澤東對他所謂的「絕對善」和「絕對惡」的堅持。「絕對善」和「絕對惡」在毛澤東的價值理念中定然是最高的律則。法律、人權，以至包容精神，甚至他人的生死，皆位居其下；而全由這兩個律則所支配、駕馭，以定其去取、存廢。「絕對善」好比上帝，「絕對惡」好比魔鬼。魔鬼那有資格跟上帝面對面講道理、講人權、講法律的份？在上帝跟前，是非、生死，由不得你作主。上帝要你生，那你就不敢不生；上帝要你死，那你就只得乖乖聽命去死。要你生，難道不是為了你好？要你死，不同樣也是為了你好嗎？賜你死，你還得謝主隆恩呢！「絕對善」和「絕對惡」的可怕，便由此可見了。順筆至此，想起清儒戴震所說的「以理殺人」這句話[49]，也想起多少世人假上帝之名來行惡。善惡是一個道德觀念。道德觀念一流於己是人非（己善人惡）的絕對化，且掌權者

相當名氣、知名度），便預估其作品（書信、日記等等）必會被史家運用以建構其往事，則這些史料稱為有意史料。反之，製作者預先不知道其作品會被史家運用以建構其往事，則這些史料稱為無意史料。就後者來說，以相關作者無意（意想不到、不曾料到）這些作品會被用作史料，所以所撰寫的內容，大抵上很可以信以為真（即符合歷史實況），蓋作者沒有任何動機需要假。就此來說，其可信度恆高於有意史料。徐先生何曾料到他寫給女兒閒話家常的一封信，日後會被發表，更何曾料到會被挪作史料之用，因此其可信度便極高。換言之，相關內容很可以反映先生內心的真實想法。就上例來說，徐先生內心相信、認定，四人幫的後臺及罪魁禍首便是毛澤東。本文草就後，嘗寄呈均琴女士，乞其指教。不數日，即 2013.08.19 均琴女士覆信云：「您對先父家書中偶而提到對現實的評論作為『無意史料』的可信度，我完全同意。先父給我的信，是自家人之間的『閒話家常』，執筆時，完全不曾料到會有『外人』過目。」有謂：「知子莫若父。」（《管子‧大匡》）父子連心，雙向互動；所以我們未嘗不可反過來說：「知父莫若子（女）」。然則均琴女士的意見，正可以充分佐證上文的說法。

[48] 徐復觀，〈教育‧群眾運動及其他〉，《明報月刊》，卷 9，期 4；1974 年 4 月；收入上揭《補編》，冊五，頁 360。

[49] 詳參戴震著，安正輝選注，〈與某書〉，《戴震哲學著作選注》（北京：中華書局，1979），頁 252-256，尤其頁 255。又：戴氏《孟子字義疏證‧理》亦談及相關問題。

並以之作為人我一切行為的判準時，那人類只有陷於萬劫不復之境域了。毛澤東一切的罪惡，便肇端於此。

　　上一段話所說的，主要還僅限於毛澤東或毛澤東們的「擇善固執、疾惡如仇」的個性、思想，所導致的個別的人或少數人的災難而言。然而，毛澤東的罪孽絕不僅限於此。我們先引錄徐先生的看法。先生說：

> 毛比殺四百多萬人以造成個人偶像崇拜的史達林，還要厲害。假定把史達林對蘇聯的破壞力比之為黃色炸藥，則毛澤東對中國的破壞力便是核彈。反右是對文化的第一顆核彈；三面紅旗，是對經濟、對社會的第一顆核彈。十年文革，便是全面地投了十年核彈。……毛澤東的核彈，破壞得最深刻，最嚴酷，造成今日中共最基本困難的，是由對人格的徹底破壞，由對文化的徹底破壞，造成了對人的大破壞。……共產黨似乎沒有人格觀念；……羞恥之心是人格的基點。……羞恥是每一個人精神上的最低防線，……無所不為之人，對自己是虛無，對社會是威脅。所以培養人的羞恥之心，保持人的羞恥之心，自古以來，是政教中的大事。[50]

上世紀 50 年代後期的反右，同期和 60 年代初期的三面紅旗，乃至 1966-76 年十年文革所帶來的浩劫，不必筆者多說。徐先生特別關注的是以上種種運動對文化，尤其對人格的徹底破壞的問題[51]。先生認為羞恥之心是人格的基

---

[50]　徐復觀，〈一個普通中國人眼裏的毛澤東〉，《華僑日報》，1980.07.22；收入上揭《續集》，頁 236-238。引文中說到毛「由對人格的徹底破壞，由對文化的徹底破壞，造成了對人的大破壞。」（頁 237），先生在另一文中又再次強調這一點，並深信此說法有廣泛的解釋力。先生說：「我在〈一個普通中國人心目中的毛澤東〉一文中，指出他無休無止的對內鬥爭，徹底破壞了國家觀念，破壞了最低的人格，破壞了知識文化。這是我長期觀察、思考，而不是出自私人仇恨心理，所得出的結論，所以有廣泛地解釋力。（筆者按：以下先生舉一例以概其餘。）」徐復觀，〈毛思想、西藏及其他〉，《華僑日報》，1980.08.05；收入《續集》，頁 256-257。

[51]　說到「人格的徹底破壞」，這讓人想起毛澤東本身之人格問題。毛之所以破壞別人的

點，也是每一個人精神上的最低防線。防線一旦潰決，整個人便崩潰了。而
毛澤東的所作所為，便是要擊潰，要砸爛這個最低防線！由是帶來的災劫，
吾人早已有目共睹。人沒有羞恥之心，便會無所不為，無法無天[52]。「法」

人格，筆者深信，乃由於其本身原先就沒有一個完整的人格！在這個問題上，徐先生
對「政治神巫」的描繪，並以之套用在毛澤東身上而認為毛沒有完整人格的一段話，
非常精彩。先生說：「（1945 年前），中國共產黨並沒有自己正式的黨章，而只是
遵照〈國際綱領〉來作行動的依據。單就這一點而論，中共雖然自己標榜是一個革命
的政黨，但牠的本質，卻只能算是演著『政治神巫』的角色。歷史上的神巫，當牠對
人施咒作法的時候，都是憑著藏在背後的幽靈附體。沒有幽靈附體，便算不得神巫，
便換不到落後群眾的酒飯。因此，神巫牠不能單獨有個性（筆者按：意謂沒有獨立的
個性），不能單獨有靈魂，換言之，牠不能有一個完整的人格。……毛澤東不考慮自
己政治神巫的本質，而徒在……。」據上文，可知在中共黨章正式產生前（1945 年 6
月 11 日中共七大通過），毛在黨內的地位雖然最高，但在先生眼中，只不過是一個
神巫而已。當然，1945 年黨章產生後，中共及毛澤東已不再是神巫，然而，毛並不
因此而遽升為具備完整人格的一個人，否則 1945 年至其逝世前，不會不斷給人製造
一連串的鬥爭。上引文見徐復觀，〈評中共「黨章」〉，南京《中央日報》，
1946.10.03-04；收入《補編》，冊五，頁 41。順帶一說的是，徐先生不太用形而上
學的理論、學說以解釋人的德性的終極根源、根據。然而，吾人又不能說徐先生不相
信在人的軀體之外，靈魂可獨立的存在。上引文中「幽靈附體」一語，即蘊涵
（imply）先生相信其人本身之外有另一靈魂（幽靈）確實存在。

[52] 亭林先生教人為學、做人，特標舉「博學於文」、「行己有恥」八字。又說：「禮
義，治人之大法，廉恥，立人之大節。蓋不廉則無所不取，不恥則無所不為。」此亦
可見羞恥心於做人處事中之關鍵地位。前語出自〈與友人論學書〉，《顧亭林詩文
集》（臺北：漢京文化事業公司，1984），卷之三，頁 41。後語出自〈廉恥〉，
《原抄本日知錄》（臺南：平平出版社，1975），卷 17，頁 387。其實孟子早說過類
似的話：「人不可以無恥。無恥之恥，無恥矣。」意謂：人不能沒有羞恥之心。缺乏
羞恥之心招致而來的恥辱，就是「無恥」（即使你成為無恥、不要臉的人。）孟子又
說：「恥之於人大矣。」（皆見《孟子·盡心上》）。個人認為，亞聖二千年前所說
的這兩句話，對人禽之辨來說，極其關鍵，因而便成為極具智慧的兩句話。作為一個
人來說，世間的一切，他都可以一無所有，如無田、無地、無權、無勢、甚至無妻
（夫）、無子、無朋友等等；但絕不可以無恥。如果連「恥」都沒有了，那其人的確
是無恥之至，無恥之極了。體認到「恥」對人之所以為人的關鍵地位，所以孟子才能
夠總結出：「恥之於人大矣」這個震古鑠今的判語。雖然只有六個字，但個人深信，
絕不是不經過參悟、反省，就可以輕易說得出來的。

的背後，不就是人的道德心嗎？「天」（天理、天道、上帝、超自然的形上主宰），就某一意義來說，乃本諸人者——本諸人之良心、良知者[53]。而羞恥之心恐怕係良心之始基。基礎一塌，一切便免談。當人失去了指導其行為的一個判準——失去了行為所依恃的是非觀、善惡觀、價值觀時，他便會認為生命中的一切都無所謂了，甚至認為連生死都無所謂了。這便會陷於徐先生所說的虛無[54]。一個活在虛無中的人，他的一生便一定完蛋。（其實，這是很值得我們同情的。然而，孰令至之？非毛澤東而誰？）如果一個社會不少人是這樣的話，那必定會如徐先生所說的：「對社會是威脅」。就整個社會來說，或許不至於馬上完蛋，但恐怕為時不遠了。對虛無主義所導致的人類大災難，徐先生素來非常關注；並嘗特別撰文予以討論。在這裡就從略了[55]。因為歷來的統治者深悉人的羞恥心對維繫國家長治久安的重要，所以莫不戒慎恐懼，莫不殫精竭慮，莫不惟恐不及，以培養和保持人的羞恥之心作為政教之要務。先生言下之意是，只有毛澤東是另類，是異品。其為「非常人」，由此即可見。

逝世前一年（1981 年 1、2 月間）先生在香港《華僑日報》以〈正常即偉大〉的題目，發表了一系列四篇文章（後皆收入《徐復觀最後雜文集》）。這可以視為係先生對政治，尤其對中國長治久安之道，苦參一輩子而在臨終之前，對世人，尤其對執政者，所作出的一個忠告。此忠告，個人認為，對所有後死者來說，乃係一個莫大的啟示。一切故意異乎常人、標奇立異而自命偉大，或被吹捧而來的所謂偉大，你們這些「偉大人物」啊，你們面對「正常即偉大」這個放諸四海而皆準、傳諸百世而不惑的金科玉律、雲篆瑤章，

---

[53] 這裡不細辯良心（人心）源自天理，或反過來天理以良心為基礎的問題。要言之，天道、性命相貫通乃儒家大義。蓋可謂一而二，二而一者。

[54] 其實，毛澤東個性中便有虛無的一面，這方面以後還會談到。

[55] 有興趣的讀者，請參看徐先生下文：〈危機世紀的虛無主義〉，《徐復觀文錄》（臺北：環宇出版社，1971），冊一，頁 33-37。其中有如下的引言：「凡是留心現代文化的人，幾乎大家都會承認，目前正處於一個空前地危機世紀。危機世紀，可以有許多特徵；但最大的特徵，卻表現在深刻而廣泛多姿的虛無主義之上。」（頁 33）

能不汗顏，能不愧死！

　　先生進一步指出，毛澤東所作所為導致如下惡果：一、被千般折磨、萬端侮辱的人（大多是老幹部），「絕對多數便由此失掉羞恥之心。」二、「一般老百姓，看到這些人所受的豬狗不如的境遇，便『一切看穿了』，也自自然然地丟掉羞恥之心。」三、「幾千幾萬未成年的紅衛兵，親自作了這樣多的亙古無倫的邪曲殘忍的事，自然養成他們邪曲殘忍的性格，更不知羞恥為何事。」[56]先生由此得出如下的結論：

> 把三者加在一起，可以說毛澤東破壞了九億以上的人民的人格，即是破壞了九億以上的人。這是中共今日遭遇到的最嚴重問題。[57]

毛澤東統治中國 27 年，其結果是破壞九億中國人民的人格（按：毛死時，中國人口大概是 7、8 億）。悲乎？痛乎？欲哭乎？嗟嘆乎？哀悼乎？炎黃華冑，竟然出了這麼一個不肖子孫。然而，說到最後，毛澤東畢竟是中國人啊。我們中國人為甚麼會如此不爭氣？這個問題的答案，我們中國人要向誰討呢？難道只好「無語問蒼天」？[58]其實，還不是我們中國人活該；你自作自受，你怨得了誰？！的確，我們中國人甚麼時候才學會民主——政治上自覺要當家作主，並爭取作主，而不是任由執政者漁肉欺凌呢？三十年前，徐先生及無數身在海外的中國人，絕不會「矇上眼睛，就以為看不見，搗上耳朵，就

---

[56] 本段引文，均見〈一個普通中國人眼裡的毛澤東〉，《華僑日報》，1980.07.22；收入上揭《續集》，頁 238。

[57] 《續集》，頁 239。

[58] 徐先生一直關注、思考這個問題。辭世前半年，為了回答某博士的疑惑，先生寫了一篇文章，題目是：〈誰給毛澤東以這樣大的權力？——答某某博士書〉。其內容主要是指出，中國二千年的專制政治、近代大小軍閥對民主的阻擾，尤其是馬克思和列寧、史達林所分別提供理論上的根據及嶄新的專制形式，為爾後毛澤東掌握大權，提供了極大的助力。文章載《華僑日報》，1981.07.29；收入《最後雜文集》，頁 271-277。

以為聽不到」。因為「真理在心中，創痛在胸口」啊[59]！先生寫下這麼多嚴批中共，怒斥毛澤東的時代大文章，原因便在於此。

　　說到羞恥之心盡失，人格徹底破壞，那主要是文革以後的事。之前，絕不是這樣的。徐先生惡而知其美。他對文革前中共黨員的表現是讚賞有加的。撰寫於 1981 年初的一篇文章便這樣說：

> 在二十多年以前，即使是反對共產黨的人，心目中也認為中共黨員，在品德上是高人一等。時至今日，即使是贊成共產黨的人，心目中也認為太多的中共黨員，在品德上卻低人一等乃至數等。這實在是毛澤東所製造出的一股龐大的力量。[60]

中共黨員品德上本高人一等，而最後竟變成低人一等乃至數等；毛澤東，你的能耐可真大！你是人間最偉大的魔術師；高明者每能化腐臭為神奇，你則是化神奇為腐臭；你的能耐太不可思議了[61]。

　　以上論述、闡釋毛澤東對以羞恥之心為基礎的人格所造成的破壞的問題。以下再論說對中國人的另一美德——勤儉精神——的摧毀的問題。徐先生說：

> 四人幫為了報功、抓權，搞得一陣緊一陣，一陣凶一陣，就這樣地把

---

[59] 借用侯德健，〈歷史的傷口〉（1989 年）的歌詞。

[60] 徐復觀，〈正常即偉大（之四）〉，《華僑日報》，1981.02.24；收入上揭《最後雜文集》，頁 247。

[61] 以上幾段話，主要是針對毛澤東把馬列主義的二分法予以極端化所產生的惡果來說的。過世前一年，徐先生對毛澤東為了貫徹馬列主義而帶來的災難，深感痛心而作出以下的批評：「不論中共目前如何用力為毛澤東塗脂抹粉，但他們所遭遇到的國家、社會、文化上空前的大破敗，正來自毛澤東為了貫徹馬列主義的體系所造成，這是鐵的事實。……中西文化，都被毛澤東所運用的體系連根拔掉了。」徐復觀，〈實踐體系與思辯體系——答某君書〉，《華僑日報》，1981.03.11；收入上揭《最後雜文集》，頁 26。

人民蓄積的力量，過分浪費，過分榨取，也就是周書所說的「極命」到亙古無倫的地步，其結果必然是惰[62]。所以勤儉精神的喪失，是在毛澤東意料之外，卻根深蒂固地存在於毛澤東思想之中。[63]

執政者濫用人民的生命力（勞動力，含依精神智慧而來的生產力），無窮無盡地榨取人的生命力，那到頭來，人民別無選擇，只有消極的抵抗，放棄一切，捨棄一切；什麼都不幹，一切都無所謂了[64]。其實這可說是源自一種虛無意識，對前途完全沒有指望而來的一種怠惰。怠惰源自勤儉精神之喪失。徐先生很明確的指出，情況發展到這個地步，實非毛澤東所意料、所想見，即非毛澤東故意要導致人民至此境域的[65]。然而，依其極度榨取民力、濫用民

---

[62] 《逸周書・命訓解》有「極命則民惰」一語。其原意當謂：一切信賴命運，以命運為依歸，則民眾便會怠惰。徐先生則引申假借而另作如下的解讀：在上者濫用人民的生命力至其極，其結果是民眾必然會怠惰。

[63] 徐復觀，〈大陸問題漫談之五〉，《華僑日報》，1979.06.16；收入上揭《續集》，頁150。

[64] 當然，人民也可以有比較積極的作法，譬如發動革命。然而，在當時中共統治的大環境下、氛圍下，這是不容易做到的。

[65] 就這個案例來說，毛澤東並沒有為惡的動機（即：非有心為惡）；然而，最後卻造成了惡。這或可稱為無動機的惡意（Motiveless Malice）。2013.07.23 早上閱報，其中南方朔先生〈政府的心為何愈來愈狠？〉一文，頗發人深省。他說：「現代的邪惡氾濫，乃是體制造成的。……這些人敢於公然的做出邪惡的事與他們個人是否邪惡沒有關係。『無動機的惡意』（Motiveless Malice）乃是最大的邪惡，體制已成了比小我大了好多倍的大我！」南方朔先生的意見殊有見地。個人嘗試提供如下的一個觀察。有動機的惡意，譬如因為憎恨你、討厭你，或為了復仇等等因素而加害於你，這種惡意、惡行是可以打消的、不發生的。蓋只要相關的動機（憎恨、討厭、復仇）消失了，那惡意、惡行便隨之不復存在——不會發生。然而，無動機的惡意，譬如在某些大城市街道上、公共交通工具上經常發生的無厘頭的隨機殺人案，隨機傷人案，加害者根本無動機可言（恐攻則為例外），被加害者由是防不勝防。若一定要用邏輯、理性來衡量，隨機者的「邏輯」便是：「只要我喜歡，有甚麼不可以？」所以根本沒有一個理性的因果關係或真正合乎邏輯的因果律可言。其所以為最大的邪惡，原因之一恐怕即在於此。2012 年臺灣發生了多樁學者教授們的國科會（2014.03.03 正式升格為科技部）研究案報賬方面的浮報、濫報事件。這被視為係歷史共業。蓋從某一意義或

力、剝削民力的一套思想，則必然使民眾出現怠惰——勤儉精神之徹底喪失。這可說是事有必至，理有故然的[66]。毛澤東的「極命思想」（濫用人民的生命力至其極的思想）必然導致人民勤儉精神的喪失。我們甚至可以說「極命思想」蘊涵（imply）了「怠惰——勤儉精神的喪失」。兩者既有必然的邏輯關係，則徐先生所說的，人民的怠惰是「根深蒂固地存在於毛澤東思想之中」這句話，便順理成章了。先生這個分析——指出毛思想與人民怠惰的必然關係，深具慧解卓見。

毛澤東思想之惡，或毛澤東個人性格之惡，所導致的惡果，以上指出二點：羞恥心盡喪、勤儉精神盡失。這是就一般民眾來說的。現在指出第三點。這是就知識分子來說的。徐先生說：

在毛澤東的文化政策之下，大陸上恐怕已經沒有能明辨大是大非，審度大利大害的知識分子，而都成為毛澤東所說的「完全以『風』為

某一程度來看，這種惡意、惡行，甚至所謂邪惡，乃是體制造成的。因為是體制造成的，所以個人便沒有罪惡感，當然也就沒有因罪惡感而來的反思、反省，也更沒有隨之而來的遷善改過而不再犯這回事了。於是只要體制／制度一天不改善，邪惡便一天不消失，而且相關人等也會越來越麻木無感，越不感到其所作所為是邪惡；其結果則必然是繼續邪惡下去；且隨而仿效者也必然會接踵而至。這便導致了南方朔先生所說的體制下的集體罪惡。其所以為最大的邪惡，最根本的原因恐即在於此。之所以可怕，也正在於此。這個給予了我們一個極大的啟示：一旦人沒有（或喪失）反思、反省意識（社會也沒有提供一個反思、反省的機會、機制時），讓人不知何謂惡，何謂不惡時，那是極之可怕的。毛澤東之惡（此指：以毛澤東為首，或毛、江為首的集團之惡、體制之惡）之所以可怕，便也在於此。南方朔的文章，載《中國時報》，2013.07.23，版A12，〈時論廣場‧南方朔觀點〉。

[66] 筆者青少年時代，在香港經常聽到港人一句口頭禪，如下：「做，三十六；唔做，又三十六。」（拼命去做——幹活，工資三十六塊（月薪人民幣36元）；不幹活(意謂很納涼，隨便敷衍做一下)，工資也是三十六塊。）這是描繪在中共統治下，一般勞工大眾對待工作的態度。（當時似乎也有：「幹不幹，三餐飯」這句流行語。）在這種情況下，大家願意努力去幹活才怪！當然，這個情況跟政府拼命榨取民力、濫用人民的生命力以導致人們怠惰，其情況有所不同。但就結果來說，則同為導致人民喪失其勤儉精神而趨於怠惰。

準」的人物。郭沫若是一個典型，……[67]

徐先生對中國知識分子情有獨鍾，相關研究的文章極多；然而，對他們可說
又愛又恨。仗義執言，為國家大是大非批逆鱗，忤龍顏，甚至諫諍殉國的知
識分子／官員，在中國比比皆是。反之，曲從主意，偷生苟容，甚至奴顏婢
膝、大拍馬屁以求升官發財、飛黃騰達者，人數更不知是前者的多少倍？！
對前者，徐先生恆發潛德之幽光，從不吝嗇；對後者，則誅奸諛於既死／未
死，不稍予假借。就閱覽所及，中共統治下的知識分子，徐先生批評最多
的，計有二人。郭沫若，首也；馮友蘭，次也。其實，在極權政府統治下，
除學養湛深、品德操守絕佳、名利欲淡薄、潔身自愛意識及抗壓性特強者
外，幾無一幸免而必成為徐先生所說的「完全以『風』為準」的人物。然
而，徐先生對大陸知識分子仍未完全絕望。所以上引文中，徐先生語帶保留
的說：「大陸上恐怕已經沒有能明辨大是大非，審度大利大害的知識分
子」。「恐怕」一詞正顯示出徐先生留有餘地步。因為一方面，在事實上仍
有不屈不撓的知識分子在，儘管人數實在少得可憐；此外，徐先生對人永遠
寄予厚望，不忍一棍子打死；希望跟風者能夠幡然改圖也。

　　然而，絕大多數知識分子無話可講，或不敢講真話；只講假話，或講拍
馬屁的大話，再加上毛澤東有意要實行愚民政策，則中國之為國，不愚也幾
希矣。建國二十多年，幾無時無刻不在整肅、鬥爭之狀態中；尤以文革時為
然。此所以徐先生在 1975 年年底以〈愚、鬥之國〉為題目，以描繪大陸當
時的情況。文章末，先生發出了相當悲觀的「哀鳴」。先生說：「國家整個
悲劇，大概誰也無法避免了。」[68]嗚呼哀哉！幸好，不到一年毛便逝世；否

67　徐復觀，〈華國鋒們的突破與難題〉，《華僑日報》，1976.12.30；收入上揭《論中
　　共》，頁 161。

68　徐復觀，〈愚、鬥之國〉，《華僑日報》，1975.12.17；收入《論中共》，頁 101。
　　文中先生明確指出說：「（毛澤東）實行徹底的愚民政策。」（頁 104）對於「愚民
　　問題」，先生又說：「大陸的毛思想的教育路線，乃是以愚民為目的的教育路線。」
　　〈教育‧群眾運動及其他〉，《明報月刊》，卷 9，期 4，1974.04；收入《補編》，

則，愚和鬥，不知將伊於胡底！！

（二）毛澤東的個性／性格

上文處理了毛思想及其個性／性格對國家、社會所造成的種種惡果的嚴重問題，如羞恥心及勤儉精神的喪失、知識分子跟風、中國變成愚、鬥之國等等問題。現在仍以徐先生的文章為依據，以揭示先生對毛澤東個性上的批評。

1、虛無

上文提到過毛澤東的思想和作法導致民眾喪失了羞恥之心。其結果便是民眾不自覺的陷入虛無之中。其實，說到虛無，毛澤東本人的個性就有虛無主義的成分。所以說到毛的個性及其思想，除上文處理過的重點外[69]，我們不妨從虛無方面做點論述。徐先生在若干文章中，便明確指出毛思想中有虛無的成分。先生說：

> 毛的「關於中華人民共和國憲法草案」的講話[70]，講得頭頭是道。但他在後面只說出「這是一個過渡時期的憲法」一句話，這部憲法便完全取消了。在他的過渡觀念中，昨天的到了今天已沒有意義，今天的到了明天也沒有意義；⋯⋯這實際是一個虛無的思想；是馬列史思想的變種而不是他們的發展。[71]

憲法，是國家揭示其立國精神及據以製訂條文以便運作的根本大法。然而，

冊五，頁 360。

[69] 這些重點主要包括兩個方面：毛思想中的特性和共性、毛把馬列思想中的二分法簡化為絕對善和絕對惡。

[70] 此講話發表於 1954.06.14，乃毛澤東在中央政府委員會第三十次會議上的講話。講話內容，詳參 www.marxists.org/.../marxist.org-chinese-mao-19540614......。

[71] 徐復觀，〈讀毛選集五卷雜感之四〉，《華僑日報》，1977.06.02；收入上揭《論中共》，頁 191-192。

中共憲法,其最主要的製訂者原來是一個心存可以隨時按己意廢掉憲法、取消憲法的虛無主義者!毛澤東之無法無天,被徐先生一語道破。虛無的思想視一切只是過渡,沒有永恆的意義和價值;甚至可以稍微長久一點點的存在,恐怕也會被否定掉。「虛無」由此便很自然地過渡到「虛擬」中去。對虛無主義者來說,一切存在都是人們想像出來的,虛擬的,虛構的;即一切都是假的,一切存在都是人們想像出來的假像!在這種情況下,現實人生便跟夢想出來的人生(夢幻人生)沒有兩樣。徐先生更直截了當指出毛澤東是個夢遊病者。相關文字的重點,筆者闡述如下:

(1) 縱以馬列主義來衡量毛澤東,他仍不合格。因為他背叛了生產力決定生產關係這個「歷史鐵則」[72](徐先生本人用語,詳上文),而這個「歷史鐵則」是中共其他領導人,如林彪、周恩來、鄧小平等人所堅持的。毛澤東把這個唯物史觀的「歷史鐵則」顛倒過來,認為生產關係決定生產力!緣於這一顛倒而來的政策錯誤,即舉世皆知的三面紅旗,不知導致了多少災難。(這點筆者以後還會談到。)徐先生遂認定毛乃係「死不肯改悔的夢遊病者」。

(2) 由於毛是個夢遊病者,所以在社會主義體制下,他仍堅持黨內外依然有階級敵人,而必須進行鬥爭。由於這個堅持,所以徐先生作出如下的認定。此即下文(3)。

(3) 毛澤東過世後,恐怕華國鋒們也不得不承認毛思想乃係「中共取得政權以來的一切禍根」。[73]

以上三點闡釋,乃根據徐先生 1977 年 6 月的文章。兩年後,即 1979 年

---

[72] 這個「歷史鐵則」,其實是以經濟規律為基礎的。說到經濟規律,徐先生在另一篇文章中,便明確的指出,毛不相信經濟規律。先生說:「毛澤東由人民公社,大躍進,到文化大革命『打破洋框框』,都是不信經濟規律的鐵的證明。」徐復觀,〈國族無窮願無極,江山遼闊立多時〉,《華僑日報》,1978.10.10;收入《論中共》,頁232。此文又收入《補編》,冊五,頁 468;文末發表日期為 1978 年 10 月 10、20、21 日。筆者按:此文頗長,所以當以《補編》所載日期為是。

[73] 以上三點,概見徐復觀,〈讀毛選集五卷雜感之四〉,《華僑日報》,1977.06.02;收入《論中共》,頁191。

9 月，先生依舊認為毛的思想具一定程度的虛無性。先生說：

> ……看上述的三種特性的背後，我懷疑，可能隱藏著為毛所不自覺的
> 虛無主義；他所追求的共產主義世界，有近於佛家所說的無餘涅槃
> [74]。這種思想特性的實現，有賴於強大的槓桿，即是除了由毛所交給
> 江青的「文權」、「黨權」、「特權」，更加上都市民兵外，還需要
> 毛的威望、意志力、及他亙古無倫的權術。[75]

三種特性，即上文說過的：毛的反潮流、堅持無限鬥爭、把事和人只視為他
個人鬥爭的手段而事和人的本身並非目的。徐先生認為這可能是毛由於不自
覺的虛無主義作祟而作出的堅持。按：緣於虛無主義而來的這三種思想特

---

[74] 「無餘涅槃」，乃係佛教的核心概念和終極目標。部派佛教和大乘佛教的說法不盡相
同，但大旨無別。

[75] 徐復觀，〈毛澤東死後的「毛思想問題」〉，《華僑日報》，1979.09.14；收入上揭
《論中共》，頁 137。其中說到「亙古無倫的權術」，就文革來說，此權術之具體運
用，恐怕即在於埋沒天良地發動心智尚未成熟之青少年充當紅衛兵，動員他們鬥爭毛
所指稱的敵人，甚至鬥爭自己的父母。其實，毛之殘酷及運用權術，徐先生 1950 年
代初早已有所指陳。先生說：「在取得大陸政權以後的今天，毛澤東以最殘酷的手
段，精巧的技術，……」徐復觀，〈毛澤東〈矛盾論〉的現實背景〉，《中國一
周》，期 115，1952.07.07；收入《補編》，冊五，頁 147-148。按：〈矛盾論〉乃毛
澤東 1937 年 7-8 月在延安抗日軍事政治大學所講《辯證法唯物論》的第 3 章第一
節，1952 年收入《毛澤東選集》。此按語乃據互動百科〈矛盾論〉條。筆者所據的
《毛澤東選集》乃 1968 年 12 月廣東 13 次印刷的本子；〈矛盾論〉見頁 274-312。
業師牟宗三先生嘗發表〈闢毛澤東的「矛盾論」〉一文。徐先生在〈……現實背景〉
一文開首處指出，對牟先生一文，無可補充，今所撰者是就毛何以把十五年前的舊作
予以重刊，做點說明（頁 146）。〈闢毛澤東的「矛盾論」〉發表於《民主評論》，
卷 3，期 12（1952 年 6 月 1 日），同年 7 月作為「人文叢書之七」以單行本形式由
香港人生出版社出版。牟文計分四節，其目次如下：一、作本文的大體意向；二、數
學、具體事物，俱不可用辯證法去說明；三、形而上學中體性學所見的「不變者」不
能否認；四、從主體方面確定馬派辯證法所意指的事實之意義與層次。順帶一說的
是，牟先生在文章的首段也說到毛是虛無主義者：「……他們（按：指以毛為首的共
產黨）最基本的靈魂是徹底的虛無主義，他們的最基本的原理是『純否定原理』。」

性，其實完全違反中國當時的社會現實和人的良知，所以要把這三種思想特性付諸實踐，是非常不容易的；然而，在毛主導下，畢竟「成功」了。據上引文，其所以成功的原因如下：一、毛澤東把「文權」、「黨權」、「特權」，統統交給了他的枕邊人江青，希望藉以保證他所追求的理想不致走樣；二、在槍桿子出政權的情況下，毛擁有都市民兵作為後盾；三、他的威望；四、他的意志力；五、亙古無倫的權術。這五個東西湊在一起，難怪無人能與之爭鋒了。毛源於虛無而來的想法及其落實竟然導致了中國的曠世奇劫！筆者認為徐先生上面的說法兼顧了主觀面和客觀面，是深富睿智的。

2、浪漫

與毛澤東的虛無思想並肩而行，甚至可以稱為孿生兄弟的是他性格中浪漫主義的色彩。所謂浪漫主義的色彩，或者可以用臺灣一度甚為流行的一句話來界定。這句話是：「只要是我喜歡，有甚麼不可以？」[76]一言以蔽之，就是不必遵守任何社會規範、體制、章則、章法，而隨心所欲率性而為[77]。浪漫至此，自我中心至此，則可說人世間的人倫道德，全拋諸腦後了。這種「寧我負天下人，毋天下人負我」的意識，顯示其人的道德意識已然淪喪。竹林七賢之一阮籍嘗云：「禮豈為我輩設耶？」毛澤東勝過阮籍遠甚，對他來說，句中的「輩」字實在不必了。我以外，任何人都要守禮（秩序、規範）；你們怎麼能跟我毛澤東相提並論呢？我就跟你們完全不一樣嘛！何以

---

[76] 此語源出臺灣歌手李明依主唱，韋趯作詞的一首歌：〈喜歡有什麼不可以〉；收入1990 年所發行的第二張唱片專輯《不是演戲》。該首歌唱出青少年的心聲，深受當時青少年喜愛。……1915 年 11 月 9 日毛氏給黎錦熙的信中便說：「（自己）性不好束縛。」毛澤東，〈致黎錦熙信〉，《毛澤東早期文稿》（長沙：湖南出版社，1990），頁 30。詳參許全興，《毛澤東晚年的理論與實踐》（北京：中國大百科全書出版社，1997），頁 14。

[77] 據網路愛問知識人所提供的觀點，「浪漫」一詞來自英語 romantic，乃指「傳奇的，耽於幻想的，或不切實際的，誇大的」而言。其實，法語 romantique 也有同一意涵，不獨英語為然。其實，追源溯始，「浪漫」一詞之使用，應源自拉丁文 romanus 一詞；原意為「羅馬人」、「羅馬的」。演變成為英語的 romantic 或法語的 romantique，乃 romanus 一詞的派生義。

言之？茲舉一例。

君不見他要誰當接班人，就誰當接班人嗎？這跟中國帝制時期大皇帝立太子的情況何以異？1961 年 9 月某一天，毛澤東明確地說：「我死後，就是他（劉少奇）。」[78]。中國古代有「君無戲言」的說法[79]。毛的地位，相當於古代人君的地位，但「我死後，就是他」這句話，只能視為毛即興而來的一筆；我們不必跟他認真，誤以為他真的要把大位傳給劉少奇。再者，不久，劉即失寵。1965 年 11 月，毛在美國人面前則說鄧小平是他的繼承人[80]。然而，鄧不久又失寵。1969 年 4 月毛竟然在中共的黨章中破天荒地明確訂定要把位子傳給林彪[81]。然而，約一年半後，即 1970 年 8、9 月間，毛、林已鬧矛盾，分裂情勢日趨明顯。翌年 8 月，毛公開了他與林的矛盾。9 月林身死異國[82]。毛死前半年，即 1976 年 4 月，毛提議華國鋒擔任中共中央第一副主席。華為毛死後接班人的明確地位隨之確立[83]。

〈中國共產黨章程〉，何其莊嚴的東西？但連名帶姓要把「立太子詔」寫進去就寫進去，而他人莫敢誰何！上文說過毛把憲法視為過渡時期的東西，而隨時可以予以取消、廢止。蓋自毛澤東視之，憲法豈為彼設哉！這個想法可以說是他的虛無精神必然導致的一個結果。至於其浪漫精神，則上文已舉例指出，他喜歡誰當太子，誰就當太子。其實，要廢憲法和黨章中要明訂誰為接班人，此一廢一立，皆可謂本於其浪漫精神，充分反映毛率性而

---

[78] 參李肅，〈回首文革(6)：接班人劉少奇之死〉，見 http://tw.aboluowang.com/life/2011/0927/220073.html。

[79] 此語蓋源自《呂氏春秋·審應覽·重言》。周公「教訓」成王說：「臣聞之，天子無戲言。天子言，則史書之，工誦之，士稱之。」

[80] 此據徐復觀，〈一個政權的基礎問題〉，《華僑日報》，1976.11.17；收入上揭《論中共》，頁 152。

[81] 1969 年 4 月 4 日至 24 日，中共在北京召開中國共產黨第九次全國代表大會（簡稱九大）。會中把以下條文寫入黨章內。該條文是：「林彪同志是毛澤東同志的親密戰友和接班人」。這無疑是正式確立了林為毛的接班人。

[82] 參網路維基百科〈林彪〉條。

[83] 主要參網路維基百科〈華國鋒〉條。

為、隨心所欲的性格；然而，亦可謂本於其虛無精神而來的結果，蓋今天可立，明天可廢，以認定一切皆係過渡，而不必有其價值或意義也。個人認為虛無與浪漫為孿生兄弟，亦可謂一而二，二而一的同一個東西，即以此故。惟前者偏重消極義——不作不為；而後者則側重積極義——敢作敢為（敢作敢為含胡作非為）。此兩者之稍異也。

下文從徐先生的文章中舉例，以闡明自先生視之，毛乃係如假包換的浪漫主義者。先生說：

> 毛的性格，帶有濃厚的浪漫的色彩，這在他的詩詞中表現得很清楚。他的作風，是一貫地堅持「矯枉必須過正」的作風。他的人民公社的基本構想（把家庭的小灶都取消），他的三面紅旗的大躍進，他的土法煉鋼的自力更生，要由此而在社會主義的建設上超過蘇聯，以取得全世界無產階級革命的領導者的地位，即是這一性格與作風的表現。[84]

毛澤東浪漫主義的性格導致了「矯枉必須過正」一系列的作風。浪漫與偏激急躁[85]，如同上文說過的虛無與浪漫一樣，可說也是孿生兄弟；我中有你，你中有我。由此而來的政策，如三面紅旗等等，以至進一步認為在社會主義的建設上可以超過蘇聯等等的想法，便是浪漫與偏急合流下的必然產物。先生又說：

> 毛在對人的鬥爭上，有非凡的權術技能；在對事的處理上，有濃厚的浪漫情調。破壞時期，浪漫成為魄力與權術結合起來，收到了很大的

---

[84] 徐復觀，〈毛澤東的偉大藝術作品——中共十全大會〉，《華僑日報》，1973.09.06；收入上揭《補編》，冊五，頁354。

[85] 徐先生曾經很明確的指出，毛有偏急的思想。先生說：「四人幫的所作所為，包括他們所使用的各種殘酷手段，都不過是毛澤東的浪漫性格與偏急思想通過最高大地權力構造所演出的一場鬧劇。」徐復觀，〈未嘗不嘆息痛恨於桓靈也！〉，《華僑日報》，1978.11.23；收入上揭《續集》，頁118。

成功。[86]

上引文徐先生再次說到毛具有浪漫主義的性格。值得注意的是，毛的浪漫，不全然是負面的。就破壞來說，譬如在打天下的時期，其浪漫而不必畏首畏尾、瞻前顧後的作風，便凝鑄出他的魄力，也成就了他行動的動力。這種魄力、動力和權術結合起來，對中共的打天下（建國），便是一大利多。這方面我們以後還會談到。

文革時期，毛與四人幫等人大力提倡尊法反儒。反儒，我們現在不細談。至於所謂尊法（尊崇先秦，乃至中國歷代的法家），那根本是胡扯亂謅！因為先秦的法家，乃至歷代的法家，根本不是毛等人所說的那個樣子。至少我們可以說，毛所尊的法家，只是法家學理中最不好的成分，而絕非法家的全貌。這一點，徐先生看得非常清楚，先生說：

> ……他提倡法家，只取法家的權術、專制、重刑、愚民，而完全否定法家之所以成為法家之「法」。毛與法，經常處於勢不兩立的地位。他的由浪漫情調而來的異想天開的過激路線，只有心理變態的人才感到鼓舞。[87]

法家當然有其負面的地方，徐先生指出的權術、專制、重刑、愚民等等，皆是。然而，法家之所以為「法」，最主要原因是主張做事得有客觀的法度、章法；不能胡搞妄為。《易繫辭》：「制而用之謂之法。」可見法離不開背後的制。如果為所欲為，妄作非為，人的行為失其制衡，毫無制限，不按牌理出牌，則便無所謂制，亦無所謂法了。毛的浪漫，導致了其個人極端的妄作非為。就他來說，「禮豈為我設哉」！其表現乃在一切規範、制度之外。

---

[86] 徐復觀，〈對大陸政局的一探測〉，《華僑日報》，1976.02.17-19；收入上揭《論中共》，頁113。

[87] 〈對大陸政局的一探測〉，《論中共》，頁117。

他根本是和尚打傘，無髮（法）無天[88]。「毛」和「法」的關係，徐先生看透了；一語道破之而指出說：「（兩者）經常處於勢不兩立的地位」。「毛」和「法」的關係，是逃不過先生的法眼的。

在這裡得補充兩點。毛統治中國數十年，縱使從 1949 年算起，也有 27 年之久。如果 20 多年來，所有作為，都係無法無天，那麼偌大一個國家，其領導人是怎樣統治下去的呢？換言之，毛有沒有「有法有天」的統治時期／時段，那怕該時期／時段，只有短暫的片刻。在這個地方，讀者或會產生疑惑而質問筆者。此其一。另一是：在「無法無天」下，毛靠甚麼東西來推動他的政策呢，尤其是三面紅旗、文化大革命等等這些充滿浪漫而絕對非理性的政策？難道不會遇上障礙或反彈？

筆者現在嘗試先回答第一個問題。其實，上引文中，徐先生已經有所啟示。先生說：「毛與法，經常處於勢不兩立的地位。」注意：先生是用「經常」一詞，而不是用「永遠」、「總是」、「毫無例外地」等詞。可見徐先生並沒有把話（問題）說死，而是保留若干彈性。換言之，就徐先生看來，毛不是永遠，且毫無例外地，一定要跟「法」對立起來，跟「法」處於勢不兩立的對立的地位不可的。徐先生曾經舉例來說明毛是相當富於彈性的。先生說：

> 毛的浪漫地個性，本是極左的個性，但在「援朝」戰爭結束以前，亦即是在「土改」開始的時候，他有「我們的敵人是夠大夠多的」的感覺。在這一階段，他是運用才智，壓制自己的個性，力求走「有法有天」的路。及朝鮮戰爭結束，他感到土改、鎮壓反革命、三反五反，及援朝戰爭都得到了「勝利」，敵人並不夠大夠多，而是不堪一擊

---

[88] 「毛」，粵音「毋」、「無」。他叫「毛澤東」，難怪他毋須／無須選擇做東方人／中國人，而一心一意馬首是瞻，要把西方的馬、恩、列、史，視為祖宗來膜拜了。所以只有我們廣東人才懂得為甚麼毛做事就是無法無天。換言之，他的表現，從其姓名即可分析出來。以上開玩笑，勿當真。但這個開玩笑式的姓名解讀法可以加深我們對他無法無天的表現的印象，是以不必全以開玩笑視之。

的。於是以農民問題為中心，他開始走上「無法無天」之路。[89]

虛無、浪漫、偏急是毛的根本性格／個性。然而，這些非理性的性格，在夠大夠強的敵人面前，即當人家形勢比你強時，為了生存下去，毛是很懂得收斂的。他可以突顯他理性的一面以消融非理性的一面。這就是徐先生所說的「運用才智，壓制自己的個性」。理性表現為凡事合法度，有秩序，做事有章法，按規矩辦事。這就是徐先生所說的「力求走『有法有天』的路」。然而，危機一旦解除，且自認為敵人並不夠大夠多夠強時，他的原始性格便畢露無遺了。換言之，由虛無、浪漫、偏急而來的「無法無天」又再次粉墨登場，擔綱主角了。

結論是，毛澤東是玩法於股掌之上。不得不守點法時，他就只好自我委屈一下，對法稍微曲從一下。但一旦自認為不需要法也會立於不敗之地時，那他便把法棄如敝屣，一概浪漫為之。

針對以上第二個問題，其實前文多少已作了交代。徐先生指出，毛澤東能夠成功地推動文革，主要是他給予江青（筆者按：至少容許、默許江青擁有）莫大的權力，再加上軍隊的支持，再來是他個人的威望、意志力、權謀等等因素。但這個主要是針對文革來說，並不是針對他所有的政策來說的，尤其不是針對三面紅旗來說的。我們不妨綜觀三面紅旗及文化大革命這兩個運動，看看毛是靠甚麼能耐把這兩個運動成功推出的[90]。徐先生提供了如下的答案：

當農業合作社按照毛的「特速過渡」觀念而飛躍展開，紕漏百出時，

---

[89]　徐復觀，〈讀毛選集五卷雜感之二〉，《華僑日報》，1977.05.17；收入上揭《論中共》，頁 178-179。按：「五卷」指第五卷。筆者所據者乃廣東人民出版社 1977 年 4 月重印的本子。

[90]　推出是推出了，但最後以大飢荒，餓死 3,500 萬人收場。換言之，即以完全失敗作結。詳上註 10。然而，該政策至少前後執行數年。這所以筆者以「成功推出」稱之。

中共黨內有的想拿馬列主義來加以糾正，毛便斥之為教條主義；……
於是在「沒有資金，沒有大車，沒有牛，沒有富裕中農參加」，「沒
有農業機器」（頁 201）[91]等情形之下，憑他手上所掌握的組織與貧
窮的兩大法寶，農村社會主義化的工作飛躍進行，並順便一腳，跨進
人民公社了。這可給毛的浪漫性格以莫大的滿足。……於是毛一面利
誘林彪的武力，一面利用由江青所發動的紅衛兵。[92]

組織與貧窮所以是兩大法寶，原因如下：毛深信黨的組織有能力領導人民進
入社會主義（農村社會主義化）；再不然，假使其中有心不甘情不願的人民，
黨也有能力驅動他們進入社會主義。毛的另一想法是，老百姓貧窮，所以對
現狀便定然無所顧惜，甚至進而懷著破釜沈舟的心態，一切便順從我毛澤東
去拼搏，以求一線生機了[93]。然而，當毛這個如意算盤打不響時，即法寶失
靈時，他只好利用本來是用來對付階級敵人，尤其應該用來只對付外國入侵
者的武力，來對付自家人了。你說悲不悲哀。而同時又利用心智尚未成熟的
青少年（紅衛兵）來「造反」，來搞鬥爭。你說毛澤東罪不罪過！

其實，毛澤東針對不同情況、不同鬥爭階段，曾利用以下各「法寶」來
進行清算和鬥爭：學理（共產主義、馬列主義、毛自己的思想——即所謂毛澤東思
想）、黨組織、成年的群眾（工人群眾）、武力（即槍桿子）、未成年的群眾
（即紅衛兵）。如學理上能說服對方，則不必仰賴黨組織；如黨組織這個機
器生效，則不必發動群眾；如群眾俯首聽命，則不必動用武力（無論真動用，
或只是出於唬嚇作用的策略上的動用），也不必喪心病狂地發動心智尚未成熟的

---

[91] 是指上揭《毛澤東選集》第五卷的原來頁碼。「沒有資金，沒有大車」等語，是毛氏
在中共第七屆中央委員會擴大的第六次全體會議結論報告中的用語。該報告名〈農業
合作化的一場辯論和當前的階級鬥爭〉，發表日期：1955 年 10 月 11 日。收入第五
卷，頁 195-217。

[92] 徐復觀，〈讀毛選集五卷雜感之四〉，《華僑日報》，1977.06.02；收入上揭《論中
共》，頁 190-191。

[93] 詳參徐復觀，〈讀毛選集五卷雜感之三〉，《華僑日報》，1977.05.26；收入上揭
《論中共》，頁 186-187。

青少年來進行鬥爭了[94]。所以用到武力來對付自己的國民和發動紅衛兵來鬥爭自己的父母[95]，表示毛已到了山窮水盡，無所不用其極的地步。被鬥爭的中國老百姓固然悲哀、悽慘；然而，毛澤東你又好到哪裡呢？你落得只有依賴你的枕邊人、槍桿子、無知的青少年；你早已眾叛親離、舉目無親、四面楚歌了。生命的意義，生存的意義，7、8 億人民所仰賴的作為中國最高領導人的意義，對你來說，到底存不存在呢？！咱們中國人為甚麼會如此倒霉，如此丟臉、不爭氣，竟出了你這個億萬年難遇的不肖子孫！

3、其他：獸性、反覆、個人崇拜、恩將仇報/遮羞護短、固執己見、有德必報

從徐先生的雜文中，可以綜合出毛澤東各方面的個性。其中，個人以為虛無與浪漫，似乎是他的個性與思想的主軸。其他方面，今擇其要者，稍一闡述。「獸性」是一個相當嚴厲的指責，所以本節先予以處理。我們看徐先生怎麼說：

---

[94] 參徐復觀，〈共產主義在中國的崩潰〉，《華僑日報》，1966.10.05；收入《補編》，冊五，頁 210-212；〈毛澤東的問題〉，《華僑日報》，1967.03.18；收入《補編》，冊五，頁 219-220。後文直接指出，「毛的殺手鐗，是以小孩劫持成年人，……後來直接用上槍桿去奪權，這說明他的理論、組織、群眾，完全成了廢物，而只有搬出軍閥的一套老法寶。毛澤東在這一點上，確實超過了史丹林（筆者按：即「史達林」之異譯），可與曹錕之流比美。」（頁 220）

[95] 四十多年前在香港（時維文革時代）唸中學的時候，筆者曾經聽到一首歌曲，其內容有以下莫名其妙的兩句歌詞：「天大地大，不如黨的恩情大；爹親娘親，不如毛主席親。」（歌詞出自作曲家李劫夫（1913-1976）1966 年寫的〈爹親娘親不如毛主席親〉這首歌。）當時只是覺得好笑，但沒有把歌詞放在心上，更沒有思考其背後可有的意涵。其實，就後一句歌詞（爹親娘親，不如毛主席親）來說，它跟「我愛上主／上帝更甚於愛我的父母」，是沒有兩樣的。對基督宗教的信徒來說，上帝／天主，真理也，救世主也。對紅太陽、偉大導師、領袖、統帥、舵手的信徒來說，毛主席，亦真理也，亦救世主也。如果「我愛上主／上帝更甚於愛我的父母」這句話說得通（說得有道理），則「爹親娘親，不如毛主席親」這句話，又何嘗說不通呢？！又何嘗沒有道理呢？筆者在這裡絕無意批評基督宗教的信徒。筆者只是藉以指出，對於毛澤東思想的信徒來說，他們對毛的虔誠信仰度，與基督徒對上帝的虔誠信仰度，是沒有兩樣的；甚或過之。然而，毛澤東，你果上帝乎？果救世主乎？

　　（中國）傳統文化，是人性地文化。每一個發育成熟的人，他自己的
　　人性便會或多或少的發生作用，便不肯自己剗絕自己的人性；所以逼
　　得毛澤東只好用上發育尚未成熟的兒童，以集體兒童的暴力，來對付
　　他們自己發育成熟了的黨員。紅衛兵的出現，是說明毛澤東的野蠻反
　　對文化，以獸性反對人性；……這是最慘無人道的勾當。[96]

先生非常痛恨毛澤東利用心智發育尚未成熟的兒童來搞鬥爭。所以在文革爆
發後不久，即以〈反傳統與反人性〉為題目，撰文直斥毛澤東發動紅衛兵乃
野蠻及獸性的表現[97]。

　　至於毛的反覆，我們可以從其指定繼承人／接班人概見之。這方面上文
已述說過。要言之，1961 年指定劉少奇、65 年在美國人面前說是鄧小平、
69 年在黨章中明訂林彪、1976 年死前數月又屬意華國鋒。自古立太子，乃
慎之又慎的大事，豈等同兒戲。毛找接班人，三、五年即一易，比起任意妄
為的皇帝之立太子，兒戲尤過之；直同扮家家酒矣！其個性之反覆，可以概
見[98]。

　　歷史上幾乎無一例外，凡喜歡搞個人崇拜的人，他表面上一定說反對個

96　徐復觀，〈反傳統與反人性〉，《中華雜誌》，卷 4，期 9，1966.09.16；收入《補
　　編》，冊五，頁 206。

97　細究上下文脈，徐先生這裡「獸性」一詞，不必然直指毛的表現就是獸性的表現。
　　按：凡人（含紅衛兵）皆有獸性的一面和超剋此獸性的人性的一面。（簡言之，此
　　「獸性」乃宋儒所說的氣質之性；「人性」乃義理之性）依上下文脈，可解讀為，毛
　　利用紅衛兵的獸性來反對（破壞）人性。然而，無論是指毛本身之表現是獸性的表現
　　也好，是指他利用人（紅衛兵）的獸性來反對其人性也罷，對毛都是非常負面的評
　　價。

98　所謂「反覆」，即說話不算話，沒有信用。徐先生嘗直斥毛是沒有信用的人。先生
　　說：「……他不僅整垮了他的黨政組織和威信，並且也完全破壞了由他自己主持的去
　　年八月召開的十一中全會的決定，這暴露了他對內完全是一個沒有信用的人。」徐復
　　觀，〈毛澤東的問題〉，《華僑日報》，1967.03.18；收入《補編》，冊五，頁
　　219。

人崇拜。毛澤東當然不是例外[99]。文革是毛搞個人崇拜的顛峰；其間「紅太陽」、「偉大導師」、「偉大領袖」、「偉大統帥」、「偉大舵手」，乃至「戰無不勝的毛澤東思想萬歲、萬萬歲」等等的稱謂及描述，不一而足。然而，徐先生一針見血地指出以下各點：（一）被崇拜者，如毛澤東之流，自己必會變成狂人；殉此等狂人之葬者，其人數必在百萬以上。（二）自己弄個人崇拜的人，其本身必是大壞蛋。（三）崇拜者則會變成白痴。（四）幫助有權勢者搞個人崇拜的人，必然是廉恥喪盡之徒。（五）有個人崇拜的地方，必然是野蠻黑暗的地方。（六）凡是野蠻黑暗的地方，必然有人搞個人崇拜[100]。

徐先生之痛恨個人崇拜及其獨具隻眼的慧解，上文可見一斑。然而，上文並沒有明確指出毛澤東本身搞個人崇拜或偶像崇拜；而只是說毛是被人崇拜而已。讀者不必急，其實徐先生在更早撰寫的一篇文章中，已指名道姓說毛搞個人的偶像崇拜了。先生說：

> ……毛澤東要把自己的偶像絕對化，便提出「造反有理」、「敢字當頭」等口號出來，打倒劉少奇以下的偶像的群像，以便把「崇拜」集中到自己一人的路上來。[101]

---

[99] 徐先生便明確指出毛澤東這種表裡不一的表現。先生說：「以毛澤東的雄才大略，因一念之差，口裡不願人崇拜，事實上則取消一切民主，唯我獨尊；其結果以致不能保其妻子，成為歷史上的大笑柄。這雖是共產黨人所極不願聽的話，但有誰能完全隱瞞此一歷史事實，曲解此一歷史事實呢？」徐復觀，〈一個「政權的基礎」問題〉，《華僑日報》，1976.11.17；收入《補編》，冊五，頁 423-424。

[100] 以上六點，綜合自下文：徐復觀，〈鄧麗君與華國鋒〉，《華僑日報》，1979.09.05；收入《續集》，頁 171。其中第一點說到毛是狂人。類似的描繪又見下文：〈哀劉少奇〉，《華僑日報》，1966.08.27、28；收入《補編》，冊五，頁 193。相關語句為：「……，這正是毛澤東瘋狂心理所要求的」。

[101] 〈論毛、江、林集團的偶像崇拜運動〉《華僑日報》，1967.06.18；收入《補編》，冊五，頁 233。

然則在徐先生眼中,毛自己搞個人的偶像崇拜,並不容許別人,如劉少奇等人,成為偶像──被崇拜的對像,便再清楚不過了。天無二日,人無二王。以毛澤東的性格來說,他怎可能容許多一個毛澤東呢?正所謂「臥榻之側,豈容他人鼾睡」!用這個說法來解釋毛搞個人崇拜、容許其個人被崇拜,但不容許他人搞個人崇拜或他人被崇拜,這是筆者所能想出的一個解釋。筆者相信一般人都可以想出這樣子的一個解釋。然而,徐先生的見解就是高人一等。傳統中國的政治是帝王專制的人治;毛澤東是中國歷史文化的產物。徐先生最了解政治;亦最了解中國的歷史文化。所以先生的解釋便硬是高人一等。先生說:

> ……偶像崇拜與科學追求,是勢不兩立。毛澤東也想以全力發展科學。從時代背景說,從中國文化歷史說,毛澤東們為什麼不顧一切地損害,不惜一切地犧牲,而一定要大搞這運動呢?第一個解答是極權政治,是以偶像為脊髓所建立起來。沒有偶像崇拜,便不能穩定極權的統治。……其次,中國有長期專制及長期科舉制度的遺毒;在長期專制之下,一定產生外戚宦官的宮廷勢力,及與《史記·佞幸傳》中人物同一性格的無恥文人。這一類型文人,在長期科舉制度之下,更得到非常的發展。[102]

一言以蔽之,毛及其追隨者為了穩定極權統治,不得不大搞個人崇拜這種運動。再者,在長期政治專制及長期科舉制度的遺毒下,[103]無恥文人及現代

---

[102] 〈論毛、江、林集團的偶像崇拜運動〉,《補編》,冊五,頁231-232。

[103] 其實,專制政治、極權政治也有其優長的一面,如行政效率一定高於事事要協調、協商的民主政治。至於科舉制度,它也不全然是負面的。即以最為人所詬病的八股文為例,它是藉著撰寫一種形式化、格式化的文章來中式的。這當然有其弊病。但為求公平,中式與否不得不從是否符合形式來做分判,這也似乎是一種不得不然之惡。即使不用八股,還是要借用其他形式來做分判的。又:八股文要求應試者在一定的客觀規範下作文章,那也可以訓練人的頭腦的靈活度。當然,專制政治,其權源在君而不在民;科舉考試之考試範圍及內容過於狹窄,且只能代聖人立言,窒礙了人的靈性,這

式的「外戚宦官」，又成了促進該運動最大的一股力量。

　　綜合言之，就主觀上來說，毛的個性上既有此偏好（他要人捧）[104]；就客觀上來說，中國長期政治專制及長期科舉制度的遺毒，在在促成其個人崇拜成為全民運動。

　　下面再說毛澤東的恩將仇報。徐先生很明確的指出說，毛澤東能夠從前後約三年的大災荒、大混亂中脫出來，是劉少奇、鄧小平大力幫忙的結果。能從文革的四面楚歌中脫出來，是靠林彪。能從文革及肅清林彪的混亂動搖中脫出來，是周恩來的功勞。劉、鄧、林、周，皆毛的部下。部下對他有恩惠，就是對他的侮辱。所以他非整肅鬥爭這些人不可[105]。但問題是為甚麼毛會恩將仇報呢？上文已指出過：毛只把別人定位為工具。所以劉、鄧、林、周等人，便只有工具上的價值。在施用人的眼中，工具沒有自存價值；用完便可扔了。扔了，不掂記人家曾經給過自己恩惠便算了，何至於恩將仇報，非整肅鬥爭不可呢？原因是你們都是我的部下。我是最偉大的領袖啊，我的智慧、表現，怎麼可以比不上你們呢？所以毛整肅鬥爭他們，說其究竟，其實就是為了遮己羞、護己短。由此來說，恩將仇報、遮羞護短，也是毛澤東的個性之一。

　　上段說到的劉少奇、鄧小平和周恩來，甚至在某一時期的林彪，用臺灣現時流行語來講，可說都是反映主流民意的、能從老百姓福祉的立場著眼的。然而，毛澤就是異於常人，具有「雖千萬人，吾往矣」的一種捨我其誰的「氣概」。三面紅旗也好，文革也罷，以至幾乎所有其他政策，毛澤東恆表現出異於常人、他人的一種固執。眼光如炬的徐先生對這方面當然有所洞

必是徐先生所不能接受的。先生對兩者的嚴厲批判，其終極原因恐在於此。

[104] 「他（毛）要人捧」一語出自下文：徐復觀，〈所聞！所思！〉，《華僑日報》，1978.08.11；收入《論中共》，頁 223。上語不是徐先生自己說的，而是他的一位朋友 1978 年到大陸旅行兩週後向徐先生說的。然而，據上下文脈，徐先生應首肯上語。

[105] 徐復觀，〈對大陸政局的一探測〉，《華僑日報》，1976.02.17-19；收入《論中共》，頁 115。

悉。先生說：

> 所有比較「成氣候」的共黨都走的是修正主義路線，只有毛澤東一個
> 人是「孤芳自鬪」。[106]

毛澤東在自家園地「孤芳自鬪」，或「孤芳自賞」、「一意孤行」，那就算
了。毛是中國人的「大家長」，苦難的中國人受他勞役，任他漁肉，在民主
還沒有落實之前，我們千般不甘，萬般不願，也只好逆來順受；否則，難道
真的要再革命（革毛之命）。然而，蘇聯或其他共產國家要實行修正主義，
這明明是人家自身的政策，你就大放厥詞，破口大罵。「蘇修」一詞直接變
成了一個貶詞，等同萬惡不赦的惡魔、大壞蛋。先不管人家修正得好不好，
是否足以反映現實上的需要，但無論如何，這是人家的家務事啊！你自家的
事兒都管不好，你還管人家，何苦由來？大罵謾罵，大概就是你毛澤東為爭
共產主義的所謂正統最廉價的付出吧。然而，共產主義、馬列主義，落實到
現實面，其本身就有問題，修正有何不可、不好？毛澤東對內對外，一概固
執己見，己是人非，以上一例即可以概其餘[107]。

　　毛澤東的個性，也許可以透過與中外「名人」相比較，以突顯出來。徐
先生便做了一個公式；很有代表性，使人印象非常深刻。先生說：「……因
此，或許可以歸納為這樣的一個公式；史達林＋秦政＋王莽＋楊廣＝毛澤
東。」[108]然則在徐先生眼中，毛澤東乃係萬惡之惡，魔鬼中的魔鬼無疑。

---

[106] 徐復觀，〈在歐共會議中，蘇聯的讓步與收穫〉，《華僑日報》，1976.07.06；收入
《徐復觀雜文集・看世局》（臺北：時報文化出版企業公司，1980），頁 326。

[107] 上面說過，依徐先生，毛澤東對「絕對善」和「絕對惡」有所堅持。當然這也是一種
固執。然而，「絕對善」和「絕對惡」只可以存在於形上世界，所以這種固執，也許
可以稱為形而上的固執。就本節上文來說，那是毛澤東對現實世間（現象界）某些事
物的堅持，異於對「絕對善」和「絕對惡」的堅持。換言之，兩種堅持，其屬性不盡
相同，所以上文予以分別處理。

[108] 徐復觀，〈毛澤東與中國傳統文化〉，《華僑日報》，1966.07.31；收入《補編》，
冊五，頁 187。當然，史達林、嬴政、王莽、楊廣四人，其表現並非全然是負面的，

最後我們闡述一下毛澤東有德必報這個性格。這項異乎上文，而應該屬於他性格中比較好的一面。我們順便一提，毛澤東有其優點，有他成功之處，譬如他有極強的組織能力、發動群眾的能力，又譬如在謀略方面是古今中外罕見的天才等等，即是其例。但這方面屬於他的能力方面的性質居多，與其性格／個性無直接關係；兩者不能相混。他在能力上的表現，我們以後還會談到。

至於毛的有德必報，徐先生說：

> 尼氏以現任總統的身分，到北京作歷史性的訪問時，在機場歡迎他的是二百人；此次以平民身分再度來訪[109]，出動到機場歡迎的卻有三百五十人；……有的說，這表現了毛氏有德必報，並不勢利的風度。這摸到了毛氏一部分性格，有如他始終維護吃鴉片煙的章士釗；但若僅從這點來看毛氏此次的行動，便把他當作了溫情主義者，而且無形中認為此次行動脫離了現實政治的意義。[110]

有些人認為毛澤東對尼克遜有德必報，並不勢利。上引文中，徐先生指出，這摸到了毛的部分性格。為甚麼是部分？這是因為毛另有現實政治上的考慮，所以才對尼氏予以較盛大的歡迎[111]。但上文中，徐先生仍認為毛氏具

且歷史上歌頌他們的文章，無論是他們生前或死後，皆所在多有。然而，徐先生是就四人的負面表現來說的，四人負面的總和便成為一個毛澤東。在上文中，先生以「陰狠殘暴」來描繪王莽，以「自我陶醉和妒嫉他人」來述說楊廣，以「焚書坑儒」來指斥嬴政，皆可以反映先生是就四人的負面表現作判斷的。

[109] 美國總統尼克遜（1913-1994；1969-1974 在位）1974 年 8 月 9 日以水門事件醜聞案而黯然下臺。一生兩度訪問大陸：1972 年 2 月和 1976 年 2 月。「以平民身分再度來訪」指的是後者。

[110] 徐復觀，〈毛澤東派給尼克遜的角色〉，《華僑日報》，1976.03.02；收入上揭《補編》，冊五，頁 399-400。

[111] 這方面，可以參上揭徐先生的文章。《補編》，冊五，頁 399。

備有德必報的性格。這展現在他對章士釗（1881-1973）[112]的身上。

筆者在上文引證徐先生的言論後指出，毛對劉、鄧、林、周，皆恩將仇報，把四人對自己的恩德完全拋諸腦後，且繼之以整肅、鬥爭。但現在又說毛有德必報，並不勢利。這豈非筆者自打嘴巴，以至徐先生自打嘴巴？其實，毛看似前後截然相反的表現，並不矛盾，筆者和徐先生也不自打嘴巴。原因很簡單，一者，四人對毛或多或少在權力上都會構成威脅（不見得實際上是如此，但毛內心恐怕不無此種恐懼、顧慮）。再者，你們四人是他的下屬。你們怎麼可以彰顯毛氏之惡呢，或能力比不上你們呢，儘管這種彰顯是無意的，不是你們刻意為之的。章士釗的情況剛好相反。他是毛的老師，且絕對不會對毛構成威脅。所以一恩將仇報，另一有德必報，便很可以理解而絕不構成毛性格上自相矛盾，也不構成筆者和徐先生在看法上自打嘴巴。

四、徐先生眼中毛澤東的謀略

徐先生對毛澤東作了很多批評。在先生眼中，一句話，毛就是大謀略家。在毛過世前一年，徐先生即如是說：

> 毛是在群眾心理上立基的大謀略家，但他不是理論家。他有強銳的感
> 受力，但他不是學問家。他能寫相當好的散文，散文的成就在他的詩
> 詞之上。[113]

毛澤東厲害之處，在於他不是一個普通的，關起門來、閉門造車的一個光講理論的謀略家；所以他勝過書呆子王莽。徐先生一針見血指出，「毛是在群

---

[112] 據網路百度百科〈章士釗〉條，章士釗數度有恩惠於毛澤東。1957 年的整風和文革期間得以順利脫險，蓋以此。自 1961 年起，毛以「還錢還利」的稿費名義每年送章士釗二千元以抒其困，送足十年。

[113] 徐復觀，〈誰是中國的皇帝〉，《華僑日報》，1975.09.09-11；收入上揭《論中共》，頁 84。

眾心理上立基的大謀略家」。這即是說，毛的謀略是以群眾（的心理）為基礎的。我們可以說，毛懂得群眾，他懂得群眾心理上的需要——心中的需要。這樣說其實只說對了一半。我們應該說，他懂得利用群眾心理上的需要。其實，毛最懂得的是，組織群眾、發動群眾、煽動群眾，以達到引導、易轉群眾心理上的需要為自己的需要。這就不得不讓人拍案叫絕了。徐先生所以稱毛為大謀略家，其基本原因，恐在於此。

　　毛死後不到兩年，徐先生對毛又作出批評。其中褒貶互見。褒是褒得很高；貶也貶得很低。先生說毛連一般的學術知識也缺乏；對共產理論也「缺乏深入細緻的研究」；指出文革中的言論有問題，「甚至在語意上也有問題」。這貶得夠低了。至於褒，主要是說，毛的謀略展現在黨的組織及群眾路線的運用上。因表現得極為出色，最後使中共獲得了政權[114]。對於毛利用組織和走群眾路線，徐先生著墨尤多。茲舉一例。先生說：

> 毛澤東，是歷史上的梟雄人物；但他把握到「群眾路線」和「組織技巧」這兩個為過去梟雄所不曾把握到的法寶，所以他做了過去梟雄所做不到的許多事情。梟雄不信任一切的人，不對任何人講真心話。[115]

晚清以前，我國沒有政黨組織，至少沒有現代意義下的政黨。所以無法把中國過去的梟雄人物，如曹操等等，拿來和毛澤東作比較。當然，就某一意義或程度上來說，也許蔣介石也算是梟雄人物。但其梟[116]，恐怕無法跟毛相提並論。說到毛氏懂得把握群眾路線，那是他年輕時已表現出來的天賦。中

---

[114] 徐復觀，〈評毛澤東「在擴大的中央工作會議上的講話」〉，《華僑日報》，1978.07.21；收入《論中共》，頁 215。

[115] 徐復觀，〈深有感於毛澤東之言〉，《明報》，1972.05.22；收入《論中共》，頁 43。

[116] 據《辭海》（香港：中華書局，1973），頁 700，「梟」的其中一個意思是「不馴良之意」。又：「梟雄」有多義，其一指「強橫而野心勃勃的人」。今取此義。詳「漢典」（http://www.zdic.net/）。

國大陸毛澤東研究史專家，華東師範大學、揚州大學等高校周一平教授在其
60 萬言的鉅著《毛澤東生平研究史》中即如此說：

> 依靠群眾，發動群眾、群眾路線，毛澤東也談得不少。……毛澤東談
> 到，1920 年新民學會組織一次示威游行，……表明毛澤東的群眾路
> 線在 1920 年已經開始形成。[117]

周一平在同書中又談到毛氏有聯繫群眾、依靠群眾和以語言贏得群眾歡心的
本領[118]。此外，周書又指出毛很重視民眾[119]。

　　總之，毛的組織技巧和走群眾路線的能力，是徐先生一唱三嘆的。其所
以成功，跟他具備這種能力有絕大關係。此上文已說過。

　　毛的謀略或才略，1979 年徐先生在一篇文章中又有所描繪。先生說：

> 打天下與治天下，是用的兩種不同的才略。……我常說毛澤東是雄才
> 大略的人物。但他是打天下的雄才大略。當中共取得政權之初，毛澤
> 東憑個人的威望運用共黨的組織，以新興之勢轉換到建設方面，發生
> 了鉅大效果。但當極左路線失敗後，他更鋌而走險，提出「天下大亂
> 越亂越好」的口號，堅持鬥爭為綱的路線，把陰狠的心情，激烈地情
> 感，詭詐的手段，作了較國共鬥爭時期更為徹底的發揮。……於是把
> 打天下的才略，加倍的用來打自己的政權，打國家得以成立的一切有

---

[117] 周一平，《毛澤東生平研究史》（北京：中共黨史出版社，2006），頁 42。

[118] 見上揭《毛澤東生平研究史》，頁 99。

[119] 在一篇文章中，毛寫道：「一切問題的關鍵在政治，一切政治的關鍵在民眾，不解決
要不要民眾的問題，甚麼都無從談起。要民眾，雖危險也有出路；不要民眾，一切必
然是漆黑一團。」見逢先知主編，《毛澤東年譜（1893-1949）》（北京：中央文獻
出版社，2002 年 8 月再版），中卷，頁 533-534。轉引自《毛澤東生平研究史》，頁
363-364。

形無形的力量。[120]

先生在不同的文章中，說過不少遍，毛澤東是雄才大略的人物。然而先生強調的是，毛是打天下的人才。「馬上得天下，焉能馬上治之？」[121]這個自古明訓，毛就不明白箇中道理。打天下靠動，不動就無所謂「打」；治天下靠靜，要靜下來思量如何可以把國家帶上長治久安的路上去。然而毛的性格，既以浪漫為基底，是靜不下來的。所以在治國的過程中，一旦碰上挫折、失敗，就會躁動、躁進。其結果就必如上引文徐先生所說的「鋌而走險」了。其實，險棋也有很多種不同的下法。然而，從共產主義學來的以「鬥爭為綱」的哲學，就必使毛希冀「天下大亂，越亂越好」，好讓他進行鬥爭。蓋天下不亂，或不夠亂，便難於發動鬥爭。（這跟「混水（始方便）摸魚」是同一道理。）反之，天下大亂，且不斷的亂下去，毛下的一著「不斷鬥爭」、「無限鬥爭」（參上文）的險棋就可以持續不斷地派上用場。毛鬥爭的對像主要是人。然而，常人，正常人，有人性的人是無法（因為不忍心）一輩子把他人鬥下去的[122]。毛剛好就不是常人、正常人。上文不是說過毛是以其獸性對抗人性，或利用人的獸性來對抗人性嗎？「與天鬥，其樂無窮；

---

[120] 徐復觀，〈大陸問題漫談之六〉，《華僑日報》，1979.06.20；收入《續集》，頁152-153。

[121] 原文出自〈酈生陸賈列傳・陸賈〉。按：陸賈在漢高祖劉邦面前經常稱說《詩》、《書》。高祖罵之曰：「迺公居馬上而得之，安事《詩》、《書》！」陸氏曰：「居馬上得之，寧可以馬上治之乎？」《史記》（香港：中華書局，1969），卷九十七，頁2699。

[122] 儒家認為人性本善。他家或他人當然又另有說法，譬如人性本惡等等。「人不為己，天誅地滅。」等等的說法，大概即由人性本惡這個說法而來。這是一個扯不完的話題。然而，年前讀報，據所載，則似乎可以從科學實驗的立場，來證明人至少不是惡的。人所以行惡（從一己立場出發、利己害人等等），乃由於人際間欠缺溝通。如有溝通、協調的機會、機制，則人不見得非行惡損人不可的。參尹德瀚綜合報導，〈人若只為己，天誅地滅〉，《中國時報》，2013.08.04，A11版。

與地鬥，其樂無窮；與人鬥，其樂無窮」[123]，不正是毛本身獸性的反映而說出的話嗎？徐先生所說的「陰狠的心情，詭詐的手段，激烈地情感」，尤其前兩者，正是「獸性」一詞的最佳註腳。國民黨是敵對政權，視之為敵人，非打倒無以建立自己的政權，那就罷了。然而，把自己建立的新政權，反而用加倍殘酷的手段來對付，來鬥爭，那又是甚麼道理呢[124]？

毛澤東治國及處事上使用計謀，其具體表現又見諸油滑、滑頭（順應時流、見風轉舵）等等。抗戰時期及抗戰結束後，中共為求取得國內外同情，作為奪取政權之資，乃表現為只是土地改良主義者，而非真正的共產黨。然而這種技倆是逃不過徐先生的法眼的。先生撰寫於 1948 年 1 月的一篇文章便斥破之。先生說：

> 毛澤東更為得意，天花亂墜的說：「中國不適宜於共產主義，中國共產黨只得對於將來的信仰上，保持共產主義，但現階段，決不實行共產主義。共產黨所做的，只有三民主義，只是農民改良主義者。」這更使一般國際人士，尤其是天真爛漫的美國人士，奔走相告的說：「中國共產黨已經變質了。」[125]主要的理由，便是在土地問題上取

---

[123] 語出毛 1917 年寫的〈奮鬥自勉〉一文。大陸上有人強作調人，為毛文過飾非、塗脂抹粉，硬從正面的意義作解讀，認為毛說的是「奮鬥」，而不是「鬥爭」！

[124] 毛所說的「天下越亂越好」及其恆用陰謀詭計來進行鬥爭，徐先生在另一文中，也有類似的說法。先生說：「古今中外，打天下成功的人，莫有不採取逆取順守，以安定為第一義的。而安定的重大因素，便在因應大多數人心的趨向，儘管他們是出於虛偽。祇有毛澤東，因他的路線為大多數人民及他的黨員所唾棄，使他與人民及黨員，處於敵對的關係，所以便一直逆著大多數人的意志，以達到『越亂越好』，在亂中好運用陰謀詭計，以毒害人民和他自己的黨的目的。」徐復觀，〈用三句話作判斷〉，《華僑日報》，1976.07.13；收入《論中共》，頁 125。

[125] 這個說法及其背後的信念導致了以下的事實。1942-1944 年以駐華美軍司令名義派駐中國將近三年的美國四星上將史迪威將軍（J. W. Stilwell, 1883-1946）及其背後的支持者美國五星上將馬歇爾將軍（George Catlett Marshall, Jr., 1880-1959 年），便相信中共只是土地改良主義者，由是對中共寄予一定的同情及支持，蔣公領導下的抗日戰爭遂受到相當大的牽掣。

消了階級鬥爭的觀點和方法。[126]

有謂：「目標決定了手段」、「只求目的，不擇手段」、「目標正確，手段也隨之正確、合理」（The end justifies the means）。以毛澤東為首的中共，它為了實現成功建國這個「偉大目標」，一切手段都成為站得住腳的、正確的，甚至是合理的、合法的。在這個考量下，上引文中毛澤東的表現，我們便不宜深責。上文說過，據徐先生，毛澤東是梟雄人物。「梟雄不信任一切的人，不對任何人講真心話。」[127]毛講假話，不講真心話，哄騙一下大眾，站在中共的立場來說，那是善意的謊言喔，有甚麼不可以呢？！然而，這麼說，天下間難道就完全沒有公理，一切都可以不擇手段，而由所謂正確的目的、偉大的目的來決定嗎？此又不盡然。筆者以為，其關鍵恐決定於你所實施的手段的對象的性質。對象是敵人（譬如當時的國民黨；當然，嚴格來說，「敵人」的定義，看你如何下、從甚麼立場來看；今暫且不談），則手段不妨因時制宜、靈活一點、彈性一點、圓滑一點。（儒家亦有所謂權道——權宜、權變的作法）然而，仇已去，國已建，而仍用盡一切卑鄙的鬥爭手段來對付自己人、自己的黨，對付過去跟你同甘共苦、出生入死、一起打天下的同志、同袍、手足，那又說得過去嗎？！且嚴格來說，那又不光是決定於手段所施的

---

[126] 徐復觀，〈再論中共現階段的「土改」運動〉，《中央日報》，1948.01.30、31；1948.02.02、04；收入《補編》，冊五，頁86。

[127] 〈深有感於毛澤東之言〉，《明報》，1972.05.22；收入《論中共》，頁43。毛不愛講真心話；所說的，很多時都不是由衷之言，徐先生不止一次談到。茲舉一例。先生說：「毛不斷地說不可左傾，不可右傾，好像他是要走不左不右的『中的政治路線』。在一九五五年十一月他還說『必須注意防左；防左是馬克思主義，不是機會主義。馬克思主義，並沒有說要左傾。左傾機會主義，不是馬克思主義。』（頁205）。但從兩點看，他這類的話，都不是由衷之言。……他是在不左不右的語言掩蓋之下，實行左，而且是極左的路線。他的過渡觀念，是認為懷胎時期，越短越好的觀念。大躍進、文化大革命便由此而來。人民一切的災難，便有如懷胎只五個月六個月便被逼出來的嬰兒。這是了解問題的總關鍵。」〈讀毛選集五卷雜感之三〉，《華僑日報》，1977.05.26；收入《論中共》，頁183-184。按：上引文中的「頁205」是指上揭《毛澤東選集》第五卷的頁碼。

對象的性質而已；因已牽涉手段背後的目的了。如果「建國」是公的話，反過來，只為了個人利益、名聲、地位、個人崇拜（建構個人巨星、超偶的形象）、永久掌權、為了鬥爭而鬥爭，而不擇手段的整肅、鬥爭「敵人」，那恐怕就是一己之私了。果爾，似乎就不能用「只要目標正確，手段也隨之合理」（The end justifies the means）來自圓其說，來合理化自己卑鄙無恥的手段了，因為你這個目的根本不算正確，至少不算光明正大。

毛澤東擅於計謀，且百折不回（也可以說死不悔改），雖千萬人吾往矣，非要實現其計謀不可的精神，徐先生作了相當具體的描繪，可謂入木三分。先生撰寫於 1979 年的一篇文章即其一例。其重點，試闡述如下：

毛澤東堅忍不拔的個性及隨之而來的不到黃河心不死的決志式的表現，世間罕有。然而，為了最終目的之實現，此即徐文中所說的「本來面目」的實現，他可以暫作犧牲，因時制宜，委屈自己，乃「易容」、「變裝」：包裝成「非本來面目」來應付對方、哄騙對方。但這還不算毛厲害之處。據徐先生，毛最厲害之處，即恆在「非本來面目」中留下一手，以預作未來轉出「本來面目」時的伏筆、「關捩」[128]。中共取得政權不及一年，韓戰便爆發。韓戰結束後，即從 1953 年起，毛的表現，先生指出云：「他一直百折不回地要顯露出他思想的本來面目。」[129]

毛的堅毅不拔和費煞苦心（如屈己從人等等），若用於正途，那豈非民族的大幸、國家的至福！個人認為，「梟雄」轉為「英雄」，甚至進一步轉為「豪傑」，旋乾轉坤，關鍵全在一心（一念）[130]。一心之轉，則「天地變，

---

[128] 「關捩」一詞，比較少見。雖大意可猜到，但不敢確。上網得知中國舊籍中已有此詞，意謂能轉動的機械裝置。此詞似循由口轉內銷的途徑，由日本而轉銷回中國。徐先生留日，其文章中偶見一二用語即如此。換言之，循此途，蓋可契解徐先生文章中偶或頗費解的用語。

[129] 徐復觀，〈讀葉劍英講話的一些雜感之二〉，《華僑日報》，1979.10.11；收入《續集》，頁183。

[130] 既稱得上為「雄」，不管是梟雄或英雄，則必定是有一定的能力、一定的表現的。此兩者之所同。至於兩者之所異，個人認為，其關鍵乃在於一「心」而已。最簡單的說法是，好念頭轉變為壞念頭，則英雄便馬上變成梟雄。徐先生描繪毛澤東時，也有類

草木蕃」；否則「天地閉，賢人隱」矣。先儒修身，必在「誠意」、「正心」上用心、用力。對此，筆者近來日益有所體悟。毛雄才大略，顧「大人」也，豈我輩所可企及？然筆者仍鄙視之、藐視之。「說大人，則藐之，勿視其巍巍然。」[131]，非正以其心不正、意不誠耶？！

　　毛澤東的謀略，在中共十全大會（召開日期：1973.08.24-28）的中委、政委名單的安排上，也可以略窺一二。根據徐先生的分析，「這次中委政委的安排，是把點綴、象徵、培養、集中的四種作用，很藝術的融合在一起。」把幾位八十歲左右的老人和一批曾經失勢的舊領導安排上去，那是點綴。把代表工農的年輕人安排上去，那是象徵工農聯盟的無產階級專政；而同時也是藉此機會培養這批年輕人。然而，徐先生指出，若詳加分析，則得出權力仍集中在江青等人手上的一個結論。「有此一集中，而毛身後乃可保證不致蹈史達林的覆轍。」徐先生更把該次大會的人事安排定位為「偉大藝術性」的安排；「亦表現在『退一步，進兩步』的運用自如之上。在團結的氣氛中，在合法的基礎上，鞏固了江青小集團的繼承地位，這是史達林所萬萬不曾具備的藝術天才。」[132]

　　徐先生以「偉大藝術性」來描繪毛在十全大會上人事方面的安排；繼之又以「藝術天才」來稱頌毛。可見先生對毛的布局是相當「欣賞」的。毛這個謀略之所以被欣賞，是因為徐先生深信，毛這個安排可以保證彼的既定目標：「江山萬代紅」必可達陣！毛的謀略，當然有很了不起的地方。但事情的發展，不見得都是隨人的主觀意志而轉移的；正所謂「謀事在人，成事在天」。毛澤東也有失算的一天；以上的安排即其一例：歷史證明他真的失算

似的說法。先生說：「以毛澤東的雄才大略，因一念之差，口裡不願人崇拜，事實上則取消一切民主，唯我獨尊；其結果……。」，此一念之差即成為惡也；反過來，保持原先本有之善念而不陷於一念之差（即不歧出），則為善矣。徐復觀，〈一個「政權的基礎」問題〉，《華僑日報》，1976.11.17；收入《補編》，冊五，頁423。

[131] 《孟子‧盡心下》。

[132] 本段各引文及相關資訊，均見徐復觀，〈毛澤東的偉大藝術作品──中共十全大會〉，《華僑日報》，1973.09.06；收入《補編》，冊五，頁353-357。

了。徐先生也高估了毛澤東。換言之，毛的失算讓徐先生的估算走了樣。史達林死後接近三年才被清算。而毛死後不到一個月，以江青為首的四人幫即被捕下獄，更遑論成功接班了。換言之，毛生前在十全大會上把權力集中到江青們手上的「偉大藝術性」的安排，乃以失敗告終。

另外可以一提的是，徐先生認為毛藉著十全大會來鞏固「江青小集團的繼承地位」，也看走了眼。因為毛過世的半年前，他是安排華國鋒當繼承人的[133]。當然，我們也可以說 1973 年 9 月十全大會召開時，按當時的形勢，毛很可能真的要安排江青小集團來接班。但其後，形勢有了新的發展。這是 1973 年時毛無法預見的，更何況萬里外僑居香港的徐先生。所以徐先生看走眼，不足為病。

說到毛澤東很會使用謀略，這也表現在他論述「民主集中制」的問題上。相關言論，見諸 1962 年 1 月 30 日「在擴大的中央工作會議上的講話」。[134]說到實行民主集中制，毛說要「先民主後集中」；「沒有真正的民主，便沒有真正的集中」，政策「要從群眾中來，向群眾中去」，「服從多數人決定的東西，少數人可以保留不同的意見」；「不要給人亂戴帽子」；「要使人心懷不怕，敢於講意見」；以及不濫捕濫殺等等。徐先生認為這些話，「都說得很中肯，有的還說得很精彩」。但隨即指出，毛實際的作為完全是走向背道而馳的路上去，譬如親自發動文革，那明顯是走向「法西斯專制」、「法西斯專政」的路上去；「連中共成千成萬的高級幹部，也受到非常野蠻地殘酷待遇」。[135]

---

[133] 說到徐先生看走了眼，稍作點說明。儘管徐先生天分極高、識力特強、眼界異於常人，且言必有據，但時論文章要趕時效，不克事事核實才下筆。先生評毛的文章，泰半皆時論文章。所以預測之結果及其相關判斷，偶爾會被後來發生的事實所修正甚或推翻。這是時論文章難以完全避免的，不足以為徐先生病。

[134] 據網路維基百科，1945 年毛澤東已談論過「民主集中制」的問題。該年 4 月 24 日在中國共產黨第七次全國大會上，把民主集中制中「民主」與「集中」的關係概括為「在民主基礎上的集中，在集中指導下的民主」。

[135] 本段引文及相關資訊，見徐復觀，〈評毛澤東「在擴大的中央工作會議上的講話」〉，《華僑日報》，1978.07.21；收入《論中共》，頁 216。「法西斯專制」、

先生以上的批評，一言以蔽之，即認為毛根本是在說假話，是在運用謀略。然而，運用謀略，要有謀略所施的對象。毛澤東絕不會無的放矢、放空槍，純粹為了說話而說話。然則對象是誰呢？徐先生指出說，「他在此處所說的民主，不過是對劉少奇們的障眼法」而已。徐先生的意思是說，毛是借以哄騙一下劉少奇們，使他們相信自己真有實行民主的意圖！先生看透了毛的內心；指出對「和尚打傘，無髮（法）無天」的毛澤東來說，他不可能真真正正的接受民主精神的；以民主精神為基礎的制度和法治，也就更談不上了[136]。在論述「民主集中制」中的民主時，先生有幾句話很精彩，如下：

> 假定毛講的是真話，則民主集中制中的民主，也和傳統政治思想中的「愛民」一樣，這是「恩賜性」的愛民，這是有待聖君賢相出來才會實現的愛民。政治中不能期待聖君賢相，乃古今所同。……[137]

「民主集中制中的民主」，其運作方式是，先民主，後集中。用現代的說法，就是先來作點民調，看看大家的意見如何。這就是所謂「先民主」的意思。這個作法，就古代來說，就好比過去帝制時代比較愛民、親民的大皇帝、大官僚（所謂聖君賢相）一樣，恩賜一般的官員和老百姓一個機會，讓他們講講話，發表一下意見。這在古代來說，皇帝們、大官僚們能夠從愛民、民本的立場（含聽聽官員們、百姓們的意見）來治理國家，已經算是很好的了。但徐先生明確指出，「政治中不能期待聖君賢相」。筆者以為，其原因恐怕有二。「聖君賢相」，尤其「聖君」，千百人中無一。換言之，彼等（尤其

「法西斯專政」乃徐先生文中的用語。徐先生甚至在另一篇文章中，逕稱毛澤東「成就了封建法西斯專制。」先生說：「毛澤東玩弄四大（按指：大鳴、大放、大字報、大辯論）以作實現極左路線的手段，並不是以此來實現言論自由。……正因為毛以四大來剝奪敵對分子的自由，才成就了封建法西斯專制。」徐復觀，〈鄧小平缺少了些什麼〉，《華僑日報》，1980.03.01；收入《續集》，頁213。

[136] 本段「」內的引文及相關闡釋，源自《論中共》，頁216。

[137] 《論中共》，頁216。

聖君）的出現，乃可遇而不可求者。此其一。再者，且尤其關鍵的是，縱然皇帝中有聖君，但彼等之愛民、以民意為依歸，這個作法仍擺脫不了操諸在彼（*君主，君為主*）這個原則；對老百姓來說，其愛民是「恩賜性」的。（*今日可恩賜之，但明日又可收回之！*）這根本不是民為主——人民乃國家的主人（*頂多只是以民為本*），即根本不是主權在民、人民當家作主的民主。畢生提倡民主精神，提倡建立民主制度的徐先生，當然會很斬截而明確的指出：「政治中不能期待聖君賢相」。**138**

我們回頭過來，再講「民主集中制」。這個制度的運作，分為兩個階段。上一段文字已指出，是先來作點「民調」，即打聽一下，徵詢一下大家的意見。這可以說是第一個階段。第二個階段便是「集中」——集中在某些人身上，譬如共產黨員身上，來做決定。但黨員眾多，不能不透過黨代表來做決定。所謂透過黨代表，也可以說是透過黨代表大會，乃至政委、中委，來做決定。然而，碰上政治巨星、超偶，及超喜歡掌權、弄權，如毛澤東之流的人來說，則所謂黨代表大會云云，政委、中委云云，究其實，乃毛澤東一人而已**139**。然而，儘管權力最後很可能只集中在一人身上，但究竟不算

---

138 徐先生對民主精神，乃至民主制度的論述甚多。此從略。至於毛澤東恩賜性的愛民，先生在另一文章中也指出過。先生說：「毛的政治口號，雖然口口聲聲稱『為人民』，但人民的命運，完全決於毛一念之間的寬大與否，人民只有流汗，睡覺，等待毛的恩賜。假定毛真正是『一切為人民』，也只能算是中國傳統中的『愛民主義』；人民與統治者的關係，是恩賜者與被恩賜者的關係；從好方面去解釋，也是太落伍了。何況實質上是一切為自己，為江青呢？」按：上引文中所謂「為江青」，我們宜理解為只是徐先生順帶而來的一筆。先生的本意是指出，其實，毛「一切為自己」而已。徐先生 1974 年撰寫上文時，毛已八十多歲了，必自知不久人世。為了自己的名聲、地位及思想（毛澤東思想）可以永垂不朽而傳諸後世，即為了江山萬代紅，或至少不至於死後被批鬥，被鞭屍，所以不得不把江山傳給枕邊人江青。這就是「為江青」一語的由來；其實毛的最終目的，還不是為了自己，為了一己之私嗎？！徐復觀，〈教育‧群眾運動及其他〉，《明報》，卷 9，期 4，1974.04；收入《補編》，冊五，頁 364。

139 徐先生明確指出，中共之治天下，實毛一人之治而已。先生說：「……至於共產黨，不僅完全是人治，並且完全是毛澤東一人之治；不但不要憲法，也不要黨章。」徐復

違反「民主集中制」的精神。前既有民主（調查民意，徵詢一下大家的意見）[140]，後又有集中，非「民主集中制」而何？！對於這個看似無可駁斥的「歪理」，徐先生何許人也，他怎容得下你這個詭辯式的死撐硬拗、文過飾非？先生說：

> ……階級鬥爭的手段，是與民主觀念不能相容的手段。所以他講的民主集中制中的民主，因互相矛盾而只能變成他所運用的謀略的一部分，沒有實質的意義。[141]

縱使認同「民主集中制」中的民主，指的僅是「民意調查」、「民意徵詢」，但「民意調查」、「民意徵詢」，何至要用上「階級鬥爭的手段」呢？這種手段明與民主精神相違背，甚至相矛盾，所以徐先生直斥毛的所謂「民主集中制」中的民主，是「他所運用的謀略的一部分，沒有實質的意義」。換言之，毛乃假「民主集中制」之名，行「個人權力集中制」之實。其實，嚴格來說，甚至只是行「個人權力集中的作法」之實，何「制（度）」之可言！！

　　徐先生分析上文說過的「擴大的中央工作會議上的講話」時，又進一步指出，毛以「反右」的「陽謀」[142]來結束他所發動的百家爭鳴。這當然也

觀，〈教育‧群眾運動及其他〉，《明報月刊》，卷 9，期 4，1974.04；收入《補編》，冊五，頁 363。

[140] 其實，「徵詢」便真的只是徵詢而已；徵詢之後，可以完全不按照徵詢的結果、結論來執行的。換言之，徵詢的結果是沒有強制性的。這跟由人民當家作主的民主，其相差又何止十萬八千里！按：「民主」的定義可以有千百種。但個人認為，人民乃政治的主體，「由人民當家作主」乃各種「民主」定義應涵的共同內容（即最大公約數——H.C.F.）。

[141] 〈評毛澤東「在擴大的中央工作會議上的講話」〉，《華僑日報》，1978.07.21；《論中共》，頁 217。

[142] 1957 年，毛澤東提倡大鳴大放，要人敢於發表意見、講真話。但其後便以此入人於罪；反右運動於焉展開。這就是著名的「陽謀」和「引蛇出洞」的說法的由來。按：「陽謀」一詞，乃相對於「陰謀」來說，指明白的對你施展計謀。其實，人家根本不

是毛運用謀略的另一例。

　　最後，我們舉文化大革命為例，以說明毛澤東在謀略上的表現。毛「利用年齡知識都未成熟的紅衛兵」發動文革，這是眾所周知的，上文亦有所指陳。然而，毛氏深悉槍桿子出政權這個道理；搞鬥爭，當然也離不開槍桿子。所以他也必須利用軍隊。按照徐先生的觀察，文革時期，四個武裝集團中實力最大但頭腦最簡單的是林彪。於是毛煽動林的政治野心。但假使只有林彪一個人俯首聽命，那也是無濟於事的。上文指出，毛最懂得組織群眾、發動群眾、煽動群眾。其實軍隊就是群眾──有槍的群眾。於是毛又「使軍隊直接參與他的政治鬥爭」。群眾和武力在這個設計下，便天衣無縫地結合在一起了。其結果便是「軍隊又成為黨政的直接領導人」。黨、政、軍即隨而三合一成為了連體嬰！毛這一招可高了。黨政的最高領導人當然是毛自己。[143]現在解放軍也成為了黨、政的直接領導人，於是解放軍必會產生一種想法，感覺到他們「只有在毛澤東領導之下，軍隊才成為一切權力的源泉，軍隊才是一切的決定者，軍隊即是國家的一切。而這些『一切』，統統來自毛澤東，便甘心情願地，把黨的軍隊向後倒退，變成了毛澤東的私人軍隊。」[144]黨、政、軍三大權，毛由此便巧妙地集中到自己一人身上了。讀者們，你們說毛的謀略或鬥爭藝術高不高明？！

　　〈評毛澤東「在擴大的中央工作會議上的講話」〉一文，是徐先生撰寫

知你是在施展計謀，所以所謂「陽謀」也者，對受害人來說，實亦陰謀也。毛澤東以「陽謀」稱之，乃故創新詞，表示自己正大光明的向你施展計謀。此自找臺階下的詭辯，實欲蓋彌彰之甚，以其比陰謀更陰謀千百倍也。

[143] 在共黨統治下的新中國，毛雖然甚具威望，但名義上，解放軍的最高領導人，在毛過世前，倒不是他。華國鋒當上毛的接班人之後，新中國在體制上才出現黨政軍三合一的最高領導人。

[144] 本段引文及相關資訊，據徐復觀，〈中共解放軍的進路〉，《華僑日報》，1981.05.03；收入《最後雜文集》，頁 258-259。按：軍隊是屬於國家的，為國家効力的。但在極權國家、法西斯政權統治下的國家，軍隊變成了私人部隊；為國家領導人，甚至為一些軍頭効力、賣命。徐先生認為，文革時期，解放軍在毛的操弄下，變成了為他一人而効力，因此先生視之為「軍隊向後倒退」，因為已經「變成了毛澤東的私人軍隊」了。

於晚年（1978 年 7 月）的傑作。該文不光是透露先生對該〈講話〉的意見而已。先生對毛很多非常中肯，且入木三分的觀察，該文都有充分的反映。其中毛如何利用其謀略來進行鬥爭，上文已有所闡釋。現在引錄該文中的一小段話來結束本節。先生說：

> ……許多人認為毛的講話，是在大躍進失敗之後，自己面對七千幹部認錯的講話。能認錯總是好事。但這是表面的，輕微不足道的。毛的個性，決不肯真正認錯，也決不肯在裏面不用謀略的。……[145]

衡諸毛澤東一輩子的表現，徐先生這個入木三分、眼光獨到的鐵口直斷，實在不能不讓人心服口服[146]。

五、徐先生對毛澤東的正面評價

以上四節，除第一節緒論外，餘三節分別處理徐先生與毛澤東之接觸經歷、徐先生眼中毛之性格、毛之謀略等。本文原先擬處理之課題至少尚有四、五項之多，如下：毛澤東與傳統專制政治；毛澤東・傳統文化・孔子；毛澤東與文革；毛澤東與中外政治人物比較等等。當然，這些課題，其處理之主軸，如同上文一樣，都是扣緊徐先生對毛的評價來敷陳的。惟限於時間、精力，以上課題，或俟諸異日。然而，有一課題是非處理不可的，如下：徐先生對毛澤東的正面評價。先生善善惡惡，惡而知其美，看人必正、反面兼顧而作出平衡的報導、評價。所以如果不處理這方面的課題，不把徐先生月旦人物的這個特質呈現出來，那對徐先生，乃至對毛澤東都是很不公平的。筆者草擬本節，其出發點便在於此。惟其主旨畢竟與全文不相類，是

---

[145] 《論中共》，頁 215-216。

[146] 其實，毛澤東因時制宜的謀略／計謀，還有很多，如「裝病喊死，把自己完全隱蔽起來」等即其一例。為省篇幅，今從略。「裝病喊死」一例，見〈毛澤東的問題〉，《華僑日報》，1967.08.18；收入《補編》，冊五，頁 217。

以置諸文末,僅位於全文「結論」之前。

　　徐先生惡而知其美是有其普遍性的,絕不光是對待個別單一的人、事、物而已,更不只是對毛澤東是如此。譬如就以徐先生所經常批評的中共來說,他仍能看出其可愛的地方[147]。以下一段文字即可佐證。先生說:

> 年青人因不滿現狀,而投向中共及馬列主義,是有血性有良心的表現。……我批評中共,我沒有否定中共。從國家的前途看,從目前的現實看,我們應承認中共的許多成就,接受中共所打出的大方向——社會主義的方向;但消極方面,清算毛、江集團的左傾幼稚病;積極方面,建立憲法,肯定人權,使政治在憲法上運行,使人民有人權的保障。這是一個期待,一個前進的指標;也或許,歷史會向這一指標演進。[148]

上引文是徐先生訪問紀錄的一部分;時維 1974 年,當時中共統治大陸已滿四分一個世紀。其中先生明確聲明,雖批評中共,但沒有否定中共。這裡的「否定」,徐先生沒有明確指出是哪方面的否定。按:1974 年時,退居臺灣的國民政府,還是標舉漢賊不兩立、王業不偏安,以中華民國為唯一代表中國正統(即唯一合法政權、政府)的一個國家。說得白一點,站在當時兩蔣的立場或國民政府的立場來說,中華民國就是中國,中國就是中華民國。以徐先生對兩蔣關係之淵深及對中華文化之熱情厚愛來說,他大概不可能不贊成這個立場的。所以徐先生這裡所說的「沒有否定」,大概是指「政權」以外別的方面,即不否定中共別的方面的表現、成就。譬如中共「所打出的大

---

[147] 中共,中國共產黨也。凡共產黨必然是主張唯物論的、唯物辯證法(辯證唯物論)的、歷史唯物論(唯物史觀)的。筆者不敢說徐先生一定是重視精神多過於重視物質。但先生絕對不會贊成唯物論,那是可以斷言的,是以原則上必反共,否則難以稱為儒家信徒。然而,儘管如此,先生對中共的某些方面,還是相當欣賞的。

[148] 徐復觀,〈教育·群眾運動及其他〉,《明報月刊》,卷 9,期 4,1974.04;收入《補編》,冊五,頁 367。

方向——社會主義的方向」，徐先生便明確指出，吾人應予以接受。此外，中共所標舉的理想（如打倒帝國主義等等），恐怕也是很值得人們追求的，尤其以不滿現狀而理想性較高的年青人為然。這些理想，相信徐先生也是樂於接受的。上引文還揭示先生對中共的未來有所期待，這明顯是愛國、愛人民的一種表現，但這與「惡而知其美」沒有直接關係，恕不細述。

其實，徐先生頗欣賞中共，對中共有好感。這種念頭早在抗戰時已萌芽，絕不是 1974 年時才生起的。先生說：

> 抗戰剛發生時，大家對共產黨都有幻想，因為他們是前進的象徵，我們應當接受共產黨許多前進的方法、前進的觀念，那麼我就是其中之一。[149]

如上所述，中共統治大陸後，尤其文革的一段時期，其表現讓徐先生大失所望。然而，先生並不因此而否定其早年（抗戰時期）已有的看法[150]。上引文是徐先生晚年的回顧。此回顧便承認其早年對中共充滿幻想，認為中共很多作法及觀念都是前進的。

徐先生心胸寬厚，惡而知其美。中共正面方面的表現，徐先生予以首肯、接受，是很可以理解的。不特此也，連負面的表現，徐先生都能基於即事原情、本理衡情的態度，為中共說話，為中共找臺階下，這是一種同情的諒解、設身處地跨越時空而神入歷史情境中的會悟、遙契。作為史家，尤其治思想史的史家，這是很重要的；但可惜的是，不是所有史家都能做得到這

---

[149] 徐復觀，〈周恩來逝世座談會〉，《明報月刊》，卷 11，期 2，1976.02；《補編》，冊五，頁 388-389。

[150] 這一點非常重要，筆者要特別指出來。很多人，甚至史家，因後來對某些人、事、物的不滿，轉而把早年所做過的肯定都一概否定掉，甚至說自己從來沒有說過肯定的話！這是很不老實的表現。徐先生絕不如此。作為史家，必須本乎良心如實呈現各階段的真相（含承認所說過的話）。如果連自己說過的話都否定掉（即否定曾經說過），那是失德的表現。史家具史德否，這是一個很重要的判準。

一點。徐先生之所以了不起，這是很關鍵的一個判準。先生說：

> 毛澤東在中共成立二十週年紀念週上，開首便說：「中國共產黨，是
> 工人階級自己創造的黨，是代表工人階級的黨。」這一個漫天的大
> 謊，自國際傳到中國；自中共創始以來，一直傳到毛澤東；中共黨人
> 自己，又何嘗不知道？但如前所述的，馬、列對共產主義所需要的社
> 會基礎的規定，逼著中國共產黨人，非如此撒謊不可。不如此撒謊，
> 中國共產黨人，便只有站在共產主義之前，自己否定自己。[151]

上文發表於 1948 年 1、2 月，時中共尚未取得政權。取得政權當然是中共當
時的終極目標，甚至是唯一目標、目的。上文曾經指出過，很多人認為「目
的正確，手段也隨之正確、合理、合法」（The end justifies the means）；當然，
中共也認同這個看法。「革命不是請客吃飯，不是做文章，不是繪畫繡
花」。流血殺人，那是不可避免的，甚至是家常便飯；更何況只是說個謊而
已！「說謊」在當時的情境下，其實好比現今選戰所做的「文宣」。不要說
六、七十年前，縱使現在，「文宣」絕少不誇大失實的[152]，這是策略的運
用；旨在爭取社會基礎，那有甚麼不可以的呢？政治資源、軍事資源，財經
資源，全部（至少大部分）都掌握在你執政黨——國民黨手上；資源的對比

---

[151] 徐復觀，〈再論中共現階段的「土改」運動〉，南京《中央日報》，1948.01.30、
　　 31；1948.02.02、04；收入《補編》，冊五，頁 79-80。

[152] 公元 2000 年，陳水扁當選總統，諾貝爾獎得主而時為中研院院長的李遠哲先生在立
　　 法院答詢時，便說出相當於「競選支票可以不兌現」的話。換言之，就李遠哲來說，
　　 「競選支票」蓋「文宣」而已。而文宣旨在產生宣傳效果，當然便不必顧及事實而無
　　 所謂兌現不兌現的問題。個人則認為，對政客來說，競選支票固然無所謂兌現不兌
　　 現！但此語竟出自諾貝爾獎得主的中研院院長之口，那是太匪夷所思了。最近（2016
　　 年 3 月以來）中研院又發生了另一匪夷所思的大事：李遠哲大力推薦的中研院院長接
　　 班人翁啟惠先生身陷「非法炒股」（刑法背信罪）之嫌而於 2016 年 4 月 20 日被檢調
　　 單位約談，並隨即列為被告；4 月 21 日，改列／增列貪污罪嫌被告，並限制出境。
　　 這使得中華民國最高學術研究殿堂蒙羞；牟宗三先生所說的知識分子之自賤，其此之
　　 謂歟？！

上，明顯是嚴重的不平衡。沒有資源，那來力量？！我唯一可做的便是爭取社會資源。不靠點騙術，扯個謊，我怎能實現解放人民於水深火熱之中這個偉大理想呢？

以徐先生的智慧、學經歷，他當然了解中共這個作法，乃係事非得已，有點人在江湖身不由己的一種鬥爭策略，於是便下判斷說：「……逼著中國共產黨人，非如此撒謊不可。」（見上引文）

以上三引徐先生的文字，並說了一大堆話，目的不外是佐證徐先生是惡而知其美的；對中共如此，對中共的最高領導人——毛澤東，當然也不例外。先生所說的「毛澤東不斷說『一切為人民』，不應該認為他講的全出於虛偽」[153]這句話，便是最好的佐證。此外，徐先生又說：

> 老實說，當時我站在國民黨的立場，不能不反對毛澤東；但內心對毛實懷有深厚的好感。[154]

上引文中的「當時」，指 1943 年先生代表國民黨政府，被派赴延安擔任聯絡參謀的一段時間。「內心對毛實懷有深厚的好感」這句話，可以道盡先生對毛欣賞之程度了。這是 37 年後的 1980 年 2 月，即毛已過世三年多後，先生對前塵往事做回顧時說出的話。然而，為甚麼先生對毛產生如此好感呢？本文第二節引錄過六段文字來說明徐先生與毛澤東接觸的情況。其中第一段文字特別說到 1940 年代中共的《整風文獻》中有「民族利益服從國際利益」的說法，徐先生當面向毛澤東表示這個說法具危險性。毛聽後馬上表示「必重新考慮這一問題」。這個回話必然打動極愛國家、極愛民族的徐先生的心；先生並由此認定毛是有個性的人，而「有個性存在的人，也容易發生祖國的觀念，因為從個性追溯上去，一定要發現自己和祖國的關連」。「自

---

[153] 〈良知的迷惘〉，《華僑日報》，1978.12.16、20；收入徐復觀著，蕭欣義編，《儒家政治思想與民主自由人權》（臺北：臺灣學生書局，1988），頁 181。

[154] 徐復觀，〈劉少奇平反與人類的良知良識！〉，《華僑日報》，1980.02.04；收入《續集》，頁 218。

己（毛澤東）和祖國的關連」的認定，恐怕就是徐先生對毛「懷有深厚的好感」最主要的原因。

另外值得一提的是，1945 年中共正式通過黨章，其中「居然抬出了毛澤東思想，來和馬列主義品吃品坐（筆者按：當係「平起平坐」）；在這裡，我們佩服毛澤東『要與天公共比高』的丈夫氣概。」[155]

毛的丈夫氣概及徐先生以其本人的愛國精神（不自覺地）投射到毛身上而認定毛同樣是愛國，這兩個原因大概就是促成先生對毛產生好感的關鍵所在[156]。

此外，徐先生在不同文字中稱讚毛是「謀略天才」、「洞澈機微的謀略天才」、「雄才大略」；又說：「對他的才略，一直保有一番自然地敬意，還時常形之夢寐」；「以毛澤東的雄才大略，⋯⋯」；「他是個了不起的人物」。[157]所以毛澤東的才華是先生甚為欣賞的。

---

[155] 徐復觀，〈評中共「黨章」〉，南京《中央日報》，1946.10.3、4；收入《補編》，冊五，頁 43。

[156] 其實，徐先生本人便有丈夫氣概，或所謂俠氣。猶記得三十多年前上牟先生課時，牟先生嘗指出說，他和唐先生所發表的文章，常被人批評，甚至惡意抨擊。徐先生經常充當護法，挺身為我們（唐、牟）辯護。按：丈夫氣概，或所謂俠氣，大抵源自人之剛毅精神。被稱為風流才子的胡蘭成，與唐、徐等先生熟稔；嘗云：「復觀兄之剛毅，誠為美質，其對人之懇切，尤為今世難能，⋯⋯」。所謂物以類聚，氣味相投，徐、毛既有相同的品性（具丈夫氣概、同樣愛國──至少就徐先生看來），所以徐先生欣賞毛澤東，便是很可以想像的。上引文見薛仁明編，《天下事猶未晚──胡蘭成致唐君毅書八十七封》（臺北：爾雅出版社，2011），頁 40。又：徐先生為唐、牟二先生充當護法事，詳筆者下文：〈精誠相感，憂患同經：牟宗三眼中的徐復觀〉，發表於 2015 年 10 月 22-25 日由中央大學等等單位所舉辦之「第十一屆當代新儒學國際學術會議──紀念牟宗三先生逝世二十年」上。此文今納入本書附錄內。

[157] 參〈毛澤東派給尼克遜的角色〉，《華僑日報》，1976.03.02；收入《補編》，冊五，頁 400、401；〈毛澤東能跳出歷史的巨流嗎？〉，《華僑日報》，1978.01.31、02.01；《補編》，冊五，頁 431；〈未嘗不嘆息痛恨於桓靈也！〉，《華僑日報》，1978.11.23；《續集》，頁 118；〈一個政權的基礎問題〉，《華僑日報》，1976.11.17，《補編》，冊五，頁 423；〈徐復觀談中共政局〉（訪問稿），《七十年代》，1981.03.20；收入《最後雜文集》，頁 406。

　　對毛澤東的評價，一般較客觀的說法是：對黨有功（為中國共產黨奪取得天下，故有功），治國有過。本文題目有「誅奸諛於未死」一句話；其實徐先生在毛澤東未死之前，對他也不完全是口誅筆伐的（詳上文）。先生在一篇文章中甚至認為中國能夠站起來，靠的就是毛澤東。文章發表時間係 1976年年初，即毛逝世約半年前；所以也可以說得上是對毛馬上要撒手人寰前的最終判斷了。先生說：

> 反省後，明白到我們雖然身在海外，雖然反對共產黨，但是我們非常愛我們自己的國家，非常希望共產黨做得好。我們的國家，現在不錯是站起來了。這個站起來，在我們腦子裡面，當然第一個功勞，是毛澤東。沒有他的氣魄，沒有他的號召力，沒有他組織的能力，那是不可能的。第二是劉少奇。……[158]

把國家能夠站起來的第一功歸諸毛澤東，然則毛在徐先生心中之地位便很可以概見。先生惡而知其美，居然可以美到這個地步，是很值得吾人注意的。然則該罵則罵，該讚還是讚，這充分顯示先生「善善惡惡，賢賢賤不肖」[159]、「美惡不掩，各從其實」[160]的道德意識、良史意識。

　　毛澤東寵信江青、發動文革等等，是他最為人詬病的地方。毫無疑問，

---

[158] 〈周恩來逝世座談會〉，《明報月刊》，卷 11，期 2，1976.02；《補編》，冊五，頁 389。筆者由此想到，長壽未必是好事。如果毛建政後，或建政三、五年後，即六十歲左右，便去世，那他在中共，在中華人民共和國之地位可高了。所以長壽未必是好事；蓋多活的時日不見得能增進長壽者的榮譽，或適足相反也說不定。南宋名將夏貴宋末抗元甚力，但國亡後降元。《宋史》不為之立傳，明初所修之《元史》亦不立傳。歿後有人弔之曰：「享年八十三，而不七十九，鳴呼夏相公，萬代名不朽！」又：「自古誰無死，惜公遲四年，問公今日死，何似四年前。」參趙翼撰，王樹民校證，《廿二史劄記校證》（北京：中華書局，1984）卷 26，〈夏貴〉條。

[159] 語出《史記·孔子世家》。

[160] 語出錢大昕（1728-1804）序梁玉繩《史記志疑》，錢云：「史家以不虛美不隱惡為良，美惡不揜，各從其實。」錢大昕撰，呂友仁校點，〈史記志疑序〉，《潛研堂集》（上海：上海古籍出版社，1989），頁 396-397。

毛是文革的罪魁禍首。然而事情的發展恐怕也有出乎毛澤東意料之外,而不該全由他一人負責的。先生即嘗云:

> 在毛澤東的身心比較健康的時候,他能抑制住江青,不使她以過去弄權的皇后姿態出現,這是毛氏了不起的地方。但現在日暮途遠,眾叛親離,有如快死時的劉邦,感到非借重呂雉,不足以達到殺盡功臣的目的,於是江青便攜帶著陳伯達、戚本禹這般文人出場了。[161]

據上引文,即知徐先生的看法是,毛原先當有「抑制住江青」而不想江青過分掌權之意。但到後來,以日暮途窮,事態發展漸次失控,毛由此遂喪其初衷。

說到發動文革,先生指出,毛「也有打破共黨已成為巨大壓迫人民的官僚機構的用心在裡面;但為什麼所得到的都是『封建法西斯』?這是值得中共黨人要更進一步去思考的問題。」[162]此又可見先生思考一問題,每能兼顧正負兩方面;非全然指責毛澤東之不是。此其一。另一值得注意的是,先生恆謀國以忠,企盼中共本身對原本是頗為善意的一個構想(依徐先生,毛之發動文革,不能全然是惡意),但不意竟造成負面的結果,應予以深入思考反省[163]。

徐先生「出身自貧苦的農村」,是「大地的兒女」,永遠「以百姓之心為心」。[164]此國族之關懷也。國族而無文化,雖生猶死。此所以徐先生亦

---

[161] 〈論毛、江、林集團的偶像崇拜運動〉,《華僑日報》,1976.06.18;收入《補編》,冊五,頁 232。

[162] 〈試論中共之變〉,《華僑日報》,1978.12.26;收入《補編》,冊五,頁 474。

[163] 香港頗為流行如下一句話:「好心做壞事」(即出發點是好意的,善意的,但出人意表的竟產生了不良的結果)。中共發動文革,就某一程度而言,其性質不能說不有點兒相類似。

[164] 均琴女士於先生仙逝後大殮火化之日(1982.04.05)撰寫下文:〈大地的兒女——悼念我的父親徐復觀先生〉,收入曹永洋等編,《徐復觀教授紀念文集》(臺北:時報文化出版企業公司,1984),頁 7-8。文章不及千字,但極感人,洵可傳頌。徐先生

必同時關注中國之文化。數千年來，中國政治不脫人治本色；中共統治不為例外。而毛為中國大陸之最高領導人。此所以徐先生嘗云：「我還敬重毛先生的時候，我常說，毛澤東要為中國的窮人翻身，我們應該為中國文化翻身。」[165]上文隱約可見，先生對毛澤東嘗寄予厚望。至於先生「還敬重毛先生的時候」，蓋指文革爆發前，尤指1949年中共取得政權之前。

先生既為「大地的兒女」，永遠「以百姓之心為心」，這所以一般的勞苦大眾——被統治的農民、工人，永遠都是先生關懷的最主要對象。在一篇文章中，先生明確指出，「至於使幹部下鄉勞動，以消弭統治與被統治的懸隔，毛澤東的用心也是對的」。文中又指出，「毛澤東要把都市生活與農村生活拉平的問題，假定這不是作為壓抑工人生活的藉口，而是想把農民的生活向上提，這依然是合理的。」[166]除由於關注農民、工人的生計而毛澤東得到先生的稱許外，先生還稱許了毛整肅知識分子的政策。「老實說，毛先生整知識分子，我有百分之七、八十是同情的，中國的知識分子應該整。」換言之，先生大體上是肯定毛對知識分子的整肅的。這或許會導致誤會，讓讀者想到難道徐先生是要毛澤東比照秦始皇的焚書坑儒，濫殺知識分子嗎？讀者不必急，上語之後，先生馬上說：「不過他整的方式不對，因為整知識分子而把知識也否定了。」人格掃地的不肖知識分子，尤其歌功頌德，大拍統治者馬屁，對統治者唯命是聽，騎在老百姓頭上，作威作福，打壓老百姓的知識分子，徐先生對之痛心疾首。先生一針見血指出，「中國知識分子最缺乏的是人格，你還使他們更沒有人格，那怎麼行！」[167]毛澤東把知識分

畢生願念所寄，可藉以概見。

[165] 徐復觀，〈徐復觀談中共政局〉，《七十年代》，1981.03.20；收入《最後雜文集》，頁419。

[166] 徐復觀，〈孔子在中國的命運〉，《明報月刊》，1974年4月；收入《論中共》，頁289。

[167] 本段以上三引文，均見徐復觀，〈徐復觀談中共政局〉，《七十年代》，1981.03.20；收入《最後雜文集》，頁422。徐先生曾說過：「羞恥之心是人格的基點。……羞恥是每一個人精神上的最低防線，……所以培養人的羞恥之心，保持人的羞恥之心，自古以來，是政教中的大事。」（詳上文注52）人格從人具羞恥之心談

子視為奴才，視為「臭老九」，這就是先生「你還使他們更沒有人格」一語的由來。

以上主要針對毛統治下中國大陸的內政來說。至於外交的國際政策，徐先生對毛也有稱頌的地方，嘗云：「當毛澤東喊「一邊倒」的口號時，是天真地相信馬列國際主義。由一邊倒而奮起抗拒，……毛澤東不願當這種「國際」下的奴隸，只有起而抗拒。」[168]毛嘗高喊一邊倒，全力支援史達林的政策。但最後發現原來史達林政策下的體制，是要對共產主義的「兄弟」之國下手，透過對組織、思想、軍事的控制，無所不用其極地拿兄弟開刀，視為經濟榨取的對象！在這種情況下，毛當然不願意當這種「國際」政策下的奴隸的。先生既深愛國家、民族，那麼毛對史達林體制的反抗，當然會得到先生的欣賞。

最後可以一說的是，毛澤東熟讀史書，所寫的文章，亦頗值得稱道。徐先生即嘗云：「劉邦是沒有多讀書的人；……毛澤東是湖南第一師範畢業生，讀了些線裝書；他的詩詞雖不太高明，但他的短篇散文，卻灑脫跌宕有奇氣。」[169]又云：「毛澤東熟讀《資治通鑑》，……」。[170]當然，毛澤東是政治人物，非文學家、史學家，他文章的好壞及熟讀史書與否，不應作為衡量其表現及成敗得失的判準。筆者所以把徐先生這方面的意見也納進來，主要是要讓讀者了解，先生對毛的欣賞，是多方面的。

起。但你非要人家掉丟其羞恥之心不可，而使人全不要臉地苟活下去！你毛澤東把人性顛倒過來這種旋乾轉坤的大本領，怎不教人「佩服得五體投地」呢！

[168] 徐復觀，〈中共的外交形勢〉，《華僑日報》，1978.04.18；收入《補編》，冊五，頁 441-442。

[169] 徐復觀，〈劉邦與毛澤東〉，《華僑日報》，1979.09.12；收入《續集》，頁 176。

[170] 徐復觀，〈毛澤東的偉大藝術作品〉，《華僑日報》，1973.09.06；收入《補編》，冊五，頁 357。據說，毛澤東一生讀過十七遍《資治通鑑》。郭金榮，〈讀「破」了的一部《資治通鑑》〉，《毛澤東的黃昏歲月》（香港：天地圖書有限公司，1990），頁 89。有學者甚至說，毛曾十七次批注過《資治通鑑》；對該書及該書作者司馬光，給予了極高評價。參〈國興文盛　學貴一得：〈什麼是《資治通鑑》〉〉，2006.11.27，國學資訊（news.guoxue.com）。

六、結論：徐先生之好惡皆得其正

毛澤東逝世後第三年，徐先生在一篇文章[171]中把毛一生的表現，做了一個扼要的綜合。本文開頭曾經說過，「蓋棺」不見得就可以得出「定論」。然而，就筆者看來，該綜合既客觀，又平實，功過兼顧；雖不必為「定論」；但雖不中，亦不遠矣。本結論即以該綜合為主軸，稍作闡釋如下。

先生把毛的一生分為三個階段[172]。其重點計有：

毛具有雄才大略和卓越的組織能力。這結合到武裝力量上去，便使中共戰無不勝。這包括充分而彈性的融入到舊社會中去，打敗當時「腐爛透頂的政權」，甚至戰勝「外寇侵略」。[173]所以徐先生對毛在這個階段（先生稱為第一階段）[174]的表現，做出以下的評價：

> 我在一九四三年，已經確定，他有奪取中國全面政權的能力。這對共黨而言，當然是大功；但對國家人民而言，是功是過，應由取得政權後的作為而定。[175]

上引文最後一句話非常具啟發性。毛的功過，要一分為二，不能含混籠統地

---

[171] 此文章，即指以下引文所據的徐復觀，〈讀葉劍英講話的一些雜感之一〉一文，《華僑日報》，1979.10.10；收入《補編》，冊五。

[172] 毛澤東一生可以分為多少個階段（時期），每一階段的起迄年為何，學者看法不很一致。參許全興，《毛澤東晚年的理論與實踐》（北京：中國大百科出版社，1997），頁4-8。

[173] 本節「」內的引文，大皆源自〈讀葉劍英講話的一些雜感之一〉一文，以下不再作說明。

[174] 徐先生在文章中並沒有明確指出這第一階段的起迄年份。但據上下文脈，乃知其始年至少可從1935年遵義會議毛掌握最高領導權的時候開始，終年則為韓戰結束的1953年。

[175] 《補編》，冊五，頁506。

下判斷。很明顯，他的卓越表現幫助了中共奪取得政權；所以對中共而言，毛當然是有功。然而，對國家、人民而言，是功是過，尚未為定論，而要決定於取得政權後的表現。徐先生不是共產黨員，不必為共產黨講話。反之，徐先生一輩子念茲在茲的是國家人民的福祉。所以政治人物的功過，譬如現在說到的毛澤東，必得從這個大關大節上著眼。

　　毛的第二階段，據徐先生，始於 1953 年韓戰結束，終於文革的爆發（1966 年）[176]。其間土改政策，雖手段太殘酷，但大方向上不能算是錯誤。「以收購合作的方式解決資本家的問題，亦算運用得非常巧妙。」然而，韓戰結束後，毛不可一世，趾高氣揚，忽視客觀經濟規律，「認為生產關係可以決定生產力」，並要全面建立人民公社！此等倒行逆施，只有導致 50 年代末的大災難。先生並認為這個大災難至其執筆撰文時（即 1979 年末），「還難於收拾、補救」。[177]

　　第三階段，始於文革開始的 1966 年，終於毛過世的 1976 年。先生認為，這是毛堅持「自己的錯誤所犯下的罪惡地第二階段。」（按：毛在上一階段（1953 年-1966 年）已犯下若干罪惡；是以這一階段，徐先生稱為犯下罪惡的第二階段。）

　　總括以上三階段，先生指出：「組織加才略──錯誤──罪惡，這就概括了毛的一生。」[178]「組織加才略」，這主要是針對第一階段（1935-1953；前後接近 20 年）來說。「錯誤」則見之於第二階段（1953-1966；約 13 年），但其間仍有值得肯定的地方。「罪惡」則為徐先生對毛第三階段（1966-1976；約 10 年）的定位。換言之，毛的表現，越來越差，越來越走下坡，越來越讓

---

[176] 其實，1953 年至文革的爆發，又可細分為好幾個階段。53 年至 56 年為第一階段，毛的表現可以說是相當正面的。57 年的反右運動，才正式標誌著毛從高峰轉為走下坡。大體來說，從這年開始至 1976 年毛的逝世，毛的表現，每況愈下；其中文革十年（1966-1976）便更不用說了。詳參許全興，《毛澤東晚年的理論與實踐》，頁 4-8。

[177] 《補編》，冊五，頁 506-507。

[178] 《補編》，冊五，頁 507。

人失望；但吊詭的是，以其手段越來越高明（理論＋黨組織＋群眾＋槍桿子＋青少年（紅衛兵）；詳上文），再加上拍馬屁者造神運動的推波助瀾，所以地位、名聲、威望，反而高居不下、節節上升！徐先生惡而知其美，所以儘管以「罪惡」來描繪毛第三階段的表現，但仍認為「有三點不應加以抹煞。」這三點如下：

> 第一是在蘇聯巨大壓力之前，維持了國家的尊嚴、獨立。第二是他想打破共黨官僚對人民巨大壓力的企圖。第三、他開闢了「大字報」的「一線天」式的民主。這是非常可憐的民主。但有的地方，連這種可憐的民主也不能存在。

以上三點相當正面的表現，稍一分析，即可知乃係分別以國家主權、人民福祉、民主精神作為判準而得出來的。徐先生一輩子所重視者、追求者，即在於是。毛澤東在這些方面既有一定的表現，這所以徐先生便用以上的幾句話來總結全文（指〈讀葉劍英講話的一些雜感之一〉一文）。

綜上所述，可知先生對毛澤東的批評甚為嚴苛，從不稍予假借寬貸；然而，亦絕不否定其優長及貢獻，正所謂惡而知其美者也。子曰：「唯仁者能好人，能惡人。」[179]其實，我們也可以反過來說：以好、惡皆得其正（公平、公正、合理、得宜），所以可稱為仁者[180]，或至少可以「近仁」稱之。徐先生之好、惡，庶幾近之[181]。

---

[179] 《論語・里仁》。

[180] 筆者意謂：「好、惡得其正」便具備了仁者的基本資格、必要條件；並不是說「好、惡得其正」，馬上便是仁者。換言之，「好、惡得其正」是「仁者」的必要條件，而非充分條件，更非充要條件。

[181] 本文主要是陳述、闡釋徐先生對毛澤東的批評、批判；其他學者的意見，大皆從略。其實，學者們批評、批判或評價毛澤東而撰就的相關研究成果非常豐碩。相關資訊，可參周一平，上揭《毛澤東生平研究史》。

第四章　現代新儒家徐復觀先生
對皇權專制政治的批判
——以〈論《史記》〉為例作說明[*]

一、緒論

　　司馬遷的《史記》很多年前便讀過了。但最近一二年細讀徐復觀先生〈論《史記》〉[1]一文後，便深覺《史記》一書，似未嘗一讀，因為過去讀不出史公作史之真精神，更未嘗獲悉各篇之精粹！！是以雖讀而猶未讀也。此外，讀〈論《史記》〉一文，尚可獲得治史之方法及史學之所以為史學之真義；收穫可謂至鉅大。嚴耕望先生《治史經驗談》一書旨在教人治史，嘗指出說，與其多看史學方法論之書籍，不如透過其他途徑以獲得治史的方法，而其一即為：「多多的仔細閱讀有高度成就的學者的好著作，體會作者

[*]　本文係應四川省宜賓學院唐君毅研究所所舉辦之「現代新儒家與現代中國」國際學術研討會之邀請而撰寫。會議日期：2015 年 10 月 30 日-11 月 2 日；地點：四川省宜賓學院。出席是次會議，得東吳大學歷史學系補助往返機票，特此致謝。本文始稿於2015 年 10 月 6 日，10 月 19 日完稿。會後嘗作增刪修改，後得香港《新亞學報》接受，擬刊登於第 35 卷。2016 年 4 月 23 日再作修改，最後定稿於同年 6 月 19 日。

[1]　原載《大陸雜誌》，卷 55，期 5、6（1977 年），後收入徐復觀，《兩漢思想史》（臺北：臺灣學生書局，1979），卷三，頁 305-442；全文約 80,000 字。下文援引〈論《史記》〉之處極多。為節省篇幅，不再開列篇名及該文之出處，而只在引文之後標示頁碼。換言之，凡只標示頁碼之引文，均指《兩漢思想史》卷三所收錄之〈論《史記》〉一文。

探討問題的線索。」²徐先生〈論《史記》〉一文即為這方面的絕佳好著作。

　　該文勝義紛陳，慧解識見之高、發微闡幽之卓，洵為大家之文無疑。尤可貴者，通篇透出作者深具以理性良知為主軸之道德意識，又處處流露知識分子對人類（尤其對自己的國家——中國）所抱持的一刻不能自已的關懷及隨之而來之使命感。其對中國傳統皇權專制政治不假顏色的批判，讀來尤其發人深省；洵有體有用的大文章。史公嘗謂：「述往事，思來者。」³徐先生〈論《史記》〉一文，個人以為，實亦本乎同一用心而為文也。其「思來者」的考量，正所以揭示徐先生之為徐先生，新儒家之為新儒家。筆者除「一讚三嘆」、「五體投地」外，仍是「一讚三嘆」、「五體投地」！以該文牽涉面向相當廣泛，今不克全面予以綜述。下文主要是扣緊該文所呈現的儒家精神及針對皇權專制政治⁴的批判，綜述該文的旨趣。

　　上文嘗說到史公撰寫《史記》的真精神。其實，《史記》的精神及史公撰寫該書的目的，並不是非常顯而易見的。筆者在草擬本文的過程中，嘗修函請教徐均琴女士。均琴女士的覆函中有句云：「先父在一封信中曾提到個人生活體驗與對史記瞭解的關聯」，均琴女士並惠告掛有 1966 年 11 月 21 日徐先生寫給她的一封信的一個網址⁵。該信揭示了徐先生何以能夠讀懂

2　嚴耕望，〈序言〉，《治史經驗談》（臺北：臺灣商務印書館，1981），頁 1。

3　〈太史公自序〉，《史記》（北京：中華書局，1959），頁 3300。以下所引《史記》，均以此版本為準。

4　其實，儒家（含現代新儒家）大皆痛恨專制政治。徐復觀先生當然不為例外。而且徐先生痛恨專制政治，或恐係現代新儒家之冠。徐先生對自由民主的歌頌，散見其多種著作，不備舉。相關論述，可參韋政通，〈以傳統主義衛道，以自由主義論政——徐復觀先生的志業〉，中國論壇編委會主編，《知識分子與臺灣發展》（臺北：聯經出版事業公司，1989 年）。順帶一說：大陸學界嘗把錢穆先生歸類為現代新儒家。吾人雖不能說錢先生很接受，很欣賞中國傳統政治——專制政治，但他對傳統政治／傳統政治制度，具相當好感。這恐怕是不爭的事實。所以從這個角度來看，似乎不宜把錢先生定位為現代新儒家。

5　https://docs.google.com/viewer?a=v&pid=sites&srcid=eHVmdWd1YW4ubmV0fGxldHRlcnxneDozMmM0MzRjMTJiZWQxMDA2；該信又見《徐復觀家書精選》，頁 175。

《史記》；其相關語句如下：

> ……那篇文章的內容，都只能很凝縮，很保留的說。每句話的後面，
> 都有好幾句未曾說出。寫普通文章，總是選擇最為扼要的地方發揮；
> 這種文章，卻只能帶逃避性的下筆。所以它並不能真正代表我的觀點
> 和事件的真相。正因為我有這種經驗，所以我才會讀懂《史記》。這
> 一點，你要永遠記下。

　　以上的內容，主要是說，某些文章，為了某些緣故（信中主要是針對「逃
避」來說），所以文章的內容，「只能很凝縮，很保留的說」。而徐先生本
人正因為有這種寫作經驗[6]，所以推想到／聯想到太史公也是如此下筆來寫
他的《史記》的。一言以蔽之，徐先生信中所表達的幾句話，加上均琴女士
的「指引」，我們可以稍微大膽的作如下的引申：假如徐先生本人沒有經歷
過某些人生體驗，則他是無法讀懂《史記》的。記得徐先生嘗謂，寫文章必
須主客合一，能所互動：作者與作品不是互不相干，分成兩橛而各自獨立
的。作品（縱然以研究性質的學術著作來說）的所謂客觀，不是在這個地方講
的。（大意如此，徐先生的確切用語，一時未能查得其出處。）

　　從徐先生以上的話，使筆者聯想到今天我們常說的解讀
（interpretation）、詮釋（hermeneutics）的問題[7]。解讀、詮釋過了頭（over

6　這種寫作經驗，當然也可以說是人的一種生活體驗。而這種生活體驗，又當源自更大
　　的生活體驗，或可說源自更大的人生體驗，譬如有關人的取捨去就，並由此而來的
　　成敗禍福，甚至與生死存亡相關的人生大體驗。均琴女士大概即本此而說其尊翁之
　　「個人生活體驗與對史記瞭解的關聯」。

7　有關解讀、詮釋的問題，徐先生有一個很好的說明，如下：「任何解釋，一定會比原
　　文獻上的範圍說得較寬、較深，因而常常把原文獻可能含有，但不曾明白說出來的，
　　也把他說了出來。不如此，便不能盡到解釋的責任。所以有人曾批評我，『你的解
　　釋，恐怕是自己的思想而不是古人的思想。最好只敘述而不解釋。』這種話，或許有
　　一點道理。但正如卡西勒（Ernst Cassirer, 1874.07.28-1945.04.13）所說，『哲學上過
　　去的事實，偉大思想家的學說與體系，不作解釋便無意味。』（徐先生原註：*An*

essay on man，日譯本，257 頁）。並且沒有一點解釋的純敘述，事實上是不可能的。對古人的，古典的思想，常是通過某一解釋者的時代經驗，某一解釋者的個性思想，而只能發現其全內涵中的某一面，某一部分；所以任何人的解釋，不能說是完全，也不能說沒有錯誤。但所謂解釋，首先是從原文獻中抽象出來的。某種解釋提出了以後，依然要回到原文獻中去接受考驗；即須對於一條一條的原文獻，在一個共同概念之下，要做到與字句的文義相符。這中間，不僅是經過了研究者捨象抽象的細密工作，且須經過很細密地處理材料的反復手續。」徐復觀，〈研究中國思想史的方法與態度問題（代序）〉，《中國思想史論集》（臺北：臺灣學生書局，1975），頁3。上引文中「解釋者的時代經驗」、「解釋者的個性思想」兩詞極為關鍵。茲先說前者。有謂歷史不會重演。就具體細節來說，歷史的確不會重演。但就人性來說，古今是一揆的。且太陽底下，那有新鮮事物呢？所以寬泛的說，歷史又何嘗不重演呢？鄭樵批評班固「斷漢為書，是致周秦不相因，古今成間隔。」（《通志·總序》）鄭樵的批評緣自其通史的立場；這自有其道理在。然而，班固斷代為書，亦自有其不得不爾的另一道理在；蓋修史者不宜不斷重複前史家既有的修史成果。要言之，周秦是否相因，古今是否成間隔，班固不負其責。筆者認為，古昔得以留存在今人的意識中，實以「感通」為其關鍵。（順帶一說，唐君毅先生非常強調感通，實在深具智慧）如今人對古人一無所感，則逝者已逝，往者已往，那今人自然無法通向古人；古今又焉得不成間隔呢？！由此可見感通的重要。然而，感通的契機又是甚麼呢？即有甚麼東西可以讓人產生感通呢？個人認為，天生具有悲天憫人、民胞物與的宇宙情懷的人，自然比較容易對古人有所感，即容易產生感通，否則便得有賴後天的客觀環境了（當然亦有賴其人後天的努力及其他因素，今暫且不展開）。個人身處的環境，或徐先生上文所說的個人的「時代經驗」在這裡便扮演一個非常關鍵的角色。除非麻木不仁，否則人恆對其自身的時代有所感（當然深淺自然有別）；尤其其個人經歷更容易讓此人產生刻骨銘心的一種感。這種感會進而使你容易領略、體會古人的同一經歷；即對古人的同一經歷產生「感同身受」的一種感。個人認為，「時代經歷」（或徐先生所說的「時代經驗」）與對古人的「感受」（感通於古人）是成正比的。個人經歷越豐富便越能對古人的眾多經歷有所感。就上文說到的文獻的解釋者來說，其情況亦然。扣緊〈論《史記》〉一文來說，如果不是解釋者徐先生深具其本人特殊的時代經驗（出入黨政軍、曾為蔣介石機要幕僚多年，又嘗與中共高層，如毛澤東、周恩來、劉少奇等等相處過），借用他本人的話來說，他是難以讀懂《史記》的。至於針對「解釋者的個性思想」來說，其理亦然。如果不是徐先生深具與史公相同的使命感及儒家精神、情懷，則《史記》所蘊涵的微言大義，恐怕徐先生也是讀不出來的。要言之，「解釋者的時代經驗」和「解釋者的個性思想」，對於能否恰當地解讀原文獻，挖掘其潛存（隱而不顯）的意涵，而不至於產生過或不及的弊病，實為兩項非常關鍵的元素。

interpretation）當然不對，但解讀、詮釋不足（under interpretation）──作者在作品中原有、本有的意涵，即作者心中具有，但沒有明白說出來（含引而未發），或由於作品過分濃縮、凝鍊而導致內容欠明晰、不全面，詮釋者無法予以說出、道破，那詮釋者便沒有盡到他的責任。反之，徐先生〈論《史記》〉一文，便做到了詮釋者最大的責任。〈論《史記》〉便達到了他本人所說的：「千古沈霾，發於一旦」[8]（頁 306）這個最佳效果。筆者由是佩服得五體投地。

　　上文說到中國皇權專制政治的問題。針對中國的皇權，尤其是皇權的主角──大皇帝，徐先生在不少文字中，都嘗予以非常嚴厲的批判。在〈論《史記》〉「前言」的第二段，先生便開宗明義點出《史記》這方面的特色。先生說：

　　　　司馬貞《索隱序》所言「比於班《書》，微為古質，故漢晉名賢，未知見重。」……此書（《史記》）之見重，始自韓愈以下的古文家，至明歸震川、清方望溪而特著。然據凌稚隆《史記評林》所錄，僅摭

---

[8] 針對「千古沈霾，發於一旦」，徐先生很客氣，很謙虛的說：「乃今後學者的責任」。（頁 306）其實，此不啻徐先生本人的「夫子自道」。所發於一旦者，具體來說，指的恐怕有兩方面。一是解釋者徐先生把《史記》一書中所報導的歷史事實，予以更清楚的呈現，即所謂予以講清楚，說明白。二是把歷史事實背後所隱藏的道理（宇宙人生的大道理），即不容易一下子看得出來的道理，予以清晰明確的呈露彰顯出來。而這些道理恐怕才是史公最究心的地方。其〈自序〉即嘗引錄孔子之言曰：「我欲載之空言，不如見之於行事之深切著明也。」司馬貞〈索隱〉：「孔子之言見《春秋緯》，太史公引之以成說也。空言謂褒貶是非也。空立此文，而亂臣賊子懼也。」筆者以為司馬貞的說明猶有所不足。空言固含褒貶是非之言，但褒貶是非之言不足以盡空言。徐先生嘗云：「空言」相當於今天所說的「概念性的語言」（一時不克覓得徐說的出處）。筆者以為，很明顯，相對於「見之於行事」（扣緊行事）來講道理而言，空言即抽象的講道理，純粹就理當如此如此而講道理之謂。換言之，《史記》一書，其重點乃在於向讀者講道理。但道理予以抽象的空說，不容易使讀者明白；縱然明白，但印象亦不會深刻。這所以史公不得不藉著人類過去的行為往事，來跟其書的讀者說道理也。

摶於字句之間，不由史之內容以領會文之奇茂，既不關係於史，實亦
無與於文。……實則它的「未知見重」，非因其「微為古質」，而實
來自其中所蘊蓄的史學精神，與專制政治的要求，大相徑庭；所以東
漢明帝已斥史公「非誼士也」（見班固〈典引〉）[9]，後遂指為謗
書。中國史學，隨專制政治的進展而日以衰落，則此書之不遇，可以
說是歷史條件使然。（頁306）

如果說「微為古質」，便「未知見重」，則比起《史記》，微為古質得多的
《六經》／《五經》，便早該淹沒不彰而退出歷史舞臺了。可知司馬貞的說
法，完全掌握不到問題的重點。未知見重，究其原因，實來自其史學精神與
「專制政治之要求，大相徑庭」。帝制時代，一切都以政治為主軸，可謂
「政治掛帥」。徐先生本其對傳統中國政治的慧解，乃能悟出「未知見重」
之真正原因。從其判語即可窺見徐先生的識見高出司馬貞千萬倍。

---

[9] 事見永平17年（公元74年）；時明帝召班固說：「司馬遷著書成一家之言，揚名後
世，至以身陷刑之故，反微文剌譏，貶損當世，非誼士也。」（《文選・典引》）
按：史公「微文剌譏，貶損當世」，自係事實。然而，針對史事人物的表現，《史
記》更多的是直接做「明白敘述判斷」。這方面，要不是明帝沒有細讀《史記》全文
而無所察悉，便是為自己，乃至為其先祖找臺階下而故意不予以道說出；而只好說史
公「貶損當世」，只敢透過「微文剌譏」的方式為了！徐先生指出史公以「微言側
筆，暴露人與事的真實」後，又指出說：「微言、側筆，是在不得已的情形下所使用
的方法。在可以作明白敘述判斷時，史公決不放棄這種責任。」（頁421）徐先生並
引錄史公對衛青、霍去病及對〈佞倖列傳〉中的人物的描述或評語，以為佐證；又兩
度以「未嘗有一點含糊」來形容史公這種表現手法。針對這種表現手法，徐先生更指
出說：「這是作史的正法，例不勝舉。」既然是「作史的正法」，史公又是史氏之
「大宗」、「正宗」，是以《史記》中的相關案例定是舉不勝舉的。針對「誼士」，
《文選・典引》劉良注以「義士」釋之，意謂「恪守大義，篤行不苟之人」。本此，
「非誼士」則意指「非恪守大義、篤行不苟之人」。針對明帝以「非誼士」一語定位
史公，劉良這個解釋（故意貶損史公，入史公於罪）實在有點塗脂抹粉、拍馬屁之
嫌。如果明帝仍在生在位，定然高興不已。然而，在明帝的內心深處，彼以「非誼士
也」來指謂史公，應有另一涵意；意指史公不知好歹，不識時務，不知「時而後
言」；反之，竟敢微文剌譏，貶損當世！

史公本人嘗受過專制政治的毒害（為朝中同事李陵說幾句話，便下獄受腐刑）。但史公絕不以此而自暴自棄，蓋有所待也。其具體表現便是上文說過的「述往事，思來者」。讀過《史記》的讀者，恐怕都能對於何謂「述往事，思來者」，說上一兩句話，譬如說：「記述過去發生過的往事，以待來者所取鑑；所謂以為來者師也」等等的一兩句話。徐先生亦非常關注「述往事，思來者」。但他所作的解釋則讓人大開眼界。先生指出〈自序〉一大段的相關文字又見於〈報任安書〉，「可知史公對此段文字非常重視」。（頁315）。隨後先生說：

> ……後人常以遭李陵之禍的個人遭遇，作書中所以含有對時代批評的解釋，或斥之為謗書，或又強為之辯，而不知加強史公作史之動機，加深史公對歷史之認識，及激發他對人類的責任感，乃在他所處的時代。對自己所處的時代麻木不仁、無所感覺的人，即是不能深入歷史，把握歷史的人。……「述往事」，這是他所作的史。「思來者」，是想到人類將來的命運，這是他作史的動機及他想通過作史以盡到對人類的責任。這種沈鬱著萬鈞之力的三個字，一再從他口裏說出來，是能由他個人的遭遇所能說明的嗎？史公所經歷的時代，乃是皇權專制政治，向它的特性大步前進，因而在大一統的文物掩飾之下，盡量發揮出它的毒害的時代。（以下乃順時間先後，簡述從高祖迄武帝統治時期專制政治的發展概況，其中含徹底破壞宰相制度、破壞地方政治、「能欺上府者，以為右職」等等。）（頁315-318）

徐先生是扣緊中國歷史發展中皇權專制政治「盡量發揮出它的毒害」的特性這一點，指出史公作史以「思來者」，全完是出自「對人類的責任」，即出自對人類深具使命感而來的一個不容自已的責任而撰史。憶唐君毅先生嘗指出，史家應從歷史事實中，盡量發掘其可能意義與理想意義[10]。唐先生的

---

[10] 詳參唐君毅，〈歷史事實與歷史意義〉，《中華人文與當今世界》（臺北：臺灣學生

話，可說是對史家的一種期許。其實，這不是一般史家可以輕易做到的。可以做到的，必為偉大史家無疑。徐先生〈論《史記》〉做到了。稱其為偉大史家，誰曰不宜？

在進入本文的主體之前，我們先談談史公的思想。依徐先生，史公的思想，可簡單的先指出三點：

> 第一點，……把文化的意義，置於現實政治的上位。……以孔子作《春秋》，為繼王道之統，救政治之窮；使人類不能不托命於政治者，乃轉而托命於由《春秋》所代表的文化[11]，成為他著史的最高準繩，這是思想積極方面的大綱維。在他心中，對文化的信任，遠過於對政治的信任。（頁 319-320）

如用牟宗三先生三統的觀念來說，即史公對道統、學統的信任，遠過於對當時政統／政治的信任。徐先生又指出說：

> 第二點，過去的歷史，實由政治所支配（筆者按：其實，今天亦相差無幾！），……史公對政治的最基本要求，是天下為公。（筆者按：即相

書局，1975），頁 110-158。

[11] 孔子這個作法，即今日所常說的「學術經世」、「文化事業經世」。假如徐先生本人沒有經歷過很特殊的人生體驗，恐怕便讀不出《春秋》，更讀不出《史記》所蘊涵的這個大義。生民轉而托命於孔子，這不啻說孔子在政治之外，為生民開闢了另一條生路，讓生民絕處逢生！孔子之偉大，即此一端已可以概見。徐先生察悉及此而道破之，真不啻孔子的大功臣。孔子這方面的偉大，徐文中一再指出，可見其被重視之程度。如頁 351 即載：「周屬王以前，生民的命運托於政治。……生民在政治上無所托命，孔子不得已而『次春秋』、『以制義法，王道備，人事浹』，使生民托命於孔子的教化。」按：知識分子踐履經世致用之精神的途徑可有多端：生民托命於政治，則知識分子可以透過當官從政一途以踐履此精神。托命於教化，則透過當師儒以踐履之；亦可透過著述以踐履之（韓愈即嘗云：「化當世莫若口，傳來世莫若書」）。此外，亦可透過其他途徑，如辦實業、宗教事業、公益事業等等以踐履之。然而，辦實業等等的管道、途徑，乃後世所有，古代實無如許眾多管道也。

當於今天所說的民主）……史公認為君臣的關係，不同於父子，只是相對的關係。……〈微子世家〉：「微子曰，……人臣三諫不聽，則其義可以去矣。」《考證》：「父子有骨肉云云，亦非微子語，史公推其心事而言之耳。」[12]（頁 320）

在上引文中，徐先生轉錄日人瀧川龜太郎的名著《《史記》會注考證》「父子有骨肉云云，……」一語之後，接著指出說：「按此與上引『堯曰』一樣，必史公先有此觀念，乃得推其心事而言之。」筆者按：「堯曰」之言，乃指：「終不以天下之病而利一人，而卒授舜以天下。」帝堯的話，實有今天民主的味道。其實依同一道理，徐先生亦是先有民主觀念，方能聯想到（推斷出）史公跟他一樣，具備同一理念的，否則史公的「心事」，實不易推斷出來。徐先生又說：

> 第三點，史公思想重要特性之一，表現在他的理智清明之上（筆者按：即不迷信，不談玄；即相當於具備今天所說的科學精神）。他以儒家為主，同時網羅百家，絕無門戶之見。但他對於馳騁個人想像力所得的結論，則絕不採信。（頁 320）

根據徐先生以上的說明分析，史公的思想，簡單來說，計有三點。其一，文化的位階置於政治位階之上；其二，政治上，追求天下為公；其三，史公理智清明，不隨便輕信；以儒家為主而兼網羅百家。

至於史公的作史動機／目的，徐先生認為乃承襲其父親司馬談而來。根據彼所撰的〈論六家要旨〉，徐先生指出，司馬談作史的動機與目的，「即在求自身及有關者的不朽」。徐先生之所以有如此的認定，是由於他認為司馬談「是立足於道家思想的。他引《鬼谷子》的『聖人不朽』，可知他很重

---

[12] 語見瀧川龜太郎，《《史記》會注考證》（臺北：宏業書局，1976），頁 595a。

視『不朽』」。（頁 322）[13]徐先生引希羅多得《希波戰史》相關語句之後，又說：「可知通過歷史紀錄以求不朽，是人類文化達到某種高度時的自然願望。但史公除了稟承他父親的此一願望外，……」（頁 322）徐先生說得很對。史公的確稟承了他父親此一願望；但筆者認為，稟承之餘，實作了一點更動。這個更動雖微，但史學的意義極大。這個更動是：把富於道家思想色彩的父親司馬談的「時變是守」、「聖人不朽」來個輕重顛倒、主客易位。即「聖人不朽」成為了主，「時變是守」則退居次要地位。而這正係儒家本質之所在（所以史公是儒家，而其父則為道家）。通過歷史紀錄使人類光榮的行為、正面的表現傳諸千秋萬世，這便成就了人類之不朽；當然也從而成就了史家的不朽，因為史家在其中扮演了極為關鍵的傳播者的角色。然而，人類的發展（即人類歷史的進程）不可能都是一帆風順，暢通無阻的。在人類實際行為的具體操作上，儒家素重視經道，但亦不輕忽權道／權變。在不違反經道的大前提下，固可作點調整，即容許作點權變，否則事必不濟。在不輕忽權變，即經常要考量到守住權變（按：此即「時變是守」；舉一淺譬，即視權變好比每部汽車必備的備胎：正常情況下不必用，但要用時便可以有得用），把權變視為必備的輔助機制的情況下，聖人始可以成就其「不朽」。史公固稟承其父親企圖透過撰史以成就不朽的願望，但史公有更進於此者。徐先生指出說：

> 以孔子作《春秋》的精神、目的，為他自己作史的精神、目的。……
> 孔子作《春秋》的精神，乃是「貶天子，退諸侯，討大夫」的精神。

13　「朽」，《漢書・司馬遷傳》（北京：中華書局，1962，頁 2713）作「巧」。徐先生認為作「朽」為是，今從之。然而，「聖人不朽」的下一句是「時變是守」（《史記》頁 3292、《漢書》頁 2713 均同）。徐先生並沒有引錄這一句話，蓋認為這句話對司馬談思想的說明不相干。筆者則認為，這兩句話是有因果關係的。「時變是守」當係因；「聖人不朽」，則其果也。蓋依司馬談，因為聖人能夠做到時變是守，所以他才不朽。而時變是守，正係道家之所以為道之所在。所以筆者認為，司馬談引《鬼谷子》這兩句話，其重點是放在「時變是守」上，而不是放在「聖人不朽」上。或至少可以說，這兩者主次有差，輕重有別。然而，徐先生轉視「不朽」為重點之所在。這與司馬談所重視者，恐怕稍有落差。

作《春秋》的目的，乃以達王事而已矣」的目的。「王事」是王者之
事，即孟子所反覆闡明的以人民為主體的「王政」。歷史所受的最大
歪曲，是來自天子諸侯大夫這一套統治的權威；是非的淆亂，人民的
痛苦，也是來自天子諸侯大夫這一套統治的權威。……他（史公）作
史的目的，則是要使他的著作成為「禮義之大宗」，標示以人民為主
體的「王事」的方向[14]。（頁 322-323）

要言之，往事的紀錄乃使得被記錄者（歷史）及作記錄者（史家），成為不
朽。然而，這種歷史及這些史家，可以說只是一般的歷史（即只達到「史如
實」的歷史；當然，這已經很不容易）和一般（平凡）的史家而已。史家本乎史料
及相關學養而撰就純粹的客觀紀錄之外（當然，嚴格來說，實無所謂「純粹的客
觀紀錄」可言；惟今不擬細論），吾人對史家及其史著恆懷抱更高的期許——期

---

[14] 「以人民為主體」，這是徐先生最重視的。〈論《史記》〉一文到處充盈著這種想
法。如頁 352 即有如下一語：「漢初自陸賈以下，凡有成就的知識分子，無不從政治
的是非得失上反秦，希望為漢代開闢以人民為主體的新政治方向，史公自己也是如
此。」「以人民為主體」，陸賈如此，史公如此，徐先生本人更是如此。上引文說到
「反秦」。暴秦，當然該反。但秦朝的表現也不是全係負面的。史公即嘗承認秦的統
治有其一定的成就、貢獻。徐先生由是指出說：「在這種地方，便可看出一位偉大史
家的心靈，與一般道德家乃至哲學家的觀點異其趣。道德家哲學家多先以一固定價值
標準去選擇歷史；而偉大史學家的心靈，則係以歷史的自身，為價值的基點（筆者
按：這可說是歷史主義的看法，即回歸歷史的本身來作衡斷；不宜太道學。）；在此
一基點上進行作『興壞之端』（〈六國年表序〉）的探求判斷。所以在他的心目中，
只要是歷史，便都值得研究，便都可以在其中發現各類型各層次的價值。因此他便說
『然戰國之權變，亦有頗可采者，何必上古。』」（頁 353）筆者按：徐先生以上的
說法與頁 335 所強調的以良心作為衡斷一切的標準，稍異其旨歸；然而，兩者不相矛
盾，蓋頁 335 所說的乃經道，而頁 353 所說的乃「權變」，即所謂權道也。儒家固以
經道為本，然不廢權道。上引文：「都可以在其中發現各類型各層次的價值」，這讓
筆者想起唐君毅先生。有容乃大，廣納百川的唐先生，其做人處事（含做學問），便
是如此。由此來說，唐先生便不是徐先生所說的「道德家、哲學家」。宜乎牟先生把
唐先生定位為「文化意識宇宙中之巨人」也。牟先生的判斷見所撰〈哀悼唐君毅先
生〉，馮愛群編，《唐君毅先生紀念集》（臺北：臺灣學生書局，1979），頁 151。

許其史著成為偉大的史著，其人成為偉大的史家！此中的關鍵乃係「精神」、「理想」。史著不應只是客觀的歷史記錄而已。反之，作史者（史家）必須超越、擺脫個人一己禍福利害的考量，而具備、懷抱以人類前途的坦順、國家福祉的提升、人文素養的厚植，為念茲在茲的大我精神，並以之貫注於其史著中，而後方可成為偉大史家，其史著方可成為偉大史著。換言之，史家必須具備經世致用的精神（史家所擅長者及所憑藉者，厥為撰史。是以這種精神，就史家來說，乃可謂「史學經世」、「以史經世」，或「史學致用」、「以史致用」的精神），而方可成為偉大史家。由此來說，不朽似乎也可以分層次的。由「客觀歷史記錄」所成就的不朽可說是層次較低的；而崇高的經世致用精神貫注於史著中而成就的不朽，其層次當然是高得多了。史公懸念於「王事」、「王政」，繫懷於使其史著成為「禮義之大宗」，其以史經世，以史致用的崇高精神由是可見一斑；並以此而成就萬古的不朽，亦可以斷言也。其《太史公書》成為震古鑠金的史學偉構，「司馬遷」一名恆久以來成為偉大史家之代號，豈偶然哉？豈偶然哉？然而，對此深具慧解卓識並予以發揚光大者，徐先生也（當然亦不乏其他研究者）。其為史公及《史記》之最大功臣，又奚待諍辯！

　　又：針對上文「貶天子，退諸侯，討大夫」的精神[15]，徐先生指出說：這種精神，「可以稱為道德理性的批判精神。道德理性的批判精神，可以引

---

[15] 這種精神，尤其「貶天子」一項，讓筆者想起中正大學教授雷家驥學長「以史制君」的說法。此說法甚具創意。惟雷學長指出說，此理念相應的落實，乃在東晉至唐的一段時期。筆者則以為此說法似乎與歷史事實稍有落差。蓋西漢史公之《史記》，乃至更早的孔子之《春秋》，已落實「以史制君」這個理念了。家驥學長的原文如下：「東晉承喪亂之餘，……時值儒學衰退，漢儒通經致用之風，寖寖然已為『以史經世』之風所取代。漢儒『以天制君』的思想，亦漸由『以史制君』所落實。」；「東晉至唐的『以史制君』，是漢儒『以天制君』過渡至宋儒『以親制君』及『以師制君』的中介。」雷家驥，〈「以史制君」與反制：及其對南北朝官修制度的影響〉，《中古史學觀念史》（臺北：臺灣學生書局，1990），頁 375-428，上引文分別見頁376、377。筆者以為，自春秋迄唐，「以天制君」及「以史制君」，是一直存在著的；或強弱消長隨時間推移而有所不同耳；非前者在先（漢朝），而後者在後（東晉迄唐）之截然分為二橛也。

發知識的睿智；而知識的睿智，又可以支持道德理性的批判精神。」（頁324）伊川先生云：「德性之知，不假見聞。」[16]此語的重點非常明確：捧茶童子的譬喻所彰顯的道理便足以說明之，意謂雖不識一字（不具見聞），也可以堂堂正正地做個人。然而，吾人不能由此語而邏輯地隨之推論出如下一義：識字（即具見聞）無助於使人成為堂堂正正的人（即識字無助於使人成就德性之知）。一言以蔽之，知性與德性屬不同的範疇，固然各自獨立；然而，兩者並非彼此不相干的[17]；反之，是可以互相支援的；且在互相支援下，兩者才可以各自發揮最大的效果。徐先生上文對「貶天子，退諸侯，討大夫」一語的闡釋，似乎很可以佐證筆者這個看法。

二、〈論《史記》〉所透出的儒家精神、儒家智慧

　　史公深具儒家精神。所以上文嘗指出，史公是儒家。徐先生本人當然也是儒家，充滿著儒家精神、儒家情懷及儒家智慧；其〈論《史記》〉一文正

---

[16] 程頤，〈伊川先生語十一〉，《二程遺書》，卷 25。（維基文庫・自由的圖書館：https://zh.wikisource.org/zh-hant/%E4%BA%8C%E7%A8%8B%E9%81%BA%E6%9B%B8/%E5%8D%B725，2016.04.23 瀏覽。）

[17] 陽明先生的相關論說似乎可以佐證筆者這個說法。陽明說：「良知不由見聞而有，而見聞莫非良知之用。故良知不滯於見聞，而亦不離於見聞。」第一句話意謂：良知乃上天所賦予者，即人生下來便擁有的，不待讀書識字（獲得知識）而後始具備之。這跟伊川先生：「德性之知，不假見聞」的說法，正相同。第二句意謂：反過來，知識莫不受良知之支配而始得發揮其（應有、該有的）效用。進一步來說，這句話意謂：知識一定要在良知的指導下支配下，始得其正確的用途。第三句和第四句是分別從第一句和第二句引申出來的，其中「故」字即為明證。這三句意謂：（因為良知是主，知識是副），所以良知不受知識的影響（不為其沾滯）、支配，而可以獨立自存、獨行其是。第四句意謂：良知固可獨立自存，然而，它不離棄知識，反之，它可以助人成就知識；且只有在良知的支配下，知識才得其正確用途。這第四句話正係呼應第二句話「見聞莫非良知之用」而說出來的。上引陽明語，見王守仁撰，吳光、錢明、董平、姚延福編校，〈語錄二・答歐陽崇一〉，《王陽明全集》（上海：上海古籍出版社，1992），上冊，卷 2，頁 71。

可以示例。

　　說到儒家，其核心思想／核心價值乃係：人的道德理性為人自己作主。（然而，在哪方面作主呢？以中國來說，古人早就肯定或認識到在德性上，人可以自我作主；於是人成為了德性主體。至於肯定或認識到人亦係知性主體、政治主體，尤其後者，則比較晚，蓋晚清以後始漸有真切之認識矣。）就肯定人乃德性主體來說，這石破天驚充滿智慧，對人所以為人的最高的肯定，其實二千多年前的孔子已發其端。以下兩語可以為證，其一：「為仁由己，而由人乎哉！」（《論語·先進》）其二：「仁遠乎哉，我欲仁，斯仁至矣。」（《論語·述而》）人有能力自我踐仁（此乃人在道德上可以自我作主的重要表徵），這種對人性的肯定的判斷在〈論《史記》〉一文中隨處可見；甚至「人的道德理性為人自己作主」一語亦見該文。當徐先生說到史公對被權勢抑壓之人立傳時，徐先生便說出了這句話。其相關文字如下：

　　　　這是對不可信賴之天的反抗，實即是對專制權力的反抗。……「子曰：道不同，不相為謀，亦各從其志也。……」他（按指史公）特別強調一個「志」字，這是人的道德理性對自己所作的決斷，亦即是人的道德理性為人自己作主，而置世俗之所輕重者於不顧的自主精神。這樣，便可從偶然性的天，實際是專制下的權勢，解脫出來，以「從吾所好」。必如此，而後有人的主體性可言，有人格尊嚴可言，有人道與歷史可言。無人道燭照之光，僅是一團混亂，歷史便不能成立。……他（史公）自己由此而從歷史現象的混亂中突破出來，看出了歷史中「應然」的方向，使其著作，也和《春秋》一樣，成為「禮義之大宗」。（頁332）

上引文，字字珠璣，句句鏗鏘。其中，除充滿人性光輝的判斷，如「置世俗之所輕重者於不顧的自主精神」（這是基於道德勇氣而來的一種精神，所以這種精神正可反映人乃德性之主體）、「人的主體性」、「人格尊嚴」等等語句外，「無人道燭照之光，僅是一團混亂，歷史便不能成立」一語，亦非常值得關

注。史公是史家，所成就者，史學也。徐先生亦史家（當然徐先生不以史學專業為圍限）。如「歷史不能成立」，則無人類可言，當然亦無史學可言，更無史家可言。所以這句話非常值得注意。

　　一般來說，所謂「歷史」，指的就是過去的往事。如果歷史發展的本身本來就是一團混亂，那麼一團混亂便是如假包換的歷史，何得謂「歷史便不能成立」呢？由此可見，依徐先生，其所謂「歷史」，或歷史之所以能夠成立，主要是因為歷史含人性光輝的一面，即所謂有人格可言，有人道可說的一面。如歷史僅是一團混亂，一團漆黑，全為非理性所把持、壟斷，則這種歷史不是人們所要的歷史，即沒有價值的歷史。這種歷史之存在，猶不存在也！恐怕這就是徐先生說出「歷史便不能成立」一語的根由。茲舉一淺譬：依生物學，如某生物／動物的 DNA，與人類的 DNA 全然一致，則此生物／動物必為人無疑。但如其表現與禽獸無別，甚至不如禽獸，而毫無人性可言，則吾人必不視之為人。明白這個譬喻，便可以明白為甚麼徐先生把沒有人道燭照之光的歷史，視為非歷史（歷史便不能成立）。換言之，依徐先生，歷史能不能成立，不純然是個事實問題；反之，價值意涵是必須考量的。我們也可以說，徐先生的話是一個價值判斷，不是一個事實判斷。從「歷史中『應然』的方向」一語，更可佐證若違反此應然的方向，則歷史便不成其為歷史，即「歷史便不能成立」。而應然與否的判斷，當然是個價值判斷。我們回過頭來看史公，其所以偉大，乃在於：揭示人之道德理性可以為人自己作主，而置世俗的輕重於不顧。而徐先生所以偉大，乃在於：發微闡幽，把史公此一偉大精神予以充分呈露彰顯。

　　上文說到孔子「為仁由己」、「我欲仁，斯仁至矣」這兩句話。「仁」在儒家思想中的關鍵地位，是不必多說的。〈論《史記》〉說到人類前進的大方向時，也談到「仁」、「仁義」的問題；其相關文字如下：

　　　　史公作史的目的，是要在古今之變中找出人類前進的大方向，人類行
　　　　為的大準則；亦即是要認取變中之常道。……若能通過古今之變去認
　　　　取，則不難發現權謀術數在變中所演出的無數悲劇；並且權謀術數，

　　既不能肯定他人，也不能肯定自己，根本不能作人類立足之地，即是
　　不可能成為變中的常道。史公於此，則提「春秋以道義」（〈自
　　序〉）的義，或稱禮義，或稱仁義，以為人類在變中的立足點，因而
　　即以此為變中的常道。義見於行為的合理形式，即是禮；義後面的精
　　神動力，即是仁。內以剋制自己的私欲，外以趨赴大多數人的共同利
　　益；內以肯定個人的人格，外以肯定群體人倫的共同價值，使個人生
　　活於群體利益之中，群體生存於個人精神之內。這在古今之變中，不
　　能不承認它可以作任何人的立足點，它可以在變中端正變的方向，發
　　生救衰起敝，去腐生新的意義。所以在「通過古今之變」的後面，即
　　含有「得古今之常」的意思在裏面。……近代歷史主義大師馬西勒克
　　（Friedrich Meinecke, 1862-1954）在「歷史與現代」一文中，強調「沒有
　　堅確地倫理基礎所把握的歷史，只不過是波浪樣的遊戲。……良心是
　　唯一的法庭……歷史的一切地永遠價值，皆來自行為的人類的良心決
　　斷。」我認為史公在兩千年前的到達點，與馬氏的到達點，是可以相
　　通的。仁義或禮義，是良心的具體內容。（頁 334-335）

上引文超過 500 字，但字字珠璣，不好刪減，亦不必刪減。這段文字讓筆者
聯想到史公〈報任少卿書〉中三句很關鍵的話，如下：「究天人之際，通古
今之變，成一家之言。」徐先生對這三句話，皆分別作闡釋（見頁 323-
333），精彩之至。就第二句話來說，徐先生指出，要「認取變中之常
道」。即透過對「通古今之變」之認取，乃可掌握古今之常；而仁義或禮義
就是古今之變中的常道；權謀術數不與也。上引文提到〈太史公自序〉。其
實，〈自序〉中「《春秋》以道義」這句話只說到《春秋》所道者是
「義」；但並沒有說《春秋》道及「仁」或道及「禮」。然則何謂「義」？
「義者，宜也。」（劉熙《釋名》）但我們不能不追問：甚麼是「宜」？即要
有甚麼行為、表現，才算是「宜」？針對這個問題，徐先生給了答案。他對
「義」做了向外的引申及向內（向上）的溯源。向外的引申，是成就了合理
的形式，即所謂「禮」（筆者按：若特別強調其形式，我們又可稱之為「禮

儀」）。向內（向上）尋索義的源頭、基礎，便一定找到「仁」，且也只能找
到「仁」（即「仁」是「義」的唯一源頭）。要言之，就人的行為來說，合理的
形式、模式，才算是宜，即才算是義。但問題是如何始算是合理、合宜、合
義？根據儒家，合乎良心的行為、表現，才算是合理、合宜、合義。而所謂
「良心」，簡單來說，就是凡人應具備，當具備的一顆心，即仁心[18]。簡言
之，亦可逕稱之為「仁」，或「仁體」。要言之，「禮」、「義」、
「仁」，成為了一個有機的組合，其中以「義」為中介，把外在的「禮」
（禮儀）和內在的「仁」綰合在一起。是可見《春秋》未嘗不道及仁與禮。

　　現在我們再回來說「禮」。《史記》八書中，第一篇便是〈禮書〉，可
知史公對禮的重視[19]。徐先生的大文中亦數度談到「禮」這個問題。〈禮

---

[18]　良心即仁心，此可以孟子之言為證。孟子說：「雖存乎人者，豈無仁義之心哉！其所
　　　以放其良心者，……」（《孟子・告子上》）孟子在這裡所說的「仁義之心」，乃泛
　　　說，推擴的說法；其內核，實在於「仁」。是以逕稱為「仁心」即可。

[19]　徐先生對八書的秩序安排，是有所說明的。他說：「首先我們應了解，史公在八書中
　　　首先建立〈禮書〉、〈樂書〉，乃標示他的政治理想；而真的政治理想，必然是由針
　　　對現實政治所作的深刻地批評而來。」（頁 361）徐先生所說到的「政治理想」與
　　　「現實政治」的問題，容筆者稍作申述。筆者以為，吾人當不甘心於政治理想，尤其
　　　是有價值的政治理想，只流為幾個空洞的口號，或虛應故事的幾條條文，或簡單的一
　　　些論述而已，而必期許其演繹成為一套較完整的政治理論。而政治理想及隨之而當有
　　　的政治理論又恆源自現實政治——受現實政治之啟發、刺激而產生。換言之，這種理
　　　想／理論不是空想、虛理，蔽門造車而來的；反之，恆生起於對現實有所感，並進而
　　　對現實有所批判而來的。而上引徐先生語，正可反映其深具政治理想與生活實踐相結
　　　合的精神。要言之，兩者是一種辯證的關係。依徐先生，乃先有實踐，而後有理想
　　　（即實踐啟迪了理想）；理想（並由此而建構的理論）又反過來指導了實踐。筆者以
　　　上做了一大段說明，其目的不外是強調，徐先生的各種立論，尤其是針對政治問題的
　　　立論，恆源自現實情況或扣緊現實情況而為說。此足以反映先生乃係深具使命感，
　　　「以百姓之心為心」，充滿現實關懷的一位偉大新儒家。徐先生繼上文之後又說：
　　　「禮樂的意義，(1)由宗教性的神人之際的關係，(2)演變而為封建政治中的君臣上下
　　　之際的關係，(3)更演變而為政治社會重要生活的各種關係，(4)更演變而為士人作為
　　　人格修養薰陶的工具，其特點，皆在把這些關係、意義，表現為合理的行為形式。這
　　　都是由行為的形式，向其內在精神昇華的演變。」（頁 361；以上的 1、2、3、4，皆
　　　為筆者所加，旨在眉目更清晰）。如上文指出，徐先生固係新儒家，但同時亦為史

書〉開首即云：

「……緣人情而制禮，依人性而作儀」。徐先生甚為看重這句話，於是
作出如下的申引：

> 禮是緣人情、依人性，所以禮治即是緣人情依人性的政治，而不是統
> 治者運用自己的力（人力）去控制人民的政治。這是把儒家的民本政
> 治思想，使其能通過禮樂教化，而使其得以具體實現。……秦漢之所
> 謂禮，完全成為統治者威壓臣民的工具。這與史公前面所說的「緣人
> 情而制禮，依人性而作儀」，相去太遠。（頁363）

從徐先生的說明，很可以透出其深具儒家思想——禮樂教化的政治（禮治）
使民本政治得以落實。而民本政治，是徐先生素來所重視的。（其實，針對徐
先生在生時所面對的華人世界來說，先生更看重，認為更需要的，乃係本諸民本政治而
來的民主政治）[20] 上引文中又談到「禮樂教化」。這是徐先生所素來看重的。

家。史家沒有不重視歷史演變的。其實，不知歷史演變，不重視歷史演變，即不能稱
為史家。其越知悉歷史演變，越重視歷史演變，越有可能成為偉大史家。徐先生的歷
史演變意識極強，此從彼對禮樂意義的說明，即可概見。說到「禮」，容多說幾句。
禮固係一種形式，一種外部規範，但其重要性仍不可忽。唐君毅先生詮釋船山扣緊氣
之表現以言禮意時，即如是說：「禮儀威儀之理，人皆有之，人皆知之，然不見于其
禮儀威儀之實事，則不足以化民成俗。……由是言之，則不特重形色之氣，不能特重
禮明矣。而人不于形色之氣上，觀恭敬之心，辭讓之心，禮之理，如何一一表現于禮
儀三百、威儀三千之詳，不可謂善言禮，亦明矣。」唐君毅，《中國哲學原論‧原教
篇（下）》（香港：新亞研究所，1977），頁635。

[20] 本書初稿嘗寄給均琴女士，請其指教。彼2016.04.06的回信中曾論及民主、民本的問
題，如下：「美國有民主政治的體制但是沒有「民本」的歷史傳承。在發心上是以大
企業，大財團，為本。從雷根總統開始，掛在口邊的是 "trickle down"（政府的首要
責任是把大企業，大財團維護妥當，讓老百姓可以沾點餘蔭）。目前美國兩黨預選中
的情況，沒有任何「專家」在事先曾預料到。……先父嘔心瀝血所呼籲的是以「民
本」為發心的民主政治。「從民本到民主」，這該是先父政治上心路歷程的寫照
吧。」筆者素來重視民主，把民主的位階置放在民本之上。今從均琴女士回信中得一
啟發，民本之重要性絕不亞於民主。簡言之，就政治體制而言，必以民主為依歸；就

他說：

> 當孔子說：「君子義以為質，禮以行之」的話時，禮成為實現「事之
> 宜」的行為方式，這是禮從以身分制為骨幹的封建政治中完成了它的
> 脫皮轉變的大標誌。……於是孔子的「道之以政，齊之以刑，民免而
> 無恥。道之以德，齊之以禮，有恥且格」的觀點，也隨之得到發展，
> 將禮治與刑治對立起來，以禮樂之治，作為儒家政治理想的具體
> 化。……史公之寫禮樂書，正是此一統緒下的產物。（頁362）

上引文對禮脫皮換骨的大轉變的關注，充分反映了徐先生深具強烈的歷史演
變意識及濃厚的儒家意識。具體來說，在這兩個意識的燭照下，孔子「君子
義以為質，禮以行之」這句話的理想意義及劃時代開天闢地的意義，被徐先
生的慧眼察悉到了，並揭示了出來。前面已說過，徐先生是史公的大功臣；
其實，徐先生也是孔子的大功臣。至於禮治與刑治一優一劣的判斷，更充分
說明了徐先生的儒家色彩。

　　徐先生論〈十二諸侯年表〉時，又說到禮義的問題。徐先生說：

> ……說明了能通過年表的形式，提綱絜領地以把握歷史的完整性。能
> 把握歷史的完整性，始能把握由歷史所透出的禮義的完整性。歷史所
> 透出的禮義，由歷史的「盛衰大指」而見。（頁352）

徐先生此說固然，然而，由歷史的「盛衰大指」所見者，又何止禮義一端而
已？然而，徐先生不及其他，而特別著眼於禮義一端，即可反映徐先生之深
具儒家精神。《史記》十表，其中除〈十二諸侯年表〉外，〈漢興以來諸侯
王年表〉亦談到類似的問題。從此表的序來看，徐先生認為：

施政者的發心、用心而言，則必以民本為南針（為施政方向、方針之所在）。兩者結
合在一起，則正如均琴女士所說的：徐先生所追求的，「是以『民本』為發心的民主
政治」。

> 由漢初至太初（漢武帝年號，前 104-101），朝廷所處之形勢凡三變，對
> 諸侯王的政策亦三變。……適應當時必須合天下之力，始能滅項的形
> 勢，不得不(1)實行大封異姓的政策。……此乃適應鞏固政權統一之
> 形勢，(2)實行殺戮異姓而代之以大封同姓的政策。……至景帝遂有
> 七國之變；此乃適應中央集權之形勢，至武帝遂(3)實行「眾建諸侯
> 而少其力」的政策。……由以上可知漢以政策適應形勢，以形勢控制
> 天下之心，不可謂不密。然西漢自元帝之後，患不在強宗而在外戚，
> 實即在天子權力之自身；史公的歷史智慧，在此序中便說出「形勢雖
> 彊，要之以仁義為本」的話。由漢代政治形勢及政策的演變，可以看
> 出政治法術之窮，亦即儒家政治思想所以能成為政治的根本思想的原
> 因所在。（頁 354-356；以上(1)、(2)、(3)的標碼，乃筆者所加，以醒眉目故，
> 非徐文原有。）

一言以蔽之，治國之方術雖一變、再變、三變，但在大皇帝的人治、法治[21]
的大前提下，實無法旋乾轉坤以扭轉國運衰頹、下滑之走勢。徐先生獨具隻
眼，縱覽西漢一代之大政後，以其史家睿智並結合其儒家智慧，乃總結出：
儒家政治思想所以遠遠高出於政治法術思想，並進而救治後者之所窮，正因
為「要之以仁義為本」的儒家政治思想乃「政治的根本思想」。

　　然而，儒家的政治思想，乃至儒家的政治理想，又是甚麼呢？具體來
說，就是上文多次提到過的「禮樂之治」。這方面，史公是很能體認的；徐
先生亦然。禮樂使人與人情意相通、和融凝翕，所以在化民成俗方面固然重

21　筆者這裡用「法治」一名，讀者勿誤會，此「法治」實非今天所說的「法治」，而係
　　依「法」術以治理天下而來之「治」；名之為「術治」，也許更貼切；此術治乃以權
　　謀術數、巧偽權變為基礎、手段。此比諸先秦之法家猶不如。法家法、術、勢三派
　　中，申不害一派以重術顯於時。韓非子云：「術者，因任而授官，循名而責實，操殺
　　生之柄，課群臣之能者也。此人主之所執也。」（《韓非子·定法篇》）由此來說，
　　申不害之術雖嚴刻，但其實具一定的法度，異乎以權謀術數、巧偽權變為基礎、手段
　　之「法治」。廣東話有「出術」（出蠱惑）一詞，即所謂取巧、要詐，作弊。西漢對
　　諸侯王所採取的策略，實類此。

要無比。然而，筆者以為，在某一意義下來說，禮樂多少有點像有閒階級在閒逸心情下所追逐的「奢侈品」。換言之，對一般胼手胝足而饔飧尚不繼的勞苦大眾來說，「禮樂」對他們是太遙遠一點了。徐先生固然重視禮樂，但作為「以百姓之心為心」的「大地的兒女」的徐先生[22]，他尤其重視的是禮樂的基礎，即禮樂的根據。這所以徐先生不容自已的說：

> 史公的政治思想本於儒家，主張以禮樂適民之性，節民之欲。此一思想，實以承認人民生活上的物質要求是合理而不可奪的為其根據。沒有這一根據，則就政治而言，所謂禮樂仁義，都沒有意義。儒家政治思想，必先富而後教的原因在此。（頁403）

「先富後教」，四字耳[23]，但發聲振聵，擲地有聲，實治國者放諸四海而皆準的金科玉律[24]。由此可見，徐先生絕不反對老百姓致富。徐先生絕非嫉富者、惡富者、反商者。彼嘗云：

> 財富乃官爵以外的人生社會的一大歸趨，一大出路；必須對財富的意義加以肯定。……「力農畜工虞商賈，為權利以成富」的人，其中雖

---

[22] 「大地的兒女」，乃徐先生哲嗣均琴女士追念其亡父所寫的悼念文章的題目。全文約6、700字而已，但筆者一讀再讀三讀，恆不能自已。徐均琴，〈大地的兒女──悼念我的父親徐復觀先生〉，《徐復觀教授紀念文集》（臺北：時報文化出版企業公司，1984），頁7-8。

[23] 當然這四字非源自徐先生，而為儒家治國之通義。

[24] 「先富後教」的另一種表達方式就是「養重於教」。對於這個問題，徐先生討論綦詳；嘗云：「孔孟的基本精神，……對於教養的關係，都是養先教後，養重於教的。養與教的關係，不僅是政治上的一種程序問題，而實係政治上的基本方向問題。儒家之養重於教，是說明人民自然生命的本身即是政治的目的；其他設施，只是為達到此一目的的手段。這種以人民自然生命之生存為目的的政治思想，其中實含有『天賦人權』的用意。所謂天賦人權，是說明人的基本權利是生而就有，不受其他任何人為東西的規定限制的。……」徐復觀，〈釋《論語》民無信不立〉，《儒家政治思想與民主自由人權》（臺北：臺灣學生書局，1988），頁198。

有本富末富之不同，但較之奸富[25]還較為合理，在歷史上還有推動社
會前進的作用。我們應當承認資本主義，較以前的專制封建為進步，
這是評斷歷史發展的大方向。（頁405-407）

上引徐先生文，是徐先生細讀、闡釋〈貨殖列傳〉之後所作出的結論。史公
〈貨殖列傳〉中所展現的精神，徐先生充分認同。反觀班氏父子〈司馬遷
傳・贊〉的惡評：「述貨殖，則崇勢利而羞貧賤，此其所蔽也」[26]，則正如
徐先生所說的，班氏「自暴其淺陋」（頁403）而已。上引文尤其值得注意
的是，徐先生以歷史發展的大方向為切入點來肯定逐富在推動社會前進上所
起的作用。這是非常富有歷史發展意識的一個卓見。所以徐先生不僅是儒
家，而係總結歷史經驗而能與時俱進，跟時代脈動相一致，並由此而深悉時
代動向走勢的一位深具歷史感的現代新儒家。

　本節（第二節）上文扣緊儒家的核心思想／核心價值，如仁義、禮樂等
等，以說明儒家的政治思想；並藉此以闡釋徐先生眼中《史記》一書的史學
精神（含對歷史進程的看法）。這種深具儒家色彩的史學精神，實亦徐先生本
人的史學精神所在。徐先生句句說史公，實不啻句句說自己。「千古沈霾，
發於一旦。」發覆史公之沈霾，即所以彰一己之心跡也。徐先生的心跡以
見，其理想以見，其信念亦以見。述史公所記之往事，即所以為來者師也。
其對人類前途之關懷，對社會、民族、國家之繫念，情見乎詞，亦溢於言詞
之外。字字珠璣，筆者讀來，一唱三嘆。以下再轉引〈論《史記》〉一段文
字以結束本節。先生說：

形成歷史的最大力量是政治，史公已因此而立有本紀、世家；書表中
也表現了這一方面的意義。但深入一層地去看，歷史的成立，乃人生
價值的展現與延續。可以說，沒有人生價值，便沒有歷史。因此，就

---

[25] 所謂「奸富」，據徐先生，乃指：憑政治力量、地位，弄法犯姦而致富者；換言之，
即透過不法、不合理的手段由貴而富者。詳參頁406。

[26] 上揭《漢書》，頁2738。

> 一個人來講，他在歷史中的地位，首先是由他的行為所表現人生價值
> 來定的。〈伯夷列傳〉中，……「巖穴之士，趣舍有時，若此類，名
> 堙滅而不稱，悲夫。」由此可知，史公最關心的，是人類的行為價
> 值，必須保有歷史中的崇高地位。（頁391）

在歷史發展的過程中，政治主宰了，或幾乎主宰了一切，此古今中外皆然；
就中國來說，帝制時代尤甚而已[27]。徐先生指出，《史記》五體中，其前四
體，尤其本紀、世家，很可以看出這方面的意義；其次則為書、表。然而，
徐先生上文又指出，「但深入一層地去看，歷史的成立，乃人生價值的展現
與延續。」按：《史記》五體中，本紀、世家、列傳，大體上皆以人作為記
述的主軸。其中本紀、世家，尤其是本紀，政治氣味最濃；列傳則異於是。
70 列傳中的第一傳尤其最具代表性。它充分展現了異於政治，甚至故意與
政治（統治者、在上者的人治）抗衡的另一種人生態度。實即人不必隨政治起
舞而仍可有其人生價值在的一種人生態度，遂由此而得以突出，得以彰顯。
必以此而始可以讓目空一切，自以為可以掌握生殺大權，操控他人人生，左
右他人意志，甚至自以為可以主宰一切的極權專制的統治者，認識到何謂人
生價值，何謂人的自我作主，何謂人格尊嚴，何謂人性、人道、人文、人
情！！史公為伯夷立傳，以至為歷史上其他正面人物立傳，即旨在為這些人
的行為價值，「保有歷史中的崇高地位」。史公之偉大，由此可以概見。徐
先生發潛德之幽光，即此一端已可以概其餘。然而，尤須指出者，乃徐先生
不尚空談，不以理殺人：不責人務必成就人生的最高價值。所以徐先生繼續
說：「但這種價值是表現在各個方面，也表現為各個層次。歷史是生活的現
實，有時不能不降格相求。……」（頁391）有謂：道德是對自己來說的，
即要求自己成就道德，而不應要求別人；對別人來說，要求其不違法即可。
本此，我們便可以理解徐先生以上的話：針對人生價值來說，基於「生活的

---

[27] 從這個角度來看，如政治的主宰性日見減弱，漸次被人類的其他活動領域所取代，則
　　似乎可以標誌著人類已然進步。所以政治主宰性的強弱，很可以是人類進步與否的一
　　個非常明確的指標。

現實，有時不能不降格相求」，否則便流於唱高調，以理殺人了。儒家素重
視經道，但亦不廢權道／權變（詳上）。徐先生的判斷正係經、權兼顧的最
佳範例。

「歷史的成立，乃人生價值的展現與延續。」徐先生這個判斷甚具智
慧，且揭示了徐先生的歷史觀及價值觀，茲稍一申說。簡單的說，歷史就是
過去；過去存在於人們的意識中，歷史便於焉成立[28]。但這種歷史，或這種
史學，不是徐先生所要的歷史、所要的史學。換言之，就徐先生來說，不是
發生過的往事，便是歷史；或不是把發生過的往事予以紀錄下來，便是史
學。依徐先生，歷史之所以能夠成立，另有條件在。此「人生價值的展現與
延續」是也。在林林總總、無窮無盡、數不勝數的歷史事件中，最珍貴而值
得人類取資，值得史家予以紀錄者，恐無過於能展現與延續人生價值的歷史
事件了[29]。40 多年前筆者在香港就讀的中學是天主教會辦的，當時曾讀過天

---

[28] 然而，要把過去（The Past）變成被記錄下來的過去（The written Past），即要成為
歷史學的話，則仍需仰賴很多其他條件，如文字、書寫工具、時間紀錄系統（如曆
法）、史家有意識地予以重建等等；不贅。

[29] 其實，不同史家對於選擇甚麼事件予以紀錄，恆有不同的意見。中國人當中，比較有
系統地開列若干標準以為紀錄之準據者，似以張蔭麟氏為最早。張氏《中國上古史
綱》之〈自序〉所開列之標準有五，如下：新異的標準（Standard of Novelty）、實
效的標準（Standard of Practical Effect）、文化價值標準（Standard of Cultural
Values）、訓誨功用的標準（Standard of Didactic Utility）、現狀淵源的標準
（Standard of Genetic Relation with Present Situations）。杜維運先生在張氏的基礎
上，作了一些更動，但大同小異，而仍維持五項標準，如下：美善的標準、鑑戒的標
準、新異的標準、文化價值的標準、現狀淵源的標準。張、杜所開列的標準，相信徐
先生不會不同意；然而，這些標準是從史家紀事的立場上說，而徐先生主要是從歷史
所以能夠成立，即從歷史的本身上說；換言之，各有不同的側重點而不相矛盾衝突。
此其一。其二，徐先生是總持的說，所以只開列一項：人生價值的展現與延續。過去
人類的表現，其為美善者，新異者，具文化價值者，具實效性譬如能夠提供後人鑑戒
者，能說明現狀淵源者，皆在一定程度上與歷史行為人（昔人、古人）所展現或所延
續之人生價值，有其不可分割的關係。所以筆者認為徐先生與張、杜二先生的說法，
不僅不相違悖矛盾，且有互補之效。杜說見所著《史學方法論》（臺北：三民書局，
增訂新版，1999），頁 31-41。

主教《要理問答》。其中第一個 Q&A 便是：「你為甚麼生在世上？」答案是：「為恭敬天主，救自己的靈魂。」[30]這個答案是否唯一的，或最好的答案，容見仁見智。但這個答案至少揭示了，人是為了追求、展現或延續某一價值而活的；否則你的人生便沒有甚麼意義可言了。如果讀者同意這個說法的話，那麼徐先生上面的一個判斷，即「歷史的成立，乃人生價值的展現與延續。」，便非常值得吾人省思和認取了。

三、〈論《史記》〉對皇權專制政治的批判

徐先生痛恨世界上一切極權專制的統治，皇權專制政治當然不為例外。可惜從暴秦迄辛亥革命為止，中國經歷超過二千年的帝制統治。暴秦不必多說，劉家政權下的漢朝亦不遑多讓。〈論《史記》〉一文，如本文緒論所指出，勝義紛陳，宏旨迭見。史公對劉氏皇權專制的控訴、撻伐，泰半詞旨隱晦，蓋多以微言側筆出之，又或隱約見之於叢脞小故事。今幸賴徐先生假〈論《史記》〉一文，發微闡幽，彰著而表明之。以下摘其要者，闡述如次。

我們先說明一下史公對漢代的景帝及對漢代統治時期最長（在位凡 54年），且與彼並世共生的景帝子武帝，是否嘗出怨言，其書《史記》是否謗書的問題。二帝的治術，史公實在不敢恭維，且毋寧是給予負面的評價，後世所謂「怨言」、「謗書」，大抵即由此而起。茲先說「怨言」。衛宏《漢舊儀注》云：「司馬遷作〈景帝本紀〉，極言其短及武帝過，武帝怒而削去

30　筆者當年對這個答案其實是相當反感的。第一個反感就是「太功利了。」天主乃造物主，恭敬之，未嘗不可。但「救自己的靈魂」，是否太功利、太自我中心一點了呢？年紀稍長以後，又想到，由誰來恭敬天主呢？還不是由人來恭敬祂嗎？所以決定恭敬祂或不恭敬祂，豈不是從人本身出發？然而，含天主教在內的基督宗教恆從天主（上帝）出發；相對來說，人是次要的（secondary）。這方面，筆者始終無法接受。雖受過中學及大學多年教會教育，但始終無法成為天主教徒／基督教徒，主要原因便在於此。

之。後坐舉李陵，陵降匈奴，故下遷蠶室。有怨言，下獄死。」[31]徐先生云：「王鳴盛力言其不合事實。然視史公〈報任安書〉，其有怨言至為明顯。……史公於征和、後元之間，以怨言的洩露而不得正命以死，其可能性是很大的。」[32]（頁312）換言之，徐先生認為史公確實有怨言[33]。至於「謗書」，《後漢書·蔡邕列傳》載司徒王允之言曰：「昔武帝不殺司馬遷，使作謗書，流於後世。方今國祚中衰，神器不固，不可令佞臣執筆在幼主左右。既無益聖德，復使吾黨蒙其訕議。」「謗書」一名，大抵即源自王允[34]。

---

[31] 此衛宏的說法，轉引自裴駰《史記集解》；乃裴氏針對〈太史公自序〉中以下文字：「藏之名山，副在京師，俟後世聖人君子，第七十。」所作的集解。東晉葛洪《西京雜記》承襲衛宏此說法。

[32] 王鳴盛對衛宏說所提出的質疑如下：「今觀《景紀》，絕不言其短。又遷下蠶室在天漢三年，後為中書令，尊寵任職。其卒在昭帝初，距獲罪被刑蓋已十餘年矣，何得謂『下蠶室，有怨言，下獄死』乎？與情事全不合，皆非是。」王鳴盛著，黃曙輝點校，〈裴注引衛宏非是〉條，《十七史商榷》（上海：上海書店，2005），卷六，頁43-44。「裴駰於〈自序〉末引東漢衛宏在《漢書舊儀注》中說：「司馬遷作《景帝本紀》，極言其短及武帝過，武帝怒而削擊之。后坐舉李陵，陵降匈奴，故下遷蠶室。有怨言，下獄死。」東晉葛洪在《西京雜記》中承襲衛說。

[33] 然而，在這裡必須指出，史公對景、武二帝雖嘗出怨言，但吾人不應，亦不宜作以下詮釋：史公是為了發洩其個人因武帝而橫遭腐刑的積怨而發出怨言。徐先生即嘗云：「他想通過作史以盡到人類的責任。這種沈鬱著萬鈞之力的三個字（按指：思來者），一再從他口裏說出來，是能由他個人的遭遇所能說明的嗎？」（頁316）所以如果要說「怨言」，那是史公為皇權統治下的天下老百姓抱屈、抱怨。至於因其個人的遭遇而抱屈、抱怨，按諸情理，也不無可能，但筆者以為，那恐怕只是史公次要的考量。換言之，個人認為，為公為私，都導致史公出怨言，但前者重，後者輕，兩者不宜等量齊觀。

[34] 順便一說，《史記》之為「謗書」否，章學誠嘗為之辯解。其說見《文史通義·史德》。徐先生甚不以為然，而指出說：「以此而言『史德』，此真所謂卑賤的奴隸道德，章氏實在沒有資格論《史記》。」（頁323；又可參頁315及頁432之註18）根據筆者對章氏的研究，其皇權專制／極權專制的性格是很明顯的；且《章氏遺書》中亦不乏頌清的言論。此可分別參閱拙著《章學誠研究述評 1920-1985》（臺北：臺灣學生書局，2015），頁107-108，117-118；頁61-62。從章氏之擁護時王，擁護滿

　　上文（含注 33）指出史公對景武二帝確嘗出怨言。含景武二帝在內的絕大多數的中國皇帝恆不以百姓之心為心，乃史公所以出怨言之究極原因所在[35]。皇帝，天子也，即所謂上天的兒子。是以在人們眼中，「天」與「皇帝」便存在著一定的關係。《史記》一書恆言「天」[36]；此「天」字亦多指皇帝。徐先生對此最有會心，嘗指出云：

> 更深一層的看，史公之所謂天，更多是指的是大一統的專制皇帝；皇帝的專制權力，經常是一切理性所無法達到之地。……這是歷史黑暗面的總根源。個人專制的權力結構不變，則此一黑暗的總根源，便永遠存在。由此根源所發出的各種悲劇，也只好稱之為天，稱之為命。
> （頁 331）

清政權來說，不妨以「卑賤的奴隸道德」指斥之。但這不必與其論「史德」的言論扯在一起來看。依筆者淺見，章氏〈史德篇〉中所說到的「心術」固含「道德心」一義，但深一層去看，似乎「認知心」更係其重點所在。詳參《章學誠研究述評》，頁 224-232。

[35] 說到以百姓之心為心，在這裡把徐先生一篇很有意義的文章：〈國家的兩重性格〉，稍做說明。該文章指出「國家」可有兩重性格：政治的國家、民族的國家。前者指「某一個朝廷的政治支配者及其勢力範圍」；簡言之，即以獨夫為代表或一人專制下的一個國家。後者指一個「共同生活體的文化及生活於此文化內的廣大人民與其土地」；簡言之，即民主共和國。此兩者指謂絕不同而不宜相混。就徐先生來說，只有後者，或只有兩者相結合（執政者順從民意），才算是理想國家的一種型態。史公是為廣大人民發聲的一位偉大史家，如泉下有知，他當然是贊成徐先生所說的「民族國家」的一種型態的。徐先生即明白的說：「司馬遷作《史記》，將陳涉比之於湯武革命，這實際是繼承孔子之後，了解民族國家的地位是遠在政治國家之上。為了民族國家的生存而打倒一人一家的政治國家，乃儒家的大義所在。」以上引文俱見〈國家的兩重性格〉，《徐復觀雜文——記所思》（臺北：時報文化出版企業公司，1980），頁 235-236。按：〈性格〉一文前幾年已看過。撰寫本文時，蒙均琴女士不吝提醒，乃得把該文與〈論《史記》〉一文的同一精神結合起來予以論說如本條註文。

[36] 《史記》以外，〈報任少卿書〉很關鍵的一句話：「究天人之際」，亦有一「天」字。當然，也可以反過來說，正因為「天人之際」一語很值得探索，藉以知悉何以史公必欲深「究」之，所以這句話才成為關鍵的一句話，而不是因為這句話有一「天」字，所以才成為很關鍵的一句話。

史公有時不好直接批判歷史黑暗面的總根源的皇帝，於是「只好稱之為天，稱之為命」。這種「天」，這種「命」，其運作是非理性的（此即上引文所說的「經常是一切理性所無法達到之地」），是不可測度的，即所謂充滿偶然性的。然而，大皇帝們大抵不以偶然性視之。徐先生一針見血指出說：

> 在偶然性的幸與不幸中，人類慣性，必不甘心於偶然性的解釋，尤其是在政治上得到特別幸運的人，常會以各種方法，對他的偶然性的幸運，作必然性的解釋，這對歷史便是一種侮辱、歪曲。例如史公對劉邦的得天下，只不過是「豈非天哉」[37]。（頁330）

「豈非天哉」，見〈秦楚之際月表〉的前言，乃用以描述高祖之得天下。其言曰：「……故憤發其所為天下雄，安在無土不王。此乃傳之謂大聖乎？豈非天哉，豈非天哉！非大聖孰能當此受命而帝者乎？」筆者多年前讀此〈表〉時，把這幾句話理解為是史公對劉邦非常正面的稱頌，即視劉氏得上天之庇祐，甚至上天為其作刻意之安排下，乃得以大聖之姿興起並受命為帝。今始知此理解或不全然諦當。依徐先生之意，蓋為：你劉邦走了狗屎運，得上天眷顧，在非常偶然的情況下，攫取了天下而已！你不要視偶然為必然，認為是仰賴天賦或憑仗個人的努力而取得天下啊！針對高祖所以得天下，徐先生的解釋或可再商榷[38]，但筆者要指出兩點。其一，彼視「天」在

---

37 個人對徐先生這個解讀稍有保留。後詳。

38 高祖得天下，其原因計有多端，試分析如下。個人認為，高祖的智巧（譬如接受張良的暗示，乃瞬間改變意見，立封韓信為真齊王）、能忍人之不能忍（這裡「忍」指忍心，如逃難時之拋妻棄子等等。這當然是比較負面的表現。但要成就如打天下的「大事業」，這有時是不得不爾的）、豁達大度（與項羽比，勝多矣）等等，便異乎常人。這些性格特質、行為表現，相信皆有助於劉邦取得天下。所以僅訴諸運氣好（或所謂天意，或徐先生所說的「偶然性的幸運」），似乎不足以充分說明其得天下的理由。史公以下幾句話似乎很可以反映他很意識到從主客觀兩個面向來說明劉邦得天下的原因，如下：「憤發其所為天下雄，安在無土不王。此乃傳之謂大聖乎？豈非天哉，豈非天哉！非大聖孰能當此受命而帝者乎？」這幾句話，值得注意者有三：(1)

史公一書中乃非理性的表徵，此看法自可以成一家之言。（惜用以解釋高祖之得天下，筆者以為，或不盡然諦當。）其二，得到幸運之神眷顧的人，「對他的偶然性的幸運，作必然性的解釋，這對歷史便是一種侮辱、歪曲。」這句話一方面可以反映徐先生對這些人的輕視鄙棄，他方面且更重要的是，這句話又預示著徐先生必然以努力尋找、挖掘歷史真相為其職志。而這正是史家之所以為史家之所在。

　　漢帝權力之所以無限，是與中央集權分不開的。徐先生說：

> 「憤發其所為天下雄」一語揭示了史公是訴諸劉邦以其個人因素（憤發努力）而取得天下的。此其一。(2)「豈非天哉」中的「天」，筆者以為含有「運會」之意。而所謂「運會」，即現今所說的「大環境」、「大趨勢」。而大環境、大趨勢是不以個人的主觀意欲而轉移的，正所謂「運會之趨，莫可阻遏。」（語出連橫，《臺灣通史‧序》），此其二。(3)「豈非天哉」一語似乎也說明了史公有點相信命運、運氣。而命運、運氣，即徐先生所說的「偶然性的幸運」。此其三。換言之，就「豈非天哉」中的「天」來說，既有「運會」（大環境、大趨勢）之意，也有「偶然性的幸運」之意。大環境、大趨勢，扣緊劉邦當時來說，指的又是甚麼呢？清史家趙翼的說法，頗值得參考。彼說：「秦漢間為天地一大變局。自古皆封建諸侯，各君其國。……其後積弊日甚，暴君荒主，既虐用其民，無有底止。……於是漢祖以匹夫起事，角群雄而定一尊。……此氣運為之也。天之變局，至是始定。……乃不數年而六國諸王皆敗滅，漢所封異姓王八人，其七人亦皆敗滅。則知人情猶狃於故見，而天意已另換新局，故除之易易耳。……豈非天哉！」趙氏這個「豈非天哉」，與史公所說的「豈非天哉」，如出一轍。表面上看來，皆訴諸人主觀努力（人力）以外的人的運氣（偶然性的幸運）來作解釋。然而，細看史公及趙氏「豈非天哉」這句話之前的描繪，前者如「憤發其所為天下雄，安在無土不王。」；後者如「封建諸侯，各君其國。……積弊日甚，暴君荒主，既虐用其民，無有底止。」則知劉邦得天下有更根本的原因在。這些原因，計有二項：主觀上，劉邦的個人努力和上面說過的其智巧等等方面的表現。客觀上，封建君主的統治太不像樣了；這便提供了作為平民百姓的劉邦得以起義的有利大環境，即所謂趁運會而興起。主、客觀因素結合在一起便成就了劉邦之得天下。然而，難道一點運氣（偶然性的幸運，或所謂天意）都說不上嗎？細審史公及趙氏的相關文字，似又不盡然（上文(3)已肯定了史公有點相信命運、運氣）。但筆者以為畢竟以劉邦的個人因素和客觀大環境的因素居多。有謂「天助自助者」，所謂「天意」云云，個人以為，縱然不容遽加否定，但畢竟只扮演次要角色而已。趙氏語，見趙翼撰，王樹民校證，〈漢初布衣將相之局〉，《廿二史劄記校證》（北京：中華書局，1984），頁36-37。

> 史公身居中朝，深有感於一人專制的毒害，……他心目中所要求的統
> 一，乃地方分權下的統一，或可稱為聯邦制的統一；此觀於他的有關
> 言論而可見。（頁344）

地方分權，是與中央集權為對反的。史公贊成地方分權，恐徐先生亦然。就
漢朝來說，地方之所以能夠分權（分中央之權），乃在於封建。然而，漢初之
封建，異於宗周之封建，蓋後者乃與宗法制度互為表裏而甚具正面意義之一
種封建。徐先生說：

> 漢初封建，乃作為酬庸報功的一種政治制度，……成為專制政治中有
> 重大毒性的附贅懸疣，……王子侯、外戚恩澤侯；至東漢更增入宦者
> 侯；此後一直成為專制者發揮權威，顛倒是非，集體剝削的重大工
> 具。……史公在此三表[39]的序中，雖未能剖析此種制度的本身，但亦
> 以或顯或隱的方法，觸及其本身所含的問題。（頁356）

《史記》十表，其中與漢朝直接相關者，計有六表：〈漢興以來諸侯王年
表〉、〈高祖功臣侯者年表〉、〈惠景間侯者年表〉、〈建元以來侯者年
表〉、〈建元以來王子侯者年表〉和〈漢興以來將相名臣年表〉。六表中以
第一表〈漢興以來諸侯王年表〉的序文最長；其中「漢興，序二等。高祖末
年，非劉氏而王者，若無功上所不置而侯者，天下共誅之。」等文字，頗可
窺見漢興分封諸侯王的制度。其餘五表的序文的字數則不如第一表，而大體
上依次遞減（〈漢興以來將相名臣年表〉，則序文亦無之，蓋殘缺所致。）；至於序
文之內容，則確如徐先生所說的：「未能剖析此種制度的本身」。這個「缺
失」，現今恰為徐先生所補上（上文注39稍可窺見一二）。此徐先生為史公功

---

[39] 三表指〈高祖功臣侯者年表〉：表列緣於酬庸報功而獲封之開國諸功臣及其後裔；
〈惠景間侯者年表〉：表列緣於諸王之子而獲封之侯，緣於外戚而獲封之恩澤侯；
〈建元以來侯者年表〉：蓋以開邊有功而獲封。但就最後的一表來說，衛青之子，封
於襁褓，又何功勳之可言？詳參頁356。

臣之又一例。

　　一人專制下的封建制度，其毒害，已大體上見諸上所引的 100 多字的一段文字。然一人專制，其毒害又絕不止此。今從徐文中依序列舉若干例子，以說明各種毒害乃皇權專制下的必然現象。徐先生說：

> 由上面概略的陳述，可知史公對人物價值的評定，除聖賢型、英雄型、學者型以外，必歸於剛直有節之人。人生的形態與意義，是多方面的，借史公自己的話說，「天道恢恢，豈不大哉。談言微中，亦可以解紛」，於是他特立了〈滑稽列傳〉。……但專制政治穩定後，凡可稱為人才的，皆不易為政治社會所容；而皇帝所要求的，乃在於「長者」型的人物。……長者以現在的話說，即所謂「老實人」或者稱為「忠實人」。（筆者按：此即臺灣所常說的「乖乖牌」）……此一要求，到元帝以質樸、敦厚、謙遜、有行的四科取士而更具體化。即此一端，也應可以說明中國歷史在專制之下，必然陷於停滯的原因。
> （頁393）

　　一人專制，即一君萬民之謂。在上者以其淫威統治，在下的萬民只有俯首聽命的餘地。其有例外者，史公必表而出之。剛直有節者等等之外，「談言微中，亦可以解紛」的滑稽人物亦為史公所網羅。但專制政治穩定後，普天之下，莫非皇帝的鷹犬，敢於開玩笑的滑稽人物也不多見了。真可謂囹圄皆滿，道路以目，無敢言者。悲乎！徐先生乃感慨的說：「中國歷史在專制之下，必然陷於停滯」。

　　在史公的視角中，如果滑稽人物能夠算是歷史正面發展的配角、陪襯的話，那麼正好相反的另一類人物：色媚者、色幸者，恐怕是一人專制下歷史負面發展的必然產物。徐先生說：

> 對不足齒數的「色媚」、「色幸」的完全沒有人格可言的人，但既「與上臥起，公卿皆因關說」；並且只要是專制，在政治核心中，便

> 有這一類人物存在，「雖百世可知也」；於是從人生價值的反面，也
> 只好寫出〈佞幸列傳〉。（頁394）

歷史人物當然有好的、善的，但也有壞的、惡的。作為忠於歷史的史家，便
不容「報喜不報憂」，而必得作正、負面的報導，即所謂全面的報導、平衡
的報導。所以「發潛德之幽光」之餘，也不能不「誅奸諛於既死」。當然，
在史文中是不是必得利用價值判斷，所謂藉褒貶之詞以發之，誅之，可以再
討論，蓋據實直書，讓是非自見，也未嘗不可。然而，無論如何，史家必須
正、負兩面都照顧到，那是他的責任，即所謂義之所在。上文說到色媚者、
色幸者。這類人物，當然如徐先生所說的，是「完全沒有人格可言的人」。
他們沒有知識，也沒有學養，而光憑姿色（其實肉體而已），以搏取人主之所
好以邀寵，以攫取利益。對他們來說，當然談不上精神面的人格。然而，世
界上，本來就存在著不少搏君一粲，冀君一幸的虛榮追求者、物欲追求者。
在不能否認現實世間本來就有惡，甚至不能否認人性有惡的一面的大前提
下，我們又何忍深責這些色媚者、色幸者呢？！若深入探討、追溯，則皇帝
制度下的大皇帝，乃其罪魁禍首。只要皇帝制度存在一天，則色媚、色幸，
便絕不可能有劃下休止符的一天[40]。

　　伴隨著皇帝制度而來的必然之惡（如上文所說的歷史發展必因此而陷於停
滯，並出現各種人間悲劇）之外，依徐先生之見，學術發展亦受到影響。徐先
生說：

> 學術之權，一旦操在朝廷手上，固然學術可給政治以若干影響，例如
> 漢代有意義的奏議，到元、成而始盛，即其顯證。但專制政治，也會
> 給學術以影響，限制其發展的方向、範圍，並進而歪曲學術的自身，
> 以「阿世」代替了「救世」的目的。（頁401-402）

---

[40] 其實，縱然皇帝制度不存在（譬如今天），社會上的色媚者、色幸者（廣義的，變相
的），也大不乏人；但少了皇帝制度一環，則至少少了環繞其身旁的色媚者、色幸
者。

學術與政治，恆有其互動關係。學術給政治以影響，通常都是正面的[41]；反之，則是負面的。如彼此雙向互動而對對方產生影響，則至少可以打平，或各有勝負。反之，如單向的只有政治影響學術，那所謂影響，即無異干涉、左右，甚至操控、打壓！中國過去常強調「政教合一」。如果這個合一是平等互利的合一，即政府扶持教育，教育為政府培育人材，那當然可有很正面的意義和價值。但通常所謂「合一」，其情況是政在教之上，即政在上，教在下；是上下關係的合一，而不是平等對列之局之合一，那教便定然吃虧[42]。在這情況下，掌教者、施教者，又恆曲學以阿世（直接討好在位者，或間接的利用其知識為在位者宣傳、製造輿論），而不是救世。執政者那就更加如虎添翼、有恃無恐（因為有學理為其政策背書、撐腰），甚至把教育者玩弄於股掌之上。教育者因為擁有知識，又恆善於辭令，能言善道，若文過飾非，成為了在位者的幫兇，那是非常可怕的。猶記得牟宗三先生說，知識分子淪落到這種田地，那是知識分子的自賤。然而，筆者以為，世上又有幾人能擺脫來自政權擁有者、執政者的名、利，乃至權力的誘惑呢？知識分子，冰山一角而已。然而，難以理解的是，應該最有骨氣而憑其良心良知以處世應物的知識分子，其表現居然如此，非自賤而何？！

---

[41] 當然學術界的意見亦不無過分理想，或甚至流於迂腐，而難以予以落實之處。然而，如此說來，學術對政治便造成不了影響，更不會產生所謂負面的影響。

[42] 說到政教合一的問題，尤其政權掌握者、統治者立教的問題，徐先生嘗發表過一番非常發人深省的言論，如下：「以立教為第一的政府，勢必流於極權政府。……先秦的儒家，自己是站在社會上去立教；站在社會上立教，乃是信任人類理性的自由撰擇，而不是出之於強制要求。在政治上，只要求統治者自己有德，而以尊重人民的好惡為統治者有德的最高表現。只要求統治者提供教育的工具──學校，只要求統治者以『身教』而不以『言教』。言教乃師儒之事；……今人所說的『政教合一』，這不過是酋長政治的遺風，決非儒家精神所能允許。……這是儒家與極權主義的大分界。」徐復觀，上揭〈釋《論語》民無信不立〉，《儒家政治思想與民主自由人權》，頁199-200。上引文乃承均琴女士之指引而來（詳均琴女士2015年12月4日給筆者的一信），特此致謝。〈釋《論語》民無信不立〉原發表於《祖國周刊》，卷9，期11（1955年元月）。按：1955年乃徐先生「棄武習文」不久之後。其時即能寫出這種深具智慧、識見的文章，實在不簡單。

在大皇帝的專制淫威之下，知識分子尚且阿世，等而下之者固無論矣！徐先生論述〈日者列傳〉時，指出說：

> 〈日者列傳〉，首尾完具。……把專制下官僚集團之實同盜賊的醜惡本質，暴露了出來[43]，有合於史公追求歷史真實的本旨；其用心深而取義切，決非他人所能措手。所以張晏謂褚先生所補[44]，從任何角度看，亦不能成立。（頁388）

上引文可注意者有三點：（一）如只有皇帝一人獨行其是，則無論如何是起不了大作用的。皇帝制度之可怕及可惡，是因為有一大群附和者和幫傭！這就是官僚集團。於是以皇帝為首的「犯罪集團」便於焉形成。（二）徐先生〈論《史記》〉一文多次指出，史公撰史旨在「追求歷史真實」。史公撰史之目的（終極目的）固在於：「究天人之際，通古今之變，成一家之言」。然而，不「追求歷史真實」，或不以「追求歷史真實」為最重要的考量的話，則「究天人之際」是究不了的，「通古今之變」亦通不了的。至於「成一家之言」，或可以「成」得了。但所成者，必非本之於歷史真實、歷史事實而來的一種「成」。其結果是你成為不了真真正正的，對得起良心的史學

---

[43] 〈日者列傳〉中，日者（卜筮者）司馬季主嘗回應宋忠、賈誼二人的質疑。其中反映徐先生「專制下官僚集團之實同盜賊的醜惡本質，暴露了出來」這個說法的相關文字，今擇錄如下：「今公（指：宋忠、賈誼）所謂賢者，皆可為羞矣。卑疵而前，孅趨而言；相引以勢，相導以利；比周賓正，以求尊譽，以受公奉；事私利，枉主法，獵農民；以官為威，以法為機，求利逆暴；譬無異於操白刃劫人者也。初試官時，倍力為巧詐，飾虛功執空文以調主上，用居上為右；試官不讓賢陳功，見偽增實，以無為有，以少為多，以求便勢尊位；食飲驅馳，從姬歌兒，不顧於親，犯法害民，虛公家；此夫為盜不操矛弧者也，攻而不用弦刃者也，欺父母未有罪而弒君未伐者也。何以為高賢才乎？……是不忠也；……是竊位也；……是偽也。」此等言詞，筆者完全認同徐先生的說法：必係出自史公本人手筆，決非他人所能措手者。

[44] 張晏之說法乃針對《漢書・司馬遷傳》「十篇缺，有錄無書」句（上揭《漢書》，頁2724）。其說法如下：「遷沒之後，亡……〈日者列傳〉、……元成之間褚先生補缺，作……〈日者傳〉，言辭鄙陋，非遷本意也。」

家。當然，或可由此而成為一個出色的小說家、預言家、宣傳家，甚至是道德倫理學家；但絕非史學家！（三）徐先生對作為史家的史公的肯定，遠勝於對其他學者（譬如元、成間博士褚少孫）之肯定，蓋〈日者列傳〉所揭示的：「追求歷史真實的本旨」及「用心深而取義切」的表現，「決非他人所能措手」者。

　　本節（第三節）以上重點，乃在於述說、闡釋徐先生針對皇權專制（或皇帝制度）而來的各種批判。這主要是針對制度本身來說，而不牽涉個別皇帝的個別表現。就漢朝來說，各皇帝中，徐先生最痛恨且批判最多的，就是統治期占去西漢國祚 214 年中 1/4 而導致西漢國運盛極轉衰的漢武帝劉徹（在位 54 年）。秦始皇之後，同樣以封禪誇耀功德的就是漢武帝。徐先生在〈論《史記》〉一文中對他的批判極為嚴厲；武帝的封禪，徐先生更是不假以顏色。〈封禪書〉的贊文有句云：「論次自古以來用事於鬼神者，具見其表裏。」用事於鬼神如武帝者，乃至歷史上其他人、事的表裏，徐先生都非常關注，認為兩者都必須兼顧；嘗指出說：

> 把事與人的「表裏」表達出來了，也即是把掩蔽在莊嚴儀式後面的由專制、侈泰、愚妄結合在一起的事之裏與人之裏，表達出來了，使人類得透過由專制權力所散佈的虛偽的歷史資料以把握歷史的真實；由歷史的真實以把握人類前進的真正大方向，這才是作為一個史學家的真正責任與貢獻。這正是史公作史的志尚所存。但此不僅需要卓越的智慧，遭逢的機會，更需要與人類大利大害，大是大非同其呼吸，決不為一時權勢所奪的人格。這是支持史公具見其表裏的基本力量。
> （頁 372-373）

上引文有四點可說：
　　（一）一般來說，我們教人要注意事情之裏；就史料或史文來說，意謂要注意其言外意，而不要被事情之表面或史料、史文之表面所矇騙而輕信之。然而，史公及徐先生教人，史家所表達出來的人、事的表和裏，吾人皆

須注意。尅就武帝的封禪來說，其「裏」就是武帝的「專制、侈泰、愚妄」。作為讀者來說，似乎獲悉這個「裏」，便足夠了。那為何還要理會虛偽的歷史資料，即所謂「表」呢？一言以蔽之，乃藉表以見裏——知其為表，乃知裏之所以為裏（下詳）。孔子說：「繪事後素。」（《論語·八佾》）這句話是甚麼意思呢？《考工記》說：「『繪畫之事後素功。』謂先以粉地為質，而後施五采，猶人有美質，然後加文飾。」所以重點是素（此猶上文所說的「裏」）——即本身該先具備的優異特質（美質）。就秦漢的封禪來說，它根本不具備這種素！依徐先生，當時的封禪，充滿了「濃厚的迷信成分」。（頁372）如果這也算是一種「素」，則這種素，是一種不良的，惡質的「素」！硬要把它公諸於世的話，那只好美化之而好好的把它包裝一番，以莊嚴的儀式以遮羞、掩醜來跟觀眾見面了。在這種情況下，儀式越莊嚴，場面越隆重，越表示它沒有實質，越不能反映歷史的真實。其根本原因乃緣於其背後是一種惡質的「素」，而這種素乃由徐先生所說的假藉「虛偽的歷史資料」這種「表」來包裝、文飾。除虛偽的歷史資料之外，用以描繪當時「莊嚴的儀式」的辭藻、行文、用語，又是另一層包裝，即另一種「表」。在雙重包裝、文飾下，歷史的真實益難窺見！這種真實就是上文所說的「裏」，即武帝的「專制、侈泰、愚妄」。只有在善用「表」——仔細掌握「表」，並進一步穿透「表」的情況下（這很不容易，因為有雙重包裝——兩個表），始能見「裏」，反襯其「裏」之所以為「裏」。所以史公「具見其表裏」的說法，絕非不經意的隨便說說——虛說、泛說，而係實指、實說；意謂吾人固要深入知悉其裏，探討其裏，但表亦絕不可輕忽，而皆須深入審視（見）之。蓋藉「表」以見「裏」；得「裏」，乃悉「表」之僅為「表」而已。

　　（二）史學旨在求真，此固然。然而，史學不止於求真；求真以外，史學更有其他要義／任務在。「由歷史的真實以把握人類前進的真正大方向，這才是作為一個史學家的真正責任與貢獻」一語，意味著對徐先生來說，「把握人類前進的真正大方向」，才是最關緊要的。而所以要「把握人類前進的真正大方向」，其目的恐不外乎追求善。換言之，對徐先生來說，求善

才是史學最關緊要的目的[45]。

　　（三）然而，以歷史的真實為基礎以求善，不是說要追求，便追求得到的。它有賴一定的條件始可達陣的。這如同「我欲仁，斯仁至矣」一樣，只是就原則上來說[46]。求善亦然（仁與善是相通的，這裡不細辨），也有賴一定的條件。徐先生即指出其必備條件有三。其中有兩個可稱為個人主觀條件。其一，卓越的智慧；其二，與老百姓同其利害、同其是非而不為一時權勢所奪的人格。（相對於「卓越的智慧」之偏重知性來說，人格則顯屬於德性的範疇）另一條件可稱為客觀條件，即「遭逢的機會」是也。按：徐先生分析事情大抵主客兼顧，知性、德性兼採，以上是一個很好的範例。就上引文來說，三項條件中，以人格一項最為徐先生所看重。

　　（四）如果不具備上文（三）所說到的三項主客觀條件，則具見不了（認識不了）歷史的表和裏。若連認識都談不上，就更不必指望藉以追求善，或落實善了。

　　徐先生更以〈封禪書〉：「至若俎豆珪幣之詳，獻酬之禮，則有司存焉」這句話為楔子，做了點引申，指出「歷史罪人」[47]的罪過乃在於「彌縫

---

[45] 當然，何謂「善」，容見仁見智。就一個國家來說，它能夠幫助國人成就其各自追求的人生價值，以提昇人文精神，促進人與人之間之和諧融洽，就是一種善。國家所以存在之價值亦由此以見。唐君毅先生嘗暢論國家在人類社會發展史上所以必出現及該出現之理由。詳參黃兆強，《學術與經世：唐君毅的歷史哲學及其終極關懷》（臺北：臺灣學生書局，2010），頁 75-80。在人類發展史上，「追求自由」扮演很關鍵的角色。自由的落實，至少可視為諸善中的一種吧。當然，「自由」的種類繁多。作為公民社會的一員來說，吾人所追求的「四大自由」是耳熟能詳而當係吾人所共同認可最關緊要的自由。「四大自由」乃首倡自美國總統富蘭克林・羅斯福；二戰時的 1941 年 1 月 6 日，他在國會大廈演說時所提出的，即言論和表達自由、宗教信仰自由、免於匱乏的自由和免於恐懼的自由。這四大自由可說是現代文明社會的基礎。

[46] 就實際上的情況來說，「我欲仁（我下定決心要追求得到仁）」之後，還得老老實實要做一番功夫，主要是不斷修行的功夫，才可以真真正正把仁踐履出來，落實下來的。絕不是只要「我欲仁」，那仁便隨之而「至矣」的。換言之，仁之「至矣」，是有賴條件的。這個條件便是不斷修行、修養的功夫。

[47] 或可稱為偽史家、劣史家、「山寨史家」。

顛倒於由專制權力所安排散佈的事之表與人之表的資料中，以構成歷史的假象；由歷史的假象，隱瞞歷史的真正經驗教訓，使人類陷於混亂的泥淖中而永不能自拔，這是以史之名，毀滅史之實，乃歷史的罪人，當然也是史公的罪人。」（頁 373）權力專制者已經夠壞了。而「偽史家」更充當幫兇，為虎作倀，阿其所好，為權力專制者彌縫顛倒僅顯示人與事之表之資料，而故意捨其裏！其非歷史罪人而何！！徐先生的心聲，不啻古今中外千萬民眾的心聲。史公固為良史，徐先生實亦不遑多讓。

　　上引文說到〈封禪書〉所見的武帝，乃「專制、侈泰、愚妄」的大結合。所謂專制，不必多說。至於侈泰、愚妄，又何所指呢？武帝與始皇實無以異，皆眷戀人世間而欲超尅自然生命以追求長生不死者也。這種既違反自然法則，又違反歷史法則（總結歷史經驗，知人必有死）的奢求，可說是人的侈泰心理的寫照。以武帝之聰明睿智，又怎麼會愚妄到相信，並進而追求長生不死呢？其惑文成而溺五利，何以故？除了侈泰心，即所謂貪念外，恐怕別無他解。縱觀人世間，多少人因貪念而受騙！然而，世人被騙之後，又恆不信已然被騙，並轉而不自覺的強迫自己相信其事之為真[48]。這就成了自欺！這種自欺，便流於徐先生所說的「愚妄」了。先生說：

> ……武帝求不死的侈泰之心，寧願被欺自欺以自成其愚妄的事與人之「裏」，實無所遁形之餘地。通過〈封禪書〉以發現武帝之人的真實；由其人之真實以發現其文治武功的真實，則專制體制裏所能包裹的東西，應當都可以洞察清楚了。（頁 379）

人所以會受騙、自欺而自成其愚妄，乃由於侈泰（貪念、貪欲、貪多務得）。此上文已有述說。然而，其人若非位高權重（甚至理論上其權力可以無限，如皇帝者），則侈泰之心，恐不必然至乎其極。然則能夠至乎其極的，便只有專

---

[48] 就臺灣來說，詐騙集團（金光黨等等）的手法層出不窮。但大體上皆源自人之先有貪念而被騙。其執迷者，甚至警察上門，或銀行職員苦口婆心勸告而仍堅持不聽者，恆所在多有。

制體制下的大皇帝了。然而，就具體情況來說，也不是所有大皇帝都把侈泰之心發展到極點的。換言之，程度上是可以有所不同的。就武帝來說，他的本性是「內多欲，而外施仁義」。（汲黯語，見〈汲鄭列傳〉）徐先生透過〈封禪書〉，更足以「發現武帝之人的真實」。有謂：「江山易改，本性難移。」徐先生既洞燭武帝之真實性情，則其外在表現，如「文治武功的真實」，不如示諸掌乎！

這裡順便說一下徐先生的文筆：武帝侈泰之心所導致的各階段的發展被徐先生很邏輯地貫串起來，使人讀來一氣呵成，事理之間之關聯遂曉暢明白；武帝末年幾至亡國，乃事有必至，理有固然者。其具體情況是：徐先生藉著〈平準書〉的若干語句，指出史公：

> 概括了武帝(1)因席豐履厚而生侈泰之心；(2)因侈泰之心而生窮兵黷武之念。(3)因窮兵黷武而大量消耗國家社會的資材；(4)因大量消耗國家社會的資材而講求各種特殊的財經措施，(5)因特殊的財經措施而破壞了政治社會的正常結構；(6)因破壞了政治社會的正常結構而民不聊生，(7)引起山東的盜賊蠭起，(8)便不能不倚賴嚴刑峻罰的酷吏之治、屠殺之政。武帝的泰侈之心不已，多事不已，於是「事勢之流，相激使然」，上述情形互相因緣，成為整個的惡性循環，使漢幾至於亡國。（頁381；以上號碼為筆者所加，以醒眉目故，非徐文所原有。）

說到「漢幾至於亡國」，便不能不說一下當時第一大事：伐匈奴。徐先生說：

> 伐匈奴是當時第一大事；而武帝用將一決於內寵[49]，故使國家人民蒙受莫大的損失與痛苦。〈李將軍列傳〉及〈衛將軍驃騎列傳〉，寫出

---

[49] 詳參趙翼撰，王樹民校證，〈武帝三大將皆由女寵〉條，《《廿二史劄記》校證》（北京：中華書局，1984），頁51。按：三大將乃指衛青、霍去病、李廣利。

武帝用將的兩個方面，兩傳應作對照性的了解。合全中國數十年儲蓄
的力量從事匈奴，以全國人民的血肉，博內寵的嚬笑，所以史公當時
的心情，大有「能言反對伐匈奴者，皆聖人之徒也」之慨。《史記》
一書，很少錄當時奏議，但凡諫伐匈奴及反對向外黷武之言論，皆為
史公所不棄。他為韓長孺（安國）立傳，因為他最先反對伐匈奴。
（頁384-385）

當時武帝一意伐匈奴。到底要不要長期對匈奴用兵，導致徐先生所說的：
「使國家人民蒙受莫大的損失與痛苦」，此用兵的本身便很值得檢討。但如
用人唯賢，而非用人唯親，用將非一決於內寵，則伐匈奴恐亦不至於「幾至
於亡國」！史公及徐先生所以深嘆，甚至作出負面的評價，不是沒有道理
的。茲引錄〈外戚世家〉起首一段文字的幾句話以結束本節。史公云：「甚
哉，妃匹之愛，君不能得之於臣，父不能得之子，況卑下乎！」[50]

四、餘論

筆者以為〈論《史記》〉一文足以反映徐先生從儒家立場立論的特質。
透過以上三節的說明、闡釋，其儒家立場已然清晰可見。徐先生在文中又多
次強調「史家良心」或「歷史良心」的問題。筆者以為「良心」一詞最足以

---

[50] 上揭《史記》，頁 1967。史公這幾句話應是很好懂的。意謂：妻妾從丈夫處所獲得
之愛是極深極厚的。其深厚之程度，是君從臣處，父從子處，都無法比擬的。其關係
遜於君臣、父子者，更無論矣！若翻譯成白話文，當如下：「妃嬪（從君主處）所獲
得的愛，太過分了！其程度之深厚，是君主從人臣處，父親從兒子處，所不能比擬
的。關係比君臣、父子疏一點的，更不要說了。」司馬貞《索隱》云：「以言夫婦親
愛之情，雖君父之尊而不奪臣子所愛，使移其本意，是不能得也。故曰：『匹夫不可
奪志』是也。」司馬氏的說法恐牛頭不搭馬嘴，顯為失焦！他的解釋，很明顯是針對
夫婦之間雙向的彼此恩愛之深來說；然而，史公的幾句話，很明顯是針對妻妾單向的
從丈夫處所獲得之愛之深來說。夫婦間相互恩愛乃人間至寶貴者，但此非史公〈外戚
世家〉所要闡發之重點。

反映儒家之特質。本節乃擬扣緊這兩個詞，依其在徐文中出現之順序，擇當中之要者共四例，略作述說。

其一：

> 史公以亡秦之功歸項羽，正所以顯露此「歷史的真實」。至史公不為惠帝立本紀而為呂后立本紀，蓋一以著歷史之真實，一以著呂后之篡奪。……而「呂后為人剛毅，佐高祖定天下，所誅大臣，多呂后力」的關鍵性紀事，則被《漢書》刪棄。由此亦可見史公由其歷史良心的驅使而深入於歷史真實的一例。……人格的平等，是從基本上說，若將平等誤用到將人來加以平均化，這便不足以標示人類向上的方向，而歷史的大是大非亦因之而不顯。……蕭何、曹參、張良、陳平、周勃……置入世家而將其特別凸顯出來，這才合於此段歷史的真實。（頁346-348）

以上引文不足300字（縱使連同被刪去者合算，亦不足800字），但「歷史（的／之）真實」一詞，前後共出現四次；可知「歷史真實」被徐先生重視的程度。而史公所以能夠彰顯歷史真實者，依徐先生意，乃以其深具歷史良心故。而歷史良心，又會進而「標示人類向上的方向，而歷史的大是大非亦因之」而呈露彰顯。換言之，歷史真實也好，歷史的大是大非也罷，其得以顯著於世，其關鍵乃在於撰史者本身具備了歷史良心。

其二：

> 前人每稱《史記・項羽本紀》，其全書文法，悉滙於此。實則史公在文學上之最高成就，無過於〈封禪〉、〈平準〉兩書，此真為後人所無法企及的巨製。而其所以有此最高成就，乃來自其良心所賦予於他的卓識與勇氣。（頁381）

徐先生固史家，深具史家觀察歷史事物之敏銳度。然而，徐先生亦係傑出的

文學欣賞家、文學批評家。代表《史記》全書文法最高成就之篇章，徐先生以為無過於〈封禪〉、〈平準〉兩書，異乎常人以〈項羽本紀〉代表史公文學上之最高成就之看法。這方面，容見仁見智。然而，徐先生所以作出如此斷言者，實緣乎堅信該兩書最足以顯示史公之深具卓識與勇氣。而所以深具卓識與勇氣者，徐先生斷言，乃來自史公之良心[51]。

　　其三：

> 漢代承用秦法為治，刑法異常嚴酷，至武帝而愈演愈烈，形成了他這
> 一代的酷吏政治。史公在人民慘怛呼號的巨大聲音中，要暴露出「緣
> 飾以儒術」下的政治真實內容，要描寫出所謂酷吏政治真正猙獰黑暗
> 的本來面目；要說明這種殘暴政治，皆是出於「上以為能」的武帝主
> 動的要求，並指出這種酷吏政治必使正常政治的運行歸於荒廢。……
> 史學家最大的良心，莫大於為億萬人民呼冤求救；所以〈酷吏列傳〉
> 的成立，乃史公最大的歷史良心的表現。但酷吏中若有一節可取，如
> 郅都、趙禹、張湯之倫，史公亦皆表而出之，正可表現史公這種持平
> 的態度，乃道德精神未嘗化為激烈情感，因而保持其平衡與客觀，也
> 正是作為一個偉大的史學家所必不可少的條件。（頁398-399）

---

[51] 在這裡，茲稍作申引：良心表現於撰史，便成為史家之「史德」。唐人劉知幾有史家三長（史才、史學、史識）之說（詳見兩唐書，劉氏本傳）。論者有謂清人章學誠益以「史德」。其實，知幾三長中史識一項已隱含史德，惜劉氏未用其名而已。惟今不擬細論。但無論三長也好，加上史德而成為四長也罷，此三長、四長，其實都是彼此相互關連的，可說是一個有機的組合體。徐先生所說的「卓識」，其見之於撰史，便成為了史識。（至於「勇氣」，乃成就「史膽」者也；今不詳說。）依徐先生，此史家之卓識（史識）乃來自其良心。上文已指出，良心用於撰史便是史德。本此，吾人可斷言說，史德成就了史識；甚至可以說，非史德無以成就史識。由此可見史德、史識有其因果關係。當然，史識有時又可反過來促進史德（識見高者，胸襟度量（德量）又恆隨之而擴大）；是史識又反過來成為了史德之因，史德則其果也。籠統言之，吾人至少可以說，史識、史德有其緊密雙向互動的關係；而絕非彼此不相干者。

上引文重點有二：（一）就儒家的信念來說，人類良心乃凡人皆具備者，且無處不顯。面對大是大非，良心固必呈現無疑，但良心亦不遺小是小非；蓋人生日常所面對的種種事物，本來就有大小輕重之別，良心又豈會大此而小彼，或輕此而重彼呢[52]？以史家來說，其本於良心而來的基本任務乃在於呈顯「歷史真實」（詳上）。這可說是人所共認的常識。然而，依徐先生，呈顯「歷史真實」並不是「史學家最大的良心」所在；其最大的良心，「莫大於為億萬人民呼冤求救」。這個說法，恐怕只有永遠「以百姓之心為心」如徐先生者，才會意識到，並明白的說出來的。徐先生固借以說史公，然亦「夫子自道也」。（二）良心，或順上文意，人之「道德精神」，有可能被「激烈情感」（如疾惡如讎、義憤填膺等等）所影響而失其平衡。但徐先生明確指出，史公不失其偉大史家之本色，恆「保持其平衡與客觀」。徐先生這個指示極其重要。人對事物有所感而生情、起義，這是人性正常、正面的表現，是值得讚美稱頌的。然而，若流於激烈、偏激，那是會使人失控，失去理智，甚至連良心也會喪失掉的！史公縱覽歷代統治者多矣，其對彼等非理性的表現，可謂痛心疾首至乎其極。但作為史家來說，他必得發揮最大的自律、自節，因為他深悉只有在「保持其平衡與客觀」的情況下，他才可以依其良心而把歷史真實（含他最痛恨的大皇帝把持下的政治真實）予以最全面，最周延的揭露。

　　其四：

> 韓信乃當時最偉大的戰略家，或且是中國歷史中最偉大的戰略家；……（徐先生由韓信貧賤時即有志於為其母「行營高敞地，令其旁可置萬家」，而指出說）這說明了韓信在貧賤中，已因其抱有雄才偉略，相信自己必自致於青雲之上。這便與樊酈滕灌們，作出非常顯明的對照。而他的悲慘結局，完全出自他太信賴了劉邦的推食解衣，太相信了

---

[52] 有謂：「事有大小而理無大小。」詳《朱子語類》，卷 49，《論語》31，〈子夏之門人小子章〉。唐君毅先生亦有相同的說法。蓋以理本之於良心而成立，良心又豈會大小眼呢？

「漢王之不危己」。這是歷史上以良心對陰毒者的最大教訓，也是中國歷史上首出的讒功誅良的最大冤獄。史公身為漢臣，但在由政治勢力所形成的許多誣枉材料中，發揮了他的最大的歷史良心，暴露了政治勢力所掩蔽下的最大歷史真實。……此一歷史的良心，貫注於《史記》全書之中，隨處可見。（頁410-412）

徐先生認為史公本於歷史良心而為韓信抱打不平，並藉以揭露「政治勢力所掩蔽下的最大歷史真實」[53]。此一例亦充分反映徐先生深信，史家的歷史良心對於揭露「歷史真實」所扮演的關鍵角色。

　　要言之，從以上四例得悉徐先生所要求於史家者，為「歷史真實」之揭示。然而，「歷史真實」雖然非常重要，但亦只不過是夠資格稱得上「史家」者之必要條件，即所謂門檻而已。史家必須具備者，良心是也。其實，語其究竟，非良心不足以成就「歷史真實」。即此一端，便足以反映徐先生之儒家精神。徐先生進一步指出，歷史真實的揭露，非史家良心最大呈現之所在。「史學家最大的良心，莫大於為億萬人民呼冤求救。」（詳上文）我們必須三復斯言，否則無以了解史公，亦無以了解作為現代新儒家的徐先生〈論《史記》〉一文之精義，更無以了解其治學治史之終極用心，實乃在於經國濟世，為當今之統治者開藥方。「為天地立心，為生民立命，為往聖繼

---

[53] 徐先生揭露史公對歷史人物之抱打不平，尚可多舉一例；如下：「〈游俠列傳〉的成立，蓋在重視政治以外的社會勢力。中國歷史中最嚴重問題之一，乃在政治勢力支配了一切，更無其他宗教勢力、社會勢力，可以稍稍發生制衡作用，使政治只有順著統治者驕奢橫暴的本質去演進。……（游俠）使『士窮窘而得以委命』，這是在蓋天蓋地的專制政治巨壓之下，所掙扎出的一條縫隙，使走投無路的人，在此縫隙中尚得暫時相煦以沫，從這種地方，便可看出『俠客之義，又曷可少哉。』『然儒墨皆排擯不載』，至使『自秦以前，匹夫之俠，湮滅不見，余甚恨之』，所以便為他可得而聞見的漢初匹夫之俠，立此列傳，以補儒墨識見之所不及。可以這樣說，游俠是在社會上為阨困之士打不平，而史公則是在史學上為這些被政治誣陷的游俠打不平。（頁402）在專制政治支配了一切的境況下，徐先生指出史公為游俠們抱打不平；〈游俠列傳〉成立的重大意義於焉可以概見。

絕學，為萬世開太平。」（〈西銘〉）橫渠先生這四句話，若用以描繪徐先生，誰曰不宜！其民胞物與之抱負，與他最景仰之史公又何以異！

五、附識

　　現代新儒家徐復觀先生探索、鑽研《史記》的成果，尤其對司馬遷之撰史動機、目的、精神等等方面的發微闡幽，已釋述如上。筆者深信，光是就該文而論，便足以充分反映作為新儒家的徐先生是深具歷史意識及史家學養的。也許我們可以把徐先生定位為新儒家的史學家，或史學家的新儒家。前者指深具現代新儒家精神、情懷的史學家，後者則指深具歷史意識及史家學養的現代新儒家。總之，就徐先生來說，儒家與史家已合而為一了。當然，徐先生的學術專業絕不以史學為囿限。但這方面，現在就不細表了。

　　茲妄作讚語如下，以見先生畢生志趣及學術特色之一斑：

　　　　復禮興仁，粹然儒者；
　　　　辟邪崇正，強哉史家。

2012 年 12 月 14 日，再三捧讀〈良知的迷惘──錢穆先生的史學〉一文，得如下一聯：

　　　　血淚凝成真史學[54]，

---

[54] 人類的歷史有血、有淚，當然亦有歡笑和快樂。這是不必多說的。然而，個人認為，能夠促使人們從歷史中學習得到教訓，使人勿重蹈覆轍，則恐非血淚斑斑的歷史事蹟莫屬。最能促使史家產生同情共感，恐怕亦非血淚史莫屬。而促使史家對史事獲得真切並相應的了解的，個人認為，正係緣自這種同情共感。換言之，史家本人的血（熱血）和淚（熱淚），必須跟人類歷史上的血和淚滙流在一起、湊泊在一起，始可讓史家對人類的歷史產生相應的了解。然而，（這些）史家為甚麼會對過去的歷史產生同情共感，並進而凝成一己的血和淚呢？一言以蔽之，由於史家深具道德意識故也。（其實，依人性本善來說，凡人皆深具之。）是以便絕對不會對過去人類的血淚史一

學思斥破假專家[55]。

無所覺、一無所感。我們也可以這麼說，如史家無道德意識，因而對史事一無所感（no feeling at all），則恐怕便無法對史事產生相應的了解／理解；或至少產生不了真切而深入的了解。要言之，道德意識（道德理性、良心良知、德性之知）促進了知性之知──即德性有助於建構知性、知識。「血淚凝成真史學」一語即本於這個信念而來。但這裡必須稍作說明的是，史家本乎道德意識所產生的熱血和熱淚，並由之而來的同情共感，只應該是促使他產生動力、幹勁，並能夠深刻體會歷史上苦難的人民的遭遇的一個契機點、切入點而已；而並不是說，史家在研究的過程中可以不理會該有的客觀研究規範，而任由熱血和熱淚的擺弄，一依主觀意志的牽驅而做歷史研究。否則恐怕便如同福祿特爾（Voltaire, 1694-1778）所說的，歷史研究只是生人開死人的玩笑而已（History is a pack of tricks the living play upon the dead）。換言之，史家在研究的過程中，必須做到如猶太裔的荷蘭理性主義哲學家史賓諾莎（Spinoza, 1632-1677）所說的：「對人類的行為，我要努力做到不訕笑、不哀傷、不蔑視，而只是理解。」（Sedulo curavi humanas actiones non ridere, non lugere, neque detestari, sed intelligere.）上文說到熱血和熱淚只係一個契機點，藉以切入歷史的研究；又說，一旦進入研究的過程中時，則宜恪守客觀研究規範，不得再讓血和淚摻入其中。這個說法固然有道理，但似乎過於理想；且亦只知其一，不知其二。個人則認為，縱使已進入研究的過程中，但熱血和熱淚仍不可少，否則無法對主題持續產生相應的理解／了解。其關鍵是研究者必須時時刻刻自我提醒，必須要提高自覺、自律，不得放任一己的主觀意志。個人認為對歷史如無真情實感（即無血、無淚），便無法做出好的研究成果；反過來，如太過放縱真情實感（即太過情緒化），那也研究不來歷史。如何恰如其分的「把握血和淚」，其間的分寸，是不容易拿捏的；作為負責任的史家來說，只有盡力為之而已。一言以蔽之，歷史研究，主觀和客觀，缺一不可。當然，說到細微處，那又要看研究的對象而異其主客觀的分量。譬如做歷史地理或制度史的研究，則主觀分量宜輕（甚至宜全無主觀分量），客觀分量宜重。如對人物做研究，尤其這個人物是牽動整個國家的興衰，或正面、負面發展的，那史家的主觀分量（此即上文所說的「血和淚」）便也許宜加重了。總之，其事至難，實不能一概而論。真可說是「（主客觀）運用之妙，存乎一心」了。筆者教授史學方法接近 30 年，但「大匠誨人，能與人規矩，不能使人巧」，更何況筆者全然算不上是大匠，而永遠只是歷史學門的一個學徒而已！相對於徐先生或其他大師來說，那恐怕連學徒的資格都夠不上呢。

[55]　承上注，我們可以作如下的展開：對歷史上受苦受難的人民，尤其對自己的祖先，如缺乏刻骨銘心的體會察識（同情共感），便無法切實徹底對他們的血淚史產生相應的

了解。退一步來說，縱然有所了解，但你所了解的，恐怕是很片面的，浮面的。換言之，所獲得的非真史學也——非真的歷史也。至於「學思」一詞，這是對應上聯「血淚」一詞而來的；乃源自《論語‧為政》：「學而不思則罔，思而不學則殆」。很明顯，學、思分別指學和思——學問和思考。學問和思考可說是知性領域之事。學問、學術旨在求真，獲得真知灼見。所以其從事者，便受不了濫用「專家」之名而無真材實學的假專家。於是本乎學和思而予以斥破便是順理成章的了。所以予以斥破，說到最後，原來是忍受不了學術上名不副實的表現：誇大、膨風；更不要說學術上的虛偽和作假了！所以予以斥破，其實是良心上不能自己的一種反映。這恐怕就是一般人所說的學術良心吧。本此，則求真，表面上看來，是知性之事。然而，其背後動力，原來來自道德良心，即來自道德不容自己下的一種要求。換言之，求真仍是德性之事；或至少可說，絕非與道德不相干的。寫到這裡，個人更真切體會唐先生下面的一句話：「人類一切文化活動，均統屬於一道德自我或精神自我、超越自我，而為其分殊之表現。」以前只是知道唐先生的文化哲學有此一看法。但自家絕無體會。現今在切身的體會下，尤其佩服唐先生此說法之不可及。又：讀者切勿誤會，以為筆者是說錢穆先生是假專家。其實，我們絕不能以某一方面的專家來圍限錢先生，蓋以四部的學問來說，錢先生根本是通才；錢先生不是某一方面的專家，所以更不是所謂假專家。筆者在這裡只是借題發揮，泛指無真才實學而冒充「專家」之名者，其實乃假專家而已。上引唐先生語，見所著《文化意識與道德理性‧自序（二）——明本書宗趣》。

附錄一　憂患意識宇宙中的巨人
——感憤的新儒家徐復觀[*]

一、前言

　　中華民族的生存發展及中華文化的光暢弘揚，是徐復觀先生一輩子的關注重心所在。長久以來徐先生被視為當代／現代新儒家；亦被視為係民主鬥士。這些稱謂，個人認為都是非常恰當的。然而，似不足以充分揭示先生的學術性格，尤其不足以彰顯先生整全人格的全幅內涵及先生終極關懷之所在。筆者思之者再，乃以「憂患意識宇宙中的巨人——感憤的新儒家」來稱謂先生。

　　按：業師牟宗三先生嘗以「文化意識宇宙中的巨人」來稱許唐君毅先生；可說係一蓋棺定論[1]。今以「憂患意識宇宙中的巨人」以描繪徐先生，乃竊取其意[2]。至於進一步把徐先生定位為「感憤的新儒家」，則詳說如下。

---

[*]　本文源自某學術研討會的一篇文章的部分內容。該文章名〈徐復觀與西方文化——見於《徐復觀文錄》中的西方文化資訊〉（今改作以下題目並納入本書附錄內：〈徐復觀學術性格的一個側面——《徐復觀文錄》所載西方文化資訊闡釋〉）。此「部分內容」經修改增刪並獨立成篇（即本文）後，今納入本書內。詳參本書附錄：〈徐復觀學術性格的一個側面〉一文註 1 前之說明。

[1]　牟宗三，〈哀悼唐君毅先生〉，《唐君毅先生紀念集》（臺北：臺灣學生書局，1979），頁 151。

[2]　「憂患」，語出《易・繫辭》。《繫辭下》：「易之興也。其於中古乎。作易者。其有憂患乎？」；「其出入以度，外內使知懼，又明於憂患與故。」一言以蔽之，其作《易》者，必由於憂患故；即作《易》者之憂患意識使之作《易》也。至於筆者為甚

二、徐先生乃激進的儒家？（「激進的儒家」一語商榷）

在說明徐先生乃「感憤的新儒家」之前，我們不妨先檢視另一說法：徐先生乃激進的儒家。被徐先生譽為「天資極高，理解力極強」[3]的陳昭瑛教授對徐先生的學問具相當深入的體會，嘗撰文論述徐先生的學術性格。文章雖不及萬言，但可說已充分掌握並揭示徐先生的學術精神面貌，是以值得細讀。當代新儒家第二代，可以徐、唐、牟三先生為代表。然而，徐先生與唐、牟二先生在學術性格上差異頗大。陳昭瑛嘗以「激進的儒家」來描繪徐先生並以之與「超越的儒家」做區分。陳文指出說：

> 相對於激進的儒家，熊十力、牟宗三、唐君毅諸先生可稱之為超越的

麼以「憂患意識宇宙中的巨人」來稱述徐先生？茲稍說明如下：（一）徐先生撰文著述，其憂患之心境與作《易》者正同。（二）「憂患意識」一詞，其發明人正係徐先生；是以筆者以此詞迴向徐先生本人。此詞見〈第二章　周初宗教中人文精神的躍動〉，《中國人性論史——先秦篇》（臺北：臺灣商務印書館，1975），頁 20。《中國人性論史》一書完成後付梓前，先生嘗撰一〈序〉文，時維 1962 年 12 月。可知先生發明並應用「憂患意識」一詞，最晚不遲於 1962 年。（三）徐先生對現實世間之關懷，或許在其他新儒家之上。很多其他新儒家分散部分用心於形而上世界的探究上、建構上，如跟徐先生同門的唐、牟二師即如此；徐先生則不然，先生對形上世界，大抵取「存而不論」或「不予置評」的態度。至於透過形上學的理論來說明現實世界、倫理道德等問題，先生則認為無此必要。先生甚至賦與「形上學／形而上學」一貶義，如嘗謂：「……說這種方陣能無堅不摧，無敵不克，未免太形而上學了」。綜合以上三點，筆者乃以「憂患意識宇宙中的巨人」來描繪徐先生。又：先生嘗言，「希臘文化的動機是好奇，中國文化的動機是憂患。」中國文化的動機是否發端於憂患，也許可以再討論。但徐先生一輩子奉獻心力於文化上，其本人乃出於憂患之動機，蓋無疑問。上引徐先生語，分別見徐復觀，《徐復觀雜文・記所思》（臺北：時報文化出版企業公司，1980），頁 179、87。又：「憂患意識」一詞，牟先生亦嘗予以論述，並特別指出此詞乃「徐復觀先生所首先提出的一個觀念。……這是一個很好的觀念，……」牟宗三，《中國哲學的特質》（臺北：臺灣學生書局，1975），頁 13。

[3] 翟志成、馮耀明校注，《無慚尺布裹頭歸——徐復觀最後日記》（臺北：允晨文化實業公司，1987），頁 88。

儒家（transcendental confucianist），因為他們是從超越的、先驗的方面去掌握事物。[4]

嘗以專書詮釋徐先生的思想的黃俊傑教授，亦頗欣賞陳昭瑛此一用語[5]。按：「激進的儒家」一語確有相當創意，且頗具啟發性。然而，個人則有另一看法。上引陳文開首即說：「激進的（radical）是指從根本去掌握事物，對人而言，根本（root）就是人本身。」陳氏又繼引《徐復觀雜文・自序》以下一語：「人是世界一切問題的起點。」筆者按：英文 radical 有多種涵義（meaning），其中最常見者有二義[6]。其一確如陳氏所言，乃指「從根本去掌握事物」；另一則有「急進」、「極端」之意[7]。然則「激進」一詞，頗

---

[4] 陳昭瑛，〈附錄二　一個時代的開始：激進的儒家徐復觀先生〉，徐復觀，《徐復觀文存》（臺北：臺灣學生書局，1991），頁 366。陳昭瑛非常敬佩徐先生。參氏著，〈儒家的整全人格──敬悼徐師復觀先生〉，曹永洋等編，《徐復觀教授紀念文集》（臺北：時報文化出版企業公司，1984），頁 262-265。

[5] 黃俊傑，《東亞儒學視域中的徐復觀及其思想》（臺北：國立臺灣大學出版中心，2010），頁 30-31；黃俊傑，〈徐復觀的思想史方法論及其實踐〉，《東海大學徐復觀學術思想國際研討會論文集》（臺中：東海大學，1992），頁 274。

[6] 其一是：Arising from or going to a root or source; basic。舉例：*proposed a radical solution to the problem*。其二是：Departing markedly from the usual or customary; extreme or drastic。舉例：*a radical change in diet*。參 www.thefreedictionary.com/radical。其實，basic（根本）與 extreme（極端）二義，前者偏重正面，而後者似乎是負面的，所以表面上看來，固不同。但自高一層次來看，兩者實無不同，或至少有其相同共通之處。這高一層次指的是：「非常的」、「非一般的」，乃至「釜底抽薪的」。譬如我們說，要有效地解決一問題，治標是不行的，一定要治本才行。治本即從根本上著手之意。而治標則表示只是用一般的，常用的手段來處理。反之，乃用非常的，非一般的手段來處理。而非常的，非一般的手段之可以解決問題，原因是這種手段是從根本上著手的，而不只是表面的頭痛醫頭，腳痛醫腳而已。就此來說，根本與極端（非常：非比尋常）固無不同。筆者看事物之能夠從高一層次來看，以化解事物間可有之差異，乃得自唐君毅先生治學精神（含看事物之精神）之啟發。

[7] 「激進」之有「急進」意，亦可參《漢語大辭典》（上海：新華書局，1997），頁 3454，〈激進〉條。按：古典中似無〈激進〉一語。上〈激進〉係引近現代人毛澤東及鄒韜奮之文字以作說明，而不引述古典，或即係古典中無此詞之明證。

易引起誤會。筆者深恐一般讀者乃從此比較負面的後一義去做考量,把「激進」等同「急進」、「極端」、「激烈」[8],並隨而把徐先生視為「急進、極端、激烈的儒家」;而不見得先考慮此語源自西方,且似乎更不會從「從根本去掌握事物」一義予以理解!要之,"radical" 一詞,如上所述,既有二義:1、basic(基本、根本),2、extreme(激進、極端),則如確須借用以指謂徐先生時,吾人自當取其第一義,而不宜取其第二義。換言之,應稱徐先生為「從根本(去掌握事物)的儒家」,或逕稱先生為「尋根究柢的儒家」,而不宜稱先生為「激進的儒家」。(不知陳氏何以如此糾纏迂迴:先用上比較負面的「激進」一詞,再反過來借用英文 "radical" 一詞所含之正面意義:「基本」、「根本」來為「激進」作解釋。何不逕用「尋根究柢」一詞?其曲折迂迴乃爾,頗不可解!)再者,就以英文來說,如吾人用 "radical confucianist" 而不另作說明,則恐怕泰半洋人將理解之為「急進、極端的儒家」,而不必然理解為「從根本去掌握事物的儒家」的。

至於稱熊十力、牟宗三、唐君毅諸先生之為超越的儒家(transcendental confucianist),是「因為他們是從超越的、先驗的方面去掌握事物」。這個說法固然不能算錯。然而,「從超越的、先驗的方面去掌握事物」,恐怕只是三先生了解事物的一種手段而已。手段旨在達致目的,就三先生擬欲達致之目的來說,或所謂彼等的終極關懷來說,其對象恐怕主要還是「人本身」;即以人本身為「根本」(陳文所說的 root)的一種終極關懷。就此來說,徐先生與三先生,並無二致。

在這裡,我們不妨略述現代新儒學的特色及其精神。現代/當代新儒家

8　即以徐先生本人為例,先生對「激進」一語,亦採其負面涵意。智利總統阿倫弟(Salvador Allende Gossens, 1908-1973)嘗進行社會主義改革。然而以失敗告終並因軍事政變而於 1973.09.11 自殺身亡。先生論述阿倫弟所以失敗的原因云:「阿倫弟並沒有真正遵守民主政治的常軌。許多重大的政治行政,如沒收私人工廠土地等行動,並沒有經過國會的立法程序,而一任激進派的任意進行。並且激進派已經開始作武裝工人,轉移為暴力行動的工作,……」據此則可知徐先生對「激進」一詞所持之態度。徐復觀,〈什麼原因造成阿倫弟的悲劇〉,《徐復觀雜文・看世局》(臺北:時報文化出版企業公司,1980),頁 301。

孕育於五四運動之後。梁漱溟、熊十力、張君勱、馮友蘭、馬一浮、賀麟、錢穆、方東美等，一般學者稱之為第一代的現代新儒家。1949 年流亡港臺的熊十力三大弟子：徐復觀、唐君毅和牟宗三三位先生，則為一般人所公認的第二代現代新儒家。現代新儒學的特色及其精神，方克立教授作了一個相當扼要中肯的描繪，如下：

> 現代新儒家是產生於本世紀（筆者按：本世紀指方氏撰文時的 20 世紀）20
> 年代，至今仍有一定生命力的，以接續儒家「道統」、復興儒學為己
> 任，以服膺宋明理學（特別是儒家心性之學）為主要特徵，力圖以儒
> 家學說為主體為本位，來吸納、融合、會通西學，以尋求中國現代化
> 道路的一個學術思想流派，也可以說是一種文化思潮。[9]

上引文所謂「西學」，大抵指五四運動以來所追求的科學與民主而言。其實，新儒家「返本開新」的性格是非常明顯的，蓋不返本，無以稱為「儒家」；不開新，不能冠以「新」字。假如方克立能夠由此切入以描繪新儒家，那似乎更能得提要鉤玄之功。又余英時先生嘗從三個層次來「定義」「新儒家」，亦有所見，可並參[10]。

---

[9] 方克立，《現代新儒學與中國現代化》（長春：長春出版社，2008），頁 11。友人
Umberto Bresciani（白安理）撰著了第一本以西方文字相當完整地論述現代新儒家的
專書。對能力不足以閱讀中文的讀者來說，該書在述介現代新儒家方面，居功厥偉。
劉述先教授嘗為該書撰寫一序文，對該書相當推崇。該書的〈導論〉（Introduction）
對何謂「新儒家／新儒學」亦有所說明；頗取資於方克立的意見，可並參。Umberto
Bresciani, "Introduction", *Reinventing Confucianism – The New Confucian Movement*
(Taipei: Taipei Ricci Institute for Chinese Studies, 2001), iii-iv。Bresciani 為義大利人，
義大利文為其母語；Bresciani 近年將其大著予以增刪之後翻譯成義大利文，並已出
版。當然，除方克立及白安理等學者外，現代新儒家本身的代表，如第三代的劉述
先、杜維明，乃至李明輝、楊祖漢、李瑞全、林安梧等等，均嘗對現代新儒家的特色
及其精神，有所說明；且或更深入、周延。今特意僅轉錄方氏之意見者，乃企圖借其
局外人的身分，以展示一「客觀」、「超然」的看法。

[10] 余英時，〈錢穆與新儒家〉，《錢穆與中國文化》（上海：上海遠東出版社，

　　上文提到現代新儒家具「吸納、融合、會通西學」及「返本開新」的特色。針對「吸納、融合、會通西學」來說，其態度恐怕必須是開放的，否則如何接受得了人家的東西？針對「返本」來說，其態度則必須是首肯、認同，甚至是欣賞、讚歎的，否則如何能返其本──回歸、接受 2,000 多年前老祖宗「老掉牙」的學說呢？「激進的新儒家」，顧名思義，既流於「激進」，則「開新」或有餘（因為不激進無以衝破藩籬、袪除障礙以開新）；然而，「吸納、融合、會通西學」及「返本」，恐嫌不足！在確認現代新儒家的特色及該有的使命之後，「激進的新儒家」一詞，恐怕不適宜用在徐先生身上。順帶一提，徐先生跟人家打筆戰時，其言辭雖或不免過激。然而，討論儒學問題、學術問題，其在節骨眼上則恆能心平氣和，鮮少流於偏激者。至於其虛心吸納、融合和會通西學，則其眾多雜文中，幾隨處可見[11]。

三、徐先生乃感憤的新儒家

　　思之者再，筆者擬以「感憤的儒家」或「感憤的新儒家」來描繪徐先生[12]。其原因說明如下：

1994），頁 55-65。余英時又指出錢先生生前不願意被視為「新儒家」。見《錢穆與中國文化》，頁 30。

[11] 詳參本書附錄六：〈徐復觀學術性格的一個側面〉。

[12] 2012 年 12 月上旬，筆者和徐均琴女士通過兩三次信。上揭〈徐復觀與西方文化──見於《徐復觀文錄》中的西方文化資訊〉一文乃以附件方式傳送給均琴女士，請其撥冗指教。附件送出後的第二天便接到回信；其中說：「……『憂患意識』在我的瞭解中，確實是先父再三提到過的中國傳統公眾知識分子的特性之一。在您提到的『感憤的新儒家』及陳昭瑛教授提到的『激進的新儒家』之外，我若為先父再加一個註腳的話，該是『入世的新儒家』。因為先父是在現世中落實的新儒家。」均琴女士這個看法是非常切中肯綮而充分反映出事實的。按：憂患意識之對象及感憤之心之對象，必為現實世間林林總總之事宜無疑。要言之，「憂患」及「感憤」二詞，已蘊涵徐先生之入世意識。其實，凡儒家，沒有不入世的，惟程度上深淺有別耳。然而，均琴女士的補充仍深具價值，蓋使讀者更能體會徐先生一輩子關注及努力之所在，其中「落實」一詞最為關鍵，蓋以此而異於一般現代新儒家之「光說而不練」也。是以不嫌文

在《徐復觀文錄》僅一千多字的〈自序〉中，先生六次提到「感憤之心」，如下：

> 在悲劇時代所形成的一顆感憤之心，此時又逼著我不斷地思考文化上的問題，……我以感憤之心寫政論的文章，以感憤之心寫文化評論性的文章，依然以感憤之心，迫使我作閉門讀書著書的工作。最奈何不得的就是自己這感憤之心。這顆感憤之心的火花，……[13]

上引文最後的六十多字中，「感憤之心」出現凡五次，這尤其值得注意。與其說這是徐先生故意要加強文章的感染力，那寧可說先生本有的這顆熱熾的感憤之心，使得徐先生自自然然的便把它重複、再重複、再再重複的道說出來。當然，吾人不能說熊、唐、牟等新儒家沒有一顆「感憤之心」。但短短數十字中，該詞連續出現五次（若連同上引文第一句一起算，則凡六次），乃係三先生的文字中所未嘗有者。再者，徐先生針對政治現實、社會現實而來之

繁而予以縷述如上。2016.04.06 均琴女士來信亦談到相關問題，其意見如下：「就我個人而言，對您將先父定位在『憂患意識的宇宙』之中，深有同感。『感憤』偏重『情緒』，『憂患』在反思中的精神狀態與『不容自己之心』、『以百姓之心為心』的情懷相互感通。」

13　徐復觀，〈自序〉，《徐復觀文錄》，頁 2-3。此外，類似的描繪，尚見徐先生其他多種著作。譬如「這些文章，都是在時代激流之中，以感憤的心情所寫出來的」一語，見諸〈再版序〉（1967），徐復觀，《中國思想史論集》（臺北：臺灣學生書局，四版，1975），頁 3。又 1979.05.08 徐先生為〈儒家精神之基本性格及其限定與新生〉一文所寫的「前言」中，先生又用上「感憤」一語。相關語句為「這篇文章是在滄海橫流的感憤中寫出的」。〈儒家精神……新生〉一文收入蕭欣義編，《儒家政治思想與民主自由人權》（臺北：臺灣學生書局，1988），頁 49-98。徐先生在逝世前半年（師卒於 1982.04.01），其感憤的，不容自己之心，仍掛在嘴邊。徐先生說：「我向大家說，……我只是激於一股不容自己之心，偶然附上驥尾。」語見〈域外瑣記（之三）〉，香港《華僑日報》，1981.07.26；又收入《徐復觀最後雜文集》（臺北：時報文化出版企業公司，1984），頁 43。

「憤」，筆者以為乃在熊、唐、牟三人之上[14]。

　　「感憤」一詞，尚見先生其他著作，如〈中國思想史工作中的考據問題代序〉一文中，先生便這樣說：

> 我以遲暮之年，開始學術工作，主要是為了抗拒這一時代中許多知識
> 分子過分為了一己名利之私，不惜對中國數千年文化，實質上採取自
> 暴自棄的態度，因而感憤興起的。[15]

此可見「感憤」、「感憤之心」等詞，乃徐先生常繫心中而一刻不能或忘者。

四、徐先生所「感憤」的對象為何？

　　「感憤」既常存於心坎，又恆見諸筆端，然則徐先生所「感」者為何？所「憤」者又為何？《說文》釋「憤」為「懣」。朱子《四書章句集注・論語・述而第七》釋「不憤不啟」云：「憤者，心求通而未得之意」。清儒劉

14　徐先生對現實的關懷、關注乃在其他現代新儒家之上，牟先生即有所指陳：「他現實感特別強。我們這些人對於現實沒有什麼感覺，我們只對大時代有一個問題在那裡，至於小地方是沒有什麼感覺，徐先生感覺就很強。譬如說，……」牟先生並沒有進一步說出「我們」指的是什麼人。這個問題，在這裡不必細究。但依筆者所見，牟先生除自我指稱之外，至少還應包括其好友唐君毅先生。對徐先生很有研究的李淑珍教授也有類似的說法，如下：「……徐復觀，是現代儒家中『常民立場』（populist）最突出的一位，」。當然，「常民立場」並不意謂此立場者，其本身即為「常民」；「常民立場」也不等同「現實關懷」，更不等同「現實感特別強」。但其間有相當密切的關係，則是可以斷言的。蓋具「常民立場」的人，相對於不具「常民立場」的人而言，其對生活在現實生活中的常民，自然會產生更強烈的感覺，否則何「常民立場」之可言？牟宗三，〈徐復觀先生的學術思想──「徐復觀學術思想國際研討」主題演講〉，《徐復觀學術思想國際研討會論文集》（臺中：東海大學，1992），頁12。李淑珍，《安身立命》（臺北：聯經出版事業公司，2013），頁12。

15　徐復觀，《兩漢思想史》（臺北：臺灣學生書局，1979），卷三，頁1。

逢祿《論語述何》云：「吳楚猾夏，亂賊接踵，所以憤也。」[16]然則無論是「懑」，是「心求通而未得」或面對「猾夏」、「亂賊」而來之憤，都是針對吾人之心產生不滿的情緒來說的。就徐先生來說，他之所以用「憤」一字，其情況亦正相同。然則先生所不滿之對象，又是甚麼呢？吾人可以說，先生不滿者多矣。然而，一言以蔽之，是中國傳統政治上的君主專制或所謂「一人專制」及其遺毒是也[17]。這是整個問題或眾多問題癥結之所在。舉凡中國社會上之不公不義、經濟上之不平等、文化上儒家思想被歪曲利用、政治上人權之不克申張，知識分子之不爭氣[18]，以至習俗方面婦女包小腳等等，依徐先生，皆君主專制直接或間接造成的。這方面，徐先生的相關論述甚多，這裡恕從略。[19]

　　至於「感」，個人認為，似乎可借用唐先生所恆言之「感通」詮釋之。孔子最重視「仁」，此不必贅說。其言仁之旨，唐君毅先生進一步引申為三：

---

[16] 程樹德，《論語集解》（臺北：藝文印書館，1965），上冊，頁 416；並參上揭《東亞儒學視域中的徐復觀及其思想》，頁 11。

[17] 1911 年辛亥革命後，基本上皇帝已不復存在，即帝制已除。然而，國人心習未革，兼且軍閥、政客、機會主義者、承歡奉迎者又弄權、蠱惑其間，政黨政治又未趨成熟；此在在皆構成中國之亂源而成為徐先生憤懑之對象。然而，歸根究柢，蓋皆君主專制或所謂「一人專制」有以啟之也。軍閥、政客等等，其餘毒而已。針對專制政治，筆者之學長，徐先生高足翟志成先生先得我心，嘗作出以下的描繪：「徐先生首先把批判的手術刀切向中國的專制政治。在徐先生看來，由秦以來的中國專制政體，其施設的基本目的，是為了確保獨大民賊把天下據為私產。它是傳統病毒的總根，是萬惡之源。」翟志成，〈徐復觀的人格和風格〉，收入翟志成，《當代新儒家史論》（臺北：允晨文化實業公司，1993），頁 348。

[18] 徐先生對中國知識分子，研究甚深；嘗指出所以變成「骨日軟，氣日消，變成為偷合苟容，頑鈍無恥，以迄於今日」，是「長期專制的威迫利誘之下」導致的。詳參〈一位法國人士心目中的中日文化異同〉，《徐復觀雜文──記所思》（臺北：時報文化出版企業公司，1980），頁 70-71。

[19] 又黃俊傑對相關問題，尤其對「憤」一義，論述甚詳，參上揭《東亞儒學視域中的徐復觀及其思想》，頁 11-12。

> 對人之自己之內在的感通、對他人之感通、對天命鬼神之感通。皆以
> 通情成感，以感應成通。此感通為人之生命存在上的，亦為心靈的，
> 精神的。[20]

而此「感」，就徐先生來說，是彼依其不容自已之心而對歷史上或現實上之
情事產生感應，並進而通貫之之謂。徐先生即嘗扣緊「感通性」而言儒家之
「心」。其言曰：「……儒家言心，只是主張道德的主動性和感通性。」[21]
再者，從先生對《孟子》〈知言養氣章〉的論述，也很可以讓人察悉先生對
「感通」所持的看法，雖論述中未嘗用「感通」二字。先生說：

> 儒家的良心理性，以集義而通向生命，成就生命；也以集義而通向社
> 會，成就社會。停頓在觀念上的東西，與生命不相干，也與社會不相
> 涉。由觀念而落實到集義之「事」，一面把志和氣連接起來，同時也
> 便將個人與社會連接起來。孤單的個人，無所謂事；事須人與人、人
> 與物相接而始有。通向社會，便須對社會的事象，尤其是對社會生活
> 發生推動作用的思想言論，須作是非的判斷。有此判斷，不僅不為社
> 會事象動其心，且可進而對社會有所成就。[22]

所謂「感通」，其實有點像今天所說的「互動」。但互動可以只是人與人之
間淺薄的「平面交流」而已，顯示不出個人生命因有所感而存在地以其全幅

---

[20]　唐君毅，《中國哲學原論‧原道篇》（香港：新亞研究所，1976），卷一，頁 76。

[21]　徐復觀著，蕭欣義編，〈儒家精神之基本性格及其限定與新生〉（撰於 1952 年 4
　　　月），《儒家政治思想與民主自由人權》（臺北：臺灣學生書局，1988），頁 86。

[22]　徐復觀，〈孟子知言養氣章試釋〉（撰於 1958 年 5 月 1 日），《中國思想史論集》
　　　（臺北：臺灣學生書局，1975），頁 158。其實，徐先生有關感通（不必定用此二
　　　字）的論述，尚見多處，如以下各文：〈釋《論語》的仁——孔學新論〉，《中國思
　　　想史論集續篇》（臺北：時報文化出版企業公司，1982）；〈孔子在中國文化史上之
　　　地位——及其性與天道的問題〉及〈從命到性——《中庸》的性命思想〉，《中國人
　　　性論史先秦篇》（臺北：臺灣商務印書館，1975）均見相關論述，不細表。

內涵參與其中、貫注其中的一種情況。

　　「感」、「憤」，合而言之，就徐先生來說，則必係人之整個生命以其不容自已之心對外界（即古往今來之各事事物物）之不公不義有所「感」而產生「憤懣」。[23]簡言之，即以其古道熱腸[24]之悲天憫人之仁心而對家事（廣義的——不限於自己的一個家庭）、國事、天下事等等，產生義憤而不得已的訴諸文章以經濟之也[25]。1949 年後，徐先生，一介書生耳。書生經濟，見諸文章。此所以徐先生便說，無論是撰寫政論文章、文化評論性文章，以至閉門讀書著書，皆緣起於一顆感憤之心。這顆心，個人認為，實無異孟子所說的「四端心」：仁之端的「惻隱之心」、義之端的「羞惡之心」、禮之端的「辭讓之心」、智之端的「是非之心」（詳《孟子・公孫丑上》）。先生用「最奈何不得」一語以描繪這顆心（見上引文及註 13）。這五個字固然說出一己之無奈；然而，無限的莊嚴實寓存其中。吾人絕不宜輕忽滑過這五個字。徐先生因「奈何不得」而生起的感憤之心，可說乃緣自不忍人之「惻隱之心」；其惡見天下之不公不義則緣自「羞惡之心」；其申明、申張天下之公是公非乃緣自「是非之心」。四端中之「辭讓之心」，固德也；其實，「雖

---

[23] 先生明確自謂自己有一顆不容自已之心，且其說法見諸文章標題。徐復觀：〈保持這顆「不容自已之心」——對另一位老友的答覆〉，蕭欣義編，《儒家政治思想與民主自由人權》（臺北：臺灣學生書局，1988），頁 350。

[24] 黃兆強，《學術與經世：唐君毅的歷史哲學及其終極關懷》（臺北：臺灣學生書局，2010），扉頁的下一頁即以「古道熱腸」一語來描繪徐先生。

[25] 先生從事學術文化研究約三十年。三十年來迄先生仙逝為止所撰寫的眾多文字中，幾無一不反映其對家國社會深具非常強烈的使命感。辭世前一個半月所口述的一段文字（1982.02.14）更可視為臨終證言。先生說：「三十年之著作，可能有錯誤，而決無矯誣；常不免於一時意氣之言，要其基本動心，乃湧出於感世傷時之念，此則反躬自問，可公言天下而無所愧怍者。」根據筆者近年來的學習心得，所以能夠「決無矯誣」，乃是奠基於性情之真。筆者近年常謂：「有真性情始有真學問」（此得自《莊子・大宗師》以下一語之啟發：「有真人而後有真知」），徐先生蓋可當之。徐先生一輩子光風霽月、光明磊落，其為人之具真性情，吾人斷無疑惑。具備真性情之人，其學問自然踏踏實實，豈容得下有違本心之矯誣？上引徐先生語，見〈自序〉，《中國思想史論集續篇》（臺北：時報文化出版企業公司，1985），頁 1。

千萬人，吾往矣」之「當仁不讓」之「不辭讓之心」，不亦同為德乎？先生
緣自感憤之心而來之「不禮讓」，表面言之，固違禮。然而，縱以違禮視
之，則所違者，「小禮」而已，即禮節、禮數而已。而禮節、禮數，形式而
已（當然，形式有時也很重要，此不具論），即禮之末端而已。其實，禮必以仁
為究竟，為歸極。苟契合於仁，又何違禮之有哉？！其實，當仁不讓，乃德
之至也。然則孟子所說的四端心，徐先生可說以一「感憤之心」而全蘊涵
之，先生亦可謂偉矣、卓矣[26]！在這裡，讀者可能產生疑惑：徐先生之一心
而竟被視為猶孟子之四端心，這是否太誇張了一點？其實，一點也不誇張。
蓋此心實緣自人之良心，而良心是凡人莫不具備者。此良心對人世間的負面
表現恆有所感而生起義憤，並進而依人之良能而作出對治之行動。克就徐先
生來說，其具體行動，乃落實為著書立說：撰就深具批判性而旨在經濟致用
的大文章。

　　在這裡，稍宜作點補充。上文「感憤」二字中的「感」字，固然可以如上
文所作的解釋──以「感通」釋之。但吾人亦可進一步說，徐先生對中國及
中國文化情有獨鍾。他感謝上天，使他生而為中國人，能繼承祖國山河大地
所孕育出的祖先的智慧，並「享受」由這智慧及努力所帶來的成果。換言之，
先生對中國、對中華文化，恆有感念之情。而這感念之情更使得他不得不對
戕害中國、毀棄中華文化的一切人物及其相關表現，產生「憤懣」之情[27]。

---

[26]　順帶一說，黃俊傑嘗謂徐先生的雜文，具體展現了「他興趣之廣，視野之闊與見識之
　　深。」上揭《東亞儒學視域中的徐復觀及其思想》，頁 127。此確有所見。黃俊傑的
　　看法，讓筆者想起了摯友劉國強教授對唐君毅先生的稱道。國強兄以「不可及」三字
　　來描繪唐先生；此說至為確當不易。參劉國強，〈略說唐君毅先生之不可及〉，《全
　　球化中儒家德育的資源》（臺北：臺灣學生書局，2011），頁 309-316。文中國強兄
　　乃就德性、事業、學問、識見等等方面來稱道唐先生。個人以為徐先生亦有其不可及
　　之處，且計有九端；茲開列如下：涉獵廣博、學問深邃、視野寬闊、識見獨到、志節
　　高尚、熱愛家國、立言勇決、治學勤快、天資過人。以上九端，得其三四，已不容
　　易，況其九乎？此九端，皆可覆按於徐文，今不暇縷述。先生之卓，先生之偉，實不
　　止此九端。此九端乃僅就其學術上之表現言之耳。

[27]　徐先生對中國之愛，可由以下文字見之。先生說：「什麼可作為價值判斷的基準呢？
　　就一般人來說，我以為應當是『我心甘情願地當一個中國人』的意識，及由此意識而

五、結語

　　凡新儒家，莫不返本而開新。不返本，無以成其為「儒家」[28]；不開新，不得冠以「新」字。先生之為新儒家，此世所公認者。是以上文對這方面便不多作說明。前賢有稱先生為「激進的儒家」者。此固不無所見；但「激進」二字恐轉孳疑惑。今乃另鑄新詞，如下：「憂患意識宇宙中的巨人——感憤的新儒家」。按：「憂患意識」一詞創自徐先生本人，「感憤之心」又徐先生所恆言，是以不嫌武斷，並師法牟宗三先生稱頌唐君毅先生之意而把徐先生定位為：「憂患意識宇宙中的巨人——感憤的新儒家」。

六、附識

　　2010 年筆者之唐君毅先生研究告一段落。其後便展開對同樣敬重的另一業師徐復觀先生之研究。無奈已過耳順之年，精力體力已今非昔比。顧每一憶及徐先生：「我以遲暮之年，開始學術工作」一語（詳上注 15），則硜硜自守之餘，乃孜孜矻矻而不敢自暴自棄。惟綆短汲深，何足以闡揚師說之萬一？幸鑽探過程中，時獲徐先生哲嗣均琴女士及武軍先生從旁提點，惠示南針，乃得稍減其過錯謬誤。一言半語，豈敢或忘，皆吾師也！

來的國家人民連帶在一起的不容自己的責任心。」語見徐復觀，《徐復觀雜文‧論中共》（臺北：時報文化出版企業公司，1980），頁 205。

上文筆者以「憂患意識宇宙中的巨人——感憤的新儒家」來稱呼，甚至以此定位徐先生。其實，徐先生一生撰文宣揚民主精神，吾人似乎又可把先生定位為民主鬥士。當然，以政論家、史學家、思想家、文學評論家、藝術評論家等等來稱呼先生，亦無不可。程滄波先生嘗把徐先生視為陸宣公、朱子和黃梨洲的混合體。此亦未嘗不可。要之，徐先生學術面向極廣；某一稱號實難以全面涵括其各方面的表現。程滄波，〈評《學術與政治之間》甲集——徐復觀文錄讀後感書〉，《民主評論》，1956 年 11 月。轉載於《學術與政治之間》（臺北：臺灣學生書局，1980 年新版），頁 247-249；混合體的說法見頁 249。

[28] 2,300 年前儒家便存在。（孔子生卒年為公元前 551-479；孟子為公元前約 372-約 289。）當代知識分子要成為「儒家」，這當然得返先秦孔孟之本。

附錄二　心靈生活是硬道理[*]

一、前言

　　時至今日，任何人都不會否認物質條件在生活中所扮演的角色。但筆者以為在某些情況下，心靈生活或精神生活也許更值得關注，其價值也更高。在物化情況越來越嚴重的今天來說，徐先生以悲天憫人的儒者情懷及縱觀古今中外歷史發展而得出反物化的言論，可說甚具參考價值。

二、逐物非人生之目的；人雖有限，但可無限

　　人是動物，這是三歲小孩都知道的。動物是生物，這也是三歲小孩曉得的，不必多說。既然是生物，那求生便是牠的本能。這也是凡人皆知悉的。「天地之大德曰生」[1]；生物求生（以求生為目的），譬如螻蟻尚且貪生，這是天經地義而可說完全符合天地之道的。生物為了求生和繼續生存下去（此乃生物自覺的或不自覺的滿足其一己之本能之必然現象），不能不依靠食物等等的物質外在條件。這反映了所有動物、生物求生的實然狀況、必然狀況，甚至是當然狀況。所以作為動物、作為生物的人來說，他追求物質或滿足一己之物質生活，這是理所當然的。然而，在這裡我們必須注意一個大前提，那就是人之追求物質是因為要求生，是因為要過活，是因為要活下去。換言之，物質是手段，是求生不得不依靠的東西而已；千萬別把它視為目的

[*]　本文源自某學術研討會的一篇文章的部分內容。今經修改增刪獨立成篇後，納入本書內。詳參本書上篇七〈和平是王道〉一章註1前的說明。

[1]　《易經・繫辭傳（下）》。徐先生也很重視「生」的問題，參詳本書上篇相關篇章。

之所在,即千萬不要為了逐物而逐物。因為求「生」才是目的,而逐「物」絕不是目的;千萬別顛倒過來,別搞反了,把手段誤為目的!所以我們所逐之物(追求物質享受),只要能滿足吾人生存的基本要求(或稍微多一點點吧),我們便不該再作進一步的追求了,更不應該作無限度的追求,否則便犯了上文所說的把逐物當成目的之所在了。

然而,如果逐物不是人生的目的,那人生的目的,即活下去的目的,又是甚麼呢?答案是:人生的目的正在於不要逐物、要擺脫逐物、超尅逐物這個層次;而去追求另一個層次。而正是因為追求這一個層次,這便使得人與其他動物、生物,有了區別。「人之所以異於禽獸,幾希。庶人去之,君子存之。」[2]換言之,人之所以是人(即孟子所說的是君子而不是庶人),而不是,或不只是動物或生物,便是由於人有了這一個更高的追求。其實,這個更高的追求,與順乎「獸性」而來的自然欲求,其在發機動念上的差別是非常微末的。有謂:「一念聖賢,再念禽獸。」當然,也可以反過來說:「一念禽獸,再念聖賢。」一念固然可以使人翻上,但也可以使人陷溺的。此可見孟子「幾希」一詞不是隨便說說的[3]。

人是一個有限的存在物,受到很多局限而不自由(至少不是全然自由);

---

[2] 《孟子‧離婁(下)》。庶人,蓋指一般人;君子,蓋指有道德的人。其實,孟子的話倒過來似乎更恰當。即正因為「去之」,所以是庶人;因為「存之」,所以成為了君子。當然,在這裡不必拘泥。

[3] 廣東話有:「把心一橫」一語。譬如說,當時兩人在家中吵架吵得很兇,他隨手拿起菜刀,砍傷了她,怕她抵死反抗,甚至秋後算賬,於是把心一橫,乾脆手起刀落,把她殺了。由此可見「橫心」(違反心、違背心)是會使人向惡、行惡的。如果橫心會使人向惡、行惡,那麼向善、行善的心又是一顆甚麼心呢?其實,它就是同一顆心,是一顆不橫之時的心(即不失其本性時之心),或可稱為「順心」吧;其實,它就是吾人所常說的「良心」,是給人正向力量的一顆心。要言之,橫心既然使人向惡、行惡,那麼順,或單說一個「心」字時,這個心定然是指使人向善、行善的良心。又有謂:「怒從心上起,惡向膽邊生。」用現在的話來說,便是「情緒失控下,他會幹出壞事、惡事的。」所以心一定要平,要正。當然,這裡所說的「心」指的不是良心(恰恰相反,是喪失其良心而完全為情緒所操控的一顆心),因為良心是不會生怒、生惡的。

但人之異於禽獸，便是由於「雖有限而可無限」：超越、超尅自己的局限（上文所說的物質、物欲的過度追求乃人的局限）。這是人所以為人最高貴的地方。在這個地方，人是可以完全自由的，作得了主的。把這一點最高貴之處去掉，那人就和禽獸沒有分別了[4]。當然人也可以有高出動物，高出禽獸千萬倍的地方。動物為了生存，可以搶，可以偷（其實，「搶」和「偷」是人類發明和使用的概念。動物為了生存，牠就直接把東西拿來吃，根本無所謂搶，無所謂偷。）然而，人不同，他為了追求上面所說過的更高的一個層次，他連賴以維持生命的物質（譬如食物、食水等等）都可以一概不要，而選擇死亡。面臨「所欲有甚於生」者，譬如義之所在時，人便可以捨生取義了。又面臨「所惡有甚於死」者，譬如不忍人格受辱，不忍國家被侵凌時，人便可以慷慨赴死或從容就義而不為苟生了[5]。

如上文所說不誤，那比起物質追求來說，精神層次（如宗教信仰、道德實踐、個人榮譽感等等）之追求，便可貴得多了。而這點也許就正係人之所以為人而異於禽獸之所在。

然而，就一般人（即孟子所說的庶人）來說，捨生取義、不為苟生，是很不容易做到的。「你我皆凡人，活在人世間」[6]，自然免不了千牽百掛。一己的生命也許不足珍惜；但你的家人呢？你摯愛的朋友呢？曾經跟你一起打拚過的夥伴呢？人是活在人際網絡中的。你可以一概捨棄得了嗎？可以說拋開就拋開得了嗎？「情與義，值千金」，[7]人是活在情與義／情或義當中

---

[4]　當然，從另一角度來看，人和禽獸仍是有分別的。因為人有其更高的「無限性」。這個無限性在於人可以做到「比動物更動物，比禽獸更禽獸」！這真是一大吊詭，人世間價值之顛倒，恐莫此為甚。羅素曾經說過，把人和禽獸相比，其實是侮辱了禽獸。這對自詡為萬物之靈的人類來說，羅素的話不啻當頭棒喝。然而，當今之世，人類的行為比不上禽獸，所謂「禽獸不如」的，真的是數不勝數、罄竹難書。但這是另一個話題，不多說。

[5]　有謂：「慷慨赴死易，從容就義難」。赴死或就義，其實指的都是死。但其間是有難易之別的；這裡就不細表了。

[6]　李宗盛，《凡人歌》。

[7]　《陸小鳳主題曲》。

的,所以就算苟活而不克捨生者,我們也不必予以深責。當然,為了更深的
情,更高的義(所謂情深義重或情深義厚),而慷慨赴死或從容就義者,我們
對這些人士便只有激賞,只有讚嘆了。他們相關的言行舉止,從史家立場來
說,便應予以揭示,予以表揚。反之,其大節有虧,甚至禍國殃民者,史家
們也應該予以撻伐。「誅奸諛於既死,發潛德之幽光」,史家之責任和可貴
處,恐怕正在於此。

本書另文嘗談到和平問題。徐復觀先生歌頌提倡和平和落實和平的政治
家,而撻伐破壞和平和蹂躪和平的政客,這正係作為新儒家的史家(即充滿
道德意識的史家)在「誅奸諛於既死,發潛德之幽光」方面,最深刻且最具體
的表現。我個人不能自已地要為徐先生鼓掌和喝彩。

三、精神生活、心靈生活應在物質生活之上;反物化

上文稍微扯遠了,但主旨不外是說明:物質生活固然重要,這個沒有人
會否認。但精神生活、心靈生活也許更為重要一些。如果本末倒置,人類社
會成為了物化的社會,一切唯物是尚,那是很可悲的。至於就本文的主角徐
先生來說,他反物化的言論,非常值得參考。據閱覽所及,至少就國際政論
文章來說,先生早在 1958 年便關注這個課題了。在〈什麼是美國今日的根
本問題〉一文中,先生嚴厲地批評過度追求財富,追求官能刺激的種種行
為。全文主要指出美國今日的根本問題乃係物化[8]。對於這個問題,另一文
說得更明確。先生說:

---

[8] 〈什麼是美國今日的根本問題〉,上揭《徐復觀雜文・看世局》,頁 231-242,尤其
頁 240;原載《民主評論》,卷 9,期 1;1958.01.01。其實,「富與貴,是人之所欲
也;不以其道得之,不處也」。(《論語・里仁》)可見孔子他老人家也不反對人家
追逐富貴(富乃就財資來說,貴乃指地位而言),只要不過分和求之有道,那便沒什
麼好批評的。荀子:「意志修,則驕富貴;道義重,則輕王公;內省則外物輕矣。」
《荀子・修身》當然,能夠做到荀子以上所陳述的境界,那自然是人上人。其中,
「意志」、「道義」,尤其是「內省」,那是極關緊要的。但內省,那又談何容易
呢!省緣乎覺。內省即自覺之謂。要人有自覺,產生自覺心,有時候是千難萬難的。

耳目的官能，只凝結到由技術而來的器物的新奇變化。器物的新奇變
化所給與於耳目官能的刺激，這就是美國生活方式的全部。循環的刺
激，可以引起官能的鈍感。刺激與刺激間的空隙，只顯出人生的空
虛。在刺激中，以刺激代替了一切的人生價值；在鈍感與空虛中，拒
絕掉一切的人生價值。……美國文化，成就了技術，得到了財富；但
消失了人生，失掉了人生。[9]

上文主要是針對美國人過分追求財富及官能刺激來說的。相關文章發表於
1971 年[10]。就 40 多年後的今天來說，又何獨美國為然？！美國是典型的資
本主義社會。40 年前，即中國文革時期，中共嚴厲地批判走資。但曾幾何
時，大陸今天的走資情況，不知比美國嚴重多少倍？人民幾乎一致向錢看。
中國傳統社會過去所追求的「淡薄名利」，如果今天仍有人繼踵仿效，恐必
被醜詆為「不思長進」、「不知進取」，甚或被訕譏為「其人本身無能力而
端出的一個藉口」而已。如果是均富，那就算了。但現今中國大陸（臺灣也
好不了多少）貧富懸殊的情況，想係中國有史以來之最吧。

　　上引文章主要是批評美國過度物化。三年後，即 1974 年，先生更進一
步對全球展開「攻擊」。先生說：

　　　大量生產，必然要求大量消費。大量消費，必然引發以消費來建立人

---

[9] 〈尼克遜新經濟政策對美國經濟的極限〉，上揭《徐復觀雜文補編》，冊三，頁
304；原載《華僑日報》，1971.10.05。

[10] 其實在十年前，即 1961 年時，先生已發表過類似的意見。先生說：「不奇便不新；
不新便不能給官能以快感。……正如索諾金（P. A. Sorokin, 1889-1968）在《人性的
再建》（*The Reconstruction of Humanity*，1948 年出版）一書中所說，西方近代的文
化，是『官能的文化』，一切要在官能上來解決，一切東西要能看得見，聽得到，摸
得著，量得出。不如此，便不寄以信任，而將其貶逐於文化範圍之外。文化的目的，
也在於官能的滿足；人生幸福，即是官能的快感。此一傾向，到二十世紀而愈演愈
劇，在美國而更發揚光大。」徐復觀，《徐復觀文錄》（臺北：環宇出版社，
1971），冊三，頁 60。

生的價值。各人的現收入不夠消費的要求時，便出現負債消費的方法，此即所謂分期付款[11]。……整個人生都在消費中輪迴角逐，必然以消費代替其他一切人生價值，使人類成為除消費外沒有任何價值，沒有任何意義的動物；這意味著人的地位的失墜，人的「自我」的否定，終必至於人相食而後止。因此，日本、美國，乃至西歐國家，目前都承認經濟中的循環報應的事實，要求重新恢復「節儉」的觀念，重新恢復「惜物」的觀念。……這樣的新時代中，人可能發現更多的「自我」，可能建立較好的人與人的關係。[12]

有謂：「君子役物，小人役於物。」（《荀子·修身》）因為役於物，所以便成了先生上文所說的沒有自我，沒有任何意義的動物。役於物便是物化（被物所同化，亦即人自甘墮落，自化於物的境地）。荀子以君子和小人對舉，是藉著兩者對物的不同態度以顯示其人為君子抑為小人。其實，我們不妨依徐先生意，而進一步以人和動物來對舉；換言之，即以人、禽對舉。本此，則人物化而沉淪為物，或人反物化而復位為人，便比荀子「君子」、「小人」之對舉，更為顯豁；對讀者也更具震撼性，並進而產生當頭棒喝之效。先生後生荀子 2000 多年，近今物化情況更甚於往昔。其以人禽對舉，實足以振聾發聵[13]。

11　筆者案：近三四十年來，尚有另一更為流行的方式，即利用信用卡先用（預支）未來錢的方式。當然，這兩個方式亦早已合流，即用信用卡分期付款。「分期付款」一詞，四五十年前（上世紀六十年代），已流行於香港。1987 年筆者來臺灣工作，其時未聞此語。徐先生 1969 年秋赴香港，上文撰於 1974 年，先生亦入鄉隨俗了。

12　〈世界正進入到一個新地時代〉，上揭《徐復觀雜文補編》，冊四，頁 147-148；原載《華僑日報》，1974.01.08。

13　2,000 多年前，荀子以小人和君子對舉以彰顯物化和反物化／非物化這個議題，可說眼光極為獨到且深具前瞻性。其實，這個議題很值得探討。中國古人，以至他國古人，何時開始關注這個議題，很可以視為人類自我超越、自我超拔的肇始的一個明確指標；也可以說是人類人文精神的開啟的一個重要指標。

四、結語

　　人類為了生存／存活，不可能不仰賴物質。這是三歲小孩都知道的道理。物質之重要，便不必再多說了。但人類應該清楚確認的是，物質是人類存活的手段而已；千萬不可本末倒置。換言之，人生千萬不可物化（含官能化：只追逐官能上的享受）。徐先生一輩子念茲在茲的便在於此。如上述所言不誤，則逐物、追求物質享受，便絕不應該是人類生存的目的。反之，我們應該措意的是，人類仰賴物質而得以生存／存活之後，便應該追求更高，更理想的目的。此即心靈生活或精神生活是也。有時人類為了追求，為了滿足某些心靈生活、精神生活，或為了達致或完成某一理想、某些理想時，他甚至選擇放棄物質（食物、食水等等）以結束一己的形軀生命。用中國的傳統說法來說，此即殺身成仁，捨生取義。此可見精神生命或心靈生命，在仁義之士看來，是遠高於物質生命的。當然，死有重於泰山，也有輕於鴻毛。在分寸上有時很不好拿捏。然而，原則只有一個。仁義之所在，則不為苟生也。一言以蔽之，物質生命（形軀生命），其位階應在精神生命之下。

附錄三　環保是人類永續生存的
無上法寶[*]

一、前言

　　筆者近年來（約始自 2010 年）經常看電視的 National Geographic（國家地理）和 Discovery 頻道（臺灣電視第 18 和第 19 頻道），其中播放了不少二次大戰時期的紀錄片。二戰中，人命的犧牲和財產的損失，固然不在話下。然而，這是人類的自作孽；其中戰爭發動者該千刀萬剮，死有餘辜，這是不必多說的！最可憐悲慘的是我們人類共同生存的唯一空間—地球。熱兵器對環境的破壞，對人類以外所有其他動植物的摧殘，那才是人類最罪大惡極的地方。地球何辜？其他動植物何辜？然而，縱然從日本入侵中國而中國全面抗戰算起，或從德國入侵波蘭而英法正式參戰算起，迄德、日投降為止，那也不過是七、八年的光景而已。七、八年固然夠長了，造成各方面嚴重的破壞，帶來人類無法挽回、彌補的遺憾。然而，二戰終究是過去了，且過去七十年了。近七十年來，拜人類智慧所賜，也拜野心家們自身恐懼和互相顧忌所賜，人類得以在罅隙中苟活下來，迄今尚不至於經歷第三次世界大戰。這是人類面對其他眾多災難時，也許可以稍感欣慰的。然而，雖然沒有世界大戰，但數十年來，地球的災難從來沒有一刻停止過。那原因又何在呢？筆者

---

[*]　本文源自某學術研討會的一篇文章的部分內容。今經修改增刪獨立成篇後，納入本書內。詳參本書上篇七〈和平是王道〉一章註 1 前的說明。

以為只在一個「私」字。人類為了滿足自身舒適的生活[1]、便捷的生活、乃至虛榮心，企業家們為了滿足人類所要滿足的舒適的生活、便捷的生活和虛榮心，國家主政者們為了滿足企業家們為了滿足人類所要滿足的舒適的生活、便捷的生活和虛榮心（當然企業家和國家主政者，各自有其盤算），便犯下種種不惜以破壞大自然、破壞生態、破壞食物鏈等等為代價的滔天大罪！難道真的是「上帝已死」？或「良心已泯」？沒有任何「主宰」管得了人類了嗎？不然，人類為了不斷追求上述的生活和增加自身的滿足感，其欲壑無窮的私心、野心，為甚麼會日甚一日而永無休止的擴充下去、膨脹下去呢？恕個人魯鈍愚昧，不解，實在是不解。

二、人類還來得及自救

然而，我們也不必太過絕望、太過悲觀。上帝還沒有死！全知全善全能的上帝，祂早已向人類示警了。祂的方式就是透過中國二千多年前的漢朝人早已注意到的「異象」，或所謂災異，來示警，此即天然災害是也。君不見近二三十年來普遍出現前所未聞、前所未見的極端氣候之肆虐人間嗎？要嘛大寒，要嘛暴熱，要嘛大旱，要嘛暴雨。地震、海嘯頻繁且級數不斷上調[2]。這全是人類造成的全球急劇暖化後的必然惡果。幸好上帝矜憫依祂的形

---

[1]　今只舉一例以概其餘。筆者來臺工作 29 年了。剛來時，臺灣老百姓居住的房子，一般來說，大概 30 坪（1 坪 35.58 平方呎（英尺），亦即 3.3 平方米／平方公尺）左右。但今天 4、50 坪，甚至 5、60 坪的房子，比比皆是。上百坪的房子亦不稀奇。一家有 3、4 臺冷氣機的或 1 對 2，1 對 3 的分離式（分體式）冷氣機的，那是極普遍的現象。結果便是大家一起來烤這個人類唯一生存的空間——地球。中國大陸近一二十年的發展，那就更不必說了。金磚四國（BRIC——Brazil 巴西、Russia 俄羅斯、India 印度、China 中國）中的其他三國，也亦步亦趨中國了。

[2]　就以 2012.10.29 來說，臺灣的氣象局預測一個直徑一千多公里的颶風名叫珊迪（Hurricane Sandy）的超級風暴「科學怪風 Frankenstorm」，在橫掃加勒比海而造成 60 多人罹難後（主要是海地人民），已昂首潤步邁向美國東北海岸前進了。美國政府當時只好強制 37 萬人疏散，並估計將有 6 千萬居民受到影響。美國人口計約三億。換言之，即預測約 5 分之 1 人口受到影響。例二：從北極地區南下的「極地漩

像而複製的人類，祂不是不斷的透過大自然日甚一日的反撲來向我們示警了嗎？回頭是岸；人類啊，你要懸崖勒馬啊，否則「明天過後 The Day after Tomorrow」（2004 年上映的一部美國科幻影片），會是怎麼樣的一天呢？！然而，更可怕的是，人類還會有明天嗎？「2012.12.21 是世界末日」。這個預言，曾經有一陣子甚囂塵上。幸好，事後證實了只是好事者的向壁虛構、子虛烏有。但人類已然由此而虛驚了一場！其實，天威難測，難保明天過後一定會有後天。就地球目前的情況來說，人類還有力挽狂瀾的一點空間。稍微可以自慰的是 2015 年 12 月巴黎氣候高峰會議取得了一定的成果，全球 175 個國家並於今年（2016 年）4 月 22 日的世界地球日，正式簽署了去年氣候高峰會議上所達成的國際氣候協議。然而，最後會否據實執行？抑或只是虛晃一招？現在說來還早得很。據說，過去一百年間，地球平均氣溫已上升了 0.8 度，且其增幅一天比一天大。聽說 2 度是臨界點，3 度便會一切玩完。現在馬上改過來，還來得及。我們這一代，大概還好，還可以勉強撐過去而不至於絕滅。但下一代呢？再下下一代呢？今天不做，明天便會來不及了；到時候可後悔莫及啊！我們要預支、用竭本來屬於子孫們的資源而貽禍他們嗎？

三、徐先生早已指出環保之重要性

徐先生真的是史家鉅眼，40 多年前，當地球被暖化、被破壞、被污染

渦」於今年（2016 年）1 月中旬橫掃美加各地而導致美國某些地區紀錄到攝氏零下 53 度最低氣溫（比南極大陸的最低溫還要低 1、20 度）之後，在同月下旬亦席捲亞洲各國（臺北某些山區，如陽明山，雪線下降至破紀錄的海拔 400 公尺！內蒙古某些地區氣溫低至攝氏零下 4、50 度！）。例三：今年（2016 年）2 月 19 日島國斐濟遭遇史上最強的南半球破紀錄的超級風暴「溫斯頓」（Winston）吹襲，災情極為嚴重。最大陣風時速高達 300 公里，比最高的 17 級陣風還要強勁，海邊掀起滔天巨浪，不少房子被吹倒、屋頂被吹翻，澈底重創斐濟。例四：今年 3、4 月間，全球先後發生了 5 次 7 級以上的地震：3 月 2 日蘇門答臘 7.8 級，4 月 10 日阿富汗 7.1 級，4 月 13 日緬甸 7.2 級，4 月 16 日日本九州 7.3 級，4 月 17 日厄瓜多爾 7.5 級。

的程度遠不如現今顯著、嚴重時，他已經注意到環保這個議題了。發表於
1971 年年底〈我們的第二條生存的戰線在那裡？〉一文，便對空氣污染和
污水問題非常關注[3]。撰寫於 1972 年的〈為人類長久生存的祈嚮〉一文中，
先生更明確表示：「人類的過去、現在與將來，生存所受的最大威脅，是來
自政治。」然而，話鋒一轉，先生隨即指出說：另一嚴重威脅，則是來自
「自然開發所引起的破壞。」[4]此可見徐先生是十分清楚並萬二分的關注到
大自然的過度開發對人類所造成的破壞和威脅的。其實，該文的標題已充分
揭示先生對相關議題的關注了。作為史家來說，他由於人類對大自然的破壞
而生起對環保有所祈嚮，以至對人類有所祈嚮，即不啻史德精神的流露。該
文寫於 40 多年前，乃先生針對當年聯合國人間環境會議（1972 年 6 月在芬蘭
首都召開）所作成的〈人間環境宣言〉有感而發的一篇文章。40 多年前即注
意環保問題，不得不謂深具前瞻性。

　　其實先生在上述會議召開的二個多月前，便已關注到環保這個議題，其
相關文章即指出說：

　　　　二十世紀，美國的科技走在世界的最先頭，但由科技所發生的弊害，
　　　　也較其他各國最先感到其嚴重。一九六六年十月，眾院的科學太空委
　　　　員會，在科學、研究、開發的小組委員會的報告中，首先提到這一
　　　　點。報告中說：「新科學技術，不僅招來利益，也應注意它們所有的
　　　　危險性格。」當時，已經看出環境問題的深刻化，及天然資源的缺
　　　　乏。同時，對軍事、太空、原子能等由政府所推進的巨大科學，也發

---

[3]　文見《徐復觀雜文補編》（臺北：中央研究院中國文哲研究所籌備處，2001），冊
　　六，頁 336-339；原載《華僑日報》，1971.12.31。至於第一條生存戰線，指的是解
　　決麵包問題。

[4]　〈為人類長久生存的祈嚮〉，《徐復觀雜文・看世局》（臺北：時報文化出版企業公
　　司，1980），分別見頁 10、頁 11，原載《華僑日報》，1972.06.24。

生了懷疑。[5]

上世紀中葉以來，美國執科學和科技發展的牛耳。相伴隨這些發展而對環境造成之破壞也以美國為最大。先生以其敏銳的觸角及對人類的一份永恆關懷，環保這個大議題，當然是不會被忽略的。1 年後的 1973 年 10 月，在〈經濟上的循環報應〉一文中，針對消費新型態、環境被破壞及相伴隨而來的惡果，又發表了以下的意見：

> 隨日本經濟的復興，歐洲經濟的復興，「棄的文化」不脛而走的彌漫了先進工業國家，並形成了經濟理論中的重要一環，於是傳統地經濟生活規範，完全被推翻了，「節儉是美德」的口號，被「消費是美德」的口號所代替。……幾年以來，這種（筆者案：指科技物質文明）直線前進所引起的嚴重問題發生了，一是對自然的破壞，一是對環境的污染。這兩樣，都可直接威脅到人類的生存。[6]

先生以其縱觀中外歷史發展的史家鉅眼，為人類看診把脈而作出如下的一個斷語：相伴隨科技文明的高度發展而來的破壞人類傳統美德的新經濟型態，應運而生。然而，這新經濟型態是要負出代價的，此即人類必受其報應是也。上文所說的「直線前進」，乃指在沒有相應的配套下，不斷提高生產和刺激消費；而其後果，就是徐先生所說的破壞自然和污染環境。這是很可以直接威脅到人類的生存空間的。

　　歷史循環報應問題，有點像哲學中所常談到的德福問題[7]。做善事、做

5　〈美國科學技術的問題及其對策〉，上揭《徐復觀雜文・看世局》，頁 253；原載《華僑日報》，1972.04.06。

6　〈經濟上的循環報應〉，上揭《徐復觀雜文補編》，冊四，頁 91-92；原載《華僑日報》，1973.10.02。

7　德福一致的問題，自古以來便吸引了中外哲學家的關注。即以近現代大哲業師牟宗三先生來說，便對這個問題作了深入的考察。其晚年大著《圓善論》（臺北：臺灣學生

功德，是否必得善報、福報？反之，行惡使壞，是否必得惡報？這是很多思想家，甚至一般民眾，經常關注的大問題。作為史學家、又作為新儒家的徐先生來說，他也必然思考、關注這個問題。因為這一方面是針對歷史的發展，其因果是否相應的問題；他方面，也牽涉天理、天道是否爽失（即是否有報應，且報應是否爽失）的問題。徐先生的相關文字屢見不一見，上文只是針對科技發展和環境保護的關係，陳說徐先生的意見而已。至於先生的歷史報應觀，詳見本書上篇〈歷史循環報應不爽〉一章。

四、結語

在 21 世紀的今天來說，沒有人不認識環保對人類生存所扮演的重要角色的。人類在沒有配套下無休止的再不斷開發下去，則只有絕滅一途。地無分東西南北，人無分男女老幼，我們都一起來烤唯一可以供人類生存的一個星球——地球。地球怎麼受得了呢？它早已快不行了。地球沒了，那住在上面的我們呢？我們這輩子也許可以幸免，但下輩子，下下輩子呢？人類難道真的不為我們的子孫想想？充滿儒者憂患意識、悲憫情懷，視人溺如己溺的徐復觀先生，以其先知先覺、燭照古今中外的史家鉅眼，在 40 多年前，即上世紀 70 年代時便早已看出環保的重要性。其國際政論文章中，便至少有二、三段文字是討論這個議題的。其深具前瞻性的看法，讓人讚嘆不已。我們應為先生鼓掌、喝彩；亦應為中國，乃至為全人類擁有這麼一位偉大的思想家而深感榮幸。

書局，1985）便是相關方面的代表作。黃敏浩先生嘗為文闡釋並補充牟先生的說法，頗有見地，可參考。黃敏浩，〈從《圓善論》看德福一致的不同形態〉（初稿），發表於「當代儒學國際會議：儒學的國際展望」研討會，中央大學儒學研究中心等單位主辦；日期：2012.09.26-28；地點：中央大學文學院。黃文後收入李瑞全、楊祖漢主編，《二十一世紀當代儒學論文集 I：儒學之國際展望》（桃園：中央大學儒學研究中心，2015），頁 199-212。

附錄四　社區經營面面觀——當代新儒家徐復觀先生居港經驗之啓示[*]

一、前言

　　當代大儒徐復觀先生居港凡 13 年（1969-1982），其間撰寫有關香港的文章不下 20 篇。每文約 2,000 字，大多刊登於香港《華僑日報》。文章討論的主題可說包羅萬象，廣泛涉及香港市民各生活層面。議論精闢無與倫比，且關懷香港之情溢於言表。在在皆充分反映徐先生民胞物與的使命感。香港當然是一個大城市、大都會。但以面積來說，實在比不上中國一個中小型的縣；所以猶同一地方社區。筆者由是認為徐先生討論香港問題的各項卓識慧解，實在很可以提供大陸當代社區教育或社區經營方面的參考。

　　徐先生在一篇雜文中，嘗引錄孔子以下的話：「觀於鄉，而知王道之易易也。」[1]鄉是否可以充分反映實行王道之難易，不是筆者本文要討論的。但從鄉村做起，或今天所說的從地方社區做起，則似乎是步上王道踏實而可行的一個途徑。2013 年 11 月初北京東方道德研究所舉辦「中華傳統文化與當代社區教育國際研討會」。這個會議主題，大概正係針對這方面而構思出

---

*　本文乃應北京東方道德研究所之邀請為其所主辦之「中華傳統文化與當代社區教育國際研討會」而撰寫。會議日期：2013.11.03-06；地點：北京。會後嘗經多次修改，今納入本書內。

[1]　語出《孔子家語》，卷七。徐先生原文作「觀於市」：恐誤記。徐復觀，〈「破日」文章「渾漫與」〉，《華僑日報》，1979.02.02；收入《徐復觀雜文補編·兩岸三地卷》（臺北：中央研究院中國文哲研究所籌備處，2001），冊六，頁 456。

來的。

　　徐先生所撰寫數百萬字的雜文中，其中有不少文章（不下二十篇）[2]是討論他曾經生活過前後約 13 年的香港的各方面問題的[3]。而筆者在香港土生土長並生活將近三十年，所以對徐先生討論香港的雜文也特別關注。香港是一個大城市。但香港的總面積其實只有 1,104 平方公里（1 公里＝1,000 米），比中國大陸的很多小縣還不如。所以把香港視為一個社區，似乎是可以說得過去的。本文便以徐先生對香港的討論作為切入點，既揭示先生的卓見，並藉以提供與會學者專家們有關社區經營的一些參考。其中筆者說到大陸的情況，相關意見定然是很不成熟的，甚至在資訊方面犯上錯誤也說不定。「姑妄言之，姑妄聽之。」在此懇求諸位與會學者專家不吝賜教。

　　不須多說，如眾所周知，徐先生是非常富有使命感的一位當代新儒家。所以居港期間，幾乎香港各方面的問題，先生都予以關注[4]。譬如教育、交

---

[2]　徐先生討論香港的雜文，大部分收錄在上揭《徐復觀雜文補編・兩岸三地卷》一書。此外，《徐復觀最後雜文集》（臺北：時報文化出版企業公司，1984）及《徐復觀雜文——論中共》（臺北：時報文化出版企業公司，1980），亦收有一、二篇。

[3]　徐先生嘗應香港中文大學新亞書院之邀，赴香港講學半年（背後促成者為唐君毅先生；相關資訊，詳見《唐君毅全集》、《徐復觀全集》之往來書信部分）。按：徐先生 1967 年元月底抵港，7 月初返臺北。詳見曹永洋編，《徐復觀書畫精選》（臺北：臺灣學生書局，1993），頁 189、216。1969 年 10 月又再赴香港講學；後來即在港定居。徐復觀，〈港居零記〉，《新聞天地》，第 1142 期，1970.02.03；收入上揭《徐復觀雜文補編》，冊六，頁 390-391。按：從 69 年 10 月至 82 年年初赴臺灣治病而於同年 4 月 1 日壽終臺大醫院，先生居港凡 13 年。參〈徐復觀先生年譜〉，收入《徐復觀教授紀念文集》（臺北：時報文化出版企業公司，1984），頁 561-567。其中頁 564：「民國五十九年　六十八歲。赴香港新亞研究所任教。」，誤。上揭〈港居零記〉文中第二段起首云：「今年十月，又來此短期講學，……」，其中的「今年」蓋指文章刊出的前一年，即 1969 年（蓋徐文撰就於 1969 年底，而於翌年年初一 2 月 3 日乃為《新聞天地》所刊出）。是以先生赴港日期，應係民國五十八年（1969 年）。赴港日期為 1969 年，又可參徐先生 1969 年 10 月 13 日寫給其哲嗣長女公子均琴女士的一信。曹永洋編，第 195 函，《徐復觀家書精選》（臺北：臺灣學生書局，1992），頁 288-289。

[4]　徐先生關懷所居地的事事物物，學者對此早已有所指陳。李淑珍即指出說：「徐氏的

通、醫療、貪污、販毒、色情（透過電視媒體而造成精神污染）、環境污染、股市、物價、房價（租金）、環境衛生——主要是養狗問題、公務員工作效率、服務態度等等問題，在雜文中，都無所不談。其關注的程度，又可細分為二個階段。（前一階段約為五年，後一階段約為七、八年。）前者淡而後者濃。這與先生居港身分的轉變有關。先生即明確說：

> 過去，我是香港的過客；現在，則是香港的住民。過客眼中的香港，有好有壞；住民眼中的香港，也有好有壞。但兩者心理上的變化，是非常顯然的。前者，自然而然的是，驚奇而並不關心；後者，自然而然的是，領受而多一番難以抑制的關切之感。有了關切之感，便必然有可說之話。[5]

關心、關切當然使得你有話可說。但這毋寧是必要條件而已。假使客觀環境不允許，譬如你是受刑人，被關起來，與外界隔絕，資訊全無的話，那你想對現實社會多說話，恐怕還是由不得你的。然而，除長繫心中的關切感扮演一關鍵角色外，最重要的是，先生有足夠的條件來把這份關注之情予以落實。何以言之？先生好友趙聰先生指出說，先生每天看「九份報紙，包括港臺大陸和日本」。每天看九份報紙，那麼世界大事，含香港新聞，當然瞭若指掌[6]。此外，徐先生對社會現象（當然對人類其他活動現象亦然），具敏銳觀

主要關懷，一直是中國文化整體、而不局限於特定的區域，但是，隨著徐氏所到之處不同，他與當地特殊文化生態必然發生互動；他之所思所感，也不能抽離特定、具體文化脈絡來了解。」李又說：「無論他身在何地，他都非常關心他立足的土地與周遭的人群。」以上兩段引文，分別見李淑珍，《安身立命——現代華人公私領域的探索與重建》（臺北：聯經出版事業公司，2013），頁 315、328。

5　徐復觀，〈漫談香港問題〉，《華僑日報》，1974.09.11；收入上揭《徐復觀雜文補編》，冊六，頁 405。〈漫談香港問題〉既撰於 1974.09.11，上距先生 1969 年 10 月抵港，剛好五年。所以上引文說到的「過去」，便是指 1974.09.11 前的五年。

6　趙聰說：「徐先生經常寫時事論文和學術論文，舉凡世界上的新聞新知，他知道的並不比別人晚，因為他天天看日文報刊……只要西方有什麼新東西出來，馬上就予人譯

察力。再者，其本人又偶於「街頭採訪」。[7]再來，徐先生好客，愛熱鬧[8]，形形色色的朋友眾多。居港期間，友朋間平時閒談聊天，恐怕多少都會涉及香港的若干問題[9]。總括來說，看多份報紙、觀察力強、偶「採訪」、常閒聊，尤其前兩者，當然很可以提供充分條件以落實先生對香港的關心、關切，而有話可說的。

二、徐先生眼中香港的各種問題

徐先生不是香港問題研究專家，且亦沒有撰著專門論述香港的專書。然而，正如上文說過的，徐先生寫有不下 20 篇討論香港的雜文，牽涉的範圍非常廣泛[10]。現今按照不同類目，闡述如下。

（一）教育問題：要建設，先保存；自我教育要成為一個水晶體；上課方式問題

先生眾多雜文，其中一篇說到，大陸改革開放後，曾派遣各地名廚到香

出。徐先生偌大的年紀，每日必看九份報紙，包括港臺大陸和日本，也真了不起。」趙聰，〈再記徐復觀二三事〉，曹永洋等編，上揭《徐復觀教授紀念文集》，頁 111。

7　先生說：「月前我在晨運時，問過許多晨運的朋友。」徐復觀，〈香港二三事〉，《華僑日報》，1980.08.13；上揭《徐復觀雜文補編》，冊六，頁 466。

8　殷海光的話很可以為證。殷說：「（徐復觀）愛熱鬧起來像馬戲班的主人，……」。陳鼓應編，《殷海光最後的話語》（臺北：百傑出版社，1979），頁 23。

9　筆者一時未及注意、蒐集這方面的資料。然而，徐先生喜歡跟友朋漫步閒聊，且其中有談到生活上的事宜者，以下一則記載可以為證。徐先生說：「……突然想到在民國三十八年秋冬之際，可能不止一次的曾漫步在這太平山上。當時經常走在一起的有錢賓四、張丕介和唐君毅諸位先生。錢先生當時是五十多歲，我和張先生是四十多歲，唐先生大概剛掛上四十的邊緣。錢先生一向是遊興很高，而且是善於談天的人；他談的是半學術，半生活，偶而也摻雜一點感慨和笑話，真是使人聽來娓娓不倦。唐先生一開口便有哲學氣味；……」徐復觀，〈太平山上的漫步漫想〉，《新聞天地》，期 1156，1970.04.11；收入上揭《徐復觀雜文補編》，冊六，頁 398。

10　這些雜文大部分發表於香港《華僑日報》；每文約 2,000 字。

港表演各種地方菜餚。但其中湖北名廚所做出來的菜，「味道卻大大的減色。」[11]先生由此而感慨的說：

> 十七、八歲時，聽了中共開山人物之一的李漢俊（1890-1927），以「建設必先破壞」為題的一次熱情洋溢的講演，在純淨的心靈中，也曾引起一番震盪。……「要建設，先保存」，這是全中國人應提出的新口號。[12]

「要建設，先保存」，這是先生有感而發；恐怕主要是針對文革時期政策上破壞傳統中華文物來說的。這有點牽涉政治議題，本文不擬細論[13]。但就一社區的文物古蹟及手藝（譬如文中說到的烹飪）的保存來說，尤其藉以教育下一代來說，先生的話，很可以給我們一點啟發。由此想到十年浩劫的文化大革命，其造成物質和精神上的大破壞、大損失，真的是罄竹難書。

　　先生在〈孔門師弟——本文係為香港封閉金禧中學事件而作〉一文中所談到的教育問題，也很有意思。文中指出，當教師的，應自我要求，同樣也教導學生自我要求，要成為一個水晶體。先生在該文第一句便指出說：「這篇短文，……只談孔子和他的弟子間的關係。」[14]該文是以香港一所學校

11　〈居港瑣談（之一）〉，《華僑日報》，1981.12.15；收入《徐復觀最後雜文集》（臺北：時報文化出版企業公司，1984），頁 149。

12　〈居港瑣談（之一）〉，《徐復觀最後雜文集》，頁 147-149。

13　但就常識義來說，似乎兩者皆各有理據，不能一概而論。蓋在既有的基礎之上從事建設，則建設必事半功倍。但如果相應的所謂基礎對擬建設者是一種障礙的話，那麼這個基礎便反過來成為了包袱！果如是，則似乎得先予以破壞。所以建設應先破壞，抑先保存，不能一概而論。最讓人擔心的是，藉建設之名而對於不利於己者，或為了配合、遵從一定的意識型態、主義（如打倒傳統，打倒舊文化），而一概先行破壞，那便很糟糕而不是訴諸理性可以解決的了。一句話，應先破壞，或先保存，不能預設立場，先有成見。

14　〈孔門師弟——本文係為香港封閉金禧中學事件而作〉，《華僑日報》，1978.05.22，《徐復觀雜文——論中共》（臺北：時報文化出版企業公司，1980），頁 359-363。

（金禧中學）的領導班子、一般教師和學生之間的關係為楔子而申論師生相
處之道。此乃先生一貫為文的作風。這就是我們所常說的「即事而言理」
（扣緊事情來闡釋、發揚義理、道理）的一個具體例子。思想家即思想家；具智
慧的思想家，尤其具教育理念、理想的思想家，該如是也。先生又說：

> 孔子的人格所以成為一個透明地水晶體，是因為他徹底地無私，是因
> 為他永恆地上達，是因為他言行、內外的完全一致。……孔子的人格
> 世界，是毫無保留的讓他的弟子直往直來之地。[15]

據上文下理，先生意謂，辦教育的人，應該要像孔子一樣，要徹底地作出無
私的奉獻[16]。筆者按：徐先生文中說到的「水晶體」，容筆者多說一兩句。
為人處事，必須做到胸懷坦蕩，內心一片光明，如水晶體之晶瑩剔透；人不
覺其有心機、有不可告人之秘密。這是就他人之觀己來說。就自己對他人而
言，則必須做到胸無城府，無事不可對人言。是無論人觀己，或己呈現於人
者，皆如是；始可成為一個晶瑩剔透的水晶體。想成為這樣子的一個水晶
體、水晶球，個人則想到如下的做法，或可供讀者參考：要全力避免自己行
差踏錯做壞事（譬如不忠於配偶而與人劈腿，有婚外情，緋聞等等）。而避免之
道，則在於律己甚嚴、時刻自我警惕。其實，這就是《論語》所說的「克己
復禮」而已，豈有他哉！有謂：「道德無休假之一日。」（「一日」如改為
「一刻」、「片刻」似乎更好。）我們應以此為座右銘。以下一竅門也許很管
用：儘管有所謂神不知鬼不覺，也許真的沒有他人知道我做了某一樁壞事

15　上揭《徐復觀雜文——論中共》，頁 362-363。先生另一文也談到金禧事件。〈港事
　　瑣談〉，《華僑日報》，1978.08.15；收入《徐復觀雜文補編》，冊六，頁 447-
　　448。金禧事件的相關細節，可參看維基百科，〈金禧事件〉條（筆者看的是修訂於
　　2015.11.24 的版本）。

16　這讓筆者想起，我們說「辦報」、「辦學校」；但不說「開報館」、「開學校」。然
　　而會說：「開銀行」、「開餐館」。可知報館、學校與銀行、餐館，是不同類的經
　　營。現今人們儘管仍用「辦」這個字眼，但不少辦學校的人，早與開銀行的人無所別
　　異，即同以謀利為目的了。可悲！

（如上文所說的劈腿），但永遠要自我提醒，難道真的沒有人知道嗎[17]？此其一。再者，要一刻不能或忘的存繫心中：我做了該壞事之後，如有人（譬如配偶）問起，我要說謊而否認我做過該椿壞事嗎？你要非常認真的自我衡量、評估，如果你為人一向耿直、胸懷坦蕩，是一個不能違背良心而說謊話的人，那你在做該壞事之前，便要切實的自我警惕：我千萬不要做該壞事啊，否則有人問起，我要嘛便說謊，要嘛便坦承。然而，前者非良心、良知所容許；後者則明顯對不起受害人：你既然確曾做過該壞事，那當然是對不起受害人了。而對不起受害人，那也同樣不是良心、良知所能容許的！你只要永遠把這兩種必會發生的後果牢記心上，那麼你大概便不會做壞事了。既胸懷坦蕩，無事不可對人言，久而久之，便自自然然地變成一個晶瑩剔透的水晶體了。其實，這是一條成德之路，成聖成賢之路。而這條路是透過「克己復禮」，並恆惦記心中「道德無休假之片刻」而不斷下死工夫做相應的修持，才得以開拓出來的。筆者個人年來真切的體會到，這是不二法門；捨此

---

[17] 其實，假使真的永遠沒有人知道，我們仍不應該做壞事的。南宋末，天下大亂，有人向當時大儒許衡建議說：天下兵荒馬亂，梨園既無主人，則把梨子摘下來解渴一下，應該沒有關係的。許答道：「梨無主，我心獨無主乎？」這就是後世流傳的「義不摘梨」的故事。（詳參《元史‧許衡傳》）換言之，我心永遠有一個善惡的念頭在，我的行為由它作主；不待外界的情況（如梨子有無主人）來作主（做決定）的。這個「善惡的念頭」乃放諸四海而皆準的一個永恆的道理，所以吾人不可須臾違背它、離開它。《中庸》即云：「道也者，不可須臾離也；可離非道也。」因為這個道不可須臾離，所以縱使不能預睹，不能預聞違道、離道可有的後果，吾人仍然是一刻不能離開它。然而，一般素人則恆以為既然是神不知、鬼不覺，那便可離棄它而做壞事了！《中庸》的作者非常意識到此中的關鍵，於是在這裡便特別提出警告：「是故君子，戒慎乎其所不睹，恐懼乎其所不聞。故君子慎其獨也。」所謂「獨」，便是神不知、鬼不覺，而只有自個兒知道。然而，道是不可須臾離的，所以在這個地方，尤其需要戒慎、恐懼。若掉以輕心，稍一放縱自己而做壞事，那便違道了，可不慎乎！所以面臨誘惑，必須用以下態度：戒慎、恐懼、如臨淵履薄，並假設只有你一個人在場，來對待之。對一般人來說，光天化日、眾目睽睽之下，不被誘惑而做壞事，那是不難的。難就難在神不知、鬼不覺而認為只有個人在場並知悉其事的情況下，而仍能抗拒誘惑而不做任何壞事。《中庸》的作者非常意識到、注意到這個最易讓人失足而犯法犯罪的「關鍵時刻」，所以特別提出「慎獨」這個概念。此確有所見。

而外，絕無其他取巧便捷的途徑[18]。

　　除談到水晶體外，〈港事瑣談〉一文也討論到教育法的問題；頗值得參考。先生說：

> 近來我同幾位在中學教書的優良教師聊天，他們都認為不要黑板，師生坐成一個圓圈，以討論為主的新教學法，對中學生而言，是不切實際的。不錯，討論要有相當的準備工作，否則似乎不容易有真正的結果。這一點，我希望實行此種新教學法的教師們，好好的檢討一番。[19]

徐先生以上一番話是針對正規教育中的中學教育的上課方式來說的。也許對進行社區教育的從業人員也有一點參考作用。是以引錄先生的說法如上。

（二）交通問題及精神文明問題

　　對於交通問題，先生說：

---

[18] 其實，2,500 年前孔子已給了我們一個在道德上免於犯錯的指南。這就是：「非禮勿視，非禮勿聽，非禮勿言，非禮勿動。」（《論語‧顏淵》）。中醫中「四物湯」（四物指當歸、川芎、熟地黃、白芍）是補血方面很重要的湯劑。這是對身體來說。對精神來說，孔子的「四勿湯」亦極重要。至於「道德無休假之片刻」，陽明先生以下的一段話，實可互參：「夫心之本體，即天理也。天理之昭明靈覺，所謂良知也。……戒慎恐懼之功，無時或間，則天理長存，而其昭明靈覺之本體，無所虧蔽，無所牽擾，無所恐懼憂患。……無所歉餒愧怍。……動容周旋而中禮，從心所欲而不踰，斯乃所謂真樂矣。是樂生於天理之常存。天理常存生於戒慎恐懼之無間。孰謂敬畏之增，反為樂之累耶？」陽明又說：「戒懼之念，無時可忽。若戒懼之心稍有不存，不是昏瞶，便已流入惡念」。以上兩引文，其中「戒慎恐懼之功，無時或間（間斷）」及「戒懼之念，無時可忽」，最為關鍵。君子、小人，聖賢、禽獸，即以此為分判。兩引文，分別見黃宗羲，〈姚江學案一‧語錄〉、〈姚江學案一‧傳習錄〉，《明儒學案》（臺北：世界書局，1973），卷十，頁 79、86。

[19] 〈港事瑣談〉，《華僑日報》，1978.08.15；收入《徐復觀雜文補編》，冊六，頁448。

各國的馬路，都規定有一定的年限，到了年限，便不等大小窟窿出
籠；就要動手修理，並不是浪費。臺灣……在無工不偷，無料不減的
風氣之下，恐怕未到規定年齡以前，已經瘡痍滿目了。[20]

這是先生對 1970 年之前臺灣交通的描繪。文中說到「無工不偷，無料不
減」的情況，筆者誠摯的希望不會發生在大陸，否則兩岸就真的是難兄難
弟，在這方面早就統一了。

先生又說：「這裡（筆者按：指香港）汽車的密度遠超過臺北市，秩序也
好過臺北市。我仔細觀察的結果，只能歸功於交通警察。」[21]警察的訓練，
說到最後，其實，就是他們平時的教育問題。平時教育不足，專業訓練不
夠，再加上苟且、得過且過的心習；復加上中國人向來先講情、再講理，最
後才講法，當然就無法勝任有關工作了。就現今的情況來說，也許臺灣太民
主了，太自由了。其結果就是公權力不張。面對民眾，警察經常瞻前顧後，
不敢強力執法。這方面，我看大陸比較好一點。希望我的觀察不至於太乖違
事實。然而，大陸地方太大了，恐怕各地方的警察（公安、武警）的訓練和執
法能力很不一樣；似乎不能一概而論。

說到交通秩序，讓我說一說我所待過的幾個地方的情況。我在香港土生
土長近 30 年；在臺灣工作也接近 30 年；在法國讀書 6 年半；因為內子家人
在美國，所以也經常去美國；近十年來，一年總有好幾次到大陸講學或開
會。兩岸三地，再加上美、法兩國，這五個地區、國家，若駕駛者（司機）
和行人的表現可以代表交通秩序的話，那大體上以美國最好（以內子家人所住
的小鎮為例），香港次之，法國（以巴黎為例）又次之，臺灣（以臺北為例）再
次之，大陸最下。大陸、臺灣住的都是中國人／華人，何以交通秩序比不上
外國，甚至跟曾經被英國人管轄過的香港相比，也相差相當遠呢？這方面，
很值得國人反省。大小窟窿出現的情況，似乎也是大陸最多、臺灣次之。所

---

20 〈港居零記〉，《新聞天地》，期 1142，1970.02.03；收入《徐復觀雜文補編》，冊
六，頁 393-394。

21 《徐復觀雜文補編》，冊六，頁 394。

以就徐先生所說的「文明」的觀點來看，國人真的要急起直追了。很多人都說，要給一個城市打分數，衡量一下它的文明度，就要看它的基本建設和運作經營的情況。對一般老百姓來說，這方面可以從它的交通秩序（即管理經營情況）、相關硬體的保養、維修情況和公共廁所的清潔度看出來。這方面，國人真的要好好反省。據悉，近年來，大陸中央政府很有錢。但為甚麼不在地方基本建設上多注意呢？在人材的培訓上多措意呢？大陸很有錢。所以在硬體上，臺灣是比不上大陸的；甚至香港在某些方面也漸漸相形見絀。然而，在軟件／軟體上呢？這方面，似乎大陸真的還有不少可以改善的空間。

　　徐先生又說：「……由交通秩序而連想到馬路，連想到市政，也是非常自然的。」先生又說：「……這說明從『文明』的觀點來說，香港高過臺灣；但從『文化』的觀點來說，臺灣又高過香港。」[22]說到「文明」，大陸的確出現不少不文明的現象，尤其以青少年的表現為然。不文明、不健康、享樂主義、拜金主義、極端個人主義，在本世紀初前後，到處充斥泛濫；乃至因信念失落、價值迷失而來的人心浮蕩、淪於虛無，也漸次在社會上出現。怪不得 10 年前胡錦濤總書記提出要樹立「社會主義榮辱觀」了[23]。其實，不要說青少年，甚至連某些大學教授，其表現也好不到那裡。就以來東吳大學客座的某些大學教授為例，他們就經常放大嗓門（大概平時習慣即如此，不是去了臺灣才故意的），高談濶論，旁若無人；又或在不該抽煙的地方抽煙；乃至連關門都特別大聲。當然，這牽涉整個國家的素質教育的問題，不是個別的地方社區的教育問題。然而，假若先從地方社區一步一步的做起，由鄉鎮而至縣，由縣而至市，由市而至省，由省而至全國。這不是不可能做到全面改善的。正所謂事在人為。

---

[22]　〈臺、港之間〉，《華僑日報》，1970.07.30；收入《徐復觀雜文補編》，冊六，頁324。

[23]　2006 年 3 月 4 日，胡總書記在第十屆中國人民政治協商會議第四次會議的民盟、民進聯組會上發表〈關於樹立社會主義榮辱觀〉的講話中提出「八榮八恥」的觀點。

（三）污染問題（並兼論香港可居狀）

徐先生非常關注環境污染問題，對香港和臺灣的相關情況，嘗指出說：

> 我們的第一條爭生存的戰線，是解決麵包問題。但還有第二條爭生存
> 的戰線，即是爭取適宜於生存的空氣的戰線。……工業製造過程中，
> 對水的污染問題，和對空氣的污染問題，是同樣的嚴重。……（香
> 港）房子裡的塵埃，較臺灣稍少；但空氣中所挾帶的纖維質，則較臺
> 灣多得多。……上述現象，都是隨工業發達所必然到來的副作用。但
> 我奇怪的是：臺灣和香港，對於這種嚴重的問題，政府官員不管，民
> 意代表不問，輿論機關不談，社會大眾不理；難說住在臺灣、香港的
> 人，就不算是人嗎？我希望這兩地區，也能張起這一爭生存的第二條
> 戰線。[24]

至於中國大陸來說，改革開放快 40 年了；在經濟上成為僅次於美國的經濟
大國、強國（綜合國力上也排名第二）。作為中國人，我們當然十二萬分的高
興。然而，污染問題，如影隨形，隨改革開放而揮之不去。陸地、海洋、空
氣，無一不被污染，其中由於空污而導致的霧霾，其指數經常大大地破表！
又：中國自有文明以來，只聽過黃河泛濫成災，從沒聽過黃河乾涸的。但最
近一二十年呢？近年來由於高溫乾旱，洞庭湖、鄱陽湖等等的水位持續下
降。當然，這是近年來極端氣候所造成的反常現象，全球皆然，不獨中國大
陸而已。然而，就沙漠化／荒漠化的幅度和速度來說，大陸比起其他國家，
恐怕是後來居上。據悉，大陸目前約有三分一的土地受到沙漠化／荒漠化的
影響。中央政府當然責無旁貸；地方社區政府也應各盡其力，努力與中央政
府配合，甚至督促中央政府向沙漠化／荒漠化全面宣戰。

氣候異常和荒漠化之外，針對污染，道理也是一樣。要從每個人，每個

---

[24] 〈我們的第二條爭生存的戰線在那裡？〉，《華僑日報》，1971.12.31；收入《徐復
觀雜文補編》，冊六，頁 336-339。

小社區做起。我們每天都製造不少垃圾。臺灣的垃圾，就以每個家庭每天所丟的垃圾來說，是有分類的。分為一般的垃圾、生廚餘（如果皮之類）、熟廚餘（剩菜之類）、塑膠瓶（寶特瓶）、玻璃瓶、鉛鐵罐、紙張類等等。總之，在心中永遠該存繫如下一個念頭：「人類能夠生活、生存的星球，只有一個──地球；我們不為自己著想，也該為我們的子子孫孫多想想。」

　　與污染相關的是環保（環境保護）。恐怕環保是避免污染最有效的途徑。可以說不污染就能成就環保；環保就可以避免污染。二者是一而二，二而一的。莫以為環保是最近幾十年才廣泛受到注意的人類生存大事。有學者指出，2,500 年前，中國人已有環保意識；其中孔子便是代表。他舉以下兩條文獻為證：（一）「（孔）子釣而不網，弋不射宿」（《論語‧述而》）；（二）「山梁雌雉，時哉，時哉！」（《論語‧鄉黨》）。[25]當然，這位學者所說的「環保」是指「環境保育」；這與「環境保護」，不盡相同。然而，環境保育與植物生機，以至跟食物鏈都很有關係。植物生機和食物鏈不被破壞而穩健地維持下來對環境保護當然有絕大關係。所以「環保」指的是「環境保護」之外，當然也可兼指「環境保育」這方面。

　　徐先生對香港政府、民意代表和社會大眾的不管、不問、不談和不關注環境污染的嚴重性，雖然相當不滿，但另一方面又非常欣賞香港；嘗云：

> 港九（按：「九」指作為香港一部分的「九龍」）人的生活享受，實在比臺北市民的享受高得多；而物價卻比臺北市便宜，有的要便宜到三分之一，如罐頭等。再加以閱讀和言談、寫作，幾乎可以說是百無禁忌。所以凡能在港九生存的人，便不願離開港九，這是必然的。[26]

先生惡而知其美，絕不僅作片面，或僅作正面或負面的報導，上引文可見一斑。筆者在不少大都市生活過，但二三十年前，甚至十多年前（即本世紀前左

---

[25]　張凱元，《論語十論》（臺北：萬卷樓圖書公司，2013），頁 145-163。

[26]　〈港居零記〉，《新聞天地》，期 1142，1970.02.03；收入《徐復觀雜文補編》，冊六，頁 395。

右），的確以香港的物價最便宜；如果相對於港人的收入所得（即薪水、工資）來說，尤其如此。以前想不通其中的道理。後來想通了。原來要感謝我們的祖國。香港的腹地就是大陸。大陸以農立國，至少二三十年前是如此。食物，如蔬菜、水果，罐頭，以至一般的日用品，大多來自大陸。尤其有一段時期當港幣幣值比人民幣高時，物價便更覺便宜。世界上恐怕找不到其他地區，其市民收入，一般來說，相當高（以公務員為例），但其腹地的物產會是如此豐富，如此便宜的。但香港已經好景不常了。尤其 2013 年 9 月底上海自由貿易區成立之後，香港的情況，恐怕必更每況愈下。

　　徐先生極愛國。但除愛自己的故鄉和愛中國大陸其他地區而願意居住外，另一願意居住之地，便莫過於先生在生時仍為英國人統治的香港了。嘗云：「……若自己的故鄉、國土，都因特種原因而無法居住時，則對於一個流離的『中國人』來說，我覺得可居的便莫過於香港了。」[27]自 1842 年英國政府統治香港以來，香港便是一個有自由，有法治，但沒民主的地區[28]。但一般小市民只要求生活安定、物價便宜；再加上言論自由、遷徙自由、信仰自由、免於匱乏和免於恐懼的自由，那便阿彌陀佛了。甚麼民主（由人民當家作主）不民主，一般小市民是不太理會的。先不說民主是不是最好的制度[29]。但就以歐美的民主國家來說，難道他們的公民就能夠充分享有民主了

---

[27] 〈論香港可居狀〉，《華僑日報》，1976.02.11；收入《徐復觀雜文補編》，冊六，頁 421。

[28] 當然，在沒有民主的情況下，自由、法治，完全要看主子的臉色；換句話說，是沒有必然保障的。但英政府統治香港一百多年間，以其高超的統治技巧，或所謂統治藝術吧，自由和法治，還是得到很高的保障的。像去年（2015 年）年底被視為違反言論、出版自由而發生的銅鑼灣書店事件：有關人士共 5 人陸續、集體失蹤的情事，在英國統治香港期間（至少 1997 年前之數十年間），便不曾發生過。

[29] 其實，就民主來說，其形式也是多元的。有學者即指出，有「直接民主」、「代議民主」、「憲政民主」、「自由民主」、「社會民主」、「人民民主」；甚至有「極權民主」。詳參江宜樺，《民族主義與民主政治》（臺北：國立臺灣大學出版中心，2003），頁 148-169。假「民主」之名而行極權之實而竟產生「極權民主」（totalitarian democracy）這個概念，則世間價值之顛倒，恐莫此為甚！又有學者指出，徐復觀先生所倡導的民主，或可稱為「儒家式民主」。李淑珍，《安身立命》

嗎？筆者絕不反對民主的價值。但就目前歐美的國家來說，他們所實行的民主，恐怕離理想的民主，具素質的民主，還有一段距離呢[30]。

（四）衛生問題（港人亂丟果皮、殘紙及養狗、狗大便等等問題）

先生對香港高樓大廈的住戶的不知自愛，很有意見；嘗云：

> 住客不發揮一點起碼的自治能力，而只抗議增加管理費；管理處只顧增加管理費，而完全不援引「清潔香港」的有關法例。……問題很簡單，嚴格控訴之於法，控訴了幾次，污風便可稍息了。[31]

香港高樓大廈的住戶，大都成立管理委員會，實行自治管理。但其間也經常發生問題，譬如主事者不稱職、貪瀆，住戶又有欠繳管理費，不遵守規章者。總之，不一而足。我不知大陸的情況如何？「徒善不足以為政，徒法不能以自行」（《孟子·離婁上》）所以個人認為管理委員會必須製訂完善的辦法，並依法行政。既有客觀的依據，大家便比較無話可說。然而，施法行法者，人也。所以也要物色具理想，有能力，有服務熱忱的人來擔任管委會的領導、幹部。

對於大樓中養狗問題，先生持比較負面的意見；嘗云：

> 美孚新村大約有一萬戶人家，假定每家養一隻狗，美孚新村有一萬隻狗，將成何景象？所以分住高樓大廈而依然養狗的人，我懷疑這是通狗情而不通人情的人。今日大都市裡，應當到了把愛狗的情懷，轉移

（臺北：聯經出版事業公司，2013），頁 276，註 81。

[30] 唐君毅先生對民主問題討論相當多，甚具啟發性。筆者對唐先生的民主觀念有所闡述。見〈唐君毅先生的人文觀〉，《新亞學報》，第 31 卷，2013.06，頁 341-414，尤其頁 367-394。

[31] 〈狗尿灑遍了美孚新村的海濱走廊〉，《明報·集思錄》，1973.04.04；收入《徐復觀雜文補編》，冊六，頁 404：

到愛人身上的時候。[32]

其實，高樓大廈養狗問題，不能一概而論。所謂具體問題，要具體解決。養不養，有很多方面要考慮，譬如要看狗的大小。拉布拉多犬、西藏獒犬的體型很大。養起來，也許的確會造成大樓中其他住戶的困擾。但約克狗或體型大小差不多的犬隻，似乎便不構成問題，因為小狗不見得每天非要帶牠們外出遛一下不可的。

　　徐先生又談到為甚麼人們養狗的問題，即狗的功能問題。先生的說法，似乎也不盡周延。先生說：

> ……當作「寵物」來養的狗；這種狗可以慰藉精神失調的主人，而與他人無損；但住在高樓像蜂窠樣的房子裡還要保持這種「寵物」，便常成為破壞環境衛生的「厭物」；所以我一看到抱著寵物坐電梯的人，就不知覺（筆者按：似應係「不自覺」）地發生反感。[33]

先生指出，除作寵物來養的狗隻外，尚有「另一種是住獨立花園洋房養的作自衛之用的狗（筆者按：即所謂看家用的狗），及治安機關養的幫助破案的攻擊性的狗，……」。[34]其實，依筆者所見，至少還有一種是善心人士養的狗。牠們本是流浪狗，假使不收養牠們的話，是會被政府抓去以安樂死的方式來處置的。所以住在高樓像蜂窠樣的房子裡的人收養牠們，也是無可厚非的一種善心的表現。這方面，可惜徐先生沒有考慮到。

　　說到狗的功能，其實除了徐先生所說的精神慰藉用、自衛看家用、治安攻擊用之外，還有別的功能，譬如導盲用、醫學治療用（陪伴精神失調、患恐

---

[32]　〈港事趣談〉，《華僑日報》，1980.01.12；收入《徐復觀雜文補編》，冊六，頁461。

[33]　〈居港瑣談（之二）〉，《華僑日報》，1982.02.02；上揭《徐復觀最後雜文集》，頁152。

[34]　上揭《徐復觀最後雜文集》，頁152。

懼症（phobia）的病人）等等。這方面，徐先生也沒有談到。

　　先生又談到吃狗肉的問題，頗有趣。先生說：

> 其實吃狗肉不吃狗肉，決定於風俗習慣，與虐畜法例，根本拉不上關
> 係。狗是「畜」，殺狗吃是「虐畜」，要加重處罰。然則，牛、羊、
> 雞、豕，又何不是「畜」？何以天天大批殺了吃，又不算「虐畜」
> 呢？從中國食的傳統講，古代「屠狗」和殺豬、殺牛、殺羊等是同樣
> 的流行。並且不少英雄，是出身於屠狗的，樊噲即是一例。[35]

徐先生的意思是說，吃不吃狗肉是風俗習慣問題；吃狗和吃牛、羊、雞、豕
等等，基本上沒有甚麼分別。先生的說法是有一定道理的，因為被吃者都是
動物。但吃狗，跟吃其他動物，似乎不能一概而論。有謂：狗是人類最忠實
的朋友。此外，其可愛度似乎又比其他寵物高很多（當然，貓也不相伯仲；但
貓咪比較冷啊，不似狗比較溫順、黏人）。就筆者來看，至少牠比起蛇、魚、昆
蟲等等的寵物，可愛多了。狗之為畜，固然；然而要把牠們等同一般的畜
牲、家禽殺來吃，似乎難於下手和「啟齒」吧。當然，說到最後，可能是
「汝安，則為之」的問題；見仁見智，難有定準。

（五）貪污問題（兼論警察（公安、武警）教育）

　　徐先生說：「香港嚴重的社會問題有三：一是集體貪污，一是販毒吸
毒，另一是色情泛濫。」[36]

　　我們先來談貪污問題。先生說：「近年來，香港政府，似乎想從殖民地
的政治殘殼中脫皮出來；廉署的成立[37]，正是脫皮的措施之一；這是賢明而

---

[35]　〈港事趣談〉，《華僑日報》，1980.01.12；上揭《徐復觀最後雜文集》，頁460。

[36]　〈港事瑣談〉，《華僑日報》，1978.08.15；收入《徐復觀雜文補編》，冊六，頁
　　449。

[37]　香港廉政公署成立於 1974.02.15。其英文名稱為：Independent Commission against
　　Corruption，簡稱 ICAC；此英文名稱的直接翻譯應該是「反貪污獨立運作委員

值得歡迎的現象。」[38]

依徐先生這麼說，殖民政府便是和廉署所要對付的貪污結了不解之緣。然而，為甚麼徐先生有如此的認定？原因很簡單。我們先看先生怎麼說。先生說：

> 貪污對社會的毒害，實在大於搶劫。（以下先生列舉三原因，從略）殖民地政府的本質原是貪污的，因為它是以掠奪被殖民者的財富為目的。……目前廉署使用「財富與收入不符」的尺度作提出控訴的根據，這是最切合實際，最能發揮效能的方式，……貪污者與販毒者的性格是一樣的，到甚麼地方也只會做壞事。[39]

先生從本質上指陳殖民地政府統治的性質：「殖民地政府的本質原是貪污的。」然則殖民政府與貪污之為孿生兄弟，兩者結有不解之緣，便不必再多說了。至於貪污之可惡，徐先生上文也說得很明白。

貪污與殖民地政治的關係，徐先生在另一文章中也談到。先生說：

> 貪污被認為是各種罪惡的源泉，是罪惡中的罪惡，……貪污與殖民地政治，結有不解之緣。……該署成立以後的所作所為，尤其是以財產與收入不相稱，作為測定貪污尺度之一的方法，我相信深深獲得居民中絕對多數的信任，這也即是增加了對香港政府的信任。[40]

會」。異於其前隸屬警務署下之相關組織，廉署是直接向香港總督負責的一個機構，所以稱為「獨立」。

[38] 〈港事雜談〉，《華僑日報》，1976.04.28；收入《徐復觀雜文補編》，冊六，頁426。

[39] 〈論香港可居狀〉，《華僑日報》，1976.02.11；收入《徐復觀雜文補編》，冊六，頁422-423。

[40] 〈十月二十八日的警察事件〉，《華僑日報》，1977.11.01；收入《徐復觀雜文補編》，冊六，頁430。

上文還讓人看出，先生對貪污是極之反感的。我們甚至可以用「心痛欲絕」來描繪先生心中的感受，蓋視之為萬惡之源。筆者以為這與先生本身青壯年時期在國民黨中的經歷非常有關係。國民黨把大陸政權丟掉，當然原因很多。但黨、政高層的貪污、貪腐、貪瀆，恐怕是最重要的原因，或至少是最重要的原因之一吧。現今既稱為「中華人民共和國」，且政府又標榜「為人民服務」，則其表現理應大異於民國 38 年前國民政府統治中國大陸時期的表現。換言之，貪腐該絕跡了。作為一般老百姓，所謂一介草民來說，可以做的，似乎可先從地方社區著手，即從基層紮根，從下而上，希望能漸次產生良好的效果。

至於上兩段引文所分別提到的：「財富與收入不符」、「財產與收入不相稱」的問題，先生在其他文章中，也經常談到。如〈漫談香港問題〉一文中，先生便說：「廉政公署檢舉貪污的重要原則，是某人的享受、財產與他的正當收入是否相符（按：此即筆者 1970 年代在香港生活時經常聽到的：「官職與收入是否相稱」的問題。）」[41]先生在〈什麼叫作面子？〉一文也有類似的說法。先生說：「財產與收入不符，多出者即與充公。」[42]如何充公，其法律程序，我們不必細問。其實，除充公之外，當事人還要負刑責，即要坐牢的；非充公即可了事。我們倒要注意的是，先生數度說到「財產與收入不相稱」等等這類概念，可見以此為判準、原則，來對貪污者繩諸於法，徐先生一定非常肯定的，大概認為這是對付貪污者的一絕佳利器。

個人認為，香港的廉署以「官職與收入是否相稱」來判斷官員是否貪污，這是一個可行性高，且合乎公平正義的一個作法。與經商者不同，與自家開業者有別，政府官員的薪水（工資）是固定的；各級公務員的月薪，全天下皆知。所以用它作為一個尺度來衡量你是否有不正當、不法的收入，這是很客觀的一個判準；官員應無話可說。且香港公務員的薪水是相當高的。

---

[41] 〈漫談香港問題〉，《華僑日報》，1974.09.11；收入《徐復觀雜文補編》，冊六，頁 406。

[42] 〈什麼叫作面子？〉，《華僑日報》，1975.01.22；收入《徐復觀雜文補編》，冊六，頁 419。

但你還貪污不法，你真的是寡廉鮮恥，不要臉之極了。據記憶，廉署成立之初，香港有一位警務人員（總華探長[43]），當他被檢舉為何銀行存款如此之多時，竟然公開宣稱：「我老婆做雞（當妓女）賺來的，不行嗎？」誰知道檢方便立刻認真計算當妓女的行情，發現該位探長夫人一輩子都不可能掙來這麼多錢，他最後便只好俯首認罪了。所以不要以為當妓女，其收入無帳目可查，便可以取巧要詐！該位總華探長知法犯法，且身為執法人員，竟不要臉下賤至此，真余欲無言了。

臺灣貪污不法（貪瀆）的情況也頗為嚴重。但我不知道為甚麼不就近取經，學一下香港呢？至於大陸的貪腐，這兩天參與研討會的大陸學者專家們，定然比我清楚千百倍；不贅。

據上文可知徐先生對於公務員的貪污行為，非常痛心疾首。但事有緩急先後；勢有大小順逆；情（情節）有輕重淺深。換言之，一句話：具體問題，要具體處理，絕不能一概而論。徐先生人生閱歷豐富之極；且恆法理情兼顧。所以先生說：「廉署的工作，似乎應集中打擊大貪污，而對於在中國社會人情上可以容許的小事情，採取寬容的態度。」[44]肅貪的工作，大陸最近流行打大老虎，但同時也打小蒼蠅。這是除惡務盡的作法。這在道理上是非常對的[45]，且現實上也非如此不可。然而正如上文指出，事有緩急先後；且中國人素來重情。徐先生從社會人情上立論，認為對小事情，不妨包容一

---

[43] 廉署成立前，即 1974 年之前，華人當上總華探長（或稱華人總探長）的沒有幾人（最著名的計有呂樂、藍剛、韓森等），其權力之大及隨之而來的不法所得之多，實難以想像。但以警務職位來說，並不能算是高官，比督察（俗稱幫辦，Inspector），還不如。按：總探長乃刑事偵緝甲級高級警長（英文：Detective Staff Sergeant I，縮寫：DS/SGT I）之俗稱，職級位於刑事偵緝高級警長之上。探長乃刑事偵緝高級警長（英文：Detective Staff Sergeant II，縮寫：DS/SGT II）之俗稱，職級位於刑事偵緝高級警目之上。

[44] 〈十月二十八日的警察事件〉，《華僑日報》，1977.11.01；收入《徐復觀雜文補編》，冊六，頁 433。

[45] 唐君毅先生嘗云：「事有大小，而理無大小。」此語極確當，惟一時間未能覓得其出處。按：就源頭來說，此語應出自《朱子語類》，卷 49，《論語》，31，〈子夏之門人小子章〉。

點。先生這個說法，可說情理兼顧，且是現實社會上比較最可行的作法。先生的意見，或可提供大陸各級政府參考。

　　徐先生在雜文中也談到貪污與浪費的問題，相當發人深省。先生說：

> ……中國傳統觀念，願向廉署的先生們提出，即是，中國常將「貪污」與「浪費」，結合在一起的觀念。貪污、浪費之所以結合在一起，可用兩點來說明：一點是浪費納稅者的金錢，或以之市私恩，或以之過官癮，逞官威；這種性質的浪費，即是實質的貪污。另一點，凡是一個機關首長的浪費，必靠貪污來支持，並誘發為他張羅浪費的部下，作集體貪污的機會。[46]

　　「貪污」與「浪費」，一般人都理解為兩回事。前者既非法，也不道德；後者則頂多只是不道德而已。然而，經徐先生上文指點，便可以看出，原來某一情況下的「浪費」，實質上就是貪污；因此，也便成了非法的勾當！就官員來說，貪污也好，純然是浪費也罷，我們要問的是，他貪污所得的金錢從何而來？他賴以浪費的金錢又從何獲得？豈不都同樣來自納稅人！換言之，都是民脂民膏啊！官員本人薪俸（工資）以外用來多花費的金錢（這些錢，臺灣一般稱為辦公費），既來自納稅人，而這些納稅人又不是心甘情願，甚至完全不知道他們所繳納的稅款是被官員們作為他們多花費之用的，所以這些金錢都可以說是官員們非法之所得。就此來說，貪污固犯法；浪費也同樣是犯法，不獨不道德而已。習近平總書記近年來雷厲風行要打奢，要杜絕浪費的歪風，其出發點與徐先生，可說不謀而合。這是非常值得肯定的。

　　至於徐先生上文所提到的第二點：「機關首長的浪費，必靠貪污來支持，並誘發為他張羅浪費的部下，作集體貪污的機會。」，然則浪費無疑就是貪污了；而浪費更進一步造成了集體的，有組織的貪污！這都是很不可取

---

[46]　〈論香港可居狀〉，《華僑日報》，1976.02.11；收入《徐復觀雜文補編》，冊六，頁423。

的。所以官員們必須自愛、自律。必須時時刻刻惦記心中，你所用的一分一
毫都來自民間，都是民脂民膏。假如你當官的出發點或目的，是要為老百姓
服務，是要愛民如子的話，那你就絕對不應該貪污，絕對不應該浪費。臺灣
有句話說：「錢要花在刀口上。」假使你永遠以此為念，以老百姓的福祉為
念的話，貪污固不會發生，奢侈浪費也同樣不會發生。地方社區如果要辦甚
麼幹部訓練班，甚麼素質教育營隊的話，徐先生的話或許很可以作為教材
用。

　　香港廉署主要是針對公務員貪污而成立的。公務員的貪污以警界最為嚴
重。警界貪污者固不少，但也不能說凡是任職警界的都貪污。因為其中潔身
自愛者也不在少數。徐先生以其史家慧眼及儒者的情懷，在這方面當然明察
秋毫。先生即如此說：「肅貪工作，懲治少數敗類，正是保證警界工作的尊
嚴，加強警界工作者的自信。……不僅對警界的輕視、敵視，是一種危險現
象；對警界冷眼旁觀，也不是正常的現象。」[47]先生這個說法，個人認為最
重要的意義在於：從正面、正向看問題，從人性的光明面看問題——指出涉
貪的敗類只是少數而已。此可見先生的話，旨在給警界鼓勵，給員警打氣。
此外，先生也呼籲民眾為警界打氣，更不要輕視、敵視警界；甚至只是冷眼
旁觀，也不好。警察與一般民眾是一體的。假如兩者對立起來，那絕非國
家、社會之福。只有在警民充分而緊密的合作下，社會才能有效打擊非法的
勾當；社區才有健康的發展。徐先生的說法，或可以提供一般社區營運的參
考。

　　然而，警察是人民的保母。母親本身必須以身作則，做好本分，那才能
保護子女。如果其身不正，那誰會聽妳的呢？假使妳自身難保，妳還保護得
了誰呢？以身作則，做好本分，其契機首先緣於個人道德上的自覺。儒家肯
定人性本善，所以原則上，凡人都有道德自覺，即凡人都有良知、良心，這
是儒家的共識。但具備道德良心、良知，不見得就能夠成就世間的善。因為

---

[47]　〈再漫談香港問題〉，《華僑日報》，1974.09.25；收入《徐復觀雜文補編》，冊
　　六，頁 412-413。

良心、良知，就筆者來看，只是成就善的必要條件而已。君不見世間的惡還不是比比皆是嗎？所以單有良心良知，還是不管用的。良心良知外，我們還得找點「輔助」，以補足，或至少補充良心良知之不足。找點輔助／補助，也可以說是去創造條件──創造輔助條件。但甚麼東西是成就善的輔助條件呢？後天的教育是也[48]。

今天不談後天的教育是否最好的輔助條件，甚至是否唯一的輔助條件。但無可否認的是，後天的教育至少應是最好的輔助條件之一吧。徐先生就非常看重教育。作為人民保母的警察來說，給予他們適當的教育（培訓），尤其關鍵。因為假使連保母的教育都有所不足，那他又如何保護得了千千萬萬的子女呢？！先生看重警察的教育，以下的話很可以為證：「警界的貪污，畢竟是極少數人的事情。……在警察教育中，他應當有精神教育、政治教育，以建立警界的堂堂正正的人生觀。」[49]徐先生不談警察的法律教育、體能教育（體育）、技術教育（蒐證技術、擒賊技術、開槍技術等等）。先生所談的是精神教育、政治教育。因為只有精神教育、政治教育，尤其前者，才可以培訓警察建立「堂堂正正的人生觀」。你沒有堂堂正正的人生觀、價值觀，那其他方面的教育，適足以幫助你成就惡而已。蓋知法而犯法的人最會鑽法律漏洞；體能訓練使你最有體力做壞事；欲濫用權力、打擊善類者，其技術上、技巧上的訓練更使你如虎添翼！900 多年前司馬光（1019-1086）即說：「德勝才謂之『君子』，才勝德謂之『小人』。」[50]德、才，何者為先？或不同性質、種類的教育，何者為先？不是再清楚沒有嗎？所以大陸各社區的警察（公安、武警）的教育，應以何者為先，徐先生已給出一個很值得我們參考的答案了。

---

[48] 當然成就善的輔助條件還有很多，如民主制度即其一。但這是一個大問題，今不擬涉及。

[49] 〈十月二十八日的警察事件〉，《華僑日報》，1977.11.01；收入《徐復觀雜文補編》，冊六，頁 433。

[50] 《資治通鑑》（香港：中華書局，1976），卷一，周紀一，頁 14。

（六）吸毒問題

　　徐先生深具儒者「內聖外王」的抱負及使命感，香港市民的吸毒問題，當然也成為彼所關注的眾多議題之一。在文章中嘗呼籲小市民應以「精神的自衛」來對抗販毒者（毒梟），不落入彼等的圈套。這可說是一己外王精神——兼善天下的精神——之落實：期許小市民發揮內聖之道，做好精神建設。換言之，即以個人的外王精神以成就他人之內聖修為。上文（節四）先生談到希望小市民落實衛生建設等等方面的自我要求，其實亦不啻期許市民發揮內聖之道。由此來說，吾人可見先生實踐外王之道的相關理念及相應作法，實貫徹於各雜文之中。針對以「精神的自衛」來對抗販毒者（毒梟），我們且看先生怎麼說：

> 所謂精神的自衛，是指小市民看穿黑市民的企圖，不落入黑市民的圈套，使黑市民搜刮小市民銀紙的企圖落空而言。例如黑市民販毒，小市民便決不吸毒，並進一步不讓販毒的黑人物，隱藏在自己耳目所及的範圍之內。[51]

大陸吸毒的情況，譬如吸毒人口有多少？我們不妨引錄《大紀元》的相關報導（2013.09.30），如下：

> 從中國官方每年發佈的禁毒報告來看，中國的吸毒人數逐年上升，1989 年公佈的全國吸毒人數有 7 萬人，1991 年上升到 14.8 萬人，1995 年為 52 萬，1999 年為 68.1 萬，2000 年為 86 萬人，2002 年達到 100 萬人，2003 年超過 105 萬人，2004 年則達到 114.04 萬人，2009 年，全國登記在冊吸毒人員 133.5 萬名，而到 2010 年底，則攀升到 154.5 萬名。這還是有案可查的顯性吸毒人數。按一個顯性吸毒

---

[51] 〈小市民的精神自衛〉，《華僑日報》，1978.03.29；收入《徐復觀雜文補編》，冊六，頁 437。

　　者背後起碼有 7 個隱性吸毒者來計算，中國吸毒人口將近千萬，接近
　　中國人口總數的千分之一，而且這一數字還連年遞增。[52]

上述的統計數字（詳參註 52，2015 年的情況），也許不盡然是事實。然而，保
守一點，縱使打個對折，那麼二、三百人中便有一人吸毒，這個數字也是夠
駭人的了。為了使人民不吸毒，恐怕只有雙管齊下，甚至三管齊下。其一是
政府必須嚴屬打擊販毒者。其二是個人必須武裝起來，潔身自愛，敢於向毒
品說「不」。這就是徐先生所說的「精神的自衛」；也就是筆者上文所說的
徐先生呼籲民眾、期許民眾達致「自我內聖」的要求，即道德修養上要好好
做功夫。其三是透過教育。教育方向可以細分為二。一是明確向人民，尤其
向青少年宣導毒品的禍害。二是透過社區教育機制（含文娛康樂機制），提供
多元的、有益的、健康的文娛康樂活動，使青少年旺盛的精力可以有宣洩的
管道。

（七）色情問題

　　人世間之所以有惡，即惡之所以存在，或人們之所以行惡——做壞事，
其原因眾說紛紜。持不同學理的人、不同信念的人，可以給出迥異的答案。

---

[52] 此條新聞，筆者從以下網路下載：www.epochtimes.com。其中「2010 年底，……中
國吸毒人口將近千萬，接近中國人口總數的千分之一」的描述恐有問題。2010 年
底，中國人口是 13.4 億。吸毒人口如果有一千萬，那是占總人口 0.74%，即 1,000 人
中有 7.4 個人吸毒；而不只是千分之一人口吸毒而已。又：《大紀元》
（2015.07.03）所刊登的一篇文章〈橫河：中國毒品問題根子何在〉有以下的記載：
「橫河：根據 24 日國家禁毒委員會辦公室發布的《2014 年中國毒品形勢報告》，從
這裡面來看的話，它列舉了幾個方面。一個是吸毒，一個是販毒，還有一個是製毒，
這三方面現在情況都很嚴重。就從吸毒來說的話，這個報告裡面提到吸毒的人群，在
官方註冊的有 295 萬。
主持人：它這官方註冊就是指官方抓到了，給他登記下來的？
橫河：對！登記下來了。這個就有將近 300 萬了。根據顯性吸毒和隱性吸毒的人口比
例，按照國際上它有個計算標準的，實際估計的人數有 1,400 萬。但是我認為這個數
據可能是偏低。因為註冊的人數可能會偏低。……」

依徐先生和唐君毅先生，其關鍵均緣於「一念之差」，或「一念之陷溺」。
[53]其實，相關學理上的說明，經常是人言言殊的，這裡恕從略。但如果上文
說到的個人抗拒吸毒是精神上的自衛，甚至可視為成就「內聖」的一種自我
要求的話，則抗拒色情之誘惑，恐怕更是一種精神上的自衛。「食、色，性
也。」（《孟子‧告子（上）》）；「飲食男女，人之大欲存焉。」（《禮記‧
禮運》）食和色都是依自然人性（依宋儒，稱之為氣質之性）而來的自然欲求，
所以抗拒伴侶、配偶以外非該有的色情（如婚外情，與小三劈腿等等），使個人
可以從中超拔出來，那比起抗拒吸毒，恐怕還困難千百倍。試以吸毒人口和
婚外情、劈腿人口相比較，便再清楚不過了；必然是後者遠勝前者！

　　上文說到的色情──婚外情、與小三劈腿等等，應可說是跟人格（人的
品格、德行）有關，即跟人們的個人私領域有關。徐先生討論香港問題的眾
多雜文中，似乎並沒有牽扯這方面的。然而，就色情的公領域入侵私領域來
說，徐先生倒是有所論述的；且論述得相當精彩。先生說：

　　……凡是幹這類黃色勾當的人，比販毒的人更聰明，能編出一套說
　　法，說他們的毛片[54]是新潮藝術，而新潮藝術又是最前進的藝術。誰
　　要反對，誰就是落伍，誰就是老頑固。……（這類人物）假定他們認

53　徐復觀，〈民主政治的另一角度──情理義利之間〉，《華僑日報》，1974.05.20；
　　收入《徐復觀雜文‧看世局》（臺北：時報文化出版企業公司，1980），頁 283；徐
　　復觀，〈美國水門事件的歸結〉，《華僑日報》，1974.08.13；收入《徐復觀雜文‧
　　看世局》，頁 277；唐先生在其早年成名的大著《道德自我之建立》一書的〈導言〉
　　中，亦有類似的說法：「一念陷溺，通於一切之惡」、「一念不陷溺，即通於一切之
　　善」、「一念之自反自覺，即超凡入聖之路。」《道德自我之建立》（臺北：臺灣學
　　生書局，1978），頁 13-14。「一念陷溺」，猶同上文所說的「道德休假」。人的意
　　志力很多時是很薄弱的，再加上如果外來的誘惑特別多、特別強的時候，道德便會靜
　　悄悄地離人而去。個人認為，戒慎恐懼（含個人獨處時之慎獨）及上文提到的「四勿
　　湯」是抗拒、抵禦一念陷溺和道德休假的利器。

54　所謂「毛片」，據網路維基百科，乃指：「帶有戲謔意涵的別稱，取這類影片中可見
　　到人體私處的毛髮露出而得名。」「毛片」是香港的流行用語，即一般人所說的色情
　　片、A 片。

為藝術並沒有最低的標準，而他們又真正相信毛是藝術，則為了證明
自己的所信，應當率領全家的父母兄弟姊妹兒女，在自己家中實行他
們所相信的毛的藝術教育。……（有成效後），再推向社會也不算
遲。[55]……為了毛而去看電影的觀眾，這又是怎麼樣的觀眾？將這種
毛片從電影院塞進小市民家庭電視機上的電視公司，這是什麼樣的電
視公司？凡此，都不是小市民所能了解，所能為力的，我只好呼籲小
市民的精神自衛！[56]

觀上文，可知徐先生對那些假借藝術之名而行撈錢之實的所謂藝術家，予以
極嚴厲的抨擊。徐先生引以為據的有二：藝術是有一最低標準的，不能無限
上綱，把一切煽情縱慾的胴體表演及性行為，視為藝術。此其一。再者，如
你們這些不要臉的藝術家文過飾非，硬要把歪理說成正理、真理，一定要把
「這類黃色勾當」視為藝術，那你們便「率領全家的父母兄弟姊妹兒女，在
自己家中實行所相信的毛的藝術教育」，有成效後，再推向社會也不遲。此
其二。前者是根據「藝術」一詞可有、該有的外延定義而來。後者則根據
「以身作則」、「推己及人」或「己所不欲，勿施於人」這些準則而來：除
非你承認你有雙重標準，且嚴於律己（對自己家人從嚴，不讓他們看），「寬於
待人」（對社會大眾從寬，拼命推銷，讓他們可以大飽眼福），否則你是無法自解
的。把毛片在大銀幕上放影，我們可以拒絕買門票去看。但那些喪心病狂的
電視公司，又竟然把毛片引進小螢幕，在電視頻道上播出，所以徐先生只好
叫人自我武裝起來，來一個精神自衛了。除此以外，筆者認為還有一、二個
辦法來管控這些電視頻道的。其一是政府立法、立例，規定這些頻道的播出
時間必須在深夜，譬如晚上 11、2 點之後。其二是家長們要鎖碼，不讓小孩
子們隨便可以看到這些頻道。然而，有謂「道高一尺，魔高一丈。」我們一

55　徐先生這個說法，即無疑是呼籲該等藝術家應具有「以身作則」、「己所不欲，勿施
　　於人」的職業道德。

56　〈小市民的精神自衛〉，《華僑日報》，1978.03.29；收入《徐復觀雜文補編》，冊
　　六，頁 438。

般小市民怎麼辦？記得唐君毅先生曾說過一句話（一時未能尋得其出處）。師說：「道也可以高十丈！」其實，邪不能勝正，事在人為，我們不必太過悲觀、絕望的。

徐先生以下的報告，正可以證明：（一）總是不乏有心人士針對公領域發聲、聲討不義者；（二）執政當局，也不致於背離民意。正所謂：「真理不滅，正義恆存。」我們不必太悲觀絕望。先生說：

> （香港）以某大導演為首，便一直在女人脫光身子上打主意，形成了色情的泛濫，推動了社會的罪惡。去年中大（按指：香港中文大學）學生做了一次極有意義的調查工作，接著十七個大專文教團體發表了公開譴責的信，並成立了一個社會團體，想對這種邪惡傾向加以阻止；這都表現了香港居民的自覺自尊。利令智昏之徒決不會因此而罷手，要進一步由影院通過電視而進入到家庭，以為這樣，便可從廣告上收得滿坑滿砵。真想不到管理當局，有智慧，有勇氣，斷然加以禁止，給它一點小小打擊。我認為反黃之功，決不在反黑反毒之下。[57]

可見總是有正義之士挺身而出主持公道或督促政府主持公道的。旅居香港的著名大陸流亡詩人北島（1949-）有句名言：「卑鄙是卑鄙者的通行證，高尚是高尚者的墓誌銘。」也許北島說得太悲觀了；我們不妨稍易其詞，反過來說：「卑鄙是卑鄙者的墓誌銘，高尚是高尚者的通行證。」至少我們對自己，對世人，應有此期許，並藉以自勉、勉人。

（八）知鄰運動

中國人有一句話說：「遠親不如近鄰。」這是針對發生急難，需要馬上有人幫忙（含救急）來說的。當然這句話也隱含如下一意義：就一般的情況

57　〈「破日」文章「渾漫與」〉，《華僑日報》，1979.02.02；收入《徐復觀雜文補編》，冊六，頁454。

來說，血緣親近的人是最能，甚至是最應該提供援助的。然而，因為住得比較遠，所以就提供急難救濟的方便性、快捷性來說，所謂救燃眉之急，則反不如血緣關係不近，甚至毫無血緣關係，但住得較近的一個鄰居。徐先生對近鄰所起的作用，當然瞭若指掌。我們且看先生怎麼說：

> 今日香港的居民，……可否發動一種普通的「知鄰」運動，對住在同一層樓，或同條街的左鄰右舍，使其互相交往，並互相知道各人的職業及人口數字。看守樓宇的人對樓宇住客，應有他們的照片及人口、職業調查，甚至把照片張貼在適當的地方，讓大家可以認識。如戶口變動，左鄰右舍及看守樓宇的人都要能知道得清楚[58]。假使發現有可疑的情形（如生活不正常之類），可通知警察機關查考。這樣，或可使專做壞事的人，不易有藏身之所。總的說一句，使彼此不相關的社會成為彼此相關的社會，其意義很多，而防盜亦其功用之一。[59]

一句話，近鄰最能發揮守望相助的作用。但如果僅從這個功利的立場來看待徐先生，那顯然不足以了解徐先生；也不足以揭示上引文更深邃的涵意。「總的說一句，使彼此不相關的社會成為彼此相關的社會」，這句話非常重要。人之所以為人（仁；成為仁者），其中最重要的原因之一，恐怕就是由於能夠彼此關懷，彼此關心，彼此憐惜。以筆者曾經在香港生活近 30 年的經驗來看，大概由於香港是大都市吧，各忙各的，住同一棟大樓的人，數十年間彼此不往來，甚至不打招呼者，大有人在；實如同陌路[60]。徐先生是重情

---

[58] 就「知鄰」的立場來說，徐先生的意見非常可取。但在特別強調「個人隱私權」的今天來說，徐先生的意見，實行起來，恐怕困難重重。

[59] 〈論香港可居狀〉，《華僑日報》，1976.02.11；收入《徐復觀雜文補編》，冊六，頁 424。

[60] 這其實很難說，因為一棟大樓通常 3、40 層樓高（徐先生在生時，大樓比較矮一點，但 1、20 層樓高是稀鬆平常之事）。每一層算 5 戶人家好了。那麼一棟樓便有 1、200 戶人家。以 5 口之家來算，一棟樓便有近千人！所以不要說彼此不往來，就是彼此不打招呼的，也是司空見慣之事。

的中華大地所孕育的兒子[61]，最重視人際間的情誼。所以先生便提倡「知鄰運動」。「知鄰」一語既含「知」，那當然是一種知性活動。凡知性活動都是比較冷的，是把認知對象視為身外物而給予客觀研究的一種活動；否則無法建構客觀的知識。所以純知性活動，針對形成人與人之間彼此相關的社會來說，顯然是不夠的。為了形成一個彼此相關的社會，鄰居需要彼此關心、關懷，彼此為開展睦鄰工作而努力，甚至視人如己，以建構一個有機的共同體，建構一個健康的社區。這方面，徐先生在上面引文中沒有深入展開；當然，並非智不及此。其實，引文中以下一句話：「使彼此不相關的社會成為彼此相關的社會」，已隱含此意。大概先生想到香港人太冷了吧，不容易一蹴即至，所以便先教人從「知鄰」做起。相互間認識久了，慢慢相熟之後，情感便悠然而生。先生絕不以「知」為限。「知鄰」只是形成「彼此相關的社會」的起始點而已。中國大陸由於城市化的急速發展，先生所談到的問題，恐怕早晚會在大陸發生，也許在一線，甚至若干二線的城市中早已發生了。先生的意見，對已發生或尚未發生的社區來說，應甚具啟發性。

（九）行政效率和禮貌問題

對於香港政府的行政效率和公務員的禮貌表現，先生是有相當意見的；嘗云：「香港政府年來做的一件好事，是整肅貪污。但應進一步了解，由行政效率太低所造成的損失，可能比貪污所造成的還要大。」[62]行政效率太低或官僚作風的問題，似乎大陸比香港、臺灣嚴重。就以圖書館或檔案館借取材料影印（複印）來說，讀者遇到的不合理的待遇，甚至故意刁難，真的是罄竹難書。這方面，大陸學者定比筆者更清楚。中國過去不是被視為禮儀之邦嗎？香港位於粵南。筆者是香港人，所以根本就是南蠻。臺灣在一二千年前則更是化外之地。作為 21 世紀居住在大陸的中國人，怎麼「禮失求諸

---

[61] 徐均琴，〈大地的兒女——悼念我的父親徐復觀先生〉，上揭《徐復觀教授紀念文集》，頁 7-8。

[62] 〈漫談香港問題〉，《華僑日報》，1974.09.11；收入《徐復觀雜文補編》，冊六，頁 409。

野」到這個地步!

現今香港公務員的服務態度也許比大陸好。然而,以徐先生三十多年前所見,香港公務員的服務態度,也是很糟的。我們試舉一例。先生說:

> 本地郵政分局,原有年齡四十上下的郵務員,服務的態度,比現在三十歲上下的好得多。這反映出香港的教育及機關的領導能力,一年不如一年。機關用人,要求「職業知識」,也應要求「職業道德」。而社會人士,尤其是傳播機構,應大力支持政府,擊破這種由團結而來的要挾。[63]

上引文「團結而來的要挾」,指的是 1980 年前後,「公務員動輒以團結的力量,向政府要挾」而言[64]。以筆者親身經歷,兩岸三地公務員的服務態度,目前當以臺灣為最好。但 28、9 多年前,當筆者剛到臺灣工作定居時,臺灣公務員的服務態度(至少以臺北筆者所居住的社區為例)也好不到那裡!內子替我去戶政事務所辦理證件,便受到很不禮貌的待遇。兩岸三地,相對來說,當時以香港為最好。而香港當時則是被香港人稱為「番鬼佬」(意指文化、文明程度低的異邦人、蠻夷)——英猶狲人所統治的啊!目前則以臺灣為最好[65],香港次之,大陸則似乎敬陪末座。

我們再說 30 年前徐先生對香港人禮貌上的表現的觀感。先生說:

> 有人提到香港有些事物是世界之最。我現在想補充一項,在日常生活

---

[63] 〈香港二三事〉,《華僑日報》,1980.8.13;收入《徐復觀雜文補編》,冊六,頁470。

[64] 詳參《徐復觀雜文補編》,冊六,頁469。

[65] 個人認為,這應該拜兩黨輪流執政之賜,即民主之賜。一句話,你做得好,便讓你繼續做。做不好,下次選舉時便換人。在位者為了保住官位,上臺之後便不得不好好管理、約束其下屬。在這個情況下,下屬(含櫃檯服務人員)又怎麼敢不好好扮演人民公僕的角色呢?!

中，有的酒店伙計、計程車司機、公司店員們，他對顧客的不禮貌，
應當也可說是世界之最。但這完全是他們責任嗎？[66]

上引文徐先生說，香港人對顧客的不禮貌，應當是世界之最。筆者倒認為，
「香港人」三個字也許改為「大陸人」，似乎更符合目前的情況。筆者絕無
意貶視大陸的勞動人民，譬如貶視徐文上面說到的：「酒店伙計、計程車司
機、公司店員們」；且具體情況要具體看待。然而，就以筆者土生土長居住
將近30年的香港、工作亦將近30年的臺灣，和經常去講學或開會的大陸來
說，兩岸三地，的確以大陸人的表現最有待改進。徐先生問得好：「這完全
是他們責任嗎？」當然不是。現今道德失範、脫序，價值混淆、顛倒，孰使
為之，孰令致之？筆者以為文化大革命是最大的關鍵。幸好十年浩劫（1966-
1976）之後，不久便來了個改革開放；否則劫難不知伊於胡底。但 30 多年
後的今天，情況似乎還改善不了太多；否則國家領導們便不必前前後後多次
作出加強國人精神文明建設的呼籲了。個人深信，並引領企盼，相關的呼籲
能夠真真正正在不久的將來產生成效。這兩天（2013.11.04-05），北京東方道
德研究所舉辦「中華傳統文化與當代社區教育國際研討會」，便是人心不
死，道德恆存的一個絕佳見證。

　　說到禮或禮貌，讓筆者再引錄徐先生的意見。先生說：

禮開始只應用在貴族特別重要的活動節目上，……接著由政治發展向
一般社會，由活動節目發展向一般生活，成為個人與群體間合理的生
活形式。這種發展，到了春秋末期，已大體完成。而把其中原來所含
的階級性作道德性的轉換，是由孔子作了意識性的努力。禮在孔門係
道德實踐的方法，同時即是道德實踐的成果。禮即是道德實踐。……
古代中國文化，是對道德的實踐世界。禮、樂互相為用，由禮以建立

---

[66] 〈禮貌、禮教〉，《華僑日報》，1978.04.11；收入《徐復觀雜文補編》，冊六，頁
441。

政治社會人生的秩序，由樂以引導政治社會人生的諧和。從戰國中期
以後，儒家追求禮樂的政治社會人生，即是追求既有秩序，又能諧和
的政治社會人生。義是禮的內容，禮是義的形式，「禮義」便成為中
國文化中的大統。（筆者按：以下先生提到五四新文化運動所造成的惡
果。）……辛而禮義是出於人性人情，這類新文化的豪傑，雖風靡一
時，但既不能根絕人性人情，也就不能根絕數千年來聖賢以禮為教的
影響。而香港的缺少禮貌，也只是出於一部分人的不自覺的現象。[67]

上引文好一大段，筆者故意予以引錄，目的旨在使人了解：業師徐復觀教授
是努力彰顯、揭示孔子是把源自階級性的禮，予以轉換成為道德意涵下之禮
的最關鍵人物。由是禮便具備、獲得放諸四海而皆準，甚至行諸百世而不惑
的普遍性、普適性。這是孔子對中國人，甚至對世人，一個極大的貢獻。今
天大陸要提倡中華傳統文化。中華傳統文化最主要奠基者，或至少最主要奠
基者之一，無疑是孔老夫子。這是無人可以否認的。講中華傳統文化而不講
禮，那就余欲無言了。然而，禮是一種形式規範，可以說是外加的，非內在
於人的本性的。所以禮必以更內在，更基礎的東西為據。這就是徐先生上文
所說的義。中國人對知性的追求或許確不如西方人，是以開展不出理想的科
學和邏輯。但對禮必以義為據、為本，則是非常自覺的。無他，依徐先生，
以義乃「出於人性人情」而中國人對這方面感悟性特強故也。而人性人情是
「不能根絕」的。所以我們可以說，香港人，或大陸人之「缺少禮貌，也只
是出於一部分人的不自覺的現象」而已。徐先生對人（尤其對中國人）永遠有
信心，更不會一棍子打死。筆者承其遺教，也深深相信，事在人為。用孔子
的話來說，就是：「人能弘道」（《論語·衛靈公》），所以只要人心不死，
中國必會再成為過去人們所稱羨的「禮義之邦」的，我們不妨引領企盼。小
孩和青少年最純潔，農村又最富鄉土人情味[68]，所以從基層做起，即從地方

---

[67]　《徐復觀雜文補編》，冊六，頁441-443。

[68]　徐先生對這方面最有體認，詳參下文：〈誰賦豳風七月篇〉，徐復觀，《學術與政治
　　　之間（甲乙集合訂本）》（香港：南山書屋，1976），頁59-67。

社區做起，逐步予以調教，很可能是最有效，最管用的途徑。

（十）醫務問題

徐先生對香港的醫務問題，也是非常關注的。

先生說：「（私立醫院）一層樓的病房，並沒有值日醫生，……而每一位醫生，在外面最少有兩個診所。」又說：「（私立醫院的多項醫療費用中，其中）診療費是由護士……直接交與醫生，所以這是不經過會計處的。」再說：「總結上面的經驗，是公立醫院太便宜，私立醫院的治療費太貴。……公家醫生因人手不足而忙，私家醫生因淘金熱情而忙。……佔最多數的小市民階級，公立醫院不易住進去，私立醫院又有使人傾家蕩產之虞。於是香港不能盡其天年的人，恐怕不少。」[69]先生於是提出若干解決香港醫療問題的辦法，此從略[70]。筆者不在香港生活三十多年了。私立醫院的陋規——診療費不經過會計處而逕入醫生個人的口袋，如果是事實，則不知現今改善了沒有。但就臺灣來說，直至今天，不少醫院仍有類似的情況。筆者指的是紅包文化。動完手術後，不少病人總會給醫生送紅包。最原先的出發點也許只是為了酬謝醫師所付出的辛勞。然而，一旦變成習慣，乃至漸次成為傳統後，那沒有能力送紅包的，也許便會被視為不識相，不懂行規，而受到不平等、不合理的待遇。最後，所有病人，無論是貧是富，都只好一律照送紅包了。

臺灣基本上實行全民健保制度。平時看病，乃至住院開刀，除非是非常罕見的疾病，或長期慢性病，否則大部分費用，都是健保給付的。這方面比香港好很多。香港沒有全民健保制度。當然公立醫院的收費非常低廉，但病

---

[69]　〈我所經驗到的香港醫療問題〉，《華僑日報》，1980.06.18；收入《徐復觀雜文補編》，冊六，463-465。

[70]　譬如為了解決醫生不足的問題，先生乃建議香港政府應開放非英聯邦（英聯邦，臺灣稱為大英國協 Commonwealth of Nations；British Commonwealth）出身的醫生在香港行醫。按：1980 年代前，香港只承認在香港的大學畢業或在英國及英國曾經統治過的地區、國家（即所謂英聯邦成員，如新加坡、加拿大等等）畢業的醫科學生在香港行醫。

人動輒要排期一年半載才排得上，所以實在有點緩不濟急。至於私立醫院，徐先生已說過了，收費是十分驚人的。所以就筆者的觀察來說，臺灣的醫療制度，因為有全民健保，所以實在比香港好太多。至少就病人求醫的方便性來說，便比香港好。至於大陸，我全沒有研究，連觀察都談不上。所以就只好緘口不言，默然無語了。

（十一）今日講無為而治，太天真了

　　自先秦時期開始，中國人便嚮往無為而治。但徐先生指出，這種嚮往，就今天來說，也許太天真了。先生說：

> 中國儒、道、法三家，都講求無為而治。……人君無為是為了不干預人臣，以便人臣能有所為。但僅僅這樣，並不足以保證政治上的效率，所以儒家的「考績」，法家的「督察」，是人君必須盡到的責任。無為而治，這在今日，未免太天真了。……[71]

中國大陸的中央政府絕不是無為而治的政府。反之，就筆者所見，過去是管太多了，主動發起性太強了。君不見 50 年代末至 60 年代初的三面紅旗和其後十年浩劫的文化大革命嗎？其實，這只是最具代表性的兩個運動而已。50年代、60 年代，甚至 70 年代的 2、30 年間，運動一個接一個，不待旋踵而即至；百姓被整得死去活來、民不聊生。這就是政府管控太多、主動性太強的結果。然而，作為一個為人民服務的政府，它又不能不管事。想實行「無為而治」，正如徐先生所說的，在今天來說，實在是太天真了。聽大陸朋友常說，現在是一管即死，一放即亂！其間的分寸如何拿捏，在上者的確很費思量[72]。然而，徐先生所說的「考績」和「督察」，恐怕是不能免的。上自

---

[71]　〈再漫談香港問題〉，《華僑日報》，1974.09.25；收入《徐復觀雜文補編》，冊六，頁 413-414。

[72]　這方面，當今大陸的領導人也許已經胸有成竹。習近平在 2013 年 10 月的 APEC 高峰會議上再次強調，將推動行政體制改革，進一步轉變職能、簡政放權，理順政府與

中央政府，下至地方各級政府，以至社區，其領導恐怕都得透過「考績」和「督察」來推行、管理相關事務。考績偏重於正面的鼓勵，督察則針對負面的舞弊營私。兩者不可偏廢。假若能從地方社區的領導做起，一步步往上紮根，國家焉能不治呢。筆者正焚香祝禱，引領企盼。走筆至此，想起徐先生的鄉先輩明神宗首輔張居正（1525-1582）以下一句話：「事必專任，功必立程。」[73]這句話在行政管理和督察下屬方面來說，是相當值得今人參考的。

（十二）物價飛漲和租金管制

近年來中國大陸通漲非常嚴重，百物騰貴。徐先生討論香港的雜文中，其中有談到物價飛漲和租金管制方面的，這方面牽涉經濟發展規律和市場機制等等多種專業知識，筆者孤陋寡聞，恕從略。現在僅把徐先生的意見開列如下，供大家參考指教。

先生說：「物價是互相影響的，安定物價是一切正常政府的正常任務。的士（按：即計程車、出租汽車）加價，一加便是一倍以上，連司機也認為加得太高；這是任何方面都不能作合理地解釋。」[74]

至於香港租金的上漲，徐先生說：大概一年之間（指 1980 年前後），租一間房（按：指雅房，面積約 10-15 平方米不等），租金上漲三倍（三百港元，變成一千港元）[75]。所以先生呼籲政府應予以管制。

徐先生作為一位關心公共事務的知識分子，公領域的物價和租金的飛漲，先生當然不能置身事外，而必定是有話可說的。

市場關係等等。參胡敏，〈大陸三中全會：一鼓作氣　簡政放權〉，臺灣《中國時報》，2013.10.18，版 A30。

[73] 這句話是張居正於萬曆 4 年（1576）6 月針對纂修《大明會典》上奏神宗時所說的話。

[74] 〈「破日」文章「渾漫與」〉，《華僑日報》，1979.02.02；收入《徐復觀雜文補編》，冊六，頁 455。

[75] 詳參〈港事趣談〉，《華僑日報》，1980.01.12；收入《徐復觀雜文補編》，冊六，頁 459。

三、結語

　　一言以蔽之，徐先生是性情中人；且擁有極濃烈的愛國情懷。生於中國，長於中國，所以愛鄉、愛土、愛中國。因為是性情中人，所以去到那裡，便愛到那裡。先生居港期間，香港仍為英國殖民地。當時，香港居民90%以上都來自中國大陸（其中大部分來自廣東，尤其珠江三角洲一帶）或在香港出生。所以就民族來說，文化來說，香港就是中國的地方。這兩個因素（性情中人、愛國情懷）湊合在一起，所以徐先生便愛上香港了，尤其居港五年，不再是過客，而正式成為香港居民之後。因為愛香港，所以香港問題，就是先生本身的問題。其愛港的情懷、使命感使得徐先生願意為香港人抱打不平，為公領域打拚。書生事業，見諸文章。清人趙甌北（1727-1814）詩：「生平報國堪憑處，總覺文章技稍長。」[76]先生乃憑藉文章以見志；並以之為香港人發聲、打拚。

　　據粗略統計，先生雜文中討論香港的不下 20 文。香港人各生活層面，幾乎都成為了先生筆下的對象；且先生之識見及於幾微。先生之愛香港可謂廣矣，深矣！我們不妨以先生與同為現代新儒家第二代旅港的兩位大師（唐君毅先生、牟宗三先生）作一比較。唐先生居港 30 年：1949-1978；牟先生居港 25 年[77]。然而，徐先生只有 13 年（1969 年秋至 1982 年春）而已，即居港時間之長，遠遠不及唐、牟二先生。惟據閱覽所及，唐、牟二先生之文章涉及香港者甚少。何以故？今試釋如下：徐先生每一、二星期，必須撰寫一篇

76　趙翼，〈壬辰（1772）冬仲……感恩述懷得詩十首〉之七，《甌北集（上）》（上海：上海古籍出版社，1997），卷20，頁406。

77　牟先生 1960 年由臺灣赴香港任教香港大學，1968 年轉任教香港中文大學新亞書院。1995 年壽終於臺北。牟先生 1974 年自中文大學榮退後，經常往來港臺間。所以 74-95 年，大概只有一半的時間居住在香港。以打個對折來算，那 74-95 年間，居港的時間大概也有 10 年之久。換言之，從 1960 年至 1995 年，其居港時間，實際上不少於 25 年。

2,000 字左右的應世文章[78]，主要刊登於香港《華僑日報》。香港的各種生活起居問題，便自自然然的成為徐先生討論的重要對象。此其一。然而，僅此一端，似乎不足以充分說明何以徐先生討論香港事，遠多於唐、牟二先生。因為縱然要撰寫雜文，也可以完全不以香港事為素材、對象的。所以我們必得從其他方面再作考量。筆者以為：唐、牟，哲學家也，近乎象牙塔出身之學者也[79]，是以繫懷於宇宙、人生大道理；香港事，其小焉者也！徐先生，思想家也，史學家也；而最要者，乃鄉野間出生之「大地的兒女」也[80]。其關切現實境況下一般人之日常生活，乃可謂必然者，係其使命之所在；徐先生或可稱得上是最具現實意識的當代學者。此其二。依筆者私見，後面這個原因，似乎更關鍵。所以怪不得有學者指出說：「徐復觀，是現代儒家中常民立場（populist）最突出的一位」。[81]此確有見地。

　　香港問題，徐先生予以討論者極多。其中重要者，大體上已見諸本文上一節（第二節）；共計 12 項。如上文指出，香港面積還比不上中國一個中小型的縣。所以就這方面來說，香港猶同一社區而已。徐先生討論香港的課題計有十多項。筆者個人認為，其中卓見慧解，盈篇而累牘。這對大陸當前社區教育或社區營運等等方面來說，恐怕多多少少應具有一定的參考價值。如果筆者這個判斷不差的話，那麼本文之撰，便不算是辜負大會，尤其沒有辜負傅永吉所長，邀請筆者來發表文章的一番美意了。諸君以為然否？懇請不吝賜教。

---

[78] 大概為別異於先生學術性的文章，此等文章，後人大抵以「雜文」稱之。臺灣時報文化出版企業公司及中央研究院中國文哲研究所所出版的徐先生多冊書的書名，即為其例。

[79] 1961.11.07，唐先生寄給其旅居日本之好友胡蘭成先生的一封信中，也說自己是「……弟之學問原是由知解入，而學院習氣亦恨未得免也。」唐君毅，《唐君毅全集》（臺北：臺灣學生書局，1991），冊 26，頁 269。學者甚至用「偏向菁英主義」一詞來描繪唐、牟二人。李淑珍，上揭《安身立命——現代華人公私領域的探索與重建》，頁 299。

[80] 「大地的兒女」一詞，乃徐均琴女士之用語。徐均琴，〈大地的兒女〉，上揭曹永洋編，《徐復觀教授紀念文集》，頁 7-8。

[81] 李淑珍，《安身立命——現代華人公私領域的探索與重建》，頁 19。

附錄五　徐復觀先生論中國藝術精神：
　　　　莊子的再發現*

---

* 本文初稿名〈徐復觀先生論中國藝術精神主體之呈現：莊子的啟迪〉，發表於四川省
宜賓學院所舉辦的第三屆儒學論壇。地點：宜賓學院；時間：2013.05.23-24。會前，
大會函告謂，論壇以「現代新儒家與中國哲學主體性問題」為主軸。會後，此論文初
稿在筆者未知情的情況下，被收入《唐君毅故園文化》（總第 16 期，2013 年 12
月，頁 107-121）一刊物內（又大概以電腦作業問題而導致內容上出現前後錯簡的情
況！）。該初稿經相當程度之修改增刪並改易為今題後，乃發表於《當代儒學研究》
（桃園：中央大學儒學研究中心），第 20 期，2016 年 6 月。發表前，筆者據匿名審
查人所惠賜之意見又復作增刪、修訂。納入本書前，又進一步增刪潤飾如本文。
歐陽秋敏、景海峰嘗合撰一篇與筆者本文性質相類同的論文。歐陽秋敏、景海峰：
〈徐復觀的《莊子》藝術精神闡釋〉，《人民論壇》，2014 年（第 7 期），人民網
URL=http://paper.people.com.cn/rmlt/html/2014-03/11/content_1410177.htm（2016/03/14
瀏覽）。其中特別扣緊「心」（心靈）作討論，認為心乃藝術精神之主體。該文第一
節第一段便指出說：「徐復觀也正是從《莊子》的『心』著手去『再發現』《莊子》
的藝術精神。」其實，從《莊子》的「心」以闡釋其藝術精神，徐先生本人即有所說
明。在〈心的文化〉一文中，徐先生說：「我所寫的《中國藝術精神》，一個基本的
意思，是說明莊子的虛靜明的心，實際就是一個藝術心靈；藝術價值之根源，即在虛
靜明之心。」徐復觀：《中國思想史論集》（臺北：臺灣學生書局，1975），頁
245。又：夏可君所撰的文章則認為徐先生把心齋之心與坐忘之心作了區分；夏文又
特別針對莊子的三言（重言、寓言、厄言）作了闡述。其中並特別援引西哲胡塞爾的
現象學和海德格爾的解構哲學作相關說明。這都是本文比較沒有處理的問題。夏可
君：〈試論徐復觀對「莊子的再發現」〉，李維武編：《徐復觀與中國文化》（武
漢：湖北人民出版社，1997），頁 463-471。李維武先生針對徐先生〈心的文化〉一
文也做了討論，可並參。見所著〈心性之論‧心的文化〉，《徐復觀學術思想評傳》
（北京：北京圖書館出版社，2001），頁 159-171。（http://www.360doc.com/content/

一、前言

《莊子》一書大概傳達了以下一個訊息：教人成就一個「虛靜的人生觀」。徐復觀先生除承認此一價值觀外，又進一步認為該書當另有價值在——老、莊思想當下所成就的人生，實際上是藝術的人生；先生並認為中國的純藝術精神，實際由此一思想系統所導引出。徐先生於是撰寫〈中國藝術精神主體之呈現：莊子的再發現〉一文（即先生名著《中國藝術精神》第二章），以暢論斯義。該文對相關問題之闡釋，極具慧解卓識。其中道家所指稱的道與藝術精神的關係、莊子所特別重視之「遊」的問題，乃至「無用之用」、「和」、「美」、「樂」、「巧」等等問題，徐先生都有所說明。筆者在下文乃按照徐先生意而分別予以揭示。莊子的藝術精神實兼涵儒學性格的一面，下文亦按照徐先生意而予以闡釋。

＊＊＊＊＊＊

約自 2011 年開始，筆者之研究興趣偏重於闡釋徐復觀先生的思想。徐先生的傳世專著足以充棟汗牛，其中《中國藝術精神》（下文簡稱《精神》）嘗扣緊「藝術精神主體」以闡發《莊子》一書中所論及之「道」，乃至其他概念、語句；書中所描繪的眾多故事、寓言可有之意涵，亦為徐先生所特別關注。其相關章節之標題即為：〈中國藝術精神主體之呈現——莊子的再發現〉。徐先生固新儒家無疑；「中國藝術精神主體」，又當係處理「中國哲學主體性」所宜探討的課題之一[1]。今茲不揣譾陋，乃以上揭徐文為主要素

12/.../1720781_246743814.sht，2012 年 11 月 09 日瀏覽）。本文「結論」部分，對「心」的問題，也有所說明，亦可參看。針對「徐先生莊子的遊藝之道」的論述，好友蔡錦昌教授相當不以為然。見蔡錦昌：〈莊子的遊藝之道——評徐復觀的藝術精神說〉，「臺灣哲學學會 2014 學術研討會」會議論文（臺北：東吳大學哲學系，2014 年 11 月）。

[1]　依儒家，人乃道德精神之主體。依道家（徐復觀先生解讀下之道家，尤其以莊子為代表之道家），人亦同為藝術精神之主體。儒、道兩家，在中國文化中雖一主一從，而同為中國最重要之哲學思想無疑。談「中國哲學之主體性」，必以此二家為代表，恐

材以闡釋徐先生的相關思想。

　　〈中國藝術精神主體之呈現——莊子的再發現〉一章為《中國藝術精神》的第二章，篇幅相當大，約六、七萬字[2]。徐先生寫完《精神》一書後，嘗云：「當我寫完本書第二章時，偶成七絕一首，附記於此，以作紀念。可惜此章是最難讀的一章。『茫茫墜緒苦爬搜。劌腎鐫肝只自仇。瞥見莊生真面目。此心今亦與天遊。』」[3]先生的研究歷程，乃以「劌腎鐫肝」以譬喻「苦爬搜」的自找苦吃、自找麻煩（自仇），則先生在該章書中所耗費之精神、心力，可以概見。藝術理論，筆者素來外行。然則筆者難以讀懂該章書，便不必多說了。至於徐先生自認為該章書難讀，其原因又何在？按：徐書十章，除首章處理儒家代表人物孔子的藝術精神外，餘九章都可說是處理道家（廣義）的藝術精神問題的。道家必以老莊為代表人物，然而就就藝術精神來說，二人中，當以莊子為核心人物。是以九章書，其實乃以第二章為開宗明義之首章；然而全書必先論述孔子，蓋以孔子之時代在莊子之前，且先生推崇儒家甚於推崇道家故也。是以第二章乃可謂全書最核心的篇章[4]。不了悟該章書之旨趣，則其他章節便不必讀了。然而，該章書所牽涉

　　亦無人持異議；本文乃扣緊徐先生解讀下之道家來作相關論述。按：西方人是發現／自覺／認定人乃知性的主體、政治的主體；前者開出科學，而後者開出民主。這都是了不起的成就。中國人則發現／自覺／認定人乃德性的主體、藝術的主體。前者開出成聖成賢的內聖之學，而後者成就了人格貫注其間的藝術精神。（當然西方人也有藝術精神；為了區別中西方的差異，筆者乃依徐先生意而補上「人格」這個特性。）這也同樣是了不起的成就。中國哲學主體性問題，可參閱牟宗三：〈第二講　中國哲學的重點何以落在主體性與道德性？〉，《中國哲學的特質》（臺北：臺灣學生書局，1975），頁 9-13。筆者所以得悉《中國哲學的特質》嘗處理「中國哲學主體性問題」者，乃源本文上揭審查人之提示，特此致謝。

2　筆者所據者為臺北：臺灣學生書局 1976 年 9 月第 5 版。第二章的頁碼為：頁 45-143，共計 99 頁。

3　〈自敘〉，《精神》，頁 10。

4　宋邦珍針對《精神》一書嘗撰一〈導讀〉，中云：「本書第三章以下，可以看作是為第二章作證、舉例。」宋邦珍：《中國藝術精神・導讀》，egec.fy.edu.tw/ezfiles/5/1005/img/821/06.doc（2016.04.27 日瀏覽）。

之義理極為繁富，莊子的相關思想，其背後的藝術理論，及二者的關係，都必須詳加梳理、闡釋，否則無以明瞭莊子，更談不上明瞭莊子所「開創」的中國藝術精神。先生說：「此章是最難讀的一章」，恐怕這就是最主要的原因。

二、〈中國藝術精神主體之呈現──莊子的再發現〉述釋

〈中國藝術精神主體之呈現──莊子的再發現〉（以下簡稱〈再發現〉）共 18 節；以篇幅言，以節數言，皆十章書中之最多者。從節次之安排，可看出徐先生是很費一番斟酌的：既具邏輯性，又能把問題依層層轉進的方式予以深入的說明。第一節「問題的導出」和最後一節的「結論」，其為首尾呼應，結構整嚴的安排，不必細表了。其他節目，如第二節「道家的所謂道與藝術精神」，第三節「美、樂（音洛，後同）、巧等問題」，都可以看出是先生刻意安排下的結果。前者開宗明義說明道家的「道」到底何所指；此實有下定義的功能。先生並進而指出此道家之「道」實相當於今人所常說的「藝術精神」。蓋莊子所重視之「道」，如其內涵與「藝術精神」截然為二，則以〈中國藝術精神主體之呈現──莊子的再發現〉來命名的該章書，便等於是白寫，是無病呻吟！至於第三節，則透過一定的技巧、巧藝，以使人獲得美感和快樂／快感／愉悅，不正是藝術的要義嗎？這所以徐先生在對道家的「道」下定義後，便馬上處理「美、樂、巧等問題」，是饒有深意而符合問題處理的邏輯順序和層層轉進深入的精神的。第四節以下各節的安排，亦大體如是，不細說。今撮述、闡釋各節的要點如下。以下各個小標題，皆沿用原文的小標題。

（一）問題的導出

徐先生是一位非常富於使命感的思想家；所撰寫的大量文章，可說皆本於感憤之心而為之[5]。從寬泛的意義來說，我們大概可以承認《莊子》一書

5　先生在短短 1,000 多字的《徐復觀雜文・自敘》中，六次指出他是本乎感憤之心來寫

傳達了以下訊息：要人成就一個「虛靜的人生觀」。然而，這可說只是消極的人生價值。該書就只有傳達這麼一個消極的價值嗎？對此，徐先生感到不滿，而認為當另有價值在。換言之，他的使命感不容許他只看到這個消極的價值。那麼《莊子》一書果另有價值在嗎？如果有的話，這個價值又是甚麼？先生說：

> 虛靜地[6]人生，依然不易為我們所把握；站在一般的立場來看，依然是消極的，多少是近於掛空的意味。……探索這一偉大思想，歸根到底，還是對人生只是一種虛無而一無所成？還是實際上是有所成，而為一般人所不曾了解？……內心依然覺得莊子可能還有重要的內容，而未被我發掘出，而常感到忐忑不安的。……我恍然大悟，老、莊思想當下所成就的人生，實際是藝術地人生；而中國的純藝術精神，實際由此一思想系統所導出。……傅會迷離之說。這不僅辜負了此一偉大思想所應擔當的歷史使命；且對中國藝術的了解及發展，可能成為一種障礙。……本文之作，意欲補此缺憾，以開中國藝術發展的坦途。[7]

先生經窮思冥索後，乃發現（其實無異發明、賦予）老、莊思想當下成就者，實際是藝術的人生。先生並由此得出如下一結論：「中國的純藝術精神，實際由此一思想系統所導出。」（《精神》，頁 47）然則其固有而不容自已的使命感促使先生非處理此新發現，並證成以上的結論不可。

　　綜上所述，我們似乎可以說，莊子虛靜的人生觀，表面上看來是消極的，然而，此人生觀未嘗不可以轉出積極義或兼涵積極義，此即藝術的人生

雜文的。其實，先生深富使命感，其他文章以至專書，亦恆本同一心態為之。徐復觀：〈自敍〉，《徐復觀雜文》（臺北：環宇出版社，1971），頁 2-3。

6　按：先生所用的「地」字，常相當於一般人所用的「的」字。

7　《精神》，頁 47-48。下文出自《精神》一書者，不再出註，而僅在正文內標示書名及頁碼。

觀。又下文（五）特別扣緊「和」一概念談藝術人生中的積極義。按：「和」一概念，儒家亦至為重視。所以就此來說，儒道未嘗不可以會通；而莊子的相關主張正可以示例[8]。

（二）道家的所謂道與藝術精神

這一節篇幅相當長，約五千多字。上文說到，老莊思想所成就者乃藝術的人生。而依徐先生，「老莊所建立的最高概念是『道』。」[9]（《精神》，頁48）那麼，藝術的人生，尤其藝術的人生背後的藝術精神，便理應與這個道有非常密切的關係，否則徐先生「藝術的人生」這個判斷便只得懸空。徐先生本節的主旨便在於說明這兩者的關係。

中國先哲較少「離事而言理」，且恆以己身之實踐（體認）作為其為學、做人之要務。此所謂不尚空言也，老、莊又豈為例外。「離事而言理」之「理」，寬泛來說，此「理」猶「道」也。「道」既為老、莊的最高概念，則把道實踐下來，落實下來，或所謂「體道」，便是必然的歸趨了。徐先生即明確指出說：

> （老莊）的目的，是要在精神上與道為一體，亦即是所謂「體道」，因而形成「道的人生觀」，抱著道的生活態度，以安頓現實的生活。

8　本論文審查人並進一步指出說，莊子的思想可通於君子之道。該審查人云：「作者也讀過王夫之的《莊子解》、《莊子通》，通於君子之道，則有儒道會通之義，莊子的消極可以轉而為積極，不只是藝術性，也是儒學性的。」此意見，筆者獲益匪淺。針對君子之道，王夫之《莊子通・養生主》一文中之相關論述，似最為顯豁，茲開列如下，凡四端：「此古之君子所以終其身於憂患而不恤其生者也」；「雖君子未有不以為憂者也」；「君子之教，不追其往」；「孰謂君子之王其神為樊雄也哉」。王夫之，《莊子通》，《莊子通　莊子解》（臺北：里仁書局，1995），頁4-5。

9　其實，「道」乃先秦諸家所恆言（雖不必皆用此詞）。若翻成今語，蓋相當於諸家最核心的「精神」、「思想」、「宗旨」、「宗趣」，甚至可說猶該家的一種信仰。唐君毅先生研治中國哲學史，所成專著名《中國哲學原論》；共七冊。其中以「原道」命名者，即有三冊。這多少可反映「道」一詞乃諸家「核心思想」昔時之共同用語。

（《精神》，頁 48）

在這裡，我們最需要注意的是，依徐先生，老、莊「道的人生觀」，其目的
原來是要安頓現實的生活。老、莊，尤其莊子，他所追求的是精神上本乎無
所待而來的大解放、大自由。這是一般人都知道的常識。但大解放、大自
由，其實非終極目的，而毋寧說只是手段而已，乃依此手段以達致現實生活
上的安頓。這在後面還要談到。現在我們先依徐先生的解讀，把老、莊所追
求的「道」，作進一步的說明。先生說：

> （老、莊）所說的道，若通過思辨去加以展開，以建立由宇宙落向人
> 生的系統，它固然是理論地，形上學的意義；此在老子，即偏重在這
> 一方面。但若通過工夫在現實人生中加以體認，則將發現他們之所謂
> 道，實際是一種最高地藝術精神；這一直到莊子而始為顯著。他們不
> 曾用藝術這一名詞，……在現在看來，老、莊之所謂「道」，深一層
> 去了解，正適應於近代的所謂藝術精神。這在老子還十分顯著；到
> 了莊子，便可以說發展得相當顯著了。（《精神》，頁 48-49）

以上可說明的有三點：從先生的各著作中，可知悉先生不大從形上學的層面
去討論，去定位先秦的諸子學說，因為先生認為不必訴諸形上學的進路，而
就諸子學說義理的本身，已足以說明相關學問的宗趣[10]。先生對老、莊的闡
述亦不為例外。此其一。「藝術」一詞，老、莊所未嘗言。然而，其所謂之
「道」，正適應（契合）於近代所說的「藝術精神」。此其二。就老子來
說，此種精神，還不十分顯著；莊子則給予了相當顯著的發展。此其三。
　　老、莊所說的「道」雖契合於近代的藝術精神，但徐先生又指出，「他
們思想起步的地方，根本沒有藝術的意欲，更不曾以某種具體藝術作為他們

---

[10] 有學者甚至認為徐先生的學術思想取向，乃在於消解形而上學。李維武，上揭《徐復
觀學術思想評傳》，頁 171-185；李維武，〈徐復觀：消解形而上學〉，李維武，
《20 世紀中國哲學本體論問題》（長沙：湖南教育出版社，1991），頁 254-260。

追求的對象。」（《精神》，頁50）然則老、莊所追求的，又是甚麼呢？原來他們所追求的乃係理想的現實人生，即在現實生活上追求理想；此即上文所說的安頓現實的生活。「他們只是掃蕩現實人生，以求達到理想的人生的狀態。」、「他們是面對人生以言道，不是面對藝術作品以言道。」（《精神》，頁 50-51）先生更指出，老、莊所追求的道，雖契合於近代的藝術精神，或道的本質就是藝術精神[11]，但不能把兩者劃上等號，因為道的涵蓋面比較廣。（《精神》，頁 50-51）那麼具體來說，道又指甚麼呢？先生指出說：

> 他們只把道當作創作宇宙的基本動力；人是道所創造，所以道便成為人的根源地本質；剋就人自身說，他們先稱之為「德」，後稱之為「性」。（《精神》，頁50）

根據這條引文，很明顯，道便具有形上學的意味了。然而，先生素不喜從形上學的進路來闡釋、定位先秦諸子的學說。這方面，上文已有所道及。所以先生話鋒一轉的說：

> 只從他們由修養的工夫所到達的人生境界去看，則他們所用的工夫，乃是一個偉大藝術家的修養工夫；他們由工夫所達的人生境界，本無心於藝術，卻不期然而然會歸於今日之所謂藝術精神之上。（《精神》，頁50）

筆者要再次指出的是，依徐先生，老、莊的用心乃在於追求理想的現實人生（或可說，在現實人生上追求理想）[12]，實本無心於成就藝術。然而，追求理想

11　先生又補充說：「道的本質就是藝術精神，乃就藝術精神最高的意境上說。」（《精神》，頁 51。）

12　順便一說的是，東漢以後出現的道教便有所不同。道家與道教皆追求自由。但道教人士（道教徒）所追求之自由、解放，企圖成就長生不老，乃偏重在軀體方面來說；此

不能流於空談，而必得要有配套；此配套，無他，工夫是也。這套修養的工夫，與儒家成德成仁、成聖成賢的工夫大異其趣。依徐先生，這套工夫，不期然而然的，正是成就「一個偉大藝術家的修養工夫」。這套修養工夫是甚麼，下文再說（詳下文：（五））。但如果藝術精神不為人在本質上所具備，或不為人所潛藏，則光有工夫也是無濟於事的。這好比儒家所說的，人性如果在本質上不是善的，那麼無論你後天如何做工夫，也是枉然的。這正如一粒已經枯死了的種子，無論後天如何經營，如施肥、澆水、除蟲等等，也無法讓這粒種子再發芽滋長的。儒家喊出了千古不易的若干光輝命題，如：「人性本善」（詳《孟子‧告子上》）、「人皆可為堯舜」（《孟子‧告子下》）、「塗之人可以為禹」（《荀子‧性惡》）[13]。徐先生則幫忙道家喊出了一個千古不易，甚至震古鑠今的命題。這個命題就是：「人人皆有藝術精神。」（《精神》，頁 51）[14]這個說法和上文的另一個說法：道家的修養工夫正是「一個偉大藝術家的修養工夫」，筆者個人認為，乃係徐先生一個偉大的發現，甚至可說是一個偉大的發明。先生從老、莊，尤其從《莊子》一書中，讀了新的意涵。這裡必須補充一點：上文指出，道家所說的「道」不全然等同「藝術精神」，蓋前者範圍較廣，而後者範圍較狹。然而，很明顯的，就徐先生心目中的「藝術精神」來說，它必係「道」最主要的內涵。所以我們不妨寬泛一點的說，「人人皆有藝術精神」這個判斷，實等同於或至

　　與道家之追求精神上之自由、解放，自然天差地別。道教徒又祈求成仙，那是嚮往另一世界的生活，這與道家所希冀的在現實世間即獲得精神上的自由、解放，那更是有所不同。

[13]　當然，孟子是從人性本善出發而說「人皆可為堯舜」，而荀子則從性惡出發，但因人可以藉後天的努力（荀子即具體明言之，其法為：「塗之人伏術為學，專心一志，思索孰察，加日縣久，積善而不息，……」）而成為禹。孟荀之出發點固不同，但殊塗而同歸，則兩家無以異。本註括號內之引文出自荀子撰，梁啟雄釋，〈性惡〉，《荀子簡釋》（香港：中華書局，1974），頁 334。

[14]　當然，具有藝術精神是一回事，其本人是否自覺具有這種精神和自覺到何種程度，又是另一回事。但無論如何，依徐先生，「此最高的藝術精神，實是藝術得以成立的最後根據」。（《精神》，頁 51）所謂「最後根據」，個人理解為等同「必要條件」。即缺少此精神的話，藝術便無從成立。

少類同於如下一判斷：「人人皆有道」。當然，這只是就原則上來說，指原則上人人皆可追求得到這個道（即所謂「體道」、「達道」）。[15]至於事實上能否如此，則有賴後天的修養工夫了。

　　先秦諸子，寬泛一點說，甚至任何中國知識分子，恐莫不以體道為人生的終極目的；當然道的內容，各家所認定的會千差萬別。這裡就不談了。我們現在轉為關注體道的途徑，即仰賴甚麼修養工夫始可以體道、達道？依徐先生意，就莊子來說，彼體道的途徑有三：靠名言思辨；靠現實人生的體認；靠當時的藝術活動，乃至有藝術意味的活動（《精神》，頁 51）。而最後的一個途徑，依徐先生意，似乎最為關鍵，即最能體道[16]。這由徐先生以下的判斷可以看出點端倪：「莊子對藝術，實有最深刻的了解；而這種了解，實與其所謂『道』，有不可分的關係。」（《精神》，頁 51）。換言之，依徐先生，藝術或藝術精神雖非莊子的道的全幅內涵（即兩者之間不能劃上等號），但無論如何，前者在後者中定然占據很大的比重。

　　上面說過，中國先哲較少「離事而言理」。反之，恆「即事而言理」。「道不離器，猶影不離形」[17]、「道寓於器」。[18]莊子嘗云：「……臣之所好者道也，進乎技矣。」[19]然而，「道」必藉賴「技」來呈現。所以這裡所說的「技」，可說就是一種器。徐先生引錄〈養生主〉庖丁解牛一則故事後，指出說：「由此可知道與技是密切地關連著。庖丁並不是在技外見道，

---

[15] 其實，莊子本人也說過類似的話，如下：「夫體道者，天下之君子所繫焉。」這話預設了以下一義：原則上，人人皆可體道，否則君子所繫（所追求的）便沒有意義了。上引莊子語，見〈知北遊〉，王先謙、劉武：《莊子集解　莊子集解內篇補正》（北京：中華書局，1987），第一輯，頁 191。

[16] 反之，首二個途徑：名言思辨、現實人生的體認（體察和認識），前者乃純知性活動；後者則不免含對人生的負面表現，如權謀術數、爾虞我詐等，給予體認。這與「藝術活動，乃至有藝術意味的活動」相比，恐怕在體道的程度上，是有相當差距的。

[17] 章學誠：〈原道中〉，《文史通義》（北京：北京古籍出版社，1956），內篇二，頁 39。

[18] 章學誠：〈原道下〉，上揭《文史通義》，內篇二，頁 41。

[19] 莊子：〈養生主〉，上揭《莊子集解　莊子集解內篇補正》，頁 28。

而是在技之中見道。……即在今日，藝術創作，還離不開技術、技巧。」（《精神》，頁52）然而，技術、技巧也可有不同的層次。有些只是純技術性的層次，僅達致某些效用而已；有些則深具藝術性，滿足人精神上的要求[20]。「（兩者）在其精神與效用上，實有其區別；而莊子，則非常深刻而明白地意識到了此一區別。」（《精神》，頁52）

　　莊子藉庖丁解牛的故事來說明他所追求的是「道」，絕非「技」。我們又如何看待這則故事以明瞭「庖丁解牛」和「道」之間的關係呢？

　　就這則故事來說，它主要涉及兩造：一是行為人[21]庖丁，另一是行為人所施的對象：牛。當然，就行為人來說，又可細分為以下各項：(1)行為人的手；(2)幫助手達成任務的工具：刀；(3)帶領手去施展行為的眼睛；(4)支配整個行為的心（此相當於緣自大腦的精神活動）。這裡所說的 1、2、3，可以籠統視之為即庖丁故事中「官知止而神欲行」的「官」（人的官能）；至於支配整個行為的「心」，便是「神欲行」的「神」了。有了這個基本了解之後，我們再來看徐先生的闡釋。先生說：

> 第一，由於他（庖丁）「未嘗見全牛」，而他與牛的對立解消了。即是心與物的對立解消了。第二，由於他的「以神遇而不以目視，官知止而神欲行」，而他的手與心的距離解消了，技術對心的制約性解消了。於是他的解牛，成為他的無所繫縛的精神遊戲。他的精神由此而得到了由技術的解放而來的自由感與充實感；這正是莊子把道落實於精神之上的逍遙遊的一個實例。因此，庖丁的技而進乎道，不是比擬性的說法，而是具有真實內容的說法。但上述的情境，是道在人生中實現的情境，也正是藝術精神在人生中呈現時的情境。（《精神》，頁

---

[20] 但無論是純技術性的也好，是藝術性的也罷，都同樣可以提供一種享受，惟兩者性質殊異。前者是藉賴技術而換來物質上的享受；後者則由技術的自身而得到精神上的享受，是一種藝術性的享受。詳《精神》，頁53。

[21] 「行為人」，此取其廣義用法，相當於「當事人」，指的是做出某一行為的那個人而言；不同於法律上所指稱的作惡者、行凶者、犯罪者（perpetrator）。

53）

個人認為徐先生以上的解讀、分疏好極了，把「解牛」和「道」的關係說明得清楚極了，所以筆者不厭其煩的引錄下來。一言以蔽之，即：(1)行為人（主）和行為所施的對象（客、物）的對立完全解消了；(2)行為人的手和行為人的心可有的對立也完全解消了。這兩層解消便使得行為人庖丁獲得了大解放。這個大解放、大自由，即同時提供庖丁獲得充實感的一個絕佳的保證。而這個大解放、大自由和充實感，正是道家的「道」在人生中所追求實現的情境。而這個情境，依徐先生，也正是藝術精神在人生中呈現時的情境。要言之，莊子是藉庖丁解牛來說明道在人生中實現的情境，而徐先生則藉以進一步說明這個情境即藝術精神在人生中實現的情境。簡約來說，莊子的道即藝術精神。若保守一點說，則莊子的道乃以藝術精神為主軸，為主要內涵。

　　現在也許需要說明的是：莊子所追求的道與藝術家所追求的藝術精神既然大體上是同一個東西，然則二者毫無區別？非也。徐先生便明確的指出說：

　　莊子所追求的道，與一個藝術家所呈現的最高藝術精神，在本質上是完全相同。所不同是：藝術家由此而成就藝術地作品；而莊子則由此成就藝術地人生。莊子所要求、所待望的聖人、至人、神人、真人，如實地說，只是人生自身的藝術化罷了。（《精神》，頁56）

徐先生這個說法極具卓識。藝術家必得成就藝術品，否則藝術家便不成其為藝術家。然而，成就藝術品所花的時間很可能只占藝術家一生中的一個片段，且可能只是一個小片段而已。他其餘的生命，可能活得很不藝術的。與一般藝術家的追求情況很不一樣的是，莊子追求道（達道）或徐先生所說的追求藝術精神（即追求藝術化的人生、理想的人生、擺脫人間疾苦以求安頓的人

生），追求者必是畢生以赴的[22]。所謂「造次必於是、顛沛必於是」者是也
[23]。「道也者，不可須臾離也；可離，非道也。」[24]這種畢生的追求，便成
了徐先生所說的成就藝術的人生。既然稱得上是聖人、至人、神人、真人，
那有只是片刻為聖、為至、為神、為真的呢？他們必定是畢生以赴的。這就
是徐先生所說的莊子所追求的，所企圖成就的，是一種藝術的人生；異乎藝
術家之只成就藝術品而已。

　　該節最後一句話很有意思。徐先生如是說：

　　　　費夏（F. T. Vischer, 1807-1887）認為觀念愈高，便含的美愈多。觀念的
　　　　最高形式是人格。所以最高的藝術，是以最高的人格為對象的東

----

[22] 寫到這裡，想起林則徐詩：〈赴戍登程口占示家人・其二〉中的兩名句：「苟利國家
生死以，豈因禍福避趨之。」這是儒家憂患意識情懷下孕育出來的使命感。道家當然
談不上這種正面擔當的使命感。但在追求道方面所作出的努力，恐亦不遑多讓。詩見
周軒，劉長明編，《林則徐新疆資料全編》（烏魯木齊：新疆大學出版社，2009），
頁370。

[23] 〈里仁〉，朱熹：《四書集註・論語》（香港：大中圖書公司，缺出版年份），卷
二，頁21。

[24] 《中庸》，朱熹：《四書集註・中庸》（香港：大中圖書公司，缺出版年份），頁
1。「道也者，不可須臾離也」這句話，個人有以下的看法：道是真理之所在（道即
真理），所以吾人一刻都離開不了它。這種不離開（或離開不了），不是刻意的主動
的不離開；而是吾人自自然然的、必然的不會離開它。現在試以「人性」來做說明：
儒家相信人性本善。（此「性本善」，好比現在所說的「道」）。善既然是人的本
性，則只要你是人，那你的性便必然是善的。換言之，只要你是人，便離不開你是一
個具善性的人。個人認為，只有作如此的解讀，那「道也者，不可須臾離也」一句才
通，才保得住道必然不可須臾離的性格。否則，憑甚麼說這個道是不可須臾離的呢？
至於「可離，非道也」一句，則可作如下的說明：我們繼續用「性本善」來舉例。
「非道」即「非性本善」或「性非本善」。既然性非本善，那依此性而做出的行為，
便保證不了（即離開了）這種行為一定是善的。以上兩句話，我們又可以用邏輯前後
件的關係來做說明。依邏輯，肯定前件，則肯家後件；否定後件，則否定前件。所以
如果肯定「道」是「不可須臾離」的話，則「可離」便必然是「非道」了。換言之，
「道也者，不可須臾離也」和「可離，非道也」，這兩句話是邏輯地很緊密的相互關
聯在一起的。

西[25]。費夏所說，在莊子身上得到了實際地證明。（《精神》，頁56）

我看徐先生是充分認同費夏以上的說法的。一言以蔽之，依先生意，人格是最高（意謂：位階最高，最值得推崇）的一個觀念。而觀念愈高，含美愈多。由此來說，人格乃最美者也。而藝術所追求者，美也。換言之，藝術追求的最高對象，便是人格。按：人格屬德性範疇，美則屬藝術範疇，本不相干。惟依費夏和徐先生，則德性與藝術兩範疇可以融合為一。（個人認為這是最高、最和諧的統一。）換句話說，要成就最高藝術實離不開人之自成其德。可見徐先生在這裡雖論述道家，但很可以反映徐先生其實是深具儒家精神的一位思想家，內心深處充盈著儒者情懷[26]。

（三）美、樂（音「洛」）、巧等問題

徐先生說：「藝術精神不能離開美，不能離開樂（快感）；而藝術品的創造也不能離開『巧』」（《精神》，頁57）然而，老、莊似乎對於此三者皆持否定的態度。我們又作何解釋呢？按：老、莊之道，如前所述，目的在於安頓人生。這種安頓，最主要的當然是扣緊精神上來說的。本此，徐先生一

---

[25] 在這裡，徐先生加了一個註（註12），原文如下：「見日譯托爾斯泰（L. N. Tolstoy, 1828-1910）著《藝術是什麼？》河出文庫本，27-28頁。」筆者不懂俄文，也不懂日文，故無法知悉原文和日文到底為何？（據深諳日語的友人指示，日文也有「人格」一詞，所以徐文中作「人格」者，乃大抵從日文譯本中直接轉手過來。）據 Aylmer Maude 所翻譯的英譯本，「人格」一詞則譯作 "personality"。耿濟之所翻譯的中譯本則作「個人」。「人格」與「個人」，兩者之差異相當大。以上下文理來推，以譯作「人格」為宜。Aylmer Maude, *What is Art? and Essays on Art* (London: OUP, 1962), p.101；耿濟之，《藝術論》（臺北：遠流出版事業公司，1992），頁37。又：「觀念」一詞，Aylmer Maude 的英譯係 idea／Idea。就 idea／Idea 來說，除譯作「觀念」外，尚可譯作「理型」，尤其作大寫時，譯為理型似乎更適合。按：柏拉圖有理型論（Plato's theory of Ideas or theory of Forms）。

[26] 徐先生在該節中還談到被莊子看作與人生、宇宙的根源相關的「無」、「一」、「玄」等問題。這非常有意思，惟以過於枝蔓，且與本文主要探討的主題──中國藝術精神主體，沒有直接關係，今只好割愛。

針見血的指出說：老、莊是為了糾「矯當時由貴族文化的腐爛而來的虛偽、奢侈、巧飾之弊，因而否定世俗浮薄之美，否定世俗純感官性的樂，輕視世俗矜心著意之巧。」（《精神》，頁 57）

其實，人生透過巧以追求美和樂，誰曰不宜？然而，如果美和樂，是流於純感官性的，純世俗性的（注意：上引文中，徐先生三用「世俗」一詞），那麼人便物化了，與物無別了[27]。人之精神又如何可以向上提撕呢？原來世俗、浮薄、純感官性的美、樂和巧外，人世間尚有他種美、樂、和巧在。徐先生引錄《莊子》的相關文獻後，乃以「大美」、「大樂」、「大巧」命名這種美、樂和巧[28]，以有別於老子所說的「斯惡矣」的世俗的美、樂和巧。

老子是這樣說的：「天下皆知美之為美，斯惡矣。」（二章）[29]天下皆知的美，當然就是世俗的美。又說：「五色令人目盲；五音令人耳聾；五味令人口爽；馳騁畋獵，令人心發狂。」（十二章）籠統言之，五色、五音、五味等等，所帶來的必然是世俗的美和樂。這當然是老子所要反對的，以其

---

[27]　「物化」可有二意。一是這裡所說的，人變成了物，與物、禽獸無別。這是貶義的用法。另一是下文所說的「隨物而化」、「玄同彼我」。這取其正面的義意。

[28]　就大美來說，莊子至少有以下的說法：「天地有大美而不言。」〈知北遊〉，上揭《莊子集解　莊子集解內篇補正》，頁 186。

[29]　此所謂「二章」，乃指王弼所注釋的本子的第二章。王弼：《老子王弼注》，收入《老子王弼注；帛書老子；伊尹・九主；黃帝四經》（臺北：天士出版社，1982），頁 6。以下引《老子》皆根據此版本。又：1973 年 12 月長沙馬王堆三號漢墓所出土之兩種《老子》帛書，在編排秩序上是〈德經〉在先，〈道經〉在後，而大異於今通行本之外，字句上則與今本無大差異。今所徵引之經文第 2 章及下文所徵引之第 12、16 及 45 章，皆可為證。參馬王堆漢墓帛書整理小組編：《老子　馬王堆漢墓帛書》（北京：中國青年出版社，1976），頁 21、23、38、52、54、55。附識：1993 年 10 月在湖北荊門附近的郭店出土了竹簡本《老子》。據悉，其內容「與今本《老子》頗為不同」。參見艾蘭（Sarah Allan），〈導言〉，艾蘭、魏克彬（Crispin Williams）著，邢文編譯：《郭店老子　東西方學者的對話》（北京：學苑出版社，2002），頁 4。筆者未詳細查核所謂「與今本《老子》頗為不同」者，到底何所指。但據本文所引錄之第 2、16 及 45 章來說，其差異則不大。參見丁原植：《郭店竹簡老子釋析與研究》（臺北：萬卷樓圖書公司，1999），頁 103、161、309。又：《郭店竹簡老子釋析與研究》並未開列與王弼本第 12 章相對應的竹簡。

使人目盲、耳聾和口爽故也。相對於這些世俗的美和樂，老子倒沒有明確開列他要提倡的或贊成的是甚麼美和樂。徐先生在這裡作了一點很合理的推論。老子所追求的既係「致虛極，守靜篤」（十六章）的還純返璞的人生，則自然「要求有不會破滅的本質地、根源地、絕對地大美。」（《精神》，頁58）因為只有「在此一境界內，才有徹底的諧和統一。」（《精神》，頁58）要言之，大美的諧和統一自然帶來大樂[30]。而大美、大樂、諧和統一所帶來的人生，那自然就是道家所追求的藝術的人生；而不可能是「憂樂並存」或「哀樂相生」[31]，或面對憂患而恆欲施予救濟的儒家所追求的一種人生。

　　《莊子‧大宗師》有：「哀樂不能入」的一句話。莊子所追求的藝術的人生是大美、大樂的人生。所以「哀樂不能入」的「樂」便定然是莊子要努力超越的「世俗浮薄的樂」，而不可能是使人諧和統一、返璞歸真的「大樂」、「天樂」或「至樂」。

　　上文比較少提到「巧」、「大巧」。但徐先生絕對沒有忽略它。《老子》：「大巧若拙。」（四十五章）這個「大巧」，莊子是有所發揮的。〈大宗師〉：「吾師乎？吾師乎？……覆載天地，刻彫眾形，而不為巧。」「刻彫眾形」，乃可謂技巧之至也。但為甚麼莊子竟然稱之為「不為巧」

---

[30]　美和樂的關係，徐先生有很明確的說明。先生說：「美的效果必是樂；由大美、至美所產生的樂，莊子稱之為『至樂』。……至樂是出自道的本身，因為道的本身即是大美。莊子常將道稱為天，所以由道自身而來之樂，亦稱為『天樂』。」（《精神》，頁59）

[31]　「哀樂相生」一詞原出《禮記‧孔子閒居》。唐君毅先生嘗特別針對人生在這方面的情境有所描繪，內容極感人。唐君毅：〈人生之艱難與哀樂相生〉，《人生之體驗續編》（香港：人生出版社，1961），頁41-63。友人何仁富教授闡釋君毅先生的學說不遺餘力。就哀樂相生來說，即嘗撰有二文：〈唐君毅哀樂相生的人生哲學〉，《四川大學學報》，第5期（2002年），頁49-54；〈唐君毅論超越人生之哀樂相生〉（2006/07/21），《中國儒學網》，URL=Http://www.confuchina.com/03%20lunlizhengzhi/tangjuyi.htm。（2016/03/15瀏覽）。按：〈人生之艱難與哀樂相生〉撰於1955年，唐先生時年46歲。以中壯年即對人生有極其深刻之體認，殊不易易。《禮記》，筆者所據之版本為「中國哲學書電子計畫」，http://ctext.org/liji/kongzi-xian-ju/zh：〈孔子閒君〉。（2016/03/17瀏覽）

呢？原因是這不是世俗工匠的技巧，而是我（〈大宗師〉之「吾」）所師法的大宗師（造物者、道）的大巧[32]。這種雜多的眾形，只有若拙而實際上是鬼斧神工的大巧才可以刻彫出來的；其實，實際上是創造出來的。這所以徐先生一針見血的指出說：「刻彫眾形，正是藝術性的創造。此即意味著道的創造萬物，實係藝術性的創造。」[33]（《精神》，頁60）

（四）精神的自由解放──「遊」

本節開首處，徐先生開宗明義即指出說：「老、莊，尤其是莊子的藝術精神，是要成就藝術地人生，……是在使人的精神得到自由解放。」徐先生認為黑格爾在這一方面跟莊子有共同的祈嚮，並綜述黑氏《美學講義》的相關說法如下。先生說：

> 在《美學講義》123-148 頁中，指明人的存在，是被限制，有限性的東西。人是被安放在缺乏、不安、痛苦的狀態，而常陷於矛盾之中。美或藝術，作為從壓迫危機中，回復人的生命力；並作為主體的自由的希求，是非常重要的。（《精神》，頁61）[34]

---

[32] 當然，我們也可以這樣說：工匠「一般的技巧」也好，大宗師「鬼斧神工的大巧」也罷，說到最後，那還不同樣都是「巧」。就造物者本身來說，或就道的創生萬物來說，何「巧」之有？只不過是不期然而然的自自然然的一種創造而已。稱之為「大巧」（以「大巧」命名之），乃從人的觀點，以區別於「一般的技巧」、「工匠的技巧」來說而已。

[33] 這裡也應作點補充說明：徐先生視道（造物者）「刻彫眾形，正是藝術性的創造」，乃係從人的觀點出發所作出的一個描繪、一個詮釋。就道的本身來說，筆者以為，固無所謂「藝術性的創造」。參上註。

[34] 在這裡，徐先生加了一個註（註 19）。該註說明黑氏的意見是作者（徐先生）轉錄自卡西勒《人間》（按：卡氏此書，一般譯作《人論》）一書而來的。筆者不懂德文，也不懂日文。《美學講義》大抵即黑氏 Asthetik 一書。此書中譯本作《美學》（北京：商務印書館，1996），譯者為美學大師朱光潛先生。徐先生所說的 123-148 頁，即相當於朱氏譯本頁 117-134，即第一卷的序論部分：〈藝術美的理念或理

上引文中，「美或藝術，……作為主體的自由的希求，是非常重要的」這句話，個人認為應該作進一步的說明。甚麼是「主體的自由」，尤其甚麼是「自由」，可說人言人殊。古今中外，尤其洋人，處理此議題的便相當多[35]。在現實世界中，到底人有沒有自由？難道人不是一定環境下的產物嗎？難道人不受其自身或環境的束縛、制限，而真有自由可言嗎？然而，如果「主體的自由」指的是「人可以自我作主」或「人原則上可以自我作主」的話，則我們可以說人是有主體自由的。退一步來說，如果在現實世界中，我們不易獲得這種「主體自由」（指「人不受環境制限而可以自我作主」），則我們至少可以對它予以希求（所謂「希求」，乃指主觀上渴求獲得它）。而這種努力，黑氏指出是非常重要的。但努力需要著力點，需要憑依、手段、素材，而美或藝術，正是著力點、憑依、手段、素材之所在。

說到追求自由解放，徐先生認為上引黑氏的說法，最契合莊子的意思。其實，先生在《中國人性論史──先秦篇》中，早已談到莊子對自由的嚮往等等的問題[36]。老子是想求得精神的安定。莊子更進一步，是「要求得到精神的自由解放，以建立精神自由的王國。」（《精神》，頁 61）有謂：「存在

想）。此序論主要含以下兩節：首節「藝術對有限現實的關係」（頁 121-128）、第二節「藝術對宗教與哲學的關係」（頁 129-133）。

[35] 19 世紀英國思想家穆勒（J. S. Mill，1806-1873）所撰的 On Liberty（《論自由》，嚴復譯為《群己權界說》）和 20 世紀同為英國思想家的柏林（I. Berlin，1909-1997）所撰的 Four Essays on Liberty（臺灣陳曉林譯作《自由四論》，聯經出版事業公司，1990），都是這方面的名著。德儒康德（E. Kant，1724-1804）則從哲學立場作出深入討論。他所看重的是超越的自由（transzendentale Freiheit）。就倫理學的立場來說，康德又有內在自由和外在自由之區分；前者衍生德行義務，後者衍生法權義務。摯友新亞研究所教授盧雪崑女士對康德的自由學說極深研幾。盧雪崑：《康德的自由學說》（臺北：里仁書局，2009）。洋人研究康德的自由學說，便更多了，其要者如 H. E. Allison, *Kant's theory of Freedom* (New York: Cambridge University Press, 1990) 即為一例。

[36] 《中國人性論史──先秦篇》（臺北：臺灣商務印書館，1975）第十二章專論莊子的「心」，共八節（頁 389-412）。其中節五至節八分別討論以下問題：莊子對精神自由的祈嚮、思想的自由問題、死生的自由問題、政治的自由問題。

決定意識。」[37]馬克思和恩格斯這個說法（馬克思主義的基本原理），當然很可以再商榷，但對莊子來說，他所以在精神上要求自由解放，馬、恩這個說法倒是有幾分說對了。蓋依徐先生，莊子生存的時代大環境使彼深有所感，心中恆有所不安[38]。這種不安促使莊子在意識上，如徐先生所說的，要追求「建立精神自由的王國」。以下便是徐先生的話：

> 莊子只是順著在大動亂時代人生所受的像桎梏、倒懸一樣的痛苦中，要求得到解放；而這種自由解放，不可能求之於現世。也不能如宗教家的廉價地構想，求之於天上，未來；而只能是求之於自己的心。心的作用、狀態，莊子即稱之為精神；即是在自己的精神中求得自由解放；而此種得到自由解放的精神，在莊子本人說來，是「聞道」、是「體道」、是「與天為徒」，是「入於寥天一」；而用現代的語言表達出來，正是最高地藝術精神的體現；也只能是最高地藝術精神的體現。（《精神》，頁 61-62）

自由解放的途徑可有多種。努力在現實上實現理想，視現世即樂土、地上即天國。這種知其不可為而為之，做多少算多少的途徑，儒家式的途徑也。求諸未來（來生），此宗教家／宗教徒的途徑也。莊子則異於是。依徐先生，莊子是「求之於自己的心」，即求之於自己的「精神」上。精神上得到自由解放，即莊子所說的「聞道」、「體道」、「與天為徒」、「入於寥天

---

[37]　參〈社會存在〉條（2010/03/02），中文百科在線（網路百科新概念），hppt://www.zwbk.org/MyLemmaShow.aspx?zh=zh-tw&lid=1400。（2016/03/15 瀏覽）。該條對「存在決定意識」有如下的說明：「馬克思、恩格斯在《德意志意識形態》一書中第一次提出社會存在決定社會意識的原理，並作了系統的論述。後來馬克思和恩格斯在《政治經濟學批判・序言》中對這一原理做了精闢的概括，他們指出：『物質生活的生產方式制約着整個社會生活、政治生活和精神生活的過程。不是人們的意識決定人們的存在，相反，是人們的社會存在決定人們的意識。』」

[38]　徐先生的立論強半從現實境況（即客觀大環境）的考量出發。這個考量使得徐先生認定莊子追求自由解放之學說乃緣自彼對時代大環境深有所感而產生。

一」。[39]上文已說過，莊子的「道」主要指的是「藝術精神」；所以這種「聞道」、「體道」的境界，即藝術精神的境界，也可以說是「最高的藝術精神的體現」（「聞」、「體」二詞，用現代語來說，即「體現」一詞）。上引文中，徐先生「……，也只能是最高地藝術精神的體現」這句話，非常關鍵。其意乃謂，就莊子來說，沒有其他途徑可以使人聞道、體道；只有最高的藝術精神可以使人聞道、體道；而聞道、體道，也必只有落實為最高藝術精神的體現，而不能落實為其他精神（譬如宗教精神、求知精神、實用精神等等）的體現上。換言之，「聞道」、「體道」與「最高地藝術精神的體現」，互為充要條件，乃一而二，二而一者。二者可說合而為一了。

上文說過，追求自由解放，是需要著力點，需要憑依、手段、素材的，而美或藝術，正是著力點、憑依、手段、素材之所在。然而，「藝術」乃今人的用語，莊子未用此詞；此上文已有所道及。然則《莊子》一書又用甚麼概念來展示精神上的自由解放呢？徐先生說：

> （莊子）以一個「遊」字加以象徵。《莊子》一書的第一篇即稱為〈逍遙遊〉。……《廣雅釋詁三》：「遊，戲也。」旌旗所垂之旒，隨風飄蕩而無所繫縛，故引申為遊戲之遊[40]。此為《莊子》所用遊字之基本意義。（《精神》，頁62）

然而，遊，乃至遊戲，雖可「無所繫縛」而使人獲得自由解放，但遊戲又跟藝術有甚麼關係呢？如果遊戲歸遊戲，藝術歸藝術，二者全不相干，則彼（遊戲）自由，又如何可以過渡到此（藝術）亦自由呢？讀者不必著急，徐先生為我們提供了答案。其重點計有四項，如下：

---

[39] 上文已指出過，依徐先生，莊子所說的「道」，乃「天」的別名。

[40] 《廣雅》，卷三上，〈釋詁〉之原文為：「媱、愓、嬉、劮、遊、敖、契，戲也。」徐先生所說的：「旌旗所垂之旒」的「旒」字，是就「游」字來說的；「游」又作「遊」。而游／遊乃「隨風飄蕩而無所繫縛」者；是以徐先生乃云：「故引申為遊戲之遊」。本條上引文見王念孫：《廣雅疏證》（臺北：廣文書局，1971），頁77。

（一）遊戲與藝術的本質相同，以獲得快感，而不以獲得實用和知識為目
　　的。

（二）兩者不同的是，要求表現自由的自覺上有高度與深度之別。

（三）莊子所說的至人、真人、神人，可以說都是能遊的人，亦即是藝術化
　　了，把藝術精神呈現了出來的人。

（四）莊子最看重自由解放，因此「遊」一字貫穿於全書中。（《精神》，頁
　　63-64）[41]

　　綜上所述，就常識義來說，藝術固不同於遊戲；然而，若深一層觀察，
就兩者之本質而言，實無以別異；至少是可以互通的[42]。

（五）遊的基本條件──無用與和

　　莊子所說的遊，即今天所說的大自由、大解放。此上節已有所說明。然
而，「遊必有方」，那麼莊子的「方術」又是甚麼呢[43]？徐先生指出說，消

---

[41]　在這裡，徐先生加了一個註（註 21），指出王叔岷先生所撰〈莊子通論〉一文
　　（《學原》，卷一，期九、期十，1948 年），即以「遊」字為《莊子》一書的通
　　義。按：《學原》雜誌，今不獲睹。〈莊子通論〉後收入王氏所撰：《莊學管闚》
　　（臺北：藝文印書館，1978），頁 197-222。惟王氏於該書〈序〉中云：「就闡發莊
　　子義理而言，近年所撰《莊學管闚》，實較〈莊子通論〉充實。」

[42]　《莊子》一書，「遊」字出現不下 100 次。這在先秦諸子典籍中極為罕見。林柏宏先
　　生嘗為文予以探討。該文指出說：「筆者（林氏自稱）歸納發現《莊子》中的『遊』
　　字不僅有表述義理最高的境界層面，亦是功夫修持的重要態度，其理境的實現貫通莊
　　子思想的形上形下層次，體現對現實面的合理解釋與其辯證思維下達無所不遊的理想
　　境界。而筆者試圖藉『遊』字重建莊子的義理架構，一方面引徐復觀先生『遊戲概
　　念』的不同詮釋角度作討論，豐富《莊子》的『遊』字意涵，另一方面也藉由對文本
　　的文意把握來修正、補足其論證。」林柏宏：〈《莊子》「遊」字析論〉，《世新中
　　文研究集刊》（臺北：世新大學中國文學系），期四（2008 年 6 月），頁 79。林先
　　生撰上文時，僅為一碩士班三年級研究生，姑無論其論點是否完全正確，但作為碩士
　　生來說，既有攻難之企圖心：試圖藉「遊」字重建莊子的義理架構，又能細閱、評價
　　徐先生的相關看法，實屬相當難得；所以很值得肯定。

[43]　「遊必有方」語出《論語・里仁》，上揭《四書集註》，頁 24。其中的「方」字，
　　大抵指「方向」（引申為「去處」）。筆者在這裡是借用此語而意有別指：指方術；

極上是要擺脫世間所追求的「實用之用」（且亦不追求知識——不追求知性上的滿足），以成其「無用之用」；這才是大用[44]。積極上，是要追求和[45]。（《精神》，頁66-67）徐先生的相關說明如下：

> 莊子……有取於具體遊戲中所呈現出的自由活動，因而把它昇華上去，以作為精神狀態得到自由解放的象徵。其起步的地方，也正和具體地遊戲一樣，是從現實的實用觀念中得到解脫……這正是莊子思想中消極一面的主要內容，也即是形成其「遊」的精神狀態的消極條件……僅有此一消極條件，則常易流於逃避社會的孤芳自賞，而不能涉世，不能及物；於是「遊」便依然有一種限制。較無用更為積極

讀者勿誤會為要。

[44] 依徐先生，人世間所追求的「用」是遠離莊子的道的本性的。反之，「人世之無用，正合於道之本性。……精神上得到了自由解放。而這種自由解放，實際是由無用所得到的精神的滿足，正是康德所說的『無關心地滿足』，亦正是藝術性地滿足。」（《精神》，頁65-66）有關康德的「無關心地滿足」，先生在前面（《精神》，頁64）也討論過；且下了一個註（註22）。該註指出是參考「日譯岩波版康德《判斷力批判》上卷67頁」。按：《判斷力批判》的中譯本頗多。如宗白華、牟宗三、鄧曉芒及楊祖陶（二人合譯）、李秋零等均嘗分別予以翻譯。「無關心地滿足」的討論，就牟先生來說，見諸牟宗三：《康德判斷力之批判》，《牟宗三先生全集》（臺北：聯經出版事業公司，2003），卷16，頁144以下各頁；宗白華：《判斷力批判》（北京：商務印書館，1996），頁39以下各頁。牟書的相關語句作：「決定審美判斷的那愉悅是獨立不依於一切『利害關心』者」（頁146）；宗白華作：「那規定鑒賞判斷的快感是沒有任何利害關係的。」（頁40）。牟、宗的翻譯比起徐先生「無關心地滿足」，似乎更好懂一些。又：「大用」、「無用之用」等詞，均見〈人間世〉：「且予求无所可用久矣，幾死，乃今得之，為予大用。」；「人皆知有用之用，而莫知無用之用也。」上揭《莊子集解 莊子集解內篇補正》，頁42、45。

[45] 徐先生在《徐復觀文錄·文學與藝術》（臺北：環宇出版社，1971）中直接、間接討論藝術的文章有十多篇，其中雖沒有直接談論藝術中「和」的問題，但先生不斷對現代藝術、抽象藝術的反合理主義、反理性主義，提出相當嚴厲的針砭。這都可以視為係針對「反和諧精神」的一種批判。上述十多篇文章皆撰寫於1960年代。《精神》一書亦完成於同一年代。由此來說，視「以和為貴」乃藝術精神的本質的看法，實普遍地見諸先生1960年代的多篇文字中。

的，是莊子所特提出的「和」的觀念。「和」是「遊」的積極地根據。老、莊的所謂「一」，若把它從形上的意義落實下來，則只是「和」的極至。和即是諧和、統一，這是藝術最基本的性格。（《精神》，頁64-67）

大師級學人考慮問題都具有同一特色：必然是很周延的。和唐君毅先生一樣，徐先生考慮問題，永遠都是正反面、積極面和消極面都兼顧的。如前所述，徐先生由於不滿意他在《中國人性論史——先秦篇》一書中，只考慮莊子在消極面的貢獻——只要人成就一個「虛靜的人生觀」，而激發他發現莊子其實也有積極的一面：要人成就一個藝術的人生觀。同理，擺脫現實世間的實用立場、求知立場，是使人獲得大自由、大解放，以成就遊戲和藝術的基本條件；但是「擺脫……」是流於消極的，只是擺脫是無法使人正面有所樹立而健康地涉世應物的。這便迫使徐先生往另一方向思考：思考莊子的「遊」（遊戲、藝術）可涵具的積極意義。就是說，除了「擺脫……」之外，難道「遊」沒有更為積極的意義嗎？或者我們可以稍微轉換一下提問的方向而提出如下的問題：難道沒有更為積極的條件以成就遊戲和藝術[46]？如果有的話，這些條件又是甚麼？在這裡，徐先生端出一個「和」字。先生絕不空口說白話；他根據《莊子》的不同篇章，開列了十多條有關「和」字的資料，用以證明「和」（含人和、天和）在《莊子》一書中所佔的比重，並藉以說明和乃藝術的基本性格。先生開列了十多條資料後，作出如下的判斷：

從上述天和的觀念來看，莊子是以和為天（道）的本質。和既是天的本質，所以由道分化而來之德也是和；德具體化於人的生命之中的心，當然也是和。這便規定了莊子所把握的天、人的本質，都是藝術的性格。和是化異為同，化矛盾為統一的力量。沒有和，便沒有藝術的統一，也便沒有藝術，所以和是藝術的基本性格。（《精神》，頁

---

[46] 依徐先生，其實這些條件適足構成遊戲或藝術的基本性格。

68）

簡言之，依徐先生，和是天的本質。而天即道，由道分化出來的德及德落實為人生命中之心，皆隨之而自自然然地秉承了「和」這個特質[47]。而依徐先生，藝術的基本性格也正是和（參再上一條引文）。因此天、人的本質便自自然然地也是藝術的性格了[48]。

上文指出，「無用」與「和」，前者流於消極，後者則有積極意義。然而，這兩個概念，在莊子來說，並不是對反而互相矛盾衝突的。徐先生即有如下的說明：

> 在莊子，則無用與和，本為一個精神的兩面。前面所引的〈逍遙遊〉中，肩吾聞於接輿的故事，實際是以道為體，以無用及和為用的一個得到逍遙遊的精神地象徵。但因為構成此逍遙遊的條件，都是構成美的條件，所以他所提出的象徵，便不期然而然地卻是美地、藝術地精神的象徵。（《精神》，頁69）

換言之，世間之無用正以成就莊子所說的大用；而和又正以成其用[49]。既同為有用（當然方向不一，前者消極，後者積極），因此徐先生便說：「本為一個精神的兩面」。這裡得作點補充：擺脫世間所追求的用（即不追求實用），這

---

47 先生說：「莊子以和釋德，德與性同義，指的是人的本質，這即是認為人的本質是和，亦即是認為人之本質是藝術性的。」（《精神》，頁67）

48 上引文中，先生說：「和是化異為同，化矛盾為統一的力量。」這是一個籠統的說明；目的是指出「和」所具有的正面的力量；而並不是表示「和」跟「同」是同一個東西。換言之，兩者之間是不能劃上等號的。我們由孔子的話：「君子和而不同，小人同而不和。」（《論語‧子路》，上揭《四書集註》，頁92。）便可見兩者是有區別的。「和」與「同」，徐先生不可能不知道其間的差異；所以我們切勿因詞害意，誤以為先生把兩者混同起來。

49 這個「用」，上引徐先生文已指出，乃係：「化異為同，化矛盾為統一。」依徐先生，這正是藝術的基本性格。

固然是消極的作為。然而，究其實，擺脫只是手段而已。蓋擺脫之後是要有所成就的——要成就大用，即不是為了擺脫而擺脫。就此來說，擺脫實用（不追求實用；即所謂無用）又轉而有其積極意義了。「無用」既有其積極意義；「和」，如上所述，當然亦同有其積極意義。從這個角度予以解釋的話，則徐先生「本為一個精神的兩面」的一句話，便更怡然理順了。

　　徐先生見解卓絕，茲再舉二例。先生說：「在藝術精神的境界中，是一種圓滿具足，而又與宇宙相通感、相調和的狀態，……。」依前文，藝術既不追求實用，又不追求知識，所以能夠圓滿具足而無所待。這是很可以理解的。但藝術精神又如何可以跟宇宙相通感、相調和呢？其實，個人認為，這正是徐先生思想特色之所在；或可稱之為其個人的一種信念。先生是有天人合一、天人合德的思想的。以下幾句話可見其端倪。先生說：「道家與儒家，同樣是體現群性於個性之中，故一己『生的完成』，同時即是萬物之『生的完成』，……」（《精神》，頁69）「群性」，即相當於「普遍性」；蓋就人來說，如某一特徵、性格為眾人（群眾）所共同擁有，吾人即可說此特徵、性格，乃普遍地存在於群眾之中者。而人之所以具備某一普遍性（如性本善／良知等等），乃以此普遍性恆有其超越的根據故。此「超越的根據」，即「天」之謂也。又「天」，即「宇宙」之別稱。依上文，個性固可體現群性（天、宇宙之性）。果爾，則人所具備的以和為其性格的藝術精神，便必然上通於天而亦為天所具備者；換言之，即必然產生徐先生所說的「與宇宙相通感、相調和的狀態」。

　　本節最後的幾句話也很可以反映徐先生深具卓絕的見解。原文如下：

　　　藐姑射之山的神人的形相是美的；但莊子一書，絕對多數，是假設一些殘缺醜陋的人物形相，這又如何解釋呢？（《精神》，頁69-70）

徐先生的意思是，藝術者，美之體現也，美之呈露也。人物形相既殘缺醜陋，則所謂「美」，又從何談起呢？在這個地方，徐先生教人看事物，不要憑其表面形相便立刻下判斷；即不要看到外表形相之殘缺醜陋便指責徐先

生，視徐先生所說的《莊子》一書體現了藝術精神（即體現了美），是一個錯誤的判斷。徐先生如何啟迪教導我們呢？先生說：

> 只要平心靜氣地去了解，便可以承認在《莊子》一書中，凡他所假設出來的殘缺醜陋的人物形相，無非藉此以反映出其所蘊藏的意味之美，靈魂之美。而意味之美，靈魂之美，才是真正藝術地美。（《精神》，頁70）

廣東話有「霎眼嬌」（即驚鴻一瞥，感到美極了）一詞，來形容某女士很嬌俏、很美、極美。然而，多看一兩眼，便不覺得怎麼樣。此即所謂不耐看。何以故？以其缺少內涵、無深度而流於表面故也。有謂：「有諸內必形諸外。」（《孟子·告子下》）如其所謂美並非發自其內（靈魂深處）——如其內實際上「空無一物」（無內涵；廣東話所謂「無料」），故欲發亦無從，則見諸外之所謂美者，必流於「霎眼嬌」而已，而非真美也。我們必須從表面深入到內心（靈魂），才可以看到意味之所在。換言之，美不美，在於意味，在於靈魂。以殘缺醜陋的形相即判斷其為不美，失之矣！！所謂「以貌取人，失諸子羽」[50]之謂歟？！

---

[50] 語出孔子，意謂子羽形陋。見〈仲尼弟子列傳〉，司馬遷：《史記》（香港：中華書局，1969），冊五，頁 2206。這是孔子承認對子羽看走了眼時所說的話（然而，《史記》之記載與《孔子家語》所載：「澹臺子羽有君子之容」，正相反；今不予細辨）。其實，不從表面看人，其事絕不易易。聖如仲尼，亦承認看走了眼，則素人固無論矣！這所以徐先生說：態度必須是平心靜氣的。平心靜氣，即不要急躁、急著下判斷；反之，必須要耐心慢慢觀察，慢慢看。其實，做事也當如此，正所謂事緩則圓。這個說來容易，道理大家都懂，但要落實下來，那就難極了。然而，說難也確實難；說易也可以很容易。只要開放心量，先不要有成見（即徐先生所說的要「平心靜氣」；這四個字，我們要好好琢磨），多觀察，多思量，不急著下判斷，並進而試著從被觀察者的立場多想想，則所下之判斷，雖或不中，但亦不遠矣。《孔子家語》，筆者所據之版本為「中國哲學書電子計畫」，http://ctext.org/kongzi-jiayu/zi-lu-chu-jian/zh；第 19 章：〈子路初見〉。（2016/03/16 瀏覽）

（六）結論[51]

　　徐先生本文（即《中國藝術精神》第二章〈中國藝術精神主體之呈現──莊子的再發現〉）共 18 節。上文僅處理了節 1-5，但已超過 20,000 字；節 6-17 之撮述及闡釋或俟諸異日[52]。最後一節為第 18 節，即「結論」一節。今撮述並闡釋其重點如下，以見徐先生全文之梗概。

　　依儒、道兩家，人分別係道德精神和藝術精神的主體。人所以能夠涵具藝術精神而成為藝術精神之主體，因為人具備一顆虛靜之心。依徐先生，這是莊子所指出的；其實，即無異莊子的發明。針對莊子這個貢獻：依於虛靜之心而人成為藝術精神之主體來說，徐先生指出，主要因時代語言使用上的拘限，過去的藝術家並不太意識到這方面。這就是為甚麼徐先生要撰寫該文的理由。（《精神》，頁 131）

　　徐先生又指出說：

> 莊子所體認出的藝術精神，與西方美學家最大不同之點，不僅在莊子所得的是全，而一般美學家所得的是偏；而主要是這種全與偏之所由來，乃是莊子係由人生的修養工夫而得；在一般美學家，則多係由特定藝術對象、作品的體認，加以推演、擴大而來……這與莊子所呈現出的主體，恰成為一兩極的對照。（《精神》，頁 132）

　　上引文可注意者有兩點：其一是偏、全問題。另一是人格修養與藝術精

---

[51] 這是徐先生《中國藝術精神》第二章之「結論」（即原文第 18 節，頁 131-136），非拙文的結論，讀者幸勿誤會。

[52] 今開列節 6-17 之標題如下，俾讀者稍知悉各該節的梗概：節 6：心齋與知覺活動；節 7：藝術精神的主體──心齋之心與現象學的純粹意識；節 8：心齋的虛、靜、明；節 9：心的主客合一；節 10：藝術的共感；節 11：藝術的想像；節 12：《莊子》的美地觀照；節 13：《莊子》的藝術地人生觀、宇宙觀；節 14：《莊子》的藝術地生死觀；節 15：《莊子》的藝術地政治觀；節 16：《莊子》的藝術地創造；節 17：《莊子》的藝術地欣賞。

神的體認的問題。我們先來處理前者。我們不妨這樣說：莊子的思考模式是一般中國人思考模式的一個典型代表。換言之，莊子的思考模式（在這裡，或可以稱為「體認模式」吧）是古今眾多中國人思考模式的一個個案，即眾多例子之一，而絕非特例。何以言之？中國人看事物恆從整全的觀點，即作為一個整體的觀點（as a whole）去看，中醫就是一個最典型的代表。西醫是針對身體各部分、各器官，如個別的五臟六腑來診斷，來治療。中醫則認為臟、腑之間，臟、腑與五官之間恆有其相互關係；因此診斷，以至治療，必就整體來觀察，來處理。依徐先生，莊子是全，而西方美學家是偏。如果我們了解中西方人士看事物和處理事物在習慣上和態度上向來存在著這個差異，便很可以理解莊子和西方美學家何以有全、偏之別了[53]。

至於人格修養與藝術精神的體認的問題，我們不妨這樣說：西方人擅長於透過分析、分解的進路，借用概念以建構知識。徐先生說：「藝術精神，……（西方）一般美學家，則多係由特定藝術對象、作品的體認，加以推演、擴大而來。」（《精神》，頁 132）這不啻是說，針對特定藝術對象、作品，予以體認後，建立相應的概念，並以此作為基礎，加以推演、擴大，乃衍生出藝術精神。然而，中國人所體認出的藝術精神，其方法進路與西方人截然不同；以莊子為例，乃係由人生的修養工夫而得。中國人的為學（做學問）與做人（人格踐履），從來不是二事，可說是一而二，二而一者：為學與人生的修養工夫（人格的踐履）是結合為一的。你再有學問，但如果人格上有問題，或一無可取，那是被人家看貶恥笑的。這與西方人把兩者判然為二事，截然不同。其實，我們也同樣可以用「全」和「偏」的概念來解釋上述中西方人士的差異。學問思維或這裡所說的藝術精神，是人們眾多表現中的一個方面而已；可以說只是一個「偏」。相對來說，如加上徐先生所說的

---

[53] 筆者這裡的「全」和「偏」，並不是價值判斷，而只是指出事實，即事實判斷而已。全有全的優點，偏有偏的好處。前者通，而後者精也。今中西醫各擅勝場即可見兩者各有優長而實可互補而不能偏廢。章學誠即云：「道欲通方而業須專一，其說並行而不悖也。」約言之，全即可通方，而偏則可專一也。此非兩者各有其優長之謂歟？章氏說，見〈博約下〉，上揭《文史通義》，頁 51。

「人生的修養工夫」，那當然是比較「全」面了。換言之，中西方人士所體認出的藝術精神，其進路上所以有所差異（一重結合人格始流露出藝術精神；一重概念分析、推演而達致藝術精神），用「全」和「偏」來予以解釋也應該是很恰當的。

在這裡，我們可以順便作一點附識：如前所述，人格和學問，乃至人格和藝術精神，乃融合為一者，後者由前者生起，而前者由後者而得以發皇、充實，這是中國人、中國文化的特性。這是就單一的個人本身的兩個面向的融合來說。其實就人我來說、主客來說，其情況亦正相同。徐先生即指出說，中國人，中國文化，是主客合一的。先生說：「……在主體呈現時，是個人人格的完成，同時即是主體與萬有客體的融合。……中國文化根源之地，無主客的對立，無個性與群性的對立。『成己』與『成物』，在中國文化中認為是一而非二。」（《精神》，頁 132）

依西方文化，「己」（人）與「物」，截然為二。何得「是一而非二」？然而，若依中國文化，那便不是問題。其「仲介」，其樞紐、關鍵，全在於人的道德心靈。此道德心靈，就文獻來說，則可以《中庸》所說的「誠」為代表。《中庸》：「誠者，非自成己而已也；所以成物也。成己，仁也；成物，知也。性之德也。合外內之道也。故時措之宜也。」此中之樞軸，全在一「誠」字。而所以得為誠，依《中庸》，必成己兼成物而後可。用邏輯術語來說，成己、成物，乃誠之必要條件；缺此，則不得為誠矣。當然我們也可以說，誠必蘊涵（imply）成己、成物。至於「仁」、「知」，乃可謂「誠」所具備之兩屬性。此即吾人本性（Nature）中之兩德（properties, characters, features）；所謂「性之德也」。而此性，依《中庸》，即「誠」。或至少可以說，誠乃性最主要之「成素」，否則便無法合理說明、證成（justify，validate）《中庸》另一句話：「唯天下之至誠為能盡其性」這個說法。這有點扯遠了。筆者的目的是指出，依中國文化，道德心靈（道德自我、誠、良知、仁體等等）乃使得「成己」、「成物」是一而不是二之關鍵之所在。然而，上段文字主要係扣緊儒家來說。若就道家而言，亦可有相當於「誠」之概念，以作為成己而兼成物之樞紐乎？徐先生在《精神》一書中，

似乎並沒有給出說明。筆者以為蓋可以上文所說的「和」字當之。據上文，和乃天之本質；籠統言之，亦人之本質也。然則既係和，則斷然不止於成己，而必兼成物也；否則何「和」之可言？中國文化固以儒、道為主流（當然，儒是主流中的主流）。儒、道既分別以「誠」、「和」為貴，則「成己」、「成物」是一而不是二，便很可以理解了。

在結論中，徐先生對儒、道兩家基本精神的異同的說明，非常具啟發性。先生說：「儒道兩家的基本動機，雖然同是出於憂患意識；不過儒家是面對憂患而要求加以救濟；道家面對憂患而要求得到解脫。」（《精神》，頁132-133）依徐先生，儒、道兩家都是為人生而藝術：為安頓人生，追求理想人生而藝術。然而，因為面對人生憂患所訴諸的解決之道有別，這便導致了兩家截然不同的做法。儒家加以救濟，道家則要求解脫。其實，依徐先生，道家也未嘗一意只求解脫而解脫，藉以脫離現實的世間。然而，終以世間沉濁，充滿罪惡，既無法力挽狂瀾於既倒，那道家只好自認「不材」以「避世」了。但道家人物既不訴諸來生、託諸宗教以苟全人間（陽間）的性命，那避世又要避到哪裡去呢？一言以蔽之，自然世界是也。先生即如是說：

> （道家）他們決無意排除「人間世」，莊子並特設〈人間世〉、〈應帝王〉兩篇。但人間世畢竟是罪惡的成分多，此即〈天下篇〉之所謂「沉濁」。……而〈人間世〉也只能歸結之於「不材避世」[54]。因

---

[54] 按：〈人間世〉一文多次出現「不材」一語，如「……是不材之木也，无所可用，……」、「此果不材之木也，以至於此其大也。嗟夫！神人以此不材」等即其例。上揭《莊子集解　莊子集解內篇補正》，頁 41、43。至於「避世」一詞，則未見。今徐先生綜括〈人間世〉一文的核心思想而以「不材避世」一語歸結之，可謂至當。筆者看到這句話，心中很激動，感慨良多。「不材」，蓋門面話而已！即以徐先生為例，其材至大，文韜武略兼備一身。然時世不可移，人事不可易，乃於民國 38 年避世於臺中，想其時必託「不材」為由也。惟其對上忠悃之誠，欲救民於水火之心，實在一刻不能自己！徐先生，豈非有良心、良知的知識分子中之個案、特例！！想普天下之知識分子，以至天下人，凡滿腔熱血、殫精竭慮而仍無濟於事者，在無可奈何的情況下，乃只好託詞「不材」以避世焉。

此，涵融在道家精神中的客觀世界，實在只合是自然世界。所以在中國藝術活動中，人與自然的融合，常有意無意地，實以莊子的思想作其媒介。（《精神》，頁133）

消極一點說，或悲觀一點說，自然世界，尤其精神上的自然世界，便成了道家人物的避難所。然而，旋乾轉坤，天地易位。其實，只要一念之轉，「避難所」云云，乃何異「天堂」之別稱？「天府」之異名？這所以徐先生便說人涵融在自然世界中，乃至「人與自然的融合」。如此來看道家與自然世界的關係，那道家定然是自得其樂了。何必要活在五光十色的人們現實世間的花花世界之中呢？若問：何處是桃源？答：自然世界就是桃源。當然，就其最究竟之處來說，「避難所」也好，「天堂」也罷，其實只是吾人之「心」而已[55]。「三界唯心，萬法唯識。」心魔一日不去，則不必說充滿罪惡的人間世界了，縱使是自然世界，又何避難所之可云？何天堂、桃源之可說？其實，個人認為：「吾心安處即桃源。」但這扯遠了，暫且打住。

　　道家人物融入於自然世界以避世。這是上所引徐先生文字的中心思想。但先生話鋒一轉，進一步指出，追求融入於自然，只是道家人物虛靜之心尋求解脫的起步點而已。就虛靜之心可有的全般「能量」來說，實在並不以此為限。我們先看看徐先生怎麼說。先生說：

還要特別說明的，進入到道家精神之內的客觀世界，常是自然世界，這是受到道家精神起步的求解脫[56]的精神趨向的限制。若就虛靜之心的本身而論，並不有此種限制。虛靜之心，是社會、自然、大往大來之地；也是仁義道德可以自由出入之地。所以宋明的理學家，幾乎都

55　徐先生文中已說過（見上引文）：「……而只能是求之於自己的心。心的作用、狀態，莊子即稱之為精神；即是在自己的精神中求得自由解放。」

56　因人世間太沉濁、太險惡，所以只好求逃離它以便解脫。而精神上的自然世界，則可說正位於人世間的「旁邊」、好厝邊（好鄰居），這所以道家人物便自自然然的逃難於此，即以此自然世界為安身、安頓之所了。

> 在虛靜之心中轉向「天理」；……進入到虛靜之心的千瘡百孔的社
> 會，也可以由自由出入的仁義加以承當[57]。不僅由此可以開出道德的
> 實踐，更可由此以開出與現實、與大眾融合為一體的藝術。（《精
> 神》，頁 134）

依上引文，我們可以這樣子推斷，依徐先生，虛靜之心絕不只是道家的「獨
門秘方」，它其實是凡人都可以擁有的（可以由修養工夫而獲得的）。「虛靜
之心，是社會、自然、大往大來之地；也是仁義道德可以自由出入之地。」
這意謂，虛靜之心是一個非常開放（徐先生原語：大往大來）的「場所」
（地），它涵藏、容許一切心智（廣義）活動。擬對社會、自然作交流互動；
甚至（依於人類的道德意識）欲對人世間作出仁義道德上之貢獻者，皆可依恃
這個虛靜之心而努力成就之。針對後者來說，這就是徐先生所說的：「由此
可以開出道德的實踐」。然而，上文早已說過，這個虛靜之心又是藝術精神
之所本；憑依之，即可成就藝術（即做出藝術實踐──創製藝術品）。「道德實
踐」與「藝術實踐」，便見其可以合一無間了。換言之，藝術作品，完全可
以是涵具、反映道德實踐的精神在其中的。徐先生說：「可由此（虛靜之
心）以開出與現實、與大眾融合為一體的藝術。」按：「現實世間」、「芸
芸眾生的大眾」的日常生活，不可能不蘊涵，至少不可能不牽扯「道德的實
踐」。果爾，則所謂「與現實、與大眾融合為一體的藝術」，必然是筆者上
面說過的：藝術作品，完全可以是（甚至應該是）涵具、反映道德實踐的精神
在其中的。

　　上文不止一次指出，徐先生強調「道家是為人生而藝術」；又強調道家
的道，「實際是一種最高地藝術精神」。既「為人生而藝術」，則實際上此
種藝術，必涵具道德意識、道德精神，儘管這種意識、精神或許僅偏重於消
極面的「從現實環境中尋求、獲得解脫」而已，而非儒家式的積極的予以承
擔。然而，上引文中，先生既指出：「……開出與現實、與大眾融合為一體

---

[57] 筆者按：即本乎仁義而來的使命感予以承擔。

的藝術」，則個人以為，這種與現實，與大眾融合為一體的藝術，應該就是先生所認為的最高藝術精神之呈現之所在。然則先生對現實，對大眾關懷之情，便很可以概見了。

在這裡容許筆者作一點申論：依徐先生的解讀，以莊子為代表的道家人物，彼「為人生而藝術」的管道、途徑，雖然是訴諸「從現實中獲得解脫」；但這個不應該是最理想的管道、途徑。換言之，要正面有所承擔才是最理想的管道、途徑。但這個做法恐怕已是儒家的作風；而不能以此來衡量道家，要求道家了。徐先生正是儒家人物。這所以在論述道家的藝術精神，尤其談到與道家關係最為密切的「虛靜之心」時，便不期然而然的說出：「（此虛靜之心）開出道德的實踐，更可由此以開出與現實、與大眾融合為一體的藝術」的話。徐先生，語其究竟，儒家也。所以這句話，恐怕必得從儒家的終極關懷的視角來切入、來衡量、來解讀，才可以得其正解。

上文已經說過，莊子所追求的是大美，而非世俗、浮薄、純感官性的美。徐先生在文章靠近末尾處，又再次說到莊子所追求的美，到底是何種性質的美的問題。徐先生乃用「純素」、「樸素」兩字予以概括。其說法如下：

> 莊子不是以追求某種美為目的，而是以追求人生的解放為目的。但他的精神，既是藝術的，則在其人生中，實會含有某種性質的美。因而反映在藝術作品方面，也一定會表現為某種性格的美。而這種美，大概可以用「純素」或「樸素」兩字加以概括。（《精神》，頁134）

純素、樸素，是相對於過度、浮誇、虛假、矯飾來說[58]；世俗、浮薄、純感

---

[58] 在這裡，或可以作一點補充。純素、樸素之美，就一個人（女士）來說，似乎不是完全不裝扮之謂。姜夔，七絕詩〈武康丞宅同朴翁詠牽牛〉末兩句云：「老覺淡粧差有味，滿身秋露立多時。」徐先生很欣賞這兩句詩；指出說：「淡粧是存在於濃粧與質樸之間的儀態。不是不粧，而只是淡淡地粧；既顯出了質樸中的美，又決不讓化粧品和服裝壓蓋了一個生命的本來純潔之姿。」由此可見，徐先生所說的純素、樸素，不

官性的美，是相對於超逸、深邃、純靈性、純精神性的美來說。綜合上引文及前文說到「大美」的地方，則恐怕只有純素、樸素、超逸、深邃、純靈性、純精神性的美，才是莊子所說的大美之美之所以為美之所在。

　　徐先生整篇文章末尾的三四百字非常重要，既係全文之概括，也有添加新內容。茲先引錄如下：

> 莊子的藝術精神，與西方之所謂「為藝術而藝術」的趨向，並不相符合。尤其是莊子的本意只著眼到人生，而根本無心於藝術。他對藝術精神主體的把握及其在這方面的了解、成就，乃直接由人格中所流出。吸此一精神之流的大文學家、大繪畫家，其作品也是直接由人格中所流出，並即以之陶冶其人生。所以，莊子與孔子一樣，依然是為人生而藝術。因為開闢出的是兩種人生，故在為人生而藝術上，也表現為兩種形態。因此，可以說，為人生而藝術，才是中國藝術的正統。不過儒家所開出的藝術精神，常須要在仁義道德根源之地，有某種意味的轉換。沒有此種轉換，便可以忽視藝術，不成就藝術。……由道家所開出的藝術精神，則是直上直下的；因此，對儒家而言，或可稱莊子所成就為純藝術精神。（《精神》，頁136）

上引文重點如下：

(一) 莊子所說的藝術精神，乃直接從人格中流出。（此前文已有所說明。）

(二) 莊子與孔子一樣，都是為人生而藝術。（此前文亦有所說明。）

(三) 儒、道兩家，乃中國傳統思想，乃至中國傳統文化中最重要的兩根支柱。由此來說，兩家所呈現的藝術精神，乃必然係中國藝術精神之最具

見得是純任自然而來的。反之，稍微修飾是容許的，但絕不能過分。其原則是決不讓修飾「壓蓋了一個生命的本來純潔之姿」。徐復觀：〈老覺淡粧差有味〉，徐復觀著，黎漢基、李明輝編：《徐復觀雜文補編》（臺北：中央研究院中國文哲研究所籌備處，2001），冊一，頁362-363。此條資料，蒙本文審查人之提點而獲悉，特此致謝。

代表性者。而兩家不期然而然的皆係為人生而藝術，則為人生而藝術的
思想，必然係「中國藝術的正統」無疑。（這點上文比較沒有談論到。）

(四) 上引文說：「道家所開出的藝術精神，則是直上直下的」。「直上直
下」蓋指不牽扯功利、實用，也不旨在追求知識、成就知識。道家雖然
也是為人生而藝術，但不直接牽扯道德、成就德性；而只是希望從現實
沉濁的人生中獲得解脫而已，非正面要成就道德，即不擬對人生要有正
面的擔當。（這方面前文已有所說明；然而，以「直上直下」一語以描繪道家藝
術精神的基本性質，這在以上各節中比較少見。個人認為，這個用語非常顯豁而簡
明。）

(五) 視道家所開出者為「純藝術精神」，是就這種藝術精神的本質來說，
即就其本身的性格來說。視其仍然係「為人生而藝術」，乃係就這種精
神的出發點來說，就其使命感來說；也可以說是就其終極歸趨，或終極
理想來說。二者各有其針對的對象；討論語域（universe of discourse）根本
不同（一就性質言，一就使命感言），所以絕不相矛盾。此中讀者必得仔細
閱讀、推敲，切勿誤會徐先生，以為先生自相矛盾！

三、結語

深者見深，淺者見淺。筆者在撰寫本文之前，早已閱讀過《莊子》一
書。然而，就是全讀不出徐先生在〈中國藝術精神主體之呈現——莊子的再
發現〉（即《中國藝術精神》第二章）一文中所發掘出來的各意涵。筆者，其淺
者也；徐先生，其深者也。大師就是大師，值得我們永遠學習。

文獻解讀、詮釋有二大忌。解讀過度（over interpretation），一也；解讀
不足（under interpretation），二也。前者指文獻原文完全沒有，也不潛藏某些
意涵；但詮釋者按照己意而加油添醋地擴大了，擴張了原意。後者指原文含
藏某些意涵，而作者未明確地予以呈示而已；但詮釋者未能讀出這些意涵；
或甚至原文中原本清晰而明確的意涵，詮釋者仍未能讀出！就徐先生上文之
解讀、詮釋莊子來說，個人認為皆本諸《莊子》各篇章（當然先生亦參考不少

西方藝術理論等等方面的名著）；可說「言言有據」、「字字有考」；絕不說空話。筆者讀來，全文莫不怡然而理順，既非 over interpretation，也非 under interpretation；正所謂恰到好處也[59]。《莊子》一書所具有，所潛藏之豐富而活潑的意涵（現今僅就藝術精神一項來說），徐先生之發掘，相信已到了無以復加的地步，其中藝術精神一端，尤其使人讚嘆莫名。

徐文共 18 節，約 6、7 萬言。今僅述釋其中六節（即徐文前五節和最後結論一節）。述釋既未畢，本不應做結語或結論。然而，因為考慮到文章結構上的完整性（文首既有「前言」，則文末自宜有「結語」），今乃姑且為之。

拙文旨在發潛德之幽光，以彰顯、發揚徐先生的相關見解。其未愜人意處，甚或闡釋錯誤者，恐必不能免。然而，若因拙文而激發讀者逕讀徐先生原文，則本文之撰，或許不至於陷入「可憐無補費精神」的窘境！是為結語。

---

[59] 筆者撰寫本文前，細讀徐文凡三遍。

附錄六 徐復觀學術性格的一個側面 ──《徐復觀文錄》所載西方文化資訊闡釋[*]

一、前言

　　徐復觀先生的學問是相當廣博的。然而，一般學人所注意的大都是徐先生在中國傳統學問（所謂文、史、哲等等方面）[1]的表現和成就。當然，也有不少學者關注徐先生對現實政治及對藝術理論方面的探索。其實，徐先生對西

---

[*] 《徐復觀文錄》（以下簡稱《文錄》）乃徐先生的雜文集（臺北：環宇出版社，1971），共四冊。本文初稿原名為：〈徐復觀與西方文化──見於《徐復觀文錄》中的西方文化資訊〉，係應邀出席 2011 年 12 月 5-7 日假香港中文大學哲學系所舉辦之「當代新儒家與西方哲學──第九屆當代新儒學國際學術會議」而撰寫，乃筆者探索徐先生學術思想的首篇文章。文章稍經修改後，乃投稿至國內某學報。學報匿名審查人建議作大幅度修改（含補充資料、補強論據、文中表格宜移作附錄等等）。以不克在限定的時間內悉數照辦，筆者乃先行撤稿。今大體上已遵照建議而完成相應的修改。文章題目亦稍作變更如今題，且把部分內容抽離原文使原文更為聚焦後，乃以現今的面貌和讀者見面。

[1] 中國傳統學術（含藝文）上的表現，有義理、詞章、考據之分。先生義理、考據的文章至多，不必細表。就詞章一項來說，人鮮知之。其實，除〈春蠶〉、〈舊夢・明天〉、〈我的母親〉、〈誰賦豳風七月篇〉等等極感人的散文外，先生亦擅長做古體詩。據統計，現今所存者，不下四五十首。參高焜源，附錄二、附錄三，《徐復觀思想研究──一個臺灣戰後思想史的考察》（國立臺灣師範大學國文學系博士學位論文，2008），頁 343-349。

方的學術文化也是有一定研究的，至少是給予相當關注的，只是沒有寫成專
著而已。徐先生的西方文化知識對彼所從事的中國文化研究，尤其彼緣自現
實關懷而寫成的上千篇的精彩雜文來說，提供了極豐富的資訊。這些西方資
訊／知識，對徐先生來說，好比一個取之不竭，用之不盡的資料庫。這些資
訊／知識，除了扮演資料庫的功能外，它還拓展了先生的野視，啟發了先生
的思維，以至強化了先生的論述基礎。當然，其最大的功能，恐怕是從旁給
予「協助」以深化其中國文化研究，且更明確地揭示其淑世情懷及彰顯其卓
越的識見。

　　徐先生的西方學術文化方面之知識（含西方哲學的知識），散見於其各種
著作之中，尤其散見於其眾多雜文之中[2]。但前賢對這方面似乎從來不曾注

---

[2]　均琴女士 2016.04.06 來信指出：「關於先父對西方文化資訊探索的態度，先父日記或
　　許能提供些蛛絲馬跡。」所謂「日記」乃指翟志成、馮耀明編，《無慚尺布裹頭歸
　　——徐復觀最後日記》（臺北：允晨文化實業公司，1987）一書。所記始自 1980 年
　　10 月 26 日迄 1982 年 2 月 24 日，共 486 日，其中因精神疲倦或事繁而忘記寫日記
　　者，計有 7 日：1981 年 9 月 12、13、15、16、19、20、21 日，因生病而無法寫日記
　　者又 8 日：1982 年 2 月 13 日、14 日、16-20 日、23 日；總共 15 日。換言之，實際
　　紀錄者計得 481 日。筆者粗閱這近 500 天的日記，其中涉及西方文化者，計三條，如
　　下：1980 年 10 月 26 日閱岑溢成一文章後，日記作如下記載：「……勸他不可輕易
　　把現代語言分析方法應用到古典研究上。」（頁 44）；1981 年 7 月 21 日先生參觀美
　　國紐約自由神像，日記之相關記載如下：「歐洲移民來美者，皆先到紐約。神像下有
　　一移民博物館，以圖畫、實物、塑造、圖片等表現各國移民來美的歷史，態度客觀而
　　公平。……古堡，乃大都會博物館之附屬館，將購自法國西班牙的中世紀『教堂文
　　化』，以復原的方式，使其保持原有面貌，意義重大。」（頁 157）1982 年 2 月 22
　　日之日記揭示先生臨終之前夕仍甚關注中西學統之差異，如下：「求知是為了了解自
　　己、開闢自己、建立自己，是為為己之學。求知必然是向外向客觀求，此歷程與希臘
　　學統同。但因為己而自然○向自身生命生活上的回轉，合內外之道，合主客為一（以
　　天下為一家，萬物為一人），貫通知識與道德為一。此乃吾國學統所獨，應由此以撿
　　別統（編者按：「統」疑為「學」之誤）問中之真偽虛實，開闢無限途軌，並貫通於
　　文學藝術。」（頁 227）這三條日記分別揭示先生如下意見：（一）西方學問，不宜
　　照單全收；（二）客觀而公平及以原貌呈現文化之原有狀態甚為重要；（三）與西方
　　學問／學統相比，吾國學統所追求之知識，乃旨在成就為己之學，其精神上之相應表
　　現乃知識與道德之合而為一；學問之真偽虛實，乃以此為分判（在這裡想起牟宗三先

意過[3]（或注意者甚少）。這也是筆者決定草擬本文的另一個重要原因。綜合來說，本文擬透過徐先生眾多雜文集中出版較早的《徐復觀文錄》，利用其中所涵藏的西方文化資訊，以揭示徐先生學術特色以下二個面向：（一）徐先生具備非常豐富的西方文化知識。（二）然而，此等知識不是促進徐先生成為一位洋學家或西方問題專家，而是反映先生深具淑世情懷及卓越的識見。此外，對於「磨利」或鍛鍊先生的頭腦來說，此等西方文化知識亦作出一定的貢獻。其實，此等西方知識對於徐先生深化其中國文化之研究來說，亦嘗作出貢獻，唯相關資訊主要見諸徐先生的學術專著之中，作為雜文集的《徐復觀文錄》則比較欠缺此等資訊。下文乃從先生的學術專著中選取 4 例（見註 39），俾讀者藉以知悉其梗概。

二、徐先生汲納西方文化知識的歷程及其目的

徐先生嘗自述謂，彼「從民國 16 年（1927）起，開始由孫中山先生而知

生三統並建的學說。筆者以為三統固宜並建，但似不宜成為平等對列之局。而當為三位一體之局，如基督宗教之聖父、聖子、聖神焉。其中三位（三統）固宜各自獨立，但亦當為一有機的組合／結合。此三位成一豎立起來的三角形，其中道統居上，學統、政統居下而分列左右兩旁。道統之所以居上，乃藉以彰顯其主導地位。亦可參筆者下文的討論：〈唐君毅先生的人文觀〉，《新亞學報》，卷 31 上（2013 年 6 月），頁 376-378）。以上三條中的第二條所描述之內容雖與西方文化之表現有關，但究非反映徐先生對西方文化的看法。這方面，尚希讀者留意。

[3] 2010 年黃俊傑教授出版的專著《東亞儒學視域中的徐復觀及其思想》（臺北：國立臺灣大學出版中心，2010）可能是唯一的例外。專著中特闢一章（即第四章：〈中國文化創新的參照系統（I）：徐復觀對西方文化的評論〉）以 20 多頁的篇幅來處理相關問題，其中卓見慧解盈篇而累牘，對徐先生之評論亦肯綮周延；更從比較角度切入以論述徐先生與中日著名學者之思想，甚具參考價值。黃教授的研究可說是一種宏觀導向的研究。本文則可說是一個微觀的研究。又針對徐先生做研究的專書、專文及博碩士論文，是相當多的，可參考上揭《徐復觀思想研究──一個臺灣戰後思想史的考察》，第一章緒論，第二節〈既有研究成果的探討〉。

道馬克思、恩格思、唯物論等等。」[4]先生門生曹永洋先生所編訂,並經徐師母王世高女士所訂正之徐先生《年譜》[5],亦有相同記載,蓋亦源自徐先生之自述。1930-31 年先生留學日本就讀明治大學時,又究心於河上肇(1878-1946)的著作[6]。此外,又經常閱讀馬克思主義方面的哲學、政治學、經濟學的著作[7]。徐先生不懂西方語文[8](英文大概懂一點,但不足以閱讀學術著作),所以便只有透過日文譯本來了解西方的文化與思想。1943 年徐先生奉軍令部之令赴延安任聯絡參謀,住在窯洞的半年裡,又讀通了德國人克勞塞維茲(Carl von Clausewitz,1780-1831)的《戰爭論》[9]。

徐先生汲納西方文化知識,尚見發表於 1959 年的〈我的讀書生活〉一文以下的記載:

> 在可能範圍以內,我還是要讀與功課有關的西方著作。譬如我為了教《文心雕龍》,便看了三千多頁的西方文學理論的書[10]。為了教《史

---

[4] 徐復觀,〈我的讀書生活〉,上揭《文錄》,冊三,頁 169。民國 16 年,孫中山先生已逝世二年。徐先生所謂「由孫中山先生而知道……」,蓋意謂「由閱讀孫中山先生之著作而知悉之」。

[5] 此《年譜》附見多處,如曹永洋等編,《徐復觀教授紀念文集》(臺北:時報文化出版企業公司,1984,頁 561-667)及徐復觀著,蕭欣義編,《儒家政治思想與民主自由人權》(臺北:臺灣學生書局,1988,頁 419-425)等書,均收錄此《年譜》。此《年譜》相當簡略,約 3,000 字左右。上揭高焜源博士論文《徐復觀思想研究——一個臺灣戰後思想史的考察》附錄了徐先生 1949 年前之活動的一個〈年譜〉,共 27 頁(頁 354-380),則相當詳盡可靠。

[6] 據維基百科相關條目,河上肇社會主義的著作影響了李大釗、郭沫若、毛澤東等人。1930 年代初徐先生對河上肇的相關著作,亦佩服不已。

[7] 上揭〈我的讀書生活〉,《文錄》,冊三,頁 169。

[8] 徐先生不懂西方語文,見先生的自述。徐復觀,〈西方文化沒有陰影〉,《大學雜誌》,期 13,1969 年 1 月,收入《徐復觀雜文‧記所思》(臺北:時報文化出版企業公司,1980),頁 61。

[9] 上揭〈我的讀書生活〉,《文錄》,冊三,頁 170。其中「民國三十一年軍令部派我到延安當連絡參謀」之「三十一年」乃「三十二年」之誤,蓋以手民故。

[10] 徐先生閱讀及摘抄西方文學理論批評的資料,又見徐復觀,〈現代藝術的歸趨——答

記》，我便把蘭克（L. Ranke）、克羅齊（B. Croce）及馬伊勒克（Friedrich Meinecke）[11]們的歷史理論乃至卡西勒（E. Cassirer）[12]們的綜合敘述，弄一個頭緒，並都做一番摘抄工作[13]。……我便不能了解朱元晦和陸象山，我便不能寫〈象山學述〉。[14]

綜上所述，從 1927 年徐先生開始接觸西方學術文化算起，至東海大學教書時（1955-1969）仍摘抄西方歷史理論及文學理論批評的資料（詳註 10）為止，彼汲納西方文化知識的歷程，已超過 40 年。其實，迄其患病辭世前夕，先生每天必閱讀日文報章，其中所載錄的西方文化知識恐必為先生所汲納無疑。然則其汲納西方知識，少說都超過 50 年。

徐先生嘗閱讀哲學書籍。其友朋中有不少笑他說：「難道說你能當一個

劉國松先生〉（撰寫於 1961 年 8 月），徐復觀，《論戰與譯述》（臺北：志文出版社，1982），頁 74。

[11] 馬伊勒克（1862-1954），德國歷史學家，其史學理論的代表作係 *Die Entstehung des Historismus*（二冊，1936 出版，英譯名：*The Origin of Historicism*。）但徐先生感興趣的，除上書外，恐怕還有馬氏以下一書：*Staat und Persönlickeit*（1933）。英譯名：*State and Personality*（《國家與個人》）。

[12] 德國文化哲學家卡西勒（1874-1945）的眾多著作中，似以《人論》（*An essay on man*, 1944）和《國家神話》（*The Myth of the state*, 1946）最為國人所熟悉。

[13] 先生的相關說明，尚見他處。如先生說：「我教中國哲學思想史，最辛苦的準備工作是西方的哲學史。我教《史記》，最辛苦的準備工作是西方的史學思想與方法。我教《文心雕龍》，最辛苦的準備工作是西方的文學理論。」徐復觀，〈過分廉價的中西文化問題〉，《文星雜誌》，1963 年 2 月號，又收入《徐復觀文錄》，冊二，頁 67-99 頁，引文見 74。寫到這裡，個人深感慚愧汗顏。筆者自信洋文能力，尤其英文，是有一定的根柢的。然而，教授中國史學史及史學方法 2、30 年，則鮮少參閱洋文方面的相關書刊，更不要說像徐先生的勤於摘抄了。筆者最佩服的三位業師徐先生、唐先生及牟先生，以智慧論，都可以說是不世出的。聰明才智，大抵源自天賦，吾等不之及，亦無可如何。但勤奮用功，則後天努力也。吾等與三先生比，仍望塵莫及，能不愧死！

[14] 上揭〈我的讀書生活〉，《文錄》，冊三，頁 172。

哲學家嗎？」[15]徐先生回應道：

> 我不能，也不想。但我有我的道理：第一，我要了解西方文化中有那
> 些基本問題，及他們努力求得解答的經路。因為這和中國文化問題，
> 常常在無形中成一顯明的對照。第二，西方的哲學著作，在結論上多
> 感到貧乏，但在批判他人，分析現象和事實時，則極盡深銳條理之能
> 事。人的頭腦，好比一把刀。看這類的書，好比一把刀在極細膩的砥
> 石上磨洗[16]。在這一方面的努力，我沒有收到正面的效果，即是我沒
> 有成為一個哲學家。但卻獲到了側面的效果：首先，每遇見自己覺得
> 是學術權威，拿西化來壓人的先生們時，我一聽，便知道他在什麼地
> 方是假內行，回頭來翻翻有關的書籍，更證明他是假內行（例如胡適
> 之先生）。……其次，我這幾年讀書，似乎比一般人細密一點，深刻
> 一點；在常見的材料中，頗能發現為過去的人所忽略，但並非不重要
> 的問題；也許是因為我這副像鉛刀樣的頭腦，在砥石上多受了一點磨
> 洗。……我從前對魯迅的東西，對河上肇的東西，片紙隻字必讀。並
> 讀了好幾本厚的經濟學的書。中間又讀了不少的軍事著作；一直到民
> 國四十一年還把日譯拉斯基[17]的著作共四種，拿它摘抄一遍。[18]

15　上揭〈我的讀書生活〉，《文錄》，冊三，頁 173。其實，徐先生不只是閱讀西方哲
學書籍，且早於 1940 年代中期便常與牟宗三先生談論西方哲學。牟先生云：「勝利
後，返南京，吾常與徐先生來往。吾離中大後，一時無處住，暫住徐先生藍家莊寓
所。夜間無事，常與談一些西方哲學之源流。徐先生涉世深，生活面廣，觸處警悟，
透闢過人。」筆者按：「中大」指位於南京的中央大學；牟先生嘗以唐君毅先生之推
薦而任教於該校；而於 1947 年秋與唐先生同時離開。牟宗三：〈悼念徐復觀先
生〉，《徐復觀教授紀念文集》（臺北：時報文化出版企業公司，1984），頁 13。

16　徐先生類似的說法，尚見〈我的若干斷想〉，《徐復觀雜文・記所思》（臺北：時報
文化出版企業公司，1980），頁 11。〈我的若干斷想〉又作為〈代序〉收入徐復
觀，《中國思想史論集》（臺北：臺灣學生書局，四版，1975），頁 1。

17　H. Laski，1893-1950，英國馬克思主義者，工黨領袖。

上引文可注意者，有如下數項：（一）徐先生閱讀西方書籍，並不是要藉此而成為一個西方文化學術方面的專家，更不是要成為哲學家。（二）閱讀過程中，學習到洋人極盡深銳條理的分析思辨能力；藉此以破解假內行的西化派人士以西方知識來壓人的技倆。（三）藉閱讀西方書籍所提昇的分析思辨能力以達致「頗能發現為過去的人所忽略，但並非不重要的問題」。徐先生前半輩子跟西化派人士打筆戰；後半輩子則主要集中精力於中國歷史文化的研究。打筆戰旨在破，研究則旨在立。本段（二）和（三）則正好分別說明徐先生的西方文化知識極有助其破和立。破者，乃指破解西化派之假內行。立者，乃指始於發現問題而導向於最後建立一家之言的研究成果。由此來說，透過日譯本廣泛閱讀並摘抄西方書籍以求取西方文化知識（含思辨能力），其有助於徐先生構築其學問基礎，並進而成就其學問，乃不爭之事實。

　　相對於中文書籍來說，西方典籍定能提供更多的西方文化，以至世界文化方面的資訊。然而，徐先生閱讀日譯西文書，其目的絕不在於多獲取這些

18　上揭〈我的讀書生活〉，《文錄》，冊三，頁 173。徐先生讀日譯西文書，並希望從中有所收穫，尚見以下一文：徐復觀，上揭〈西方文化沒有陰影〉，《徐復觀雜文・記所思》，頁 59-66，尤其是頁 61 及 65。徐先生無意成為哲學家或建構自己的哲學體系，可說是一輩子的主張。其晚年亦寫有如下的證言：「我不是弄哲學的，根本無意形成自己的哲學系統。我的根本動機和努力的方向，都在中國文化的再認識，想由此以確定中國文化的內容、意義、地位，以幫助中國人生（筆者按：「生」字疑「在」字之誤）精神上能站起來。但我開始做學問的時間太遲，在這方面的收穫太小。我只想在各重要部門開闢一條路出來，讓後來的人繼續走下去。……在學問的成就上，多活幾年和少活幾年，關係是很大的。」上文寫於 1978.03.23，即先生辭世前四年，故可謂晚年學問上的自白。上距發表於 1959.10.01〈我的讀書生活〉一文，已有 20 年的光景。從上引文中，可知悉先生做學問的動機和方向。又：「想在各重要部門開闢一條路來」，可見先生的抱負不小；「讓後來的人繼續走下去」，其使命感可以概見。徐先生做學問非常用功，三十年如一日。據上文，可知原因有二：1、起步遲（此先生在他處亦屢言之）；2、「學問的成就上，多活幾年和少活幾年，關係是很大的。」這反映徐先生晚年「時不我予」的內心感受；所以只好加倍用功。筆者亦早過了耳順之年；甚能體會徐先生的內心感受。上引文見〈佛觀先生書札〉，上揭《儒家政治思想與民主自由人權》，頁 392。

文化資訊和上文說過的要磨洗自己的頭腦而已。然則徐先生的最終目的又是什麼呢？上文已說過，這些西方文化資訊對於徐先生學術上的破和立，皆作出貢獻。就「立」方面而言，並不是說徐先生憑藉這些西方文化資訊便可以直接建構、建立其中國文化研究方面的學問；而毋寧說這些資訊或知識開拓了先生之國際視野，並佐證乃至深化其已有之見聞。換言之，對其中國文化研究提供一個可資參照或可資比較的寬廣背景或網絡。徐先生即明確的說：「希望能在世界文化背景之下來講中國文化」。[19]所以西方資訊，或西方知識，對徐先生來說，只是工具而已（提供啟發功能的一種工具）；藉以作為背景／座標／網絡／系統，來講述中國文化，探究中國文化和解讀中國文化，那才是徐先生的用心所在。當然，徐先生尚有其他用心：西方知識之汲取對頭腦訓練方面，以至對方法應用方面，都可提供助益。這可以說是就西方知識在實效上的功能來說。此點上引文中已有所揭示。其實，除啟發功能與實效功能外，西方文化知識對徐先生來說，似乎又多了一種或可稱為「輔助功能」的功能。蓋徐先生撰寫雜文時，西方知識又可從旁予以「協助」，以彰顯其淑世情懷及豐富其卓越的識見。此最後一項，也許是在徐先生不經意的情況下達到的。此點容後詳。

---

[19] 徐復觀：〈現代藝術的歸趨——答劉國松先生〉，上揭《論戰與譯述》，頁 74。西方文化資訊對研究中國學問所扮演的角色，黃俊傑嘗一語道破。黃說：「毫無疑問地，西方文化與思想常常是二十世紀中國儒家學者析論中國文化問題時的重要參照系統。」黃俊傑，上揭《東亞儒學視域中的徐復觀及其思想》，頁 126。現代新儒家第二代的三大師，除徐先生外，唐、牟二先生對西方文化與思想的「借用」，恐怕就更多了。所謂「借西學之光，以照我中學之晦」是也。西方知識對徐先生在中國研究上的幫助，徐先生本人尚有如下的說明，如下：「……我所寫的中國思想史方面的東西，可能比一般人來得深切謹嚴一點。這並不是如討厭我的人所說的，『徐某有天分』；說穿了，主要得力於我所僅有的西方文化知識的啟發。」見氏著〈西方文化沒有陰影〉，上揭《徐復觀雜文——記所思》，頁 62。西方文化知識對國人研究中國文化可有之幫助，尚見生先多處論述。茲再舉一例。徐先生說：「……我們要吸收西方所有，而為我們所沒有的，以補我們之所缺。……」徐復觀，〈代序：我的若干斷想〉（為第三版撰寫），《中國思想史論集》（臺北：臺灣學生書局，1975，第四版），頁 2。

　　徐先生閱讀日譯西方典籍，開始得很早。大抵始於 1930 年留學日本之時。（參上文）開始得早固然重要，但最重要的恐怕是毅力。徐先生撰寫於 1969 年 1 月的一篇文章有如下記載。先生說：

> 我曾短時期的讀過西方的經濟學、經濟史；曾花費近二十年的時間，斷斷續續地讀過些西方社會思想這方面的著作，曾很辛苦地讀過些西方的哲學、史學、文學、藝術這些東西。**20**

上引文字撰寫於 1969 年 1 月。1969 年倒數二十年便是 1949 年。其實，早於 1930 年留日時期，先生已閱讀日譯西文書籍及閱讀日人對西文書或對西方思想的介紹的著作了。上引文先生說，以「近二十年的時間……」閱讀日譯西文書，而不說「近四十年的時間」，大抵是特指淡出軍政界而於 1949 年定居臺灣之後算起的。

---

20 上揭《徐復觀雜文‧記所思》，頁 61。徐先生汲取西方的文化知識，其源頭固然大部分來自日譯西文書。但日文報刊恐怕也是一個重要源頭。趙聰即嘗云：「徐先生經常寫時事論文和學術論文，舉凡世界上的新聞新知，他知道的並不比別人晚，因為他天天看日文報刊……只要西方有什麼新東西出來，馬上就予人譯出。徐先生偌大的年紀，每日必看九份報紙，包括港臺大陸和日本，也真了不起。」趙聰，〈再記徐復觀二三事〉，《徐復觀教授紀念文集》，頁 111。從徐先生本人的自述中，亦知道先生每天看九份報紙。見〈和妻在一起〉，《徐復觀雜文‧憶往事》（臺北：時報文化出版企業公司，1980），頁 138。這裡必須指出一點，徐先生的西方知識／西方資訊既間接來自日譯本，或日人之介紹，則似不可能完全無誤。楊牧即說：「……我只敢指出他文中所引述的西方文學觀念並不正確──徐先生的西方學術全部依賴日譯以及日本人的解說。……」筆者按：徐先生從日譯及日人的解說中所理解的西方文學觀念，以至其他西方知識，當然不容易全部正確無誤。其原因試說明如下。首先，日譯是否完全符合洋文原意？再者，徐先生日文程度是否足以 100% 了解該等日譯而絲毫無誤解之處？三者，徐先生自信心極強，且對問題恆有一己的看法。他據以了解的日譯及日人的解說，恐難免不自覺地在個別地方摻入了其個人的主觀意見。上引楊牧文字，見所著〈動亂風雲　人文激盪──敬悼徐復觀先生〉，《徐復觀教授紀念文集》，頁 257-258。

　　要讀書，便要花錢買書。先生在這方面從不吝嗇[21]。先生明確的說：
「我每年（筆者按：大抵指從 1949 年定居臺灣算起）都要從日本買進日譯本的人
文方面的著作。」[22]日文書絕不便宜；但先生在這方面是從不吝嗇的。

三、徐先生西方文化知識／西方文化資訊之析述

　　如上所述，徐先生的西方知識非常豐富。彼之著作中足以反映其西方知
識的相關資訊者，幾乎隨處可見，其中見諸雜文者尤多。徐先生的雜文在其
生前及身後已先後彙整成冊，共計 8 種，20 冊；其名目如下：《學術與政
治之間》（甲、乙集）[23]、《徐復觀文錄》（四冊）[24]、《徐復觀雜文》（四
冊）[25]、《徐復觀雜文續集》[26]、《徐復觀最後雜文集》[27]、《論戰與譯述》
[28]、《儒家政治思想與民主自由人權》[29]、《徐復觀雜文補編》（六冊）[30]。
徐先生雜文的總數量恐怕逾千篇[31]。以不克針對這上千篇的雜文作梳理、分

---

[21]　其實，徐先生花錢從不吝嗇。不要說買書，徐先生與朋友外出吃飯，大都搶著付賬。
　　 40 年前，個人嘗修讀徐先生在香港新亞研究所開授的「漢書研究」一課。徐先生每
　　 學期都花錢請學生飲茶／吃飯。據記憶，大概都在九龍尖沙嘴樂宮樓。

[22]　徐復觀：〈人文方面的兩大障礙──以李霖燦先生一文為例〉，《中華雜誌》，卷
　　 7，期 7（1969 年 7 月），收入上揭《文錄》，冊三，頁 21。

[23]　《學術與政治之間》甲集（臺中：中央書局，1956）；《學術與政治之間》乙集（臺中：
　　 中央書局，1957）；《學術與政治之間》甲乙集合訂本（香港：南山書屋，1976）。

[24]　《徐復觀文錄》（臺北：環宇出版社，1971），四冊。

[25]　《徐復觀雜文》（臺北：時報文化出版企業公司，1980），四冊。

[26]　《徐復觀雜文續集》（臺北：時報文化出版企業公司，1981）。

[27]　《徐復觀最後雜文集》（臺北：時報文化出版企業公司，1984）。

[28]　《論戰與譯述》（臺北：志文出版社，1982）。

[29]　《儒家政治思想與民主自由人權》（臺北：臺灣學生書局，1988）。

[30]　《徐復觀雜文補編》（臺北：中央研究院中國文哲研究所籌備處，2001），六冊。

[31]　詳參黎漢基，〈徐復觀先生出版著作繫年表〉，《徐復觀雜文補編》（臺北：中央研
　　 究院中國文哲研究所籌備處，2001），冊六，頁 471-585。此〈繫年表〉內容分兩大
　　 類，其一為專書，另一為文章（總數逾 1200 篇）。文章又可分為兩類。一為學術性
　　 的論文，另一或可名之曰雜文。

析，以統整、條貫其中所含藏的各種西方文化資訊，所以只好作「抽樣調查」。所選取的樣本乃來自「早年」的雜文集：《徐復觀文錄》[32]。此《文錄》所收錄之文章，乃撰寫於或刊出於 1950-1971 年之間[33]。換言之，即橫跨超過 20 年。筆者相信這些文章所含藏的西方文化資訊在一定程度上足以反映、證成徐先生確實具備非常豐富的西方知識。且《徐復觀文錄》既成書於先生之「早年」，則更可佐證先生中壯年前已具備此等知識。是以不克全面梳理其 1,000 多篇雜文，應不致構成若何問題；換言之，即不足以影響，更不足以否定：「徐先生具備非常豐富的西方文化知識」這個結論的有效性。

　　至於針對徐先生這些西方知識的具體梳理，則詳見下文附錄一：〈徐先生西方文化知識一覽表〉。相信該表足以證成以下的結論：先生的西方知識是非常豐富且多元的。文學、史學、哲學，就不用說了。政治學、社會學、心理學、人口學、地理、經濟、教育、考古、宗教／神話學、語意學、文化人類學、藝術等等，這些跟文、史、哲有一定關係的學科，徐先生皆有所涉獵。此外，醫學、生物學，甚至數學、物理、化學，先生也有所知悉[34]。當然，其中有些只是常識，譬如先生對大哲學家羅素、大史學家湯因比、大科學家愛因斯坦等人的學說所具備的基本知識，即是其例。然而，很多其他知識則是相當專門的，至少不是一般從事文史哲研究的學人感興趣，並予以關

---

[32] 當然，以出版時間來說，《學術與政治之間》出版得比較早（參上註 23）。但此書具相當學術成分（此由其書名即知之），似不宜純以雜文定位之。又所謂「早年」乃相對於後來，譬如 1980 年以後，由時報文化出版企業公司所出版的雜文集來說。《文錄》中所收錄的最早的一文〈復性與復古〉乃撰於／刊於 1950 年 9 月，其時徐先生已接近 50 歲了。50 歲固不宜視為一個人的早年。筆者這裡所說的「早年」，如上所述，乃相對於較後出的雜文來說。

[33] 最早一文係〈復古與復性〉（參上註）；最後一文係〈由「董夫人」所引起的價值問題的反省〉，撰於 1971 年 1 月。兩文撰寫年月，見《徐復觀雜文補編》，冊六，頁497、532。兩文均載《文錄》，冊二。

[34] 當然，不是知悉這些學科的本身；而是知悉這些學科與人類憂戚與共的關係，但這也是很不容易的。光是對這些學科感興趣，已足以使人佩服。

注的[35]。但先生都予以相當關注，實在不得不讓人產生由衷之敬佩。

四、西方知識之援引有助先生闡釋、
彰著其淑世情懷及卓越識見舉例

如果不嫌武斷的話，我們不妨說，徐先生所寫的一切文章，是學術專論也好，是一般的雜文也罷，都是為了中華民族的生存發展、中國文化的傳承弘揚而撰寫的。先生閱讀大量不同領域的日譯西方典籍，並援引在其著作上，只要稍一參閱下文附錄一：「徐先生西方文化知識一覽表」，即見其端倪。但該表旨在展示先生閱覽之廣博，不足以揭示先生的淑世用心，也不足以呈現其卓越、弘遠的識見。針對這方面，筆者乃從《文錄》第一冊及第二冊中各選出一文予以分析，藉以示例[36]。徐先生的淑世情懷及弘遠的識見應

---

[35] 這裡也許需要作一點補充說明。先生雜文中對人類的各面向，幾乎無不關注。這當然與先生個人緣於淑世情懷而生起的使命感很有關係。但先生為了生計而不得不「賣文」（主要在香港《華僑日報》），因此彼撰文時所流行的時代課題，譬如迷幻藥、裸裸舞等等，先生便即興的予以發揮。但其主旨仍是扣緊人類文化，尤其是中國文化來做說明。然則先生的終極關懷亦可見一斑了。說到賣文，這對徐先生是不無壓力的。徐師母寫給女兒均琴女士的一封信可以為證；如下：「我來港已廿多天了，覺得規定性每星期爸爸要給《華僑日報》寫兩篇文章，這對爸爸的負擔很重，壓力很大。到底爸爸是上了年紀的人，只是他本性剛強，……總之每星期硬性規定寫兩篇夠水準的文章，對爸爸的負擔太大。」（https://sites.google.com/a/xufuguan.net/essay/home/023；2016.04.28 瀏覽。）徐師母說到每星期為《華僑日報》寫兩篇文章，似乎可以作點討論。據筆者粗略統計，徐先生大概是平均兩星期為該日報寫一篇文章。當然，這是就平均數來說。具體來說，譬如以先生 1969 年秋抵港之後迄同年年底來舉例，其情況如下：9 月 22 日，9 月 26 日，10 月 13 日，11 月 12、13 日，12 月 30 日，都在該日報發表文章。所以平均數應不高於每兩星期一文。師母之所以說每星期兩文，大概是把徐先生在其他報刊雜誌上所發表的，一併算進來的緣故。徐先生發表文章的時間，參黎漢基編，〈徐復觀先生出版著作繫年表〉，上揭《徐復觀雜文補編》，冊六，頁 471-585。

[36] 分別為第 32 文及第 2 文。此即：〈思想與人格——再論中山先生思想的把握〉，《文錄》，冊一，頁 153-161；〈今日中國文化上的危機〉，《文錄》，冊二，頁 11-19。

可概見。至於這兩文的具體梳理,則詳見附錄二:「西方資訊見於〈思想與人格──再論中山先生思想的把握〉一文一覽表」及附錄三:「西方資訊見於〈今日中國文化上的危機〉一文一覽表」。

從附錄二這個表格中,應可獲悉以下各要點:(一)表中的西方資訊依次如下:政治、社會、物理、歷史、生物、哲學等。此表的西方資訊僅來自一短文,但已充分顯示先生之博學。(二)人具備豐富的知識固然可使他人敬佩,但能感人且使人佩服者,毋寧是人的人格。先生對此再三致意。(三)先生以下一語更是充滿智慧的卓見。先生說:「人格的超昇,必通過個人私利、私智的剋服。私利、私智多剋服得一分,客觀的存在,便在自己的主觀中,多呈現出一分。」(四)西方知識,徐先生固然看重,但絕不照單全收。反之,恆提出批判,表中即嘗引錄先生如下的說法:「一切體系哲學,對現實而言,與黑格爾的體系哲學所發生的問題,都相去不遠。……體系哲學的概括,結果也同樣是偏是蔽。人是『異質的統一』,僅通過知識,不可能得到異質的統一。對於人自身的把握,對於人自身問題的把握,知識是第二義的;人格才是第一義的。」西方知識之援引如何有助先生闡釋、彰著其淑世情懷,甚或啟迪/深化先生的思想,筆者以為上引語即足以揭示一斑。

從附錄三這個表格中,應可獲悉以下各要點:(一)如同附錄二的表格,本表格亦顯示徐先生具備非常廣博的西方知識(如哲學、歷史、心理、物理、生理學等)。(二)對西方知識,非照單全收。譬如對行為心理學之專從刺激反應來解釋人的行為,對邏輯實徵論之否定認識性以外的一切文化生活的價值,徐先生都予以嚴厲的批判。但只要有一善端,或有所改善,徐先生即予以首肯。譬如徐先生指出說:邏輯實徵論者已不如初期的狂熱,乃轉而對宗教、道德、藝術的價值採取比較認同的態度,即是其例。(三)徐先生的淑世用心,情見乎詞。其中呼籲年青人不要人云亦云,不要一知半解;指出做學問,以至做人,都必須「從根本上去求,從深度中去看。」表中引文及先生的相關說明,相信足以清楚揭示以下一要點:西方知識之所以被徐先生援引作為工具使用並進一步予以發揮,乃旨在達到經世致用的目的。

五、結論

　　徐先生，返本開新的新儒家也。徐先生，憂患意識宇宙中的巨人而深具感憤之心的愛國、衛道之士也。徐先生，艱苦力學，從日譯中汲取西方文化知識（當然含西方哲學的知識）[37]以拓展視野及深化中國文化學術研究的偉大思想家也。

　　至於其西方文化知識，筆者原擬藉《徐復觀文錄》（共四冊）首二冊為例，把其中所收錄的 60 多篇文章，逐一分析其內容，以表列的方式來陳示先生的西方知識；徐先生之廣博乃畢現。惟以篇幅過大，今把已製成的兩個表格[38]重新彙整綜合而成另一新表格（該表名〈徐先生西方文化知識一覽表〉，即本文附錄一）。先生的廣博，仍可藉以概見。至於先生對國家、文化、人類前途的淑世情懷及卓越的識見，本文又藉著另外二表格（即本文附錄二、附錄三）以示例。

　　要之，藉著三個附錄（即三個表格），筆者相信本文已獲致以下數項結論：

(一)在徐先生本人的著作（即所謂一手資料）的佐證下，充分揭示先生具備非常豐富且面向極廣的西方知識。

(二)揭示先生並非照單全收此等西方知識／西方資訊，而係在極為銳利的批判眼光下予以研判、篩選、消化，並進而轉化為有用的資源或工具。

(三)作為資源來說，此等西方知識／西方資訊，可扮演資料庫的角色，以提供或強化先生論說的基礎，尤其藉以增加與西化派人士論辯的籌碼：破解彼等拿西化（西方知識）來壓人的技倆。作為工具來說，既可提供一個西方文化的背景，甚至世界文化的背景或網絡，以啟迪先生之智慧，並進而在國際視野下從事中國文化研究[39]；此外，又可磨利、鍛鍊先生

---

[37] 參本文附錄一：〈徐先生西方文化知識一覽表〉，即可知徐先生引述西方哲學的資訊最多，凡 31 項。

[38] 對針《文錄》首二冊，一冊製作一表格。二個表格共 40,000 餘字。

[39] 徐先生的西方知識如何啟迪其智慧，甚至具體地「協助」（譬如深化）其中國文化之

的頭腦。再者，且協助先生進一步彰顯其家國方面之淑世情懷及豐富乃

研究，或佐證其研究成果之有效性，本文附錄的三個表格因源自雜文性質之《文錄》，所以比較欠缺這方面的資訊。今乃借用先生之學術著作以示例。例一：在〈原史——由宗教通向人文的史學的成立〉一文中，先生說：「要摒棄主觀而又有真正的關切，二者之間，似乎是一種矛盾；這種矛盾的尅服，要靠來自有最高道德責任的感情，這也可以說是『真正史學者』的共感。」先生自註謂：「參閱日譯本卡西拉（E. Cassirer（排版誤作 Carsier），1874-1945）的人間（*Essay on Man*）第十章『歷史』頁 269-270 他對蘭克（L. von Ranke 1795-1886）史學的解釋。」徐復觀，《兩漢思想史》（臺北：臺灣學生書局，1979），卷三，頁 260、302。例二：在〈論《史記》〉一文中，先生嘗從日文轉譯馬西勒克（Friedrich Meinecke（排版誤作 Mxinecke），1862-1954）《歷史主義之成立》書中一大段文字為中文（中譯超過 200 字），以論證歷史研究與人類良心的關係。先生自註謂：「日本創元社《史學叢書》中山治一譯《歷史主義之成立》頁 23-25」。上揭《兩漢思想史》，頁 335、435。先生引述馬氏的意見後，最後並作出如下判語：「我認為史公在兩千年前的到達點，與馬氏的到達點，是可以相通的。仁義或禮義，是良心的具體內容。」以上兩例，均見於徐先生的史學名著《兩漢思想史》。今以其文學研究的專著及藝術研究的專著，各舉一例如下：〈《文心雕龍》的文體論〉（《中國文學論集》，臺北：臺灣學生書局，2001）在文章的起首處（頁 2、77）即引莫爾頓（R. G. Moulton）*The Modern Study of Literature* 以說明文學構成的要素。在〈中國藝術精神主體之呈現〉（《中國藝術精神》，臺北：臺灣學生書局，1976）一文中又徵引托爾斯泰（L. Tolstoy, 1828-1910）《藝術是什麼？》以下一說法：「最高的藝術，是以最高的人格為對象的東西」，以佐證莊子藝術成就的高下（頁 56、137）。筆者相信以上四例應足以說明或佐證西方文化知識對徐先生學術研究上的幫助。在這裡應順帶一說學長翟志成先生的一個看法。翟學長認為徐先生的新考據學有五大優點，此相當有見地。其中第三項優點係：「西方學術思想的嚴格訓練」。按：徐先生未嘗在西方世界求學或進修，是以所獲得的相關訓練，具體來說，恐大部分來自日譯西方典籍的知識（詳上文）。徐先生考據的對象蓋以中國為主。西方知識有助先生中國文化之研究（相關考據即為其中一端），翟學長可謂先得我心。其說法，詳氏著，《當代新儒學史論》（臺北：允晨文化實業公司，1993），頁 379。可並參上揭黃俊傑，《東亞儒學視域中的徐復觀及其思想》，頁 212。本註開首處說到針對深化或佐證中國文化研究來說，本文附錄的三個表格所載錄者，比較欠缺這方面的西方文化資訊。然而，附錄二的表格及附錄三的表格所載錄的西方文化資訊則分別協助徐先生達致以下的目的：證成孫中山先生的思想是以健全人格為基礎而孕育出來的；說明做學問及做人的原則及方法，藉以扭轉中國文化的危機。

至深化其卓越識見。

一言以蔽之，西方知識／西方資訊，對徐先生來說，在磨利頭腦、強化論說、豐富及活潑雜文內容、協助彰顯其淑世情懷及卓越的識見、激勵及深化中國文化研究等等方面來說，皆產生相當助益。再者，根據筆者的觀察，此等知識或資訊，對徐先生所從事的研究來說，並不只是單向的；在某一程度上，吾人甚至可以說，它們還扮演仲介的角色。即徐先生的個人研究和這些西方知識／西方資訊雙向互動起來。換言之，先生是在一種中西會通的精神下來汲納，來處理這些西方文化資訊的。這說來話長，上文未及細論。今茲以下語總結全文：

聖學自可通西學，寸管重開百代春[40]

徐先生實不必以「聖學虛懸」為念，並以此齎志以歿的。

---

[40] 徐先生在仙逝前一個半月嘗作詩一首。其中有句云：「聖學虛懸寸管量」。

附錄一：徐先生西方文化知識一覽表

（此表格各欄位下的資料乃按照《文錄》中出現的先後為序。為省篇幅，筆者乃把原先已編輯完竣的兩個表格[41]的第一個表格的資訊，重新彙整編排後，納入本表格內。換言之，下表只含《文錄》中第一冊的資訊；第二冊的資訊只好割愛。）[42]

知識／資訊類別	見於《文錄》中之西方資訊／西方學者專家姓名	《文錄》中的篇名	備註
政治／政治學	(1)兩大集團（二次大戰之後） (2)高道文（筆者按：一般譯作葛德文，William Godwin, 1756-1836） (3)民主自由	(1)〈人類未來的形像〉（頁 1-5） (2)〈人口問題的憂鬱〉（頁 11-16） (3)〈西方文化的重估〉（頁 38-41）	左欄的頁碼，除另作聲明外，概指《徐復觀文錄》中的頁碼。 又：本表中間兩欄位的編碼，皆

---

[41] 兩個表格（一個表格處理一冊雜文）納入了《文錄》首二冊的 60 多篇文章的西方文化資訊，每一文章的相關說明、分析，占一橫列。表格含六個欄位，今開列如下，以供參考：

文章篇名（見諸《徐復觀文錄》首二冊者）	西方資訊／西方學人姓名	相關資訊的年代／學人生卒年	相關資訊的主旨／學人的主張。	功能（徐先生予以引用的目的）／徐先生的評論	備註

[42] 在這裡擬先向讀者交待二點：（一）徐先生在大部分文章中所開列的外國人姓名，其外文的拼寫及生卒年泰半從缺（縱然不從缺，但拼寫方面，經常有筆誤／手民之誤）。筆者乃順文意盡量予以補足，俾讀者知悉此中譯名之外人到底為何人。然而，個別（大概只有三、四人）不常見的洋人，則仍無法從徐先生的中譯名中還原其原名，更無法補上其生卒年。（二）徐先生不至於完全不懂英文，但能力不足以看懂英文學術著作。彼著述中的西方知識，大部分恐來自中、日文的翻譯或轉手記載。《徐復觀文錄・自序》云：「這些雜文，因動筆時的時間與篇幅的限制，當然不能用太嚴格的學術尺度加以衡量。」徐先生所說的不嚴格，蓋有二義：一指內容比較粗疏、欠周延；二指引文大多欠出處，至少欠詳細出處（即缺出版地、出版社、頁碼）。就後一義來說，以徐先生參閱／引錄的西方著作極多（恐大部分轉引自日譯本），其本人不作出處說明者，本文乃因陋就簡，不一一覆核原書以追溯其源頭。至於徐先生的英文程度，彼自謂「徹底不懂英文」；但也說「也有不『徹底』之時」，因為「我居然記得熱牛奶的兩個英文……」。先生有機會學習英文，並嘗數度學習英文，但都放棄了。參氏著，〈瞎遊雜記之一〉，《徐復觀雜文・憶往事》（臺北：時報文化出版企業公司，1980），頁 59。

	(4)共產黨	(4)（同上）	採一一對應的方式呈現，譬如(1)「兩大集團」即對應(1)〈人類未來的形像〉，(2)「高道文」即對應(2)〈人口問題的憂鬱〉。
	(5)馬基維利（N. Machiavelli, 1469-1527）	(5)〈思想與時代〉（頁47-51）	
	(6)印度哲學家、印度總統（1962-1967間任職）拉特克里修蘭（S. Radhakrishnan, 1888-1975）	(6)〈印度人看印度文化〉（頁72-76）	
	(7)英國的保守黨	(7)〈面對傳統問題的思考〉（頁105-108）	
	(8)工黨	(8)（同上）	
	(9)蘇聯的國際主義（共產政權出現之後）	(9)〈歷史與民族〉（頁138-142）	
	(10)史達林（J. Stalin,1878-1953）	(10)（同上）	
生物學	(1)荷爾登（John B. S. Haldane, 1892-1964）	(1)〈人類未來的形像〉（頁1-5）	
	(2)美國近現代生物學家西諾特（Edmund W. Sinnott,1888-1968）《世界展望叢書》	(2)〈一個新的探索〉（頁62-66）	
	(3)美國近現代生物學家西諾特《人、精神、物質》（1957 初版）	(3)（同上）	
	(4)美國近現代生物學家西諾特	(4)〈一個生物學家看人性問題〉（頁67-71）	
	(5)英國人達爾文（C. Darwin, 1809-1882）《物種原始》	(5)〈大學中文系的課程問題〉（頁77-81）	
	(6)英人湯馬斯・赫胥黎（T. H. Huxley, 1825-1895）	(6)〈一個自然科學家的悲願〉（頁109-113）	
	(7)英人朱利安・赫胥黎（J. S. Huxley, 1887-1975 以生物學中「相對成長」的研究而著名；乃《天演論》的作者 T. H. Huxley 的孫子）	(7)（同上）	
	(8)赫胥黎（J.S. Huxley, 1887-1975）	(8)〈被期待的人間像的追求〉（頁128-132）	
	(9)美國近現代生物學家西諾特（E. W. Sinnott, 1888-1968）	(9)〈思想與人格—再論中山先生思想的把握〉（頁153-161）	

	(10)英國演化論生物學家、人文主義者朱利安・赫胥黎（J. S. Huxley, 1887-1975）	(10)（同上）	
人口學	英人馬爾薩斯（T.R. Malthus, 1766-1834）	〈人口問題的憂鬱〉（頁 11-16）	
文學	(1)英國著名小說家、文學評論家阿爾達斯・赫胥黎（A. L. Huxley, 1894-1963	(1)〈人口問題的憂鬱〉（頁 11-16）	
	(2)德國人哥德（J. W. von Goethe, 1711-1782）《浮士德》	(2)〈大學中文系的課程問題〉（頁 77-81）	
	(3)英國以神怪故事為中心的敘事詩 Beowulf（八世紀）	(3)（同上）	
	(4)英國多馬士・莫（T. More, 1475-1535）《烏托邦》（Utopia）	(4)（同上）	
	(5)英國人莎士比亞（W. Shakespeare, 1564-1616）的劇作	(5)（同上）	
	(6)莎士比亞（W. Shakespeare, 1564-1616）	(6)〈今日大學教育問題〉（頁 92-95）	
	(7)英國文學家、詩人勒滿（John Lehmann, 1907-1987）	(7)〈文化中產階級的沒落〉（頁 101-104）	
	(8)英國近現代文學藝術評論家李特（Sir H. E. Read, 1893-1968）	(8)（同上）	
	(9)英人 Arnold Bennett（1867-1931, 以《老妻故事》(The Old Wives' Tale, 1908)登上文學的王座）	(9)〈由一個國文試題的爭論所引起的文化上的問題〉（頁 119-127）	
	(10)美國文學評論家莫爾頓（R.G. Moulton, 1849-1924）	(10)（同上）	
	(11)英人拜倫（Lord Byron, 1788-1824）	(11)（同上）	
	(12)法國學人 André Cresson（1869-1950）	(12)（同上）	
	(13)「意識流」的文學（始於歐洲 1920 年代）	(13)〈被期待的人間像的追求〉（頁 128-	

		132）	
	(14)寫科幻小說著名的英國人威爾士（H. G. Wells, 1866-1946）	(14)〈「現在」與「未來」中「人」的問題〉（頁 186-190）	
歷史／歷史學	(1)英國歷史家喬治・馬可來・特未李利安（G. Macaulay Trevelyan, 1876-1962）	(1)〈一個歷史學家的迷惘〉（頁 17-21）	劉易斯・芒福德研究領域甚廣，今暫歸類為史學家
	(2)美國歷史學家、哲學家、文學批評家路易士・曼福德（一般譯作劉易斯・芒福德，Lewis Mumford, 1895-1990）	(2)〈科學王國中的「後史人」〉（頁 22-27）	
	(3)文藝復興（14 至 17 世紀）	(3)〈危機世紀的虛無主義〉（頁 33-37）	
	(4)啟蒙運動（18 世紀）	(4)（同上）	
	(5)希臘文化	(5)〈西方文化的重估〉（頁 38-41）	
	(6)文藝復興（14 至 17 世紀）	(6)（同上）	
	(7)啟蒙時代（18 世紀）	(7)（同上）	
	(8)希臘、羅馬、希伯來（公元前 4 世紀至 14 世紀）	(8)〈大學中文系的課程問題〉（頁 77-81）	
	(9)英國史家湯因比（A. Toynbee, 1889-1975）	(9)〈人類文化的啟發〉（頁 87-91）	
	(10)啟蒙運動（18 世紀）	(10)〈再談知識與道德問題〉（頁 96-100）	
	(11)文藝復興（14 世紀至 17 世紀）	(11)（同上）	
	(12)湯因比（A. Toynbee, 1889-1975）	(12)〈為馬來西亞的前途著想〉（頁 114-118）	
	(13)美國（美國獨立戰爭以來）	(13)（同上）	
	(14)君士坦丁堡（14 世紀）	(14)〈文化上的家與國〉（頁 133-137）	
	(15)文藝復興運動（14 世紀至 17 世紀）	(15)（同上）	
	(16)英國	(16)（同上）	

(17)吉卜賽人	(17)（同上）	
(18)古巴比倫	(18)（同上）	
(19)埃及	(19)〈歷史與民族〉（頁138-142）	
(20)希臘	(20)（同上）	
(21)迦泰基	(21)（同上）	
(22)羅馬	(22)（同上）	
(23)文藝復興（14世紀至17世紀）	(23)〈文化人類學的新動向〉（頁143-147）	
(24)希臘有閒階級（公元前5世紀）	(24)〈三民主義思想的把握〉（頁148-152）	
(25)歐洲（18世紀到19世紀30年代）	(25)（同上）	
(26)歐洲（19世紀後半）	(26)（同上）	
(27)美國（1966年）	(27)（同上）	
(28)歐洲（1960年代）	(28)〈思想與人格──再論中山先生思想的把握〉（頁153-161）	
(29)蘇聯（1950年代）	(29)（同上）	
(30)東歐各共黨國家（1950年代）	(30)（同上）	
哲學　(1)英國近現代哲學大師、數理邏輯大師，社會運動者、和平主義者羅素（B. Russel, 1872-1990）	(1)〈開幕乎？閉幕乎？〉（頁28-32）	羅素興趣甚廣，以哲學表現最為人注意，故歸入哲學類。
(2)哲學家尼采（F. W. Nietzsche, 1844-1900）	(2)〈危機世紀的虛無主義〉（頁33-37）	
(3)「上帝退隱」（語出尼采）	(3)（同上）	
(4)拉烏陵格（Hermann Rauschning, 1887-1982）撰寫《虛無主義的假面與變形──二十世紀的虛無主義》（*Masken und Metamorphosen des Nihilismus – Der Nihilismus des XX Jahrhunderts*）	(4)（同上）	「拉烏陵格」，原不知何許人。後得東吳大學同事社會學系蔡錦昌教授幫忙下，始知悉其人之生平及相關著作。特此致謝。
(5)蘇格拉底（Socrates, 約公元前469-399）	(5)〈科學與道德〉（頁42-46）	
(6)培根（F. Bacon, 1561-1626）	(6)〈思想與時代〉（頁	

		47-51）
(7)叔本華（A. Schopenhauer, 1788-1860）	(7)（同上）	
(8)尼采（F. W. Nietzsche, 1844-1900）	(8)（同上）	
(9)虛無主義（Nihilism, 最近一二百年）	(9)（同上）	
(10)薩爾特（J.-P. Sartre, 1905-1980）	(10)（同上）	
(11)達達主義（Dadaism, 1910 年代）	(11)（同上）	
(12)超現實主義（Surrealism, 20 世紀上半葉）	(12)（同上）	
(13)德國歷史哲學家史賓格勒（O. Spengler, 1880-1936）	(13)〈人類文化的啟發〉（頁 87-91）	
(14)邏輯實證論（Logical Positivism, 始於 20 世紀的歐洲）	(14)〈今日大學教育問題〉（頁 92-95）	
(15)蘇格拉底（Socrates, c. 469-399）	(15)〈再談知識與道德問題〉（頁 96-100）	
(16)康德（I. Kant, 1724-1804）	(16)（同上）	
(17)立根於思辨形上學的倫理學	(17)（同上）	
(18)德人黑格爾（G.W.F. Hegel, 1770-1831）	(18)（同上）	
(19)分析哲學（20 世紀 40 年代之後）	(19)（同上）	
(20)亞里士多德（Aristotle, 384B.C.-322B.C）	(20)〈文化中產階級的沒落〉（頁 101-104）	
(21)柏拉圖（Plato, 424/423-348/347）	(21)〈由一個國文試題的爭論所引起的文化上的問題〉（頁 119-127）	
(22)個人主義（individualism）	(22)〈文化人類學的新動向〉（頁 143-147）	
(23)哲學上的唯物主義	(23)（同上）	
(24)唯心主義	(24)（同上）	
(25)實存主義（始於 19 世紀而大盛	(25)〈文化人類學的新	

	於 20 世紀；筆者按：一般稱為存在主義）	動向〉（頁 143-147）	
	(26)黑格爾（Hegel, 1770-1831）	(26)〈思想與人格—再論中山先生思想的把握〉（頁 153-161）	
	(27)德意志（Germany, 19 世紀初）	(27)（同上）	
	(28)柏拉圖（Plato, 424/423-348/347）	(28)（同上）	
	(29)英國哲學家、政治家培根（F. Bacon, 1561-1626）	(29)〈知識與符咒—做人做事求學要在平實中立基礎〉（頁 162-166）	
	(30)學者、哲學家霍斯頓（Jean Houston, 1937-）	(30)〈從迷幻藥的影響看中國文化〉（頁 196-204）	
	(31)存在主義哲學家法國人薩特（J-P. Sartre, 1905-1980）	(31)（同上）	
宗教／神學	(1)耶穌	(1)〈西方文化的重估〉（頁 38-41）	
	(2)耶穌	(2)〈思想與時代〉（頁 47-51）	
	(3)《新舊約》	(3)（同上）	
	(4)家庭宗教教育中的人文成分：歐洲小孩生下來洗禮的儀式、給予小孩基督教信徒的名字、帶小孩到教會去、母親帶小孩跪在床前唸〈天主經〉的禱告等。	(4)〈歐洲人的人文教養〉（頁 52-56）	
	(5)奧古斯丁（Augustine, 354-430）	(5)〈再談知識與道德問題〉（頁 96-100）	
	(6)基督教	(6)（同上）	
	(7)基督教	(7)〈面對傳統問題的思考〉（頁 105-108）	
	(8)基督教	(8)〈為馬來西亞的前途著想〉（頁 114-118）	

	(9)君士坦丁	(9)（同上）	
其他（一般文化）	(1)西方文化	(1)〈西方文化的重估〉（頁 38-41）	
	(2)權利義務、契約、語言、宴會	(2)〈歐洲人的人文教養〉（頁 52-56）	
	(3)西方人，尤其美國人，研究中國文化的動機及其結果（1940 年代迄今）	(3)〈美國人與中國文化〉（頁 82-86）	
	(4)古代希臘人（公元前 5、6 世紀）	(4)〈再談知識與道德問題〉（頁 96-100）	
	(5)文化中產階級（近三百年）	(5)〈文化中產階級的沒落〉（頁 101-104）	
	(6)英國《泰晤士報》（*The Times*, 1960 年代）	(6)（同上）	
	(7)希臘文化	(7)〈為馬來西亞的前途著想〉（頁 114-118）	
	(8)希伯來文化	(8)（同上）	
	(9)義大利（15 世紀）	(9)（同上）	
	(10)西方文化中的個人主義	(10)〈歷史與民族〉（頁 138-142）	
	(11)西方文化	(11)發生於 1868 年的明治維新之後的一二十年	
	(12)蘭學（Dutch Learning）	(12)（同上）	
經濟學	(1)亞當斯密（A. Smith1723-1790）	(1)〈思想與時代〉（頁 47-51）	
	(2)資本主義（14、15 世紀以來）	(2)（同上）	
	(3)產業革命（18 世紀）	(3)（同上）	
	(4)社會主義（19 世紀）	(4)（同上）	
	(5)原始共產社會	(5)（同上）	
	(6)英人亞當斯密（A. Smith, 1723-1790）	(6)〈再談知識與道德問題〉（頁 96-100）	
藝術	(1)扭扭舞（Twist, 1960 年代）	(1)〈思想與時代〉（頁 47-51）	

	(2)「超現實主義」的藝術 (3)西方的影片	(2)〈被期待的人間像的 追求〉（頁 128-132） (3)〈經濟保護與文化保 護〉（頁 205-209）	
教育學	(1)中小學教育（尤其是法國）中的 國文課程及作文方法 (2)西方中小學教育中的古典教育： 希臘羅馬古典之外，並納入其本 國之古典。 (3)美國大學中文系（1960 年代） (4)美國所倡導的「通才教育」（二 次大戰之後） (5)日本中央教育審議會會長森戶辰 男（1888-1984）	(1)〈歐洲人的人文教 養〉（頁 52-56） (2)（同上） (3)〈大學中文系的課程 問題〉（頁 77-81） (4)〈今日大學教育問 題〉（頁 92-95） (5)〈面對傳統問題的思 考〉（頁 105-108）	
社會學	(1)低次元傳統 (2)高次元傳統 (3)據徐先生，英國著名詩人、劇作 家、文評家 T.S. Eliot（1888- 1965）稱「高次元傳統」為「正 統」（orthodox tradition）。 (4)基層文化 (5)高層文化 (6)德國社會學家韋伯（M. Weber, 1864-1920） (7)蘇聯社會學家索羅金（P. Sorokin, 1889-1968） (8)美國社會學家克諾巴（A. L. Kroeber, 1875-1965） (9)美國社會學者薩姆那（W.G. Sumner, 1840-1910） (10)俄國社會學家索羅金（P. A. Sorokin, 1889-1968）	(1)〈傳統與文化〉（頁 57-61） (2)（同上） (3)（同上） (4)（同上） (5)（同上） (6)〈人類文化的啟發〉 （頁 87-91） (7)（同上） (8)（同上） (9)〈文化人類學的新動 向〉（頁 143-147） (10)〈思想與人格─再 論中山先生思想的把	

		握〉（頁 153-161）	
醫學	(1)諾貝爾和平獎得主德國人史懷哲（A. Schweitzer, 1875-1965）	(1)〈人類文化的啟發〉（頁 87-91）	
	(2)精神分析學（始於 20 世紀初）	(2)〈文化人類學的新動向〉（頁 143-147）	
	(3)諾貝爾和平獎得主德國人史懷哲（A. Schweitzer, 1875-1965）	(3)〈思想與人格—再論中山先生思想的把握〉（頁 153-161）	
	(4)LSD（迷幻藥, 1938）	(4)〈從迷幻藥的影響看中國文化〉（頁 196-204）	
	(5)瑞士醫師荷夫曼（A. Hofmann, 1906-2008）	(5)（同上）	
	(6)英國人散德遜醫師（R.A. Sandison, 1916-2010）	(6)（同上）	
	(7)UCLA 大學精神科醫師安格麥德（？）、	(7)（同上）	未悉安格麥德、福霞二人之生平
	(8)UCLA 大學精神科醫師福霞（？）	(8)（同上）	
	(9)嘗執業於加拿大的奧斯蒙多醫師（H.F. Osmond, 1917-2004）	(9)（同上）	
	(10)醫師馬斯塔茲（R.E.L. Masters, 1927-2008）	(10)（同上）	
物理學	(1)愛因斯坦（A. Einstein, 1879-1955）	(1)〈一個自然科學家的悲願〉（頁 109-113）	徐文稱 Walfe 為科學家，今未悉其生平，暫歸入物理學家類
	(2)愛因斯坦（A. Einstein, 1879-1955）	(2)〈思想與人格—再論中山先生思想的把握〉（頁 153-161）	
	(3)美國科學家 Walfe（？）	(3)〈日本科學技術發展的基本條件〉（頁 172-177）	
考古學	法國人耶穌會教士查爾坦（Pierre Teilhard de Chardin, 1871-1955，筆者按：一般譯作德日進，嘗在中國從事考古研究多年。）	〈被期待的人間像的追求〉（頁 128-132）	

地理學	意大利（14 世紀）	〈文化上的家與國〉（頁 133-137）	
語意學	從語意學的觀點，有人認為「人權」、「民族」等概念，是不能成立的語意學（semantics）	〈歷史與民族〉（頁 138-142）	
文化人類學	(1)文化決定論（20 世紀初） (2)美國人類學家克諾巴（A.L. Kroeber, 1876-1960） (3)「微視的文化人類學」（1930 年以來） (4)美國文化人類學家林頓（Ralph Linton, 1893-1953）	(1)〈文化人類學的新動向〉（頁 143-147） (2)（同上） (3)（同上） (4)〈個人與社會〉（頁 167-171）	
化學	比利時化學家及史學家薩東（G. Sarton, 1884-1956）	〈思想與人格—再論中山先生思想的把握〉（頁 153-161）	
數學	嘗與愛因斯坦共事的印度數學家、物理學家 S.N. Bose（1894-1974）	〈日本科學技術發展的基本條件〉（頁 172-177）	本文之題目，目次頁則作〈日本科學技術發展的原因〉
心理學	(1)哈佛大學心理學教授美國人李阿里（T. Leary, 1920-1996） (2)心理學家阿爾巴特（R. Alpert, 1931-）	(1)〈從迷幻藥的影響看中國文化〉（頁 196-204） (2)（同上）	

附錄二：西方資訊見於
〈思想與人格──再論中山先生思想的把握〉一文一覽表

文章篇名	西方資訊／西方學人姓名	相關資訊的年代／學人生卒年	相關資訊的主旨／學人的主張。	功能（徐先生予以引用的目的）／徐先生的評論	備註
〈思想與人格──再論中山先生思想的把握〉（頁153-161），原載《徵信新聞報》1965年12月11日	歐洲	1960年代	徐先生認為，歐洲兩種性質不同的政黨（筆者按：大抵指支持資本主義的政黨和支持社會主義的政黨）越來越向中間路線看齊。	徐先生深為國父中山先生偉大人格所感動，認為這種感動，只能來自偉大的人格，而不可能來自這個偉大人格所具備的知識。是以撰著本文。先生以下所言，可開濶吾人知性上的視野，甚具卓見，故引錄如下：「一切體系哲學，對現實而言，與黑格爾的體系哲學所發生的問題，都相去不遠。……體系哲學的概括，結果也同樣是偏是蔽。人是『異質的	本文旨在闡發中山先生的思想。徐先生指出中山先生不可及之處而常人比較不注意的尚有二點：一、中山先生讓出臨時大總統後，便接受督辦全國鐵路的任務。這顯示出中山先生充分認識物質建設的重要。二、中山先生本人雖係一基督徒，「但決不標榜基督教，更不會想利用基督教。
	蘇聯東歐共黨國家	1950年代1950年代	蘇聯和東歐各共黨國家則實行修正主義。（徐先生意謂，蘇聯及東西歐都走中間的路線，而不走偏鋒了。）		
	俄國社會學家索羅金(P. A. Sorokin)	1889-1968	索氏《人性的重建》（*The reconstruction of Humanity*, 1958）		
	愛因斯坦(A. Einstein)	1879-1955	愛氏《晚年思想論集》（*Out of My Later Years*, 1950）		
	諾貝爾和平獎得主德國人史懷哲(A. Schweitzer)	1875-1965	史氏《文化的沒落與再建》（*The Decay and Restoration of Civilization*, 1923）		

比利時化學家及史學家薩東(G. Sarton)	1884-1956	薩氏《古代中世科學文化史》（*Introduction to the History of Science,* 1948）	統一」，僅通過知識，不可能得到異質的統一。對於人自身的把握，	……假定中山先生把個人的信仰擴張於政治活動之上，便
美國近現代生物學家西諾特(E. W. Sinnott)	1888-1968	西氏《人・精神・物質》（*Matter, Mind and Man,* 1957）徐先生引述上列各名著之後，指出說：「他們都一致強調在科學中找不出道德；而世界的危機，不是僅靠科學，同時也要依靠道德力量的，始能加以克服。」	對於人自身問題的把握，知識是第二義的；人格才是第一義的。……人格的超昇，必通過個人私利、私智的剋服。私利、私智多剋	會和民族主義相衝突，加深中國的半殖民地化。」
英國演化論生物學家、人文主義者朱利安・赫胥黎(J. S. Huxley)	1887-1975	赫氏《新人文主義的構想》（*The Humanist Frame,* 1961）徐先生指出說，赫氏「以進化論為統合中心的觀念，已是一種偏執。」至於由他發起並主編的《新人文主義的構想》一書，也「沒有達到他們所要求的『超越分裂』以成為『統一的網狀組織』的目的。」	服得一分，客觀的存在，便在自己的主觀中，多呈現出一分。……但一般人是使知識與個人的名譽、金錢、利害相結合；中山先生則直接使知識與國家、民族的生死存亡相結合。……『中國的道德自	
柏拉圖(Plato)黑格爾	424/423-348/347 1770-1831	柏拉圖（Plato）到黑格爾（Hegel）等哲學家都建立過「體系哲	覺』，必落實在現實生活上。」徐先生	

| | (Hegel) | | 學」。但他們的體系哲學，依徐先生，都有其局限。「第一是體系哲學，常常受到知識進步的影響而紛紛崩潰。第二是，體系哲學，一落到現實之上，若不為現實所否定，便（因為遠離現實而）在現實中發生流毒。」 | 雖重視人之道德，但絕不是不食人間煙火，住在象牙塔內的學者。先生以下所言正可以佐證：「道德、品格的提高，都有待於物質的建設。物質建設，才是推動一切進步的大前提，大動力。」 | |
| | 德意志 (Germany) | 19世紀初 | 徐先生認為，把德意志視為絕對精神發展的終點，大概只能代表在拿破崙佔領下德意志人的一種反抗精神而已。 | 筆者按：先生引述西方資訊的目的，乃係作為工具用，以證成中山先生的思想是以健全人格為基礎而孕育出來的。 | |

附錄三：西方資訊見於〈今日中國文化上的危機〉一文一覽表

〈今日中國文化上的危機〉（頁11-19），原載《東風》，1959年3月2日	普拉塔哥拉斯(Protagoras)	Ca. 490-420	普氏說：「人為萬物的尺度；非存在與存在，由人決定。」徐先生指出，普氏的說法，從知識方面看，可使人自以為是，因此是負面的。但亦有正面價值：從自然中，發現了人異於萬物而有其特殊性。	徐先生在文章開頭時便說：「今天是第一次上課，我想和大家說幾句閑話。」因此文章內容是針對年輕學子而說的。主旨是呼籲年青人不要人云亦云，不要一知半解；而要認真學習相應的知識（含西方知識）。先生指出，有些中國人喜歡用「情緒的」三個字來描述人世間的道德；認為道德只是情緒的產物。徐先生呼籲青年學子絕不應輕信這類說詞；且做學問，以	徐先生指出，日本朝永三十郎撰有《近代我的自覺史》。徐先生說：「人和物的不同，有人認為在於人有自覺，而物沒有自覺。」陳白沙對這個問題早指出說：「人爭一個覺。纔覺便我大而物小，物盡而我無盡。」（《陳獻章集》，卷三書二，〈與林時矩〉。） 按：薩氏科學史方面的名著有四，開列如下： *Introduction to the History of Science*(1927-48); *A History of Science:* *Ancient science through the*
	蘇格拉底(Socrates)	Ca.469-399	蘇氏進一步推衍普氏的說法，而希望把希臘文化生根於人的自覺之上。		
	文藝復興(Renaissance)	約 14 至 17 世紀	徐先生說：「文藝復興運動的內容，世人多稱它為『我的自覺』。」		
	比可密朗多拉(Pico della Mirandola)	1463-1494	據徐先生，文藝復興時期義大利哲學家比可密朗多拉認為人的創造者特賦予人以自由的力量，上可以昂揚到神，下可以墜落為動物。		
	行為心理學(Behavioral Psychology)	20 世紀初始於美國	據徐先生，行為心理學是專從刺激反應來解釋人的行為。邏輯實徵論則否認認識性以外的一切文化生活的價值。（先生意謂，前者以為		
	邏輯實徵論(Logical	始於 20 世紀的歐洲			

Positivism)		透過實驗，而後者以為透過演算便可了解、把握到人之所以為人的特質。先生指出，幸好最近邏輯實徵論者已不如初期的狂熱，乃轉而對宗教、道德、藝術的價值採取保留態度。）	至做人，都必須「從根本上去求，從深度中去看。」筆者按：先生引述西方資訊的目的，乃係作為工具用，以說明做學問及做人的原則及方法，藉以扭轉中國文化的危機。	*Golden Age of Greece* (1952); *A History of Science: Hellenistic science and culture in the last three centuries B.C.*(1959); *The Study of the History of Science* (1965)
比利時化學家及史學家薩頓(G. Sarton)	1884-1956	薩頓在其鉅著《科學文化史・序》中說：「希臘文明的終於失敗，這並非它缺乏智性，乃是缺乏了人格和道德。」徐先生於是下結論說：「可見從知識上建立不起道德的尊嚴。」		
愛因斯坦(A. Einstein)	1879-1955	愛氏在其《晚年思想》(*Out of my later years*)一書中特別闢一章處理道德與宗教的問題。然而該章的標目則係〈公共事務〉，可知愛氏是認為道德的作用見之於群眾之中，即人與人的對待中，才見得出來的。在一篇演講詞中，愛氏更明言，科學方法只能說明「這是如此」，而不能解答為甚麼「應當如此」。（筆者按：理由很簡單，因		

		為科學的主旨是處理事實問題，而不處理價值問題。換言之，其對像是 WHAT ，而不是 WHY。）		
法國醫學生理學家，諾貝爾獎得主卡勒爾 (A. Carrel)	1873-1944	卡氏對人所做的研究，其名著的書名《人，此尚未知道的東西》（*L'homme, cet inconnu* 英文：*Man, The Unknown*，1935）已揭示得很清楚。但徐先生指出，中國有些學者在缺乏相關的研究下，竟誇張地自認為對「人」已認識清楚了；人與一般動物的區別，他們認為已經取消了！徐先生指出，當行為心理學者說：「思想是來自人的舌頭筋肉活動」時，上述的中國學者更不加反省的作出如下的判斷：舌頭筋肉運動以上的東西，都是不科學的，都已經打倒！		
行為心理學	20 世紀初始於美國			

附識：筆者最原先是打算把先生的全部著作細讀一遍，然後擷取、統計、分析、條貫、統整其中所含藏的各種西方文化資訊。但這個「計畫」太龐大了，根本無法在短期內完成。後來便打算退一步只針對雜文部分來做，但計畫仍然太大。最後完成的是四冊《徐復觀文錄》[43]的首二冊[44]而已。但光就

---

[43] 其中《文錄》第一和第二冊的副標題為〈文化〉，第三冊為〈文學與藝術〉，第四冊則以〈雜文〉標目。上文的討論，除以環宇出版社的版本為引述及討論之所據外，若干地方亦參考了臺灣學生書局的版本。按：學生書局嘗把四冊《文錄》中的文章，精選其中 61 文，分別以〈文化〉、〈文學、藝術〉及〈自述、懷念親友〉三主題，彙編成冊，名為《徐復觀文錄選粹》，出版於 1980 年。其後學生書局又把《文錄》中原有而未納入《選粹》中的其他文章（共 74 文），加上二附錄、〈《徐復觀文存》刊行緣起〉及〈徐復觀教授著作表〉等共四篇文章，而於 1991 年出版《徐復觀文存》。換言之，原環宇出版社出版的四冊《文錄》，學生書局則以《徐復觀文錄選粹》和《徐復觀文存》命名而分別於 1980 年及 1991 年再予以出版。

[44] 首二冊含 65 文（其中一篇有目無文，故可說只有 64 文），其中無西方資訊，或雖有，但不足以反映徐先生本人具西方知識者（如文章翻譯自日文，而此日文著作中原含西方資訊），共僅 8 文（其中第一冊 7 文，第二冊僅 1 文），文章名稱如下：1、〈世界危機中的人類〉；2、〈歐洲人的人文教養〉；3、〈印度人看印度文化〉；4、〈日本科學技術發展的基本條件〉；5、〈在歷史教訓中開闢中庸之道〉；6、〈有關臺灣留學政策問題〉；7、〈從裸裸舞看美國文化的問題〉；8、〈儒教對法國的影響〉）。換言之，《文錄》首二冊可反映徐先生具西方知識之文章計有 56 文。56 篇文章橫跨超過二十年。最早一文撰於 1950 年 9 月；最後一文撰於 1971 年 1 月（詳參上註33）。其餘大部分文章則撰著於 1960 年代。文章原先發表之園地，大部分是香港《華僑日報》，其他依次是《民主評論》（7 文）、《徵信新聞報》（3 文）、《東風》（2 文）、《出版月刊》（1 文）、《文星雜誌》（1 文）、《孔孟月刊》（1 文）、《國父百年誕辰紀念論文集》（1 文）、《百年來中日關係論文集》（1 文）。缺出版刊物名稱者 4 文。《華僑日報》首刊於 1925.06.05（二戰後，《華僑日報》、《工商日報》和《星島日報》乃當時香港最主要的報章），1995.01.12 停刊。詳參維基百科《華僑日報》條。在《華僑日報》上發表者，以報章專欄篇幅所限，每文約 2,000 多字（含標點符號及空白鍵）。在《民評》刊出者，大抵 2、3,000 字至 8、9,000 字不等。最長一文〈過分廉價的中西文化問題〉則刊登在《文星雜誌》（1963 年 2 月號）上，18,000 多字，乃先生跟當時年約 20 歲的年輕人黃富三先生辯論的文章。

這二冊來說，其中所含藏的西方文化資訊已有 270 多項[45]。當然 270 多項仍不足以充分反映徐先生西方知識之全貌，然而，先生西方知識的豐富及此等知識在先生知識系統中所扮演的角色，相信已可以概見。

[45] 此等西方知識／資訊，徐先生獲得之途徑大抵如下：透過西方名著（如愛因斯坦或羅素之著作）之中譯本或日譯本而直接得之（主要是日譯本，因日人翻譯洋人著作之速度(著名西文著作出版不久，日人即翻譯之)，甚至精確度，恐恆在中譯本之上。）；其他途徑，如透過一般讀物或介紹性的書刊，甚或從報章上得之等等。

附錄七　精誠相感，憂患同經：
牟宗三眼中的徐復觀[*]

崇聖尊儒，精誠相感，鉅著自流徽，辣手文章辨義利；

闢邪顯正，憂患同經，讜言真警世，通身肝膽照天人。

一、前言

　　一代哲人、民主鬥士，當代／現代新儒家徐復觀先生（1903-1982）於 1982 年 4 月 1 日溘然長逝，舉世同悲。精誠相感，憂患同經凡四十載的摯友牟宗三先生（1909-1995）嘗撰文悼念並假上面的輓聯以致其哀[1]。

---

[*]　本文初稿乃應邀發表於「第十一屆當代新儒學國際學術會議──紀念牟宗三先生逝世二十年」之會議上（主辦單位：東方人文學術研究基金會等等單位；日期：2015 年 10 月 22-25 日），惟全文僅 20,000 餘字，不含「附論」一節。筆者應邀參加同年 11 月 13-14 日假香港新亞研究所所舉辦之「紀念牟宗三先生逝世二十周年國際學術研討會」時，仍發表同一文章，惟增加「附論」一節（約 6、7000 字），文章題目改易為〈大師眼中的大師：牟宗三論徐復觀〉。今將該文「附論」一節移入本文內。又：本文於上述「第十一屆當代新儒學國際學術會議」發表時，承蒙楊祖漢教授指出，牟先生為徐先生逝世所撰之輓聯（即本文開首所引錄者），實出自蔡仁厚教授手筆。蔡教授當日亦與會，並確認楊教授之說法，惟補充說，牟先生嘗修改其中一二用語云。

[1]　牟宗三，〈悼念徐復觀先生〉，《聯合報》，1982.04.25；又收入曹永洋等編，《徐復觀教授紀念文集》（臺北：時報文化出版企業公司，1984），頁 13-16（以下簡稱〈悼念文〉，全文僅 1,000 多字；下文所引用的版本，以此時報版為準。以文章不長，頁碼從略。）；又收入牟宗三，《時代與感受》（臺北：鵝湖出版社，1986 年），頁 283-285。

　　徐先生的生平及學術上的表現，不少學者專家已有所闡述。本文主要是假借牟先生的兩篇文章[2]，以揭示在彼眼中，其老友是怎麼樣的一個人物；其學術性格及終極關懷之所在，亦頗可概見。也可以說意圖從一個側面以窺探徐先生這號人物。兩文章的發表人牟先生本人的性格，乃至其學術意趣，亦頗可隨而獲睹。

　　牟先生喜歡論述和品評人物。猶記得 20 多年前假臺北市中央圖書館（1996 年改名為國家圖書館）所舉辦的第二屆（1992 年 12 月 19-21 日）當代新儒學國際學術會議上，一心思細密的學長私底下嘗有如下的統計：作為主題演講者的牟先生，他月旦、臧否了近現代中國學者 26 人。其實，同年（即 1992 年）在紀念徐先生逝世 10 周年的東海大學研討會上，作為主講者的牟先生，亦月旦了不少中國近現代學術界的人物，如梁漱溟、胡適、陳寅恪、魯實先等等即其例；政界的人物，如蔣經國、毛澤東、鄧小平、周恩來等等，也是牟先生品評之列。如把提及（不刻意品評）的也算在內，那人數便更多了。如熊十力、錢穆、唐君毅、竺可楨（前浙江大學校長）、翁文灝（前行政院長）、吳有訓（前中央大學校長）、李滌生（中興大學中文系創系主任）、李政道、楊振寧、李遠哲、蔣介石、唐乃建（蔣介石侍從室高級幕僚）等，牟先生的講詞中都提到他們的名字（其中「蔣介石」，文中作「蔣委員長」。）牟先生月旦人物雖多即興而發，但大皆有感而發，且恆言之有物，絕不流於無病呻吟。其實對披露、揭示民國以來學人的表現及學術界的情況，厥有功焉；絕不能以今日所謂「說八卦，道是非」視之。我們試從〈紀念文〉舉一例以概其餘。牟先生指出：

---

[2]　其一為〈悼念文〉，另一為牟先生在東海大學的主題演講（發表於徐先生逝世十周年的「徐復觀學術思想國際研討會（1992.06.25-27）」上）：〈徐復觀先生的學術思想〉（以下簡稱〈紀念文〉），收錄於《徐復觀學術思想國際研討會論文集》（臺中：東海大學編印，1992 年 12 月）。全文約 10,000 字。〈紀念文〉又收入牟宗三，《牟宗三先生全集》（臺北：聯經出版事業公司，2003），冊 24，頁 455-470。下文引錄此〈紀念文〉時，其頁碼以東海大學之版本為準。

（共產黨的浪漫），終於成為「肆無忌憚」，在神魔混雜之中，自由、平等、博愛，也被吞噬到裡面去了。這種情形，知識分子、學者名流，全都看不出來，看不清楚。連甚負時望的梁漱溟先生，也一樣看不清楚。（可見他們都比不上徐先生）。（〈紀念文〉，頁2）

上文既批評了共產黨，也批評了以梁漱溟為代表的民國初年迄 1930、40 年代的中國知識分子、學者名流；揭示了當年這些知識分子及學者名流幼稚無知的一面。根據牟先生，惟徐先生異於是，可謂眾人皆醉而彼獨醒。這對徐先生應該算是很高的一個評價。

二、「我一生感念徐先生」

這句話是牟先生在〈紀念文〉（頁 10）中所說的。其實，一生感念徐先生者，又何止牟先生一人呢？惟牟先生以一語而道破眾人心聲，乃此語之可貴處。友朋輩外，晚輩或學生輩受徐先生恩惠者，指不勝屈，不繁列舉。

針對牟先生之所以感念徐先生，以下分三方面做說明。首先說牟先生的個人生活。牟先生說：「吾隻身流浪，居無定所，多蒙友人如徐先生者照顧。」[3]；「吾離中大（按指：南京中央大學）後，一時無處住，暫住徐先生藍家莊寓所。……南京撤退，吾由廣州至臺，暫住民主評論社。……那時徐先生住臺中，吾到臺中亦常住徐先生家。」[4]（〈悼念文〉）。除〈悼念文〉

---

[3] 一生中，牟先生的確得到不少師友的照顧、幫助，徐先生，其一而已。譬如從 1932 年（23 歲）到1949 年（40 歲），牟先生一直追隨熊十力先生，其中，恐至少有七、八年親炙於熊先生的左右。1937 年（28 歲），抗戰軍興，又得到張遵驌先生（張之洞裔孫）資助路費從湘衡走桂林。1939 年（30 歲），在昆明將近一年，生活無著，賴張先生之資助渡日。1942 年秋（33 歲），由唐君毅先生介紹，應聘於成都華西大學，是為牟先生獨立講學之始。1945 年（36 歲）得以任教於中央大學，恐亦係唐先生推薦之結果。參〈牟宗三先生年譜〉，見 http://bbs.gsr.org.tw/cgi-bin/view.cgi?forum=36&topic=107。

[4] 引文中所提到的藍家莊寓所，蓋即徐先生負責的《學原》月刊社之社址所在地。據該

外，其他文字中，也有不少提及其個人生活的[5]，其中《五十自述》中「客觀的悲情」一章尤其可反映牟先生「隻身流浪，居無定所」的實況。其中有云：

> 念自廣西以來，昆明一年，重慶一年，大理二年，北碚一年，此五年間為吾最困扼之時，亦為抗戰最艱苦之時。國家之艱苦，吾個人之遭遇，在在皆足以使吾正視生命，從「非存在的」抽象領域，打落到「存在的」具體領域。[6]

除個人生活外，牟先生在其他方面，也常靠徐先生的幫忙始得以停息紛爭、擺脫困擾。牟先生說：「……以上這些情況（按指：牟先生被攻擊思想有問題等），是說明我們在臺灣的處境，初來十多年，是靠徐先生護持的。」（〈紀念文〉，頁10）

再者，在護持中國文化方面，徐先生嘗充當唐、牟二先生的「護法」。猶記得 30 多年前在香港新亞研究所上牟先生課時，他指出唐先生和他常為某些人士所攻訐，徐先生恆撰文反擊，充當他們的護法。〈悼念文〉即云：「吾與唐君毅先生許多有關於中國文化之文字皆在《民主評論》發表。去障去蔽，抗禦謗議，皆徐先生之力。」[7]

雜誌之封底，知其地址為南京藍家莊蘭園新 12 號。

5　有關牟先生的生活或生平行誼，可參〈五十自述〉、〈學思年譜〉、〈國史擬傳〉，收入上揭《牟宗三先生全集》，冊 32。

6　牟宗三，《五十自述》（臺北：鵝湖出版社，1989），頁 102。按：牟先生嘗在廣西教中學（先後任教梧州中學、南寧中學），時為 1938 年。參上揭〈牟宗三先生年譜〉。

7　有關「護法」，我們可以多引二條資料以為佐證：（一）陳修武說：「牟先生……又全靠徐先生為之闢詐偽、啟愚頑、化解於無形，乃使牟先生得以暢其所言。所以，牟先生常說徐先生是他的『護法大師』。」陳修武，〈一位沒有客氣的大人物〉，上揭《徐復觀教授紀念文集》，頁 146。（二）區結成說：「（19）57 年，殷（海光）用筆名在《自由中國》寫〈重整五四精神〉的社論，筆下頗為專斷地攻擊唐君毅與牟宗三兩人。徐讀了很生氣，並不知是出於殷的手筆，即寫了〈歷史文化與自由民主──

　　「去障去蔽，抗禦謗議」，偏重在消極方面。此外，徐先生對中國文化也作出正面、積極的貢獻。這方面，也就是筆者下文要說明的牟先生感念徐先生的第三個方面。牟先生指出說：「徐先生這個人對維護中國文化，維護這個命脈，功勞甚大。這是我親自切身的感受：疏通致遠，功勞甚大。」（頁 10）又說：「他辦《民主評論》的時候，唐先生文章最多，我的文章亦不少，而徐先生擔負的責任則是『疏通致遠』。」（頁 8）我看牟先生很看重「疏通致遠」。牟先生講到徐先生應用考據學的功夫來做學問時，也提到徐先生這方面的表現。相關細節，容下文再處理。

　　現在先處理牟先生在〈悼念文〉中所提到的新亞書院。1949 年，大陸政權易手，中國傳統文化蕩然無存！除臺灣外，中華文化在海外得以不絕如縷者，僅靠香港一地耳。此中由錢穆先生、唐君毅先生、張丕介先生（有「新亞三哲」之稱）等等所共同創辦的新亞書院，扮演著非常關鍵的角色。憶上課時，牟先生特別指出，錢、唐、張，乃新亞的三根支柱；新亞靠錢先生的大名，靠唐先生的文化理想，靠張先生的實幹。然而，再大的名氣，再崇高的理想，再強有力的實幹精神，說到最後，還是非財不行！牟先生指出說：「新亞書院初成，極度艱難，亦多賴《民主評論》社資助，此亦徐先生之力。」[8]（〈悼念文〉）個人認為，辦文化事業固然不可無文化理想。然

對於辱罵我們者的答覆〉駁斥，又以『文化暴徒』形容《自由中國》的人士。徐與殷從此交惡。」區結成，〈徐復觀先生傳略〉，《徐復觀教授紀念文集》，頁 455-456。

[8]　徐先生對新亞之資助，其管道蓋有二端。其一為《民主評論》多刊登錢、唐等先生的文章，並透過撰稿費從優的方式間接資助新亞。其二為錢先生 1950 年冬從香港前往臺灣募款時，獲總統府辦公費項下撥發每月港幣三千元。這也源自徐先生背後之奔走運作。錢先生獲總統府辦公費三千元事，參錢穆，《八十憶雙親　師友雜憶合刊》（臺北：素書樓文教基金會，2000），頁 277；廖伯源，〈錢穆先生與新亞研究所〉，鮑紹霖、黃兆強、區志堅主編，《北學南移》（臺北：秀威資訊科技有限公司，2015），文化卷，頁 90。「撰稿費從優的方式」，今略述如下。宋敘五先生云：「當時這一班流亡在香港的，既是學者、又是作者的人，本身生活成問題，全靠《民主評論》的稿費，……茲以錢穆先生與唐君毅先生為例，他們二人，幾乎每期都有寫稿，有稿必登。而且，在無稿之時，可以『預支稿費』。預支稿費的數目（筆者

而，文化事業在相當大的程度上是靠資金支撐才得以維持的；否則理想只有流於空談（理想也隨而成為空想、妄想、幻想）！當然，這個說法有點「物質主義」的傾向，但現實就是現實，實無可奈何！在這個地方，便可看出徐先生對中國文化的貢獻。上引文中，牟先生說徐先生「維護中國文化，維護這個命脈，功勞甚大。」功勞甚大，當然包括在資金上支援新亞一端。

順便一說的是：說「文化理想」也好，說「文化精神」也罷，其背後則為「文化意識」。換言之，理想、精神，皆源自人之意識。數十年來，「新亞人」恆把「新亞精神」掛在嘴邊。牟先生一針見血指出說：「所謂新亞精神實以《民主評論》之文化意識為背景。人不知此背景，新亞精神遂亦漫蕩而無歸矣。」[9]如眾所周知，《民主評論》之東主，徐先生也[10]。即此一端

按：「數目」在此乃「金額」之意）是：錢穆先生每月一千（港元）；唐君毅先生，每月八百。如果熟悉當時生活水準的人，都可以知道：一千、八百，在當時可以令一個中等家庭，過著非常優裕的生活，⋯⋯」筆者在香港土生土長 30 年。1950 年代初，一千港元的購買力，相當於今天（2016 年）約 100,000 港元（換言之，60 多年間，香港物價已上漲 100 倍。）宋敘五，〈一九四九年前後，北學南移潮流中的張丕介先生與楊汝梅先生〉，上揭《北學南移》，學人卷 II，頁 24。徐先生對新亞之幫助，其本人給唐君毅、謝幼偉、牟宗三三位先生之信函中即明確指出說：「過去弟為新亞事，請得總統允與幫助，旋為曉峰（按：即張其昀）所詛。弟乃設法由經國出面，請錢先生赴臺講學，與總統有見面之機會，得以延新亞之命脈於不墜。在新亞經濟困難時，《民論》常與以周轉，其中有三千港幣，並未請求償還。弟對錢先生個人及新亞，可謂盡力無微不至。⋯⋯」徐復觀，《無慚尺布裹頭歸・交往集》，《徐復觀全集》（北京：九州出版社，2014），頁 391。

9　按：「新亞精神」一詞見諸新亞書院院長（校長）錢穆先生作詞之〈新亞校歌〉，此〈校歌〉蓋為「新亞精神」一詞最早出現之載體，譜曲者則為黃友棣先生。其詞曰：
　　山巖巖，海深深，地博厚，天高明，人之尊，心之靈，廣大出胸襟，悠久見生成。珍重，珍重，這是我新亞精神！珍重，珍重，這是我新亞精神！　十萬里，上下四方俯仰錦繡，五千載，今來古往一片光明，十萬萬（原作五萬萬）神明子孫，東南西海南海北海有聖人。珍重，珍重，這是我新亞精神！珍重，珍重，這是我新亞精神！　手空空，無一物，路遙遙，無止境，亂離中，流浪裏，餓我體膚勞我精，艱險我奮進，困乏我多情，千斤擔子兩肩挑，趁青春結隊向前行。珍重，珍重，這是我新亞精神！珍重，珍重，這是我新亞精神！
　　（由於中國人口增加，歌詞原作「五萬萬神明子孫」，後改為「十萬萬神明子孫」。）

已可見徐先生對新亞的貢獻。牟先生固非新亞創辦人，但就文化理想而言，牟先生與創辦人之一的唐先生最為相契[11]。所以新亞能夠辦出來並持續辦下來，也應當是牟先生所以要感念徐先生的一端。

　　上文分別從三方面（個人生活、文化護法、維護中國文化——以資助新亞書院為例）以說明牟先生感念徐先生的緣由。換言之，在公在私，牟先生都感念徐先生。

三、「這個人可以讀書」、「做學問」

　　這句話是熊十力先生對徐先生的判語，是牟先生抗戰期間看熊先生時，熊先生對牟先生說的[12]。眾所周知，熊先生自視甚高，不容易稱許人。說一

　　按：歌詞共三闋，每一闋最後二句皆為「珍重，珍重，這是我新亞精神」。換言之，「新亞精神」一詞出現凡六次（按：錢先生〈校歌手稿〉原稿，「珍重，珍重，這是我新亞精神」，每闋僅出現一次。今每闋出現兩次而成為六句者，蓋基於音律之諧協，復隆重其事之考量耳。），其被重視之程度可知。

　　新亞創校諸元老及首一、二屆畢業生多有為文闡述「新亞精神」一詞者。即以「新亞精神」一詞作為文章題目的部分文字者，亦所在多有；今按撰文時間先後，開列如下：唐君毅，〈我所了解之新亞精神〉；錢穆，〈新亞精神〉；趙冰，〈勿忘新亞精神〉；吳俊升，〈新亞的精神〉；梅貽寶，〈雅禮精神與新亞精神〉；孫國棟；〈新亞簡史和新亞精神〉；唐端正，〈我所了解的新亞學風與新亞精神〉；余英時，〈為「新亞精神」進一新解〉；錢穆，〈參加中文大學與保持新亞的理想與精神〉；李祖法，〈新亞精神的未來與中文大學的方針〉。以上共 10 文。此外，雖不用「新亞精神」一詞，但其實是指新亞精神者，又計有張丕介〈武訓精神〉及沈亦珍〈立校精神〉二文。以上 12 文均載新亞研究所編，《新亞教育》（香港：新亞研究所，1981 年 8 月）。

10　背後的大金主則是蔣公。其籌辦的預算是港幣九萬元。參徐復觀，〈《民主評論》結束的話〉，徐復觀，《徐復觀文錄》（臺北：環宇出版社，1971），冊四，頁 174。

11　在上述「第十一屆當代新儒學國際學術會議——紀念牟宗三先生逝世二十年」（2015年 10 月）上，曾昭旭先生嘗指出，唐牟是一體的；唐即牟，牟即唐。筆者以為，就文化理想上來說，曾氏的說法尤其恰當。

12　「可以讀書」一語出自〈紀念文〉（頁 1）。〈悼念文〉的語句稍異，而作：「此人將來可以做學問。」兩語句其實皆源自牟先生的記憶，而內容實際上是一樣的，可以

介武夫（軍人）的徐先生能讀書、做學問，這是相當高的稱許。聽過這話後，牟先生對徐先生已然留下深刻印象，甚至可能企盼能與徐先生相交。不久機會到來了。〈悼念文〉說：「抗戰時期余在先師熊子貞先生家始識徐先生。」〈紀念文〉有更詳細的描繪，如下：

> 我和徐先生，是抗戰時期在重慶認識。有一天，他來拜訪熊先生，穿一身軍裝，有一股精悍之氣。熊先生說，……這個人可以讀書。對一個軍人說這種話，很不平常，所以我留下很深的印象。……對共產黨很有認識。他向蔣委員長建議，說中共雖困在延安，但他們有所用心，不可輕看。同時他認為國民黨必須改革，要注意民心向背，否則，社會基礎一旦挖空，就會垮臺。……抗戰勝利，舉國歡騰，……整個國家不見任何凝聚與開朗之象，也沒有直立在民族文化上立大信的器識。……以自己的薪水辦《歷史與文化》[13]，而同時徐先生也獲得支助，創辦《學原》雜誌。（頁1-2）

抗戰長達 8 年（1937.07-1945.08），即以 1937 年 11 月遷都重慶迄抗戰勝利為止來說，亦將近 8 年。那麼牟先生到底於抗戰期間哪一年在重慶認識徐先生的呢？我們先說徐先生何時認識熊先生。徐先生說：「大概是 33 年春，……這樣通過幾次信後，有一天（熊）先生來信說我可以到金剛碑去看他。」[14]所以徐先生與熊先生的第一次見面，大概是在民國 33 年（1944）春。此後，徐先生大概經常拜訪熊先生。上引文中，牟先生既說抗戰時期在

讀書意謂可以做學問，是以不必細作區分。

[13] 有關以自己的薪水辦《歷史與文化》，牟先生〈哀悼唐君毅先生〉一文也有類似的說法：「（抗戰）勝利後，在南京，我以我之薪水獨立辦《歷史與文化》雜誌，校對付郵皆我自任。」〈哀唐文〉載馮愛群編，《唐君毅先生紀念集》（臺北：臺灣學生書局，1979），頁 146-151。原載香港《明報月刊》，卷 13，期 3，1978 年 3 月。

[14] 徐復觀，〈有關熊十力先生鱗片隻爪〉，《徐復觀文錄》（臺北：環宇出版社，1971），冊三，頁 215-216。

熊先生家認識徐先生，那麼徐、牟兩人的認識，大概便在 1944 年春以後迄
1945 年抗戰結束前的一段歲月。

上引文又提到抗戰勝利後，牟、徐二先生分別辦《歷史與文化》[15]及
《學原》雜誌[16]。二雜誌刊行時日雖短暫，但在保存故有學統及弘揚中華傳
統文化上，自有其不可磨滅的貢獻。

上引文又提到熊先生說徐先生可以讀書、做學問，但讀書、做學問，總
要有個方向。牟先生一針見血指出說：「徐先生思想大體方向皆熊先生有以
啟之也。」（〈悼念文〉）牟先生這句話是有根據的，且看徐先生本人的自
道。先生說：

---

[15] 此刊物為一月刊，以經費短缺，出版了四期便停刊。參上揭〈牟宗三先生年譜〉，
「民國三十六年條」；又可參盧雪崑等友人 2005 年 5 月所成立之「牟宗三哲學研究
會」（http://www.mou-philosophy.org）所載錄的下文：〈儒哲牟宗三小記〉。

[16] 《學原》雜誌（Campus Scientiae）乃一月刊，前後出版 20 多期。按：1947 年 5 月徐
先生以陸軍少將銜退役，乃與上海商務印書館合作，在南京創辦此雜誌。香港大學圖
書館，「學原條」有如下資訊：「1947 年 5 月在南京創刊，月刊。1949 年 1 月出版
至第 2 卷第 9 期後停刊。1950 年 1 月在香港復刊，改為不定期出版，卷期續前。」
據所開列之出版年份及期數，則如下：卷 1，期 1-6（1947），期 7-12（1947-
1948）；卷 2，期 1-9（1948-1949，期 1 出版日期為 1948 年 5 月 16 日）；卷 3，期
1-4（1950 年 1 月-1951 年 4 月）。其中卷 2，期 9 出版於 1949 年 1 月。卷 3，期 1
出版於 1950 年 1 月。卷 3，期 2 出版於 1950 年 10 月。卷 3，期 3 及期 4（合刊）出
版於 1951 年 4 月。卷 1 及卷 2，售價為每冊國幣肆元。卷 3 各期均在香港出版，售
價為港幣伍元，第 2 期及 3/4 期，則並有臺幣售價（臺幣拾元）。稿費第一卷為每千
字，酬金二萬元至三萬元，第 2 卷第 1 期起，改為每千字金圓二元至三元。卷 3 期 1
（1950 年 1 月 1 日）開始，稿費酬金為每千字港幣十元至十五元。徵稿啟事有關文
稿之字數，大抵每文字數以 1 萬字為宜，最長勿超過 3 萬字。又：1949 年 6 月徐先
生在香港出版《民主評論》卷 1 期 1。1951 年 4 月後《學原》雖停辦，但徐先生的
「出版事業」因《民主評論》而仍得以持續下來。錢、唐等學者投稿以賺取稿費（即
俗所謂賣文）亦藉以賡續下來。（以發表於《學原》每千字港幣十元至十五元來算，
並以一文平均 20,000 字來算，則錢、唐每月可得稿費 200 至 300 元。這在 1950 年的
香港來說，已是一般市民的月薪收入了。）《民主評論》發行 17 年（1966 年 8 月 15
日出版最後一期）之後，便完全停刊。徐復觀，〈《民主評論》結束的話〉，《徐復
觀文錄》（臺北：環宇出版社，1971），冊四，頁 173-178。

> 我決心扣學問之門的勇氣，是啟發自熊十力先生。對中國文化，從二
> 十年的厭棄心理中轉變過來，因而多有一點認識，也是得自熊先生的
> 啟示。第一次我穿軍服到北碚金剛碑勉仁書院看他時，請教應該讀什
> 麼書。……「讀書是要先看出他的好處，再批評他的壞處，……你這
> 樣讀書，真太沒有出息！」這一罵，罵得我這個陸軍少將目耽口
> 呆。……這對於我是起死回生的一罵。恐怕對於一切聰明自負，但並
> 沒有走進學問之門的青年人，中年人，老年人，都是起死回生的一
> 罵！[17]

熊先生對徐先生的一罵，真好比當頭棒喝。嚴師出高徒；教學生真的不罵不
行啊！

　　徐、牟二先生在熊先生家認識後，便經常見面，但談些甚麼問題呢？
〈紀念文〉是有所說明的。牟先生說：

> 那段時期（蓋指抗戰勝利後在南京分別辦雜誌的時期），我和徐先生常見
> 面，常常談些文化思想的問題，徐先生很能契入，很能理解。而時事
> 種種，又引發了他要「從救國民黨來救中國」的宏願。（國民黨的改
> 造，便是徐先生首先提議的。）（頁2）[18]

上引文說到徐先生有意改造國民黨，這方面，下文「附論」再談。引文中說

---

[17] 徐復觀，〈我的讀書生活〉，上揭《徐復觀文錄》，冊三，頁171。

[18] 上引文「徐先生很能契入，很能理解」一語，有點像長輩評價晚輩的話。但如果我們
了解到牟先生素自負，且在當時的學術界已有一定的知名度及成就（民 30 年出版
《邏輯典範》，31 年任教成都華西大學，34 年任教重慶中央大學(翌年遷往南京，牟
先生繼續任教)，參上揭〈牟宗三先生年譜〉），而徐先生還只是個丘八，既不在高
等學府教書，又沒有寫過甚麼學術性的著作，則牟先生上述的評價，已算是相當高的
了。且此評價，乃出自牟先生晚年之口（牟先生晚年的成就當然遠高於其民國 30 年
代的成就），彼對徐先生當年的表現已有如此正面的肯定，更可見在牟先生眼中，徐
先生的理解力遠在一般人之上。

到兩人常談一些文化思想的問題。此外，兩人其實也談一些西方哲學的問題。牟先生即明白的說，當他離開中央大學暫住徐先生寓所時，「夜間無事，常與談一些西方哲學之源流。」（〈悼念文〉）徐先生對西方文化、哲學之了解，恐怕此為相當重要之因緣。此外，可以補充說明的是，徐先生雖不懂英文，但年輕時（民國 19、20 年）因留學日本而掌握了日本語文作為了解西方歷史、文化的有效利器，且又非常關心世界各國大事（每日看 9 份報紙），所以對西方歷史、文化，絕不陌生[19]。

徐先生對思想文化問題，「很能契入，很能理解」。這是上引文中牟先生明說的。然而，徐先生對「西方哲學之源流」（或寬泛一點說，對西方哲學）亦必然有所理解，否則如對牛彈琴，則以牟先生孤高耿介的個性來說，根本懶得跟你談，更不會經常跟你對談。然而，思想、文化、哲學等等問題，皆屬學術範圍內之事。徐先生所關注者，或所理解者，固不以此為限。牟先生獨具隻眼，指出說：「徐先生涉世深，生活面廣。觸處警悟，透闢過人。」（〈悼念文〉）這方面，就使得徐先生別異於當代／現代新儒家。其中第一代（梁漱溟、熊十力、方東美、馮友蘭、賀麟、馬一浮、張君勱）和第二代（徐復觀、唐君毅、牟宗三）的學者中，涉世深者計有梁漱溟、張君勱及徐先生三人，但以出入黨政軍三界來說，恐怕只有徐先生一人。牟先生以「涉世深，生活面廣」來描繪徐先生，蓋得其實。「風聲雨聲讀書聲，聲聲入耳；家事國事天下事，事事關心」（東林書院對聯），恐怕只有徐先生一人而已。

四、「篤信孔孟之道」、「篤信自由民主」

牟先生說：「徐先生篤信孔孟之道終必光暢於斯世，無人能毀；

---

[19] 這方面可參看筆者下文：〈徐復觀先生與西方文化──見於《徐復觀文錄》中的西方文化資訊〉，發表於香港中文大學哲學系等等單位所舉辦之「當代新儒家與西方哲學──第九屆當代新儒學國際學術會議」（2011 年 12 月 5-7 日）。該文經修改後已納入本書附錄內，題目並改作：〈徐復觀學術性格的一個側面──《徐復觀文錄》所載西方文化資訊闡釋〉。

篤信自由民主為政治之常軌,無人能悖;痛斥極權專制徒害人以害己,決不可久。」(〈悼念文〉)徐先生中年以後所以堅信孔孟之道,這固然得自熊先生之啟發。但牟先生也與有功焉。牟先生說:「勝利後在南京,教課之餘我常到徐先生那裡,跟他說:一定要把中國的智慧傳統要保得住,一方面也要正視西方的科學民主傳統。」(〈紀念文〉,頁 4)「中國的智慧傳統」,不消說,當然以孔孟之道為主軸。由「中國的智慧傳統」,牟先生又講到「中學為體」的問題,並指出說:

> 所謂「中學為體」,是指孔孟之教講的,孔孟之教那個「體」當然不能直接產生科學,不要說直接產生不出科學,就連民主政治也產生不出來,這個意思,我們和唐先生、徐先生都可以看到的,也早已說明白了[20]。……我們認為,從孔孟之教到科學民主,不是直接的推演,要經過一番曲折,曲而後能達,不是直達[21]。……可見產生科學民主政治的那個「體」,是另有所在的。(〈紀念文〉,頁5)

然而,「另有所在」,又在甚麼地方呢?牟先生繼續說:相對於中國以前講孔孟之道的那個「體」,乃至道家、佛教所講的這個往上通而不往下開的隸

---

[20] 民主、科學與中國文化的關係的問題,徐、唐、牟三大師皆各自撰有不少文字予以闡發;三人合撰文章(除徐、唐、牟外,還加上張君勱)闡發同一主題者,又計有發表於 1958 年的〈中國文化與世界〉一文(一般稱為〈中國文化宣言〉)。文章第八節「中國文化之發展與科學」、第九節「中國文化之發展與民主建國」便是特別針對相關問題的。〈中國文化與世界〉,原載以下二雜誌:《民主評論》,1958 年元旦號及《再生》雜誌,1958 年元旦號。其後於不同書刊轉載多次,如載唐君毅,《中華人文與當今世界》(臺北:臺灣學生書局,1975),下冊,頁 865-929。

[21] 是「曲達」,不是「直達」,牟先生在他處,又分別稱為「曲通」、「直通」。孔孟之「體」(可名之為「仁體」、「誠體」、「良心」、「良知」、「道理性」、「道德自我」等等)之所以能夠曲通於科學與民主——成就科學與民主,其關鍵處,依牟先生,乃全在一「轉折的突變」上。牟宗三,《政道與治道》(臺北:廣文書局,1974),頁 55-57。

屬原則（Principle of Sub-ordination）[22]的一個體，西方的「體」與此絕異，因為「不管你是邏輯、數學、科學，或者是國家、政治、法律，它後面的基本精神，和表現這個基本精神的基本原則，是對等並列的原則（Principle of Co-ordination）」，而不是中國文化素所看重的隸屬原則（〈紀念文〉，頁 5-6）。

　　筆者按：其實，中國人也不是完全不重視，或完全不講對等並列這個原則的。中國人固重視往上通以上契天道這個縱貫性質的隸屬原則；並本此以成就成德之教。簡言之，這可說是一條內聖之路。然而，內聖之路外，中國人亦同樣重視另一條路──外王之路、經世致用之路。經世致用之路，大要言之，可有兩端：一者，透過運用知識以造福百姓，其具體表現如農田水利方面之發明、建設是也；二者，透過當官從政以利群生，如政策上的種種興利除弊是也。然而，前者只成就科技，而後者的結果是幫忙了大皇帝鞏固其家天下！這與建構純學術的科學與推動政治民主化是有其性質上的差異的。換言之，過去的中國，科學與民主皆發展不出來。但為甚麼發展不出來呢？原因是不具備相應條件。這個條件就是牟先生所說的：科學、民主等等「後面的基本精神，和表現這個基本精神的基本原則。」（〈紀念文〉，頁 6）這個基本精神和表現這個基本精神的原則，就是對等並列的原則。而傳統中國所欠缺的，正是這個原則。其解決之道是：知性上重視科學精神，並本此而發展出真真正正的科學；政治上重視民主精神，並本此而建立民主制度。必須把這兩項與中國傳統素所重視的依隸屬原則而成就之內聖之學（成德之教），給予同樣的重視（一視同仁、平等對待。其實，其間又牽涉牟先生所特別倡議的「良知自我坎陷」這個複雜的問題。相關討論，可詳參本書〈自序‧附論〉），否則無以濟中國之窮！牟先生道統、學統、政統三統並建的理論，蓋以「同樣重視」為基礎的（即預設了對三者要一視同仁）。

　　牟先生又說：隸屬原則雖不能直接產生科學、民主，但「並不反對科學，不反對民主政治。」（〈紀念文〉，頁 6）牟先生嘗再三申明此意而指出

22　依牟先生，過去中國人重視往上通，而往上通的第一關是隸屬原則。筆者按：所謂第一關，意指基礎。即必以隸屬原則為基礎始可往上通。

說：

> 我當時（筆者按：指抗戰勝利後在南京的數年）和徐先生談的，主要就是
> 提這個意思。了解中國生命的智慧方向，再了解真正的希臘精神。以
> 前所謂中學為體的那個「體」，開不出科學民主，你要想開出，就必
> 須先了解西方這個「體」。它這個「體」是對等並列之原則。那麼我
> 們中國文化要怎樣從那個隸屬原則開出這個對等並列原則？道理其實
> 是很容易懂的。在哲學理境上是可以講得通的，但必須費點思考。我
> 常常把這個意思告訴徐先生，你要講中國文化，就要重視這個。只有
> 這個正統，一個是中國文化的正統，一個是西方文化的正統，只有這
> 兩個正統可以抵抗住馬克思的魔道。（〈紀念文〉，頁7）

一般來說，講中國文化，就講儒家，乃至擴大一點，講儒釋道三家就是了。
但按照牟先生對徐先生的建議（當然，牟先生的相關論述，尚多見他處[23]），我們
獲悉：要講中國文化（即護持並弘揚中國文化），除必須依據中國固有的往上
通的隸屬原則之外，還必須加上西方傳統素所重視的對等並列的原則。按：
王安石嘗云：「讀經而已，則不足以知經」[24]；今人又恆謂：「借西學之
光，以照我中學之晦」。牟先生，新儒家也。而「新」之所以為「新」，正
以其能扣緊當前、當今（即所謂「新」）之需要，而作出相應之回應也。牟先
生不以傳統中國之正統（即上所云之隸屬原則）為足，而必加上西方文化之正

---

[23] 牟先生之所以究心於隸屬原則和對等並列原則之闡述，乃可謂係其文化意識及時代悲
感之昂揚及流露之結果。這方面，可詳參牟先生新外王三書：《歷史哲學》、《道德
的理想主義》、《政道與治道》（以上按成書先後排列）。至於兩原則的詳細討論，
尤其見諸《政道與治道》一書。此最後一書針對政治上開出民主，學術上開出科學的
議題，嘗特別作相應之討論。此即理性之「架構表現」與「外延表現」如何從理性之
「運用表現」與「內容表現」得以轉出的問題。這方面的論說，尤見該書（筆者所據
者為臺北：廣文書局，1974 之版本）以下兩章：第三章：〈理性之運用表現與架構
表現〉、第八章：〈理性之內容的表現與外延的表現〉。

[24] 王安石，〈答曾子固書〉，《臨川先生文集》，卷 73。

統（即上所云之對等並列原則）以補中國文化之不足。以此一端即可見作為新儒家的牟先生實深具返本開新之特色。其實，凡現代／當代新儒家莫不如是也。然則新儒家豈保守[25]耶？豈不知變通耶？

牟先生又說：

> 徐先生晚年益信中國文化之不可泯。其在《華僑日報》所寫之諸短文，篇篇精警，字字皆從實感中流出。有人提議當輯為文集[26]。……讀此當知何為正，何為邪，何為本，何為末。……天下事豈是耍花樣者所能成辦？（〈悼念文〉）

牟先生一輩子直來直往，從不假借[27]；老老實實，最討厭人矯飾虛偽。一般

---

[25] 依唐先生，保守不一定不好。凡優良之傳統，保之，守之，又有甚麼不好呢？但這是題外話，這裡不作詳細討論。唐先生論「保守」之意義及價值，詳見〈說中華民族之花果飄零〉，收入《說中華民族之花果飄零》（臺北：三民書局，1976），頁 13-17。

[26] 按：徐先生在《華僑日報》所發表的諸短文，於 1971 年已由臺北：環宇出版社彙輯成《徐復觀文錄》，共 4 冊。其後發表者，於 1980 年代初則由時報文化出版企業公司彙輯成《徐復觀雜文》（含《徐復觀雜文續集》、《徐復觀最後雜文集》），共 6 冊。2001 年，中央研究院中國文哲研究所籌備處又出版了《徐復觀雜文補編》，亦 6 冊。

[27] 牟先生直來直往，從不假借的性格，茲舉一例。學長翟志成先生撰有〈圓亭憶往錄〉一文。憶往的多則記錄中，其一說到唐先生代表新亞研究所宴請所中全體導師時，牟先生以同為導師的某君係「毫無氣節的反覆小人」，乃不出席宴會；大罵該人時，還捎帶上一句說唐先生「真有點鄉愿」，「怎麼還不把他從導師中除名？」云云。翟文載《多情六十年：新亞書院的過去、現在與未來》（香港：中文大學新亞書院，2009），頁 155。徐先生之處世表現，與牟先生不同。首先，兩人性格本不同。再者，牟先生一輩子讀書、做學問。據記憶，牟先生似乎只在新亞書院擔任過數年系主任而已（先是，1946-1947 年嘗擔任南京中央大學哲學系主任，約 1 年）。其他行政，絕不沾邊。據云：擔任新亞系主任期間，所收到的公文，只瞄一眼。如為單面的，則背面用來寫字，如為雙面的，則隨手扔掉。反之，徐先生半輩子出入黨政軍，以少將退役，所參與之行政多矣。有時為了應世，讓事情辦得暢順一點，恐怕不得不曲從，乃至於妥協、敷衍。與徐先生相交 50 年的胡秋原先生嘗云：「復觀兄有他認

人則反是，總是喜歡耍花樣。之所以「耍花樣」，就因為對事事物物，無「真存實感」。無「存在之實感」者，縱然能成事、辦事，恐怕亦只是暫時性的能成、能辦而已，非能恆久者。再者，所成辦者，恐怕亦只不過是雞毛蒜皮之瑣碎事、俗世事而已。身家性命、家國天下之大事、要事，如果不具備本乎「苟利國家生死以，豈因禍福趨避之」（林則徐詩句）的存在實感的偉大精神悉力以赴，那是絕不能成辦的。一言以蔽之，做大事，必須以全幅生命來承擔，否則事必不濟。說到「生命」，牟先生認為：

在〈偷運《聖經》的意義是什麼？〉一文[28]中，徐先生以「痛切語表露了他自己的生命之定向。他有此定向主宰于心，故在群疑搖撼之中掌（撐）住自己而不搖動，所謂臨大節而不可奪者，豈偶然歟？徐先生乃斯世之英豪，他已盡了其鳴時代之艱難與民生之疾苦之責任。」（〈悼念文〉）牟先生所說的以「痛切語表露了他自己的生命之定向」，指的甚麼呢？按：徐先生該文的重點是指斥中共以階級鬥爭等等技倆，「通過龐大的、粗暴的組織力量，……把所有的人由文化而來的教養都剝得光光的，使大家成為赤身露體的原始人。……不了解文化教養與科技是同樣重要；而文化教養不是能從馬列主義乃至外國移植過來的，必須求之于中國歷史積累之中。」原來徐先生所看重的是，中國人行事做人必須本諸由中國歷史積累下來的「文化教養」；這種「文化教養」是不能從外國移植過來的。換言之，「文化教養必本諸一己民族之歷史積累」，當係牟先生所說的徐先生「生命之定向」之所在。說到「文化教養」，讓人想起牟先生〈哀悼唐君毅先生〉一文[29]中所說到的「文化意識」。據牟先生，唐先生此意識特別強。竊以為徐先生亦差可

真的一面，也有他遊戲人間的一面」。蓋徐先生為了應世，不得不偶爾遊戲人間耳。胡秋原，〈回憶徐復觀先生〉，《徐復觀教授紀念文集》（臺北：時報文化出版企業公司，1984），頁 23、34。

[28] 載《華僑日報》，1981.10.28；《鵝湖月刊》81 期，1982.03 轉載；又載徐復觀，《徐復觀最後雜文集》（臺北：時報文化出版企業公司，1984），頁 120-124。

[29] 收錄於馮愛群編，《唐君毅先生紀念集》（臺北：臺灣學生書局，1979），頁 146-151。

比肩。至於徐先生之篤信自由民主[30]，則更為其思想特色之所在。牟先生在悼唐文中，詠唐先生曰：「唐先生之繼承而弘揚此文化意識之內蘊是以其全幅生命之真性情頂上去，而存在地繼承而弘揚之。」《莊子・大宗師》云：「有真人始有真知。」個人近年得此啟發而產生如下一信念：「有真性情始有真學問。」徐、唐、牟三大師皆深具真性情者也。徐先生之篤信、據守及弘揚自由民主之精神，借用牟先生語，亦可謂「是以其全幅生命之真性情頂上去」的。按：徐先生論述、推崇自由民主可貴處之文章極多。縱使以見諸《學術與政治之間（甲乙集合訂本）》[31]者，即有數文。其中似以〈學術與政治之間〉、〈為什麼要反對自由主義〉、〈悲憤的抗議〉三文最可為代表。

　　上文說到「存在之實感」，我們不妨再看看牟先生怎麼說。牟先生指出：「……先為《中國人性論史》，後繼寫《兩漢思想史》，以及有關於西周春秋戰國時代發展關鍵之諸大文，疏通致遠，精闢入裏，且有存在之實感，皆不朽之傑作，非徒泛泛無謂之考據也。」（〈悼念文〉）文中「疏通致遠」乃就徐先生各著作之深具致用精神來說。「存在之實感」乃就徐先生個人生命之透入其著作、學問來說；簡言之，即針對生命與學問結合為一來說[32]。這是很不容易的，不是一般學人（尤其學院派學人）可以做到的。近年來個人有些體會：做學問，有感、無感至為關鍵。臺灣近年來常流行「有感」、「無感」這兩個名詞。譬如《遠見雜誌》（2011.02.24）即有如下的一則文字：「近年來『有感』、『無感』瞬間爆紅，成為最夯的名詞。政府陸續公布各種數據，宣告景氣已經『有感』復甦，偏偏民眾的反應是『無感』」。讀書、做學問更要有感，否則書讀不下去，學問也做不下去。退一步來說，縱使能讀下去，做下去，恐亦無大成就，甚至在過程中很痛苦。個

---

[30] 學人論述徐先生對民主自由之歌頌者頗多，茲舉一例。韋政通：〈以傳統主義衛道，以自由主義論政——徐復觀先生的志業〉，中國論壇編委會主編，《知識分子與臺灣發展》（臺北：聯經出版事業公司，1989），頁439-469。

[31] 香港：南山書屋，1976。

[32] 憶徐先生嘗云：做學問，寫文章，撰著者與著作必須融合為一，所謂能所互交、主客合一；撰著者與著作不能離為二橛。徐先生大意如此，其確切用語，不復憶記。

人近年更有所體會：有感固然重要，但這種有感也頂多使你成為一學問家，一學者，甚至只是一學究。其於國計民生，無預也。因為這種感僅限於認知領域的，是知性範疇內之事；你必須超越這種感，即必須從這種感跳脫出去，進而與生命產生連繫，這種感才可以進到道德／德性的領域。「民吾同胞，物吾與也」（語出張載〈西銘〉），斯為「大感」、「真存實感」，此蓋牟先生所說的「存在之實感」。個人又有如下的體會：這個「存在之實感」與上文牟先生所說的「疏通致遠」，有極大的關係，兩者的關係是成正比的互動的。前者越強，則後者亦相應的越強，即越能通，越能致遠。反之，亦然：越能疏通致遠，達乎「民吾同胞，物吾與也」的境界，則其人之「存在之實感」亦必隨之而越強[33]，其人亦隨之從小我進而成為大我。「天地與我並生，萬物與我為一」（《莊子·齊物論》）這種本體宇宙論，只能以發乎道德意識的「存在之實感」作為其前提、作為其基礎，才可以說得通，才可以為人所理解；否則「天」、「地」、「萬物」，皆身外物也，又何能與「我」同為一體呢？換言之，形而上（乃至形而外）之各實體之所以能夠與人合一──相貫通為一，非賴道德作為仲介不可。道德形上學（Moral Metaphysics）即由此而建立。

上文（註27）說到徐、牟二先生性格不同（至少不盡相同）。這不光是筆者說的。牟先生早說過了。他說：

> 徐先生這個人很重感情，有時很激動，也不是很平的。但他現實感特別強。我們這些人對於現實沒有什麼感覺，我們只對大時代有一個問題在那裡，至於小地方是沒有什麼感覺，徐先生感覺就很強。（〈悼念文〉，頁12）

---

[33] 本文初稿完成後，嘗致函徐先生長女公子均琴女士，請彼指正。2015年9月15日徐女士覆函中有如下一語：「先父在考據中『理』、『勢』兼顧，因而能『疏通致遠』的功夫。」也許我們可以這麼說，具「存在之實感」的人始能真切地做到理、勢兼顧，而不偏於一端，更不會理、勢皆不顧。而理、勢兼顧便成就了疏通致遠的功夫；或至少構成了疏通致遠的必要條件，甚至是充分條件。

上文的「我們」，除了牟先生本人自道外，我們至少可以加上唐先生。二先生的表現和成就主要是偏重純學術方面（當然針對國家、時代、歷史、文化等等大問題，兩先生還是撰寫了不少文字的。），徐先生異於是。其 10 多冊雜文，只要稍一瀏覽其目錄，便可知徐先生是「風聲雨聲讀書聲，聲聲入耳；家事國事天下事，事事關心」的。徐先生的「現實感特別強」，究其由，個人認為乃緣自徐先生深具一「感憤之心」。在短短千餘字的《徐復觀文錄》[34]的〈自序〉中，「感憤之心」一詞竟出現了 6 次！「感憤之心」也者，乃對外物有所感而心中產生義憤也，產生不平也。「不平則鳴」，10 多冊雜文泰半即本乎義而發出獅子吼的具體結晶也。

五、「非徒泛泛無謂之考據也」

上引牟先生文說到徐先生做學問是有「存在的實感」的，「非徒泛泛無謂之考據也」。針對後者，我們可以再加以申說。牟先生說：「其為考據也，必詳核史實，即事以窮理，通理以解事。」（〈悼念文〉）換言之，考據的目的不光是為了了解事實之本身；而實在於透過事實以明白道理。而道理又必以能夠致用為依歸，否則道理便流為空理、虛理、玄理，於人生日用便無所裨益。是以通理（明白道理）乃旨在了解，並進而解決具體人生之事事物物。是事與理雙向互動而通貫起來。考據之價值便由是得以發皇彰顯。依牟先生，徐先生之考據，就是這種考據。牟先生又說：

> 他開始正式讀書，做學術研究，是從東海開始，代表作就是在晚年寫的《兩漢思想史》。考證西周三百年一直下貫春秋戰國時代，有幾篇很好的文章，是了不起的考證。大考證就是大文章，只有徐先生能做得出來。徐先生的考證是活的啦！不是現在一般唸歷史那種考證——為考證而考證。（〈紀念文〉，頁 10）

---

[34]　臺北：環宇出版社，1971。

上引文中，牟先生沒有進一步說明甚麼是「為考證而考證」。其實，「為考證而考證」，相當於「為學問而學問」；所以也不是毫無價值或意義的。但為甚麼牟先生看不起這種做學問的態度呢？從牟先生批評陳寅恪的幾句話，也許可以看出一點端倪。牟先生說：「要是站在純粹學術立場講，考證得最有趣味的，最準確精密的，是陳寅恪先生。但是陳寅恪先生那種學問與大局無關。」（〈紀念文〉，頁 10）這就是說一般的歷史考證，儘管饒有趣味，準確精密如陳寅恪先生者，也都與大局無關！那麼陳寅恪的考證／考據，是甚麼性質的考證／考據呢？牟先生很斬截的指出說，「他這種人是公子型的學問家，公子型的考據家」，牟先生自謂「很能欣賞」陳氏，但「天好[35]我也不稱贊」，原因就是上文說過的，牟先生認定：「那種學問與大局無關。」（以上引文俱見〈紀念文〉，頁 10）即意謂陳寅恪所做的學問縱然再好，但始終與宇宙人生、家國天下、社會民生等等的問題全沾不上邊；缺乏知識分子該有的「民吾同胞，物吾與也」的使命感，所以只佩稱為「公子型的學問家、考據家」。牟先生甚至認為：「公子型的學問家，沒有真學問，只能談談掌故。」（〈紀念文〉，頁 11）[36]

正因為牟先生的著眼點是放在「大局」上，所以疏通一（歷史）問題，便務求達到遠（即所謂致遠）的境界上。外於此者，便無足取了。然而，一般史家的考據正是與大局無關的考據，所以牟先生便很看不起這些史家[37]。與

---

[35] 「天好」，當意謂「再好」；臺北聯經版《牟宗三先生全集》，冊 24，頁 466 作「天資好」，恐誤。

[36] 其實陳氏治學，其深邃之文化關懷恆寓於其間。牟先生的論斷，不免欠周延。走筆至此，讓筆者想起：如今紅透半邊天的國學大師國寶饒宗頤先生，猶記得 40 年前，牟先生上課時，稱其學問為「清客之學」。至於「清客之學」的「清客」，指的是甚麼呢？這方面，牟先生是有所說明的。要言之，即「幫閒」是也。詳見牟宗三，〈中國知識分子的命運〉，《時代與感受》（臺北：鵝湖出版社，1986），頁 216-218、221。

[37] 這裡要做點補充，以免讀者誤會。牟先生看不起一般的史家，這是事實；但牟先生絕沒有看不起歷史學。〈紀念文〉恰好有一條資料可以佐證。牟先生說：「他（中興大學中文系李滌生先生）總要我來擔任文學院長。我說，當一個空頭院長有什麼用呢？你要想辦的話，一個院裡要有三個系，要有一個中文系，一個歷史系，一個英文

徐先生的考據相比，乃至與陳寅恪的考據相比，牟先生甚至指出說：

> 至於其他那些考據家大體是瞎考據，盲目的瞎考[38]！所以你真正能找
> 到考據家，有眼目，文章是活的，只有徐先生一個。我自己不作這種
> 工作，我沒有這方面的本事。[39]（〈紀念文〉，頁11）

考據是否與大局有關，牟先生又扣緊胡適的表現來做說明。牟先生說：

系，……」（頁8）可知牟先生是很重視歷史學的。至於他老人家對歷史學家多所批評，譬如嘗批評香港中文大學歷史系講座教授 XXX 先生，這恐怕與該先生的個人表現（政治傾向不穩定？）有一定的關係。換言之，牟先生絕不輕視歷史學，蓋歷史學作為深具人文價值的一門學術來說，牟先生怎麼會不重視呢？上文提到過民國36年牟先生嘗自費辦一月刊，其名稱即為《歷史與文化》。即此一端已足見牟先生對歷史／歷史學之重視。

[38] 所謂「盲目的瞎考」，蓋指為考據而考據，如清人把考據本身視為做學問的終極目的，便是一顯例！其實這是清中葉學者迷失學問方向（致知方向）下的結果，其尤甚者，乃至流為文獻主義（textualism）；清初學風原不是這樣的。這方面，余英時嘗有深入探討。其相關論述，見於多處。最扼要的論述，或可參氏著，〈略論清代儒學的新動向──《論戴震與章學誠·自序》〉，余英時，《歷史與思想》（臺北：聯經出版事業公司，1976），頁157-165。

[39] 寫到這裡，讓我想起我平素對唐先生學問性格的一點看法。我經常認為唐先生的學問是非常廣博的。就其專業來說，只要一翻其兩大冊的《哲學概論》，便驚嘆其學問之廣博無涯涘。然而，除哲學專業外，個人認為唐先生是很可以做考據文章，而成為歷史考據大家的。只要稍一翻閱〈孔子誅少正卯傳說之形成〉一文，便當信筆者所言非虛。該文撰寫於文革腥風血雨的1970年代。文載香港《明報月刊》，總98期，1974年2月；又收入氏著，《中華人文與當今世界》（臺北：臺灣學生書局，1975），下冊，頁739-759。文革時期，邪說暴行幾無日無之。就邪說來說，如四人幫打手署名唐曉文的一文〈孔子殺少正卯說明了什麼〉，便是一例。文載中國大陸官方喉舌報《人民日報》，1971年1月4日。唐（君毅）文考證之嚴謹，即事以明理（無立理以限事），不必多說。其最要者乃發乎以正視聽而不得不搦管為文的一種知識分子該有的使命感。換言之，即有為而作，而絕非「瞎考據」！「爾曹身與名俱滅，不廢江河萬古流」。孔子在古今中外歷史上的成就與貢獻，豈是你四人幫，以至其走狗，所可以污蔑得了的，真蚍蜉撼大樹而不自量了！

　　這個地方（指是否與大局有關）就要看考據的分量，看考據的價值。像
　　胡適之先生那種考據是天好我也不稱贊的。你考據《紅樓夢》，管他
　　考證得怎麼好也沒有價值。[40]（〈紀念文〉，頁11）

然則為甚麼考據得再好都沒有價值呢？原因很簡單，因為考據之本身只是一
工具、一手段。換言之，其本身是沒有甚麼價值的，或至少沒有終極價值。
就紅學之考據來說，其目的應在於使讀者了解，或更能了解《紅樓夢》一書
的內容，尤其作者的人生見解及該書的核心思想、精神而已。這好比「學苟
知本／知道，則六經皆我註腳」可矣；苟已知本／知道，那又何必非考據不
可呢！牟先生更非常自信的指出說：

　　我讀《紅樓夢》也不靠那個（指考據），我也不一定要了解你那個考
　　證的真假，我一樣讀《紅樓夢》。究竟誰了解《紅樓夢》呢？還是我
　　了解[41]。你考證那麼多有什麼用呢？（〈紀念文〉，頁11）

---

[40] 牟先生對胡適的學問，素來頗有微詞。茲舉一例。牟先生說：「胡適之先生宣傳杜
威，可是對於杜威，他並不了解。杜威那一套也不是很容易的，胡先生還達不到那個
程度，胡先生所了解的杜威只是 "How we think" 中的杜威，後來的著作他大概都無
興趣，或甚至根本沒讀。」牟宗三，〈談民國以來的大學哲學系〉，《時代與感受》
（臺北：鵝湖出版社，1976），頁142。

[41] 牟先生素自負，但不流於自誇。就《紅樓夢》一例來說，牟先生的表白也不算自誇，
因為先生對《紅樓夢》是確有研究的。彼26歲時（1935年）已撰文討論《紅樓夢》
了，文章名《紅樓夢》悲劇之演成〉。其中第一節（全文共九節）第一段便批評胡
適，說其〈《紅樓夢》考證〉一文（按：此文乃胡氏考據學方面成名之作，文成於
1921年，時胡適30歲；胡適被視為新紅學的開山祖師，即以此文故）「總是猜謎的
工作，總是飽暖生閒事，望風捕影之談。」〈《紅樓夢》悲劇之演成〉收入牟宗三，
《牟宗三先生全集》，冊26，頁1061-1088。上文說到牟先生批評陳寅恪的考據與大
局無關。如考據流為「飽暖生閒事，望風捕影之談」，那當然更與大局沾不上邊了。
換言之，從牟先生來看，胡適的考據更在陳寅恪之下。說到「猜謎」，讓筆者想起徐
先生對潘重規先生紅學的批評。徐先生說：「潘重規先生《紅樓夢新解》的觀
點，……勸他放棄這種沒有任何直接間接證據的觀點，……」。「沒有任何直接間接
證據的觀點」所作成的所謂研究，與「猜謎」何以異？徐復觀，〈敬答中文大學紅樓

牟先生由陳寅恪、胡適的學問而進一步指出：「好多人不能算是一個真正的讀書人，要在學問上有成就，不是很容易的。」（〈紀念文〉，頁 11）換言之，在牟先生眼中，只有唐、徐等人，才是真正有學問有成就的讀書人，陳寅恪、胡適等人不與也[42]。

六、「只有徐先生出來寫文章」

徐先生素來敢言人所不敢言，能言人所不能言。牟先生悼念徐先生，其輓聯如下兩句：「辣手文章辨義利」、「通身肝膽照天人」，便是最好的寫照。〈紀念文〉更明白寫出：

> 共產黨當政以來，有兩件事是最不能為中華民族所原諒的，大家沒有一個人講一句話，沒有一個人提出來，這個對嗎？中國還有人嗎？那是什麼事呢？就是某一年日本鬼和中共建交之後，跑到北平來向中國道歉，……（〈紀念文〉，頁 12-13）

然而，接待這名日本人的鄧小平說：「你們對不起我們，我們也對不起你們啊！」「我們也對不起你們」指的是什麼呢？根據牟先生，原來指的是：「我們不應當把漢字傳給你們，不應當把儒教傳給你們。」（〈紀念文〉，頁 13）牟先生引述了鄧小平這話後，非常嚴厲的指斥鄧小平說：

夢研究小組汪立穎女士〉，《徐復觀雜文補編》，冊一，頁 332。順帶一說，香港中文大學大概在 1960、70 年代曾經成立了一個「《紅樓夢》研究小組」，專門針對《紅樓夢》下大功夫研究一番。唐先生對此頗不以為然。當然，以唐先生廣納百川的雅量，他豈會反對針對這部中國偉大小說進行研究呢？然而，唐先生指出說，不要把一點點小發明、小考據成果視為好比發明／發現一顆恆星同樣的偉大；否則便太超過了！人的精神、時間有限，把有限的生命花在小考據上，小問題上，那不是很不值得嗎？於身心性命何所裨益呢？唐先生之說法，一時間不克查獲其出處。

[42] 按：牟先生經常稱許唐先生，並感謝唐先生對他的提撕、啟迪。相關文字數見不一見，其見諸《五十自述‧客觀的悲情》者即一例。

> 這是一個「人」說的話嗎？漢字傳給日本是我們傳的嗎？儒教傳日本
> 是我們傳的嗎？說這個話，真混蛋，不是人，這是活禽獸。但大家沒
> 人說句話，只有徐先生出來寫文章罵！

針對鄧小平批評中國不該把漢字和孔孟之道傳給日本一事，徐先生的確如牟
先生所說的，寫過文章罵鄧[43]。徐先生在〈鄧小平的嘴臉〉中說：

> 鄧在（1974 年）六月五日會見以西園寺公一[44]為首的日本七人訪問團
> 時作了一次範圍相當廣泛的談話，外電多有報導。……茲按照六月六
> 日朝日新聞的報導加以繙譯。（鄧小平說：）「日本軍國主義的侵略，
> 中國也很受到損害；但這是幾十年前的事情。對於這，中國卻在兩點
> 上給了日本歷史的麻煩。一是漢字，另一是孔孟之道。特別是孔老二
> 的思想，一千七百年間，影響到日本歷史的傳統，我覺得這是應當道
> 歉的。」……說這種話的人的嘴臉，是一種什麼嘴臉，假定共產黨
> 內，還有人承認自己是中國人，一定為鄧的這種嘴臉而感到羞慚無
> 地。……它（按指：漢字和孔孟之道）對日本的好或不好，應由日本人
> 自己判斷。……至於這位在日本人面前丟醜出相的「沙子」，接了周
> 恩來的班以後，必定會昏天黑地一番，也可說是不言而喻的。但我們
> 的國家將會怎麼樣呢？[45]

筆者要指出的是，上引語是鄧小平在 1974 年年中所說的話。按：1973 年 2
月在周恩來力薦和支持下，鄧小平從地方調回北京工作。1974 年初，周恩
來病情惡化。年中，鄧小平代理周恩來主持黨和政府的日常工作。同時，

---

[43] 然而，是否真如牟先生所說：「大家沒人說句話，只有徐先生出來寫文章罵！」，這
　　 種說法似乎感性了一點，我們就不細考了。

[44] 西園寺公一（1906-1993）為日中友協創始人。

[45] 徐復觀，〈鄧小平的嘴臉〉，《徐復觀雜文集──論中共》（臺北：時報文化出版企
　　 業公司，1980），頁 96-100。

1974 年初以江青為首的四人幫（背後無疑是毛澤東）發動批林批孔運動，致使鄧小平與四人幫的矛盾進一步激化。這就是鄧小平會見西園寺公一講話時的背景。表面上，鄧是大權在握，但其實他是水深火熱，危如累卵；隨時有巢覆命殞的危險。因為實際的掌權者仍然是毛澤東啊！且在去中國化的文化大革命及批林批孔運動進行得如火如荼的節骨眼上，鄧小平怎敢不迎合潮流，且亦為了保命而不說一兩句去中國化的話呢？在這種情況下，左批漢字，右批孔夫子，是很可以想像的[46]。然而，毛澤東過世後不久，徐先生逐漸獲悉真相後，便對鄧小平產生不一樣的看法。約在毛去世半年後，即 1977 年 3 月 18 日，徐先生所寫的〈一段往事〉一文頗可佐證。文云：

> 我當時（按指中共十全代表大會之後，即 1973 年 8 月下旬之後）以為鄧小平的復出，是毛要以鄧打周的策略，因此，我常想到柳宗元的河間傳而寫了〈鄧小平的嘴臉〉的文章。後來發現我對鄧的推測完全錯誤，時引以為愧。[47]

筆者要指出的是，鄧小平為漢字及孔孟之道之遠播日本而道歉，這道歉之本身當然很不對，既丟臉又丟國格。這所以牟先生痛批之，不視之為人，而視為活禽獸。然而，衡諸當時的客觀形勢，除非鄧選擇殉道，甘願自我犧牲，否則他不得不激烈地批判漢字和孔孟之道的。筆者的意思是，要求一個出身於共產主義文化的一個唯物論者為儒家文化殉道，這種要求恐怕是太高了，蓋鄧絕對是一個「識時務者」，否則怎會在極其危殆險巇的政治鬥爭中而仍能三下三上（三落三起）成為一個萬年不倒翁呢？！徐先生比較務實，比較

---

[46]　當然，接受馬列主義而去中國化（鄙棄中國文化、革掉中國文化），是中共執政以後約 30 年間的一貫政策（鄧小平作為最高領導之一，是難以完全撇清關係而不承擔部分責任的。幸好，改革開放後，情況漸次獲得改善）；十年文革只不過是去中國化的過程中最極端，最激烈，最非理性的一個階段而已。

[47]　〈一段往事〉載《華僑日報》，1977.03.18；又收入《徐復觀雜文——論中共》（臺北：時報文化出版企業公司，1980），頁 337。

能夠從當事人所處的客觀境遇上給予同情的理解／諒解。這所以徐先生選擇了原諒，也選擇了自我承認錯誤。徐、牟的學術性格，乃至對現實考量之差異，或由此見其一斑。

要言之，相對來說，牟先生偏重在理上看問題，而徐先生則偏重在勢上；是以一為哲學家，另一則為史學家也。憶唐先生嘗云：事有大小，而理無大小（忘其出處）。意謂只要是理，則無所謂大小，而必須一體予以尊重、堅持。唐、牟學術性向近，而與徐稍遠，這又係一佐證。

牟先生嚴厲批評鄧小平後，又回過頭來批評毛澤東，指出當日本人去北平向毛澤東致歉而說日本「不應當打中國」時，毛澤東卻說：「你不來打中國，我們（中共）怎麼能起來呢？我們還要感謝你們才好！」（頁13）牟先生轉述完毛澤東這話後（筆者按：毛澤東本人到底怎麼說，其措詞和語氣是否完全如同牟先生所說的一樣，暫不考究。），嚴厲的指斥說：

> 這種話是「人」說的嗎？說這種話的人不能算是人，不能取得原諒的，萬死不足以蔽其辜！照他這麼說，那麼你當初宣稱抗日，究竟是真抗日，還是假抗日呢？一旦當權，便連掩護作假都不作了，竟公開作漢奸了。在這個時候，誰說一句話呢？大家好像視為當然，只有徐先生出來寫文章罵！這是對的。……不管你是毛澤東也好，是鄧小平也好，你有天大的本事，也是痞子，無一可取，一無可觀。（以上引錄牟先生的話語，均見〈紀念文〉，頁13。）

上引文中，牟先生質疑毛澤東說：「你當初宣稱抗日，究竟是真抗日，還是假抗日」的問題，據悉，網路上一直流傳一個說法：毛澤東在1937年8月下旬的洛川會議（洛川，縣名，位於陝西省中部，延安市南部）上發表了以下的言論：「一分抗日，二分應付，七分發展，十分宣傳」。雖然這個說法的真實性，一直有人質疑，而認為毛澤東不會說出這樣的話。我們似乎可以這樣說，縱然毛氏不至於這麼說，但他只拿一分力氣來抗日（筆者按：一分意謂很少，不是真的指拿10%的力氣抗日），恐怕是假不了的。當時抗日的主力，無

論如何是由國民政府所領導的國軍來承擔的。然而，據《中國時報》（2015.08.29，版 A14）的記載，則使人產生了一點錯亂。記者陳柏廷在〈陸學者：共產黨是抗戰中流砥柱〉一文中，報導說：「中國社會科學院副院長李培林表示，『中國共產黨是抗日戰爭的中流砥柱』。」顛倒歷史，莫此為甚[48]。然而，也許毛的粉絲們會文過飾非而硬拗說：「毛主席神勇冠天下，他只出一分力量，便足以成為抗日的中流砥柱。反觀你們的蔣委員長，其領導的所謂抗日主力，顢頇無能，縱然出力十分，那抵得過毛主席的一分呢！」在這樣子的硬拗下，「一分抗日」和「中流砥柱」，便無所謂矛盾了！毛的粉絲真厲害。他們也許會說：「你產生精神錯亂，那是自找！與人何干？」

現在再回過頭來述說該名日本人（按：指日相田中角榮）道歉一事。田中氏於 1972 年 9 月 27 日赴大赴訪問；嘗針對第二次世界大戰日本侵略中國向毛澤東道歉。據悉，毛澤東竟感謝日本侵華！然而，毛氏當時果真感謝過日人之侵華嗎？撰文於 2008 年 9 月 27 日的一位名叫柏新的先生在〈毛澤東感謝日本侵華三十六周年〉一文中說：

> 毛澤東真有說過感謝日本侵華嗎？答案肯定有，而且不僅一次，起碼說過七次，這一點不容否認，因為連中共官方刊物都有記載（其後作者柏新列舉了七次的具體事跡；下文僅開列第七次，即牟先生所指責的一次）。至於 1972 年 9 月 27 日晚與日本首相田中角榮會面時，毛澤東感謝日本侵華。這是最嚴重最惡劣的一次，因為這是兩國最高領導人

---

[48] 這讓人想 200 多年前法國思想家 Voltaire（1694-1778）指控偽史家（虛構歷史、歪曲史事、顛倒是非黑白的史家；今天來說，也許可以稱為「冒牌史家」、「山寨史家」吧）的名言：「歷史是歷史學家跟死者玩的一種把戲（playing tricks on the dead），是跟死者開玩笑。」其意謂，對這些偽史家來說，歷史早已過去了，你喜歡怎樣隨意地改造它，即你要怎麼說，也都是可以的！李培林真的是這些偽史家的同路人和以上名言的實踐者了。其說法置當時的國軍於何地呢？！你開的玩笑，也實在是太大了吧。對照傳聞中的「一分抗日」，其由「中流砥柱」所形成的反差，恐怕讓一般民眾如墮五里霧中、精神錯亂！

會面，堂堂中國國家主席竟向日本首相說出，這些出賣國家民族的
話，令中國人民無地自容。不過，據筆者研究，中共官方文件迄今未
有披露，……在一些海外英文網站，也有記載毛澤東接見田中首相
時，感謝日本侵華的內容。例如 "Mirrors of History" On a Sino-
Japanese Moment and Some Antecedents, by Geremie R. Barmé，網址：
http://www.danwei.org/nationalism/mirrors_of_history.php 該文章提及
毛澤東感謝日本侵華的內容如下：……毛主席說：「……我們要感謝
日本，沒有日本侵略中國，我們就不可能取得國共合作，我們就不能
得到發展，最後取得政權。……我們是有你們的幫助，今天才能在北
京見你們。」當田中角榮就「日本侵華給中國人們添了很大麻煩」的
說法進行解釋的時候，……毛主席說：「如果沒有日本侵華，也就沒
有共產黨的勝利，更不會有今天的會談。……這就是歷史的辯證法
嘛。」[49]。

　　李志綏所撰《毛澤東私人醫生回憶錄》亦有相關記載[50]。上面引文中，

---

[49]　柏新，〈毛澤東感謝日本侵華三十六周年〉一文，載以下網址：http://zh-tw.facebook.
com/notes/58381066977/，2009 年 1 月 21 日 2:40。

[50]　李書由臺北：時報文化出版企業公司，1994 年出版，相關記載見該書頁 543-544。
按：李書是頗具爭議性的一本著作。一般來說，西方的中國問題專家對該書的評價相
當高。然而，據中國「百度百科」的相關報導，李書出版後，撰文或撰書予以駁斥者
大不乏人。如 1997 年，名流出版社（香港）便出版了由汪東興口述，裴之倬整理的
名為《汪東興公開毛澤東私生活》一書。書中反駁李書，指其報導不實，惡意攻擊毛
澤東。汪書又附錄了師哲、汪東興、葉子龍等 135 人簽名發表的一封題為〈辱華反共
的醜態表演：我們對李志綏及其「回憶錄」的看法〉的公開信。此外，長期在毛澤東
身邊工作的林克、徐濤、吳旭君亦撰有《歷史的真實》（北京：中央文獻出版社，
1998）一書以反駁李書。戚本禹（文革初期四人幫打手、中央文革小組「小三」成員
之一；另外兩位成員是王力、關鋒）亦撰文反駁李志綏，其詳細出版資訊，從略。簡
言之，李書的評價相當兩極化。大體來說，西方的中國問題專家比較持正面的態度。
中國大陸人士，如汪、林、徐、吳和戚等人（皆某一程度上或生命中某一階段上的擁
毛者？），大多持很負面的評價。

牟先生說：「大家好像視為當然，只有徐先生出來寫文章罵！」。針對「道歉」一事，是不是只有徐先生寫文章罵毛澤東，筆者不敢肯定。但徐先生寫文章罵毛澤東，則確有其事。文章的題目是：〈毛澤東太過分了〉。該文的重點偏重於大罵毛氏對孔子學說的批評。徐先生說：

> 日本田中角榮訪問北京時，於九月二十七日會見了毛澤東。田中回到
> 日本後，透露出了一部分與毛見面的情形；其中有一點毛向田中「諄
> 諄地說，中國古來之孔子學說，千萬不可信。」……毛澤東對田中的
> 忠告，我感到太丟中國的國格。……[51]

然而，針對毛澤東感謝日本侵華（即牟先生所說的「打中國」）而間接幫忙了中共奪取得大陸政權這一點，徐先生未嘗破口大罵。何以故？難道徐先生不愛國？當然不是。筆者思索的結果是，徐先生，史家也。日本侵華確實幫忙了中共取得政權。這是歷史事實。毛澤東只是說出了符合歷史事實的內心話而已。當然，作為當時中國的最高領導人，這種話是不必說，不能說，也不該說的；尤其是當人家在官式訪問正式向你道歉之時！但非常了解毛澤東的個性的徐先生，他大概不會在這個地方對毛澤東懷抱有任何幻想，否則便流於天真了。這所以徐先生不批判，更不指斥（大罵、痛罵）毛澤東感謝日本之侵華。反之，孔子學說便不同了，豈是你毛澤東可以隨便批鬥的！所以徐先生便說：

> 孔子是中國文化的骨幹。毛澤東要消滅中國文化的骨幹，怕它在鄰國
> 留下一點根子，將來可能又從鄰國傳播了回來，影響到毛思想的千秋
> 萬歲。其用心是如此而已。[52]

---

[51]　徐復觀，〈毛澤東太過分了〉，原載香港，《華僑日報》，1972.10.18；收入《徐復
　　觀雜文——論中共》（臺北：時報文化出版企業公司，1980），頁58。

[52]　上揭〈毛澤東太過分了〉，頁59。

就徐先生來說，孔子學說是人類的永恆真理。「天不生仲尼，萬古如長夜」。這豈是你毛澤東思想可以比擬萬一的！你妄自尊大，不自量力，著意要用你的所謂戰無不勝的毛澤東思想來打壓，來鬥垮，而最後竟妄圖藉以取代既係中華文化之瑰寶，又係人類永恆真理的孔子學說！此猶蚍蜉撼大樹而已，其心可誅。在這個節骨眼上，徐先生焉得不劇論、痛罵毛澤東呢！

七、結論

本文除前言和本結論外，共計凡五節。每一節的題目都源自牟先生1982 年所撰之〈悼念文〉或 1992 年所撰之〈紀念文〉；換言之，各節的題目都是牟先生本人所說的話。且除第二個題目：「這個人可以讀書、做學問」是牟先生轉述其業師熊十力先生的話外，其餘的題目——「我一生感念徐先生」、「篤信孔孟之道、篤信自由民主」、「非徒泛泛無謂之考據也」和「只有徐先生出來寫文章」，全都是牟先生本人對徐先生所表達的個人感受或個人看法，其中「我一生感念徐先生」其實可視為係代表不少受過徐先生恩惠的友朋們所表達的共同心聲，非牟先生一人之心聲而已。至於其餘三個標題，則分別揭示、彰顯徐先生以下三個特點：(1)對中西傳統中之道統、學統、政統（即牟先生恆言之三統）的終極關懷（此即徐先生「篤信」之所在）；(2)為文治學的方向——上文特別從考據學切入談起；(3)真理正義面前不屈不撓的雖千萬人吾往矣的大無畏精神。筆者從牟先生的兩篇文章中，綜括彼對徐先生的「評價」，大抵如上所述。其實，徐先生的生平、學術表現，乃至其終極關懷，不少學者專家已有所論述，或所謂已作過評價。然而，以上評價既出自精誠相感，憂患同經近 40 載，且對事事物物恆別具慧解卓識、眼光銳利無匹的老友牟先生之口，則其分量及意義，自然與一般學者專家僅憑依所謂客觀研究成果所作出之評價，有其天淵之別。又牟先生所述說者，大抵皆信而有徵。上文筆者依據徐先生本人的著作（含徐先生本人之自述）外，復參稽其他材料，乃得以一一佐證牟先生言之有物，絕非空言虛語。

其實，從評價中，也很可反映作評價的人（就這裡來說，指的是牟先生），其本人的個性、平素關注的面向，乃至其終極關懷之所在。這方面，我們試作論述如下。

牟先生平素喜歡月旦人物，但必言之有物，且恆扣緊大局、大問題而發；絕不能以「說八卦，道是非」定位之。以上〈悼念文〉及〈紀念文〉當可為證。兩文又揭示牟先生青年及壯年時嘗隻身流浪、居無定所，但常得友人如徐先生者之照顧。說到徐先生之生命方向及終極關懷，牟先生指出徐先生篤信中國孔孟之道及西方之科學民主。其實這方面，不啻牟先生「夫子自道」。又牟先生恆以隸屬原則及對等並列原則，分別指稱中國及西方所呈現或所追求之精神本體。這方面，〈紀念文〉亦有所闡發。說到考據，牟先生特別指出，徐先生之考據與眾不同，蓋「其為考據也，必詳核史實，即事以窮理，通理以解事」，絕不為泛泛無謂之考據。要言之，考據以明理、窮理為終極旨趣。從牟先生論述徐先生之考據學，又透露了牟先生對陳寅恪之考據學，乃至其學問，雖很能欣賞，但未嘗稱讚。至於胡適對《紅夢樓》所作之考據，則牟先生更嗤之以鼻。最後可以一說的是，透過徐、牟二先生對毛澤東和鄧小平的看法，吾人可得一結論：徐先生立論的出發點似偏重在勢上，而牟先生則偏重在理上；是以一為史學家，而另一則為哲學家也。然而，史學也好，哲學也罷，皆同為人類文化表現之一端。所以當毛、鄧非理性地批判，甚至要打倒、鬥垮中國文化（在日本人面前左批漢字，右批孔孟之道，甚至對漢文化之遠播日本表示歉意！）時，徐、牟二先生皆義憤填膺。徐先生乃以「丟國格」斥毛，牟先生則以「活禽獸」擬鄧！

說到「理」、「勢」的問題，我們也可以順帶說一下徐、唐、牟三家的異同。上引牟先生的話語中，有如下一語：「我們這些人對於現實沒有什麼感覺，我們只對大時代有一個問題在那裡，至於小地方是沒有什麼感覺，徐先生感覺就很強。」這裡的「我們」，可以說是泛稱；但也可以說是確有所指。個人認為這個「我們」，除包括說話者牟先生本人外，至少也可包括唐先生。因為唐先生對現實問題的關注度，並進一步藉文章以「鳴時代之艱難與民生之疾苦」（牟先生語，詳上文）方面的表現，肯定不如徐先生的積極、

熱切，而比較與牟先生相近。所以牟先生所說的「我們」，筆者認為必包括唐先生。當然，若建立一光譜，則唐先生似乎居於徐、牟兩先生之間而稍偏於牟先生的一端。此所以牟先生乃哲學家，唐先生乃哲學家而兼哲學史家，而徐先生則思想家、思想史家、史學家也。此三先生學術專業性格之大較也。

八、附論

　　牟先生的〈悼念文〉和〈紀念文〉還提到其他頗值得關注的問題，譬如徐先生建議蔣公改造國民黨、徐先生與蔣經國之間可有的恩怨、魯實先教授罵徐先生等等的問題。今一併依次討論如次。

（一）國民黨改造問題

　　牟先生說：

> ……國民黨的改造是徐先生提議的。……這個改造的內幕究竟是什麼，我們不管，有多大的價值，我們也不管。不過改造是需要的，而改造的提議是徐先生提的。我們常常說，徐先生這種人，放在旁邊，你要是有什麼問題，你同他談談，他總是能頭頭是道，很分析性地，清清楚楚地給你一個眉目。這個眉目你可能不贊成，你也可能有另一種講法，但他總有中肯處。這種人需要保留在旁邊的。結果是不保留。你不保留，在徐先生來說也無所謂，乾脆作學問也很好。……
> （〈紀念文〉，頁 11-12）

徐先生確實提議過改造國民黨。我們先看看徐先生到底怎麼說：

> 三十二年冬，決定由重慶回鄂東，隱居種田，希望能從已經可以預見的世變中逃避出去。但因偶然的機會，引起一種願望，想根據自己所

得的一知半解的社會思想，和中國的社會現實，結合起來，把當時龐大而漸趨空虛老大的國民黨，改造成為一個以自耕農為基礎的民主政黨。[53]

有關徐先生改造國民黨的自白，也見諸〈垃圾箱外〉一文[54]。按：民國 32 年冬徐先生從延安返重慶後，嘗被當時擔任陸海空軍最高統帥軍事委員會委員長蔣介石接見兩次。接見時的談話（第一次接見便談了 30 多分鐘）及其後的禮遇，使得徐先生改變了原先返鄂東老家種田的構想。上文「偶然的機會」，即指此[55]。

又：上引文中，牟先生說到不把徐先生保留在身旁、身邊的問題。這個說來話長。保不保留，恐怕與蔣公本人無太大的關係。大陸易手之際，蔣公似乎對大局及對人事，頗有點意興闌珊；身邊人的去留，蔣公已無暇或無心兼顧了。徐先生的去留，或與經國先生比較有關係。下文我們便來談談兩人的「恩怨」。

（二）徐先生與蔣經國

牟先生說：

當然，我們這位老朋友有時候也會發大脾氣，也有時候過分了一點，晚年弄得不很好，這當然是個悲劇！譬如晚年得病後，在臺大醫院過世，蔣經國先生下面一個人來看看都沒有，這也是不應該的[56]。那時

---

[53] 徐復觀，〈文錄自序〉，《徐復觀文錄》（臺北：環宇出版社，1971），頁 1。

[54] 徐復觀，《徐復觀雜文——憶往事》（臺北：時報文化出版企業公司，1980），頁 36-37。

[55] 詳參徐復觀，〈末光碎影〉，《徐復觀雜文續集》（臺北：時報文化出版企業公司，1981），頁 343。有關改造國民黨的構想，全文倒數第二段亦有類似的說明，唯對於國民黨，不說「改造」，而稱為「整頓黨的組織」；見頁 349。按：〈末光碎影〉1980 年 4 月 5 日原發表於《中國時報》，該日為蔣公逝世 5 週年紀念日。

[56] 2015.09.20 筆者與徐先生長公子武軍先生及新亞研究所多位同窗在臺北吉星餐廳飲廣

共產黨爭取他到廣州治病，徐先生不去，還是到臺灣來。（〈紀念
文〉，頁12）

我們先說「共產黨爭取他到廣州治病」一事。《在臺灣　國學大師的
1949》的作者周為筠說：「1980 年 5 月初，廖承志從美國治病回國途經香
港，與徐復觀晤談兩岸問題。廖承志代表中國政府向徐復觀伸出友好的雙
手，邀請他回大陸看看，但徐復觀考慮再三，由於種種不便而婉言謝絕。」
[57]這裡要說明兩點。首先徐與廖的見面，應在 5 月末，「5 月初」恐誤。李
怡說：「（徐先生）告訴我們在 1980 年 5 月 29 日，廖承志去美國治病後經
港返國，在香港與徐先生見面的經過。」[58]其中說到徐先生向廖提出四點意
見。然而，李怡在文章中，與周為筠一樣，並沒有提到邀請徐先生赴廣州治
病一事。這有兩個可能性，其一是牟先生把廖氏本人赴美治病與彼邀請徐先
生到大陸看看，兩事混同起來，是以產生了廖邀徐赴大陸治病的說法。另一
可能性是，廖氏確曾提出赴大陸治病的邀請，但周、李在各自的著作中沒有
作出相應的記錄。按：徐先生 1980 年 8 月 22 日在臺灣動過治胃癌的手術，
把胃割了一半左右[59]。胃要割掉一半，則可知病情定必相當嚴重。8 月 22 日
上距 5 月 29 日不足三個月；由此推知 5 月底時，徐先生的病況已然不輕。

東茶。席間筆者請教武軍先生這個問題。武軍先生說，經國先生於某次國民黨中常會
中說到徐先生在臺大醫院逝世事。當日黨政要人致哀的花圈便擺滿臺大醫院太平間通
路兩旁。換言之，就這件事來說，牟先生的記憶與事實頗有落差。武軍先生又有如下
的記載：「1982 年 2 月　先父最後一次赴臺大醫院就醫，蔣經國先生在國民黨的中
常會上要與會人士到醫院探視　先父。……我們並不真正完全瞭解　先父和蔣經國先
生的交往過程和內容。」徐武軍，〈父親的時代〉，《鵝湖（月刊）》，總 491 期
（2016 年 5 月），頁 3。

[57] 周為筠，《在臺灣　國學大師的 1949》（北京：金城出版社，2008），第六章〈徐
復觀：擎起這把香火的猛士〉，頁 166。

[58] 李怡，〈《七十年代》怎麼樣呀？──回憶徐復觀先生〉，曹永洋等編，《徐復觀教
授紀念集》（臺北：時報文化出版企業公司，1984），頁 76-78。

[59] 黎漢基、曹永洋編，「徐武軍給均琴信」，《徐復觀家書集》（臺北：中央研究院中
國文哲研究所籌備處，2001），頁 467，〔二八一　附錄〕。

是以徐先生面晤廖承志時，想必以健康為由而婉拒赴大陸看看的邀請。廖氏既提出赴大陸看看，則順便提出治病的建議，自是情理之可有、當有。

上引文中，牟先生又談到經國先生。牟先生並進一步說：

> 徐先生為什麼和蔣經國先生鬧得這麼不愉快呢？我也不知道。我曾問我們所亞研究所的老同學，據他說，因為周恩來死的時候，徐先生表現得太過分了。周恩來也不是好東西，你對周恩來那麼客氣幹什麼呢？這個也是不對的啦！還有一句話我也是聽說，我沒看見徐先生那一篇文章有這句話，他說：「大陸是傳妻，臺灣是傳子，傳子總比傳妻好一點！」有這篇文章嗎？你們諸位有沒有看到，我沒看到這篇文章。聽說蔣經國先生看到了，他傷心了。（〈紀念文〉，頁13）

針對這段話，筆者想處理三個問題，一是徐先生對周恩來的所謂「客氣」的問題，二是徐先生和經國先生鬧得不愉快的問題，三是傳子、傳妻問題。徐對周的「客氣」問題，我們先從徐先生對周的觀感談起。在〈悼念周恩來先生〉一文中，徐先生說：

> 一九四三年中共內部發動了整風運動，周大概在這年五、六月，返延安參加，常常到招待所來看我。和他談問題，他總是通情達理，委曲盡致，決不侵犯到各人的基本立場。……總之，當與他接觸時，除政治立場外，似乎還有一種共同的「人的立場」的存在；這在共產黨員中，是不容易找到的。……在批孔運動中，江青們以「巧偽人」來影射他，攻擊他；但在此一影射攻擊中，可以推斷出，他在毛的驕傲橫決的權威下，實盡了許多調停調護之力，使中共政權，能撐持下去。當我每想到「調停頭白范純仁」的一句詩時，總為他難過[60]。

---

60 徐復觀，《徐復觀雜文補編》（臺北：中央研究院中國文哲研究所籌備處，2001），冊五，頁385-386。

在〈周恩來逝世座談會〉一文中，徐對周的「客氣」更勝前文。茲僅轉引數語句如下：

> ……所以我反省淌眼淚的原因，我很坦白說，我之愛周恩來先生，主要是就我對國家的希望，為自己國家的前途著想。……他在人與人之間有真正的人情味，他個人生活相當嚴肅。在政治中有真正的人情味，這是很少很少的。……最完滿的共產黨員。他守著他共產黨的立場，但做人方面，很完滿，圓熟。[61]

相對於徐先生，牟先生一輩子直來直往，對人從不假借。你是共產黨人，一切免談。周既係共產黨人，那便必然被認定為「也不是好東西」了[62]，然而，徐先生竟然以「客氣」待之，那在牟先生眼中當然被視為「表現得太過分了」。至於第二個問題，即經國先生與徐先生鬧得不愉快的問題，則其來有自，徐對周的「客氣」恐怕不是箇中原因，或至少不是主因。按：徐先生與經國先生的接觸，應始於民 36 年（1947），即徐先生建議蔣公成立一個「新組織」之時。其後，即 1948 年之後，徐先生與經國先生的接觸便更多。徐先生認為經國先生「對朋友熱情而富幽默感」，並進而感覺到「在我這一方面，漸漸對他發生了友誼」。筆者相信，在經國先生來說，當時也應該漸漸地對徐先生發生友誼的。然而，好景不常。徐先生的一席忠言，竟把友誼弄了個大翻轉。事緣民國 38 年初當蔣公決心改造國民黨而把重責大任交付給經國先生之時，徐先生卻說：

> （相關會議）第一次在上海湯恩伯先生公館裏開會，推定負責人，大家推谷正綱先生擔任書記，推經國先生擔任組織。我當時說：「目前

---

[61] 《徐復觀雜文補編》，冊五，頁 390-394。

[62] 牟先生批評周恩來，也見諸如下一句話：「……周恩來就是這樣一個腳色。這個人會演戲，中學時代便演話劇，做女角，專門做花旦，到時候他會痛哭流涕，是很會做假的一個人。」牟宗三，《時代與感受》（臺北：鵝湖出版社，1986），頁 19。

以團結為第一。黨內有些部分對經國兄不滿意，所以我覺得暫時退後一步較好。」我的話，完全是為　蔣公當時的處境著想而說的。對經國先生的才略，我此時已非常欽佩，決沒有半絲半毫的他意。[63]

然而，正所謂「言者無心，聽者有意」。在經國先生聽來，恐怕必以有「他意」解讀徐先生的話而感到很不是味道。筆者認為兩人鬧得不愉快大概以此為關鍵。此外，或有其他原因，這裡就不擬細考了。無論如何，徐、蔣確實是有過不愉快的交往經驗，或所謂節過的。徐先生給兒女們的一封信當可為證。先生患癌症而考慮移居臺灣時，嘗於 1980 年 11 月 4 日給兒女們捎了一封信。信中說：「……所以我想決心離開香港。但住臺灣，第一，蔣某（按指經國先生）願不願意？」[64]「蔣某願不願意？」這一句話，已很可以看出蔣、徐間可有的恩怨了。

　　至於「傳子、傳妻」問題，牟先生說不知道徐先生確有寫過相關文章否？按：徐先生確曾為文討論過相關問題。此即〈毛澤東與斯大林的同異之間〉一文。文章是用王世高的名義（按：王世高是師母的名字）在 1972 年（時蔣、毛俱健在）發表的。文中有云：

在中國長期專制中，傳太子是大經，傳皇后是變局。蔣先生對於蔣經國，出之長期培養之後，得之於從容揖讓之間，兩相比較，我覺得蔣先生比毛澤東又偉大太多了。[65]

---

[63] 本段及上一段「」中之文字，皆見上揭〈垃圾箱外〉，頁 37-44。徐先生的東海學生陳文華則有另一說法。他說國民黨改造名單沒有徐先生，且「要他再去向搞特務出身的蔣經國效忠，他丟不起這個臉。於是急流勇退，……」陳文華，〈徐復觀與胡蘭成唐君毅羅孚的奇緣〉，《亞洲週刊》電子雜誌，卷 26，期 5（2012.02.05）。陳氏的說法，不知何所據而云然，今轉錄於此，藉以提供讀者進一步研究時作參考。

[64] 〈家書編號 283〉，《徐復觀家書集》（臺北：中央研究院中國文哲研究所籌備處，2001），頁 470。

[65] 王世高，〈毛澤東與斯大林的同異之間〉，《明報・集思錄》，1972.06.05；此文收

然而，〈毛澤東與斯大林的同異之間〉收入 1980 年在臺灣出版的《徐復觀雜文──論中共》一書時，上引文的語句全刪去，是以蔣經國 1988 年逝世前是否有機會得以閱覽，實不無疑問。當然，假如經國先生一直派人追踪、監視徐先生的一言一動，則徐文雖以王世高的名義發表於香港的《明報》，恐怕還是逃不過經國先生的耳目的。但筆者認為經國先生不會在這個地方費這麼大的力氣。然而，牟先生說：「聽說蔣經國先生看到了，他傷心了。」如果真被經國先生看到，其傷心是很可以理解的。讀者也許會產生疑惑說，上面的幾句話不是很推崇蔣氏父子嗎？「大經」、「長期培養」、「從容揖讓」、「偉大得多」，不都全是正面的稱述嗎？經國先生何傷心之有？然而，筆者要指出的是，四大正面稱述，抵不過「長期專制」一語！在這頂大帽子下，所有稱述、推崇，或許恰恰成為最大的反諷也說不定。徐先生當時也許慮不及此[66]。後來（即 1980 年）《徐復觀雜文──論中共》由臺灣時報文化出版企業公司出版之前，是經過徐先生高足蕭欣義先生彙集、校勘，復經出版社楊乃藩社長過目，所有文章又「均經復觀先生親自整理」的。（詳參《徐復觀雜文‧自序》及楊乃藩的〈跋〉文。）所以上引文之被刪掉，大概是徐先生本人的意思；蓋深思熟慮後，想到四大稱頌只會弄巧反拙，越描越黑而已。當然，之所以刪掉，也許未嘗沒有其他考量，如出於表示對經國先生的尊重，或為了多一事不如少一事，或為了不要增加幫忙出版該書的中國時報董事長余紀忠先生的困擾也不無可能。

（三）魯實先罵徐先生

魯實先先生（1912-1977）在《史記》、文字學和曆算學方面皆有非凡的

入《徐復觀雜文──論中共》（臺北：時報文化出版企業公司，1980），頁 45-46，惟上引語句被刪去。此文又收入上揭《徐復觀雜文補編》，冊五，頁 292-293；上引語句則被保留下來。

[66] 當然，也有可能是根本不予理會，因為謳歌和宣揚民主（含與父子世襲為對反的民主選舉制度），乃徐先生畢生所追求者。

成就，徐先生恭維魯先生而認定這是「他的三絕」[67]。按：魯先生平素喜歡罵人。牟先生便慨乎言之。

> ……平常的時候，他們（按指東海大學的同仁）對徐先生多好啊！天天跑到徐府去吃飯，說恭維話，等徐先生一旦不做系主任，第二天就找魯實先出來罵，天天罵徐復觀。魯某人是徐先生請來東海的，如今竟來罵徐先生。每天上課開頭五分鐘罵徐復觀，下課再罵五分鐘，還是罵徐復觀，他說「我非要把徐復觀罵走不可」。你看這不是人心大變嗎？（〈紀念文〉，頁 8）

按：魯先生去世後，徐先生嘗撰文悼念[68]。文中全看不出徐先生懷有甚麼怨氣。當然，縱然有怨氣也不會寫在悼念的文章上。再者，若真有怨氣，則悼念文章根本可以不寫。所以筆者起初懷疑是不是牟先生記錯了，或所謂張冠李戴？那麼誰是「張」呢？筆者懷疑是梁容若（1904-1997）。然而，根據自稱迄魯實先之卒而 28 年來一直與魯實先維持親若父子的師生情誼的逯耀東先生，則有如下的記載：

> 罵人是實先師很難改的脾氣。但他罵人也有一定範圍的，凡批評孔子者罵，凡學不實而欺世盜名者罵。不過有時也會一時感情激動罵出了範圍。我說，也許你罵的都該罵，只有某先生不該你罵，他不僅很尊重孔子，而且也有實學，更重要是人家把你請到東海去的，人得飲水思源，他斜著眼看著我說：「罵都罵過了，怎麼辦？」「怎麼辦？寫信去道歉呀，」……第二天實先師來到我服務的書店，告訴我昨晚已寫了道歉信，今早掛號限時寄出。某先生也是性情中人，後來他們又

67　徐復觀，〈悼魯實先教授〉，上揭《徐復觀雜文——憶往事》，頁 197。

68　此即上揭〈悼魯實先教授〉一文，見《徐復觀雜文——憶往事》，頁 195-198。

和好如初了。不久前，某先生返國，他們還把盞歡敘呢。[69]

上引文中逯先生所說的「某先生」，很明顯，指的就是徐先生。（徐先生當時仍健在，逯耀東以「某先生」稱呼之，蓋以此。）根據該文，魯先生確實是罵過徐先生。換言之，逯文可證牟先生記憶不誤。魯先生罵徐先生雖確係事實，但是否如牟先生所說的，徐先生一旦不做系主任，魯先生便被人找來天天罵徐先生，上課罵，下課又罵呢？這裡便不細究了[70]。稍可補充的是，筆者草擬本文的過程中，嘗修函均琴女士，請教有關徐、牟交往事宜[71]。均琴女士的回信（2015 年 8 月 25 日）[72]附有如下一語：「魯實先教授去世時，先父曾

---

[69] 逯耀東，〈一盞孤燈——悼實先師〉，《中國時報》，1977.12.30；又載魯實先先生治喪委員會編輯，《魯實先先生逝世百日紀念哀思錄》（臺北：洙泗出版社，1978。）又可參陳廖安，〈魯實先先生論著與徐復觀先生的翰墨錄〉，余紀忠等，《徐復觀全集‧追懷》（北京：九州出版社，2014），頁 266-267。《追懷》一書乃《徐復觀全集》背後推手徐武軍教授於 2014 年 9 月所贈，特此致謝。

[70] 筆者在閱讀逯文之前，嘗於 2015 年 8 月下旬修函均琴女士，以確認上、下課皆大罵徐先生的人到底是魯實先，還是梁容若。均琴女士翌日（8 月 29 日）覆我信，信中說：「……先父知道魯實先教授是沒有心機的人，容易受人煽動。始終珍惜，愛護魯先生的才華。」此外，又把逯耀東先生悼念徐先生的〈今年上元——遙祭徐復觀老伯〉一文傳送過來給我。其中有關魯罵徐及後來兩人和好如初的情節，如同〈一盞孤燈——悼實先師〉一文，不贅。稍可作點補充的是，文中還記錄了魯先生當年流落香港而得到徐先生幫忙始可在《民主評論》賣文章一事。〈今年上元——遙祭徐復觀老伯〉收入《徐復觀教授紀念文集》（臺北：時報文化出版企業公司，1984），頁137-140。

[71] 不數日，均琴女士回信。其相關內容如下：「印象中，當年在東海大學，先父跟牟伯伯經常相互串門子。我們小孩在後面聽得到他們在客廳意氣飛揚的聊天。但是對他們談的內容因為自己佔不上邊而沒有什麼印象。只記得一點零碎的閒話。先父（跟先父的老友涂壽眉伯伯）覺得牟伯伯需要有一個安穩的家，正常的生活起居。對牟伯伯的婚事非常關心，盡力促成。他們對朋友『正常的生活起居』很重視。……很抱歉只記得這點『閒話』。很後悔先母在世時，沒有跟她多談談各方面的往事。」組織家庭並過正常的家庭生活，人之大倫繫焉。儒家對此尤其關注。均琴女士的所謂「零碎的閒話」，正可充分反映徐先生儒家性格的一斑。

[72] 上文註 70 所指的是另一信；讀者不可混。

經嘆息若是有安定的家庭生活，魯教授該是可以多活許多年的。」徐先生器量大，且明辨是非，魯先生罵他的事兒早已拋諸腦後，且反過來關心其生活、年壽了！又：徐先生辭世後，逯先生嘗撰〈今年上元——遙祭徐復觀老伯〉一文以致其哀。其中記錄了徐先生在逯先生面前稱讚魯先生的一句話，附錄於此：「魯實先寫古文，臺灣第一。」然則可見徐先生對魯先生的稱譽，又不以「三絕」為範圍了。按：魯先生能詩善文，嘗撰〈題贈徐復觀先生〉五律一首，頗可見徐先生之性情及學問所在，茲轉錄如下：「徐子才無敵，驚人獨出群。譚鋒摧百代，筆陣掃千軍。挈理歸心性，傳經厭子雲，末流吾道器，於此見斯文。」[73]徐、魯之相互欣賞、稱譽，於此可見一斑。

在〈紀念文〉的文末，牟先生說：「今天拉雜地說了我個人和徐先生的關係，你從這些地方就可以了解，可以透入徐先生學術方面的成就。」（〈紀念文〉，頁 13）孟子說：「頌其詩，讀其書，不知其人，可乎？是以論其世也。」（《孟子・萬章下》）牟先生蓋深得孟子之旨：在追悼及紀念徐先生的相關會議上，藉著描繪其生平（尤其含牟先生本人與徐先生關係的種種描述），以使聽受者了解、透入「徐先生學術方面的成就」；然則其用意亦可謂既深且遠矣。

---

73 陳廖安，上揭〈魯實先先生論著與徐復觀先生的翰墨錄〉，頁 269。

徵引資料

徐復觀先生本人之著作

《學術與政治之間》甲集，臺中：中央書局，1956。

《學術與政治之間》乙集，臺中：中央書局，1957。

《徐復觀雜文》，臺北：環宇出版社，1971。

《中國人性論史——先秦篇》，臺北：臺灣商務印書館，1975。

《中國思想史論集》，臺北：臺灣學生書局，1975。

《中國藝術精神》，臺北：臺灣學生書局，1976。

《學術與政治之間（甲乙集合訂本）》，香港：南山書屋，1976。

《兩漢思想史》，臺北：臺灣學生書局，1979。

《徐復觀雜文——論中共》，臺北：時報文化出版企業公司，1980。

《徐復觀雜文・看世局》，臺北：時報文化出版企業公司，1980。

《徐復觀雜文・記所思》，臺北：時報文化出版企業公司，1980。

《徐復觀雜文・憶往事》，臺北：時報文化出版企業公司，1980。

《徐復觀雜文續集》，臺北：時報文化出版企業公司，1981。

《論戰與譯述》，臺北：志文出版社，1982。

《徐復觀最後雜文集》，臺北：時報文化出版企業公司，1984。

《中國思想史論集續編》，臺北：時報文化出版企業公司，1985。

《無慚尺布裹頭歸——徐復觀最後日記》（翟志成、馮耀明校注），臺北：允晨文化實
　　業公司，1987。

《儒家政治思想與民主自由人權》（蕭欣義編），臺北：臺灣學生書局，1988。

《徐復觀文存》，臺北：臺灣學生書局，1991。

《徐復觀家書精選》（曹永洋編），臺北：臺灣學生書局，1992。

《徐復觀集》（黃克劍、林少敏編），《當代新儒學八大家集》，北京：群言出版社，
　　1993。

《徐復觀家書集》（曹永洋編），臺北：中央研究院中國文哲研究所籌備處，2001。

《徐復觀雜文補編》（黎漢基、李明輝編），臺北：中央研究院中國文哲研究所籌備

處，2001。

《徐復觀全集》，北京：九州出版社，2014。

清朝（含）以前之著作

孔晁等注，《逸周書》，文淵閣四庫全書本，臺北：臺灣商務印書館，1983。

王夫之，《莊子通　莊子解》，臺北：里仁書局，1995。

王夫之著，傅雲龍主編，《船山遺書》，北京：北京出版社，1999。

王安石，《臨川先生文集》，臺北：華正書局，1975。

王念孫，《廣雅疏證》，臺北：廣文書局，1971。

王弼，《老子王弼注》，收入《老子王弼注；帛書老子；伊尹·九主；黃帝四經》，臺
　　北：天士出版社，1982。

王弼、韓康伯注，孔穎達正義，《易經》，《十三經注疏》，上海：上海古籍出版社，
　　2007。

司馬光，《資治通鑑》，香港：中華書局，1976。

司馬遷，《史記》，香港：中華書局，1969。

白居易，《白氏長慶集》，文津閣四庫全書本，北京：商務印書館，2005。

朱熹，《四書集註·中庸》，香港：大中圖書公司，缺出版年份。

朱熹，《四書集註·孟子》，香港：大中圖書公司，缺出版年份。

朱熹，《四書集註·論語》，香港：大中圖書公司，缺出版年份。

朱熹著，黎靖德編，《朱子語類》，北京：中華書局，1999。

吳澄考註，《批點考工記》，北京：中華書局，1991。

宋濂等，《元史》，北京：中華書局，1976。

李東陽等，《大明會典》，揚州：廣陵書社，2007。

李寶嘉，《官場現形記》，續修四庫全書本，上海：上海古籍出版社，2002。

班固，《漢書》，北京：中華書局，1962。

張載著，朱熹注，《張子全書》，臺北：中華書局，1965。

張燧，《千百年眼》，《四庫禁燬書叢刊·子部》，北京：北京出版社，2000。

章學誠，《文史通義》，北京：北京古籍出版社，1956。

陳獻章，《陳獻章集》，北京：中華書局，1987。

陸游，《陸放翁詩文集》，臺北：光復書局，出版年份不詳。

陸贄，《陸贄集》，北京：中華書局，2006。

黃宗羲，《明儒學案》，臺北：世界書局，1973。

黃宗羲撰，全祖望補，王梓材等校，《宋元學案》，臺北：世界書局，1973。

葛洪輯，《西京雜記》，臺北：臺灣商務印書館，1967。

趙翼，《甌北集》，上海：上海古籍出版社，1997。

劉知幾撰，浦起龍釋，《史通通釋》，上海：上海古籍出版社，1978。

劉昫，《舊唐書》，北京：中華書局，1975。

歐陽修、宋祁，《新唐書》，北京：中華書局，1975。

鄭玄注、孔穎達正義，《重刊宋本禮記注疏附校勘記》，《十三經注疏》，臺北：藝文
　　印書館，1989，嘉慶二十年版本，冊五。

鄭樵，《通志》，《三通》，臺北：新興書局縮影民國二十五年（1936）上海商務印書
　　館版本。

蕭統選，李善注，《文選》，香港：商務印書館，1973。

戴震，《孟子字義疏證》，北京：中華書局，1961。

韓非，《韓非子》，上海：上海古籍出版社，1989。

蘇軾，《蘇東坡全集》，臺北：新興書局，1955。

顧炎武，《原抄本日知錄》，臺南：平平出版社，1975。

顧炎武，《顧亭林詩文集》，臺北：漢京文化事業公司，1984。

民國以來之著作

專書

《聖經》（和合本修訂版），臺北：臺灣聖經公會，2011。

丁原植，《郭店竹簡老子釋析與研究》，臺北：萬卷樓圖書公司，1999。

五來欣造著，李毓田譯，《政治哲學》，臺北：環宇出版社，缺年份。

方克立，《現代新儒學與中國現代化》，長春：長春出版社，2008。

毛澤東，《毛澤東選集》，共四卷，廣州：廣東人民出版社，1968。

毛澤東，《毛澤東選集》，卷五，廣州：廣東人民出版社，1977。

毛澤東，《毛澤東早期文稿》，長沙：湖南出版社，1990。

王先謙、劉武，《莊子集解　莊子集解內篇補正》，第一輯，北京：中華書局，1987。

王守仁撰，吳光、錢明、董平、姚延福編校，《王陽明全集》，上海：上海古籍出版
　　社，1992。

王叔岷，《莊學管闚》，臺北：藝文印書館，1978。

王鳴盛著，黃曙輝點校，《十七史商榷》，上海：上海書店，2005。

北京大興縣紅星人民公社理論小組，北京大學哲學系工農兵學員編，《孫子兵法新
　　注》，北京：人民出版社，1975。

全祖望撰，朱鑄禹彙校集注，《全祖望集彙校集注》，上海：上海古籍出版社，2000。

托爾斯泰著，耿濟之譯，《藝術論》，臺北：遠流出版事業公司，1992。

江宜樺，《民族主義與民主政治》，臺北：國立臺灣大學出版中心，2003。

牟宗三，《心體與性體》，臺北：正中書局，1971。

牟宗三，《政道與治道》，臺北：廣文書局，1974。

牟宗三，《中國哲學的特質》，臺北：臺灣學生書局，1975。

牟宗三，《從陸象山到劉蕺山》，臺北：臺灣學生書局，1979。

牟宗三，《圓善論》，臺北：臺灣學生書局，1985。

牟宗三，《時代與感受》，臺北：鵝湖出版社，1986。

牟宗三，《五十自述》，臺北：鵝湖出版社，2000。

牟宗三，《牟宗三先生全集》，臺北：聯經出版事業公司，2003。

艾蘭（Sarah Allan）、魏克彬（Crispin Williams）著，邢文編譯，《郭店老子　東西方
　　學者的對話》，北京：學苑出版社，2002。

余英時，《錢穆與中國文化》，上海：上海遠東出版社，1994。

李志綏，《毛澤東私人醫生回憶錄》，臺北：時報文化出版企業公司，1994。

李明輝譯，《康德歷史哲學論文集》，臺北：聯經出版事業公司，2002。

李淑珍，《安身立命──現代華人公私領域的探索與重建》，臺北：聯經出版事業公
　　司，2013。

李維武，《20 世紀中國哲學本體論問題》，長沙：湖南教育出版社，1991。

李維武編，《徐復觀與中國文化》，武漢：湖北人民出版社，1997。

李維武，《徐復觀學術思想評傳》，北京：北京圖書館出版社，2001。

李維武編，《徐復觀文集（一）》，武漢：湖北人民出版社，2002。

杜維明著，段德智譯，《論儒學的宗教性──對《中庸》的現代詮釋》，武漢：武漢大
　　學出版社，1999。

杜維運，《史學方法論》，臺北：三民書局，增訂新版，1999。

汪東興口述，裘之倬整理，《汪東興公開毛澤東私生活》，香港：名流出版社，1997。

周一平，《毛澤東生平研究史》，北京：中共黨史出版社，2006。

周為筠，《在臺灣　國學大師的 1949》，北京：金城出版社，2008。

周軒，劉長明編，《林則徐新疆資料全編》，烏魯木齊：新疆大學出版社，2009。

林克、徐濤、吳旭君，《歷史的真實》，北京：中央文獻出版社，1998。

林品石註譯，《呂氏春秋今註今譯》，臺北：臺灣商務印書館，2011。

金耀基，《從傳統到現代》，臺北：時報文化出版企業公司，1989。

姜濤注，《管子新注》，濟南：濟南書社，2006。

姜夔撰，孫玄常箋注：《姜白石詩集箋注》，太原：山西人民出版社，1986。

柏拉圖撰，郭斌龢、鄭竹明譯，《理想國》（十卷本），北京：商務印書館，2009。

柏林著，陳曉林譯，《自由四論》，臺北：聯經出版事業公司，1990。

柯林武德著，何兆武、張文杰譯，《歷史的觀念》，北京：中國社會科學出版社，1987。

胡楚生，《烽火下的學術論著──抗戰時期十種文史著作探微》，臺北：臺灣學生書局，2015。

韋政通主編，《中國哲學辭典大全》，臺北：水牛圖書出版社，1983。

唐君毅，《中國文化之精神價值》，臺北：正中書局，1953。

唐君毅，《人生之體驗續編》，香港：人生出版社，1961。

唐君毅，《中國哲學原論‧導論篇》，香港：新亞研究所，1966。

唐君毅，《人文精神之重建》，香港：新亞研究所，1974。

唐君毅，《中華人文與當今世界》，臺北：臺灣學生書局，1975。

唐君毅，《中國哲學原論‧原道篇》，卷一，香港：新亞研究所，1976。

唐君毅，《說中華民族之花果飄零》，臺北：三民書局，1976。

唐君毅，《中國哲學原論‧原教篇（下）》，香港：新亞研究所，1977。

唐君毅，《生命存在與心靈境界》，臺北：臺灣學生書局，1977。

唐君毅，《文化意識與道德理性》，臺北：臺灣學生書局，1978。

唐君毅，《道德自我之建立》，臺北：臺灣學生書局，1978。

唐君毅，《唐君毅全集》，臺北：臺灣學生書局，1991。

唐君毅，《中華人文與當今世界補編》，桂林：廣西師範大學出版社，2005。

荀子撰，梁啟雄釋，《荀子簡釋》，香港：中華書局，1974。

荀況著，王天海校釋，《荀子校釋》，上海：上海古籍出版社，2005。

逄先知主編，《毛澤東年譜（1893-1949）》，北京：中央文獻出版社，2002。

馬一浮，《復性書院講錄》，南京：江蘇教育出版社，2005。

馬王堆漢墓帛書整理小組編，《老子　馬王堆漢墓帛書》，北京：中國青年出版社，1976。

高素蘭編，《蔣中正總統檔案　事略稿本》，臺北：國史館，2011，冊55。

康德著，宗白華譯，《判斷力批判》，北京：商務印書館，1996。

張良善，《毛澤東先生評傳》，臺北：張良善，自印本，2002。

張其昀等，《中國政治思想與制度史論集》，臺北：中華文化出版事業委員會，1955。

張凱元，《論語十論》，臺北：萬卷樓圖書公司，2013。

張蔭麟，《中國上古史綱》，臺北：中華文化出版事業委員會，1955。

曹永洋編，《徐復觀教授紀念文集》，臺北：時報文化出版企業公司，1984。

梁瑞明，《《老子》釋義》，香港：志蓮淨苑，2014。

梁漱溟，《中國文化要義》，臺北：正中書局，1967。

許全興，《毛澤東晚年的理論與實踐》，北京：中國大百科全書出版社，1997。

連橫，《臺灣通史》，《連雅堂先生全集》，冊一，南投：臺灣省文獻委員會，1992。

郭金榮，《毛澤東的黃昏歲月》，香港：天地圖書有限公司，1990。

陳明福，《歷史的理念》，臺北：桂冠圖書公司，1982。

陳鼓應編，《殷海光最後的話語》，臺北：百傑出版社，1979。

程樹德，《論語集解》，臺北：藝文印書館，1965。

馮愛群編，《唐君毅先生紀念集》，臺北：臺灣學生書局，1979。

黃兆強，《章學誠研究述評 1920-1985》，臺北：臺灣學生書局，2015。

黃兆強，《學術與經世：唐君毅的歷史哲學及其終極關懷》，臺北：臺灣學生書局，2010。

黃俊傑，《東亞儒學視域中的徐復觀及其思想》，臺北：國立臺灣大學出版中心，2010。

黃宣範，《歷史的理念》，臺北：聯經出版事業公司，1981。

黃進興，《歷史主義與歷史理論》，臺北：允晨文化實業公司，1992。

黑格爾著，朱光潛譯：《美學》，北京：商務印書館，1996。

新亞研究所編，《新亞教育》，香港：新亞研究所，1981 年 8 月。

楊向奎，《宗周社會與禮樂文明》，北京：人民出版社，1997。

董仲舒著，曾振宇、傅永聚注，《春秋繁露新注》，北京：商務印書館，2010。

雷家驥，《中古史學觀念史》，臺北：臺灣學生書局，1990。

歌德著，程代熙、張惠民譯，《歌德的格言和感想集》，北京：中國社會科學出版社，
　　　1982。

歌德著，程代熙、張惠民譯，《歌德格言與反思集》，臺北：人間出版社，1999。

漢語大辭典編輯委員會，《漢語大辭典》，上海：漢語大辭典出版社，1997。

熊十力著，劉海濱編，《熊十力論學書札》，上海：上海書店，2009。

翟志成，《當代新儒家史論》，臺北：允晨文化實業公司，1993。

趙翼撰，王樹民校證，《廿二史劄記校證》，北京：中華書局，1984。

劉向著，程翔譯注，《說苑譯注》，北京：北京大學出版社，2009。

劉國強，《全球化中儒家德育的資源》，臺北：臺灣學生書局，2011 年。

魯實先先生治喪委員會編輯，《魯實先先生逝世百日紀念哀思錄》，臺北：洙泗出版
　　　社，1978。

盧雪崑，《康德的自由學說》，臺北：里仁書局，2009。

錢大昕撰，呂友仁校點，《潛研堂集》，上海：上海古籍出版社，1989。

錢穆，《莊子纂箋》，香港：東南印務出版社，1957。

錢穆，《中國近三百年學術史》，臺北：臺灣商務印書館，1976。

錢穆，《八十憶雙親　師友雜憶合刊》，臺北：素書樓文教基金會，2000。

戴震撰，安正輝選注，《戴震哲學著作選注》，北京：中華書局，1979。

薛仁明編，《天下事猶未晚──胡蘭成致唐君毅書八十七封》，臺北：爾雅出版社，2011。

韓愈著，劉真倫、岳珍校注，《韓愈文集彙校箋注》，北京：中華書局，2010。

瀧川龜太郎，《《史記》會注考證》，臺北：宏業書局，1976。

羅德里克・麥克法夸爾（馬若德；Roderick MacFarquhar）著，翻譯組，《文化大革命的起源——浩劫的來臨 1961-1966》，香港：新世紀出版社，2012。

嚴耕望，《治史經驗談》，臺北：臺灣商務印書館，1981。

蘇軾著，孔凡禮點校，《蘇軾文集》，北京：中華書局，1992。

專文

牟宗三，〈關毛澤東的「矛盾論」〉，《民主評論》，卷 3，期 12（1952 年 6 月 1 日），同年 7 月作為「人文叢書之七」以單行本形式由香港人生出版社出版。

牟宗三，〈悼念徐復觀先生〉，《聯合報》，1982.04.25；又收入曹永洋等編，《徐復觀教授紀念文集》，臺北：時報文化出版企業公司，1984。

牟宗三，〈徐復觀先生的學術思想——「徐復觀學術思想國際研討會」主題演講〉，《徐復觀學術思想國際研討會論文集》，臺中：東海大學，1992。

何仁富，〈唐君毅哀樂相生的人生哲學〉，《四川大學學報》，第 5 期，2002 年 9 月。

余英時，〈略論清代儒學的新動向——《論戴震與章學誠・自序》〉，余英時，《歷史與思想》，臺北：聯經出版事業公司，1976。

林柏宏，〈《莊子》「遊」字析論〉，《世新中文研究集刊》，臺北：世新大學中國文學系，期四（2008 年 6 月）。

韋政通，〈以傳統主義衛道，以自由主義論政——徐復觀先生的志業〉，中國論壇編委會主編，《知識分子與臺灣發展》，臺北：聯經出版事業公司，1989。

夏可君，〈試論徐復觀對「莊子的再發現」〉，李維武編，《徐復觀與中國文化》，武漢：湖北人民出版社，1997。

徐武軍，〈父親的時代〉，《鵝湖月刊》，2016 年 5 月號（總 491 期）。

高焜源，《徐復觀思想研究——一個臺灣戰後思想史的考察》，國立臺灣師範大學中文系博士論文，2009 年。

陳文華，〈徐復觀與胡蘭成唐君毅羅孚的奇緣〉，《亞洲週刊》電子雜誌，卷 26，期 5，2012.02.05。

陳廖安，〈魯實先先生論著與徐復觀先生的翰墨錄〉，余紀忠等，《徐復觀全集・追懷》，北京：九州出版社，2014。

陳儀，〈論康德的永久和平〉，發表於中央大學中文系、哲研所及該校儒學研究中心所舉辦的「當代儒學國際會議：儒學之國際展望研討會」上。會議日期：2012.09.26-28。

馮耀明，〈形上與形下之間：徐復觀與新儒家〉，《中國儒學》，第五輯，2010 年 9 月，北京：中國社會科學院，2010。

黃兆強，〈唐君毅先生的人文觀〉，《新亞學報》，第 31 卷，2013.06。

黃兆強，〈偉大史家眼中的偉大歷史人物──徐復觀評蔣介石〉，《東吳歷史學報》，
　　期 30（2013 年 12 月）。

黃兆強，〈徐復觀與毛澤東之接觸及對話〉，收入鮑紹霖、黃兆強、區志堅主編，《北
　　學南移：港臺文史哲溯源》，臺北：秀威資訊科技有限公司，2015，學人卷 II。

黃兆強，〈徐復觀先生論中國藝術精神：莊子的再發現〉，《當代儒學研究》，第 20
　　期，2016 年 6 月。

黃俊傑，〈徐復觀的思想史方法論及其實踐〉，《東海大學徐復觀學術思想國際研討會
　　論文集》，臺中：東海大學，1992。

黃敏浩，〈從《圓善論》看德福一致的不同形態〉，收入李瑞全、楊祖漢主編，《二十一世
　　紀當代儒學論文集 I：儒學之國際展望》，桃園：中央大學儒學研究中心，2015。

黃慧英，〈從公羊傳中的經權觀念論道德衝突的解消之道〉，發表於假臺北舉行之「儒
　　學、宗教、文化與比較哲學的探索──賀劉述先教授七秩壽慶學術研討會」；主
　　辦單位：東吳大學哲學系；會議日期：2004.06.23-25。

楊祖漢，〈論朱子所說的『誠意』與『致知』關係的問題〉，收入李瑞全、楊祖漢主
　　編，《二十一世紀當代儒學論文集 I：儒學之國際展望》，桃園：中央大學儒學
　　研究中心，2015。

廖伯源，〈錢穆先生與新亞研究所〉，收入鮑紹霖、黃兆強、區志堅主編，《北學南移
　　──港臺文史哲溯源》，臺北：秀威資訊科技公司，2015。

廖曉煒，〈以道德攝宗教：唐君毅論「超越的信仰」〉，收入李瑞全、楊祖漢主編，
　　《二十一世紀當代儒學論文集 I：儒學之國際展望》，桃園：中央大學儒學研究
　　中心，2015。

翟志成，〈圓亭憶往錄〉，《多情六十年》編輯小組，《多情六十年：新亞書院的過
　　去、現在與未來》，香港：中文大學新亞書院，2009。

蔡錦昌：〈莊子的遊藝之道──評徐復觀的藝術精神說〉，「臺灣哲學學會 2014 學術研
　　討會」會議論文，臺北：東吳大哲學系，2014 年 11 月 1-2 日。

蕭美齡，〈朱子的經權觀析論〉，中央大學儒學中心，《當代儒學研究》，第 9 期
　　（2010 年 12 月）。

外文著作

Allison, H. E., *Kant's theory of Freedom*, New York: Cambridge University Press, 1990.

Barzun, Jacques; Graff, Henry F., *The Modern Researcher,* New York, Chicago, San Francisco,
　　Atlanta: Harcourt, Brace & World, Inc.

Bloch, M., *Apologie pour l'Histoire ou Métier d'Historien*, Paris: Librairie Armand Colin,
　　1952.

Bloch, M., P. Putnam (translated), *The Historian's Craft,* New York: Vintage Books, 1953.

Bresciani, Umberto, *Reinventing Confucianism – The New Confucian Movement*, Taipei: Taipei Ricci Institute for Chinese Studies, 2001.

Carr, E. H., *What is History,* London: Macmillan, 1962.

Collingwood, R. G., *The Idea of History,* London: O.U.P., 1970.

Frank Dikötter (馮客／馮克), *Mao's Great Famine: the History of China's Most Devastating Catastrophe, 1958-1962* (《毛澤東的大飢荒：1958-1962 年的中國浩劫史》), New York: Walker & Co., 2010.

Garraghan, Gilbert J., *A Guide to History Method*, New York: Fordham University Press, 1957.

Maude, Aylmer., *What is Art? and Essays on Art*, London: OUP, 1962.

Russell, B., *The Problem of China*, London: George Allen & Unwin Ltd., 1922.

Tu Wei-ming (杜維明), *Commonality and Centrality: an Essay on Confucian Religiousness*, Albany, N. Y.: State University of New York Press , 1989.

報紙資訊

〈大紀元系列社論・九評共產黨（之七）・家庭的毀滅〉，《大紀元》，2014.12.01。

〈橫河：中國毒品問題根子何在〉，《大紀元》，2015.07.03。

《中國時報》，2012.09.12，A12 版。

尹德瀚綜合報導，〈人若只為己，天誅地滅〉，《中國時報》，2013.08.04，A11 版。

南方朔，〈時論廣場・南方朔觀點〉，《中國時報》，2013.07.23，A12 版。

胡敏，〈大陸三中全會：一鼓作氣　簡政放權〉，臺灣《中國時報》，2013.10.18，A30 版。

唐曉文，〈孔子殺少正卯說明了什麼〉，《人民日報》，1971.01.04。

陳柏廷，〈陸學者：共產黨是抗戰中流砥柱〉，《中國時報》，2015.08.29，A14 版。

黃瑞明，〈紀念曠世浩劫的《墓碑》〉，《中國時報》，2012.11.28，A15 版。

網路資訊

"ISIL, ISIS or IS? The Etymology of the Islamic State", by Taylor Wofford Filed: 9/16/2014 at 10:01 AM | Updated: 9/19/2014 at 4:43 PM: www.newsweek.com/etymology-islamic-state-270752

〈70 年代南越軍佔我西沙　中國海軍以弱勝強〉，《法制晚報》：www.http://XINHUA NET.com

〈史海揭秘：1945 年國共重慶談判前的秘密情報戰〉，「中國網」（china.com.cn，源自「新華網」責任編輯：悠悠，2009.03.26）

〈牟宗三先生年譜〉，見 http://bbs.gsr.org.tw/cgi-bin/view.cgi?forum=36&topic=107

〈社會存在〉條（2010/03/02），中文百科在線（網路百科新概念），URL=hppt://www.
　　zwbk.org/MyLemmaShow.aspx?zh=zh-tw&lid=1400

〈國興文盛　學貴一得：〈什麼是《資治通鑑》〉〉，2006.11.27，國學資訊（news.guo
　　xue.com）。

〈越南排華半世紀　華僑命運多血淚〉：http://paper.wenweipo.com

《孔子家語‧子路初見》，「中國哲學書電子計畫」，URL=http://ctext.org/kongzi-jiayu/
　　zi-lu-chu-jian/zh

《禮記》，「中國哲學書電子計畫」，URL=http://ctext.org/liji/kongzi-xian-ju/zh。

「牟宗三哲學研究會」（http://www.mou-philosophy.org）所載錄的下文：〈儒哲牟宗三
　　小記〉。

「胡錦濤：國共兩黨領導的抗日軍隊形成了共同抗擊日本侵略者的戰略態勢」http://big5.
　　xinhuanet.com/gate/big5/news.xinhuanet.com/mil/2005-09/03/content_3437745.htm

「胡錦濤指國民黨負責抗戰正面戰場：一石三鳥之舉」，取自：http://www.boxun.com/ne
　　ws/gb/china/2005/09/200509032217.shtml

「漢典」（http://www.zdic.net/）

http://baike.baidu.com/view/1915141.htm?noadapt=1

http://bbs.tianya.cn/post-books-14509-1.shtml

http://big5.xinhuanet.com/gate/big5/news.xinhuanet.com/mil/2005-09/03/content_3437745.htm

http://e6705003.pixnet.net/blog/post/46075156

http://news.tvbs.com.tw/politics/news-637063/

http://www.360doc.com/content/12/.../1720781_246743814.sht

http://www.boxun.com/news/gb/china/2005/09/200509032217.shtml

http://zh.wikipedia.org/wiki/%E9%99%B3%E5%B8%83%E9%9B%B7

http://zh.wikipedia.org/wiki/%E9%99%B3%E8%AA%A0

https://docs.google.com/viewer?a=v&pid=sites&srcid=eHVmdWd1YW4ubmV0fGxldHRlcnxn
　　eDozNTgyNTdlNjQzNDI0MzUw

https://docs.google.com/viewer?a=v&pid=sites&srcid=eHVmdWd1YW4ubmV0fGxldHRlcnxn
　　eDozNTgyNTdlNjQzNDI0MzUw

https://docs.google.com/viewer?a=v&pid=sites&srcid=eHVmdWd1YW4ubmV0fHRpbWVhb
　　mRsaWZlfGd4OjNiNTU2ZTNiMDFiMThmZTI

https://docs.google.com/viewer?a=v&pid=sites&srcid=eHVmdWd1YW4ubmV0fGxldHRlcnxn
　　eDozMmM0MzRjMTJiZWQxMDA2

mil.sohu.com/20160130/n436418074.shtml.

www.epochtimes.com

www.marxists.org/.../marxist.org-chinese-mao-19540614.......

www.thefreedictionary.com/radical

www.zhihu.com/question/214803821/answer/18373476

百度知道搜索

何仁富：〈唐君毅論超越人生之哀樂相生〉（2006/07/21），《中國儒學網》，URL=htt
　　p://www.confuchina.com/03%20lunlizhengzhi/tangjuyi.htm

宋邦珍：《中國藝術精神‧導讀》，egec.fy.edu.tw/ezfiles/5/1005/img/821/06.doc

李肅，〈回首文革(6)：接班人劉少奇之死〉，見 http://tw.aboluowang.com/life/2011/0927/
　　220073.html

李維武：〈徐復觀《心的文化》〉，URL=http://www.360doc.com/content/12/.../1720781_
　　246743814.sht

柏新，〈毛澤東感謝日本侵華三十六周年〉，載以下網址：http://zh-tw.facebook.com/not
　　es/58381066977/，2009 年 1 月 21 日 2:40。

程頤，〈伊川先生語十一〉，《二程遺書》，卷 25。（維基文庫‧自由的圖書館：https:
　　//zh.wikisource.org/zh-hant/%E4%BA%8C%E7%A8%8B%E9%81%BA%E6%9B%B8
　　/%E5%8D%B725）

維基百科「第三國際」條。

網路百度百科〈章士釗〉條

網路版維基百科

網路維基百科（zh.wikipedia.org/zh-tw/）

歐陽秋敏、景海峰：〈徐復觀的《莊子》藝術精神闡釋〉，《人民論壇》，2014年（第7期），
　　人民網 URL=http://paper.people.com.cn/rmlt/html/2014-03/11/content_1410177.htm

其他

〈陸小鳳主題曲〉，1976。

《學原》條，香港大學圖書館編輯整理。

李劫夫，〈爹親娘親不如毛主席親〉，1966。

李宗盛，〈凡人歌〉，1991。

李明依主唱，韋趣作詞，〈喜歡有什麼不可以〉；收入唱片專輯《不是演戲》，1990 年
　　發行。

侯德健，〈歷史的傷口〉，1989。

曾昭旭講話，東方人文學術研究基金會等單位主辦，「第十一屆當代新儒學國際學術會
　　議──紀念牟宗三先生逝世二十年」，2015 年 10 月。

國家圖書館出版品預行編目資料

政治中當然有道德問題
——徐復觀政治思想管窺

黃兆強著. – 初版. – 臺北市：臺灣學生，2016.09
面；公分

ISBN 978-957-15-1710-0 (平裝)

1. 徐復觀 2. 政治思想 3. 政治倫理

198.57   105015306

政治中當然有道德問題
——徐復觀政治思想管窺

著　作　者：黃　　　　　兆　　　　　強
出　版　者：臺 灣 學 生 書 局 有 限 公 司
發　行　人：楊　　　　　雲　　　　　龍
發　行　所：臺 灣 學 生 書 局 有 限 公 司
　　　　　　臺北市和平東路一段七十五巷十一號
　　　　　　郵 政 劃 撥 帳 號 ： 0 0 0 2 4 6 6 8
　　　　　　電　話 ： (0 2) 2 3 9 2 8 1 8 5
　　　　　　傳　眞 ： (0 2) 2 3 9 2 8 1 0 5
　　　　　　E-mail：student.book@msa.hinet.net
　　　　　　http://www.studentbook.com.tw
本 書 局 登
記 證 字 號：行政院新聞局局版北市業字第玖捌壹號

印　刷　所：長 欣 印 刷 企 業 社
　　　　　　新北市中和區中正路九八八巷十七號
　　　　　　電　話 ： (0 2) 2 2 2 6 8 8 5 3

定價：新臺幣八五〇元

二 〇 一 六 年 九 月 初 版